海峡法学论坛
STRAITS LAW FORUM

# 依法行政与社会治理比较研究

主编 张大共

顾问单位：中国法学会

主办单位：福建省文化经济交流中心
厦门大学法学院
福建省律师协会
福建社会科学院法学研究所
华冈法学基金会
福建师范大学法学院
华侨大学法学院
福建省涉台法律研究中心
福建省法学会
福建江夏学院法学院
中国文化大学法学院
香港律师会
福州大学法学院

九州出版社 JIUZHOUPRESS | 全国百佳图书出版单位

**图书在版编目（CIP）数据**

依法行政与社会治理比较研究 / 张大共主编．—北京：九州出版社，2013.5

ISBN 978 - 7 - 5108 - 2133 - 2

Ⅰ.①依… Ⅱ.①张… Ⅲ.①行政执法 - 中国 - 文集 ②社会管理 - 中国 - 文集 Ⅳ.①D922.114 - 53②D63 - 53

中国版本图书馆 CIP 数据核字（2013）第 103842 号

**依法行政与社会治理比较研究**

| | |
|---|---|
| 作　　者 | 张大共　主编 |
| 出版发行 | 九州出版社 |
| 出 版 人 | 黄宪华 |
| 地　　址 | 北京市西城区阜外大街甲 35 号（100037） |
| 发行电话 | （010）68992190/2/3/5/6 |
| 网　　址 | www.jiuzhoupress.com |
| 电子信箱 | jiuzhou@jiuzhoupress.com |
| 印　　刷 | 九洲财鑫印刷有限公司 |
| 开　　本 | 720 毫米 ×1020 毫米　16 开 |
| 印　　张 | 37.75 |
| 字　　数 | 756 千字 |
| 版　　次 | 2013 年 7 月第 1 版 |
| 印　　次 | 2013 年 7 月第 1 次印刷 |
| 书　　号 | ISBN 978 - 7 - 5108 - 2133 - 2 |
| 定　　价 | 98.00 元 |

# 序

2012年8月18日，一年一度的“海峡法学论坛”在美丽的海滨城市福州举行，两岸及港澳的法律界人士欢聚一堂，共同研讨“依法行政与社会治理”的相关议题，交流成果，结识朋友，共话情谊，研讨会取得了圆满成功。与往届相比，本届论坛有以下几个方面突出特点：一是研讨领域不断拓展。随着两岸关系的不断发展，涉台法学研究的方向和重点也随之转变，本届论坛确定了“依法行政与社会治理”为主题，迈出了从“私法”到“公法”的重要一步，有力地促进了涉台法学研究的深入开展。二是理论与实务结合的导向更加彰显。参加本届论坛的既有法学界知名专家学者，也有一批立法、行政、司法机关和律师界的实务工作者，会议期间，闽台两地检察官开展了业务会晤，理论与实践相辅相成，相得益彰。三是服务地方发展的特色更加鲜明。为突出福建特色，更好地为福建发展、海西建设服务，本届论坛专门设置平潭专题，并组织部分专家赴平潭进行实地考察座谈。

“海峡法学论坛”创办至今，已走过了十个年头。这十年来，论坛紧紧把握经济社会发展脉动，围绕国家立法进程和法治建设需要，秉持自由包容、平等切磋的学术立场，先后举办了物权法、公司法、反垄断法、知识产权法、金融法等相关法律问题的研讨会，有力地推动了两岸法学交流和涉台法学研究，成为两岸及港澳法律界人士交流互动的重要平台，在海内外具有广泛的影响力。“海峡法学论坛”历经十年发展，搭建了一个较为成熟稳定、具有品牌影响力的交流平台。我们将充分发挥该平台的作用，借助两岸关系和平发展的有利契机，发挥优势，发扬传统，充分利用积累的宝贵资源，继续引领涉台法学研究方向，为推动两岸法学交流作出更大贡献。

作为本届论坛的成果总结，本书收录了本届论坛的大部分论文，既有行政强制、行政处罚和行政诉讼等具体部门法的研究，也有行政决策与公众参与、社会治理中的法治问题等热点问题的探讨，内容丰富，富有新意，体现了两岸学者对“依法行政与社会治理”相关议题研究的最新进展。我相信，本书的出版对持续推动“依法行政与社会治理”问题的深入研究，推进两岸法学交流与合作不断向前发展，将起到积极作用。

**福建省第十一届人大常委会副主任　袁锦贵**

二〇一三年四月

# 目　录

# 行政决策中的公众参与研究

**姬亚平**

◉ 西北政法大学行政法学院教授、副院长，博士

中共中央一直致力于推进我国的民主与法治建设进程，胡锦涛总书记在十七大报告中明确提出“推进决策科学化、民主化，完善决策信息和智力支持系统，增强决策透明度和公众参与度，制定与群众利益密切相关的法律法规和公共政策原则上要公开听取意见”。行政决策程序中的公众参与日益受到了各级政府的重视，公众参与行政决策的立法在各地频频出现，如，2006 年 6 月 27 日通过的《广州市规章制定公众参与办法》和 2008 年 4 月 9 日通过的《湖南省行政程序规定》，在我国广袤的大地上为公众参与行政决策的法制化竖起了标志性的旗帜。但是，与立法上的高度重视相反，某些地方政府仍然习惯于单方面决策，忽视公众意见，导致群体性事件时有发生。例如，上海市民不满磁浮方案，厦门市民反对 PX 项目，郴州摩的司机抗议政府禁摩，均引发了集体“散步”。公众参与行政决策是我国民主政治建设的必然趋势，然而，我国现行法律、法规并未全面建立公众参与行政决策的制度，只是在一些单行法中有一些原则性的规定。例如，《价格法》第二十二条规定：“政府价格主管部门和其他有关部门制定政府指导价、政府定价，应当开展价格、成本调查，听取消费者、经营者和有关方面的意见。”再如，《妇女权益保护法》第九条规定：“妇女有权通过各种途径和形式，管理国家事务，管理经济和文化事业，管理社会事务。”但是，从总体上看，我国的公众参与立法滞后，参与行政决策的公众范围模糊，导致实践中行政机关单方面决定参与的主体，这些主体往往缺失代表性，参与的事项范围也是政府决定，往往是一些无关痛痒的事情邀请公众参与，而重大事项公众不能参与，致使公众参与常常流于形式。尽管公众参与的热情日益高涨，但是囿于现有的参与方式较为单一，公众往往不知通过何种方式表达自己的意见。除此之外，由于我国没有建立公众参与意见反馈机制，公众提出意见后不知道自己的意见是否被采纳，即使不被采纳也不知原因是什么。以上这些问题成为摆在我们面前必须研究解决的一个重要课题。本文将剖析我国当前行政决策中公众参与存在的问题与理论基础，然后提出完善我国行政决策中公众参与的路径。

## 一、行政决策程序中公众参与的缘起与基础

行政决策公众参与，是指为了保证行政决策的民主、公正与科学，受行政决策影响的利害关系人或组织以及专家学者等多种社会角色通过法定的程序直接参与到行政决策过程中发表意见并施加影响的活动。公众参与机制的体系相当丰富，其内容不但包括了行政决策公众参与主体、行政决策动议方式、行政决策公众参与程序、行政决策反馈机制、行政决策听证制度等，而且还包括了这些制度之间的互相作用的机理。

### （一）行政决策程序中公众参与的缘起

1. 代议制的缺陷促生公共决策程序中公众参与

资产阶级革命的重要成果就是代议制的普遍建立，代议制政体曾被认为是最好的政体，但是，“西方国家进入垄断资本主义阶段后，各种利益集团迅速发展，民主思想逐渐高涨，无论公民个人，还是各种利益集团都开始通过行使结社权、知情权来关注自身利益的维护，公民要求积极参与国家政治生活的愿望也越来越强烈。各种非政府组织在从事经济社会发展事业中异军突起，发挥了政府和市场难以替代的巨大作用，填补了社会经济发展领域上的一些空白，诸如环境保护、消除贫困和落后地区的教育等”。[①] 政府不再是实施社会管理职能的唯一权力核心，公益性组织、会员性组织以及其他非营利性组织等第三部门与政府一起承担社会公共事务管理责任。然而，在这一背景下，代议制民主的缺陷充分暴露出来：由于代议决策机关的代表是人民选举出来的，“人民选举了官吏议员以后，便不能再过问，也就是西方学者所谓：选举一结束，专制即开始。人民只有在投票的时候才是主权者，投票完毕又成为奴隶”。[②] 这就很可能出现代表不能忠实地履行自己职责的情况，或者说代议制民主是“多重少数人的统治”[③]，如此一来，人民的利益完全有可能由于代表们的背弃而受到损害。在这种情况下，人们把目光投向公众参与，希望以公众的直接参与与代议制民主相结合，来弥补代议机关在反映民意方面的不彻底性。

在我国，由于长期维持着国家社会一体化结构，缺乏市民社会与公众参与的传统。新中国建立后，以人民代表大会为标志的代议制民主的历程可谓“一波三折”。1949—1966 年，新中国尝试初步建立人民民主政权，人民代表大会开始起步，“决策工作虽然没有像现在这样的严格正规的程序，公众参与是当时中国决

① 王建芹著：《第三种力量——中国后市场经济论》，中国政法大学出版社 2003 年版，第 78 页。

② 罗传贤著：《行政程序法基础理论》，五南图书出版公司 1993 年版，第 185 页。

③ ［美］达尔著：《民主理论的前言》，顾昕译，三联书店出版社 1999 年版，第 181 页。

策工作的最自然不过的事情。”① 1966—1976年，在“阶级斗争”一浪高过一浪的政治运动中，民主政治的进程受到严重挑战，人大制度的“骤然冷清直至几乎废弃”是这一时期决策的显著特征。② 改革开放以来，中国社会正经历主体一体化到多元化的结构变迁，中国的经济、政治和文化体制发生了令人瞩目的变化，人民代表大会制度恢复正常工作。“体制的驱动自然而然地导致国家与社会、政府与公民的二元化，从而更强有力地推进中国市民社会的成长壮大。”③ 与此同时，社会分层的多元化促使行政权的行使社会化、多元化，当前，纷繁复杂的利益群体已经形成，不同的利益群体诉求表达空前旺盛，仅仅依靠人大制度同样不能充分反映民意。这直接推动了政府在决策过程中的公众参与。

2. 行政法治的演变推动了行政决策程序中的公众参与

从洛克、霍布斯等先贤那里可以看到这样一种根深蒂固的传统观念，即权力合法性的根基在于合意。而合意的程序机制在于民主，由民主选举产生的国会便天然地具备了超越于司法和行政部门的合法性，国会制定的相关法律和规定也毫无疑问地成为整个国家生活中的基本准则。正是立足于这样一种观念，行政行为的合法性以法律授权为依据，这也是传统的行政法治模式。这种模式被美国法学家斯图尔特教授称为“传送带理论”。这种理论认为，行政机关只要忠实地执行法律，就可以将立法中的正义传送到公民和社会当中。这也许是资本主义早期的现实，但是，到了20世纪初，特别是“罗斯福新政”时期，代议制民主的弊端日益凸显，立法机关制定的规则经常是含糊的、概括的或模棱两可的，一些重大的社会和经济政策是由行政官员而非民选议会制定的，行政自由裁量权日趋扩大，并威胁到传送带模式的合法化功能。这迫使西方国家对其进行了深刻的反思，他们意识到，要使得代议政治健康运行，不仅要寻求权力与权力间的相互制约与平衡，还需要公民对国家权力运行过程的积极参与，以公民权利限制、监督和抵制国家权力的异化和变质，于是，斯图尔特提出了利益代表模式，即为利益受影响者提供一个表达见解、参与行政决定的程序，就是利益代表程序。现代行政法已经不再是保障私人自主权，代之以提供一个政治过程，利益代表模式就是要确保所有受到政策决定影响的利益在作出影响利益的决定过程中有恰当的代表参与决策过程，并具有公平的决定权④，这是战后公民参与运动兴起的本质。以美国为代表的行政程序法与公民参与运动的兴起，突破了传统宪制背景下通过国

---

① 朱景文著：《关于立法的公众参与的几个问题》，《浙江社会科学》，2000年第1期，第74页。

② 周旺生著：《中国立法五十年——1949—1999年中国立法检视》，http：//www.xuanju.org/NewsInfo.asp？NewsID=126259，2007年5月28日。

③ 张树义著：《中国社会结构变迁的法学透视——行政法学背景分析》，中国政法大学出版社2002年版，第53页。

④ 理查德·B.斯图尔特：《美国行政法的重构》，商务印书馆2002年5月。

家机关之间相互制衡来制约行政权的模式，使得公民直接参与行政过程，行政程序成为沟通公民热望和行政实践的架桥。[①]

（二）行政决策程序中公众参与的基础

1. 行政决策程序中公众参与的宪法基础

一般认为，宪政就是以宪法为前提，以民主政治为核心，以法治为基石，以保障人权为目的的政治形态或政治过程。民主是宪政的基本内容。现代行政法伴随着民主与宪政而建构，行政法的发展也因宪法的演变而发展，行政法治本身虽然是由基于法治的理念、制度与实践构成的一个体系，但是如果没有宪政体制下的民主政治，宪法基础上的公民自由与行政法治便无以维系，所以，公众参与的兴起有其深刻的宪政背景。对行政法治和公众参与的理解和研究不能停留于行政法规范本身，而应以宪政为基础。

我国1982年《宪法》第2条明确规定："中华人民共和国的一切权力属于人民。人民依照法律规定，通过各种途径和形式，管理国家事务，管理经济和文化事业，管理社会事务。"公众参与是人民主权重要的实现形式和民主政治的重要标志，也是社会主义民主得以实现的重要机制。行政决策中的公众参与机制是宪法中的人民主权原则在行政法领域的必然延伸，彰显了人民作为主权享有者的地位。行政机关在作出与公民有利害关系的行政行为时，公民有权置身其中，对该行政行为的内容产生一定程度的影响。

从1949年新中国成立，尤其是改革开放30年来，中国共产党坚持和发展社会主义民主政治。十六大报告强调："健全民主制度，丰富民主形式，扩大公民有序的政治参与，保证人民依法实行民主选举、民主决策、民主管理和民主监督。"十六届四中全会通过的《中共中央关于加强党的执政能力建设的决定》再次予以强调："扩大公民有序的政治参与。"胡锦涛总书记在十七大报告中提出："从各个层次、各个领域扩大公民有序政治参与"，"保障人民的知情权、参与权、表达权、监督权"，并明确指出："增强决策透明度和公众参与度，制定与群众利益密切相关的法律法规和公共政策原则上要公开听取意见。"在十一届全国人民代表大会二次会议上，温家宝总理在政府工作报告中又再次明确提出："加强政府法制工作，提高政府决策透明度和公众参与度。"充分表明中央十分重视扩大公民有序政治参与，进一步加大了扩大公民有序政治参与力度，把社会公平正义赋予了民主新意。可以肯定，扩大公民有序的政治参与将成为今后中国民主法治建设中的一个重要内容，而进一步扩大作为公众政治参与重要一环的决策参与，亦是建设社会主义政治文明的必然要求。

---

① 罗豪才主编：《现代行政法制的发展趋势》，法律出版社2004年版，第279页。

2. 公众参与的治理理论基础

政治学家和社会学家对治理作出了许多新的界定，其中，全球治理委员会的定义具有很大的代表性和权威性。该委员会于1995年发表了一份题为“我们的全球伙伴关系”的研究报告，在该报告中对“治理”作出了如下界定：治理是各种公共的或私人的机构管理其共同事务的诸多方式的总和，它是使相互冲突的或不同的利益得以调和并且采取联合行动的持续的过程，它既包括有权迫使人们服从的正式制度和规则，也包括各种人们同意或以为符合其利益的非正式的制度安排。① 治理的目的是为了在各种不同的制度关系中运用权力去引导、控制和规范公民的各种活动，以最大限度地增进公共利益。

善治即是使公共利益最大化的社会管理过程和管理活动。善治的基本要素是：1. 合法性；2. 透明性；3. 责任性；4. 法治；5. 回应；6. 有效。② 善治的本质特征，就在于它是政府与公民对公共生活的合作管理，是政治国家与公民社会的一种新颖关系，是两者的最佳状态。③ 善治表示国家与社会或者说政府与公民之间的良好合作，从全社会的范围看，善治离不开政府，但更离不开公民。善治有赖于公民自愿的合作和对权威的自觉认同，没有公民的积极参与和合作，至多只有善政，而不会有善治。

治理和善治，作为一种民主政治与社会制度，日益成为许多发达国家为了更好地适应变化的环境而选择的一种新的政治形式。从发展趋势来看，治理与善治制度，以及作为其支持的价值观和知识，修正了主流政治学的统治理论，在全球范围引起人们的兴趣和共识。

学者们之所以提出治理概念，主张用治理替代统治，是因为他们在社会资源的配置中既看到了市场的失效，又看到了国家的失效，治理可以弥补国家和市场在调控、协调过程中的某些不足。④ 治理与统治不同，治理虽然需要权威，但这个权威并不一定是政府机关，而统治的权威必定是政府。统治的主体一定是公共机构，而治理的主体可以是公共机构，也可以是私人机构，还可以是公共机构和私人机构的合作。治理是政府国家与公民社会的合作、政府与非政府的合作、强制与自愿的合作。

实现治理与善治的核心路径，就是政府与公民对公共生活的合作管理。政府应认识到公权的公共性，公权是公民委托的权力，公民有权进行监督，要努力扩大公民参与公共事务和政治生活的范围，提高公民的政治参与和社会参与程度。政府官员应认识到，权力不是私人物品，不可以随意乱用，真正从官本位的束缚

---

① 苗月霞：《治理理论与中国政府的创新模式》，《特区经济》2005年第3期。

② 俞可平：《治理与善治》，北京：社会科学文献出版社2000年版。

③ 俞可平：《社会公平和善治是和谐社会的两大基石》，《中国特色社会主义研究》2005年第1期。

④ 梁莹：《治理、善治与法治》，《求实》2003年第2期。

中解脱出来。[①] 另一方面，公民有平等参与政治的权利，要树立公民是权力主体的意识。公民的政治参与，既是一个实现民主的过程，也是一个自我管理的过程。只有在积极参与的过程中，公民才能最大限度地表达自己的愿望，实现自己的利益。没有公民的积极参与，政府单方面很难有效地协调复杂的利益矛盾。让公民参与公共管理，既是执政为民的必然要求，也是民主政治的最高表现。

## 二、我国行政决策程序中公众参与存在的问题

当前，我国的公众参与发展势头良好，但是，有关的制度极不完善，影响着公众参与的健康发展，具体而言，存在以下问题亟待解决：

（一）行政决策程序中公众参与的主体不明确

第一，现有法律未明确参与主体的范围。法律、法规、规章对行政决策公众参与主体的规定带有模糊性，由谁来参与不明确，虽然实践中采取的是由利害关系人来参与的方式，但是，由于决策中缺乏明确标准，利害关系人的范围有多大，决定权掌握在了行政机关的手里。与此同时，受决策者主观因素的影响，对利害关系人的理解有所差异，导致的结果往往是本应参与的人未参与，对此不感兴趣、关系不密切的人却成为了参与主体。这样一来，参与效果就大打折扣了。例如，2006 年北京市召开出租车涨价听证会，在此听证会召开之前，各种媒体的随机采访都表明大约 70% 的公众和出租车司机都不赞成涨价，而听证的结果是参与听证的代表有 56% 赞成涨价，政府据此提高了价格。这种公众参与根本无实质意义，政府是“先做决定，后找根据”，所选定的代表根本不具有广泛代表性。这种参与方式其实比没有参与更糟，不但是对民主的亵渎，而且是对公众参与期待的一种挫伤。

第二，代表产生机制不健全。大多数公共决策，我们不能采用全民参与的方式，目前我国决策实践中采取的是利害关系人参与的方式，然而利害关系人常常人数众多，难以全体参与，需要产生代表人。但是代表人如何产生，名额如何分配，在官方文本中均未作任何规定。与此同时，现有的代表机构名不副实。由于行政决策参与主体多以个体形式出现，就必然出现公众“人单力薄”的局面，这样的参与与实力雄厚的行政决策者相比，话语权明显地一边倒，即使公众提出意见，我们也很难期待这声音有多大的穿透力。这就需要形成代表机构，只有他们的声音足够大才能让决策者听到并引起重视，然而我国各种代表机构（如工会、妇联、消费者协会、律师协会等）被控制在政府手中，其代表功能受到抑

---

① 姚永平、梁平：《走向善治》，《探索》2004 年第 1 期。

制，其治理功能被政府行政权力同化和吸纳，成为官僚体系中贯彻统治任务的一环，无法有效地发挥代表成员利益的功能。

第三，专家专制的出现。由于缺乏有效的机制阻止行政专家越出技术领域，专家会以自己的价值判断代替大众的价值判断，而这种价值判断又和专家自身利益相勾连。专家们可能以行政官僚的利益或垄断组织的利益代替公众的利益，较轻微的影响可能是价值上的偏差导致事实认定不全面。严重的情况是，公共行政成为利益集团的营利行为，行政机关被各种强势集团“俘获”而失去自身的独立性、中立性，最后，专家则成为实现私利的代理人，在这些情况下，专家知识的运用可能导致“专家专制”。

### （二）行政决策程序中公众参与的启动权缺失

目前，除了少数地方性法规规章对行政决策公众动议权有所涉及外，法律、行政法规和部门规章均未作任何规定。可以说，我国行政决策启动权基本上被行政机关所垄断，带有浓厚的职权主义特色，公众只是公共决策程序的承受者。例如，《妇女权益保障法》第十条规定：“制定法律、法规、规章和公共政策，对涉及妇女权益的重大问题，应当听取妇女联合会的意见。”可以看出，妇女联合会并无启动权，只是在有关国家机关立法或者制定政策时，被动地服从召唤，发表意见。决策启动权是公众参与行政决策的第一环节，如果在这个环节缺少公众参与，决策机关就可以我行我素，需要公众装点门面时就启动参与程序，不想让公众参与时就不启动，这样，公众参与就成了政府决策的装饰物，行政决策的民主性显然会大打折扣，公众表达参与决策的意愿也会严重受挫，并且还破坏了决策进程的完整性。

### （三）行政决策程序中公众参与的方式单一，形式主义严重

目前政府采用的公众参与方式主要有公示、公开听取公众意见、展示和咨询、民意调查、座谈会和听证等，方法简单，形式有限。而这些形式使用起来也非常僵硬，有的成了装饰性的形式主义。如城市规划已经规定规划草案必须要有公开展示，但实际上一些地方做的目前最多是在规划大厅搞一个公告、展示。公众看不到、也看不懂那些规划图纸。没有动员、激发和用公众可达性的方法作公众参与，就不可能有真正的公众参与。公众反映最多的听证会，已经被广大公众认为是一种假戏假唱的形式，在价格听证方面使听证会惹上“逢听必涨”的不好名声。很多听证会连公众据以作出判断的基本信息都没有披露，如车票涨价必须披露的运行成本都没有告诉公众，甚至公众索要都得不到，这种听证只能是“瞎听”。而在形式上，听证会搞得兴师动众，豪华喧嚣，公众可看而不可及，脱离了听证作为一种十分普遍收取民意的方式的本意。公众参与在中国目前尚处

于初始阶段，公众参与呈形式化、表演化和被操纵的危险①。缺乏可操作性的制度保障，使得一个普通公民真正能参与到决策中去的方式十分有限，能够发挥的作用也十分微弱。

### （四）行政决策程序中公众参与的意见得不到反馈

现有法律未建立公众意见反馈机制，因此，对听取的公众意见采纳与否，不采纳的是否应说明理由、如何说明理由等均缺乏必要的约束性的具体规定，完全由行政决策主体自己决定。如此一来，公众参与的效果必然大打折扣，久而久之，会导致公众不相信公众参与的效力，让公众对政府的诚意表示怀疑。美国的做法则是行政机关在决策过程中对每一位公众的意见都要认真阅读、分析、归纳、整理。分类归纳整理后，对每一类意见是否采纳作出统一的说明，采纳的还要在法规草案上划出黑线，标出采纳的内容，没有采纳则说明理由。特别是对直接利益关系人或组织一般通过电子邮件的形式回复。这是颇值得我们学习和借鉴的。

## 三、我国行政决策程序中公众参与的完善

针对我国公众参与存在的上述问题，笔者认为，完善公众参与行政决策的机制，应着重从以下几个方面着手：

### （一）明确行政决策程序中公众参与的主体

第一，科学设定参与主体的标准。如何确定参与行政决策主体的标准，使参与者既不失代表性，又体现典型性，目前各国一般以是否存在利害关系作为主要理论依据。但是，仅以利害关系为标准是否合理呢？举一例来说：某市欲制定烟花爆竹燃放条例，由于燃放烟花爆竹可能造成人身伤害、环境污染等不利影响，但同时也可以增强节日气氛，弘扬民族文化，这样说来全市人民都为利害关系人。当然，由于顾及行政成本与效率，不可能让全市人民均参与，而会选举代表参与，那么，是否可以任意选取一位市民？也许他对是否燃放烟花爆竹并不关心，认为过节时放不放烟花爆竹都可以，那么他所提出的意见对此条例的制定并没有多大意义，由此可以看出仅以利害关系为标准显然并不合理。

其实，除了利害关系外，还有一个重要因素会影响决策效果，那就是参与主体对各项决策项目的关心程度。由于参与主体与行政决策的利害关系和对其的关心程度的不同，所以对参与主体的选取上及意见的采纳上要区别对待。笔者试以图示的方式来拟定参与主体的标准，根据与决策的利害关系和对其的关心程度对

---

① 蔡定剑：《公众参与及其在中国的发展》，《团结》2009 年第 4 期。

参与主体加以分析，可以分为 4 个区域，见下图：

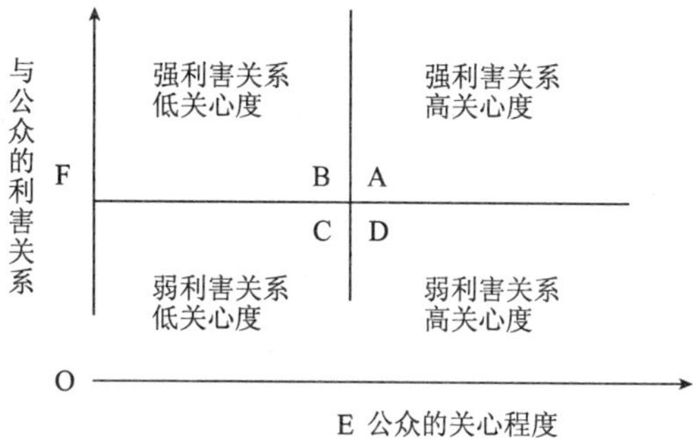


行政决策中公众的类型图

以利害关系为纵轴，距离原点 O 越远，则利害关系越大；以关心程度为横轴，距离原点越远则关心程度越高。E 点是对该行政决策关心程度的分界点，F 点是公众与该行政决策利害关系的分界点。从 E 点向上的垂线和从 F 点向右的水平线把第 1 象限分成 4 部分，即 4 种公众类型所在的部分。A 区利害关系和关心程度都很强，B 区利害关系很强但关心程度较低，C 区利害关系和关心程度均较弱，D 区利害关系较弱但关心程度较高。A 区如：制定房屋拆迁办法中的被拆迁户和开发商；B 区主要是对现有决策规定较为满意或基于多一事不如少一事的心态而不关心、不愿参与的公众；C 区如：某市政府制定出租汽车管理条例，对于既无出租车，又很少打的的公众；D 区如：某市政府在制定有关文物保护条例过程中要拆迁一部分民用房，其中未涉及拆迁但久居此地的市民多属于此类。

以上只确定了公众参与行政决策的基本类型，在行政决策中最终由谁来参与，还要根据决策的不同阶段来决定，见下表：

**公众参与行政决策的标准表**

| | 动议阶段 | 论证阶段 | 审议阶段 | 实施阶段 |
|---|---|---|---|---|
| A | 主 | 主 | 主 | 主 |
| B | 次 | 次 | 次 | 次 |
| C | 无 | 无 | 无 | 无 |
| D | 次 | 次 | 次 | 次 |

注：本表中，“主”，为主要参与者，“次”，为次要参与者，“无”，为未参与者。

一般来说，决策分为四个阶段，即：动议阶段、论证阶段、审议阶段、实施阶段，由于 A、B、C、D 四类公众与行政决策的利害关系和对其关心程度不同，行政决策机关在选取公众代表和对其意见的采纳所占比例应根据上图作区别对待。如在动议阶段，假设要选取 40 名公众来参与决策，处于 A 区的公众在数量上应大于等于 20 人，B 区、D 区的公众则应当适当选取，但 C 区的公众则不宜选取，对代表意见的采纳也应遵循上述标准。

第二，完善利益集团代表机制。所谓利益集团是指，在参与行政决策过程中，具有共同利益，为争取共同利益而组织起来采取共同行为以影响决策的团体。有时一项行政决策涉及面相当广泛，是否其涉及范围内的公民均要参与？随着现代科技的发展，也许可以借助网络来完成这个庞大的任务，但是，站在公众这一角度来看，由于我国目前网络还未达到完全普及的地步，特别是利益密切相关但文化程度偏低的农民、工人等弱势群体不能支配这种资源。除此之外，如此庞大的参与主体不但要增加决策成本，投入大量人力、物力，同时会影响行政效率，因此，必须完善行政决策的利益集团代表机制。

朱光磊教授以利益集团是否属于国家政治制度的基本组成部分为标准，将其分为两类：制度性意见表达集团，又称为制度内利益表达团体，和结构性意见表达团体，又称为制度外利益表达团体。[①] 我国制度内的利益表达集团有四大基本类型：即八大民主党派、工会、共青团、妇联。制度内利益表达团体因为其与政治体系的互动关系良好，能有充分的机会进行表达。但也正是这个优点，不可避免地带来相反的一个结果，即利益表达的不充分问题，这些团体的政治组织色彩较浓，机构人事编制套用的是国家机关的人事编制，决策参与过程中往往倾向于与决策机关保持一致，公众与这些利益团体之间缺乏一种亲和力。制度外利益表达团体，虽然不属于国家政治制度的基本组成部分，但它是代表着某一方面或某一部分群体利益的社会团体。该类利益表达团体于上世纪 80 年代在我国出现并得以发展，就是通常所说的社会中介组织，它以非官方性为主要特征，按民主原则成立与运作，是介于政府与公众之间的非营利性组织，大体上包括市场中介组织、社会公共事务管理机构、公益性服务机构、社区自治组织等。这些利益表达团体代表着一定社会利益群体的具体利益与要求，在我国决策过程中，它们已经成为不可缺少的一部分。

当代社会是利益多元化的时代，多元的利益主体需要通过一种新的方式联结和沟通，以维护自己的利益，相对于没有组织、人微言轻的个人，以集团方式参与，其影响力，受关注程度会大大提高；与此同时，决策机关也需要新的方式来与公众沟通，利益集团正恰如其分地起到了信息沟通的桥梁作用。总之，公众以有组织的方式参与行政决策是民主政治的一种积极方式，不仅可以降低政府决策的组织成本，还可以拓展公众参与的广度与深度，此种方式在我国未来的决策过程中将会日显其重要性。

第三，完善专家参与行政决策的机制。现代行政决策所遭遇的议题日益向复杂化、专业化、高科技化的方向发展，只有普通公众参与决策程序已不能确保现代行政决策的科学性与合理性。技术发展带来的困境只有依靠技术来解决，只有

① 朱光磊著：《当代中国政府过程》，天津人民出版社 2002 年版，第 99—107 页。

掌握专业技术的专家参与行政决策才能使行政决策合理化、公正化、科学化①。专家参与决策还可以在社会矛盾发生后发挥重要作用，即利用专家的独立地位和专业知识向公众释疑解惑，化解矛盾。

基于目前我国专家参与行政决策还处于初始阶段，应当借鉴其他国家行政决策中专家参与决策的运作模式，总结我国一些地方在这一领域的成功经验，从专家论证会的组成、职权、程序性要求等方面来构建我国的行政决策专家咨询论证制度，为专家参与行政决策提供制度化的途径。

### （二）建立行政决策程序中的公众动议机制

赋予行政相对人决策动议权，不仅可以增加政治民主化的程度，而且也可以实现行政决策的利益平衡功能。美国的《联邦行政程序法》对于公众参与的程序作了详尽的规定，该法将行政行为分为规则制定行为（rule - making）与行政裁决行为（adjudication），类似于我国行政法学上的抽象行政行为和具体行政行为，然后再进一步把二者分为适用正式程序的和非正式程序的规则制定行为和行政裁决行为。适用正式程序的必须采取审判式的听证，凡是权力和利益可能受到影响的人都可以申请听证。适用非正式程序的，必须经过通告和评论两个程序，通告就是行政机关把行政行为的建议在《联邦登记》上公布，供公众了解，评论就是公众对公告的内容发表意见，未履行法定程序的行政行为不能生效②。然而，我国长期以来行政决策的启动权掌握在政府手中，“国家在决策意向上，首先是把政府的价值放在第一位；在决策定位上，即需要出台哪方面的政策，以政府阶段性决策进行演绎”。③ 行政决策虽然从形式上看是一种行政机关主导的活动，但是相对人有时更能切身感觉到行政决策的制定、修改或废止的必要，因此规定相对人行政决策动议权，能够更好地保障公民的合法权益，使行政决策更好地服务于和谐社会的建设。《广州市规章制定公众参与办法》中明确规定了行政决策的公众动议权，该办法第 10 条第 1 款规定：“公众可以通过信函、传真、电子邮件等书面方式向市政府法制机构提出规章制定、修改或者废止的意见，意见应当包括规章的名称，制定、修改或者废止的理由，可行性和必要性，需要解决的主要问题和措施等内容。”第 12 条第 1 款：“市政府法制机构拟订的市政府年度规章制定工作计划应当在上报市政府常务会议或者全体会议讨论前通过市政府网站、市政府法制机构网站等征求公众意见。”行政决策公众动议权作为行政决策公众参与制度的组成部分，应与其保持一致，因此，行政决策公众动议权主体应为：受行政决策影响的具有利害关系的个人或组织以及参与行政决策的专家。

---

① 刘莘著：《行政决策研究》，北京：法律出版社 2003 年版，第 135 页。

② 王名扬：《美国行政法》，北京：中国法制出版社，2005 年版。

③ 关保英著：《行政法的价值定位》，中国政法大学出版社 1997 年版，第 21 页。

这样不但有利于行政决策公众动议机制的具体操作，而且有利于保持整个行政决策公众参与机制的统一。

（三）拓展公众参与方式，注重公众参与效果

参与方式越丰富，意味着公众决策参与越发达。我国应该在法律中明确公众参与行政决策的方式，除了座谈会、论证会和听证会以外，还应该明确规定一定数量的公众可以联名提出议案、可以对决策涉及的事项进行评议。应该特别注意规定公众参与决策方式的同时还应该明确规定采取该决策方式的约束机制，如规定在公共决策过程中不征求公众意见或者使用违法的方式征求意见（如政府选择的参与人与决策并无利害关系）将导致该草案无效，如此一来将避免行政决策过程中公众参与被架空。

随着全球化和信息化的迅猛发展，公众参与行政决策在技术上已经不成问题，关键在于政府的诚意；建立起一个可以联系各地区各部门的政府决策的公众参与信息系统，为公众参与提供技术支持和保障，是非常必要的。除此之外，政府还应通过召开新闻发布会、信息通报会，借助广播电视等更多媒体介绍行政决策，尤其是对决策内容直接约束的公众，要采取定向的宣传方式，保证民众能够更多地了解决策的基本内容及其决策背景、决策目的、适用范围，使得更多公众能够发表有效合理的意见和建议。

（四）建构行政决策程序中公众参与的意见反馈机制

如果公众参与仅仅是走走过场，决策机关对公众意见只是听听而已，或者有关方案早在公众参与之前就已经有了定夺，那么，公众参与就会流于形式，对决策结果不可能产生实质性影响，这样的参与是在浪费参与者的时间和精力。因此，为了对行政决策机关的自由裁量权进行限制，同时，为了提振公众参与行政决策的积极性，建立行政决策公众参与的意见反馈机制非常必要。

首先，各级行政机关应有专人负责处理公众意见，负责收集、分析、归纳各方意见。其次，明确反馈公众意见的方式，对直接利益关系人或组织要直接回复；对专业性较强的意见可通过新闻发布会的方式集中回复；对于其他意见，可先对其分类，然后通过报纸、布告栏或互联网的形式回复。最后，如果不进行任何反馈，那么，可以认为该行政决策程序存在重大瑕疵，经由有权机关予以撤销。这样既可以保证公众参与行政决策的真实性，又可以提升公众参与行政决策的积极性。

## 四、行政决策中公众参与的法治化路径

上述诸多问题及其完善措施必须通过立法的途径解决，立法是公众参与法治

化的基础。西方国家一般都是通过行政程序法规范其公众参与活动的。我国的《行政程序法》正在紧锣密鼓的起草之中，已经出现了多个专家建议版本，这些版本尽管差异很大，但是，都把行政决策程序作为重要内容。例如，应松年教授主持起草的方案第 6 条规定了参与原则："当事人、利害关系人有权参与行政程序的进行。行政机关应当告知当事人、利害关系人享有参与权，并为当事人、利害关系人参与行政程序提供便利。"并在第三章"行政决定一般程序"中详尽地规定了针对特定相对人作出行政决定的程序，比如，第 37 条规定了程序启动的方式："行政程序由行政机关依照职权主动启动，或者由当事人向行政机关申请开始。"第五节规定了当事人参与听证的程序。第四章规定了针对不特定的相对人制定行政规范的程序。其中，第 130 条规定了行政规范制定的启动程序："行政规范的制定，由行政机关依职权启动、草拟。公民、法人或者其他组织有权提议制定行政规范。"第 133 条规定了听取意见的方式："制定行政规范，应当深入调查研究，总结实践经验，广泛听取有关机关、组织和公民的意见。听取意见可以采取书面征求意见、座谈会、论证会、听证会等多种形式。"姜明安教授主持起草的专家建议稿也非常重视公众参与。但是，二者都还存在一些需要进一步明确的问题，如，剥夺公众参与权的法律责任是什么，决策机关是否应当对公众的意见进行反馈，如何反馈等。我们相信，《行政程序法》的出台将会给我国的公众参与提供有力的法律保障。

# 行动选择与规范重构：地方政府决策公众参与的两个实证案例之分析

徐振东
◉ 厦门大学法学院副教授

## 一、厦门 PX 事件中公民的集体行动和制度建设

### （一）厦门 PX 事件回放

厦门市政府与市民之间围绕“PX 项目”① 的利益博弈成为 2007 年公民利益表达的标志性事件。PX 项目是厦门市政府 2006 年争取来的重大外资项目，预计投入资金高达 108 亿元人民币，正式投产后可为厦门市增加 800 亿元人民币的工业产值和数百亿元人民币的财政收入。该项目中心地区 10 公里的半径范围内，覆盖了厦门市中心、国家级风景名胜区鼓浪屿、厦门海洋珍稀物种国家级自然保护区，与拥有 5000 名学生的厦门外国语学校和北师大厦门附属学校更是咫尺之距。早在 2004 年 2 月，该项目已经经过专家的环保评估论证，并经国家发改委批准立项，通过国土资源部建设用地的预审。2005 年 7 月，国家环保总局审批通过其环境影响评价报告书，国家发改委更是将其列为“十一五”PX 产业规划的 7 个大型 PX 项目之一。

但在 2007 年 3 月的全国人大、政协会议上，厦门大学化学系教授、中科院院士、全国政协委员赵玉芬与其他 104 名全国政协委员联名签署提案，这一提案成为当年全国政协头号提案。提案指出，PX 是高致癌物，对人体具有极大危险性，离居民区仅 1.5 公里的 PX 项目存在泄漏或爆炸隐患，厦门市百万人口面临危险，要求政府暂缓 PX 项目建设，并重新选址勘查论证。此提案一经媒体披露，立即引起社会公共舆论和民众的强烈关注，厦门市民反对 PX 项目的呼声越来越高。2007 年 6 月 1 日和 2 日，厦门市民以“散步”的形式，集体在厦门市政府门前公开表达反对意见。厦门市政府被迫宣布缓建，委托中国环境科学研究院评

---

① 所谓 PX 是二甲苯（P – Xylene）的简称，是一种用途广泛的重要有机化工原料。

估该项目可能对环境产生的影响。

此后，厦门市政府启动了公民参与程序，广开短信、电话、传真、电子邮件、来信等渠道，充分倾听市民意见。12 月 13 日，通过公开随机抽号方式产生的 100 名与会代表中的首批 49 位代表，参加了厦门市政府召开的《厦门市重点区域（海沧南部地区）功能定位与空间布局环境影响评价》座谈会，座谈会气氛热烈又不失理性，85% 以上的代表反对兴建 PX 项目。2007 年 12 月 16 日，福建省政府针对厦门 PX 项目问题召开专项会议，会议决定 PX 项目迁到漳州古雷半岛，从而成功地化解了围绕 PX 项目的社会争议。

在厦门 PX 事件中，厦门市民在整个过程中所彰显的公共精神，体现了中产阶层为主体的公民社会的崛起，表明了中国民间内生力量发展的蓬勃生机，他们通过自己的积极参与，最终改变了自身的命运。同时，该事件也意味着中国传统社会治理模式面临着必须转型的挑战，厦门市政府在面对“统治型公共行政”和“参与性公共行政”新旧两种治理模式不断交错的选择时，最终选择了疏而不是堵，选择了向民意靠拢而不是与民意对抗，将社会意志和公众参与纳入到地方治理，使得地方治理具有现代服务性、公共性的色彩。在这个事件过程中，正是厦门市政府改变了传统的公共行政模式，采取开明的态度和明智的抉择，使得事件发生了根本的变化，厦门市民的积极参与，非政府组织的适时加入，公共舆论的强烈关注和评述，知识分子在职业范围内提供的专业意见，使得地方公共政策在一个公开的平台上进行广泛的沟通、自由的讨论以及民主协商，最终实现了民主化、科学化的政府决策。从这个意义上来说，厦门 PX 事件的意义超越了事件本身，成为现代社会公民参与政府公共政策的时代标本。

### （二）PX 事件前的公众参与程序的缺失

环境影响评价制度是为了预防和减轻规划建设项目可能造成的对环境的不良影响而进行调查、分析、预测和评估，并提出相应的对策性建议和措施，最后经环保主管部门审批后方能实施或建设的法律制度。我国的环评制度已经施行了 30 多年，特别是 2002 年《环境影响评价法》颁布后，该项制度得到了社会各界的普遍重视。近年来随着公众环保意识的增强，公众要求参与环评和决策的呼声也越来越高，“无公众参与无环境影响评价”的理念逐渐被社会所广泛接受。但环评制度在实践中的执行效果却不如人意，环评报告屡屡受到社会的质疑，环评制度也遭遇到信任危机。近年来，在环境影响评价、审批过程中发生了多起倾向全国的环境群体事件，厦门 PX 事件就是其中非常典型的案例。厦门 PX 事件给社会提出了一个亟待解决的问题就是，一个已经完成了环境影响评价并得到国家环保主管部门批准的、形式上程序合法的规划建设项目为什么会受到厦门市民的普遍质疑，并最终酿成群体性事件和公共行政危机呢？这暴露了我国环评制度的局限性与公众参与程序的缺失。

我国的《环境影响评价法》虽然对规划环评进行了规定，但其规定较为原则化，系统标准较低且没有具体的操作程序。如环评法对于土地利用规划和区域、流域、海域的建设、开发利用规划只要求在规划中编制环境影响篇章或者说明，而只有专项规划才需要编制环境影响报告书。而且，对于环境影响篇章或环境影响报告只要求向作为规划环评审批机关而非环保主管部门提出，作为环保主管部门的国家环保总局只有项目环评审批权，却没有规划环评审批权。在现行环境影响评价制度下，规划环评决策基本是由各级地方政府说了算，公众与环保主管部门对规划环评几乎没有影响力。在缺少社会监督、公众参与和环保部门把关的情况下，各级地方政府为了追求“GDP政绩”，在审批规划时只注重眼前利益而不顾长期的利益，为了经济发展而忽略对整体环境影响的考虑，从而使环评制度形同虚设。环评制度所适用系统标准极低，以及缺乏相应的对地方政府规划环评的约束，很容易造成一个合格项目导致一种极不合理的地区或产业规划布局。正如国家环保总局副局长潘岳所指出的那样，“一些地方在推进工业化和城市化时，较少在宏观决策和整体规划上考虑环境与资源因素，带来了深刻教训。近日引起广泛关注的厦门海沧空间布局失调等问题就是如此”。[①] 我国当前的环境性群体事件很多都是因为环评流于形式，城市规划缺乏良好布局，工业污染项目与居民生活区混杂在一起，使得当时审批合格的项目，在一段时间之后常常会因为规划的变动而变成高风险项目，厦门PX事件就明显暴露了这一缺陷。厦门PX项目规划所在地海沧区最初被规划为以化工石化项目为主的大型工业区。2000年前后由于房地产市场兴起，当地政府又加速了海沧房地产的开发，后来更将其定位为海湾型城市厦门新城区，其人口规划为70万人。但是，海沧区作为石化工业项目为主的工业区并没有因此改变，这样使得单个看来符合环保标准的项目变成了一个高风险的项目。

厦门PX项目前期存在的一个最明显的失误就是缺少公众参与。公民对信息的拥有程度决定了公民参与决策和采取行动的能力，因此公民对环境信息的知悉权是公众参与和公众监督的基础和前提。PX项目本身是对公众生命健康权构成重大影响的项目，它的立项、审批直到开工建设都应该是公共事件，但这个本质意义上的公共事件在前期却没有进入公众的视野。由于政府信息的不公开，从项目环评到审批，公众几乎毫不知情，这使得政府和公众在信息占有上出现严重的不对称，公众被完全排除在公共决策过程之外，政府在前期的项目环评过程中几乎没有进行过正式的信息公开，这也是我国传统的统治型的精英决策模式。我国《宪法》第2条规定：“中华人民共和国的一切权力属于人民。人民依照法律规定，通过各种途径和形式，管理国家事务，管理经济和文化事务，管理社会事

---

① 潘岳：厦门海沧工业布局失调战略环评刻不容缓，http：//news. xinhuanet. com/politics/2007 – 06/23/content _6279749. htm

务。”这是公民对于公共事务具有最终决定权的概括性规定。我国《环境影响评价法》第5条规定：“国家鼓励有关单位、专家和公众以适当方式参与环境影响评价。”第21条规定：“除国家规定需要保密的情形外，对环境可能造成重大影响、应当编制环境影响报告书的建设项目，建设单位应当在报批建设项目环境影响报告书前，举行论证会、听证会，或者采取其他形式，征求有关单位、专家和公众的意见。建设单位报批的环境影响报告书应当附具对有关单位、专家和公众的意见采纳或者不采纳的说明。”这是现行环境影响评价制度对公众参与的要求。在厦门PX事件中，虽然厦门市政府认为该项目已经经过国家法定程序批准，并且声称PX项目在环境影响评价报告书编制期间“开展了大量的现场调查和公众参与工作”，但是对于如何开展了大量的现场调查和公众参与工作并没有作出具体的说明，而公众对于该项目的相关环境信息毫不知悉，更谈不上对于环评的公众参与了。由于该项目规划环评过程中公众对于环境信息的知悉权完全缺位，没有启动公众参与的程序，违反了环评法中关于环评报告书要求公众参与的规定，致使公共政策的合法性受到了社会的质疑。

公共政策缺失公众参与的情况下，不仅公共政策的正当性难以得到公众的确认，而且政策的合理性、科学性也无法保证。尽管前期项目环评有专家的参与，但这些专家是由政府指定的，缺少民意基础，因此专家的论证并没有社会公信力。专家的专业理性由于缺少公众的有效监督而可能被滥用，且不能排除政府与专家之间进行利益交换的可能性。在信息社会中，当公众不能得到准确的信息，甚或信息被隐瞒和封锁，很容易造成各种谣言和小道消息的传播和不断强化，可能会使社会公众陷入普遍的恐慌中，进而激化社会矛盾，影响社会安定秩序，削弱政府部门的社会公信力，最终导致一场本可以避免的公共危机。试想如果当初PX项目在引进之初，厦门市政府便向社会广泛征求意见，让各种专业意见和非专业意见都得到充分的表达，纳入公众参与程序，最大程度上听取或接纳社会公众的意见，那么这场公共危机就能够避免。

此外，厦门PX事件前期存在的另外一个突出的问题就是行政权越位和政治监督的缺位。根据我国宪法和法律的规定，地方人大及其常委会依照法定程序行使对本行政区域各方面重大事项决定权。海沧区的区域规划、PX项目的立项和迁址都是PX事件中的核心问题，这些问题都属于关系到厦门市社会发展、经济发展和广大厦门市民的社会经济生活、生命健康安全的重大事项，完全属于厦门市人大及其常委会的职能范围，而厦门市政府无权单独作出决策。但在PX事件前期，厦门市人大及其常委会重大事项决定权的行使并没有到位，而且对于项目的立项和审批整个过程没有起码的把关，也没有对该项目可能造成的海沧区区域规划混乱无序表示任何的态度，对行政机关的政治监督形同虚设。

### （三）“散步事件”：公民的非制度参与集体行动

近些年来随着我国社会经济发展和工业化的展开，环境污染的情况日趋严重，因环境污染引发的群体性事件大量增加。中国独特的以经济增长为主要考核指标的行政架构下，GDP和财政税收成为地方政府优先取向，从而导致地方政府很容易不顾民众的生命健康利益来设计工业的发展方向，与追求利润增长的企业结成利益联盟，对民众的利益弃之不顾。当政府权力不再是公民权利的保护站而异化为政府谋取私利的工具，公民权利诉求又缺乏相应的制度化机制时，公民最后只能诉诸非制度化的利益表达渠道，甚至采用“非法”的途径来实行自我解救。在厦门PX事件中，在种种公民利益表达渠道阻却和政治监督措施失效的情况下，厦门市民最后采取了“散步”形式的集体行动来改变自己的处境。2007年6月1日，部分厦门市民走上街头，聚集在厦门市政府广场，公开表达自己的利益要求，并促请厦门市政府改变决定迁建PX项目。集体行动作为一种大众抗议的利益表达形式，经常被看做是利益受损群体争取自己合法权益的有力武器，往往由于其游离于合法与不合法之间，政府对其处理具有合法的依据，而集体行动的发起者和参与者则没有相应的法律地位，因此集体行动的参与者要付出比其他公众参与方式更高的成本，有时还会受到政治上的压制和法律上的制裁，为自己带来严重后果。厦门市民的“散步”本质上就是游行示威形式，虽然是我国宪法明确规定的公民基本权利和自由之一，然而1989年全国人大常委会制定的《集会游行示威法》规定，我国对于公民集会游行示威行为实行许可制，事前必须向国家有关机关提出申请，得到批准后应按照批准的时间、场所和方式来进行。法律对集会游行示威的程序性限制使得在现实中厦门市民的集会游行示威几乎不可能得到许可或批准，厦门市民试图打法律的“擦边球”，以生活用语“散步”替代了作为法律概念的“游行示威”。

以“散步”方式展开的公民行动最初是以分散的个体形式存在的，但现实中分散的、数量众多的个体在保护自己的合法权益问题上却是困难重重的，单独的个体在面对政府权力时显得无能为力。“当一个社会中各种成分缺乏有组织的集团充分代表自己的利益时，一个偶然的事件或一个领袖的出现都有可能触发人们蓄积着的不满，并会以难以预料和难以控制的方式突然爆发。”① 而集群或联合行动显然比单个人的利益诉求拥有更强的组织能力和组织资源，因而在与政府进行利益博弈的过程中更为有效。按照集体行动理论，通过个体之间的联合，人们可以通过一系列的活动过程建立一种规则，通过群体成员之间的合作来降低个体的风险，提高个体和集体的收益。作为集体行动的参与者，他们都必须有一种

① ［美］加布里埃尔·阿尔蒙德、小鲍威尔：《比较政治学》，曹沛霖等译，上海：上海译文出版社，1987年版，第202页。

集体的使命感、责任感和紧密的社会共同体意识，亦即集体的共意性是公民由分散的个体行动走向联合的集体行动的前提和基础。在厦门PX事件中，网络论坛和短信等现代传播技术工具的运用以及传统大众媒体的跟进报道都对于这种集体共意性的形成发挥了关键性的作用。2007年3月的全国政协头号提案经新闻媒体曝光，呈现出厦门PX项目立项过程中公众参与的缺乏以及政府权力的暗箱操作问题。问题暴露后，厦门市民围绕PX项目问题进行了积极的组织和动员，QQ群中发出了“还我厦门碧水蓝天”、“厦门是厦门人的厦门”、“反对PX，保卫厦门”的民意动员，厦门当地最大的网络论坛小鱼社区，网友们的热议也将PX项目推向了风口浪尖，5月28日关于PX项目有毒的手机短信在厦门百万市民中迅速传播，号召公众走上街头“散步”的呼吁也在网络上被广泛转载。而后，海内外媒体纷纷跟进报道，作为主流媒体的《中国经营报》以“厦门危险”作为小标题率先进行了报道，《南方周末》的报道则引用了一个归国留学生的话评述：“PX项目的上马正摧毁着厦门市民一直以来对于环境的优越感和自信心。”《华盛顿邮报》等国际性媒体在报道中用略带感情色彩的笔触描绘厦门特殊的环境条件，并以赵玉芬委员意味深长的一句话“厦门是不一样的”作为结尾。

从网络和QQ群上的小道消息传播到海内外主流媒体全面、公开报道，厦门市民对于PX项目有了较为科学的认识，建构了特殊荣誉感和身份的认同感，形成了共同的价值观和态度以及共同的心理话语，强化了集体共意性，从而在各自不同的社会利益自我意识上产生了集体行动的动力以追求和维护自身的权益。“利益不一致的人生活在一起的基础是基于身份的认同和利益互惠，同时也是对公民社会中自身角色所承载的责任的把握。”① 大众媒体的传播通过对共同荣誉感、责任感和身份的认同感的塑造，并通过自身的影响力在厦门市民中产生了强大的效果，厦门市民们彼此之间产生了集体的共同情感，突破了“搭便车”的集体行动困境，积极参加到集体行动中来，因此，大众媒体通过新闻报道和事件评论等形式给予了集体行动鲜明的主题包装，促进了市民之间互动和集体共意性，激活和形成了集体行动的动员潜力。与此同时，集体行动自身也为公共话语贡献了自己的力量，他们不仅是大众媒体的素材，而且也影响着媒体讨论的结果。从分散的个体行动到集体行动的过程，彰显了厦门市民的公共精神和集体荣誉感。在这次以“散步”为名的集体行动中，参与者表现得温和、理性和克制，表现出厦门市民坚强的公民意志和成熟的公民伦理。

### （四）PX事件后期的公众参与和民主协商

在PX事件后期阶段，厦门市政府面对市民“散步”式的游行示威，没有走

① Kit Welchman, Erik Erickson: His Life, Work and Significance, Philadelphia: Open University Press (2000), P50.

向保守和封闭，面对民意的反对声浪，感受到了公众强烈的参与意识和权利诉求，没有将“散步”行为视为恶性的群体性事件，没有以危害社会秩序为理由进行压制而恶化政府与市民之间的关系，而是积极拓展公众利益表达的渠道，积极沟通协商，善意回应民意，挖掘民情，集纳民智，从而疏导了民间的情绪，并努力为双方如何解决公共危机的问题寻找建设性共识。2007 年 5 月 28 日晚，《厦门晚报》以环保局负责人答记者问的形式，正式对海沧 PX 项目进行全方位介绍。厦门市政府的环境信息公开的意义不仅仅在于保障公众对于环境信息的知悉权，更在于为公众积极有效参与并与政府平等协商来解决公共危机提供前提和基础。6 月，厦门市将 PX 项目纳入厦门市城市总体规划环境影响评价，进行新的考量。中国环境科学院受厦门市政府委托，承担这一课题，包括两院院士在内的 21 名专家出任顾问。经过前期的危机阶段，厦门市政府在“散步”事件后并面对外界强大舆论压力的情况下，引入了规划环评程序，积极回应公众的呼声，宣布暂缓 PX 项目，并且升级环评层次，公布必要的政府信息，启动了公众参与的法律程序，召开了市民代表、专家和人大代表参加的座谈会，实行平等的民主协商，在公众参与和专家理性的基础上作出最后的决定。

12 月 5 日，厦门市政府召开的《厦门市重点区域（海沧南部地区）功能定位与空间布局环境影响评价》的公众参与正式拉开帷幕，从参与座谈会的代表构成来看，包括 50 名通过市民自己报名并随机摇号产生的公益代表和 50 名人大代表和政协委员。公众座谈会在代表遴选和发言权分配上都很有特色，现场直播随机摇号的方式在技术上克服了公众对于代表遴选环节的可能质疑，在发言权分配上保证了绝大多数公众代表都有发言的机会。值得一提的是，厦门市政府除了将相关的环评信息公开外，还对公众环评座谈会从代表的产生到座谈会的具体内容等信息都给予准确和即时的公开。厦门市政府在这次规划环评和公众参与过程中的信息公开可能开中国规划环评信息的先河，是在《环境信息评价法》规范过于原则化而缺少可操作性的情形下进行的有益探索。用座谈会主持人、厦门市政府副秘书长朱子鹭的话来说，厦门这次环评座谈会透过电视向场外直播，无论是在信息的透明，还是程序的公正上，在国内没有先例可循，“一切都是摸着石头过河”。座谈会的最终结果，85% 的与会代表表示坚决反对兴建 PX 项目。12 月 16 日，福建省政府针对厦门 PX 项目问题召开专项会议，会议决定迁建 PX 项目。

厦门市政府在 PX 事件后期所启动的公众参与程序，以政府、专家和公众在程序中的理性协商为主，协商从形式上看是保证参与者的平等，让公众、专家参与决策而不是政府自上而下地征求意见，最终让专家的意见形成明确的结论，并对政府公共决策产生约束力，以民本为导向促成了多方利益博弈达到合作共赢，这也反映了现代公共决策协商民主的发展趋势。在民主协商过程中，公众代表的意见得到了空前的重视，因为现代公共政策的受众不是作出决策的专家而是成千上万的社会公众，因此决策者必须首先考虑公众的感受和需要。当代科学技术的高度复杂性和不确定性往往使得专家难以真正处理和解决环境风险问题，甚至专家的判断之间也会存在争议或矛盾之处，如果完全依靠专家的论证，强调环境风险问题由专家解决，而忽视社会公众的认知和参与价值，排除环境风险应对过程中的公众参与，必然会造成科学理性和社会理性的割裂，严重削弱公共政策的正当性基础，最终导致公众对政府的不信任和对公共决策的合法性质疑。厦门市政府的最终决策合理考虑了公众在参与程序中的意见表达，并最终作出了科学合理的决定，实现了公共利益和个人利益的最佳平衡，使得公共决策具有了某种可接受性和可执行性，政府的公信力和公共政策的正当性、合法性得到了恢复。在PX事件后期阶段，厦门市政府改变了传统的社会治理模式，采取了一种较为开放、宽容和民主的现代型社会治理模式。在现代型的社会治理模式下，公众参与一方面是治理模式转型的产出结果，另一方面也是推动社会治理模式的动力源泉。公众通过参与公共政策的制定程序，在制度的框架下自由地表达自己的观点和主张，造就了具有参与能力的公民和具有公共精神的公民社会，实现与政府之间良性互动，推动了公共政策的科学化和民主化，促进了政府社会治理模式的转型。厦门市政府正是通过公众的广泛参与，促进了现代社会多元治理主体的形成，实现其治理模式从传统的命令、强制和封闭的模式向开放、公众参与和互动协商的模式的转型。

### （五）PX事件的省思和规范重建

厦门PX事件从一个简单的环境争议问题演变为政府决策和民意相互对峙的公共行政危机，虽然在事件后期厦门市政府在公众压力下转变了传统的公共治理模式，启动了公众参与程序，实行了民意与政府之间的良性互动，从而解决了事件前期公众利益表达渠道受到阻却，政府决策缺少监督的公共行政的合法性危机，但是，该事件还是留下了很多让我们省思的空间和重要的启示，引导我们对于该事件整个过程中所呈现出的制度缺失部分进行规范重建。

首先，应该理顺政府职能，发挥人大的政治监督功能。根据我国宪法的规定，国家一切权力属于人民，公民主要通过全国人大和地方各级人大来行使国家权力，各级地方人大的职权包括决定本区域内的重大事项。PX项目所在地海沧区的功能定位和PX项目的立项和迁址问题显然属于“本区域内的重大事项”，应当由厦门市人大及其常委会决定，厦门市政府单独对海沧区的定位和PX项目设立问题作出决定属于超越其法定职权范围，厦门市人大及其常委会有权加以撤销。但是，由于我国人大制度还存在着很多制度性和组织性缺陷，违背了原先的制度设计或政治安排时的原则和初衷，不能有效地履行其应有的对政府决策的政治监督职能，面对政府超越行使职权的情形往往无动于衷。在厦门PX事件过程中，作为厦门市民利益整合和利益表达的制度化机制，厦门人大和政协没有针对PX项目提出相应的提案。厦门市人大及其常委会人大监督主体的缺位，削弱了公众对于制度化参与机制的信任和信心。当制度化参与渠道被阻却，公众最后只能诉诸非制度化的利益表达方式。因此，我们必须推进人大监督的制度化、规范化和程序化，健全各项制度，理顺政府和人大的权责关系，明确人大监督的内容、形式和程序，让人大制度真正体现出其作为各种利益整合、利益表达的制度平台和制度性监督主体的功能，成为现代社会职能体系中的重要组织载体。

其次，畅通公众利益表达的渠道，构建公众与政府之间互动协商的平台。在现代法治社会中，公众参与是公共政策科学化、合理化的重要保证，也是公共政策获得正当性的根本途径。虽然我国的《环境信息评价法》对公众参与作出了要求，但由于缺乏有效的制度化参与机制，这一强大公众参与的决策方式往往难以得到切实执行。公民参与公共决策的渠道不畅，致使政府在制定公共政策时，只能依靠政府自上而下地对于公众意见的收集和对于民意的自我体察。一旦政府对于民意的认定与现实不符，就可能直接影响到公共决策的合法性和可接受性，酿成公共行政危机，进而造成政府公信力的丧失，因此必须构建公众与政府之间的互动协商平台，通过理性沟通和协商作出结论，政府应合理考虑公众意见从而作出能够实现公共利益和个体利益最佳平衡的公共决策。公众与政府之间针对公共决策的互动协商能够增进政府的责任意识和民主意识，避免公共政策的制定向精英决策模式的蜕变，保证公众对于政府决策的监督权。厦门 PX 事件最后以迁址结束被社会视为政府公共政策协商民主精神的标本，正是因为该事件的解决是建立在公众广泛、有效参与基础上的，而厦门市政府本着开放、民主的精神对公众意志进行了积极的回应，没有一意孤行，转变了传统的公共行政治理方式，体现了服务性政府的理念。如果没有厦门市民和政府之间的互动协商，没有公众参与的制度设计，就不可能作出能在最大程度上反映民意的高水准的民主决策。畅通公民利益表达渠道就必须落实政府信息公开制度，完善公共决策的透明度。公民对政策信息的知悉权是公民利益表达的前提，在很大程度上决定了公民采取行动和作出决策的能力。从我国宪法和法律的精神来看，公民有权了解或知晓与公共事务相关的信息，除了涉及国家秘密、商业秘密和个人隐私外。在厦门 PX 事件前期阶段，从项目环评审批到公众事后的强烈反对的过程，厦门市政府都是消极应对，试图通过规避环境信息公开来排斥公众参与，体现了政府决策者的权力傲慢。但是，在信息化的时代，这种暗箱操作、回避信息公开的做法是很难行得通的，这种权力暗箱操作的决策方式很容易引起公众对于公共决策的误解，导致流言满天飞，严重影响公众对于政府的信任度，削弱公共决策的合法性，最终造成公共危机。因此，必须实行政府信息公开，提高公共决策的透明度，切实保障公众的信息了解权，让公众可以在资源和信息相对平等的基础上与政府进行互动协商，防止政府官僚的技术控制，增进政府与公众之间的相互信任，从而确保社会公众具有参与公共决策过程的能力。如果厦门市政府把 PX 项目的环评过程向社会公开，让公众了解相关环境信息，这场公共危机就能够避免。

再次，发展民间社团组织，培育公民社会。在与政府进行利益博弈时，公众的力量不取决于人数的多寡，而是取决于自身的组织化程度。随着现代社会内部结构的复杂变化，民间社团组织日益成为人们参与公共生活的重要组织形式，它能依托自身所聚合的物质资源和精神资源，将分散化的、相对弱小的公民个体联合起来，借助社团组织的力量达到个人无法达到的利益诉求和监督政府权力的目标。民间社团组织可以通过内部的交流、讨论和凝聚共识的过程，把公众的利益以合法化的、制度化的渠道导向公共领域，促成政府行动，从而为政府公共决策提供合法性基础和条件。所以，民间社团组织的活力就在于通过集体的力量、组织化的方式来影响政府的公共政策，以维护处于社团组织状态下的公众的合法权益。同时，民间社团组织的大量发展也意味着公民社会的日益成熟，公民社会中各种自主、自律、多元化的民间社团组织是深化民主法治文化价值，培养民主、平等、宽容、妥协和理性精神等现代公民意识的重要场所。在最近几年因环境问题引发的公共事件中，民间社团组织在与政府利益博弈和协商谈判过程中发挥了重要的功能，如云南怒江水坝建设、北京圆明园湖底防渗过程被紧急叫停的原因就在于民间环保团体积极参与，形成了有组织的力量，其意见表达最终为政府所接受。而在厦门 PX 事件中，尽管赵玉芬、袁东星等一些知名学者曾经通过写信、走访和座谈等方式向政府表示反对意见，一些厦门市民也通过各种途径向政府决策者表达诉求，皆无果而终。因此，无论是知名专家还是普通市民在与政府的利益博弈中都显得很弱势，无法形成组织化的力量来抗衡政府权力。厦门最大的民间环保组织“厦门绿十字”虽然曾经多次向政府部门索取环评报告等相关资料，但没有得到相应回应，除此之外与政府没有进行互动沟通，也没有与利益相关方进行接触了解公众诉求，也没有对公众诉求提出任何的建设性意见，在“散步”事件发生时明确采取不支持、不反对、不组织的消极态度，没有主动承担起整合公众利益诉求、凝聚社会共识，监督和抗衡政府权力的职能。现代社会治理模式体现了公众与政府良性互动、协商民主的价值取向，而协商民主以公共理性为基础，本着相互体谅、相互妥协的精神相互沟通最后达成共识，从而确保公共利益的实现。厦门 PX 事件最终以协商理性的途径解决，这与厦门市民所彰显的公共理性和政治浪漫主义密不可分，也标志着厦门的公民社会已具雏形。但是由于厦门民间社团组织发展尚不成熟，资源和社会公信力不足，公共责任感缺失，对政府依赖性太强，社会公众也很少主动寻求民间社团组织的协助，民间社团组织发展的先天不足和制度缺失也在相当程度上制约了公民社会的形成和发展。因此，推动民间社团组织的发展，重建民间社团组织的公共精神和公共责任意识，规范民间社团组织的内部制度运作，普及网络知识和推动网络论坛的建设，对于培育公民社会将发挥不可估量的作用，而公民社会的生成和发展也将为现代社会治理模式的转型、构建多元治理主体提供基础和前提。

## 二、浙江温岭公共预算“民主恳谈会”的实践分析

公众参与预算是指在政府预算的编制、审批和执行过程中，必须听取公众意见，将公众的意见表达作为政府预算决算的依据，预算的执行必须接受公众监督的制度。公众参与预算是现代公共行政协商民主理念在政府预算领域的体现，协商民主是现代民主理论的核心，其基本要义是指公民通过自由平等的对话、沟通、协商等形式参与公共决策和政治生活。协商民主理论为公众参与政府预算提供了理论基石，而预算本身所具有的公共性特征也蕴含了公众参与预算的巨大空间。在传统的公共治理模式下，公共决策过程是一个缺乏沟通，由政府或官僚独享话语霸权的过程，政府通过自上而下的强制性命令执行而公众被完全排斥在预算决策话语体系之外，公共政策只反映政府和官僚精英们的政策偏好而没有经过公众同意或认可的合法性检验，因此背离了民主政治的实质。而公众参与有利于提高政府预算决策的科学化与合理化，弥补预算程序中代议民主体制的不足，提高公民的权利意识，发展公民的人格和精神，增强公民对社会共同体的认同，树立政府的责任意识和服务意识。公众参与预算是对以“官僚权力为中心”“政府垄断话语霸权”传统公共治理模式的修正，公众参与政府预算决策可以在公众和政府之间建立平台和机制，为双方提供一个阐述自己利益诉求和利益博弈的场所，通过彼此间的对话、交流、沟通和协商达成政治共识，从而为公共预算的形成和执行提供合法性基础。近些年来在中国基层民主建设中所出现的“协商民主式”的实践逐渐为学界普遍关注，如山东陵县的“听证决策”、上海闵行区的“预算听证”和浙江温岭的“民主恳谈会”等，特别是温岭的“民主恳谈”更是被学界称为协商民主和参与式民主在基层民主建设的经典型案例，并被有关机构授予“中国地方制度创新奖”。

### （一）温岭“民主恳谈”的生成机理

从发生学意义上看，中国传统政治文化是与乡村自然经济、传统宗法家族制社会构造密切联系的，因此按照一般的观点，传统政治文化对中国农村民主政治建设的影响是根深蒂固的，而作为西方式概念的“协商民主”在中国农村乃至整个中国基层都缺乏实践的基础。但是，浙江温岭的“民主恳谈会”却通过让普通民众参与地方公共事务的决策，形成公众与政府之间的有效沟通，而使政府公共决策吸纳公众意志，从而将协商民主的精神运用于基础民众的政治生活之中。

浙江温岭的“民主恳谈会”创建于1999年6月，最初被当地村民称为“焦点访谈”，其本质上是一种公共事务的人民会商制度，亦即村镇建设、道路交通、治安管理、计划生育、生活必需品价格、投资环境、社会纠纷、医疗保障、政府

预算、党委和政府对于重大事务所作出的决定等问题都要经过民主恳谈会的程序，听取各方意见，鼓励公众参与公共事务的制定过程，进行协商、讨论和对话并形成共识性意见，以此共识性意见作为政府公共决策的依据。后来经过不断发展和完善，民主恳谈会已经成为浙江温岭涉及民主决策、民主管理和民主监督的形式，并成为党委和政府民主决策和民主行政的必要缓解以及人大制度的有益补充。民主恳谈会出现在浙江温岭不是偶然的，而有着其独特的生成背景和社会文化机理。发达的民营经济是“民主恳谈会”实践的社会基础。浙江温岭是中国农村股份合作制经济的发源地，地处中国经济最活跃、发展最快速的甬台温地带。1978 年中国实行市场化改革后，温岭的经济获得了飞速发展，诞生了中国第一家农村股份合作制企业，各类民营企业纷纷产生，出现了行业协会和商会的市场化、民间化的趋势。随着农村社会经济的快速发展，人们的生活水平不断提高。经济的发展使得中国农民具有了自由流动的权利和能力，逐渐从对国家的人身依附的状态中摆脱出来而拥有更多的自主选择机会。市场经济不仅改变了温岭人的经济生活方式，而且培养了他们平等、契约、竞争、公开、乐观等行为观念和生活态度。民营经济的发达使得传统中国农村的狭隘性、血缘性和依赖性等思维观念和行为模式被逐步打破，产生了具有开放性、自主性和独立性的新时代村民，这些新时代的村民的独立感和自主意识得到显著增强，每个人都意识到自己作为独立个体的存在价值，权利观念和规则意识都逐步确立了起来，这为温岭乡村“协商式民主”的发展提供了坚实的社会经济基础。

面对温岭经济的发展和社会结构的变迁，原来的乡村治理模式遇到了强有力的挑战。传统的乡村治理模式下，虽然作为基层群众自治组织的村民自治委员会与乡镇政权之间并非命令与服从关系而是指导与协助关系，但是在具体实践中这一关系并没有得到体现和落实，乡镇政权仍然把村民自治委员会当做自己的下级进行“驱使”，村民自治委员会的自治权有名无实。而村民委员会与同级党委之间的关系也不太协调，经常处于矛盾斗争之中，根本无暇服务村民和解决村民的困难问题，一些乡镇干部工作方式简单粗暴，仍然抱有以权压人的威权观念，教育方法老套单调，干群关系疏离；村级党委和村民委员会矛盾不断，财务混乱，有些干部私分集体财产，公款消费，村民不堪忍受，敢怒不敢言。① 面对异化的村民委员会和乡镇政权的权力滥用，村民利益受到损害以及村民在社会生产生活实践过程中遇到的诸多问题，村民因为没有相应的民意表达的渠道而显得无能为力。为了改变这种不正常的乡村民主政治生态，畅通民意表达的渠道，推动基层民主政治的实践，温岭市委和政府努力寻求各种解决之道。1999 年，中央提出了“沿海地区要加快农村现代化”的要求，为了呼应中央的这一要求，浙江省

---

① 胡家勇等：《浙江省温岭市泽国镇经济社会发展调研报告》，北京：中国社会科学出版社 2008 年版，第 305 页。

委决定“在全省进行一次农业农村现代化教育”，并将这一精神落实到基层。经过多次的协商和沟通，温岭市委在松门镇举办了“农业农村现代化建议论坛”。论坛使得民众与乡镇领导平等对话，内容涉及生产生活的各个方面，从投资环境、村镇规划、道路建设到邻里纠纷、生活琐事，双方进行了广泛的交流和沟通，并且提出了具体的解决建议和设想。该论坛的最初目标是增加乡镇党委和政府的群众亲和力，缩小干部与群众之间的疏离感，改变原来的灌输式教育为政府干部与群众之间面对面交流的教育形式。没想到该论坛形式受到了民众的广泛认可和热烈欢迎，激发了民众的参与热情，产生了良好的效果。当年松门镇连续举办了四期论坛，参加群众达600多人次，提出问题110余件，答复84件，承诺交办26件，被群众誉为松门的“焦点访谈”。此后，温岭市委推广了这一做法，各乡镇出现了各种形式的民主沟通和民主对话活动。2000年8月，温岭市委将各地开展的“民主论坛”、“民情直通车”、“农民讲坛”、“民情恳谈会”“村民民主日”、“民主议事会”等活动形式统一命名为“民主恳谈”，并将恳谈的范围由村镇两级向企业、社区、事业单位和政府部门延伸。民主恳谈要求乡镇政府对既定的政策和未来的政策预案进行说明，通过沟通、交流和对话，形成政策反馈，以此作为未来政策制定的重要参考。这样，民主恳谈会成为解决村民利益表达渠道缺失的“乡村民主困局”和乡镇党政部门作出重大公共事务决定前的必经程序，同时也使得公众意见成为公共决策的合法性基础。

在中国特殊的时代背景下，作为草根性制度创新的“民主恳谈会”没有相应的法律地位，其生存难度是可想而知的，往往随着人走政息而被湮灭。中国大陆大量的草根性制度试验就是由于没有制度化、规范化而最终自生自灭的。为了使这项新生的制度实践能够获得持续性发展，同时也为了解决群众意见是否能够被纳入公共决策中去，避免民主恳谈流于形式的问题，温岭市委对民主恳谈的内容和形式都进行了规范设计，形成了村、乡镇和市县三级民主恳谈的规范，民主恳谈的实践在内涵上得到进一步深化。2002年温岭市委下发了《关于进一步深化民主恳谈，推进基层民主政治建设的意见》，该文件规定，民主恳谈一般由乡镇党委主持，邀请当地的人大代表、各行业协会和群众团体代表参加，并允许其他群众自愿参加。恳谈会的基本程序是，村党委或村委会、乡镇党委或政府、市县级党委或政府提出初步意见或拟定待决事项，在各方代表充分表达观点，认真听取群众意见和要求后，经党委或政府集体研究后作出初步决定，然后向群众反馈，再次征求群众意见，对于多数群众反对或不同意见较多、较集中的事项，要暂缓决策，重新论证，充分考虑和吸收群众合理的要求建议，并作出相应的修改或调整后再作决策，决策的实施过程由镇人大主席团监督。

从2003年下半年开始，温岭市委开始探索将民主恳谈会与基层人大制度结合的有效途径，以此深化民主恳谈会的规范化和制度化，推动基层人大制度的改革。根据2004年温岭市委下发的《关于“民主恳谈”的若干规定》文件，将民主恳谈纳入人大工作范围，规定将民主恳谈结果以人大决议的形式组织实施，把基层重大公共事务的建议权和决定权交给了人大代表和公众，借用人大制度的法律地位把民主恳谈会纳入现行制度框架之内，从而完成了民主恳谈会由体制外创新的自发生长到体制内发展的过程。该文件提出了乡镇民主恳谈、乡镇党内民主恳谈、社区民主恳谈的明确议题范围，并规定民主恳谈会上意见分歧较大而难以协商确定的重大事项，应由镇政府提请乡镇人大主席团召集人大代表审议，依法作出决定；村民主恳谈会应由村民会议或村民代表对讨论事项进行表决；恳谈会形成的建议和意见未被采纳的应作出解释和说明；群众对于乡镇“民主恳谈会”作出的决定持有异议的，可向乡镇人大主席团或人大代表反映，若获得五分之一以上人大代表支持联名提出，乡镇主席团应召开人大会议表决。

2005 年温岭新河镇将民主恳谈的经验运用于年度政府财政预算改革，改革涉及预算草案的初审、审议与批准、执行与监督三个步骤，民主恳谈增加了预算草案初审程序，从而增加了政府财政预算过程的公开性和透明度，加强了公众对于政府财政预算审议过程的监督，创立了公众制度化参与政府预算决算的新河模式。该模式基本做法是：乡镇政府提出的财政预算草案提交给乡镇人大，乡镇人大将预算草案向全镇公开，举行由人大主持的关于预算的民主恳谈会，并将恳谈会讨论的结果向随后召开的人大会议宣布，经人大代表就预算的具体内容对政府进行询问，并提出自己的修改意见后，再由镇政府和人大的预算审查小组共同修改预算，形成新的预算方案，再提交给人大会议讨论通过，形成正式的预算。新河公共预算改革试验促进公众参与，加大了公众对于政府公共决策的发言权和决策权，激活人大监督政府预算的功能，克服了乡镇人大在闭会期间无法有效监督政府财政预算的缺陷，推进了人大制度的建设，同时也将民主恳谈提高到了一个新的高度，推动了中国基层民主深化发展。该项制度创新受到了国内外学术界的广泛关注，有学者认为，新河镇的试验创新有四个特点：一是采取民主恳谈与人大制度相结合；二是以政府预算为恳谈的重点，而且是全部的政府预算；三是在镇党委的领导下，通过在政府官员、人大代表和公民之间展开对话的形式，让大家充分交流，然后对政府预算进行修正；四是设计了相应的程序，确保人大代表和公民的预算参与是有序的。新河试验是为了解决各种新问题而发展出来的新型治理模式，是真正中国式的参与预算，代表了我国建立公共财政的方向。①

### （二）民主恳谈在公共预算领域中的运作逻辑：新河模式和泽国模式

2005 年，温岭市几个乡镇先后启动了公众参与公共预算的试点改革，将民

① 胡念飞：《新河试验是中国式的公共预算——访中山大学政治与公共事务管理学院副院长马骏教授》，广州：《南方周末》，2006 年 3 月 16 日（5）。

主恳谈运用于公共预算领域，将民主恳谈与公共预算的审查结合起来，深化了协商民主在我国基层民主建设中的具体实践。温岭实行的公众参与政府预算试点改革形成了两种不同的模式。

1. 新河模式的运作逻辑

2005 年 7 月，温岭市新河镇召开年度人大财政预算民主恳谈会，将民主恳谈和人大制度结合起来，让公众参与到公共预算的审核和监督过程中。这次会议有 93 位镇人大代表和 193 位公众就年度的财政预算草案与镇政府进行讨论和对话，提出了减少政府行政管理开支、增加教育投入等诸多问题。恳谈会结束后，镇政府、人大主席团、预算审查小组召开联席会议讨论人大代表提出的问题，调整了包括缩减政府行政管理费 25 万元在内的 9 个项目，增减的资金合计 237 万元，镇政府据此修改了政府预算报告，该报告在第二天的人大代表全体会议上经表决获得通过。① 这标志着民主恳谈以公众参与的形式拓展到财政预算的新领域。在这次新河镇公共预算审查改革中，还将镇人大财经审查小组转变为财经小组，负责对公共预算的执行情况进行监督，财经小组作为常设的专业性机构，拥有咨询权、预算执行审查权、听取政府报告和参与制定政府下一季度预算的权力，从而改变过去在人大闭会期间无人监督的局面，加强了人大对于乡镇财政预算执行的监督和约束。新河模式将民主恳谈引入政府预算审查程序，将政府公共预算的决策权和监督权交给了公众与人大代表。

2006 年 3 月，会议通过了《新河镇财政预算民主恳谈会实施办法》，从而将公共预算的民主恳谈会和人大制度有机结合起来，民主恳谈得到了法律化、制度化。此外，新河镇就预算改革在程序方面作了一些改进。在预算初审讨论大会前，镇人大主席团请专家、学者对人大代表和其他自愿参加的村民进行培训，让人大代表和村民了解公众参与预算的积极意义，使得人大代表和公民能够熟练掌握预算过程所需的相关知识。在预算初审民主恳谈会上，人大代表和公众在财经小组的主持下分成农业、工业和社会发展三组，就《镇政府预算细化说明》（附表一）中的预算条目进行讨论，人大代表和公众的意见被整理出来，形成预算初审报告，提交人大会议向代表们报告。新河镇的这些措施，改进预算的审议程序，提高公众的参与程度和参与质量，促进人大代表充分表达意见，充分发挥财经小组的监督作用。7 月，新河镇再次举行关于预算中期执行的民主恳谈会，在会议议程中，民主恳谈还增加了预算调整的内容，会前先安排部分人大代表对当年预算确定的几个建设项目进行考察，然后由财经小组组织人大代表和公众对公共预算进行初审讨论，提交预算修正议案，经人大主席团审核形成有效议案，对建设项目预算的具体金额进行调整，提交人大会议表决通过。

---

① 陈奕敏：《预算民主：乡镇参与式公共预算的探索》，北京：《学习时报》第 336 页。

## 附表一：《2006年新河镇财政预算细化说明》

一、支入方面：11078万元；

1、一般预算补助收入1738万元；

2、土地出让金返还收入5700万元；

3、工业集聚区企业用地收入400万元；

4、城建配套费返还收入150万元；

5、社会事业发展捐赠收入200万元；

6、市场摊位招标收入350万元

7、社会抚养费返还收入60万元；

8、其他收入100万元；

9、财产处置收入280万元；

10、专用基金补助收入2100万元；

二、支出方面：9297万元；

1. 城建基本建设支出2191万元；

江滨新区等项目开发投入500万元，项目征地费700万元，项目报批费用400万元，村庄整治投入200万元，历史街区整治规划40万元，金清大港景观改造设计30万元，土地利用总体规划调整30万元，环城东路道路、下水道50万元，环卫综合楼58万元，市民小区排水道5万元，市民小区配电工程22万元，广场绿化工程40万元，移民锦山支路道路6万元，老城区街面维修改造50万元，其他60万元。

2. 农业事业支出1645万元；

管理费用250万元，标准农田建设1250万元，农业项目补助支出100万元，素质培训支出25万元，抗台及其他支出20万元。

3. 林业事业支出69万元；

管理费用29万元，森林防火及造林支出40万元；

4. 水利事业支出129万元；

管理费用29万元，河道、溪渠整治疏浚支出100万元；

5. 工业交通部门事业支出490万元；

管理费用30万元，工业集聚区建设300万元，工业企业扶持20万元，交通标志线建设支出30万元，民间交通桥梁、道路维护支出55万元，石松一级公路建设支出55万元。

6. 文化体育事业费118万元；

管理费用51万元，创省级全民健身先进集体、省小康型老人体育乡镇15万元，基层文化俱乐部建设30万元，文化艺术精品创作费用5万元，文体活动经费10万元，其他7万元。

7. 计生事业费268万元；

管理费用100万元，流动人口管理费用20万元，计生联系员工资20万元，四项手术及外出调查经费100万元，指导站设备购置5万元，计生温暖工程支出6万元，计生宣传及其他支出15万元。

8. 科技支出40万元。

9. 教育事业支出750万元；

新河小学综合楼185万元，新河镇中学运动场35万元，新河镇中学学生宿舍楼150万元，塘下片校网调整36万元，中小学食堂工程50万元，教师节开支19万元，生均不足经费30万元，成人教育18万元，新河镇中学桥梁工程12万元，长屿中学学生宿舍楼75万元，校舍修理及其他140万元。

10. 卫生支出455万元；

农村合作医疗保险140万元，灭鼠灭蟑支出10万元，农民饮用水工程补助支出50万元，环保生态镇建设支出30万元，水厂及管网改造工程支出200万元，传染病、职业病防治10万元，无偿献血支出5万元，社区卫生、食品安全支出10万元。

11. 其他部门事业支出298万元；

统计、劳动保障、其他部门事业管理费用70万元，农业、企业、三产、农村住房调查统计26万元。

旅游基础设施建设支出200万元，其中隧道拓宽100万元，明清古街、闸桥群等历史文化保护修复100万元。

12. 抚恤和社会福利救济事业费450万元；

社会救济补助46万元，优抚补助129万元，现役军人优待金110万元，残联补助35万元，最低生活保障金120万元，双拥支出10万元。

13. 行政管理费1587万元；

管理费用530万元，离退休、退职工资费用245万元，聘用人员57万元，精简下放及遗嘱补助支出15万元，水电费、电话费80万元，交通费、差旅费70万元，办公费80万元，会议及公务经费120万元，办公设备购置费30万元，维修保养费30万元，住房公积金及社会保险费50万元，机关工作人员培训、考察费50万元，其他公务费用70万元，妇联、代表年经费20万元，党建信息化平台、“七一”系列活动、非公企业及非公党人才培训50万元，工会费25万元，车辆购置65万元。

14. 城市维护费382万元；

环卫支出167万元（包括承包款90万元、填埋场付费12万元、环卫设备65万元），城建监察管理费65万元，消防管理费50万元，市场管理及修理费70万元，绿化及亮化支出30万元。

15. 其他支出425万元；

综合治理支出125万元。其中禁毒开支10万元，护村队开支30万元，巡治队员开支60万元，“五五”普法开支10万元，归正帮教经费5万元，其他经费10万元。

利息支出100万元。

慰问、扶贫支出30万元。

武装支出50万元。其中民兵训练经费支出20万元，征兵费用支出30万元。

村干部工资支出120万元。

三、消化赤字1500万元。

四、预备费280万元。

在我国乡镇人大审查公共预算的体制中，经常会出现因没有审批前的辩论程序而缺乏不同利益主体的意见交锋，不同意某一条款但在表决时却不能全部否决的问题，致使表决结果的真实性不能完全反映。为了改变民主恳谈流于形式、改革成效不彰的问题，并进一步深化参与式公共预算的改革，2008年新河镇在公共预算提交大会表决前设置了辩论程序，根据辩论程序，首先由提出议案的代表陈述理由，然后所有代表就议案展开辩论，各方意见得到充分表达以后再将议案付诸表决。辩论遵循四项准则：第一，辩论采取大会形式，由大会主席主持；第二，领衔代表提出议案的理由、论据和方案，其他代表可以提出疑问或异议，由报告人作出回应；第三，对报告人的回应有新异议，任一代表可以继续发言，否则，该轮辩论宣告结束；第四，议案报告的时间限制在10分钟以内，异议和回应的时间不能超过5分钟。① 2009年12月，新河镇将民主恳谈会引入财政预算编制阶段，公民参与式预算的新河模式基本形成。

---

① 陈奕敏：《参与式预算：温岭模式》，复旦大学公共预算绩效评估中心编，《地方人大公共预算审批与监督学术研讨会论文集》，2008年6月。

经过多年发展，新河模式得到了进一步制度化、规范化，推进了我国的公共治理模式和基层民主建设。总结起来，新河模式包括以下主要步骤：

（1）预算初审民主恳谈。镇人大主席团提名并在人大预备会议上由全体人大代表表决通过组成人大财经小组，财经小组成员由人大代表组成，可聘请若干专业人士参加工作；在人大正式会议前，镇人大主席团领导镇人大财经小组组织预算报告初审民主恳谈会；由镇人大财经小组成员主持工业、农业、社会三个专门小组，分别组织人大代表、各协会、社会团体、各界代表和公民对预算报告进行初审；预算报告初审民主恳谈后，各专门小组分别负责汇总各方意见并形成各自的预算初审意见。

（2）人大预算审议的民主恳谈。镇人大主席团在人大会议期间组织人大代表进行民主恳谈审议政府预算报告，镇人大财经小组的各专门小组分别向大会做大会预算初审报告；人大代表对上年度预算执行情况和本年度政府的预算报告发表意见和建议，镇人大主席团、镇政府召开联席会议，讨论预算初审报告以及人大代表就政府预算报告提出的相关意见和建议，由政府形成预算修改方案，并向大会通报，然后由代表团进行分组审议；在分组审议的基础上，人大代表可提出预算修正议案。人大代表的预算修正权限包括：削减、否决、增加，但提出增加时必须同时提出其他支出项目的削减，以保持预算平衡；5 名以上代表可联名提出预算修正案。

（3）修改并通过预算报告。镇人大主席团就人大代表联名提出的预算修正议案，召开会议进行审查，在审查时，镇人大主席团可以召集有关人员就某项议案进行沟通、协商，并综合各方情况决定某项议案是否提交人代会全体会议表决；人大全体会议对人大主席团审查提交的预算修正议案进行表决，超过出席代表的二分之一以上赞成为通过；镇政府根据人大会议表决通过的预算修正议案，对政府财政预算报告进行修改，形成预算报告（修改稿），并提交人大会议表决；人代会对预算报告（修正稿）进行审议并表决。获得出席代表的二分之一以上赞成通过，若不通过，则对预算报告重新修改，直至通过。

（4）预算执行与监督。人大闭会期间，镇人大财经小组对镇政府的预算执行情况进行监督，可随时向镇政府了解预算执行情况；镇政府应每季度向镇人大财经小组汇报预算执行情况；政府调整预算应提交人大财经小组备案，对于重大的预算调整或使用超收收入追加预算项目支出，镇政府提交相关方案或议案给人大财经小组进行讨论，并由财经小组提请镇人大主席团召开镇人大代表会议，进行审议表决，通过后方能执行；人代会在审查新一年度的预算报告之前，应对上年度预算执行情况进行审议。

2. 泽国模式的运作逻辑

在新河镇实行公共预算改革之前，温岭市委在专家和学者的帮助和推动下在民主恳谈基础较好的泽国镇进行了公众参与公共预算改革的试验。泽国模式是典型的“协商民主”的实践形式，其公民参与的方式不同于新河模式。

2005年初，泽国镇政府在年度公共基本建设项目安排中，提出了事关民生问题的四大类共30个城建项目，共需资金13692万元，而2005年度预计可用于公共基本建设投资的资金只有约4000万元左右。这就产生了几个问题，即其中哪些项目是村民最希望建设的项目，如何从中挑选出总投资为4000万元的若干重点项目。为了解决这些问题，泽国镇政府决定组织各方面的代表召开民主恳谈会，在听取各方意见后再集体讨论决定。2005年4月，泽国镇聘请了12位专家组成专家委员会，由专家委员会对各个建设项目的可行性方案写出说明书，提出各个项目的资金预算，并拟定出预算项目的民意调查问卷。然后，通过乒乓球摇号的抽样方式，根据2000人以上的村每村4人，1500—2000人的村每村3人，1000—1500人的村每村2人，1000人以下的村每村1人的原则，从12万人中随机抽样产生了275名民意代表。在民主恳谈会召开前15天，将这30个项目的详细说明材料和专家委员会论证的中立、公正的项目介绍发送给代表，代表们就这30个项目按照重要程度填写了第一份调查问卷。后来有259名民意代表参加了4月9日的民主恳谈会。会议正式召开后，民意代表以随机抽样的方式将代表分成16个小组开展讨论，小组讨论由事先经过培训的中立主持人主持，讨论结束后，由每个小组选派代表带着本小组讨论时最关注的问题和最集中的意见参加大会的交流发言。当天下午，民意代表在听取各组不同的意见后再分组讨论，然后再选派代表带着本小组讨论的新建议和新问题参与第二次大会交流。在两次大会中，专家委员会对于民意代表的询问进行回答和解释，政府官员则列席会议旁听。在第二次大会交流结束后，民意代表再次填写与第一次相同的问题调查。会后，对两次问卷的数据输入计算机进行处理，得到了每个项目的得分情况和30个项目从最重要到最不重要的优先排列顺序。第二次调查问卷的填写实际上就是民意代表对原来偏好优先秩序的一次调整与修正过程。在恳谈会结束后，泽国镇召开党政联席会议，根据民意代表提出的意见和建议，按第二次问卷调查中依得分优先顺序自上至下的排序，将总投资约3640万元的12个项目拟定为2005年城建基本项目，将随后的总投资为2250万元的另外10个项目作为备选项目，根据财力情况，再按优先顺序选择建设。随后，4月30日，泽国镇政府将相关报告提交人大表决。人大会议以84票支持，7票反对，1票弃权，最终通过了2005年泽国镇城镇基本建设项目的预算安排。①

① 陈奕敏：《从民主恳谈到“参与式预算”》，李凡：《2008年中国基层民主发展报告》，北京：知识产权出版社，2008年版。蒋招华等：《民主恳谈：参与式公共财政预算安排决策机制——温岭市泽国镇公众参与2005年城镇建设资金使用安排决策过程的个案报告》，2005年版。

**表二：泽国镇 2005 年公共基建预选项目民意调查问卷结果①**

| 得分排序 | 项目原序号与内容 | 投资额（万元） | 第一次问卷调查的平均值 | 第二次问卷调查的平均值 | 第一次与第二次问卷调查得分差距 |
|---|---|---|---|---|---|
| 1 | 30. 污水处理前期工程 | 100 | 8.916 | 9.658* | +0.742 |
| 2 | 25. 城乡规划设计 | 240 | 8.642 | 9.239* | +0.597 |
| 3 | 1. 文昌路主干道 | 1095 | 8.261 | 9.230* | +0.969 |
| 4 | 29. 丹崖环卫中转站 | 150 | 7.531 | 9.145* | +1.6145 |
| 5 | 28. 牧屿环卫中转站 | 150 | 7.301 | 8.866* | +1.565 |
| 6 | 21. 市民公园一期 | 300 | 6.693 | 7.440* | +0.747 |
| 7 | 22. 城区绿化工程 | 300 | 7.551 | 7.313 | -0.238 |
| 8 | 23. 丹崖山公园 | 280 | 7.612 | 7.231 | -0.382 |
| 9 | 24. 牧屿山公园 | 280 | 7.11 | 7.04 | -0.07 |
| 10 | 16. 牧屿工业区配套、联树工业区配套和水仓工业区配套 | 200 | 6.667 | 6.895 | +0.228 |
| 11 | 3. 桥梁 | 345 | 7.423 | 6.531+ | -0.892 |
| 12 | 26. 示范街建设 | 200 | 6.746 | 6.491 | -0.255 |
| 13 | 12. 西城路一期 | 1743 | 6.259 | 6.296 | +0.037 |
| 14 | 7. 商城路一期 | 129 | 6.972 | 6.073* | -0.899 |
| 15 | 13. 泽国大道二期 | 1165 | 5.827 | 5.972 | +0.145 |
| 16 | 18. 高家岭边坡治理 | 172 | 5.604 | 5.953 | +0.349 |
| 17 | 10. 东河路填土拆建 | 256 | 7.140 | 5.828* | -1.312 |
| 18 | 27. 老街区拆建 | 100 | 6.369 | 5.577 | -0.792 |
| 19 | 2. 牧长路一期主干道 | 406 | 6.526 | 5.543* | -0.983 |
| 20 | 11. 东河路主干道路 | 866 | 5.633 | 5.327 | -0.306 |
| 21 | 17. 城区支路改造 | 600 | 5.680 | 5.196 | -0.484 |
| 22 | 15. 空压机工业区配套 | 100 | 5.629 | 5.062 | -0.567 |
| 23 | 5. 东城路一期 | 65 | 5.428 | 5.055 | -0.373 |
| 24 | 4. 复兴路东段 | 129 | 5.781 | 5.052* | -0.729 |
| 25 | 19. 文昌公园一期 | 200 | 5.927 | 5.046* | -0.881 |
| 26 | 9. 腾桥路 | 193 | 5.023 | 4.733 | -0.29 |
| 27 | 6. 东城路二期 | 1310 | 5.606 | 4.677* | -0.929 |
| 28 | 8. 商城路二期 | 187 | 6.000 | 4.656* | -1.344 |
| 29 | 14. 泽国土道三期 | 2331 | 4.667 | 4.591 | -0.076 |
| 30 | 20. 文昌公园二期 | 100 | 5.184 | 3.500* | -1.684 |

* 的标记表示统计数据的变化极其有效。

① 中共温岭市泽国镇委员会，温岭市泽国镇人民政府：《民主恳谈：参与式公共财政预算安排决策机制——泽国镇公众参与 2005 年城镇建设预算安排决策过程资料汇编》，2005 年。

泽国镇的试验成功给予了民主恳谈设计者和推动者极大的信心，促使他们将公共预算的改革实践进一步推动下去。2006 年，泽国镇对参与式公共预算在程序上作了某些改进，主要包括民意代表不再是按照村而是按照人口比例随机抽选出，从规模企业抽选出一定人数的外来员工代表参与恳谈会，设置人大监督员对恳谈会的过程进行监督，安排一定比例的预备资金用于预选项目之外民意代表共同关注项目的资金使用等。2008 年，泽国镇将预算协商民主的范围从原来的项目预算扩展至全部财政预算，将泽国镇年度财政预算全部交给随机抽选出的民意代表进行公开讨论，并组织镇人大代表进行旁听，“让原本就是民意代表的人大代表能够更多地、更真实地和更有实感地听取民意、吸纳民意”，① 更好地实现民意代表与人大代表之间的互动，从而体现了代议民主与直接民主的有机结合。在大会交流中还增加了辩论程序，其基本程序是，由大会主持人抽签决定民意代表发言提问，然后由专家答疑，辩论程序促进了民意代表之间的沟通，弥合或消解不同个体之间的分歧。此外，泽国镇对整个预算草案的表决方式由过去的举手表决改为无记名票决，从而使得民主恳谈会的结果更真实地反映民意。2009 年，泽国模式更加规范，程序也更加合理，为了避免恳谈会主题范围过于宽泛失去焦点而致使参与者在讨论时面对一大串数字感到无所适从，泽国镇将恳谈会的重点集中于财政政策补助和基本建设项目预算上。考虑到节省时间和成本，以及对于一些跨年度的项目，沿用前一年曾经参与恳谈会的民意代表讨论情况和对 2008 年预算情况的熟悉度，更有经验，也有利于动态比较，2009 年恳谈会的民意代表沿用了 2008 年的版本。

泽国试验在相当程度上确保了公共预算决策的民主化和科学化，但是泽国模式的缺陷还是较为明显的。首先，随机抽样产生的民意代表作为预算涉及的利益相关者的代表性可能存在不足的问题。虽然随机抽样能够体现机会均等，所有的相关利益者都有被抽中的同等机会，但预算项目的利益相关者或参与意愿强烈而对于议题较为熟悉的人可能因为随机抽取而无法被抽到，而非利益相关者或者参与热情不高的人却反而被抽到，这样不仅会造成民意代表名额的浪费，也会打击民众参与预算民主恳谈会的热情。其次，因为利益分散，随机抽样的民意代表很难抱团与政府和利益团体进行有效的利益博弈，利益分散不利于利益集中，进而严重影响到公共预算决策的制定和执行。实践证明，分散的农民很难与拥有信息资源和专业技术的政府相抗衡，只有组织起来才能与政府进行互动。再次，随机抽样不能确保参加民主恳谈会的代表的素质和参政能力，公共预算决算是专业性和技术性很强的工作，要求参与者具有一定的素养和参政能力，而随机抽样的代表则无法保证其素养与能力足以应付这一专业性较强的工作。在实践中，对比泽

---

① 何包钢、郎友兴：《协商民主在中国基层的深化——泽国镇的 2008 年财政预算民主恳谈会》，北京：《学习时报》，2008 年 3 月 10 日。

国镇和新河镇的民主恳谈会现场情况，新河镇的人大代表参与的积极性和专业熟悉程度都要远高于泽国镇的民意代表。

从以上介绍我们可以看出，泽国模式与新河模式最大的差异之一就是泽国模式强调公众直接参与政府项目预算决策，而新河模式强调的是公民通过人大代表全程参与政府全部预算决策和监督过程。泽国试验在温岭市普遍推广的民主恳谈会基础上，将恳谈会与政府预算直接对接，使得民众参与政府预算的过程中，通过参与讨论，民众的意见表达直接对政府预算产生影响。在泽国模式下，公众与政府直接“民主恳谈”后所形成的决议以人大会议的形式通过，而新河模式将民主恳谈直接纳入人大制度，透过人大代表与政府的直接对话的方式确立预算决策的民意基础，以人大代表所代表的民意来对政府预算的决策和执行过程进行监督。新河模式将基层人大放置于民主恳谈的主导位置，有利于参与式预算改革与基层人大的相关制度资源的有机结合，而泽国模式的培训机制、主持人制度、专家专业理性的融入则有利于民主恳谈中审慎的商谈和公共理性的建构。泽国模式的抽样民主接近直接民主，而新河模式则是代议民主制的体现。从现有法律来看，由于泽国模式通过随机抽样产生的民意代表没有法定的代表身份，他们的意见只是作为民意调查报告而作为政府预算决策的参考，不具有强制性的法定效力，政府和人大会议可采纳也可不采纳。而新河模式则依托人大作为制度平台，人大代表与民众通过恳谈会进行互动和配合，进而达成共识意见，并通过人大会议表决通过形成具有法律效力的决议，对政府的约束力更强。新河模式不仅超越了协商民主的范畴，而且较泽国模式更接近公共预算的理想类型，由人大代表而不是政府随机抽出的民意代表参与预算的讨论、修改和表决，人大代表的法定身份使得经过民主恳谈得出的结论性意见可以透过人大制度平台转化为具有法定约束力的预算决议，从而具有要求政府必须执行的强制效果。用一位学者的话来说，“新河镇的改革在公共预算中突出了人大的作用，将‘橡皮图章’的人大改造成一个有实际制约权力的人大，这样就在地方事务当中激活了人大的作用，使得人大可以就此发挥更加积极的作用”。[①] 从这个意义上来说，新河模式对于进一步推动公共预算协商民主的发展更具有参考价值。

### （三）温岭“民主恳谈会”的现实价值

#### 1. 民主恳谈会是协商式民主在中国实践的载体

从内涵来看，民主恳谈与兴起于西方的、强调现代社会公民作为决策者和决策受众平等理性参与的协商式民主有着天然的契合。协商民主作为一种民主决策机制，旨在让所有受决策影响的社会成员都能够平等地参与到公共决策过程，都

① 李凡：《中国公共预算改革的突破——对浙江温岭新河镇公共预算改革的观察》，《人大研究》，2005年12月。

有条件自由地发表意见，交流信息，通过促成社会成员之间的对话和沟通，能够在一定程度上弥合因社会分工所引发的社会分裂，促进社会阶层和社会成员之间的理解，实现民主决策和民主治理。根据埃尔斯特的观点，协商民主使得公民或公民代表能够基于理性与公正的价值立场，通过讨论和协商的方式形成集体决定。① 协商民主同时也是一种具有巨大潜能的民主治理形式，它能够有效回应文化间对话和多元文化社会认知的某些核心问题。它尤其强调对于公共利益的责任、促进政治话语的相互理解、辨别所在政治意愿，以及支持那些重视所有人需求与利益的具有集体约束力的政策。② 协商民主对程序的重视甚至超过结果本身，通过相互审议和彼此的对话，“在联合性活动中的参与者认识到他们有助于且影响到结果的时候，即使他们对结果不赞同，协商也是成功的”。③ 协商式民主倡导通过对话、交流、倾听、相互尊重和理解，重建社会共识，以此鼓励公共参与和培养公共精神，激发公民的平等、自治的理想，增强公民的政治效能感和参与能力，从而将民主型塑为一个具有持续性的创造性过程。

而温岭的民主恳谈机制强调重大公共事务的决定都要经过民主恳谈的程序，听取多元的利益主体的意见，鼓励公众参与公共决策的制定过程，进行对话、协商和交流最后形成社会共识，并将此社会共识性意见作为公共决策的依据。因此，作为中国新型的民主决策形式，民主恳谈与协商式民主有着共同的机理和内涵。

第一，公共性。协商式民主旨在彰显一种公共精神和公共责任，让公民能真正参与公共决策。正如罗林·亨德里克斯所说：“协商民主更像是公共论坛而不是竞争的市场。其中，政治讨论以公共利益为导向。在协商民主机制下，民主决策是平等公民之间理性公共讨论的结果，正是通过追求实现理解的交流来寻求合理的替代，并做出合法的决策。”④ 在中国，政府主导的公共决策过程往往没有公众的参与，而温岭的民主恳谈机制则凸显公共议题，鼓励公众参与公共决策过程，让公众有机会和渠道就政策议题发表意见，提出建议，相互沟通和交流，最后形成结论性意见作为决策的依据。因此，民主恳谈为公众的利益表达和政治参与提供了平台。民主恳谈鼓励公众积极参与公共生活，可以使公众在参与过程中形成彼此的合作互惠和相互信任的心理和社会关系网络，进而克服乡村民众个体的自利理性，培养起公共责任意识。

第二，开放性和多元性。协商式民主体现了现代民主的包容性和开放性，协商民主强调所有受公共政策影响的社会成员都应该参与其中，进行广泛的交流、

① Jon Elster Edited, Deliberative Democracy, New York: Cambridge University Press, 1998. P. 57.

② 陈家刚：《协商民主》，上海：上海三联书店，2004 年版，第 3 页。

③ ［美］詹姆斯·博曼：《公共协商：多元主义、复杂性与民主》，北京：中央编译出版社，2006 年版。

④ 陈家刚：《协商民主》，上海：三联书店，2004 年版，第 27 页。

协商和讨论。因此，对话和协商的参与者是每个人。协商式民主对于审议的结果也是开放的，随时准备接受未来的挑战。协商式民主对继续对话保持开放的态度，允许公民对先前的决策提出批评，并在此基础上提出动议。尽管一项政策必然会持续一段时间，但它必须随时准备在未来的某个时间点上迎接挑战，在这个意义上，它又是临时的。① 协商式民主承认对话的参与者之间存在多元性，强调公共讨论中多元化视角有助于根据正义的要求来设计话语，所有人都可能提出自身的利益诉求，所有人都可能具有不同的行为模式和价值倾向，这样就需要通过对话和协商，互相倾听和相互包容，从而克服相对的偏见，最后集体决策作出符合公共利益的决定。随着市场经济的发展和社会结构的分层化，利益多元化的格局逐渐形成，不同主体、不同利益、不同阶层的冲突也日益复杂，为了反映这一社会变化，公共政策的决策方式和决策过程都必须作出回应，民主恳谈正是在这种情势下应运而生的，通过自由平等的对话和协商的过程获得社会共识，提升社会公共利益。温岭的民主恳谈在程序上是开放的，参与对象也是多元的。民主恳谈会的参加人，除了人大代表、政协委员、政府部门官员、专家、公众代表，还包括自愿参加的普通群众，或者企业外来员工的代表，身份不受任何限制，只要有时间或兴趣都可以参加，民主恳谈为社会上的各种利益群体就其自身利益进行讨价还价提供了平台和机制。

第三，平等性。协商式民主主张平等的自由协商程序正是政治秩序合法性的来源，强调参与者具有平等的讨论公共决策的权利和机会。协商民主的过程实际上就是各种具有不同利益诉求和偏好的政治主体进行政治对话的过程，这些参与的政治主体之间是完全平等的。② 每个参与者的地位都是平等的，他们平等地参与、平等地交往，信息互通，给每个参与者提供平等的影响他人的机会，通过公共辩论和批判来决定公共事务。温岭的民主恳谈也体现了协商式民主这一平等的精神，恳谈会的参与者在对话过程中都有平等的发言机会，可以充分地表达自己的利益要求，提出各种意见和建议。泽国模式还采用随机挑选的方式产生民意代表，大会发言也用抽签的方式选取议题，都体现出民主恳谈形式平等或机会平等的设计。

2. 民主恳谈会促进了中国的“乡村民主”建设

以村民自治为核心的中国乡村民主建设进行了大约20年了，但是由于各方面因素的制约，中国的乡村民主实践仍存在诸多问题，农民的合法权益受到漠视而没有相应的申诉渠道，农村社会的矛盾和冲突不但没有得到解决，反而有日渐增多的趋势。近几年，中国农村社会的强征土地、村集体资产流失、村务财务不

---

① ［美］埃米·古特曼、丹尼斯·汤普森：《审议民主意味着什么》，谈火生等译．谈火生：《审议民主》，南京：江苏人民出版社，2007年版，第6页。

② 王庆兵：《协商民主与政党制度》，《学术探索》，2007年3月，第11－15页。

公开、贪污腐败、环境生态污染等问题及其引发的矛盾也层出不穷，农村社会的这些矛盾和冲突深刻暴露了以村民自治为核心的乡村民主并没有起到当初制度设计者所要达到的目标。虽然村民自治的相关制度和程序设置越来越系统和规范，但是乡村民主选举、民主管理、民主决策和民主监督仍然存在巨大的落差。热闹的乡村选举背后是村民对政治和公共事务的冷漠，高选民登记率、高参与率的华丽外衣是建立在基层组织和选举委员会的高度动员基础上的，村民投完票就走，对选举结果毫不关心，政府也把选举当做了内部干部选择的组织过程，候选人和选举结果没有经过真正的民意考验。村委会是由村民选举产生的，但村民却无法对其权力进行监督。“村庄的公共事务、资源分配仍然是由少数几个人说了算，将广大村民排除在外，恶劣的结果是严重忽视了村民的基本权益，由此引发出更多的社会矛盾和冲突。”① 实行村民自治的村民委员会不能按照村庄的实际独立决定村庄事务，而听命于乡镇政府。由于财力不足，公共事务无法展开，村委会对乡镇政府的依赖性明显，村庄基本设施建设都依赖于乡镇政府的财政安排，村民自治有名无实。中国“乡村民主”的困局有着深刻的社会文化背景。中国传统政治文化中缺少“民主”的概念，也没有公共精神的阐释，传统的乡村社会结构产生了冷漠、自利的社会成员，对政治冷漠，责任意识和民主意识都很淡薄，政治参与的积极性和主动性普遍不高，数千年的专制权力结构使得公民的自主性迷失，培养了村民“顺民”人格和服从权威的臣民文化，参与型公民文化的缺少，农村社会的公共空间、公民的主体地位和主体意识受到极大的压抑，这些政治文化机理都造成了中国“乡村民主”实践的困局。面对“乡村民主”的困局，中国不少基层地方都在努力寻求解决之道。而温岭的民主恳谈机制通过开放、包容、平等、自由的讨论沟通机制，以求在公共利益基础上公众广泛的共识，成为推动中国乡村民主建设的有效途径。民主恳谈促进了公民的有效参与，拓展了中国乡村民主政治发展的广度和深度，主要表现在以下几个方面：

第一，民主恳谈实践促使乡村社会公共精神和公民权利意识的觉醒。现代公共治理模式就是要实现公共权力向社会的复归，而公民的权利意识和公共责任意识是实现这一目标的前提。温岭的民主恳谈会让每一个受其政策影响的公民都有表达其利益诉求的机会，通过对话和交流的方式决定公共事务。讨论和对话的过程也是公众就公共事务作出审慎决定的过程。在民主恳谈会的机制下，参与者各方在相互交流和对话中，自由表达自己的意见和主张，认真倾听并理解他人的观点，可以促进彼此之间的相互包容和相互信赖感，其直接结果就是培育了民主政治社会必需的公民的集体责任意识、宽容精神和公共理性。民主恳谈实践对于公众参与的强调，激发村民的参与意识和参与热情，促进决策的民主化和科学化，使得公民日益成为维护自身权利的“理性人”，极大增强了公民的自主性和自觉

① 项继权：《集体经济背景下的乡村治理》，武汉：华中师范大学出版社，2002年版，第345页。

性，从而厚实了乡村治理的社会力量。在公众参与的氛围中，参与者的权利意识和民主素养都会得到极大提升。“民主恳谈会是一所‘公民学校’，它使参与者能够更好地理解他们作为公民的权利和责任，以及政府的职能和义务，培养出健康民主所需要的像政治共同体成员之间相互理解的公民品质。”①

第二，民主恳谈实践畅通了乡村社会公民利益表达的渠道，促进公民有序参与。在传统的乡村治理结构中，政府工作态度粗暴，不听群众意见，动辄以权压人，无视群众合法的利益诉求，群众一直希望得到解决的问题始终难以得到解决。公民的权利受到侵害，却缺少相应的利益表达渠道。如果没有公民的利益表达，单单村民自治中的选举民主制无法保证公民权利诉求得到落实和维护。民主恳谈则畅通了公民的利益表达渠道，公民可以通过民主恳谈会的制度平台，表达自己的利益诉求，与政府相互交流和沟通，形成结论性意见作为公共决策的依据，这样也可以使政府公共决策能够真实反映民意。民主恳谈机制还通过鼓励参与者进行理性反思，促进信息整合，对彼此关切点进行归纳，从而实现利益综合，形成各方都能接受的结论性意见，同时公共决策过程也由原来的“暗箱操作”变为“阳光决策”，提高了透明度，促进了决策的民主化。民主恳谈畅通了公民利益表达渠道，提倡公民与政府间的意见沟通和交流，通过交流和沟通弥合或消除彼此的分歧，最后达成一致意见，由于民意通过民主恳谈得到彰显，因而能够避免非制度化参与的方式，确保公众有序参与。

第三，民主恳谈实践促进了政府与公众之间的互动。温岭民主恳谈实践的产生和发展是政府与公众之间良性互动的结果，这种互动合作在民主恳谈的过程中得以反映出来。作为协商民主的决策形式，民主恳谈机制强调政府与公众之间保持相互沟通和交流，要求政府以一种开放的、包容的态度来吸纳民意，善待民众，将民意作为政府公共决策的出发点和最终归宿。民主恳谈中公民参与公共决策过程不仅为政府决策提供信息，强化公众对政策的理解，还确立了政府与公众之间的良好合作关系。在温岭公共预算改革试验中，政府与公众之间的互动是非常清晰的，政府拟定相关的预算方案，然后组织民主恳谈会对方案进行讨论审议，再根据民主恳谈中各方的意见对预算进行修改，最后由政府提交给人大进行表决，正是通过双方之间的良性互动，消解了原来政府与公众之间存在的疏离关系，才确保了公共决策的科学性、合理性，并赋予其合法性。

第四，民主恳谈实践促进了中国乡村治理模式由权威型治理向多元主体合作型治理的转变。中国传统的公共治理模式都是独白式的、自上而下的强制性指令，而民主恳谈则彻底改变了政府“元话语”霸权的局限，公共政策的制定不再是政府或行政集权单方面的事情，公民不再仅仅是公共政策的被动承受者，而

---

① 郎友兴：《中国式的公民会议：浙江温岭民主恳谈会的过程和功能》，《公共行政评论》，2010 年第 3 期。

且还是公共政策的参与者。民主恳谈作为一种对话机制，拓展了公众参与公共政策的空间，对话和交流直接影响到政府的公共行为，增加了公众对于公共议题的发言权。任何涉及公共利益的事情，都可以被纳入民主恳谈的议题范围，基于民主恳谈这一制度平台，政府走下“神坛”，与社会公众平等地展开真诚的、真实的面对面的对话，政府对于公众的质疑进行必要的回应，在互动与反馈中形成政策，在政策执行方面接受公众的监督。民主恳谈是一个多中心治理模式的平台，它让政府与公众在平等对话协商的基础上达成共识，形成了双方平等伙伴关系的治理网络，从而对乡村社会进行有效治理。民主恳谈走出了强调权威、命令和强制的中国传统乡村治理模式，促进了乡村治理民主化的发展。

第五，民主恳谈重塑了中国乡村社会的公共权力关系结构。随着市场经济的发展以及村民自治建设的发展，国家权力也逐渐从村级组织中柔性退出，带来了中国乡村社会基层社会政治结构和乡村治理模式的变迁，形式上呈现出村民自治组织和乡镇政府所代表的国家治理并存的局面。但是，代表国家权力的乡镇政府与村民自治组织之间始终处于一种非均衡的状态，掌握了绝大部分政经资源的乡镇政府在乡村治理结构中居于核心地位，村民自治组织则处于依附地位。虽然法律上乡镇政府需要尊重村民的自治权力，不能任意干预村民自治范围内的公共事务，然而，在实践中，乡镇政府对村庄公共事务的直接干预是中国乡村治理中的普遍现象，乡镇政府可以通过各种途径和形式控制或支配村民自治组织完成各种任务目标。温岭的民主恳谈在相当程度上重塑和改善了乡村公共权力关系结构。随着乡村利益分配格局和社会结构的变化，村民手中的社会经济资源逐渐增多，甚至可以通过组织化的形式在乡村治理中发挥作用。民主恳谈使得乡村场域的各权力主体（乡镇政权、村民自治组织、村民）按照民主的游戏规则进行利益博弈和互动合作。随着民主恳谈机制的推行，村民的参与意识和利益诉求使得乡村治理结构中的权力关系发生移转，协商的结果是权力逐渐移转到村民手中，村民成为了乡村场域利益博弈的最重要的权力中心，对公共决策结果产生决定性影响。从乡镇一级的权力关系结构来说，公民参与式预算激活了乡镇人大制度的功能，通过人大代表的充分讨论和审议，使得乡镇权力关系结构得以重构。长期以来，我国乡镇人大职能一直处于虚置化的状态，乡镇人大、政府和党委之间权力关系失衡严重。温岭民主恳谈通过引入人大制度，并赋予相关的程序性设计，对于政府公共预算进行审议、调整和监督，有效地制约了政府权力，使得乡镇权力结构体系从“党政独大”向党委、政府和人大相对平衡的权力结构体系转变。

# 行政规划中公众参与制度的构建

**李积霞**
◉ 甘肃政法学院副教授

2006年，南京城市管理局经过专家多次论证后，计划在江北天井洼垃圾填埋场附近建设垃圾焚烧发电厂，但该计划一经提出，就遭到周边市民的强烈反对，附近的开发商、业主以写举报信、上网发帖、打电话等方式向国家有关部门反复投诉江北焚烧发电项目。2009年9月，为反对北京阿苏卫垃圾焚烧项目的建设，一些民众通过调查撰写了一份《中国城市环境的生死抉择——垃圾焚烧政策与公众意愿》的报告，要求政府回复两个问题：一是二恶英的排放能否有效控制，二是提供排放达到欧盟标准的垃圾焚烧厂的具体数据。2009年11月，广州番禺垃圾焚烧发电厂选址及建设问题也引发了大规模群众强烈争议事件，居住在番禺规划地周边的居民纷纷抗议，反对在番禺地区建立垃圾焚烧发电厂。番禺区政府邀请专家讲解，举行万民民意讨论活动，召开座谈会和听证会，将所有的选址地点向社会公示，征求社会公众的意见，投票论证择优选址，并表示尽量建立在远离居民居住的地区，居民对区政府的行为感到满意，该事件得到解决。

在这些事件中我们看到，在行政规划过程中若重视公众参与，可能引发的争议就能避免或消除。现代社会的发展和环境保护并非是一对不可调和的矛盾体，合理有效的行政规划不仅不会对环境和资源造成破坏，还能对环境保护、资源的可持续利用起到积极的促进作用，但不当的行政规划则会加剧人类经济发展过程中对环境和资源的破坏。

关于行政规划，国外行政法学界还没有完全统一的概念，[①] 我国国内学者的

① 德国学者毛雷尔认为想要给“计划”下定义是不可能的，因为计划在相对人、内容、法律约束力、执行方式等许多方面都具有多样性。[德] 哈特穆特·毛雷尔著：《行政法学总论》，高家伟译，法律出版社2000年版，第408页。日本学者室井力：行政规划是指为谋求行政计划化，规定应达到的目标及其实现的顺序以及为实现目标所表示是必要手段的行政方针行为的总称。室井力主编：《日本行政法》，吴微译，中国政法大学出版社1995年版，第53页。日本学者盐野宏：行政规划是指行政权为了一定的公共目的而设定目标，综合地提出实现该目标的手段的活动。[日] 盐野宏：《行政法》，杨建顺译，法律出版社，1999年版，第15页。

观点也各不相同。[①] 姜明安教授认为行政规划是指行政主体在实施公共事业及其他活动之前，首先综合地提示有关行政目标，事前制定出规划蓝图，以作为具体的行政目标，并进一步制定为实现该综合性目标所必需的各项政策性大纲的活动。[②] 从行政法学者对行政规划的概念的界定来看，行政规划的目的主要是为了实现公共利益的目的需要。它主要的活动方式则是制定目标规则或颁布抽象的规范性文件。

## 一、行政规划中公众参与的必要性

### （一）公众参与是行政规划权运行实现民主化的保障

公民的广泛参与是权力运行实现民主化的保障手段，而且参与机制的完善与否是判断一个国家权力运行民主化程度的基本标准。民主是宪政运作的前提和基础，也是宪政产生的根源和基础，民主的统治形态就是法律支配权力的逻辑起点，也是宪政正常运行的基础。[③] 公众参与行政规划的过程，就融合了民主、法治、人权、正当程序这些宪政理念，这个过程的本身就说明了这些宪政理念的深刻内涵，如果将公众参与加入进去，需要建立在这些宪政基础之上。公民参与公共事务的讨论是现代民主法治运作的条件和特征，宪政秩序能调和宪政社会内部存在的矛盾冲突，这种整合功能依靠民主来实现。公众参与行政规划的过程充分体现了民主的形式和内容，要想做到依法行政，使规划更为合理、正当，需要行政规划机关广泛地吸收民众提出的各种意见，充分体现规划的民主性，尤其是行政规划程序中的民主性，使公众在规划的各个环节中都有机会参与规划的制定过程。行政规划是行政规划机关依据法律的授权在管理社会时运用行政裁量权的政治活动的过程，在这一活动过程中，是国家权力运行的展示，让公众参与行政规划权力运行是民主政治的体现。行政规划方案涉及范围很广、属于重大事件的，是需要广大民众的广泛参与、讨论的。公民参与行政规划就是公民充分行使参政权进入公权力运作的活动。[④]

---

① 我国台湾地区学者陈新民：行政规划是指行政机关为了在未来一定时期内达到特定行政目的，或实现某种行政理想，就采行之步骤与方法所为规划与设计之行为。陈新民：《行政法学总论》，三民书局1995年版，第320页。行政规划是指行政主体为了实现特定的行政目标而对未来一定时期内拟采取的方法、步骤和措施依法做出的具有约束力的设计与计划。应松年主编：《当代中国行政法》，中国方正出版社2005年版，第1038页。

② 姜明安主编：《行政法与行政诉讼法》（第二版），法律出版社2006年版，第135页。

③ 白钢、林广华：《宪政通论》，社会科学文献出版社，2005年5月版，第135页。

④ 议政权是人民享有充分的言论自由，享有充分发表自己的各种政见的权利。举行的听证制度正是行政规划机关为此提供的一个参与评论的平台。白钢、林广华：《宪政通论》，社会科学文献出版社，2005年5月版，第81页。

### （二）公众参与是规范、控制行政规划裁量权的有效手段

法治原则要求行政机关或行政相对人都必须在法律规定的框架内进行各项活动，不允许任何个人和组织超越法律许可的范围。规范行政规划的法律包括实体和程序两个部分，实施制定好的规划内容，程序并没有限制自由裁量，而是给自由裁量提供选择的模式和选择的标准，当我们选择一个最合理的程序时，需要行政机关根据个人、政府、社会等各个利益群体的平衡来确定。实体法的相关规定，更有利于限制规划裁量权的滥用，保障公民的权利，实现权力和权利的合理分配。行政规划机关作出规划行为，其核心和依据在于行政规划权。行政规划权一般是指有权的行政机关确定在未来一定时期内所要实现的规划蓝图的权力。就是说，行政机关确定了目标后，选择一定的方式和手段创制出规划，这种创制和选择的权力就是行政规划权，在德国被称为“规划裁量权”，其重要特征在于法律赋予了行政机关权衡的自由。规划裁量权正是基于自由而存在的。规划裁量权是一种独特的行政权力，其可以创制规则，可以做出具体行政行为，又能起到指导作用，是一种具有综合性质的行政权力。① 源自不正当的目的、忽视相关因素、显失公平的严厉制裁，以及不合理的迟延都是滥用自由裁量权的行为。专横、任性随意地使用行政规划裁量权的行为应受到法院的审查和处理，由此引发出行政规划方面的诉讼案件。在实体法中，有许多行政规划涉及的行政法原则和行政法律条文，比如，我国行政法上的合理性原则，也是用来限制自由裁量权的，它要求行政机关在行使自由裁量权时，除合法性要求外，还要做到：(1) 行为的动因符合行政目的 (2) 建立在正当考虑的基础之上 (3) 内容合乎情理 (4) 遵循比例原则、适度性原则和必要性原则。②

### （三）公众参与可以平衡行政规划中公共利益与私人利益的冲突

行政规划机关在行使规划裁量权时，会涉及公共利益和私人利益，但二者的界限划分很难把握。行政规划部门在制定规划方案时会触及某个个体的土地及其财产权利等权益。但有人也会认为二者是相互渗透、配合和相互转化的关系。在行政规划的制定、确定、实施的过程中，须平衡公共利益和私人利益。公共利益也并没有自然而然地优先于个人利益，公共利益并不必然就是限制私人利益的适当理由，权利本位主义的价值取向受到尊重。比如，在美国的司法实践中，一个因为公共利益制定成立的行政规划并不会构成一个需要政府支付补偿费用的内

---

① 滥用行政规划自由裁量权是指行政规划机关故意地实施某种行为，或行政规划机关不遵守为行使自由裁量权所规定的有关法律限制，包括客观上违反宪法原则及有关法律原则和主观上为达到非法目的而行使自由裁量权。陈贵民：《现代行政法的基本理念》，山东人民出版社，2004 年版第 238 页。

② 参见罗豪才：《行政法学》，中国政法大学出版社，1989 年版，第 43 页。

容，但在特殊情况下，一个行政规划可能严重地干预了私人的使用或者造成财产价值的急剧减少或者损失，法院就会认定该行为是一个需要支付补偿款的行为。

## 二、我国行政规划公众参与的现状及问题

### （一）我国行政规划中公众参与的现状

到目前为止，我国公众参与行政规划还处于初步发展阶段，还没有关于行政规划公众参与方面的专门法律规范。公众参与主要被应用在行政许可、行政处罚、城乡建设规划、环境保护和环评等领域。在行政规划的实践中，部分地方已经开始了引入公众参与机制。比较早的是 1973 年 1 月，桂林市政府率先引入公众参与机制，将《桂林市城市总体规划》向市民公开展览征求意见。但到 20 世纪 90 年代中期才真正逐渐推广，上海、杭州等一些大中城市开始广泛推行以展览、征询意见等形式为主的公众参与活动。近年来，上海、深圳等地除了要求普通市民的参与外，还建立了规划委员会制度吸收专家参与。但是，在取得一些收获的时候，也应认识到行政规划中公众参与还存在许多需要改进的地方，比如目前的公众参与只注重个人参与、忽视社会团体的介入，以宣传为主、缺乏实质意义的参与活动，缺乏合理的组织机制和缺乏立法支持和制度保障等。

2007 年 10 月通过的《城乡规划法》第 8、18、22、26 条规定了公众参与的内容。规定我国在城乡规划制定过程中的公众参与包括三个阶段：规划决定的发布、举行听证会、听取各个方面的意见。从总体上看公众参与的层次比较低，公众参与规划制定程序缺乏可操作性和实用性，不利于公众全面、深入以及有效地参与。对于公众参与的主体、范围，公众提出意见和建议的期限、效力，公众和专家的不同意见该如何取舍，公众的意见如何反馈等这些问题都没有相关的规范。行政机关在规划制定过程中对公民参与权利的不当缩减和剥夺是对公民权利的不当处分和严重侵害，应得到救济，但《城乡规划法》对于救济程序谁来启动、如何启动，均未作出具体规定，虽然各个省根据各省的情况制定相应的实施办法，但还缺乏与之相关的保障救济制度。

1989 年 12 月 26 日颁布的《环境保护法》主要有三条涉及公众和行政机关关系的条款。这三条都是在宪法的授权下制定的，[①] 这些法律条文的规定为公众参与到环境规划确定程序中提供了法律依据，并对规划中涉及的环境因素发表意见和建议，但缺少一些责任追究机制和公众能直接参与的条款。

---

① 《环境保护法》第 6 条规定，如果单位和个人发现有污染环境的单位有权进行检举和控告，第 8 条规定，对保护和改善环境有显著成绩的单位和个人，由人民政府给予奖励，第 11 条规定，环境保护行政主管部门应当定期发布环境状况公报。

我国《土地管理法》中所称的土地利用总体规划是土地规划的一种，除此之外，还存在着城市总体规划，村庄和集镇规划等，其中都不同程度地涉及土地利用和保护。《土地管理法》的第三章关于“土地利用总体规划程序”包括了土地利用总体规划和分级审批、变更、实施等程序的规定。这种程序设置不是要求土地行政规划为当事人负责，而是对上级负责，只强调纵向的权力分配，而缺乏对立面设置、意见交涉等基本要素，相对人没有充分的机会参与选址规划的制定过程，只有服从行政规划的义务。对规划程序的规定几乎成为审批程序，流露着非常浓厚的管理意识，与行政法律程序理念正好相反，缺少对提出的异议的受理、吸收其他行政机关意见、举行听证会等实质性民主参与环节。

由于我国对行政规划的研究起步较晚，加之以前我国长期处于计划经济体制的束缚中，因此我国行政机关现在对行政规划的运用中存在不少的问题。

1. 行政规划主体杂乱

行政规划主体不仅是判断规划决定行为的合法性标准，而且也关乎行政诉讼被告资格的确定。我国传统的行政规划体制是由很多个不同层级的行政机关组成的，以城乡规划领域为例，从中央到地方，从政府到政府部门，五个行政层级都有不同程度的行政规划决定权，形成了一个庞大的规划权体系。这种传统行政体制最突出的特点是封闭性和垂直性。行政规划编制、确定的主体均是掌握行政规划权的政府部门，规划专家扮演了技术专家的角色。一方面，这使得不同规划主体间缺少协调或者规划主体内部职能模糊；另一方面，技术导向的规划，造成专业知识决定规划，即专家决定论。

2. 社会公众介入行政规划决策的途径受阻

行政规划如果过分忽视了公众的诉求，将直接导致在行政规划过程中缺乏对公众意志的合理考虑，降低行政规划主体及其行政决定的合法性和正当性，降低公众的接受程度。行政规划最好建立在公民广泛参与的前提下，在政府与有利益关系的公民团体或个人之间、团体或个人之间在充分的对话、沟通、相互协商或妥协的基础上达成。但很多情况下根本看不到利益相关人的参与。许多行政规划欠缺规划草案公示程序，规划方案按内部文件处理，拒绝向公众展示。行政机关之间缺乏协调，比如土地规划、城乡规划，往往涉及土地、规划、建设、环保等数个行政机关，一方面存在着多部门之间的职能冲突，另一方面规划程序规范中缺乏部门协调机制，最终导致了“多头规划、互相扯皮”局面的出现。此外，我国行政规划往往具有封闭性，导致公益规划反而积聚了很深的矛盾，引发了大量的信访和诉讼行为。

尽管一些地方建立了如城市规划委员会等形式的参与组织，但该制度亦存在诸多缺陷。首先，委员的构成不合理。全国各地现有的规划咨询委员会在委员构成上不是局限于专家学者，就是官员过多，常常缺乏利益团体和市民的代表。若缺乏公众代表对公众利益的维护，其往往只能停留在技术的层面上，即便是有也存在没有区分组织化的利益代表和未经组织化的利益代表的缺陷，忽略成员构成的均衡性，结果往往是社会公众处于劣势。其次，程序运作不公开。行政规划工作的每一个步骤都涉及广大市民的利益，而目前的规划决策环节主要是在规划编制单位、规划部门和城市政府三者之间封闭运转，广大市民被排斥在外，比如会议议程不对外公布，会议材料严格保密，使公众无法复制和查阅；或者虽然会议对外公开，但在会前没有展示相关规划。再次，运作效率过低。目前担任委员的官员和专家学者多数日常事务繁忙，导致会议召开的频次有限，对有些重要事项甚至无法根据需要及时安排审议。最后，缺乏法律依据和立法监督机制。现行的《城乡规划法》尚未对此作出明确规定，各级政府部门大多是以地方性法规、地方政府规章甚至是行政规定作为依据设立规划咨询委员会的。这种缺陷和做法很容易带来职能定位、组织设计、审议效力上的诸多混乱。①

3. 行政规划随意启动，随意变更

行政规划程序的启动必须具有合法的目的性，即存在着现实的公共利益需要。随着社会的发展，原来奉行消极行政的政府开始主动全面地干涉社会事务，政府的随意性行政行为就加大了。政府若将把公共利益等同于其自身的利益，把利益代表者和维护者当做了利益人自身，就会导致随意地启动、更改规划方案。行政规划一般不会发生变化，若发生变化，只能是因为一个新的、更大的公共利益的需要。但是在现实生活中往往会因为换了一个新的领导干部，行政规划就会发生变化，出现“一届政府，一个规划”的局面。因为我国尚未有统一的行政程序法典，各种行政规划程序一般规定在土地管理、城乡建设、环境保护等单行立法之中，加上有部门立法的痕迹，导致规划的法律不仅实体规范不健全，而且程序规范也缺失。当前我国行政规划程序存在的主要问题是行政规划机关滥用“公共利益”，行政规划程序启动随意，随意变更。

4. 行政规划的救济和补偿制度缺失

首先，依据现行的《行政诉讼法》，行政规划机关确定规划行为若存在程序违法，公民可以提起行政违法之诉。但实践中并不区分规划行为和规划本身，而将行政规划确定行为认为是一般性行政规范，属于抽象行政行为，进而以不符合受案范围为由，逃避《行政诉讼法》的适用，使因行政规划受到损害的当事人基本上处于无法得到救济的状态。其次，行政规划内容的变更可能会给许多相对人造成不利的后果，依据行政信赖保护原则，行政相对人对行政权力的正当合理信赖应当予以保护，行政机关不得擅自改变已生效的行政行为，确需改变的，应对行政相对人因此而遭受的损失予以补偿。但是有关行政规划的《城乡规划法》、《土地管理法》等法律中均无相关规定。

① 参见宋雅芳：《行政规划的法治化理念与制度》，法律出版社，2009 年 7 月版，第 224 页。

（二）域外行政规划公众参与制度及启示

1. 德国的行政规划中的公众参与制度

德国是第一个将行政规划纳入行政程序法典的国家。早在1966年颁布的《行政程序法标准草案》（《慕尼黑草案》）中就规定了“确定规划程序”。1976年颁布的《联邦行政程序法》中保留了许多规划确定程序的规定，经过了多次修改以后，相关的程序规定才初步完善起来。1997年最新颁布的《联邦行政程序法》“确定规划程序”一节就重点介绍了德国的规划确定程序。在行政规划的制定的过程中，公民参与的程度有所不同。其行政规划制定的步骤主要有：（1）行政规划的拟定。有权拟定行政规划的主体应当提前拟定出规划。规划具体由描述和解释两部分组成，需要详细说明规划的起因、规划的内容、规划涉及的土地及设施等事项。（2）举办听证。听证程序规定得比较详细和具体，主要包括：提交规划、征求意见、举行听证会、展示规划的改动、听证结束后的处理等步骤。① （3）规划的裁决和通过。听证之后，行政规划的裁决应由计划确定机关依法作出，之后才能生效。在规划的裁决过程中应全面考虑听证获得的材料，并以书面形式作出相应的裁决并说明理由，送达利害关系人的手中。对听证会上没有解决的异议也应当作出裁决，同时须要求行政规划拟定主体采取一些必要的防护措施，出于保护公共福利的目的，避免对他人的正当权益造成损害；规划确定机关不能作出终局裁定的，还应当在确定规划裁决中保留决定权，告知规划拟定主体及时提供仍缺少的证明材料。② （4）规划的变更和废除。在制定完成前行政规划变更内容的，原则上应重新进行规划确定程序。如果只是变更规划的次要部分，不影响其他人的利益或经关系人的同意的，可以不重新进行规划确定程序。若重新进行，行政机关也无须通过听证和公告的方式确定规划裁决。

除此以外，对行政规划的法律救济途径也有规定，比如，提出的申请人可就规划主管机关的不作为行为提起履行职责之诉，第三人可以对规划确定裁决提起撤销之诉。由此我们可以看出，与其他国家比较，德国的行政规划制度和内容是相对成熟和完善的。

2. 日本的行政规划中的公众参与

日本是一个具有特殊性法律传统的国家，既有大陆法系传统，又深受英美法系的影响。日本行政法学对行政规划的研究，也是建立在实践和立法基础上的。日本行政程序法的立法活动，始于二次大战结束后不久。1983年的《行政程序法草案》中规定了行政规划，其主要程序与德国的相同。但后来正式颁布的《行政程序法》中去掉了行政规划一章的内容。日本实定法上规定的行政规划的

---

① 参见姜明安：《行政程序研究》，北京大学出版社，2006年1月出版，第101页。

② 杨海坤、黄学贤：《中国行政程序法典化》，法律出版社1999年版，第156页。

种类已经超过300多种，大多是拘束力较弱的指导性行政规划，这种特征在规划的制定程序上有一定的反映，其行政规划在制定时一般要遵循合理性原则，注重保护利害关系人的合法权益。同时，为了保证行政过程的民主性，注重对利害关系人的利益平衡，对专业知识方面的依赖性较高。日本现有关于行政规划程序的规定主要是分散式的，规定各类规划程序的法律文件比较多。日本在制定行政规划时比较注重：（1）保护利害关系人的利益；（2）保证规划内容的合理性、正当性；（3）为了保障行政过程的民主性，需要调整关系人之间的利害，尊重基于各种专门知识作出的判断，协调行政之间的相互关系和多个规划之间的相互关系以及确保统一性，反映民众的意见，行政规划的制定程序须是民主的。①

总的来说，日本现行的行政规划制定程序并不是固定的，不同的规划类型有不同的规划制定程序。日本制定行政规划的法定程序主要有以下几步：一、规划的提出，一般有议会的决议、承认；二、由审议会进行调查、审查、认可；三、听取有关地方公共团体和相关人士的意见，进行民主考察；四、报请上级行政机关承认或批准；五、召开公听会，由居民、利害关系人提出意见书，把其对规划是否同意的意见表述出来，最后再公布规划。② 在日本规定的行政规划程序中，明确规定了专家咨询制度，尤其是通过立法确立的专门的审议委员会制度，即在作出行政决策时，还需要将专家审议作为一个必经的程序和环节来考虑，其中咨询程序是指关于某种行政决定，在该处分厅之外设置作为合议机关的审议会，就案件向该审议会咨询，在经过审议会审议的基础上，处分厅作出正式决定。③ 这种做法是较符合我国国情的，可以避免专业知识的错误，提高行政效率，值得我国借鉴。

3. 美国行政规划中的公众参与制度

美国的法律条文对行政规划的主体规定得很详细，1916年，纽约市批准的《纽约城市规划决议》，成为美国的第一个规划立法。④ 依据合众国宪法，土地利用规划的决定权都授予州政府，各州政府又把大部分权力下放到了地方政府。比如地方政府设立了政府立法机构，其主要职权是颁布规划法，对有关规划法的修订有最终的决定权，规划法案一般由市镇议会通过。设立规划上诉委员会用来接受申诉，认真听取行政部门关于执行规划法案的意见；大部分地方政府都设立了规划局来执行规划委员会及地方议会的决议。美国的州、市、县设有规划委员会，它是规划评审、监督机构，属非政府组织，由政府官员、规划专家、市民代表组成，负责规划的制定、审批和监督执行。出于对公民私有财产权利的尊重，

① 参见［日］室井力：《日本现代行政法》，吴微译，中国政法大学出版社，1995年版，第56页。

② 参见皮纯协：《行政程序法比较研究》，中国人民公安大学出版社2000年版，第303页。

③ 日本《国家行政组织法》第8条、《地方自治法》第138条之四第3款。

④ 参见黄艳：《美国的区划》，《北京规划建设》1998年第5期。

任何行政规划权力的行使，都须取得代表公共利益的议会的授权，行政机关仅充当执行机关的角色。为了防止政府的规划权的滥用，通过宪法条款进行限制。美国《宪法》第十四修正案规定，若规划超过了财产权限制的容忍义务，甚至剥夺了所有权人的合理使用的，那么此项规划将被视为应当给予正当补偿的行政征收。该条规定强化了行政规划权的程序要求，假如一个规划行为不是立法性的而是行政性的，财产的所有权人被授予申请规划委员会举行听证以及政府说明决定理由的权利。如果规划法案没有正当性就等于说违背了正当程序的实质性要件，另外，法案也不能违反宪法关于平等保护条款的规定，比如排除少数种族、宗教少数派和低收入人群的规划法案。

美国《联邦行政程序法》规定鼓励行政机关允许“利害关系人”，“只要不扰乱公共秩序”即可参与行政程序。这些法律规定也表明，行政机关掌握着决定利害关系人是否参与的主动权，美国法院为了鼓励利益代表更广泛地参与行政程序，通常会撤销那些限制公众参与的行政决定。

美国的公众参与程序的发展过程经历了两个不同的阶段：（1）从标准授权法案到20世纪70年代，《标准分区规划授权法案》和《标准城市规划授权法案》这两部法案，它们都将城市规划的必经程序规定为举办公共听证会，还将听证会分为制定规划阶段的公共听证和规划确定阶段的公共听证，对美国各州在城市规划中公众参与的立法规定都产生了深远的影响。（2）20世纪70年代以后，规划的立法内容开始鼓励民众“尽早和持续的参与”，有些州规定了具体的操作条款，而有些州则表明了推动公众参与的意图，由此可以看出，公众参与开始成为规划程序的重要内容。

与世界其他国家相比，我国的公众参与理论基础很薄弱，就目前的中国的实际国情来看，全面引进西方国家对行政规划的公众参与的理论是很不现实的。合理地处理和解决我国行政规划中存在的问题，使之更趋于完善，需要长期努力。从比较和借鉴的角度看，尽管各国具体规定和做法在表面上看有所差异，但它们在实质上有很多共同之处，也都对我国的公众参与行政规划产生了影响。首先，域外完善行政规划主体制度值得借鉴。一些国家倾向于在行政规划主体之内或之外设置咨询委员会以更多地吸纳民意，协助行政规划之决策，以增强行政规划裁决的正当性和民主性。也有一些国家对于规划的管理，由最初的行政命令转变成更为柔性的行政指导的方式，越来越需要与行政相对人紧密接触的行政规划实践主体，即地方政府和公共团体。其次，行政规划权力的合理分配。因为世界各国的宪制类型和社会结构的不同，所以行政规划权力的分配出现不同，在国家与社会二元分化的大环境下，行政公权的改革已经兴起。一些国家实行自上而下的分权来达到行政规划权力的合理分配目的的做法，比较适合我国的国情。再次，加强行政规划程序中的公众参与的力度。行政规划直接关系到公民个人的合法权利和利益，所以，在行政规划程序中加强公众参与的力度，使行政规划机关作出决策的过程成为一个民主、透明、社会公众参与的过程，一个多方参与讨论并达成共识的、不断修正行动方案的过程，让其成为行政机关和与规划事项有利害关系的公众之间进行协商、沟通、合作的平台，让他们认识到行政规划不是一个僵化的限制性规定。最后，将行政规划的拟定、审议及裁决机关分离。行政规划制定的是否合理、可行，不应当由行政规划制定机关自己认定，因为“任何人都不允许做自己的法官”，而应当由其他机关审议，还需要公众参与其讨论后方可，这样做可保证规划的客观与真实，所以行政规划的拟定、审议及裁决机关各自分开。

## 三、完善我国行政规划公众参与制度的路径

### （一）明确公众参与的主体

公众参与的理论在当今社会被广泛地提及，尤其是在行政规划领域，得到了世界各国政府和公众广泛关注，并出现了学者之间的学术讨论。① 一般来说，公众参与主要包括两个要素：一是主体是公众。虽然有的学者认为公众不应该包括公民以外的社会组织，但都认为公众属于不行使国家行政权力的群体。二是参与过程具体体现了公众将对政府作出行政决策产生影响。

公众参与中的参与者往往包括非直接利益相关者和直接利益相关者，即专家和市民。前者在技术因素的基础上，产生专家群体；后者在利益的基础上产生，又可分为利害关系人和社会公众，利害关系人主要是出于维护自身财产性权利利益的目的，而社会公众是出于维护自身利益的目的，使其意见在规划过程中得到吸收，加入到行政规划的参与程序中，因为人数众多，形成一个利益集合。

1. 专家

目前在我国政府和社会范围内存在专家群体，② 他们没有政府部门的编制，主要是运用自己所学的专业知识对规划事项作技术性指导，提出可以科学地解决问题的方案。比如在我国的城市规划院中有很多专家，他们都具有很深的专业知识背景，但该院属于事业单位，不是行政机关。

2. 行政规划利害关系人

行政规划利害关系人是指在行政规划法律关系中，参与行政机关作出的规划

---

① 有的学者认为，公众参与只是扩展了正当程序的要求，由过去立法指令、司法审查的模式向正当程序扩展。这体现在三个方面：一是由实体向程序扩展，二是由事后向事前扩展，三是由立法和司法对行政控制向公众直接控制扩展，这样就形成了对行政权有效控制的完整体系。姜明安：《行政法论丛（第11卷）》，法律出版社，2009 年版，第 63 页。

② 专家主要是对某一事物、学问有过专门研究的人或者是掌握某项技术的人。参见中国社会科学院语言研究所词典编辑室编：《现代汉语词典》（第 5 版），商务印书馆 2005 年版，第 1787 页。

行为，并与其有一定法律上的利害关系的公民、法人和其他组织。利害关系人因其自身所享有的权利和承担的义务与行政规划机关，构成行政法上的权利义务关系，其权利受到行政规划的直接影响。过去利害关系仅指直接的利害关系，即只有当个人合法财产或者人身权利受到行政行为的直接影响时，这种情况才可以称为存在利害关系，实际上这仅照顾了少数人的权益。行政规划作为一种特殊的行政行为，广泛涉及各种利益，以往实践中如果不被认定与行政行为之间有充分的利害关系就没有资格维护自身合法权益的禁锢必须突破，随着社会的发展，扩大行政规划利害关系人的范围，成为必然要求。结合我国行政法治的发展现状，因为按受行政规划约束和影响的方式不同，可将利害关系人分为规划直接约束的直接利害关系人和受规划实际影响的间接利害关系人。① 具体来说，直接利害关系人，又叫行政相对人，范围更广，是指行政机关在作出规划行为时，在主观上就明确指向且客观上也对其合法权益发生影响的人。从权利、义务上看，直接利害关系人因规划行为而对行政机关直接享有权利或者承担义务，是直接对应的关系，他们是行政规划法律关系的当然主体，受行政法的调整。间接利害关系人，又称行政相关人，范围很小，是指行政机关作出规划行为时，主观上并没有指向他的目的，但在客观结果上影响了其权益的人。由于这类利害关系人受到规划结果的实际影响，在事实上与行政机关形成权利义务关系，行政机关有保护他们的义务。

3. 普通公众

公众作为公共事务参与的主体，泛指公众、民众。主要包括市民，他们与行政机关及工作人员有所不同，后者有国家权力，我们这里所说的是只要不行使国家权力也不以专家身份出现的主体都可以归入公众的范围之中。

公众参与制度在行政规划过程中，有助于提高行政规划的质量，使行政规划更能回应参加行政程序的各种利益主体的需要，而且其本身也是有价值的，因为它使公民具有一种对政府管理过程的参与感，增进了公民对政府决策公正性的信任。②

### （二）建立和完善行政规划的信息公开制度

信息公开制度不只是一种技术性规定，还是正当程序的保障。它是公众参与制度的重要组成部分，良好的信息公开制度能保障公众的知情权，是公民参与的前提。

---

① 例如，韩国1991年《行政程序法草案》第2条规定："利害关系人"谓因行政机关之行为而受到法律上或事实上利害关系之影响者。柳砚涛：《行政给付研究》，山东人民出版社，2006年8月版，第182页。

② ［美］理查德·B. 斯图尔特：《美国行政法的重构》，商务印书馆，2002年版，第130页。

从目前的实际情况来看，完善行政规划信息公开制度，在程序环节，应着重从以下几方面着手：（1）应该尽量将规划信息公开贯穿于行政规划活动的各个方面和环节，在行政规划的制定上，最好公布规划草案，让公民充分参与讨论，认真听取其意见和建议；（2）在起草阶段，应允许利害关系人等发表意见，欢迎社会各界阐述对行政规划草案的看法，广泛地汇集民意民情。在行政规划的确需要修改的情况下，允许公民联名直接启动修改草案程序；（3）在审议阶段，应当采取电台转播、网络直播的形式让公众了解会议情况，在报刊上公布行政规划草案以征求各方面意见，公开听证会，允许公民自由旁听讨论会；（4）在裁决阶段，允许公众旁观，允许转播表决会议全过程；（5）在公布阶段，不仅要公布行政规划文本本身，而且应当公开议事记录，包括每个代表的发言记录；(6）建议建立规划信息管理库，将所有的信息保存起来，方便政府或公众以后查阅。

行政规划机关公开行政规划裁决会议内容，是公众了解行政规划活动的基本运作状态及进程、掌握行政规划草案最后结果的重要途径，有利于加强对行政规划机关的监督力度。在美国，通过《阳光下的政府法》这一专门的法律来保障行政规划会议公开这一事项的执行。我国法律对此还未作出明确的规定，因此，应加快行政裁决会议公开的范围、公开的形式、公众参与的必要程序以及违反会议公开的法律后果等方面的法律制度的建设，以保障公民的知情权的实现。

### （三）完善行政规划的听证制度

目前我国因为还没颁布实施行政程序法，也无系统的行政规划立法，只是在《城乡规划法》等法律文件中有零星的规定，所以行政规划中的听证制度尚处于初步建立的过程中。实践中举行规划听证会的次数并不多，且在具体实施过程中存在着很多不规范的地方，比如，听证前期工作准备不充分，听证申请形式模糊，听证会代表选任中弊端多，社会公众的权利保障意识淡薄等。应根据我国立法的现状，借鉴其他国家或地区的规划立法，运用一些规则和制度，构建行政规划程序中听证制度，其具体路径和措施主要有：第一，转变观念，树立权利意识。受传统观念的影响，社会公众对行政事务漠不关心，转变这种观念需要行政机关和社会公众双方的共同努力。行政规划机关要把规划的具体事项、规划后的影响和后果都展示给社会公众看，以征求意见，对制定规划设计的必要性、可行性进行论证；同时，也为行政机关听取社会各方面意见提供一个程序化、法制化的渠道，避免“暗箱操作”。通过这种方式，使公众参与听证会，树立社会公众的程序和权利意识。第二，转变传统方式，扩大公众参与途径。因为立法过高的成本要求容易使行政机关无法承担财政开支，迫使行政相对人缴纳高额税费，所以在提高民主性的同时，可采取网络式程序。通过网络发布信息，公布听证会上讨论的方案，让广大民众知道并参与互动，来表达他们自己的意见，或者通过电子邮件、信件、传真等方式直接向行政机关陈述意见，通过这种方式使行政相对人参与听证。第三，确立案卷排他原则。听证笔录是行政机关作出行政决定的重要依据，听证笔录由于具有客观真实性，对行政权可以产生制约。如果听证笔录对行政机关无约束力，则听证会就仅仅是“作秀”。各国听证程序中都规定了听证必须制作相应的笔录，但是否作为唯一的依据，规定各不同。听证笔录因其经过质证，所以应成为行政规划决策的重要依据。第四，完善听证主持人资格制度。从世界各国家来看，听证主持人的选任主要有两种方式，一是美国式的行政法官制，另一个是由行政机关的首长或指定的人员担任。结合中国的国情，最好采用后一种做法。另外，听证主持人必须没有参加行政规划方案的拟定，以避免“先入为主”，不能听取行政相对人的意见。

### （四）建立和完善行政规划的专家参与规划制度

专家意见已经逐步进入到行政决策的中心环节，经济学领域也存在这种现象，一些专业人士只为政府“打工”已经成为美国常见的现象，也是其他国家发展的必然趋势。

我国国内的各级政府都建立了相应的专家储备库，让专家替政府把脉，进行技术咨询工作。召开听证会时一般都会邀请三至五名专家参加。克服技术性限度的方法是增进专家咨询过程中的公众参与，吸纳非专家人士进入咨询过程。当然，行政规划的内容一般会涉及专业性较强的问题，有些确实不是专业之外的人可以解决的。在参与行政规划制定的过程中，专家则是以其自身的专业知识参与，追求规划方案的科学性与合理性，而公民是根据自身的利益对相应的规划方案提出意见。专家与公民在参与过程中的立场并不相同。专家的活动如果不与民主的意见形成和意志形成过程相联系，那么专家就不能倾听公众的反应的声音。

综观并借鉴其他国家专家参与规划的运作模式，总结我国一些地方在这一领域的成功经验，从专家论证会的组成、职权、程序性要求等方面来构建我国的行政规划专家咨询论证制度，为专家参与行政规划提供制度化的途径。行政规划要求对相关的部门和领域的实际状况有深刻而全面的把握，需要高度负责地进行推敲，要求有理论作支撑。科学、合理的行政规划，要求尊重各部门各领域行政权运作的客观规律，在广泛听取民意的基础上，采取行政执法人员、公众、专家学者三结合的方式。行政规划主体是特定的行政主体，专家学者参与立法，其使命在于对有关领域的理论进行深入探索，为行政规划主体提供理论参考。但利用专家的专业知识，并不意味着让专家学者代替行政机关履行职责，担当规划起草工作，这个专家组织应有民法、行政法等多个部门法的专家学者组成，同时还要吸纳自然科学、社会科学等相关学科的专家参与。为确保行政规划专家组织组成的科学性与合理性，应在法律中对这一内容加以强制性的规定。一般面临重大专业性问题，行政机关都会积极听取专家的意见。虽然专家的论证并不必然得出合理可行的结论，但行政规划机关既要听取肯定性的意见，又要听取否定性的意见，综合分析，全盘考虑，才能收到合理的效果。但最后的裁决还是要由行政规划机关作出，不能被专家意见所左右。因为行政规划不仅涉及专业方面的知识，而且还要考虑其他方面的价值问题，例如社会历史遗留问题、伦理道德问题等等，这些问题不是专家咨询论证所能解决的。行政规划机关要依靠自己的判断来分析和解决问题，掌握行政决策权。

公众参与理论颠覆了以前传统的政府管理模式，过去主要是政府处于主导地位，政府制定规划，而行政相对人只能按照制定好的规划方案安排自己的生活，而现在政府实施的一些行政行为需要倾听行政相对人的意见和建议，将公众参与理论引入行政规划就有着非常重要的法律意义和社会意义。在行政规划中，充分运用公众参与这一理论，有助于避免一些“规划裁量权的滥用”的现象的出现，保障行政规划的有效性和合法性，有助于我国公民的知情权、建议权、参与决策权、监督权、诉讼权等这些实体性权利和程序性权利的保障，为行政规划提供合法性基础，增强行政规划的可接受性。

# 完善我国行政决策风险评估机制

周 实[1] 马 野[2]

◉[1] 东北大学文法学院法学系主任、教授

◉[2] 辽宁省检察院检察官

行政决策是政府依据既定政策和法律，对要解决的问题，收集信息、拟定方案、作出决定的行为过程。行政决策往往涉及公共利益、全局性、综合性的事项，我国现在进入了高速发展期与矛盾凸显期，如果行政决策不能够科学合理，在制度导向上发生偏差，其结果往往就会“失之毫厘，谬以千里”。而行政决策风险评估是指，在行政决策酝酿、制定过程中，由行政决策中枢系统牵头，行政咨询系统参与对该决策可能面临的威胁、存在的弱点、造成的影响、带来的风险进行分析评估的工作。建立和完善行政决策风险评估机制，已经得到全国各级政府部门的认可，并在工作中加以推进。

## 一、行政决策风险评估的必然性

### （一）风险评估使政府“经济人”本色的目标取向更加科学

政府本身不是一个超脱于社会各方利益之上的没有自身利益的组织，亚当·斯密运用“经济人”的假设，解决了政府追求利益的动机，经过凯恩斯的发展，人们也普遍赞同政府已经不再是守夜人的角色。与市场决策过程中的“经济人”对利益最大化的追求相对应，在行政决策过程中，政府不可避免地倾向于对自身利益的维护，也就导致一些地方政府重经济利益，忽视环保建设，狂热追求GDP，追求政绩，直接导致了地方经济增长和环境保护失衡，可能导致利益实现发生偏向而无法达到公共利益最大化，甚至各地重复建设，产业结构趋同。为官一任三五年时间，地方政府为追求政绩，或者为了提高地方就业机会和增加财政收入，更乐意投入短、平、快企业或产业，殊不知揠苗助长反而会自食其果。风险评估从专业化、深度化、多维度出发，会形成多元化利益的表达方式。充分的风险评估能使行政决策摆脱政府“经济人”角色不理智、不全面的引导，克服拍脑袋决策的局面，充分评估决策的后果，平衡社会利益的分配，可以有效地遏制对部分利益的维护，提供利益整合的基础。

### （二）建立责任政府、法治政府的必然要求

当代政府已经摘掉“警察国家”的帽子，国家只是一个“守夜人”的说法即使是在自由主义者那里也早已成为一个旧时的寓言，行政决策都是以责任政府、法治政府、服务政府的理念作为基础的。当然，我国经济社会发展也进入新阶段，转变经济发展方式和行政体制改革的任务更加紧迫和艰巨，但是，社会公平正义追寻责任政府、法治政府、服务政府的要求却愈加迫切。行政决策是实现政府职能的基础。只有政府及时、正确地作出决策，政府职能才能得到科学、充分的发挥。而只有健全行政决策制度，通过相关决策内容和决策目标的调整，政府职能转变才能实现。①行政决策直接或间接涉及公众的利益，任何决策失误都将是一种无可挽回的既成事实，并会给社会公众带来不利后果，即便事后追究责任也无法挽回决策失误的损失。所以面对纷繁的社会，高速发展的经济，日新月异的技术更新，行政决策的风险评估便是责任政府、法治政府、服务政府为民负责的一种态度，更可以看做是一种客观责任。

### （三）风险评估是政治民主化的实现途径

经济市场化和政治民主化，已经成为当今世界潮流。随着公共行政范围的扩大和行政权力的膨胀，行政已不仅仅是一种以“执行”为主的活动，行政的政治化倾向使行政决策的风险评估成为现代民主政治的必要支撑，是民主的程序化要求，也是政治民主走向行政民主的重要保障。行政决策作为政治决策的组成部分，其实质是对社会利益的权威性分配。由于被赋予了公共权力，政府作为行政决策的主体，会产生对普遍政策的具体操作和操纵。行政决策体制重要组成部分的中枢系统都以官员为核心，而现代决策也具有较高的技术性要求，随着科学技术的发展，决策模式的科学化程度提高，同时也形成了其与民主化之间的摩擦。随着市场经济体制的建立和日益完善，社会结构的重大变化，多元利益主体逐步形成并壮大发展，从事公共事务管理不再只由政府唱独角戏，公共机构与私人机构乃至个人都可以充当公共管理的主体。社会公民作为行政决策的主体参与到行政决策中去是政府管理之道变革的需要。而通过风险评估可以平衡官员过大的权力，增强行政决策的社会回应性，同时会给社会公民参与行政决策提供一个平台和参考的范本，会在国家权威和个人自由之间形成一个缓冲地带。

### （四）实现行政决策目的的要求

在我国，行政决策的根本目的在于追求公共效益最大化。“公共性”成为行政管理的出发点和原则，行政决策是行政管理的重要组成部分，行政决策的所有

---

① 许文蕙、张成福、孙柏英：《行政决策学》，中国人民大学出版社2006年版，第36页。

要素都表现为“公共性”。在当今立法机关的授权日益广泛、行政职权不断扩张的情况下，政府进行的大量活动并不是按照法律，而是根据行政决策的内容。为了使行政能够更好地发挥作用，行政机构就不得不逐步扩大行政的裁量范围，但是大量的自由裁量却往往容易导致权力的腐败。实践中，行政决策的公共性也不可避免地受到来自社会中不同阶层和部门利益的影响。因此，需要通过风险评估制度，尽可能找到科学的、中立的、让更多的人满意的决策方案。行政决策风险评估可以整合和集中社会精英人士的意见，然后有效表达出来，有利于防止公权力的恣意行使，达到国家利益、地方利益与相对人个人利益的平衡。

## 二、我国行政决策风险评估制度的现状及存在的问题

### （一）我国行政决策风险评估制度的现状

2004年国务院颁发《全面推进依法行政实施纲要》要求健全行政决策机制以来，各级政府越来越重视风险评估的制度建设。特别是2010年国务院发布《关于加强法治政府建设的意见》，提出要完善行政决策风险评估机制，对于凡是有关经济社会发展和人民群众切身利益的重大政策、重大项目等决策事项，都要进行合法性、合理性、可行性和可控性评估，重点是进行社会稳定、环境、经济等方面的风险评估，要把风险评估结果作为决策的重要依据，未经风险评估的，一律不得作出决策。自此，也掀开我国行政决策风险评估制度建设的序幕。如福建省发布《关于建立重大项目社会稳定风险评估机制的意见（试行）》、江苏省发布《省政府关于加快推进法治政府建设的意见》、河南省印发《关于深入推进社会稳定风险评估工作的意见》、广州市印发《关于对重大事项进行社会稳定风险评估的实施意见（试行）》、龙口市颁布《关于实施行政决策风险评估工作的意见》、合肥市颁布《合肥市人民政府重大行政决策程序规定》、江阴市政府通过了《江阴市人民政府重大行政决策社会风险评估办法》、黑龙江省孙吴县印发《孙吴县人民政府重大决策社会稳定风险评估方案》、辽宁省庄河市印发《庄河市群众利益重大决策事项社会稳定风险评估暂行办法》、连云港市颁布《连云港市人民政府重大行政决策风险评估暂行办法》等。上述文件均作出相关规定，要求对涉及重大工程建设、拆迁改造、土地征用、国企改革有关重大决策及涉及群众利益等方面的事项进行风险评估。此外，北京市、河北省、浙江省、陕西省、湖南省、安徽省等省市在建立与完善行政决策风险评估方面都作了积极的尝试和探索，积累了宝贵的经验。

### （二）我国行政决策风险评估制度存在的问题

虽然在实践中许多行政机关都认识到了风险评估的重要性，作出了相关的规

定，并以一定的规范性文件形式予以发布，且在作出重大行政决策时都会按照规范的要求进行风险评估，但是，由于我国没有较为完善的行政决策风险评估法律制度，风险评估在实践中还是有诸多问题。

第一，行政决策立法不规范，法制化程度低。从上文介绍的立法现状不难看出，我国目前关于行政决策风险评估的立法是极其欠缺的，没有专门的法律、法规来规范行政决策风险评估，只有一些零散的规章、规定。这些规章规定虽然在实践中也起到了一定的作用，但是很容易沦为权宜之计，而且很难真正起到其应有的规范和制约作用。另外虽然有一些规章以下的规范性文件对行政决策风险评估作出了专门的规定，但是其效力层级比较低，因此随意性相对较大，而科学性与民主性则多有欠缺。

第二，行政决策风险评估的制度混乱。由于传统文化的影响，官僚主义、官本位的观念根深蒂固，一些部门和领导对行政决策的风险评估工作的重要性认识不足，对决策科学的内容、程序、功能等缺乏深入了解。行政决策风险评估究竟如何进行，在我国法律、法规中并没有明确的规定，虽然前面提到的一些规章、规范对相似内容作了规定，但缺乏统一的指导，各省、市的做法还存在一定的差异，只能算做是有益的探索。甚至有的地方颁布相关规章，存有一定哗众取宠的姿态，部分决策者依照规章进行了行政决策的风险评估，也仅仅将之当做为了体现民主而走的形式，让风险评估报告成为“被”报告的一种。既降低了风险评估的权威性，也浪费了行政资源及经济资源。

第三，行政决策风险评估制度缺乏整体配套性。应当说，经过多年的努力，特别是随着政治体制改革的不断深化，我们已经建立了不少行之有效的有关行政决策的法规制度，诸如民主集中制、行政首长负责制、社会听证会制度、社会公示制度、决策问责制度等等，但这些制度缺乏内在的相互衔接性，整体配套性不强，加之在执行过程中存在着较大的随意性，难以发挥出应有的功能和作用。

第四，对行政决策评估结果缺乏有效的回应机制。政府举办决策风险评估的实质是科学决策、民主决策，然而，行政机关对于行政决策风险评估的过程比较重视，但对于行政决策风险评估结果的处理却缺乏应有的透明度。决策者并没有对行政决策风险评估意见进行及时的回应，给公众留下“走过场”的印象。

## 三、国外相关经验借鉴

### （一）美国行政决策的风险评估机制

美国的行政决策风险评估制度的最大特点是法制化，无论是官方决策风险评估机构还是非官方决策风险评估机构美国政府都制定了相关的法律。美国官方决策风险评估机构的法制化应当归功于1970年代通过的《联邦咨询委员会法》，它对政府内部风险评估部门的各种问题进行了规定，促使其行为规范化、合法化。对于非官方的决策风险评估机构，美国有一系列的法律进行规范，包括资金、税收、组织等方面，经过了很长一段时间发展，这些法律也日益健全，因此决策咨询机构运行也较规范。比如保密性，国防部就敢委托非官方的决策咨询机构进行事关国家命运的研究而不用担心泄密问题。

美国通过积极的市场竞争发展了决策风险评估制度。美国市场经济发达，美国行政决策风险评估制度很大特点就是竞争，即各种决策风险评估机构之间在决策风险评估活动中的竞争。因为公众相信有竞争才会有进步，在制定政策上也不例外。由此，也产生了许多专门从事风险评估及政策咨询的公司，比如著名的兰德公司、斯坦福研究所、对外关系委员会等等，他们成为美国公共决策制定中的重要力量。市场的观念也促进了领袖外部体系的发展。只有把政策支持看做一种服务，可以在相关的市场上获得，才能发展政府内外两种咨询及风险评估的系统，形成两个市场。而只有市场观念深入人心，政府才会相信外部咨询，民众也才会转而尊重风险评估机构的意见，从而使美国政府的决策在各种风险评估机构的竞争中得到优化。

美国的各级行政部门的信息的公开化在世界各国是做得相对的，这就为行政决策的风险评估提供发展的良好平台。美国的普通公民在法定的程序下对政府除机密文件以外的档案和文件享有审阅的权利，经公民申请，政府部门允许公民以一定的方式对政策文件进行查看和研读，此外，美国还制定了其他相关的法律从各方面保障公民对行政决策的知情权，这样的知情权及相应的法律保障制度，保证了美国的行政决策风险评估能够有效地进行，并落到实处。

### （二）日本行政决策的风险评估机制

日本政府在决策活动过程中注重发挥专家的作用，注意调整各方面的利益关系，以增强决策的可行性与科学性。日本政府的决策评估论证机构人员构成比较复杂，代表着不同的社会集团和社会阶层。在审议决策过程中，各方面的代表人物从各自立场出发，广泛地提出意见和建议。即使这些意见未被采纳，政府在作出最终决策时，仍然会考虑到多方利益，协调各方面的关系，使作出的决策能为更多人接受，减少决策实施中的阻力。日本政府形成了一个良好的决策信息循环系统和优化行政决策的环境。同时日本建立了一套完整的决策评估论证体系。一方面有政府系统内部精通业务、知识丰富、善于思考、年轻有为的专家，有政府系统内部设立的专门风险评估机构——审议会，其组成人员并非是政府官员，而是包括学术界、企业界、舆论界、群众团体以及离职的政府官员等知名人士；另一方面存在半官方的“思想库”。半官方的思想库是由学者专家组成的专门从事政策调研的高级论证机构，同国家机构没有直接隶属关系，通常从决策机构获取指令，又给决策者提供观点方法等。日本官民协商的审议制度颇具特色，发挥着重要作用。按照日本《宪法》的规定，在决策制定过程中，可以充分吸收各方面意见，以保障决策的民主化。并且，有利于兼顾各方面利益，保证决策的可行性。

### （三）两国风险评估制度的借鉴意义

美国和日本行政决策风险评估制度主要存在以下几点对我们建立科学的行政决策风险评估制度具有学习借鉴意义：第一，强调决策的程序化、法制化是这些发达国家行政决策体制的一个显著特点。颁布《行政程序法》等相关法律把决策过程定位于相对稳定的决策程序，越是重大的决策越强调程序化、制度化，为行政决策完整有序运作提供了基本条件。第二，两国的行政决策风险评估机构设置比较完善，机构设置科学，决策权力分配合理，决策组织体系的各系统功能清晰，任务明确。第三，完善的行政决策评估方式促进行政决策的民主化。随着知识经济和信息时代的来临，这些发达国家都呈现出决策主体逐步扩大的趋势，在决策过程中注意发挥了智囊机构和专家群体的智慧，弥补决策者个人智力的不足；在方法上，更多地运用电子化咨询手段、政府公布网址，公民自由上网等形式，让公众就决策议题发表意见。

## 四、完善我国行政决策风险评估机制的几点建议

### （一）完善行政决策风险评估的法律及制度建设

法谚云："无规矩难以成方圆。"多数情况下，人们不知道行政决策的好坏，只能着眼于相关法律制度规定是否翔实及程序设计是否合理。与传统的专制政治和无序政治相比较，现代民主政治是一种程序政治。① 因此，那些有了不利结果的行政决策，也会因公众在程序中被公正、合理地对待而被认同和接受，从而形成对行政决策的普遍信仰和尊重；如果能通过法律制度对行政决策的整体制度加以规制，定会为行政决策风险评估的合法、合理发展提供一个良性平台。同时行政决策风险评估作为行政决策制度一个重要环节，必须在行政决策整体的法律制度规范下实行。虽然我国现阶段有些关于行政决策风险评估的规范性文件，但鉴于其法律层级较低，而且各省市规范的内容差异较大，规定内容不够翔实，实际运用中出入较大，笔者认为，应制定专门的行政决策法律，将行政决策风险评估内容作为重要部分予以规定，并逐步加强行政决策风险评估的体制机制建设，为行政决策风险评估保驾护航。

---

① 何包钢：《保卫程序：一个自由主义者对卡尔·施密特例外理论的批评》，《浙江学刊》2002 年第 2 期。

### （二）完善行政决策风险评估的具体范围

广泛的行政决策风险评估可以塑造平等、公正的社会价值理念，有效降低错误决策带来的负面效应，还可以降低社会不稳定因素，避免冲突的升级，保证社会生活和谐稳定。但任何行政决策都进行风险评估势必会带来行政效率的低下，也会给行政成本和行政收益之间的权衡带来挑战，同时也使行政自由裁量权面临巨大挑战。我们否定“法律万能论”，承认立法不能解决行政决策中的所有问题。因为行政自由裁量权是行政权力的伴生物，决策者在法定权限范围内有就行政条件、行政程序和是否作为及如何作为进行选择的权力，它在行政过程中客观存在。而“法治所要求的并不是消除广泛的自由裁量，而是法律应当能够控制它的行使”。[①] 因此，笔者认为，应区分行政决策为一般行政决策和重大行政决策，对二者的风险评估机制应区别对待，或者说对于一般行政决策应着重发挥行政自由裁量权，而对于重大行政决策因其关系到社会公众的重大利益，所以必须进行风险评估。凡是涉及当地经济社会发展的战略举措、发展规划和有较大影响的重要政策，涉及公共利益或者与人民群众切身利益密切相关的重大行政决策，均应列入风险评估范围。如政府重大投资项目、重大公共设施建设、公用事业价格调整、企业改制、土地征用、房屋拆迁、环境保护、教育医疗社会保障制度改革等。

### （三）科学设定行政决策风险评估的内容

没有法定的风险评估内容，就没有决策的科学化与民主化。笔者认为，决策风险评估的内容，应主要包括：一是行政决策的合法性及合理性分析。没有依法决策，民主决策和科学决策极易成为空洞的口号。依法决策包括两个方面，即程序合法和内容合法，风险评估的任务更侧重于行政决策的内容是否合法。包括行政决策是否符合法律法规和国家政策，是否符合本地经济社会发展实际，是否做到了公开、公正、公平，是否为绝大多数群众接受，配套措施是否完善，所涉资金能否到位等。二是行政决策的必要性和可行性。重大的行政决策的影响是长久的，有的决策形式上没有瑕疵，但却没有实际生存的土壤，会造成“小马拉大车”的现象，所以行政决策的必要性和可行性研究至关重要。主要是行政决策是否符合本地经济社会发展总体水平，成本与效益是否平衡，出台的时机是否成熟，是否开展了前期的调研宣传解释工作，提前制订应急措施和应急处置预案，避免造成重大损失甚至引发社会不稳定。三是行政决策的可控性。主要分析评估行政决策的制定和出台是否会引起重大公共安全隐患，是否有利于环境保护和资

---

① ［英］威廉·韦德：《行政法》，徐炳、楚建译，北京：中国大百科全书出版社，1997 年版，第 55 页。

源节约，是否会引发较大的影响社会治安和信访问题。①

（四）积极建立行政决策风险评估的配套制度

建立相关配套制度以保障最后的评估报告能实事求是地反映社会各界的反馈意见，充分评估决策风险，提出完善行政决策的建议。

第一，应建立行政决策风险评估专家库及相关评估组织。一方面，应建立完善的社会专业咨询机构，促进专业咨询机构的发展，不断完善相关专家备案及专家库的建立工作，以此避免临时聘请专家的盲目性及选用熟悉专家带来的非客观性，应当逐步建立并适时更新完善各类专业的咨询专家库。另一方面，完善风险评估主体的选择方式和程序。笔者设想，承办部门可以通过政府购买服务的方式购买风险评估成果，借鉴我国政府采购及招投标制度多年的经验，按照“服务项目招标”的方式进行选购。而对于特殊行业、时间紧迫及社会风险评估组织参与少的情况，也可以经法定审批程序后，直接在专家库中选取相关专家组成风险评估小组，按照法定程序及内容进行风险评估。

第二，完善行政决策风险评估的方式方法。在现代社会，对重大问题作出正确决策所需要掌握的知识、信息量、使用的先进手段，是过去无法比拟的，因此，采取何种方式方法，取决于不同的决策内容。笔者认为，在完善各种风险评估方式中着重抓两点建设。一要重视专业知识的力量，有效吸纳各个领域的专家的智慧到决策过程之中，使专家的智慧同决策者的智慧和权力结合起来，充分发挥专家在政府决策过程中的作用。二是充分发挥民主，保证评估过程中人民的参与权。行政决策的所有要素都表现为“公共性”，而国家的一切权力属于人民，参与权是保证人民民主权利实现的基础，行政决策的目标取向应该是公共利益的最大化，而大多数人满意就是实现公共利益最大化的标准之一。

第三，依托电子政务，增加行政公开力度。行政公开是公民参与行政决策的前提和基础。离开行政公开，行政法治也无从谈起。行政机关将行政权力运行的依据、过程和结果向行政相对人和公民公开，使行政相对人和公民知晓，满足公民的行政知情权。以网络信息技术为主导的大众传媒的发展是公民参与实现的有效手段，也增强了公民参与的能力，使直接参与民主成为可能。不但有利于公民参与政治，也有利于风险评估过程中评估主体充分掌握行政决策信息，避免评估失真。

（五）建立行政决策风险评估的回应制度

首先，以风险评估结论作为行政决策的重要依据。根据风险评估结论，需要决策的，要把握好出台时机，提前制订应急措施和应急处置预案，把风险防范的

① 马玉卿、乔钰：《浅议行政决策风险评估机制的建立与完善》，《法制与社会》，2011年第12期。

责任和措施落实在决策之前，避免造成重大损失甚至引发社会不稳定。①

其次，建立行政决策动态纠错风险评估机制。行政决策作出以后，要注意跟踪其执行情况，通过抽查检查、跟踪反馈、民意反映等途径，及时发现决策执行中存在的问题和出现的新情况，有针对性地采取措施。当执行过程出现特殊情况，影响行政决策继续执行时，对于重大行政决策是否实施、延续、调整或者停止执行，仍属风险评估的范围，也就是一个重大项目上马，涉及公共利益，需要风险评估，一个重大项目调整、下马也涉及公共利益，仍需风险评估。建立这样动态的回应机制，会及时纠正决策执行中的偏差，最大限度地减少决策失误造成的损失。

① 应松年：《社会管理创新要求加强行政决策程序建设》，《中国法学》，2012 年第 2 期。

# 宏观决策听证制度研究

**赵 雷**

◉ 北京理工大学博士后，兼职教授

决策，从字面上讲就是作出决定或者选择。这里所讲的宏观决策，一般是指制定、修改或者废止某项方针、政策，以及表明重大事件的立场、态度和处理意见。① 宏观决策体系是确定宏观决策主体的权力关系、宏观决策的过程安排和决策的手段方式等方面的一系列制度规范的总和。现代宏观决策的主体主要是政府，也包括掌握公共权力的相关组织形式，如代议制下的议会、政党、人大等。无论何种性质的政府，巩固统治合法性基础是其共性，也就是主动寻求社会公众的认可与支持。政府推进民主决策活动，促进公众参与决策，使民众感到权利得到尊重，利益受到保护，会更信任和支持政府。在此背景下，公众参与宏观决策在国际上出现明显的发展趋势，发挥着积极作用。

1. 进一步巩固政权的合法性基础

合法性理论从政治哲学角度而言，其基本内涵是政治统治获得了社会公众的理解、认同、支持和忠诚。它是与人类社会发展密切联系在一起的。人类进入工业革命后，市场经济逐渐确立并迅速发展，导致人们的行为和社会发生根本性变革，推进人的权利形成，在此基础上形成公民人格，由重塑理念的公民们形成的公民社会成为现代政治国家的基石。主权在民、人民主权理念及相关的革命与政治实践使国家与政府日渐分离，使政党的轮替不至于导致国家的动荡与解体。这样便使在公民与政府之间形成并发展一种权利与义务的委托与代理关系成为可能。民主从理念到制度的跨越从欧美开始，继而随着经济社会的全球化向亚非拉扩散。关于公共行政包括公共决策的合法性，美国行政法学家理查德·斯图尔特(Richard Stewart) 提出三种模型：一是传送带模型（transmission belt model），即来自国会的授权（国会来自人民的委托，作者注）；二是专家模型（expertise model），借行政机关专业上的优势使行政权的行使正当化；三是参与模型（par-

① 本文对宏观决策研究的着眼点，实际上更多是从宏观经济决策角度来考虑的，即宏观决策与宏观经济决策多处是互用的。但为行文方便，基本还是使用宏观决策一语。

ticipatory model)，强调民众的参与。[①] 这三种模型都是为回应不同时期的社会与政府需求而提供的行政合法化对策，而且其最终的归宿是统治的合法性必须来自公民的同意，公共行政的合法性程度也就转化为民主化程度。第三种模型日益成为国际上促进政府统治合法性方式的潮流，大多数政党政府也倾向于持久地发展民主，充分利用民主的好处。让公众参与宏观决策便是其中的重要方面。让公民参与决策过程在客观上就可以起到分散决策风险与责任的作用，从而缓解政府因不良的政策后果而导致的政治合法性的严重流失。对于民主还不成熟的国家，这一点更为重要，政府原本就缺乏必要的舒缓社会压力、分散社会风险的现代政治机制，同时还要承担公众对于其错误决策及其后果的指责和不满，甚至导致社会公众对其政治存在与发展的合理性产生程度不等的怀疑，因此公众参与宏观决策对巩固政府统治合法性在价值上更值得肯定。

2. 促进政府宏观决策的民主化和科学化

在经济社会的发展过程中，政府从巩固其统治的合法性需要出发，必须时常关注现实并对各方面的权力和利益关系进行调整和规范，建立与国家、公民和社会的良好关系。对于通常的、利益关系简单的常规性问题进行决策一般比较简单，但现代社会许多问题利益关系复杂，利益相关者多，冲突剧烈，这些问题往往是与社会发展相关的重大问题，决策难度较大，对政府的决策能力形成很大挑战。这一决策过程往往是公民与政府在权益问题上互动妥协、共商规则的政策过程。理想的民主制度不仅通过投票分配权力，也需要保证参与决策权和集体判断中的平等参与有所联系，将宏观决策的民主性经由民主选举产生的代议机构的传送拓展到了公民的平等而广泛的参与。这是一种对构建一个民主、有效和具有公共精神的决策机制具有很强借鉴价值的政治资源。通过公众参与宏观决策，可以增强其决策目标的合法性，有利于达到较好的执行效果。公众参与宏观决策，公众与政府需要互动、沟通、妥协。但民主的妥协不是无原则的，而是需要理性，甚至是精密的计算。这在宏观决策活动中，自然就有科学的特征。特别是20世纪中期以来，随着社会变化的频率和速度的不断加快，西方发达国家行政管制范围不断扩大，管制事务也日趋专业化和技术化，对科学决策的要求也越来越高。决策的科学化与民主化两者是有机的统一。当然，由于决策活动的复杂性，民主的决策也不一定全是科学的，也就是说民主不能全部解决决策的科学化问题，但能够更为迅速地反映社会公众意见和要求的变化。与非民主的体制相比，民主决策条件下可能的错误更容易被纠正。

公众参与宏观决策是我国政治、经济发展的现实需要：

---

① 叶俊荣：《面对行政程序法——转型台湾的程序建制》，台湾：元照出版公司，2002年版，第295—412页。

1. 我国公民的政治参与意识空前觉醒

改革开放三十年，是我国社会主义市场经济体制萌生、发展和确立的过程。在市场经济条件下，有机的利益互动关系在逐渐取代过去的血缘和地缘等关系，逐渐演化为当代中国社会结构的基本特征。市场经济使自然经济条件下同质的人演变成自身利益的实现须以他人的利益实现为前提的异质的人。这样的异质的人，出于自利的动机，关注自己利益的同时，也不得不关注他人利益和社会公共利益。因为在社会利益关系网络中，其中一个环节的损失，很有可能造成该网络的其他主体的损失。由此角度看，市场经济塑造了现代公民和公民社会，是现代民主政治的生长点。既然公民是现代社会的被统治者和统治者角色的统一体，现代国家的创设、组成和运转的所有环节都必须由公民和公民社会来完成。公民通过多种参与形式介入到政治过程中去，积极推动和影响政治的发展。在利益博弈和形成政策过程中，公民往往积极组成或者参与到社会团体中去，利用集体的力量向政府争取权益。市场经济与公民社会是密切相关的，有市场经济必然就会有公民社会，社会主义市场经济也必然有社会主义公民社会。社会主义公民社会同样要求保护私人领域，要求保护私人发展的空间，防止公共权力的不当干涉和侵害。公众参与在我国兴起同样有上述的社会政治发展的逻辑，随着市场经济的发展，公民的财富和利益日益增加，独立、多元的经济主体日益成长和壮大，独立、多元化的利益产生独立和多元的权利诉求。

据学者研究，我国改革开放所面临的主要挑战有如下几条：利益主体数量激增，利益主体多元化，利益主体意识增强，人员流动性空前加大，各类经济和社会风险加大，外来信息加大和信息来源多元化，非对称信息占有的严重性增大，非对称权力占有的严重性增大，分配向非劳动要素倾斜，权力关系向资本占有者倾斜。① 一方面我国改革取得巨大成就，另一方面从上到下都感觉我国面临很大危机，如政府的正当性危机、社会危机、道德危机、环境危机等。究其根本，我国公众参与改革这一要素不足。在此背景下，我国公民的政治参与意识空前觉醒，构成公民参与宏观决策的巨大现实需要。

2. 我国政党政府适应新时期合法性执政基础的需要

随着经济社会的不断发展，社会主义市场经济改革的不断深入，我国的社会结构和利益、资源配置格局发生了巨大变化。国家和社会管理者、私营企业者、知识分子和工人农民等不同社会阶层的利益诉求存在差异。有的是要确立其地位，有的则是要保证其生存权利。总体而言，各个阶层都关注其经济利益，但对政治利益的诉求则被控制在理性和必须的范围内。也就是说，在民间社会的各个领域，首要关注的是经济利益，它是人们有限政治参与的最直接目的。一个以分化、多元化为特征的经济利益为主导的社会阶层构造已经取代了以往那种以单

---

① 王绍光：《安邦之道：国家转型的目标与途径》，上海：三联书店，2007年版，第534—538页。

一、同质为特征的政治意识形态主导的社会阶级和阶层构造。改革开放前我国社会单一的所有制结构和分配形式虽然在形式上实现了利益分配上的平等，但给人民群众造成生活上的贫困与物质上的匮乏。我国实行社会主义市场经济，实行以公有制为主体，多种所有制并存，以按劳分配为主体，多种生产要素参与分配的分配形式，极大地解放了生产力，促进经济效率的迅速提高。但党和政府也始终面临着公平和效率的处理问题。我国基尼系数已达到0.5的临界值，说明贫富两极分化的程度。我国必须尽快建立健全市场规则体系和社会保障体系，努力调整经济分配格局，使社会公众享有机会、程序和结果的平等。但是，政府要实现这一目标，面临很大的难度，资源的稀缺和经济人利益最大化的本性总是会造成不同阶层和群体之间利益的博弈。在经济和可供分配的社会资源总量既定的条件下，多数人利益的增加就意味着少数人利益的损失，利益集团具有扩张其利益的冲动和本能。这些复杂的因素都使政府的许多决策面临两难，而公众的决策参与则使政府更清楚地了解各方利益诉求，确定矛盾焦点，增强决策的针对性，同时，如前所述，这也是适应政府巩固执政合法性的迫切需要。

党的十六大以来，党和政府把公众参与式民主作为政治体制改革和社会主义民主的新政予以推进。党的十六大提出，要健全民主制度，丰富民主形式，扩大公民有序的政治参与。并要求各级决策机关都要完善重大决策的规则和程序，建立社情民意反映制度，建立与群众利益密切相关的重大事项社会公示制度和社会听证制度等。党的十七大又进一步提出，坚持国家一切权力属于人民，从各个层次、各个领域扩大公民有序政治参与，最广泛地动员和组织人民依法管理国家事务和社会事务、管理经济和文化事业。要健全民主制度，丰富民主形式，拓宽民主渠道，依法实行民主选举、民主决策、民主管理、民主监督，保障人民的知情权、参与权、表达权、监督权。推进决策科学化、民主化，完善决策信息和智力支持系统，增强决策透明度和公众参与度，制定与群众利益密切相关的法律法规和公共政策原则上要公开听取意见。可以看出，公众参与宏观决策已经引起执政党的高度重视，并结合中国的国情，提出了制度设计的原则性要求。尽管有学者提出，我国引入参与式民主忽略了参与式民主要以代议制民主为基础，并在很大程度上要通过代议制民主才能发挥更有效的作用，但仍应当对公众参与给予充分肯定，使民间自发的公众参与有了政治依托和发展空间，进而进一步推动公众参与的各种改革，践行公众参与，拓展公众参与公共决策和治理的空间，从而促进公众参与在我国的蓬勃发展。

3. 公众参与宏观决策的主要方式——听证制度

宏观决策实质上是对社会资源的权威性分配，直接关系到公众个人的切身利益，公众通过参与决策，表达其利益诉求，参与和影响决策的制定。在许多市场经济国家，公民参与政府决策有多种方式，包括通过利益集团、政治组织或者政党等进行利益表达，向各级行政机关、议会议员等提出建议；公民个人通过直接参加投票、选举或者解除官员职务而影响决策；公民联合提出提案，交由本地区公民表决等等。其中影响深远、深刻体现民主内涵的程序制度安排当数听证制度。在许多情况下，公民有权出席公务会议，在会上发表意见，尤其在许多重大决策的听证会上，总能听到公民的声音与意见。听证制度肇始于英国，其理论根源可以追溯到自然法的自然公正原则。听证制度初始适用于司法审判领域，在美国则在立法和行政领域获得进一步的发展。

宏观决策领域的听证，是指宏观决策主体在实施决策（包括抽象行政行为和具体行政行为）前，就有关事实和法律问题听取利害关系人意见，并予以说明、解释或者答复的一种行政程序制度。行政听证主体包括行政主体、行政相对人和行政程序参加人。从宏观决策角度讲，听证既可以运用在决策制定的准备阶段，也可以运用在决策执行实施阶段。在制定决策时，通过举行决策听证会，集合政府官员、专家学者和公众个人等行政相对者的智慧，集思广益，群策群力，促进决策制定的合法、民主和科学化。在决策的实施阶段，通过举行调查性听证和监督性听证，及时发现决策执行中出现的问题，发挥听证的监督、纠正和改善等功能，确保决策的有效执行和良好运行。不同国家在听证的适用范围、听证主持人的选用和权利、听证代表范围、听证笔录的法律效力等方面的规定都存在差异。但一般都包括两个阶段：一是准备阶段。这一阶段要做的事项包括决定是否举行决策听证会、发布有关决策听证的公告和通知；选择和邀请证人、收集证词与准备材料；决定证人作证的形式及顺序等。二是决策听证的实施阶段。这一阶段要做事项包括依照规定确定是秘密听证还是公开听证；确定听证主持人与法定人数；根据听证事项的重要性和复杂性确定听证会的会议次数、会议时间和询问时间；进行询问与回答；听证后，准备证言概要，发送给委员会委员和媒体。在听证会过程中，一般都要全程录像、录音，之后出版听证材料等。听证制度已经发展成为众多国家和地区的行政运作中的一种有效的程序性民主形式。二战后，许多市场经济国家在决策中引入听证制度，有力地促进了决策的民主化和科学化程度。

非宏观决策领域的听证主要是行政决定听证。行政决定是指行政机关适用法律规范，就具体事务作出影响特定公民、法人或者其他组织权利义务，对外直接发生法律效果的单方行政行为。行政决定听证是指采取行政决定时举行的听证，如行政处罚听证、行政许可听证等。宏观决策听证来源于行政决定听证。两者的区别是：（1）宏观决策听证影响的是不特定多数人的利益，而行政决定听证影响的是特定的公民、法人或者其他组织的利益。（2）宏观决策听证的目的是为了扩大公众参与，促进决策的科学化、民主化，促进决策的顺利实施，而行政决定听证更侧重于为当事人提供事先的自卫权利和救济手段，防止行政机关滥用权力，促进行政决定公正作出，保护当事人的合法权益。（3）宏观决策听证更侧重于对一般事实的调研与研究，以作为决策的参考，而行政决策听证需要认定具体事实的正确性。两者的适用对象、制度目标、对事实认定的要求不同，在制度的设计也应当作出区分，作出有针对性的制度安排。[①]

## 国外研究进展及述评

西方国家由于其成熟的宪政制度，听证成为一种耳熟能详的进行宏观决策时听取民众意见的途径。对于其价值层面的研究不多，因为以程序民主保障实体民主已经是成熟宪政国家广为接受的法治理念。因此，西方学者的研究多着墨于一些具体领域中涉及的听证问题。例如，里查德·伯特出版的1947—1971年间美国国会国防政策听证会方面的文献资料汇编性书籍，属于资料编辑性质，学术研究不足。[②] 艾梅·L·富兰克林、卡罗尔·埃布登的《我们是在盲人摸象吗：对预算参与模型的探索》(2005)，是对预算参与具体问题的研究。[③] 还有一些学者在社会保障、卫生保健决策和妇女就业问题决策等方面的具体研究中，也涉及这些决策过程中的听证问题，[④] 但研究问题的重点还是具体领域的政策问题。另外，有些研究则深入到听证活动中如何运用政治策略问题，并没有侧重研究听证程序本身。例如简·麦特在《听证程序与战略：影响公共决策指南》中重点阐述了有关利益主体如何影响听证决策的问题，如听证过程中的组织和准备、听证技术和战略、听证策略或者战术、听证沟通技术等。再如《密切关注：国会监督的策略》(焦尔·D·艾伯巴著)、《国会的第三院对政府第四部门：国会委员会工作人员对决策的影响》(詹姆士·P·希尔著)、《国会委员会的听证和媒体：游戏规则》(苏珊·H·米勒著) 等也都属于这类著作。这与我国对听证的学术研究阶段不同。

西方听证制度发展长久，运作规范、成熟。听证制度是其整体决策机器中的一个有效部件。在市场经济体制已经完善和直选为基础的西方宏观决策体制中，政府基本或者重大的政策走向在政党主导的直接选举过程中就已经在全社会进行了沟通与互动，公共决策再进行听证的效果也比较明显。然而，听证制度虽然已被多数民主法治国家所接受和广泛应用，但是由于各国的体制不同，听证的适用

---

① 杨坤：《行政听证制度研究》，中国政法大学硕士学位论文，2005年。

② Burt Richard Congressional Hearings on American Defense Policy 1949—1971. The University Press of Kansas, 1974.

③ Franklin, Aimee L, and Carol Ebdon, Are we all touching the same camel? Exploring a model of participation in budgeting, Americain Review of PublicAdministration, Vol. 35No. 2, June2005: 168 - 185.

④ Preiecofer Donna. Judges, Bureaucrats and the Question of Independence: Astudy of the Social Security administration Hearing Process. Greenwood Press, 1985; Lindeman C. A. call for Public Hearing on physician Control of heath - care. Nurs Health Care 1994, 15 (3): 158 ~ 158; Direct G. Womens Struggle for Production of Life-public Hearing of women Workers in Informal Sector. Econ Polit Weekly 1995, 30 (26): 1551 - 1554.

范围、形式、作用与效果也不尽相同。笔者通过对美国、日本、英国、德国、韩国、法国、葡萄牙和俄罗斯的听证制度的研究发现：1. 美国的听证制度最为完备、成熟。美国行政听证分为正式听证和非正式听证。美国的听证审查官制度是一个很符合美国国情的制度。美国立法听证分为行政立法听证和国会立法听证。立法听证制衡性强。行政立法听证在实践中发展出一种混合听证方式。美国国会专项听证制度是美国国会政治生活中的一个重要环节。各种类型的听证都有复杂、具体的程序。2. 日本的决策听证适用领域广泛，形式灵活，效率高，行政决定听证的范围清晰。日本行政听证形式多样，公听会和辩明程序也属于听证。立法听证程序是日本国会审议法律议案的一个重要阶段，是委员会进行立法审查的重要手段。“会议公开”是日本国会专项听证的形式。3. 英国宏观决策听证来源于司法听证。英国的听证范围具有广泛性，行政听证强调调查和程序的公开性，有口头和书面两种方式。英国的立法听证因其宪制理解，除单行法律明确规定外，总体上并不要求强制听证，这与美国形成强烈反差。4. 德国的宏观决策听证程序比较成熟。非正式听证程序的广泛应用是德国听证制度的一大特色，即一般的行政程序中所包含的听证程序没有固定的形式。这样方式灵活，效率高。德国《联邦程序法》对行政听证程序有明确的规定。立法听证范围广泛，议会立法听证主要在委员会审议阶段举行。德国行政机关的立法职权主要包括参与议会立法和授权立法两个部分。德国议会专项听证的重要内容是针对质询举行的听证。5. 韩国行政听证分为听证会、公听会和提出意见三种形式，行政立法听证包括公听会和提出意见两种形式。韩国的国会专项听证用来审查预算案和其他重要议案，如果是涉及专业知识的议案，还征求有关人士或专家的意见。国会行使国政监察权和国政调查权、质询权，可以进行听证。6. 葡萄牙行政听证是指广义的听证，即将行政机关听取当事人意见的程序统称为听证。行政听证的范围很广。议会的各委员会可以举行听证会，并拥有同司法机关相似的调查权。7. 法国的听证范围主要是由行政法院的判例来确定，同时也通过一些单行法律分别规定。质询、询问是法国议会会议期间议员们行使权力的主要形式，属于广义上的听证。8. 俄联邦议会上下两院都设立了专门委员会，组织举办议会听证会是两院的重要职责。议会听证会包括国家杜马议会听证会和委员会议会听证会。俄罗斯对行政听证通过“公众议会”和“社会论证”等形式对俄罗斯联邦政府规范性文件和政府、杜马、媒体和执法机构进行监督。由此可见，美国关于听证的规定最为完备，听证构成了《联邦行政程序法》的核心内容。相比之下，其他国家关于听证的规定则简单得多，系统性、完备性都不如美国。这多少反映了两大法系对程序价值的认识存在一定的差别：英美法系国家传统上重视程序对公民权利的保障功能，尤其在诉讼程序中，信奉“正义先于真实”；大陆法系国家传统上重实体、轻程序，如德国认为完善的实体规则及事后救济，符合法治的要求，足以保障公民的权利，因此，对作为事前救济手段的行政程序就相对简单些，投入的注意力也就更少一些。

## 国内研究进展及述评

我国学者对听证制度的研究分为两个层面，三个领域。

1. 两个层面包括：（1）理论层面。一是表现在综合性理论研究中涉及听证问题。如陈家刚著《协商民主与当代中国政治》（2009），在《政治决策与合法性》一章中专门探讨立法听证，从政治民主发展的角度透视立法听证，视野宽阔。石亚军主编《中国行政管理体制实证研究》（2010）专节对重大决策的决策主体、决策的利益导向、决策方式进行了科学的数据分析。王万华著《中国行政程序法典试拟稿及立法理由》（2010）对重大行政决策的听证会制度进行了深入研究，提出了立法建议。二是专门研究听证问题或者以听证制度作为研究重点。如彭宗超等著《听证制度——透明决策与公共治理》（2004），该研究主张全面定位立法听证的功能，目的在于根据这些制度功能定位来设计相应的制度程序规范，确定立法听证的功能，提出相关程序要求和衡量指标，搭建了一个立法听证的功能定位和程序要求的坐标体系，对制度的创设与评估具有很大的指导意义。李楯编《听证：中国转型中的制度建设和公众参与》，提出听证规则专家建议稿，制作了听证指南，编辑了听证实例，进行了现行法规分类汇编，并简单研究了国外的听证制度。刘勉义、蒋勇（《行政听证程序研究与适用》，1997）、杨惠基（《听证程序理论与实务》，1997）、应松年（《比较行政程序法》，1999）等多是就行政决定听证中行政处罚听证来研究我国的听证制度，对决策听证几乎没有涉猎。后来这方面有所改变，如刘勉义（《我国听证程序研究》，2004）对价格决策听证进行了研究。（2）实践层面。偏重实践的研究也逐步深入。例如原国家计委价格司编《中国首次铁路票价听证会聚焦》（2002），李亚、李富成著《价格听证指南》（2010）。尤其是中央编译局比较政治与经济研究中心、北京大学中国政府创新研究中心联合编写的《公民参与手册——参与改变命运》（2009），是国内第一本系统介绍公共参与（听证是重点）的指南性手册。书中对公共参与的定义、渠道、制度环境、步骤、能力建设及多元文化等进行了系统介绍，还通过案例、小资料等提供了可以直接应用于实践的参与方法、手段和工具，很有实用价值。

2. 三个领域包括：（1）行政听证。长期以来主要是行政法学者进行研究，研究的重点又侧重于行政决定听证中的行政处罚听证。如上述刘勉义、应松年等人。后来，在行政决策听证中以价格听证为重点有所进展，如刘勉义、李亚、李富成、王万华等人的努力，以王万华的研究最为深入、全面。还有一些跨学科的研究，如刘大伟著《公用事业价格听证中消费者参与的法经济学研究》（2010）等。（2）立法听证。这个领域探讨最为积极。有综合性研究，如彭宗超，杨雪冬、陈家刚（《立法听证与地方治理改革》，2004）等；有介绍性研究，如蔡定剑主编《国外公众参与立法》（2005）、吴浩主编《国外行政立法的公众参与制度》（2008）等；有会议综合汇编，如《立法过程中的公共参与》（2009）等。（3）人大专项听证。这项听证的专门研究成果极少，多是结合人大如何行使监督权，偶有描述又寥寥数句，语焉不详。但在实践中已经有所发展，如具有听证雏形的述职评议和质询询问等监督方式。

我国学界对听证制度的探索十多年来可谓锲而不舍，色彩纷呈。就其背景而言，我国听证制度在目前的宏观决策体制中的地位和影响与西方不同。总体来讲，我国的政治统治结构的民主体制仍在发展建设过程中。在这样的历史阶段，公共决策体制方面的一些机制上的改革和创新往往对推动整体变革具有实际的意义。它们虽然不能从根本上解决民主统治体制的构建问题，但能在具体的宏观决策领域中通过改革决策规则而让决策者和社会各方面改变传统落后的行为方式和观念模式，从而在决策中切实贯彻公开、公正、民主、科学等精神，让社会各方都有维护和增进自身利益的机会，这在整体上有利于社会协调有序地发展。我国学界对听证制度的探索也是从行政决策领域开始的，以后逐步扩展到公共决策领域，这也符合听证制度发展的规律。但这种探索由于未能够深入了解国外的听证规则，也常常将各类听证混为一体，有时几乎是混乱的。且往往陷入具体规则的反复纠结，无法进行更深入的研究和探索。基于此，如何对听证进行有效分类，廓清各类听证的地位，促进各类听证的均衡发展，便是一个具有理论意义和现实意义的课题。

对行政听证、议会（或国会）听证和立法听证的研究：

行政听证是决策听证的一种极为重要的形式。作为现代法治国家公认的法律制度，行政听证在法治行政过程中有着极为重要的作用，是公认的行政程序法的核心。行政程序法的原则和规范直接或者间接地都是围绕着行政听证开展的。行政听证的实质，对于行政机关而言，要求行政机关在履行职能实现法律正义的目的时，应当有一个正当合理的程序；而从保护公民合法权益方面来讲，则要求行政机关作出的包括抽象的和具体的行政行为，应当在对行政相对人发生效力前提供相应程序的保障，赋予行政相对人某种程序上的权利，从而使行政相对人通过对行使程序上权利的行使，来维护自己的合法权益。行政听证的范围，从许多国家行政程序法的规定和实践看，主要是指以立法或者判例的方式确定适用行政听证的事项，主要包括行政立法和行政行为中适用行政体听证的事项。至于行政听证的形式，根据是否采用举行听证会的形式进行听证作为标准，行政听证形式分为正式听证和非正式听证。正式听证程序类似于司法中的审理案件，比较复杂，非正式听证程序则比较简单，主要是给行政相对人一个陈述意见和为自己辩护的机会。

议会（或国会）听证是议会制国家政治生活中的一个重要环节，它是指国会的常设委员会或专门委员会就某个具体问题举行公开会议，传唤或接受政府官员、利益集团代表、知名学者或某些公民个人与会，并听取他们提供的证据和意见。从性质上看，国会听证大致分为四类：一是立法性听证，即就国会立法进行事先听证；二是监督性听证，即国会参议院在行使人事同意权、批准人事任命时举行的听证会；三是审查性听证，主要目的是对政府工作进行审查；四是调查性听证，一般针对某个具体问题进行，通常由国会某个常设委员会或特别委员会来主持。国会举行听证会若不涉及国家机密问题，一般会对外界公开，允许媒体进行报道。但是，由于各国议会的权限不同，有的国家的议会相对于总统、政党、内阁处于比较弱势的地位，因此各国议会的听证的使用范围、听证形式以及听证效果等也有所不同。

立法听证是指一切在立法机构（即国会）举行的立法听证程序。立法听证的主要特点在于听证的对象及内容有自己的特殊性，它所要听证的对象是有普遍性和抽象性意义的立法问题，具有更强的公共政策性，不涉及个别的或具体的政府组织及其官员的行为问题。根据不同的听证内容，立法机关的听证形式可分为监督性听证、调查性听证和立法性听证。现代国家采取立法听证制度的原因主要有二：一是随着科学技术的发展，各个领域越来越呈现出高度的专业性和技术性，在立法之前请有关的专家参加听证，为立法者提供有科学根据的咨询意见，成为立法听证会的一个主要内容。二是随着社会利益逐渐多元化，形成了代表不同利益的利益集团。在制定有关法律的过程中，有关群体之间的利益往往是对立的。因此，在立法听证会上听取这些不同利益集团的意见，也是它的一项必不可少的内容。当然，也由于各国议会权限不同，议会立法的权限也受到相应的限制，相对而言，凡是议会权限大的，议会的立法权也相对大些，反之议会的权限则要小些。议会立法听证在立法权限较大的国家，往往立法听证的程序比较规范，功能比较齐全，效果比较明显。反之，议会立法权限较小的国家，立法听证的程序、功能和效果都会相对弱化。相对于行政听证，立法听证在许多国家都不是法定要听证的，即使在听证制度最为健全的美国，国会立法举行听证会也不是必须的，并且立法也不以听证记录为约束。

听证制度虽然已被多数民主法治国家所接受和广泛应用，但是由于各国的体制不同，听证的适用范围、形式、作用与效果也不尽相同，了解和掌握各国决策听证制度，学习和借鉴各国听证制度，对我国决策听证有所启发，有所裨益，从而促进我国宏观决策更加科学化、民主化。

# 大陆地区行政决策程序立法中公众参与规则评析

## ——以若干地方规章及规范性文件文本为研究对象

安丽娜[1] 胡 童[2]
◉[1] 中国政法大学宪法学与行政法学博士研究生
◉[2] 中国政法大学宪法学与行政法学硕士研究生

## 一、引言

行政决策是行政学的重点研究领域，在政治学、经济学等学科中也有所涉及，但长期游离于行政法学的研究视域。可是长期的游离并不等于行政法学不应该研究行政决策这种重要的行政活动。它是行政主体为了公共利益而行使国家公权力的活动，是一种运用行政权力的活动；而行政法则主要是控制行政权力，防止行政权力滥用的法律规范的集合，行政法学主要研究的即为如何控制行政权，从此意义上来讲，行政决策理应被涵盖入行政法学的研究范围。然而传统行政法学对行政行为的“二元划分”，即将行政行为依据能否反复使用，适用对象是否特定，是否针对特定事件而区分为抽象行政行为与具体行政行为，这样的划分固然有其重要的理论意义，但是这样的分类却让行政决策的存在显得那么尴尬。行政决策活动似乎既不属于抽象行政行为，也不属于具体行政行为，它不具有《立法法》上法律规范的外观，也不像行政处罚、行政许可那样可以直接影响相对人的权利义务关系，但是它大多数情况下作为行政机关执行某项具体行政行为的依据，间接影响行政相对人的权利义务关系。

行政决策这种行政活动不能被纳入二元划分的行政行为体系中，这并不能成为行政法学对其展开研究的羁绊，“灰色地带”理论说明了理论上对概念的分类总是会存在模糊的区域。显然，行政决策正是处在了这片“灰色地带”之中。如果我们研究行政法治却对在行政过程中处于上游的行政决策避而不谈，那么“依法行政”将会有落空的危险，所以行政决策作为国家行政机关在法定的权力和职能范围内，按照一定的程序和方法所作出的决定，应该作为行政过程中的行政活动而被行政法学界所重视，实现行政决策的法治化应当成为理论与实务界共同的努力方向。

在行政法学视域中，行政决策程序是指法律所规定的行政机关及其工作人员制定行动方案并作出选择或决定的方式、步骤、时间和顺序。它实际上是一个行政决策的流程，是在行政决策过程中所形成的各个环节、步骤及其活动的总和，属于一个动态的行为模式。① 行政决策程序作为行政程序的一个特殊程序，其不仅要体现行政程序在控制行政权、促进正当行政方面的作用，更要凸显其对于行政决策过程及结果民主性、科学性的保障价值。随着行政决策法治化进程的推进，行政决策程序也步入了法治化的轨道。

公众参与是正当程序的应有之义，② 更是行政决策民主化、科学化的必然要求。在民主社会中，政府治理的合法性基础在于民意，而民意获得的基本途径是公众参与。③ 台湾地区的相关理论也指出：发布行政命令及作成行政处分系行政机关常见之作为方式，且与人民之权利义务密切相关，性质上又均属官署单方面之行为，在现代国家，国家机关作成与人民本身权益有关之决策，应给与人民参与之机会，方符民主之原则。④ 目前，从中央到地方都围绕行政决策程序开展了诸多立法，⑤ 这些立法均落实了公众参与的理念与精神，但在规则设计及可操作性方面存在一定缺陷。虽然大陆目前还没有统一的行政程序法典，但相关地方立法及规范性文件为我们的研究提供了良好的文本素材。笔者在下文中将着重对检索到的地方规章及规范性文件文本进行分析与评价，侧重分析文本中涉及的公众参与规则，进而管窥当下大陆地区公众参与行政决策的立法现状，以期推动公众参与制度在行政决策程序领域的进一步落实与完善。

## 二、大陆地区行政决策程序立法中公众参与规则概览

2004 年国务院发布的《全面推进依法行政实施纲要》（以下简称《纲要》）中指出要建立健全公众参与、专家论证和政府决定相结合的行政决策机制；2008

---

① 杨寅：《行政决策程序、监督与责任制度》，中国法制出版社 2011 年版，第 68 页。

② 本文中的“公众参与”均不包括专家参与。国内有些学者将专家咨询作为公众参与的一种形式，公众中包括了代表技术理性的专家群体，对此笔者认为公众参与制度与专家论证咨询制度是相并列的两种制度，公众参与有其主体的主动性，而代表技术理性而提供中立观点的专家则多是被动性的参加到专家论证咨询中来，故应与公众参与区分开来，当然那些有着专业知识造诣的专家也可能作为普通公众而主动参加到公众参与制度中来。

③ ［日］谷口安平著，王亚新、刘荣军译：《程序的正义与诉讼》，中国政法大学出版社 1996 年版，第 2 页。

④ 吴庚：《行政法之理论与实用》，中国人民大学出版社 2005 年版，第 336 页。

⑤ 笔者在北大法宝中以“行政决策”为关键词进行检索，并将检索结果中与行政决策程序相关的立法文本进行整理后，具体结果为 11 个地方规章、106 个地方规范性文件，由于正文篇幅所限，文中对规范文本只以发文单位所在地名称代指该规范性文件。

年《国务院关于加强市县政府依法行政的决定》中专门指出了要完善市县政府行政决策机制，市县政府及其部门要建立健全公众参与重大行政决策的规则和程序，完善行政决策信息和智力支持系统，增强行政决策透明度和公众参与度；2010年国务院出台的《关于加强法治政府建设的意见》中再次提及要规范行政决策程序。加强行政决策程序建设，健全重大行政决策规则，推进行政决策的科学化、民主化、法治化。要把公众参与、专家论证、风险评估、合法性审查和集体讨论决定作为重大决策的必经程序。这三部文件均体现了中央层面对行政决策程序特别是行政决策民主化的重视，各文件中均强调了要建立健全公众参与制度，但这三部文件的政策属性强于法律属性，既不是行政法规也不是行政规章，可以看出，在中央层面尚无统一的行政决策程序立法，也无统一的关于行政决策程序中公众参与制度的相关法律规定。由此，大陆地区行政决策程序中公众参与规则主要体现在地方立法中，笔者的分析也以地方规章及规范性文件为研究对象而展开讨论。

### （一）大陆地区行政决策程序立法中公众参与规则总体介绍

对于行政决策程序立法实践的现状，杨寅及狄馨萍两位学者已经对重大行政决策程序的立法实践进行了全面、细致的梳理与评价，[①] 笔者将在此基础之上，进一步具体介绍大陆地区行政决策程序立法中公众参与规则的总体情况。

笔者将检索到的与行政决策程序相关的立法文本，首先按效力性质不同归类为地方政府规章与地方规范性文件两大类，之后再按规范文本名称及主要内容不同，分别整合文本中公众参与规则体现的主要方面。就名称而言，各地出台的规范文本多以重大行政决策程序规定（规则）命名，这些文本中均涵盖公众参与的具体规则，还有一些地区在出台了重大行政决策程序之后，又辅之以相关配套规定；[②] 还有一些地区虽没有出台统一的行政决策程序规则，但是出台了与行政决策程序规则相关的具体制度规则，如行政决策听取意见相关规定、行政决策听证制度相关规定、行政决策合法性审查制度规定等[③]，笔者均将其纳入研究范围，整合其中公众参与规则的具体内容（详见表1、表2）。

---

① 详见杨寅、狄馨萍：《我国重大行政决策程序立法实践分析》，《法学杂志》2011年第7期，第34—36页。

② 如湛江市不仅出台了《湛江市政府行政决策规则和程序规定》，还辅之以《湛江市重大行政决策听证和合法性审查制度》。

③ 如南昌市政府出台的关于行政决策的规则分别有《南昌市人民政府重大行政决策听证办法》、《南昌市人民政府重大行政决策责任追究办法》、《南昌市人民政府重大行政决策合法性审查办法》、《南昌市人民政府重大行政决策实施情况后评价办法》、《南昌市人民政府重大行政决策听取意见办法》等。

**表 1 大陆地区行政决策程序公众参与规则概览之地方政府规章**

| 名称 | 规范文本 | 公众参与规则主要内容 |
| --- | --- | --- |
| 重大行政决策程序规定 | 广州、广西、江西、青海 | 民主决策原则；公众参与机制；公民、法人或其他组织的决策建议权；征求意见、座谈会、听证等公众参与方式 |
| 重大行政决策听证规定 | 大连、贵阳 | 听证事项、听证人员、听证记录等内容 |
| 行政决策听证 | 汕头、重庆 | 听证原则、听证事项、听证程序等内容 |
| 行政决策合法性审查规定 | 贵阳、汕头 | 通过座谈会、论证会、协调会、公开征求意见等形式广泛听取社会各界的意见 |
| 行政决策责任追究办法 | 深圳 | 未公示、未听证、未征求意见为追究责任情形之一 |

**表 2 大陆地区行政决策程序公众参与规则概览之地方规范性文件**

| 规范名称 | 规范文本 | 公众参与规则主要内容 |
| --- | --- | --- |
| 重大行政决策程序规定 | 南京、宁波、合肥、镇江、南宁、徐州、天津市滨海新区、湘潭、淮北、安阳、濮阳、滁州、漯河、遂宁、雅安、泸州、晋城、芷江侗族自治县、岳阳、株洲、益阳、东莞、苏州、黄山、葫芦岛、娄底、博尔塔拉蒙古自治州、衡阳、达州、湘西土家苗族自治州、阿拉善盟、西安、乳源瑶族自治县、漳州、新余、哈密地区行政公署、杭州、桓仁满族自治县、本溪、赣州 | 民主决策原则；公众参与机制；征求意见、座谈会、听证等公众参与方式。部分规范涉及公民、法人或其他组织的决策建议权 |
| 行政决策程序规定 | 廊坊、周口、湛江、六安、汕尾、淮南、阳江、惠州、吕梁 | 民主决策原则；公众参与机制；公民、法人或其他组织的决策建议权；征求意见、座谈会、听证等公众参与方式 |
| 重大行政决策听证规定 | 新晃侗族自治县、广州、新乡、贺州、衡阳、景宁畲族自治县、江华瑶族自治县、湛江、株洲、汕尾、龙岩、阳江、连云港、阿拉善盟、乳源瑶族自治县、韶关市、惠州、金昌、黔西南州、哈密地区行政公署、河源、武汉、佛山、成都、紫云自治县 | 听证原则、听证事项、听证人员、听证程序等内容 |
| 行政决策听证规定 | 襄樊 | 听证原则、听证方式、听证程序等内容 |
| 重大行政决策听取意见规定 | 北海、南昌、三明 | 征求意见细则规定 |

续表

| 规范名称 | 规范文本 | 公众参与规则主要内容 |
|---|---|---|
| 重大行政决策专家咨询论证规定 | 新乡、湖南、江华瑶族自治县、娄底、韶关、银川、南京、成都 | 不涉及公众参与规则 |
| 重大行政决策合法性审查规定 | 北京、惠州、龙岩、阳江 | 不涉及参与规则 |
| 重大行政决策实施后评估规定 | 南宁、北海、南昌、巢湖、来宾、达州、遂宁、惠州、南京 | 其中达州的评估原则、评估方法、评估实施阶段涉及公众参与规则 |
| 重大行政决策责任追究规定 | 南昌、遂宁、阿拉善盟、惠州 | 其中南昌、遂宁未公示、未听证、未征求意见为追究责任情形之一 |
| 行政决策责任追究规定 | 乳源瑶族自治县、哈密地区行政公署 | 将未公示、未听证、未征求意见为追究责任情形之一 |

### （二）大陆地区行政决策程序立法中公众参与规则总体评价

从以上两表可以看出，就总体而言，当前行政决策程序的立法实践在一定程度上体现了公众参与的理念，都在致力于推动行政决策科学化、民主化的进程，特别是一些地区围绕公众参与制度制定了专门的法律规范，这些都体现出了当前各级政府对公众参与制度的重视，但仔细观察、对比之后，发现规范文本中公众参与的具体规则尚存在诸多问题，表现在如下方面：第一，中央立法缺失，地方立法丰富但位阶较低。如上文所述，在行政决策程序立法方面，除国务院颁布的上述三个文件外（而且这三个文件并非是对行政决策程序的专门规定），中央层面的立法难觅踪影。虽然地方政府围绕行政决策程序的立法蓬勃展开，但均以规章或规范性文件的形式而出现，位阶较低；又由于我国尚无统一的行政程序法典，并不能像其他国家的立法那样在行政程序法典中将公众参与的理念与规则加以渗透，导致现有地方立法的公众参与规则没有统一的法律依据与法律保障，所以公众参与的制度规则尚未系统化而是呈现碎片化。第二，重视重大行政决策过程中的公众参与，忽视日常行政决策的公众参与。从以上图表反映的情况来看，无论是地方政府规章，还是各地出台的规范性文件，就规范文本名称及数量而言，当前立法都侧重于关注重大行政决策中的公众参与而忽视了日常决策过程中的公众参与。实际上，不仅仅是重大行政决策才关乎公众切身利益，日常的行政决策也与公众利益密切相关，公众参与的常态化也应在立法中有所体现。第三，立法内容相似且过于原则，缺乏可操作性。地方规章及规范性文件的文本中对于公众参与的规定大都是在总则中采用：“重大行政决策应当遵循科学、民主和合法的原则，遵循公众参与、专家咨询、风险评估、合法性审查和集体决定相结合的行政决策机制”，之后体现公众参与的条文便是对听取意见与听证会的规定，甚至条文的安排体例都雷同，包括几部民族自治地区的立法文本，也无当地特色彰显，各地立法之间存在“照葫芦画瓢”的嫌疑；而且，只有《广州市重大行政决策程序规定》设专章且以公众参与为题细化了这一制度，此外其他立法文本中多以原则性规定为主，导致行政决策程序中的公众参与制度在实践中缺乏可操作性，难以具体落实。

## 三、大陆地区行政决策立法中公众参与制度具体呈现及评价

行政决策自身的性质决定了行政决策“有始有终”，行政决策的过程性也要求着公众参与应贯穿始终。当前的行政决策程序立法中的公众参与虽尚未系统化，却也零散地分布于决策进程的前、中、后，具体表现如下：

### （一）决策进程前参与——公众参与行政决策启动建议权

决策启动是行政决策程序开启的首要环节，特别涉及民生事项的行政决策，如果启动权仅赋予行政首长和分管领导，而没有社会公众的启动权，是不合理的。公众应当与政府共享决策权，除了政府主动提起，必须要有公众的主动提起。

在当前的立法文本中，以表1与表2中笔者检索到的44个重大行政决策程序规则而言，尚有1部地方规章与14部规范性文件中未提及公众对行政决策启动时享有建议权，比例近乎达到三分之一（见表3）。而即使是在这些赋予公众决策建议权的规范文本中，也只有《湘潭市人民政府重大行政决策程序规定》对于公众参与行政决策启动程序进行了细致的规定，该文本第七条中规定了公众行使决策建议权的途径、政府审查建议的期限以及政府不采纳建议须说明理由等具体制度①，其他文本中大都采用“公民、法人或者其他组织可以直接向政府或者通过政府各职能部门向政府提出决策建议”之类表述而一笔带过且没有了下文，对公众具体如何行使决策建议权并无进一步细化的规定，条文规定的模糊性

① 《湘潭市人民政府重大行政决策程序规定》第七条内容为：公民、法人或者其他组织认为决策事项重大，需要提请市人民政府决策的，可以向市人民政府办公室提出启动重大行政决策的建议。市人民政府办公室收到决策建议后应当认真组织审查。对属于本规定范围的决策事项，市人民政府办公室应当在收到建议后的15日内，向市人民政府市长提出启动重大行政决策程序的建议。市人民政府市长应当在收到建议后的30日内决定是否启动重大行政决策程序。决定启动重大行政决策程序的，由市人民政府市长交决策承办单位承办；决定不启动的，由市人民政府办公室告知有关公民、法人和其他组织不予启动的理由。对不属于本规定范围的决策建议，市人民政府办公室应当在收到建议后的15日内告知不予启动的理由，并指导协调有关公民、法人或其他组织向市人民政府市长、分管副市长、秘书长、政府有关部门或县（市）区人民政府提出启动一般行政决策程序的建议。

也给实践中的具体操作增加了诸多阻碍。

**表3 重大行政决策程序规则中决策启动建议权规则汇总**

| 规范文本 | 规则总体内容 | 备注 |
| --- | --- | --- |
| 广州、江西、青海、南京、宁波、廊坊、徐州、合肥，湘潭、淮北、安阳、濮阳、泸州、芷江侗族自治县、株洲、益阳、苏州、黄山、娄底、新晃侗族自治县、博尔塔拉蒙古自治州、衡阳、达州、湘西自治州、西安、新余、葫芦岛、芷江侗族自治县、杭州 | 公民、法人或者其他组织可以直接向政府或者通过政府各职能部门向政府提出决策建议。 | 其中《湘潭市人民政府重大行政决策程序规定》中对行政决策启动建议程序规定的最为详细 |
| 广西、南宁、漯河、遂宁、雅安、东莞、漳州、哈密地区行政公署、吕梁、本溪、桓仁满族自治县、赣州、阿拉善盟、晋城、乳源瑶族自治县 | 未提及公众对行政决策的启动享有建议权 | 无 |

### （二）决策进程中参与——公众参与行政决策征求意见

公众参与行政决策的意义指向两个层面：第一种层面是提供意见和建议；第二种层面是形成公开辩论，提升行政决策的理性程度和可接受程度。第一种层面的提供意见和建议主要通过公众的静态参与实现，决策机关获得相关信息、意见、建议和偏好。第二个层面就是通过公众的动态参与，公众通过与决策机关、相关主体进行信息意见的交流，讨论、妥协，形成以论辩为核心的参与模式。从制度上看，第一种层面主要通过一般性的征求意见或“通告—评论”程序实现；第二种层面就需要通过正式的听证会实现。① 这两个层面的公众参与制度在行政决策程序领域具体体现为征求意见与听证会两种具体方式，下文中笔者将着重介绍这两种方式在当前行政决策程序立法中的具体体现。

1. 征求意见方式欠缺多样性。由于地方政府以行政决策程序命名而出台的规范文本较多，笔者在此不对其中的征求意见规则一一整合，而是选择了以行政决策听取意见命名的三个规范性文件，分别是《北海市人民政府重大行政决策听取意见制度（试行）》、《南昌市人民政府重大行政决策听取意见办法》以及《三明市人民政府重大行政决策听取意见制度》（见表4）。可以看出，目前，行政决策过程中采用的公众参与方式主要有公示、调查、座谈、听证，方法简单、形式有限，而且对于意见采纳的回馈机制也不健全。

---

① 栗燕杰：《行政决策法治化探究》，中国法制出版社2011年版，第129页。

**表4 行政决策听取意见规则汇总**

| 规范文本 | 组织实施者 | 组织形式 | 考虑因素 | 反馈机制 |
|---|---|---|---|---|
| 北海 | 决策承办单位 | 公示、调查、座谈、听证 | 地域、职业、专业、受影响程度 | 通过报纸、网站及其他方式向社会公布公众提出的意见及采纳情况。对未能吸纳的意见，应当说明理由或作出解释 |
| 南昌 | 决策承办单位 | 调查问卷、座谈、听证、公示 | 地域、职业、专业、受影响程度 | 有关意见未采纳的，应当说明理由，并在此基础上形成听取意见情况报告。 |
| 三明 | 决策承办单位 | 公示、调查、座谈、听证 | 无 | 无 |

2. 听证回馈机制束之高阁。通过上文表2的归纳，可以看出，当前在行政决策听证领域的立法实践，占据整个行政决策程序立法的较大比例，这也体现了各级地方政府对于行政决策进程中听证制度的重视。而且关于行政决策听证的立法内容都较为详细，均从听证情形、听证原则、听证参加人、听证主持人回避及听证笔录方面进行了规定，笔者在此以大连、贵阳、汕头、重庆四地出台的以行政决策听证为主要内容的规章为例（见表5）加以整理。可见，目前听证会在我国行政决策领域中蓬勃发展，但是社会公众对于参与听证却越来越缺乏热情，其原因在于公众认为听证会仅仅是流于形式。个中关键在于现行行政决策听证制度在对听证代表意见有效回应方面存在制度漏洞，四地的立法中均规定了行政决策机关应当将听证记录作为行政决策或重大行政决策的依据，而贵阳与重庆的两地立法中却缺乏反馈机制的规定，立法的缺失导致听证制度的实效大打折扣。

**表5 行政决策听证制度规则例举**

| 规范文本 | 听证情形 | 听证原则 | 听证人员 | 听证记录效力 | 反馈机制 | 备注 |
|---|---|---|---|---|---|---|
| 大连 | 共8项 | 公开、透明、规范、高效、便民 | 听证人、听证代表（不少于10人）、行政机关代表、听证记录员，听证主持人由听证机关指定且实行回避制度 | 应当作为重大行政决策的参考依据 | 作出决策之日起30日内，向听证代表书面反馈意见采纳情况及其理由 | |
| 贵阳 | 共11项 | 公正、公开、公平、便民 | 听证人、陈述人、旁听人、听证主持人必须是听证机关的有关负责人且实行回避制度 | 应当作为听证机关行政决策或者提出行政决策建议的重要依据 | 无 | |

续表

| 规范文本 | 听证情形 | 听证原则 | 听证人员 | 听证记录效力 | 反馈机制 | 备注 |
| --- | --- | --- | --- | --- | --- | --- |
| 汕头 | 共4项 | 公开、公平、公正、便民 | 听证主持人、听证员、记录员、听证陈述人和听证旁听人，且听证主持人、听证员、记录员实行回避制度 | 应当作为市政府行政决策的重要依据 | 对没有采纳的重要意见，由听证组织机关书面向听证陈述人反馈并说明理由 | 公众对听证启动的建议权 |
| 重庆 | 11项 | 公正、公开、公平、便民 | 听证人、陈述人、旁听人；主持人、记录人员实行回避制度 | 应当作为听证机关行政决策或提出行政决策建议的重要依据 | 无 | |

（三）决策实施后参与——公众参与行政决策实施后评估

重大行政决策评估是指对重大行政决策活动整个过程中的各种因果关系以及决策效果进行的评价，涉及决策问题评估、决策规划评估、决策执行评估、决策影响评估等一系列活动和内容。①

就当前出台的行政决策程序规范文本而言，并非全部都规定了行政决策实施后评估制度，如《广州市重大行政决策程序规定》第二十九条第四项详细规定了行政决策实施后评估过程中的公众参与，② 而《青海省人民政府重大行政决策程序规定》中就无行政决策实施情况后评价制度的规定，行政决策程序这一阶段的公众参与也就无从谈起。此外，在表2中笔者总结的9个专门对行政决策实施进行评估的规范性文件中，也只有《达州市市县政府重大行政决策实施情况后评估办法》中的第6条、第8条对评估过程中的公众参与有所涉及，③ 其他几个规范文本均对公众参与评估过程鲜有提及。

（四）大陆地区行政决策立法中公众参与制度评价

1. 决策启动权缺失。近三分之一的行政决策程序立法中，没有赋予公众在

---

① 杨寅：《行政决策程序、监督与责任制度》，中国法制出版社2011年版，第146页。

② 该条文具体内容为：评估应当征询公众意见；公民、法人或者其他组织可以对决策执行情况提出评估意见和建议，评估组织单位应当就采纳情况作出书面答复并说明理由。

③ 《达州市市县政府重大行政决策实施情况后评估办法》第6条：开展决策后评估工作应当全面调查了解政府决策的实施情况，广泛听取公民、法人和其他组织的意见，运用科学的方法和技术手段收集、分析和评估相关资料，客观全面地作出评估。第8条：开展决策后评估工作应当依法保障公民、法人和其他组织参与决策后评估的权利。公民、法人和其他组织可以通过信函、电报、传真和电子邮件、网上发表意见等方式，向评估机关提出意见和建议。

行政决策启动时享有参与权利。决策启动权是公众参与行政决策的第一环节，如果在这个环节缺少公众参与，决策机关就可以我行我素，需要公众装点门面时就启动参与程序，不想让公众参与时就不启动，这样，公众参与就成了政府决策的装饰物，行政决策的民主性显然会大打折扣。①

2. 参与方式有限。当前，行政决策程序立法中公众参与规则所提供的公众参与方式极为有限且形式简单，如果缺乏参与的良好途径，仅有参与意识与热情，不能全方位发挥公众的力量，而且，公众参与方式的不同往往也决定了公众参与深度与广度的不同。立法机关应不断总结在实践中日益涌现出来的新型参与方式，及时归纳，纳入公众参与的立法内容之中。

3. 重事后评估，且决策评估主体单一。依据决策评估的对象，可以将评估的内容分为三大类：预评估、过程评估、结果评估。② 当前的立法文本主要侧重于决策实施后评估，而即使是在决策后评估的过程中，从立法条文中可以看出，评估主体单一，主要以政府评估为主，公众参与的广度与深度不够。

4. 反馈机制缺失。无论是在听取意见环节还是具体到听证会后形成的听证笔录，当前的立法文本中均欠缺对公众意见反馈、回应的机制。公众参与政府的行政决策过程并不是公众决策。公众参与的意义在于公众的意见应受到决策部门的尊重，公众的意见必须得到决策部门的反馈。如果多数人的意见政府决策部门不予采纳，必须向公众作出解释和说明。③ 反馈机制的建立，一方面让公众知悉决策是如何形成的，决策机关是如何采纳各种意见的，体现了对公众参与的尊重，加强了公众对决策的理解，有利于决策的执行；另一方面，也限制了政府决策作出过程中恣意行使权力，有利于理性作出决策。

## 四、结语

在当前行政权力扩张的大背景下，行政决策中的公众参与是时代不可逆转的潮流。也即当行政决策科学化与民主化已经成为时代发展对政府提出的基本要求时，通过微观法律机制的精巧设计加快行政决策法治化的进程便成为我国当下行政法治建设的重要议题。④ 行政决策程序要符合民主原则，至少应有两个要素：（一）开放性之参与，政策确定前应广征公众意见，而非单方或由封闭之小团体密商。（二）有实效之参与，政策之终局确定，应切实斟酌权衡各方之多

---

① 姬亚平：《行政决策程序中的公众参与研究》，《浙江学刊》2012 年第 3 期，第 168 页。

② 杨寅：《行政决策程序、监督与责任制度》，中国法制出版社 2011 年版，第 146 页。

③ 蔡定剑：《公众参与及其在中国的兴起》，蔡定剑主编：《公众参与：风险社会的制度建设》，法律出版社 2009 年版，第 18 页。

④ 章志远：《推动行政决策法治化》，《中国纪检监察报》2012 年 3 月 9 日。

元意见。[①] 但仅有参与的理念并不能保障制度功能的发挥，我们仍需较为细致的规范约束，来落实公众参与的理念，来体现公众参与的要素，来落实公众参与的具体制度。

在上文的梳理中可以看出，目前大陆地区关于行政决策程序的立法尚不完善，并未将全方位、多层级的公众参与机制纳入到立法中来。而在台湾地区，对公众参与的理念与要素彰显得当，其统一的行政程序法典将行政机关作成行政处分、缔结行政契约、订定法规命令与行政规则、确定行政计划、实施行政指导及处理陈情等行为进行统辖且将公众参与的理念及具体制度安排渗透其中。这也是大陆行政决策程序未来立法完善的方向，通过总结当下立法文本中折射出的成败得失，借鉴域外地区的先进经验，使得行政决策程序立法文本日益走向规范化进而推动行政决策法治化进程。

① 廖元豪：《行政不只是执行而是决策——行政决策的程序民主不容轻忽》，《本土法学》2005 年第 70 卷。

# 试谈构建与完善公众参与行政决策的机制

**许燕杰**

◉ 福建衡评律师事务所律师

公众参与行政决策是民主政治的重要组成部分，公众参与作为现代民主政治的一个范畴已被广泛接受，尤其在理论层面上，主张吸收公众参与各种与他们有关的决策已不成问题。然而，实践中，还存在许多障碍与约束。其中，公众参与的具体制度设计就是一个复杂的问题，也是直接影响公众参与效果的关键问题。

## 一、构建公众参与行政决策的必要性与重要性

《宪法》第2条规定："人民依照法律规定，通过各种途径和形式，管理国家事务，管理经济和文化事业，管理社会事务。"该规定为公民参与行政决策提供了宪法依据。除此之外，党中央和政府在一系列法律、政策中也对此作了相应规定，特别是国务院在《全面推进依法行政实施纲要》中明确提出了我国行政决策的科学化、民主化和法治化的要求。在现代社会，由于利益的多元化，行政行为不仅对行政相对人产生重要影响，而且会对相对人以外的第三人产生重要影响，形成多极的行政法律关系，因此，现代行政法的研究从立法对行政的控制以及司法对行政的控制的关注，开始转向对行政过程本身的关注，试图通过对行政过程的调控，形成国家行政机关、行政相对人、利害关系人及其他公民之间的良性互动关系和合作关系，实现公共利益和公民福祉。在实际中，我国现阶段行政决策模式的不足，规范行政决策行为的法律的缺失，相关制度的不健全和不完善，严重阻碍了公众有效参与行政决策的过程。如何使得公众能够有效地参与到行政决策的各过程中，成为提高公众参与行政决策成功率的主要问题。

公众参与行政决策机制是否完善，主要体现在决策程序与决策结果两大方面：从决策程序方面来说，公众参与行政决策机制是否健全首先需要从行政程序上加于保障，即符合程序正义的原则。行政程序是实现行政行为公正、公平、公开等民主化的重要保障，而现代行政程序的一个重要价值目标和原则就是行政相对人及利害关系人的参与，所以各国行政程序法均以明文规定或用具体制度保证的方式实行参与。参与制度要求行政程序不仅要向相对人和利害关系人公开，而且还应吸收他们参加到具体行政行为的作出过程中，以保证行政行为的公开与效

率。如美国1976年行政程序法第554条第3款和联邦德国1997年行政程序法第13条等都作出具体的规定，此外，日本、西班牙、葡萄、我国台湾和澳门地区均在行政程序法中规定了参与制度。相对之下，我国大陆除了行政许可法、环境影响评价法、行政处罚法中的听证程序较好地体现了相对人参与原则外，其他行政行为几乎没有当事人参与的规定。由于缺乏参与机制，使得行政程序无法保障相对人和利害关系人的知情权、举证权、陈述与申辩权、监督权等民主权利，带来行政机关因不掌握相对人特别是利害关系人可能提出的反驳理由和证据，而影响具体行政行为在认定事实和适用法律上的正确与合法，造成行政行为缺乏公信力等问题。从行政决策结果方面来说，具体的行政决策结果应当最大限度地保障社会的公共合法权益，是公众参与行政决策的最终目的，即通过公众参与实现社会正义的原则。

公民参与作为实现行政民主化、正当化的机制的意义不断凸显，公民参与从对行政处分过程的参与扩展到对行政立法、行政计划、行政指导、行政评价、行政救济等行政过程的参与。促进公众参与行政决策是建设法治政府和行政民主化的需要，对当前构建和谐社会具有重大的促进作用和现实意义。

## 二、公民参与行政决策的法制基础

公众参与行政决策是现代行政民主的必然要求，公众参与的实现需要一系列权利相互配合，公众作为参与主体应当享有如下几方面主要权利：知情权、参与权、监督权和救济权等。

（一）知情权。是指公众有权要求各级政府的行政主管部门提供事关当地公共权益的行政决策相关信息，如区域社会发展规划、重大经济项目建设和重要物价等决策对区域公共权益影响的情况。《中华人民共和国政府信息公开条例》对信息公开方面作出了具体的规定，要求各级政府主动公开：1. 涉及公民、法人或者其他组织切身利益的；2. 需要社会公众广泛知晓或者参与的。

知情权制度的核心是信息公开制度，其主要内容应包括对信息公开主体的规定，信息公开的内容，公开时限，公开程序及费用，公开对象，公众请求未获允许的救济、反对，公开的利害关系人的救济等。目前地方政府行政主管部门在依法应当公开的信息方面，普遍存在着没有及时公开或公开不全面的现象，严重损害了公众的知情权，对公众参与行政决策制度的实施造成了一定的障碍。政府信息共享取决于两个方面，其一是公民的知情权，其二是行政机关的信息公开义务。公民的知情权是公民参与行政决策的基本前提条件，公民只有在了解行政决策的相关信息的前提下，才有可能积极表达意见，建言献策，参与行政过程，否则不能有效参与行政决策过程。与公民的知情权相对应的则是行政机关的信息公开义务，行政机关在作出公共决策时，除法定保密事项之外，有义务全面、准确、真实地公布行政决策的基本目标、手段、事实根据、政策的形成过程、成本效益分析、替代方案等信息。为此有必要建立经常性的、规范化的政务信息公开制度，以保障公民及时获得真实、有效的政府信息。

（二）参与权。是指公众对涉及公共权益的社会、经济的行政决策和社会经济建设项目决策活动依法享有参与的权利。国务院在《全面推进依法行政实施纲要》中提出：“行政机关实施行政管理，除涉及国家秘密和依法受到保护的商业秘密、个人隐私的外，应当公开，注意听取公民、法人和其他组织的意见；要严格遵循法定程序，依法保障行政管理相对人、利害关系人的知情权、参与权和救济权。”“行政机关作出对行政管理相对人、利害关系人不利的行政决定之前，应当告知行政管理相对人、利害关系人，并给予其陈述和申辩的机会；作出行政决定后，应当告知行政管理相对人依法享有申请行政复议或者提起行政诉讼的权利。对重大事项，行政管理相对人、利害关系人依法要求听证的，行政机关应当组织听证。”《环境影响评价法》第五条也规定：“国家鼓励有关单位、专家和公众以适当方式参与环境影响评价。”目前我国公众参与的权利在法律上虽然得到了肯定，但在“参与”的具体条件、方式、程序上还缺乏明确的法律规定。由于公众参与的机制尚未完善，而公众参与活动也尚处于初始阶段，必须尽快通过修改和完善国家相关法律、法规、政策来加以保障。建议国家立法机关借鉴美国、日本等有关国家对公众参与的立法经验，组织对相关法律法规进行修改和补充，对公众参与制度的有关问题加以具体明确规定，以便做到“有法可依”。在现代社会中，由于行政疆域不断拓展，立法机关通过大量的授权性法律授予行政机关广泛的裁量空间，民主的重心随之由通过立法实现的民主转向通过行政实现的民主，因此必须赋予公民广泛的参与权，包括行政决策过程的参与权、行政政策实施过程的参与权以及行政政策评价的参与权，其权利形态可以表现为投票权、参与听证权、陈述权、申辩权、表明意见权，等等。

（三）监督权。是指公众对涉及公共权益的行政决策工作享有各种法定的民主监督权利。如《环境保护法》第六条规定：“一切单位和个人都有保护环境的义务，并有权对污染和破坏环境的单位和个人进行检举和控告。”民主监督权是有效实施公众参与行政决策制度的重要保证，但是目前相关法律法规对行政决策民主监督权的实施方法、程序、法律救济等方面尚没有明确的具体规定，当前我国的一些社会经济建设行政决策的盲目性问题很突出，其主要原因与行政决策的民主监督机制不健全，公众对涉及公共权益的行政决策未能进行有效监督有很大的关系。

（四）救济权。参与权是公众参与行政决策的资格，知情权是公众参与行政决策的前提，而救济权则是公众参与行政决策的制度保证。参与权作为一项程序性权利而非实体性权利，对该项权利的保障，应当在坚持穷尽行政救济原则的基础上保证司法最终救济原则。因此，救济权的实施包括行政救济和司法救济两个方面。

在行政救济方面，主要通过参与人的申诉、行政复议等途径来实现。而司法救济方面，有必要建立公益诉讼的制度，所谓公益诉讼是指任何公民、社会团体、国家机关为了社会公共利益，都可以以自己的名义，向国家司法机关提起公益诉讼。公益诉讼包括行政公益诉讼、民事公益诉讼、刑事公益诉讼等，其中行政公益诉讼对促进完善公众参与行政决策机制具有重要意义，是实施公众参与行政决策制度的有力监督手段和法律救济方式。由于公共权益不仅仅属于私人权益，更属于社会公益，所以在欧美各国现行法中，都普遍采用了公益诉讼制度，而我国现行的诉讼法律规定中，唯有直接受害人才有权提起民事诉讼，最后被归于民事法律管辖范畴。从完善公众参与行政决策机制的角度考虑，我国有必要尽快建立公益诉讼的法律制度。

## 三、关于公众参与行政决策方式的探讨

公众参与作为实现行政民主的程序性机制，在行政决策过程中得以广泛采用。公众以提供信息、表达意见、诉求利益等方式参与行政决策过程，为行政决策民主化、科学化、正当化提供了程序上的保障。根据我国法律法规的有关规定和行政管理工作的实际情况，目前公众参与行政决策主要通过公众听证会、发放问卷调查表、召开专家论证会、举办专题研讨会和向社会公开征求意见等方式来实施，一般以采用几种方式相结合进行的方法为主。

（一）听证形式，即举行公众听证会。听证是英美普通法系的一个重要原则——自然公共原则，即任何权力必须公正行使，对当事人不利的决定必须听取他的意见。在美国，听证是公民根据宪法正当法律程序所享有的权利，效力高于行政法上所规定的程序规则。正如美国《宪法修正案》第5条规定："未经正当的法律程序不得剥夺任何人的生命、自由或财产。"①

在我国，听证主要适用于事关公共权益事项的决策过程中，政府主管部门通过法定的程序，召开公众听证会，就有关公共权益事项的评估结果向社会公众进行介绍说明，认真听取公众意见和建议，并在具体决策中注意采纳公众的建设性意见和建议，同时及时将决策结果通过一定的公开形式，反馈给公众，以接受公众对行政决策过程进行有效的社会监督。此方式在国内目前物价管理的实践中运用比较多，在重大建设项目环境影响评价中只限于运用在建设项目影响争议较大的情况。随着公众参与制度的进一步完善，公众听证会的形式将逐渐成为重要的公众参与行政决策的主要方式。

（二）调查问卷形式，即组织发放行政决策问卷调查表。在公众参与环境行

① 曾繁正编译：《美国行政法》，红旗出版社，1998版，第41页。

政决策中最经常使用的是环境咨询调查的形式，主要通过向对具有一定代表性的专家和公众发放、回收环境咨询调查表，经过统计分析处理，来收集公众和专家的环境决策意见和建议，并在具体决策中注意采纳公众和专家的建设性意见和建议。以组织环境咨询调查来作为环境决策的参考，在公众参与环境行政决策中发挥了很大的作用，但目前在环境问卷调查表的内容设置上缺乏统一的规范，由于采用问卷调查的形式，往往调查内容比较简单，且咨询调查对象的代表性受到人为操作的影响，较难达到客观反映环境行政决策的目的，只能作为环境行政决策前期的参考。

（三）专家咨询形式，即召开专家决策咨询论证会。在行政决策中通过组织召开专家论证会的形式目前已被普遍采用，在事关区域社会经济发展与行业发展建设规划和重大社会经济建设项目的决策过程中，政府主管部门在完成项目初步规划或设计方案的基础上，按照行政审批制度的有关规定，组织召开区域或行业发展规划方案和建设项目初步设计方案专家论证会，就有关发展规划方案和建设项目设计方案向有关专家进行介绍说明，通过认真听取专家的意见和建议，形成规划和建设项目设计方案专家审查意见，再由项目设计单位采纳专家的建设性意见和建议，对发展规划和建设项目设计方案进行补充完善，最后将发展规划和建设项目设计方案及专家审查意见一起报送政府主管部门审批，其中专家审查意见作为政府行政决策中的主要参考依据。目前由于基层在选择专家上存在着人为操作的现象，往往不以随机抽签的形式，而以指定为主，造成参加论证会的专家在专业性、知识面等代表性上存在着一定的局限性，直接影响了行政决策的科学性。

（四）社会公示形式，即开展社会公开征求行政决策意见。在事关重大公共权益事项的决策过程中，政府主管部门在完成重大公共权益事项评估的基础上，按照公众参与行政决策制度的规定，通过网络、报刊、电视等媒介就重大公共权益事项主要评估结论进行介绍说明，向社会公开征求行政决策意见，并在具体决策中注意采纳社会公众的建设性意见和建议，同时接受公众对行政决策过程进行有效的社会监督。目前国内已在重大区域或行业发展规划和重大建设项目行政审批前采取公示的形式，参照国外公众参与的经验，今后我国在公众参与行政决策中应当重视运用开展社会公开征求行政决策意见的形式。

（五）专题研讨形式，即举办行政决策专题研讨会。在事关区域发展与建设和重大建设项目的行政决策过程中，政府行政主管部门在完成规划项目初步评估或设计方案的基础上，组织举办规划项目研讨会，就有关规划项目初步评估和设计方案结果向有关部门和特邀专家进行介绍说明，听取有关部门和专家的意见和建议，并在具体决策中注意采纳部门代表和特邀专家的建设性意见和建议。此种方式目前主要运用于区域经济发展规划项目评估的前期调研阶段，对促进优化行政决策具有重大的促进作用。

## 四、关于公众参与行政决策法律基础和制度保障的探讨

虽然我国目前法律制度中并不缺少公众参与行政决策的原则性规定，但由于没有统一的行政程序法对公众参与行政决策进行具体化规定，造成公众参与的积极性不足，行政机关的执行力不强，公众参与行政决策的程度不高等问题突出。笔者认为，为进一步健全与完善公众参与行政决策的机制，建议采取如下具体措施：

（一）对有关的法律法规进行修改完善。全国人大常委会应当及时制定立法规划，重点尽快对现行的相关法律进行修改，完善公众参与行政决策制度的具体规定，以明确公众参与行政决策的权利与义务。同时，将研究制定《中华人民共和国行政程序法》纳入全国人大的立法计划，从行政程序法中统一明确公众参与行政决策的具体规定。

（二）研究制定《中华人民共和国公众参与行政决策条例》。国务院应当考虑将《中华人民共和国公众参与行政决策暂行条例》的立法列入近期的行政立法计划，重点对公众参与行政决策的权利，政府及主管部门的职责与法律责任，公众参与的条件、内容、程序和救济、社会监督等方面作出具体的规定，以进一步健全公众参与行政决策的制度。同时，要对现行的行政法规进行修改，及时完善与落实公众参与行政决策的相关制度。

（三）健全各级政府的公众参与决策制度。各级政府和行政主管部门应当坚持以科学发展观为指导，进一步建立和完善公众参与行政决策制度，逐步做到公众参与行政决策的公开化、民主化、科学化，以避免出现重大的行政决策失误。由于我国尚没有制定统一的行政程序法，目前我国行政程序最大的特征是法治程度低，各种规范性文件的规定相当混乱，相互冲突，立法和实际运作存在较大差距。立法机关往往在法律中把有关行政程序的规定授予行政部门在行政法规或实施细则中加以规定，由各有关行政部门根据工作职责的具体情况来加以规定，因而造成各部门的行政程序规定存在着千差万别，特别是行政规章在当事人陈述申辩、听证、申诉、调查取证、行政决定形成等方面往往相互不一致，甚至相互冲突。而地方政府行政主管部门由于对行政程序的重要性认识不足，在遵守行政程序方面往往不重视，造成行政决策中程序不规范的现象普遍存在，不利于公众参与行政决策的实施。

（四）强化宣传教育，提高全民公众参与的意识。公众参与行政决策是一项长期的社会工程，需要广大社会公众的积极参与，必须在全社会中广泛开展公众参与行政决策的宣传教育活动，提高社会公众对公众参与行政决策的法律意识，促进公众参与行政决策的积极性和主动性，自觉地维护社会主义建设的和谐发展与稳定，充分保障社会主义的公平与正义。

## 五、结论

公众参与行政决策是民主政治的重要组成部分，党和政府在一系列法律和政策中明确提出我国行政决策的科学化、民主化和法治化的要求。目前我国公众参与行政决策的权利在法律上虽然得到了肯定，但在“参与”的具体条件、方式、程序上还缺乏具体的法律规定。由于公众参与行政决策的机制尚未完善，而公众参与活动也尚处于初始阶段，必须尽快通过修改和完善国家相关法律、法规、政策来加以保障。公众参与行政决策是现代行政民主的必然要求，参与的实现需要一系列权利相互配合，其中最重要的权利是知情权、参与权、监督权和救济权。听证作为公众参与行政决策的最重要形式，应当逐步扩大听证的应用范围，并进一步科学化、规范化、法制化，以取得较好的效果。

建议全国人大常委会制定立法规划，尽快研究制定《中华人民共和国行政程序法》，对现行的相关法律进行修改，完善公众参与行政决策制度的具体规定，以明确公众参与行政决策的权利与义务。国务院也应当考虑将《中华人民共和国公众参与行政决策条例》的立法列入近期的立法计划，对公众参与行政决策的权利，政府及主管部门的职责与法律责任，公众参与的条件、内容、程序和救济、社会监督等方面作出具体的规定。同时，要重视健全各级政府的公众参与行政决策的制度，逐步做到公众参与行政决策的公开化、民主化、科学化，以避免出现重大的行政决策失误。

# 基于互联网的权力运行创新模式考察*
## ——以杭州等地权力阳光运行机制为对象

茅铭晨
◉ 浙江财经学院法学院教授，学术委员会主任，宪法与行政法研究所所长

近年来，杭州等地①抓住现代信息技术和网络技术给行政权力和社会管理运行机制创新带来的重大机遇，以改革的精神积极构建权力阳光运行机制，建立网上政务大厅和行政服务平台，实行行政权力和社会管理网上规范、透明、便民、高效运行，实现群众办事网上受理、网上办理、网上反馈，并对其实行实时“数字监察”，创建了便民、高效、优质的基于互联网的权力阳光运行机制。例如，杭州市权力阳光运行机制试点单位上城区构建了覆盖民政、计生、卫生、建设、残联等民生服务的“在线互动一站式”行政服务平台，申办人不受时空限制，通过互联网即可完成“单点登陆，网上受理”。业务部门通过社会管理互联网运行系统的“流程驱动”，按时办结事项并及时反馈申办人，实现了“人不跑信息跑”，大大方便了企事业单位和群众办事，提高了社会管理和服务的效率。申办人通过网上实时查询反馈系统，可以网上实时查询申办事项的办理进展情况和结果，系统也会自动通过手机短信或电话语音服务告知申办人。实时“数字监察”系统则可以对服务过程进行全程实时流程监控、自动预警、绩效考核、异常处理，做到办事进度可控，办事效率可测，办事效果可知。

基于互联网的权力阳光运行机制因其具有普适性，已引起决策层、社会和理论研究者的极大关注。对其从行政法学的角度进行考察，提炼其现代行政价值，分析其面临的行政法问题，提出针对性的建议，对于推进和完善社会管理机制创新具有重要意义。

---

* 本文是2009年杭州市委、市人民政府重点课题“进一步构建权力阳光运行机制的实践与思考”的研究成果之一。课题调研受到中共杭州市委副书记叶明同志、市纪委副书记、市监察局局长徐苏宾同志、市阳光办张奕、王芳同志以及杭州市纪委、市监察局、市信息办、市行政服务中心、市建委、市劳动与社会保障局、市城管执法局、上城区、桐庐县、富阳市和中共南京市纪委等单位的大力支持。

① 包括浙江省杭州市、江苏省南京市、广东省深圳市、新疆阿克苏地区以及云南等省的一些市（地）。

## 一、基于互联网的权力阳光运行机制的现代行政价值

### （一）观念革命价值

1. 从单纯管理到服务行政的转变。基于互联网的权力阳光运行机制以服务和便民为重要理念，有利于行政机关及其工作人员强化公共服务职能和公共服务意识，转变单纯管理观念，提高办事效率，方便公民、法人和其他组织办事，为社会提供优质服务。

2. 从行政权自我膨胀到行政权自我约束的转变。基于互联网的权力阳光运行机制实行权力固化、流程固化、裁量权细化以及权力运行和社会管理全过程的公开，有利于解决长期得不到解决的行政权自我膨胀问题，实现行政权的自我约束。

3. 从重实体轻程序到实体程序并重的转变。基于互联网的权力阳光运行机制通过计算机将法定程序转化为计算机程序，并使计算机系统自动实时对行政程序缺失、混乱、超时等“非常态”信息进行监督，大大强化了行政机关及其工作人员的程序观念，有利于转变我国行政权力运行中根深蒂固的重实体轻程序观念，实现行政管理实体与程序的并重。

### （二）机制革命价值

1. 从“信息孤岛”到“信息群岛”的转变。基于互联网的权力阳光运行机制可以解决“信息孤岛”状态下各地、各部门相互分割、缺乏协调（甚至相互矛盾）、重复建设、效率低下的“权力孤岛”问题，形成各地、各部门信息互通共享的“信息群岛”。

2. 从行政权运行的单方性到行政权运行的相对方参与的转变。随着民主和法治的发展，相对方参与已经成为行政程序法的一项重要基本原则。① 但是，由于缺乏相应的行政权运行机制和相对方参与的载体，这项原则并没有得到很好的落实。基于互联网的权力阳光运行机制为社会公众广泛参与公共事务的决策、管理和监督提供了畅通、快捷的渠道，搭建了政府与人民群众互通互动的平台，为行政相对人行使知情权、参与权、表达权、监督权等项民主权利提供了条件，极大促进了相对方参与原则的实现，促进了政府决策的科学化和民主化。

3. 从事后监督到事前、事中、事后全过程监督的转变。由于缺乏行政权事项及其运行过程的公开，传统的对行政权的监督方式，一般只能限于事后监督。基于互联网的权力阳光运行机制由于具备事前管理事项公开、事中运行过程公

① 罗豪才主编：《行政法学》，北京大学出版社2001版，第212页。

开、事后处理结果公开的机制，使得对行政权运行的事前、事中、事后全过程监督成为可能，有利于促进依法行政和行政权运行的廉洁高效。

4. 从裁量“自由”到裁量“不自由”的转变。基于互联网的权力阳光运行机制从技术上避免了人为因素的干扰，有效促进了政府信息公开和行政行为的规范，实现了行政裁量从“自由”向“不自由”的转变，能够有效避免显失公正、执法不公等问题。

### （三）方式革命价值

1. 从纸质政务到电子政务的转变。传统社会管理以纸质政务为特点，通过“文山会海”来实现。基于互联网的权力阳光运行机制利用现代信息技术和网络技术，以电子文档、电子数据等电子材料，在相当程度上取代传统的纸质材料，以网络会议的形式，在相当程度上取代传统的会议形式，实现从纸质政务到电子政务的转变，可以大大节约人财物等资源，提高行政效率。

2. 在物理上，从分散管理到相对集中管理的转变；在结构上，从并联办理到前后台串联办理的转变。在传统社会管理中，大多数职能部门分布于不同地点，即使在同一办公区域或大楼办公的职能部门也被分割成一间间办公室，因此，在物理上具有分散管理的特征；另一方面，由于行政机关内部存在一个个并立的行政机构，相对人办事如果涉及多个机构，也需要先后到一个个机构进行并联办理。这种物理上的分散管理和结构上的并联办理方式，既影响了各行政机关、行政机构相互之间的协调和沟通，也制约了行政效率和行政相对人办事的效率。现代信息技术和网络技术使得将物理上的分散转变为系统上的集中、将并立机构的并联办理转变为前后台串联办理成为可能。基于互联网的权力阳光运行机制实现了这一管理方式和办理方式的转变，大大提高了行政效率，方便了行政相对人。

3. 从“人跑信息不跑”到“人不跑信息跑”的转变。传统的社会管理方式是“人跑信息不跑”，行政相对人办事如果涉及多个机构或机关，必须一个一个机构、一个一个机关跑，很不方便。基于互联网的权力阳光运行机制实现了“人不跑信息跑”。行政相对人可以通过“一个窗口对外”、“一站式服务”，享受从一个“窗口”递交、从同一“窗口”获取办理结果，到一个“站点”办理、在同一“站点”完成的便利。甚至，坐在家里或办公室里轻点鼠标，就可以检索政府办事指南信息、办理有关事项、查寻自己所办事项流程及时限、获悉各种办事项目的结果信息、参与对政府部门的监督。这一转变，促进了为民服务方式的新突破，方便了企业和群众办事。

### （四）监督行政价值

基于互联网的权力阳光运行机制促使权力在阳光下运行，大大提高了权力运行公开的广度和深度，使得权力始终处于上级机关、监察等专门监督机关以及人民群众的监督之下；通过权力固化、流程固化和自由裁量权细化，以制度和规范制约了权力运行的任意和肆意，体现了法治在社会管理中的价值，可以有效防范行政慢作为、不作为、乱作为的发生，避免以权谋私、权钱交易的发生；由于具有网上数字监察功能，实现了上级机关和监察机关对社会管理全过程的严密、有效、实时监督（其中又蕴含有上级机关和监察机关的反馈、教育和惩治功能），同时，网上运行的权力又受到群众监督，因而为从源头上防治腐败提供了监督保证；由于各流程环节上的工作人员均在网上审阅材料、填写意见、制作文书、作出决定，每个环节、每个岗位、每个工作人员的操作时间和内容均由计算机记录在案，全程留痕，不可逆转，实现了社会管理过程和结果网上公开和可查可控，从技术上避免了人为因素的干扰，大大减少了办案、办事人员（尤其是有决定权的行政机关工作人员）与行政相对方私下接触、"寻租"的机会，可以有效避免用公共权力作私下交易的机会。

基于互联网的权力阳光运行机制兼具教育、制度、监控三大功能，有利于加快转变政府职能，有利于建立科学合理的社会管理和监控机制，有利于落实政务公开制度、行政责任制度及行政效能投诉、行政过错责任追究制度，也有利于加强对权力运行的制约和监督，确保权力正确行使。

### （五）行政法治价值

基于互联网的权力阳光运行机制具有促进社会主义民主法治建设，打造透明政府、服务政府、效能政府、法治政府、责任政府等多重价值。它对于促进国务院《全面推进依法行政实施纲要》提出的"行为规范、运转协调、公正透明、廉洁高效"的行政管理体制的形成，"权责明确、行为规范、监督有效、保障有力"的行政执法体制和"统一、公开、公平、公正"的现代公共服务体制的建立，"公开、公平、公正、便民、高效、诚信"的行政管理要求、"合法行政，合理行政，程序正当，高效便民，诚实守信，权责统一"的依法行政基本要求、"完善行政监督制度和机制，强化对行政行为的监督"的要求以及"政府信息公开"的要求的实现，"加快电子政务建设，推进政府上网工程的建设和运用，扩大政府网上办公的范围；政府部门之间应当尽快做到信息互通和资源共享，提高政府办事效率，降低管理成本，创新管理方式，方便人民群众"等行政管理方式的改革等，具有直接的推动作用，因而是全面推进依法行政、实现《纲要》提出的"经过十年左右坚持不懈的努力，基本实现建设法治政府的目标"的有力举措。

## 二、构建基于互联网的权力阳光运行机制面临的行政法问题及对策建议

构建基于互联网的权力阳光运行机制，直接涉及法律问题。为确保网上社会

管理和行政权力的运行规范、透明、高效，从行政法学角度进行分析，需要处理好以下法律关系：

### （一）在法律与技术的关系上，要防止重技术轻法律的倾向

基于互联网的权力阳光运行机制的构建需要大量的硬件投入和软件设计，涉及复杂的技术问题。技术问题虽然复杂，但不是这项工作的关键。从某种意义上说，基于互联网的权力阳光运行机制是将法律规定的行政权力及社会管理事项、依据、主体及人员、条件、流程、时限、形式、概念、手段或措施、裁量标准等，通过信息技术予以固化和程序化，通过网络运行行政权力和社会管理职责。因而真正复杂而关键的问题是法律问题。领导者应当把主要关注点放在法律方面，加强指导，对涉法问题统一提出若干处理原则和具体规定，并对各地各部门参与“法律固化”工作的人员进行培训，对重大疑难的法律问题要进行梳理，并进行专门研讨和论证，防止在系统设计中留下法律风险或隐患。

另一方面，基于互联网的权力阳光运行机制各种具体制度的设计、各部门各地区在基于互联网的权力阳光运行机制中的职责、相关技术标准及要求、权利救济、监督考核、违反基于互联网的权力阳光运行机制要求的责任等，都需要通过立法加以保障。仅仅通过政策予以推动，将难以保证这一机制的严肃性、规范性、有效性和长期性。在前期主要通过政策推进的基础上，各地应当适时制定地方性法规或地方政府规章，为基于互联网的权力阳光运行机制提供法治保障。

### （二）在实体与程序的关系上，要避免矫枉过正

基于互联网的权力阳光运行机制最大的特点是通过将法定程序转化为计算机程序，运用“数字监察”系统，对社会管理过程中各环节进行实时监督。这对转变我国长期以来“重实体，轻程序”的倾向有非常现实的意义。由于技术的原因，实体合法问题有的难以，甚至无法实现可“数字监察”性，从而形成“数字监察”的“盲区”。由此，“数字监察”的重点会主要限于程序问题，实体问题的监督则相对薄弱。这种监察领域的不平衡性，可能导致监察重点矫枉过正，需要通过依靠传统的网下监督机制予以弥补。

### （三）在裁量与羁束的关系上，要加强对自由裁量权的约束和规范

在我国，约束行政自由裁量权的需要，首先是缘于立法授予自由裁量权不够严密。其次是缘于一些行政机关及其工作人员利用立法缺陷、自由裁量权缺乏约束和监督的制度漏洞滥用自由裁量权。因此，通过细化裁量标准、约束裁量空间、增强裁量刚性，加强对自由裁量权的约束和规范是完全必要的。

在构建基于互联网的权力阳光运行机制中，将法律规定的裁量幅度加以细化，并通过计算机系统进行固化，可以有效约束和监督行政自由裁量权。这是一

项复杂的工作，需要正确处理裁量与羁束的关系，准确把握立法精神，科学设定细化的标准和约束的空间。细化的标准过宽，就不能达到有效增强裁量刚性、加强对自由裁量权的约束和规范的目的；反之，细化的标准过窄，就会损害社会管理活力，削弱社会管理的针对性，降低社会管理的效率。由于羁束和裁量总是相对的，羁束中总会有裁量，裁量中也总是有羁束，不管如何细化和约束，行政自由裁量权总会在一定程度上存在。而只要有行政自由裁量权存在，就一定有对它进行约束和控制的必要。因此，在建立起网上约束和控制自由裁量权的机制之后，必要的网下约束和控制自由裁量权的机制仍然不可或缺。

### （四）在上位法与下位法的关系上，要坚持下位法服从上位法的原则

首先，一些地方和部门由于疏于了解上位法，有可能将下位法作为依据进行权力、事项清理和固化。其次，一些地方和部门在权力和流程固化时，为了实现程序简化、时限“提速”、手续方便等目的，可能会选择适用其价值追求的下位法。笔者认为，为了维护行政法治，应当坚持下位法服从上位法的原则。但可以有例外。即只有在下位法有关程序简化、时限“提速”、手续减少的规定对行政相对人有利、并且上位法对下位法作特别规定没有禁止时，才可考虑适用下位法的规定。

### （五）在特别法与一般法的关系上，要坚持特别法优于一般法的原则

在构建基于互联网的权力阳光运行机制中，为适应“数字监察”和统一“提速”等需要，客观上或技术上存在对某些问题（例如办结时限）作“一刀切”式的规定的要求。这就可能发生上级机关要求下级机关不适用特别法而一律适用一般法的情况。这种“一刀切”式的统一要求，表面上看起来使社会管理更加规范，但却牺牲了社会管理的灵活性、针对性和有效性。因为从立法原意讲，特别法规范存在的原因和价值，正是出于贯彻科学立法的原则、具体问题具体处理的需要。笔者认为，在一般法的规定不为特别法所强制性排除的前提下，对某些行政权的运行作一些“一刀切”式的统一规定，是可以接受的。但是，如果为某些工作的需要，不顾特别法的规定而一概要求适用一般规定，牺牲特定社会管理的灵活性、针对性和有效性，则不仅违反了“特别法优于一般法”的法治原则，也违背了科学性原则，增加了社会管理的难度，最终将影响社会管理质量。

### （六）在外部程序与内部程序的关系上，要克服轻视内部程序的倾向

如果说，程序的重要性在我国长期得不到重视，那么，内部程序相对于外部程序则更加不受重视。在构建基于互联网的权力阳光运行机制中，为时限“提速”、手续简化等，一些内部程序有可能首当其冲，成为被弱化、简化、去除的

对象。对此，应当有正确的认识。

首先，法定程序不一定仅限于外部程序，也可以是内部程序。行政诉讼法规定，违反法定程序是行政行为违法因而应当被撤销的一种情形。因此，如果行政行为明显违反法定的内部程序，也可因构成违法而被人民法院撤销。

其次，与外部程序相比，内部程序并非无关紧要。其一，内部程序可能制约外部程序；其二，内部程序往往影响行政行为质量，甚至对于防止行政违法具有重要意义；其三，内部程序还可以影响行政行为的效力。

因此，在构建基于互联网的权力阳光运行机制中，可以被弱化、简化、去除的内部程序，应当限于由行政机关自由裁量的内部程序，法定的内部程序不应被弱化、简化、去除。

### （七）在公开与安全的关系上，既要把“公开透明”作为原则，又要重视保密工作

从网络技术看，电脑系统只要是与互联网相通的，则访问量的多少和可访问的深度对系统的安全性并无直接关联。即信息公开的程度对系统安全没有直接影响。因此，安全只涉及法律意义上的信息安全，即如何确定信息公开的“边界”，处理好权力阳光与国家机密、个人隐私、商业秘密保护的关系。

确保国家机密、个人隐私、商业秘密受到保护，是行政机关的职责，在构建基于互联网的权力阳光运行机制中必须十分重视，并有适当的制度和措施加以保证。然而，基于互联网的权力阳光运行机制的最大亮点之一恰恰是“公开”。因此，必须把“公开透明”作为构建基于互联网的权力阳光运行机制的一项重要原则，但不宜将保密（或以“安全”为代名词）作为一项原则，否则就会跟构建基于互联网的权力阳光运行机制的初衷相背离。对于根据《中华人民共和国政府信息公开条例》等法律法规规定应当公开的政府信息，应当予以公开；对依法可以公开的信息，也应当持积极公开的态度。不能任意以保护国家机密、个人隐私、商业秘密为借口，不履行政府信息公开义务。

### （八）在网上监督与网下监督的关系上，既要重视网上监督，也不能放弃网下监督

行政行为合法，不仅要求程序合法，还要求主体和人员合法、适用法律法规正确、遵守法定权限、证据确凿充分、履行法定作为义务、内容合法公正等。由于一些实体合法要求难以，甚至无法通过信息技术实现网上监督，因此，基于互联网的权力阳光运行机制虽然可以有效加强对行政权的监督，但并不能将监督的触角伸至所有领域。在构建了网上监督机制后，仍应重视继续发挥传统的网下监督机制的作用。

### （九）在相对独立与相互协调的关系上，要加强信息互通共享、维护法治统一

在基于互联网的权力阳光运行机制系统中，各地各部门都有相对独立的子系统。这些子系统如何相互链接、相互协调，不仅是一个技术问题，而且也是一个复杂的法律问题。

首先，除少量法律明确规定不能实行互通共享的信息外，部门之间、地区之间应当实现信息互通共享，否则，难以脱离各自为政、“信息孤岛”、重复建设的老路。

其次，要注意维护法治的统一，防止各地因缺乏协调、自成体系而造成各地对相同情况的规定有较大的不同，从而影响制度的严肃性和法治的统一性。

### （十）在电子文件与纸质文件的关系上，要借机大力推进公文无纸化

这对关系，说到底是电子文件能否，或者在多大程度上能够替代纸质文件的问题。如果电子文件不能替代纸质文件，则必然需要在运转电子文件处理流程的同时，仍然保留相应的纸质文件处理流程，即实行所谓的“双轨制”；同时也必然需要在保存电子文件的同时，仍然保存对应的纸质文件，即实行所谓的“双套制”。“双轨制”或“双套制”的存在，大大抵消了信息化的优势，造成人力、纸张以及其他相关资源的极大浪费，无法实现通过信息技术和网络技术提高效率、降低成本的初衷。笔者认为，在我国，电子文件的法律效力、证据效力以及物理归档长期、安全保存的技术问题已经解决，各地在构建基于互联网的权力阳光运行机制的工作中，应当对公文无纸化发展趋势富有远见，借机大力推进公文无纸化。

首先，关于电子文件的法律效力。《中华人民共和国电子签名法》已经明确，除了该法排除的四种情形外，在民事活动中，符合该法规定条件的数据电文，视为符合法律、法规要求的书面形式，视为满足法律、法规规定的原件形式要求，视为满足法律、法规规定的文件保存要求，以及可以作为证据使用。由于行政电子文件和民事电子文件在法律效力的意义上并不存在本质区别，因此，笔者赞同这一观点：“既然一般民事活动中产生的电子文件具有法律效力，那么，在排除特殊情况的前提下，可以认为，认可一般公务活动中产生的电子文件同样具有法律效力，已经不存在法理上的障碍。”①

其次，关于电子文件的证据效力。现在，许多国家已经在法律上认可了电子文件的证据效力。例如，在上世纪 90 年代末美国司法部针对微软公司的诉讼案

① 刘金霞、黄存勋：《〈电子签名法〉：电子文件管理法制化的基本依据》，《中国档案》2004 年第 11 期。

件中，诉讼双方向法庭呈送的大约3000份证据大多数是电子邮件。在我国，从理论层面上讲，尽管理论界对电子文件属于何种证据形式存在“书证说”、“视听资料说”、“传统证据演变说”和“独立证据说”等不同见解，但对于其可以作为证据的认识已趋于一致。从法律层面讲，虽然我国三大诉讼法典均未对电子文件的证据资格加以规定（部分原因可能是由于制定较早），但后来最高人民法院和最高人民检察院的有关规定和司法解释以及司法实践已经认可电子文件可以成为三大诉讼之证据，并且一般把电子文件纳入视听资料这一证据形式之中。根据《最高人民法院关于行政诉讼证据若干问题的规定》第12条“根据行政诉讼法第三十一条第一款第（三）项的规定，当事人向人民法院提供计算机数据或者录音、录像等视听资料的，应当符合下列要求：（一）提供有关资料的原始载体。提供原始载体确有困难的，可以提供复制件……”之规定，电子文件在行政诉讼中的证据资格也得以确立，并且被明确归属于视听资料，其中原始载体可以被作为原件。除此之外。《中华人民共和国电子签名法》第7条还进一步明确规定：“数据电文不得仅因为其是以电子、光学、磁或者类似手段生成、发送、接收或者储存的而被拒绝作为证据使用。”因此，出于担心在社会管理互联网运行过程中如果没有留下纸质材料一旦涉诉将难以提交证据材料，而实行“双轨制”或“双套制”，也是没有必要的。

第三，关于电子文件物理归档长期、安全保存的问题。信息技术的发展，极大提高了电子文件真实可靠、长久保存的可能。目前，电子文件作为长期保存的档案物理归档在技术上已不成问题。不仅如此，电子文件的安全物理保存也可借助于当代信息技术得到满意解决。即在办公自动化网络中，可自动对每份电子文件的修改、存取、传输等任何操作进行实时登记，以密码形式存储并采取防删改措施。① 正因为如此，美国、英国、德国、法国、丹麦、澳大利亚、加拿大、新加坡、日本和韩国等发达或较发达国家已逐步推进或基本实现了“单轨制”与“单套制”。例如，美国认为电子文件的安全性已经达到100%，其国家档案馆对联邦政府机构档案的接收已完全实现电子化，对于相同内容的文件接收了电子文件，就不再接收相应的纸质文件。② 可见，公文无纸化是大势所趋。在我国，不少地方也已启动公文无纸化进程。但相比而言，我国公文无纸化推进的速度相对比较缓慢，适用的面也比较狭窄。《中华人民共和国档案法》第2条将“声像”记录纳入了档案范畴。因此，电子文件作为档案的资格和效力也应不成问题。

综上，笔者认为，构建基于互联网的权力阳光运行机制为突破公文无纸化“瓶颈”、在更大范围实现公文无纸化提供了契机，应当好好把握。各地在构建

---

① 邱晓威：《电子文件与电子档案的管理问题与对策》，《中国档案》1999年第3期。

② 徐拥军：《树立对电子文件的正确认识》，http：//weilaiwansui. blog. hexun. com/27991487 _ d. html 中国档案学研究网，2012年5月26日访问。

基于互联网的权力阳光运行机制的工作中，应注意吸收档案管理机构参与，避免系统设计留下无法满足将来电子文件归档管理需要的先天性缺陷（以后改造，又徒增大笔费用），积极为全国推进政府系统公文无纸化以及电子文件的归档管理提供经验。当然，鉴于当前人们对电子文件的物理保存还存在一定程度的疑虑、推进公文无纸化还存在较大障碍的情况，最高立法机关有必要根据信息技术迅速发展的形势，尽快以效力更高的法律进一步明确国家机关工作中的电子文件的法律效力以及电子文件的可存档性等问题，以推进我国公文无纸化进程。

## 三、结论

杭州等地构建基于互联网的权力阳光运行机制已经取得了重要的阶段性成果，为全国各地贯彻党的十七大精神，落实2007年胡锦涛总书记在党的十七大报告中明确提出的“让权力在阳光下运行”的政治决策，全面推进依法行政，建立健全教育、制度、监督并重的惩治和预防腐败体系，提供了有益的经验。另一方面，笔者认为，对这项工作的意义有更加全面、更有高度的认识和把握，把构建基于互联网的权力阳光运行机制工作这篇“文章”做大做足；对这项工作与法律的关系有更加深刻的认识，从而把相关法律问题处理得更加准确、完善；对这项工作对全面促进政府工作的机遇把握得更好，使政府系统公文无纸化等过去一直想大力推进、但由于相关条件的制约难以大力推进的工作，借构建基于互联网的权力阳光运行机制工作的机遇得到大力推进；对构建基于互联网的权力阳光运行机制有更多的自觉性，在政务公开方面有进一步的发展，实行权力阳光运行机制的领域有进一步拓展；对构建基于互联网的权力阳光运行机制有更进一步的创举，将人民群众特别关心、依法行政特别要求、反腐倡廉特别关注的行政决策和人财物管理纳入其中；对这项工作的理论论证和调查研究更加重视，形成既富有地方特色、又在全国范围内具有普遍指导意义的理论成果和实践经验——这些也许是各地构建基于互联网的权力阳光运行机制工作能够显示地方特色和对全国贡献的主要方面。

# 法治轨道上的社会治理模式创新
## ——以制度的自反性为切入点

**程关松[1] 罗红波[2]**

◉[1] 江西省社会科学院法学研究所研究员、所长，法学博士

◉[2] 湖北省黄冈市委党校副教授

社会管理创新应坚持从源头上减少社会矛盾，防止制度化次生社会矛盾产生，坚持在法治轨道上化解社会矛盾的基本思路。

## 一、从源头上减少社会矛盾

### （一）社会矛盾的源头

社会矛盾的源头主要包括三种类型：

第一类是公共权力对公民权利的侵害，属于为消除社会矛盾而形成的次生社会矛盾，主要表现为城市“摊大饼”发展思路中大规模征地、拆迁对公民物权的侵害、点多面广的基层腐败所导致的公共权力信任危机、干部作风不正所导致的官民对立、选择性执法对公民合法权益的隐形损害、司法不公所导致的公民不服从、处理应急事态时策略短缺所导致的公共事件。

第二类是市场经济的缺陷加剧了利益的分化，属于私权纠纷引发的社会矛盾，主要表现为一部分人的预期利益落空、一部分人的权利无法实现、一部分人在追求权利的过程中忽视他人的权利、一部分人的权利行使超越权利的边界、一部分人权利的行使以损害他人权利为代价。

第三类是社会管理“空心化”所导致的公共服务短缺，属于社会权无保障所引发的社会矛盾，主要表现为不完全城市化所导致的身份差序、城市“摊大饼”现象所导致的“城中村”劣质公共服务、乡村“空心化”所导致的社会资本萎缩、基层政权衰微所导致的痞子运动现象、流动性所导致的不确定性风险、虚拟社会所导致的思想混乱。

### （二）从源头上减少社会矛盾的模式选择

社会管理创新的过程既是一个实现好、维护好、发展好最广大人民根本利益

的过程，也是一个协调社会关系、规范社会行为、解决社会纠纷、化解社会矛盾、促进社会公正、应对社会风险、保持社会稳定的过程。在加强社会组织建设、形成利益表达协调机制、建立权利保障机制、健全社会纠纷矛盾调处机制、完善社会治安综合治理体系等各方面都必须致力于提高处理眼前问题的能力和塑造长远公共价值的能力。

从源头上减少社会矛盾必须审慎选择加强和创新社会管理的模式。在社会管理创新过程中，我国并存两种模式。

第一种模式致力于社会重构。选择社会重构模式的理由是：第一，由于农村实行包产到户的责任制，也由于农业税被取消，政府对农村的有效管理日趋松弛。同时，从农业中解放出来的大量农民在农村和城市之间大规模高速自由流动，其权利和义务处于不确定状态。一方面，农村的各种变动形成一种多重制度变迁的内在动力，为农村的社会重构提供了契机。另一方面，农村的社会资本呈短缺趋势，社会重构的管理资源极为稀缺。因此，政府必须向农村注入社会资本，不断提高村民的自治能力和互助共济水平。第二，随着企事业单位改革的不断深入，大量人员从企事业单位中分离出来，脱离了原有的管理序列成为“社会人”，其权利和义务需要重新界定。一方面，改革后的企事业单位提高了公共服务水平，另一方面，脱离原有管理序列的“社会人”需要纳入新的社会体制之中。城乡两方面未完全权利义务化的事项汇聚成社会领域的核心问题，亟须借助于政府力量进行有序重构。当然，在实践过程中某些试验点的管制化倾向试图复活计划经济时代的管控模式，必须引起我们的高度重视。第三，地方发展型政府的行为逻辑制度化的消极后果导致地方社会管理组织功能错位，抑制了公共服务型地方政府的成功塑造，必须通过社会重构模式使社会管理组织回归理性。

第二种模式致力于社会治理。选择社会治理模式的理由是：第一，自改革开放以来所形成的社会关系不可逆转，计划经济时代所确立的社会管控模式在新的社会关系中已丧失效力，只有富于弹性和应变能力的社会治理模式才能适应社会的新要求。第二，在国内，以权利保障为依归的改革试验激发了公民的首创精神，极大地促进了我国的高速发展，而以权利为基础的公民社会必将贡献于我国未来的社会发展。第三，在西方，规模宏大的“新公共管理运动”通过市场机制和公民民主的制度性嵌入在一定程度上消解了自凯恩斯以来政府干预的刚性，增加了社会的应变能力，促进了公民民主权利的发展，它们的改革成果值得我们借鉴。但必须注意的是：在我国，作为公民社会基础条件的个人责任尚缺乏社会根基，其普遍化尚是一个悬而未决的问题。在西方，社会治理模式是市场机制与政府治理技术化、公民民主制度化相结合的产物，内部仍存在一种多元竞争的态势，并未形成一种整体性治理模式。西方社会治理模式致力于在个人责任基础上发展公共责任，培育社会的公共性。它是以权利体系的发达为前提条件的，致力于培育公共责任的目的是为了建立与发达权利体系之间的反思性平衡关系。而在我国，权利保障体系极为脆弱，公共责任体系极为薄弱，被市场所激发的欲望的个人主义和在市场中寻租的公共权力都极力压制公共责任的生成，社会治理模式受到各种障碍的掣肘，其愿景遭受一定程度的挫折。

我们在社会管理创新过程中，既不能采取废弃主义的立场否定社会重构模式的合理要素，也不能采取民粹主义的立场拒斥社会治理模式的合理诉求。社会重构模式的核心是实现社会管理体制的功能回归和功能深化，使社会管理组织通过管理提高公共服务水平，而不是放弃管理迁就无政府主义倾向。社会治理模式的核心是民间组织再造，使民间组织与社会管理组织之间建立结构性合作伙伴关系，丰富社会管理的主体，延伸社会管理的链条，拓展公共服务的空间。结合我国的实际，当下宜采取社会重构模式为主、社会治理模式为必要补充的社会管理创新模式。具体而言，减少第一、二类社会矛盾宜以社会重构模式为主，减少第三类社会矛盾宜以社会治理模式为主。值得注意的是：社会重构模式与社会治理模式之间仍然存在制度性摩擦，必须提高社会管理体制、机制的包容性。

## 二、在法治轨道上化解社会矛盾

### （一）规范的有效限度

社会管理创新首先必须明确各种规范的属性和有效范围。错误地选择规范工具不仅不能从源头上化解社会矛盾，反而会催化次生社会矛盾，导致社会矛盾的交叉重叠。

社会管理领域的规范体系包括社会规范、行为规范、调处规范、惩处规范和补充规范。公共责任与公共服务以社会规范为基础，法律以行为规范为基础，和解、调解以调处规范为基础，控制违法、犯罪行为以惩处规范为基础，次生纠纷救济以补充规范为基础。各规范类型之间既相互关联也存在不同的功能派分，具有不同的效用。

### （二）规范的理性选择

当前我国既处于发展的重要战略机遇期，又处于社会矛盾凸显期，各种矛盾纠纷错综复杂，交叉重叠，如何选择适合的纠纷解决制度，对于定分止争、社会和谐至关重要。

目前，我国主要使用三种纠纷解决制度化解社会矛盾：

第一种是审判制度。审判制度是法治国家最核心的制度。在中国特色社会主义法律体系基本建立以后，法律的施行成为依法治国的关键。我国的审判制度在取得巨大成就的同时，也面临内外交困的巨大压力：在权利不断觉醒背景下，案件呈现爆发趋势，司法资源短缺问题凸显；在大规模社会变迁的压力下，制度化规避、规则缓和等“良性违法”现象被容忍，甚至超越了“破窗”限度，使得法律客观规定，现实主观废弃；某些地方甚至认为“改革就是违法”，崇尚创新的最好办法就是抛弃法律本身的错误观念；司法不公与司法腐败挫伤了人们对于法律的信心；扶助“坏人”的功能性举措使好人陷入道德困境；“仇富”、“仇官”等身份效应的民粹主义惩罚性激情随着新媒体的倍增效应深刻影响到审判独立。

第二种是合意制度。通过合意解决社会纠纷有利于弥合人际关系裂痕、促进社会和谐，在我国具有悠久的历史传统。它是现代审判制度的一种替代性制度。主要包括和解与调解制度。在任何法治国家，合意解决社会纠纷都是一种次级备选方案，不可能独立撑起建设法治国家的蓝天。当前我国鼓励“大调解”方案主要源于分解案件爆发压力与建设和谐社会的需要，有其现实价值。但某些地方错误理解“大调解”制度的地位与功能，犯了“错置具体感的谬误”：出现了违背当事人意愿的强制性调解现象，使未组织化利益、弱势群体利益遭受再次伤害；将“大调解”数量化作为考核政法部门政绩的重要标准，违背了该制度设计的目的；将“大调解”意识形态化、政治化、普遍化，削弱了法律权威以及人们对法律的信仰，危及法治社会的根基。

第三种是信访制度。信访制度在我国具有悠久的历史传统，是独具中国特色的制度创新，是一种苦情制度与公民不服从的和平解决机制，属于补充规范范畴。在西方，素有公民不服从的传统，但其解决公民不服从的法律方案有三种类型：第一种类型将其纳入法律保护范围，由此形成了游行、示威、罢工等宪法权利；第二种类型将其纳入法律容忍范围，评价其违法，但在惩处上给予宽待或进行豁免；第三种类型是通过宪法诉讼解决公民苦情与公民不服从问题，这与西方对政府的怀疑主义传统相关。在我国，政府素有父爱主义传统，并不主张公民不服从通过对抗方式表达或宪法诉讼解决，而希望通过和平方式解决公民不服从问题。

信访案件大多数是涉及公共权力侵权案件，它是测度公共权力、干群关系、官民关系良善与否的重要尺度。因其具有暴露公共权力腐败不端的功能，故在鼓励的政策导向下，案件一般都能在公共权力让步的条件下以最快的速度解决，信访者的预期利益基本都能得到实现。在比较优势的选择条件下，会激励潜在的诉讼者放弃诉讼途径走上信访之路，从而出现信访爆发现象，法律制度被降低到次要地位。由于信访爆发消耗了公共权力高层大量的时间和精力，影响公共权力的正常运行，在此情形下，政府不得不开始采取抑制信访的政策。在抑制政策引导下，一些地方将是否有效阻滞信访作为考核政府政绩的重要标准，课予一把手第一责任人义务进行问责。这一策略与群众对信访制度的路径依赖之间形成了直接对抗关系，暴力信访、群体信访现象大量出现，交易或强制性阻滞措施都被策略性派上用场，次级公共权力问题开始衍生，产生为了捍卫信访权利而信访的奇特现象，违法信访、越级信访的词汇被大量制造出来，信访制度出现了滞胀。作为公共权力自我纠错机制的信访制度产生了自反性，信访制度本身受到怀疑。

由于我国没有宪法诉讼制度，公民不服从问题没有宪法层次上的解决路径，主要取决于政治自觉、政治智慧和政治策略行为。因此，在现有宪政体制下，部分解决信访悖论性困境的出路主要在于切实保障行政法、国家赔偿制度等国家责任体系的有效运行。

总之，尽管我国社会主义法律体系基本建立，但作为调整社会建设的社会法尚未完全建立起来，仍处于试验阶段。因此，社会管理创新既是一个化解纠纷矛盾的过程，也是一个塑造社会建设基本制度的过程，制度的塑造能力是评价社会管理创新质量的基准。制度是一个根本性问题，法律则是制度的根本。在多元主义的社会纠纷解决方案中，我们必须厘清不同制度的效力范围与位阶，防止社会管理制度选择的功能错位。政治文明的实践表明，提升以法律为基础的制度能力才是社会管理创新的根本。在法治轨道上而不是依赖其他路径解决社会纠纷矛盾才是社会管理创新的大道原理。

# 现代行政程序理念之重塑

**郑丽清[1]　李贵贤[2]**

◉[1] 福建师范大学法学院副教授，法学博士研究生

◉[2] 福州边防检查站副团职检查员

作为独立法律部门的完整意义上的行政法，是近代民主、法治发展的产物，以行政权的独立存在为前提。在立法权、行政权和司法权集于君主一身的情况下，君主的命令不可违抗，君主具有超越于法律之上的特权，此时关于国家管理的法律规范根本不能与近代意义的行政法相提并论。路易十四曾说过："朕即国家。"中国封建社会皇帝"言出法随""一言废法"，皇帝的圣旨就是法律，并可以凌驾于法律之上。近代行政法以严格"三权分立"为基础，行政职能少且消极，并受到法律的严格控制，其理念和特征是强调"法律至上"，强调"无法律授权即无行政"。著名的英国宪法学家戴雪认为，法治的第一要义就是从宪政的角度防止"人治政府"行使"广泛"、"擅断"限制人权的权力，法治的首要条件就是排除政府的独断权力。① 从20世纪开始，尤其是二战以后，伴随着民主思潮的激荡，福利国家、给付行政等新型国家目的观的出现，现代行政的作用向着积极行政方面扩展，同时强调服务政府、责任政府、诚信政府等理念，程序政府亦成为现代行政不可或缺的理念。

## 一、现代行政重视程序理念的缘由

程序是指人们为完成某项任务或达到某个目标而预先设定好的方式、时限、步骤和方法。而理念是一种思想意识，是指人们对客观事物及其规律的抽象概括和理性认知。程序在现代行政领域首先就是指国家行政权力的行使（而不是指被管理者的活动）必须受到明确的程序性规范的约束。② 在行政管理过程中行政机关应当严格按照行政程序执法，依照法定程序行政，既不得越权和滥用职权也不得失职，一切行政行为都要接受监督，违法行政行为要承担相应的法律责任。马克思主义经典作家在《法兰西内战》中，一再强调公社的委员是普选产生，为

① 江必新：《行政法制的基本类型》，北京大学出版社2005年版，第116—117页。

② K. C. Davis. Administrative Law Treatise，(1978)，Vol. 1，San Diego：K. C. Davis Pub. Co.，pp. 1—2.

公社负责，随时可以罢免，行使有限的职权，① 突出了法治政府、程序政府的理念。没有行政程序，也就不可能实现行政法治，更不能建设成法治政府，故应当重视行政程序理念的援用。

现代行政援用程序的控制之所以如此重要，首先是因为在实体上不得不赋予行政机关以很大的权力。而行政权是国家权力中最活跃的分子，与其他国家权力相比，行政权与相对人有着更频繁、更直接和更广泛的联系，同时由于行政权具有天然的侵害可能性和扩张性，故世界各国大都借助法律机制对行政权加以规范和控制。正如王名扬所言，行政好比一部机器，这部机器需要强大的动力，才能充分发挥为人民服务的作用，但是机器必须得到有效的控制，否则机器的动力愈大，可能产生的损害也愈大，动力和控制二者缺一不可。② 在给予行政机关较大动力——赋予一定的行政权的同时，也要进行有力的控制，而程序控制就是一项重要的、不可或缺的法律机制。

其次是由于程序与实体之间的唇亡齿寒关系。自20世纪以来，人们逐渐意识到：如果有许多优良的实体规则但无好的程序规则，实体规则即便再好也难以实现；如果有一个好的程序规则，即便没有实体规则，也可以实现行政正义。法兰克弗特法官有这样的名言："自由的历史很大程度上是遵守程序保障的历史。"美国最高法院的杰克逊法官曾表示："程序公正与规范是自由不可或缺的内容。苛严的实体法如果公正地、不偏不倚地适用是可以忍受的。"威廉·韦德则表示："宁可生活在用普通法程序适用的俄国法律之下，也不愿生活在俄国程序法适用的普通法之下。"③ 马克思在谈及审判程序和法律二者之间的逻辑关系时，提到审判程序与法律之间联系十分密切，就像植物的外形和植物的联系、动物的外形和血肉的联系一样，审判程序和法律应该具有同样的精神，因为审判程序是"法律的生命形式，因而也是法律的内部生命的表现"。④ 推及之，程序不是次要的事情，它与法律具有同样的精神，程序的作用不容忽视，因为法律本身具有特有的必要的程序。这足以说明程序对于法律的重要意义。"随着政府权力持续不断的急剧增长，只有依靠程序公正，权力才可能变得让人能容忍。"⑤ 概言之，"没有程序的正义就没有实体的正义"的理念逐渐为人们所接受。由此，有学者直言不讳地说："正义的本质最大程度上是程序。"⑥

---

① 详见马克思：《法兰西内战》，载《马克思恩格斯选集》（第3卷），人民出版社1995年版，第98、121页。

② 王名扬：《法国行政法》，中国政法大学出版社1989年版，序言。

③ ［英］威廉·韦德著，徐炳等译：《行政法》，中国大百科全书出版社1997年版，第93—94页。

④ 马克思：《关于林木盗窃法的辩论》，载《马克思恩格斯全集》（第1卷），人民出版社1995年版，第287页。

⑤ ［英］威廉·韦德著，徐炳等译：《行政法》，中国大百科全书出版社1997年版，第94页。

⑥ K. C. Davis, Administrative Law Treatise, (1958), West Publishing Co. p. 4.

再次是基于控制行政权滥用的需要。在行政权力不断扩大、行政自由裁量空间日益广阔的情况下，仅仅通过对行政行为进行实体规则的控制已难以防止行政权的滥用。美国行政法专家伯纳德·施瓦茨说过："行政法更多的是关于程序和补救的法，而不是实体法。"① 随着行政专业性、技术性的加强，仅仅使用旧的审查标准已难以适应时代发展的要求。故行政法治原则的落实，不能只寄希望于行政权的自我抑制及行政机关的道德素质，也不能只寄希望于事后的司法审查。过去，法院可以了解行政机关的一切活动，并对其是否违法作出判断，如今情况完全不同。美国行政法学家盖尔霍思曾说过，法院对违法行为的审查不能代替良好的行政程序，司法审查费时费钱，因为大量的行政行为或者由于性质特殊，或者由于当事人缺乏经济能力，无法受到法院的审查。② 因之，一些国家把控权的着眼点从行政行为的结果逐步扩张至行政行为适用的行政程序，从过去的只注重行政行为结果的合法性与正当性转向对产生这种结果的过程和程序的合法性与正当性的关注。③

最后是缘于只有良好的行政程序才能提高行政相对人对行政行为的接受程度。如果行政行为的程序是正当的，那么，人们就不会怀疑其结果的公正性，就会信服它。正如英国行政法治专家韦德所言："程序不是次要的事。随着政府权力持续不断的急剧增长，只有依靠程序公正，权力才能变得让人能容忍。"④ 哪怕经过合法合理的行政程序所得到的结果未必与行政相对人的初衷相符，甚至还不比未经程序和经违法程序得到的结果更好，但由于行政程序的过程是经过严格设计和紧密安排的，免去不必要的程序或简化烦琐的程序，行政程序使行政行为更为公开、透明，行政主体和相对人在程序展开的过程中不断受其拘束和引领，这样不仅能防止专横任性的行政决定的产生，保障行政机关的行政行为公平且有效率，从而提高行政效率，而且行政程序在一定意义上保障行政相对人的合法权益，让行政相对人消除对行政权力的深深敌意和芥蒂，进而对行政行为的结果更容易接受。因此，现代行政程序要求通过一种"公众认为公平的方式作出决定，当政者可以获得对这些决定的更大认可，就使得决定涉及的各方更容易服从"。⑤

在现代行政法发展历程中发生了一个具有历史性意义的观念嬗变，从而为行政程序理念的重新塑造提供了良好的契机。这种观念的变化即法律程序的价值从工具主义转向本位主义，美国行政法学者在《联邦行政程序法》诞生 50 周年之

---

① ［美］伯纳德·施瓦茨著，徐炳译：《行政法》，群众出版社 1986 年版，第 3 页。

② 参见［美］欧内斯特·盖尔霍思，罗纳德·M. 利文：《行政法和行政程序概要》，黄学贤主编：《行政法学名著导读》，中国政法大学出版社 2006 年版，第 261—262 页。

③ 余凌云：《行政契约论》，中国人民大学出版社 2006 年版，第 105—106 页。

④ ［英］威廉·韦德著，徐炳等译：《行政法》，中国大百科全书出版社 1997 年版，第 97 页。

⑤ ［日］谷口安平著，王亚新、刘荣军译：《程序的正义与诉讼》，中国政法大学出版社 1996 年版，第 376 页。

际作出了令人振奋的判断："我们生活在一个重构行政法概念的时代。"[①] 发展良好的行政程序逐渐成为行政法的主要问题，良好的行政程序不仅能防止专横任性的行政决定的产生，同时能保障行政机关办事公平而有效率。[②] 为了扩展法律对行政的规范空间，立法者不仅对行政行为进行实体控制，而且强化了对过程的控制，通过制定行政程序法对行政行为进行事前和事中的控制。日本公法学者室井力曾说过：实质性的法治主义同时要求行政活动在事前履行公正的程序，即国民享有根据公正的程序接受行政决定的权利，以保障公民的"知情权"、"参与权"。[③]

## 二、现代行政中程序理念的价值

价值问题是法律无法回避的问题。诚如庞德所言：价值问题虽然是一个棘手的问题，但它却是法律科学所无法回避的，即便是最粗糙的、最草率的或最反复无常的关系调整或行为安排，在它的背后总有对各种互相冲突和互相重叠的利益进行评价的某种准则，"无论在古代和近代世界里，对价值准则的论证、批判或合乎逻辑的适用，都曾是法学家们的主要活动"。[④] 关于行政程序的价值，学者们主要是围绕着程序与实体的关系进行讨论，并形成了诸多学说，典型的有程序工具主义和程序本位主义两种观点。程序工具主义将程序纯粹看成实现实体法的"功利"手段，认为一种法律程序规则的好坏就是看它实现良好结果的有效性。在结果与过程之间，人们往往偏重对结果的关注，对于行政权的运行，更注重的是结果的合法、公正与否，而漠视了行政权运行的过程。事实上许多行政行为的违法恰恰是因为过程中欠缺程序的制约力量所造成的。[⑤] 程序本位主义偏重程序过程价值的有效性，认为程序的意义在于过程之中，程序有其独立的价值，其在实现形式公正与保障个人尊严方面有特殊的价值。这种观点认为程序的正义决定着结果的正义。如果行政行为的程序是正当的，那么，人们就不会怀疑其结果的公正性，就会信服它，结果与程序相比显得无关紧要，程序是第一位的，应当为人们所重视，而不必考虑结果的正义与否。无论是程序工具主义还是程序本位主义，都割裂了程序与实体的联系，都具有片面性。事实上，法律程序应具有双重价值：一是作为达求良好结果的手段，一是程序自身的德性。

---

① Breger, The Fiftieth Anniversary of the Administration Procedure Act: Past and Prologue: Regulatory Flexibility and Administrative State, Tulsa Law Journal, vol. 32, 1996, P325.

② 王名扬：《美国行政法》，中国政法大学出版社 1995 年版，第 66 页。

③ ［日］室井力主编，吴微译：《日本行政法》，中国政法大学出版社 1995 年版，第 27 页。

④ ［美］庞德著，沈宗灵译：《通过法律的社会控制》，商务印书馆 1984 年版，第 55 页。

⑤ 胡建淼主编：《公权力研究：立法权、行政权、司法权》，浙江大学出版社 2005 年版，第 345 页。

至于行政程序的具体价值，在已出版发表的各种教材和著作之中，有不少学者对此作了论述。如有的学者认为行政程序价值包括公正性、准确性、可接受性和效率性等内容。[①] 有的学者认为行政程序具有以下价值：一是扩大公民参与行政权行使的途径，二是保护相对人程序权益，三是提高行政效率，四是监督行政主体依法行使职权。[②] 有的学者主张行政程序的价值分为过程价值和结果价值。行政程序的过程价值体现在公开、公平、参与、及时等具体原则和制度之中；行政程序的结果价值的内容主要有：有利于实体法的正确实施，有效地控制行政权特别是避免自由裁量权的滥用，有利于提高相对人的法律地位，有利于提高行政效率和遏制消除腐败等。[③] 此外，还有的学者主张折中的程序价值观点，即强调程序的公正价值的同时，仍然应当看到程序在提高效率和维护秩序方面的价值，归纳为：公正价值、效率价值和秩序价值。[④] 对其中一种价值的选择并不绝对排除另一价值的同时存在，有时只是需要整合，分出主次、前后，突出某种价值。如以控制行政权为目的的行政程序设计，无疑要以公正为主要价值目标，但不能无视行政效率，[⑤] 也不能忽视维护社会秩序。诚然，自然正义规则、公正规则限制行政机关活动的自由，遵循这些规则须花费一定的时间与金钱，但如果能减少政府的摩擦，时间与金钱似乎用得其所。正因为它们主要是维持公正的原则，可以减少苦怨，所以正如英国学者威廉·韦德所言，自然正义原则促进效率而不是阻碍效率，正义与效率并行不悖，只要法律不要过分苛刻。笔者同意折中的观点。的确，任何一种理想的程序都必须兼顾结果有效性、形式公正、个人尊严与效益，在几种价值间谋求平衡，而不可能是单取向的。诚如陈桂明教授对民事诉讼价值问题所持的观点，对民事诉讼价值体系的认识：“仅仅局限于公正和效益还是不够的。我们能不能跳出现有的框架，去寻找公正和效益两大基本价值之外的其他价值，甚至是基本价值？”[⑥]

沿着这个思路，探索行政程序的基本价值究竟是什么，或许能够从美国著名公法学者马肖的《行政国的正当程序》一文中得到启发。在马肖看来，必须寻求落实正当程序的适当性和效能模式之外的第三条道路——尊严价值模式。[⑦] 由此，正当程序必须具备重要的尊严价值，该价值的优势在于：一是在行政时，程

---

① 参见叶必丰：《行政法学》，武汉大学出版社1996年版，第125—127页。

② 参见姜明安主编：《行政法学与行政诉讼法学》，北京大学出版社、高等教育出版社1999年版，第263—264页。

③ 参见宋雅芳：《行政程序法专题研究》，法律出版社2006年版，第7—25页。

④ 参见马怀德：《行政程序立法研究：〈行政程序法〉草案建议稿及理由说明书》，法律出版社2005年版，第2—4页。

⑤ 胡建淼主编：《公权力研究：立法权、行政权、司法权》，浙江大学出版社2005年版，第346页。

⑥ 陈桂明：《程序理念与程序规则》，中国法制出版社1999年版，第1页。

⑦ ［美］杰瑞·L. 马肖著，沈岿译：《行政国的正当程序》，高等教育出版社2005年版。

序上具有合理性，让相对人直觉上感受公正的对待，因此作出的行政行为容易为相对人所认同；二是可以避免实证主义的陷阱，因为它提出了一种认识和整合实体与程序关系的方法，而不至于落入实证主义陷阱，即行政程序的问题在于“是维护了还是削弱了适当的人格尊严观念”；三是开拓行政程序的审查视角，不仅关心当事人程序权利的保护，而且关注当事人实体权利的维护；四是与宪法保障人格尊严相一致，正当程序的核心就是如何实现个人私权利，其程序应回归个人主义关怀中去，因此，程序的正当性与宪法精神协调一致。①

人性尊严向来被视为人之所以为人的人格，只要一个人客观存在，他便具有人性尊严。在人类伟大而古老的宗教与价值传统中，就存在反映人性尊严的规则：一切人都拥有生命、安全和人格自由发展的权利，只要不伤害别人的权利。每个人的人性尊严都要获得尊重，一直被视为优良传统文化的黄金规则。② 在迈克尔·塔格特看来，人性尊严是公法五种关键价值之一，它与尊重价值紧密相连，要求社会向其成员承诺他们具有同等价值，允许他们针对那些认为他们几乎没有价值的人维护这种利益，允许他们突破限制，使每个生命拥有同等机会实现自己。③ 人性尊严要求行政机关在实施行政行为时将行政相对人作为目的而不仅仅是手段来对待，人的存在本身就是目的，都具有其内在价值，所以行政机关应当尽最大努力增进人民的内在尊严，一句话：“政府不能通过忽视个人独立地位和目的之程序，来追求政府自身的目的。”④ 人性尊严要求行政机关在实施行政行为时充分保障行政相对人的生命、安全和财产，因为生命、安全和财产是人性尊严的重要基础。人性尊严要求行政机关在实施行政行为时平等对待行政相对人，人性尊严具有平等性。现代行政法治强调程序正义，强调程序上的自我实现、自尊以及心理满足等本体价值，强调有权利即有救济，正是人性尊严精神的体现。无怪乎有学者直言：“行政，乃人性尊严的具体化。”⑤ 2010 年 8 月 27 日，温家宝总理在全国依法行政的工作会议上明确指出：“要进一步加强和改善行政执法，改进执法方式，不得粗暴对待当事人，不得侵害执法对象的人身权利和人格尊严。”

总之，在我国强调以人为本的法律理念的今天，要求法律必须重视人的尊严的维护，才能适应时代的变迁。因此，在行政过程中，行政程序的设置及运作，必须

---

① 参见［美］杰瑞·L．马肖著，沈岿译：《行政国的正当程序》，高等教育出版社 2005 年版，第 174—179 页。

② 皮纯协主编：《行政程序法比较研究》，中国人民公安大学出版社 2000 年版，第 26 页。

③ ［新西兰］迈克尔·塔格特主编，金自宁译：《行政法的范围》，中国人民大学出版社 2006 年版，第 263 页。

④ ［美］杰瑞·L．马肖著，沈岿译：《行政国的正当程序》，高等教育出版社 2005 年版，第 48 页。

⑤ 蔡志方：“从人性尊严的具体化论行政程序法及行政救济法应有之取向”，蔡志方：《行政救济及行政法学》第 1 版，第 413 页。

时时以人格尊严为着眼点，重塑行政程序的合法性和合理性要求，才能确保正当法律程序在行政法上的全面实现。[①] 因此，必须重视行政程序的人性尊严价值。

## 三、程序理念在现代行政中的重塑

随着社会的发展，我国不断加大行政程序立法力度，拓宽行政程序立法范围，从行政诉讼制度的建立到行政程序专门立法的努力，使我国的法治政府建设迈出了重要的步伐。先后颁布出台《行政诉讼法》《国家赔偿法》《行政处罚法》《行政复议法》《行政许可法》《行政强制法》等法律法规，行政程序便分散其中。尽管如此，现阶段我国行政程序立法的现状仍不能适应法治政府和行政现代化的需要。英国有句古老箴言："正义不仅要得到实现，而且要以人们能看见的方式得到实现。"伴随着依法治国进程的不断深入，我国理论界和实务界也逐渐认识到重实体轻程序的传统积弊的危害性，越来越多的人开始关注程序正义对于中国法治建设的重要价值。近 20 年来，不断完善行政程序法治已经成为各界共识，其重大意义毋庸赘言。然而行政程序法治虽已有长足的进步，但与学界的期望和社会生活的迫切需求尚有较大的差距，需要重塑行政程序。

第一，"行政程序是行政管理的附庸和工具"的意识还相当普遍。我国自古以来并不缺乏程序，缺乏的是程序正义的观念。中国古代的法律传统历来重实体轻程序。在我国当前的法律实践中，此弊病并未消除。我们特别关注的是好结果，而对产生该好结果的程序好坏则缺乏关注。程序仅仅是以判决产生出结果来的机械性过程，如孟德斯鸠作为法治理想而描绘的"自动售货机"式的法官，正是这种程序的典型象征。这一点可以说是目前整个中国法律的普遍缺陷。"重实体、轻程序"在一些行政工作人员的思想中根深蒂固，行政程序时常被狭义地片面地理解为行政机关的办事手续，程序只是走过场，程序只是花架子，程序只是形式而已，以至于不恰当地将行政程序等同于官僚主义，主张程序越简单越有利于克服官僚主义。[②] 故在中国行政管理过程中的非规范化倾向甚浓，行政活动不讲程序，或有程序也可以随意违反的现象较为普遍，其结果背道而驰，官僚主义和行政腐败蔓延。程序不仅仅是一个工作流程，也不仅仅是实现行政行为的工具，程序有其自身存在的价值，甚至可能影响当事人的利益。

通过转变传统行政思想观念进行重塑。在中国这样一个有着悠远的重实体轻程序法律传统的国度里，民众的权利意识十分薄弱，要想构建植根于西方文明的现代行政程序制度，遇到的困难只会更多，路只会更漫长，因此，必须转变传统

---

① 胡玉鸿：《以尊严价值模式重构行政执法程序》，《浙江学刊》2011 年第 2 期，第 43 页。

② 姜明安主编：《行政法学与行政诉讼法学》，北京大学出版社、高等教育出版社 1999 年版，第 263—264 页。

行政思想观念。新的行政理念只有在清除旧的理念的基础上才能建立起来，在缺乏重程序传统的中国，重实体、轻程序的观念深入人心，要逐步实现程序与实体并重，并非一朝一夕之事。正如马克思所言："一切已死的先辈们的传统，像梦魔一样纠缠着活人的头脑。"① 长期以来，我国行政立法的重点一直在实体法的制定上，而程序法的制定没有受到足够的重视。现行行政领域仍然存在"重实体、轻程序"现象，国家立法大都是实体立法，有些法律虽然设计了行政程序，但也只是一些原则、抽象的规定，缺乏可操作性，重实体轻程序的现象没有得到根本性的改变。温家宝总理在2010年政府工作报告中指出：一些工作人员依法行政意识不强，官僚主义严重，各级行政机关及其公务员要自觉遵守宪法和法律，严格依法行政。要努力建设人民满意的服务型政府。有鉴于此，只有从行政活动的各个环节出发，通过以程序带实体的方式，进一步规范行政行为的操作流程，才能确保行政相对人在各个环节中的权利，使行政机关合法合理地行使权利，同时使行政双方当事人对行政行为的工作流程一目了然，大大增强行政行为的可操作性。转换行政机关工作人员惯有的权力思维模式，把程序理念贯穿于行政执法过程之中，增强责任意识，更好地维护相对人的合法权利。

第二，行政程序立法长期分散、零乱和过于笼统。行政程序立法分散在各类法律法规中，至今没有统一的行政程序立法，由此造成各个行业、各个类别的行政行为在行政程序上不一致，甚至存在适用混乱的严重现象。即便单行法律中规定了一定的行政程序规范，也仍然存在程序规范不具体、不具有可操作性抑或不易操作等问题。有学者指出，中国的立法问题主要不在于其所立的法律是"良法"还是"恶法"，而在于其是"笨法"，即所制定的法律不具有可操作性，或者是不易操作。虽然言过其实，但仍具有一定的道理。我国著名行政法专家应松年说过，多数行政法通常只是简单地规定行政相对人可以有申请复议和提起诉讼的权利，或只笼统地、粗疏地规定程序事项，缺乏具体明确的规定。诚然，法律的生命在于实践，一项法律制度，无论其价值目标多么合理，或者即便从制度上说是一种良法，如果不能在实践中去运用它，那么这项法律制度都不能说是成功的。欠缺统一的行政程序法典的最大弊端恰恰就是难以树立行政人员重程序的意识。马怀德说过："现实表明，一方面，政府官员对单行法有着规避的天然冲动和能力，另一方面基本的程序法原则没有统一的程序规定而被搁置，越来越多的问题表明，《行政程序法》的出台已经迫在眉睫。"

通过行政程序立法进行重塑。从19世纪末开始，绝大多数法治国家都在致力于行政程序法典化的建设。1875年奥地利这一程序传统薄弱的国家最早提出行政程序法典化。1889年西班牙制定了世界上第一部行政程序法典。此后不少

① 马克思：《路易·波拿巴的雾月十八日》，《马克思恩格斯选集》第1卷，人民出版社1995年版，第585页。

国家和地区相继制定行政程序法。到了上个世纪末，美、日、德、意、瑞士、荷兰、葡萄牙、韩国、台湾、澳门等国家和地区颁布了行政程序法典。中国大陆开始行政程序立法至今已有27个年头，其间推出多个行政程序法试拟稿，但由于利益的博弈阻碍立法的步伐，至今仍未能出台。[①] 制定统一的行政程序法典是行政改革的必然趋势，但同时又是一个艰难的过程。纵观中国大陆境外的各个国家和地区的行政程序法立法情况看，从提议到内容相对完整的法典正式颁布都经历较长的时期，而且往往采用先行推出一部草案的方式。如：瑞士1965年提出《瑞士行政程序法草案》，1968年制定《瑞士行政程序法》；日本1964年提出《日本行政程序法草案》，1983年提出第二个草案，到1993年才正式颁布《日本行政程序法》；德国1966年推出《西德行政程序法标准草案》，1976年颁布《联邦德国行政程序法》；意大利1955年提出《意大利行政程序法草案》，1990年制定《意大利行政程序与公文查阅法》；韩国1987年提出《韩国行政程序法草案》，1996年颁布《韩国行政程序法》；中国台湾1990年推出《台湾行政程序法草案》，1999年正式颁布《台湾行政程序法》……这种做法的出发点在于考虑到立法的严谨性。制定正式的行政程序法无疑是最终的立法归宿。我国行政程序法典化目前面临着框架和内容已基本成熟以及行政行为迫切需要加以程序规范的局面，同时又面临着对某些具体行政行为研究不透彻的实情，因此不能毕其功于一役，将一部行政程序法典一锤定音，鉴于此笔者认为，不妨效仿上述国家或地区的做法，先行推出一部类似行政程序法草案的试行法，在试行法的适用过程中，可以不断丰富制定行政程序法典的理论前提，不断补充类型化规定，不断修正、完善已有的规定，为最终制定较为完整的行政程序法典奠定扎实基础。

第三，行政相对人的程序性权利的相对阙如和行政机关违反行政程序的法律责任不明确。现有相对分散和零乱的行政程序立法中，还存在行政机关权力和相对人的权利配置不合理的问题，往往是过多地设置了行政相对人的行政程序性义务，极少规定行政机关的行政程序性义务，二者之间显得不对称不均衡。与其说行政程序是限制行政机关的权力和保护相对人的权益，毋宁说现代行政程序立法异化为行政机关用于管理和治理相对人的手段。权利义务分配不平衡，一方面降低了行政程序法律的权威性，另一方面损害行政机关在人民群众中的形象。即便规定行政行为的程序规范，也往往因为对行政机关违反法定程序的法律后果和相应责任缺乏明确规定，很容易使法定程序得不到严格执行，形同虚设。

通过完善违反行政程序的法律后果进行重塑。行政程序法的最基本目的，应

---

① 直到2008年4月17日《湖南省行政程序规定》正式公布才打破统一行政程序立法沉闷的局面，中国行政程序立法开始走“先地方，后中央”的立法路径，此后，全国不少省市在制定适用本地方的行政执法程序规则的地方法规，为我国今后统一行政程序立法积累经验和提供教训。（参见应松年主编：《行政程序法》，法律出版社2009年版，第264—265页。）

当是对相对人程序性权利的确认、尊重与保障。行政程序的基本原理是通过使行政机关承担较多的程序义务，赋予相对一方较大的程序权利，使相对一方转变为在程序中能与行政机关抗衡的主体，与行政机关之间形成平等对话和制约关系，来限制行政机关的恣意。追根溯源，“重实体、轻程序”从某种意义上说是行政相对人的程序性权利之赋予和保障的不足乃至欠缺。行政程序法应明确赋予行政相对人程序性权利，如要求由中立的裁判者主持程序和作出决定的权利，申请回避权，被告知的权利，听证权，平等对待权，说明理由的请求权利，申诉权，损害赔偿请求权等等。同时，注重权利的保障。法谚云：“有权利必有救济。”美国施瓦茨也说过：“行政法更多的是关于程序和补救的法，而不是实体法。”① 因此，对于违反程序侵犯程序性权利的行为，笔者认为应当明确规定相应的法律后果。在不同法域境遇下违法程序的具体做法不同，总体上说，重视程序作用的英美法系国家对程序违法采取了较为严格的态度，通常认定违反程序的行政行为无效或撤销；② 大陆法系国家则采取多元的处理态度，对不同情形区分对待，较为注重用实体结果的对错来评判程序违法程度，将违反程序的行政行为分为无效、补正和撤销，但补正居于突出地位。③ 我国在制定统一的行政程序法时，宜借鉴大陆法系国家的做法，区别程序违法的不同情形，设定多种法律效果及责任形式，并科学地规定每种法律效果及责任形式的适用条件，实现公平与效率兼顾、公共利益与个人利益适度平衡的目的。根据不同情形对违反行政程序的法律后果进行制度设计，分别认定行政行为无效、撤销或补正，具体地说，若行政行为严重违反行政程序的，可认定无效；若属于一般性违反程序的行政行为，可认定撤销；对于程序上只存在轻微瑕疵的行政行为，可通过补正予以救济。此外，对于因行政程序违法给行政相对人损害的，可以追究行政机关的损害赔偿责任，同时，对于直接责任人员视情节轻重追究相应责任。④

---

① ［美］伯纳德·施瓦茨著，徐炳译：《行政法》，群众出版社 1986 年版，第 3 页。

② 在奉行“法律程序至上”的美国，根据《联邦行政程序法》第 706 条的规定，行政机关的行为没有遵循法定程序的，负责司法审查的法院可以判定行政机关的行为、决定和结论非法并予以撤销。（参见［美］施瓦茨著，徐炳译：《行政法》，群众出版社 1986 年版，第 148 页）英国奉行“程序优先于权利”的法律原则，行政程序若违反自然公正原则，一般视具体情况决定行政行为是否无效，若对当事人有重要影响，会认为无效；若对当事人影响较小和违法情形较轻的，则认为可撤销。若在行政行为时，违反强制性程序的越权行为，将导致行政行为无效。（参见王名扬：《英国行政法》，中国政法大学出版社 2007 年版，第 124 页）

③ 以德国行政程序法规定为例，若行政程序存在《联邦行政程序法》第 44 条规定的重大明显违法、形式瑕疵、应当回避没有回避的，将导致行政行为无效；除此之外的行政程序违法（第 45 条规定），往往认为可以补正。（详见［德］哈特穆特·毛雷尔著，高家伟译：《行政法学总论》，法律出版社 2000 年版，第 229—261 页。）

④ 对于行政程序违法的法律责任，有学者对此作了专门研究，详见王亚琴：《行政程序法律责任制度研究》，群众出版社 2006 年版。

# 论环境保护社会管理及其创新

**王小萍**
◉ 山西财经大学法学院教授

## 一、环境保护与社会管理

### （一）对环境问题的再认识

从环境管理的角度看，环境问题一般是指由于人类活动的作用而发生的不利于人类生存和发展的环境结构和状态变化的现象。环境问题包括由自然原因和人为原因引起的两类。人类活动作用于自然界并反过来对人类自身造成的一切有害影响和危害，被称为人为环境问题或第二环境问题，亦称次生环境问题。人为环境问题的具体表现形式，又可分为两大类：一是环境污染，也称投入性损害或排污性损害；二是环境破坏或生态破坏，也称取出性损害或开发性损害。环境问题是当今人类所面临的最重要的问题之一，也是涉及人类能否长久持续发展的问题。

环境问题一经产生，又会引起一系列社会问题，如生存、居住、就业、经济发展、利益分配、社会稳定等问题。从经济社会发展的角度看，长期存在的粗放型增长方式，造成了资源浪费、环境恶化、生态破坏。由此引发的社会矛盾和群体事件日益增多，导致社会关系紧张，社会稳定受到威胁，成为社会普遍关注的热点问题。从社会公众的角度看，随着经济发展、社会进步和生活水平的提高，对良好环境的期望值越来越高，提高生存环境质量问题成为人们普遍关注的问题，成为与收入分配、教育公平、社会安全、医疗保障等处于同等重要地位的问题。因此，今天社会的环境问题已不仅仅是单纯的环境污染与破坏问题，更是关系经济社会全面发展，社会多方主体利益矛盾关系协调，影响社会公众行为，特别是社会公众生命健康的一个重大社会问题。

### （二）环境保护是一项综合性社会管理问题

一般而言，社会管理是指政府和社会组织为促进社会系统协调运转，对社会系统的组成部分、社会生活的不同领域以及社会发展的各个环节进行组织、协调、监督和控制的过程。其基本任务是协调社会关系，规范社会行为，解决社会问题，化解社会矛盾，促进社会公正，应对社会风险，保持社会稳定等，其核心是保障社会公众的权利和利益。

环境保护作为一个较为明确和科学的概念是在1972年联合国人类环境会议上提出来的。这次会议发表的《人类环境宣言》在分析了当时的环境问题，全面阐述了人口、资源、环境和发展的关系后，提出了全球环境保护战略。环境保护旨在解决现实的和潜在的环境问题，其最早关注的是对大气和水污染的治理以及固体废弃物的处置，并且认为环境保护是局部地区的问题。

之后，环境保护的内容不断拓展，其核心是协调人与自然的关系，防止环境污染和生态环境破坏，保证自然资源的合理开发利用，保障社会经济的可持续发展。当代环境保护的内容十分广泛，正在向综合性、系统性转变。它不止关注环境污染和破坏问题，而是在综合考虑人口、文化、经济发展、资源与环境承载能力的基础上，调整生产力与科学技术发展方向，修正经济运行模式与控制人口，按照生态规律和环境要素的整体演化规律来重建人与环境之间的物质转换和能力传递关系，使其不断趋于协调。① 因此，当代的环境保护已经是要运用各种手段，包括行政管理的、科学技术的以及经济的、法律的、文化的等方式，以可持续发展理念为核心，解决社会全面发展，协调全方位利益关系的综合性社会管理问题。

## 二、环境保护社会管理发展的关键是创新

### （一）以往环境问题解决中存在的问题

#### 1. 认识上的问题

自上世纪五六十年代，震惊世界的环境公害引起了全球的关注，环境问题成为人们需要应对的紧迫问题。70年代环境保护提上日程，旨在解决现实的和潜在的环境问题，把环保问题看做是一个与发展相关的问题。我国在相当长的时间里，把环保问题主要看做是一个与经济发展相关的问题。重点从与经济发展的关系的角度看待环保问题。在理论上长期对此问题争论不休，在实践上很多地方倾向于先发展经济再考虑环保。导致经济发展的同时，环境问题日益严重，由此引发的社会问题日益暴露，导致严重的社会风险，成为许多社会利益关系矛盾冲突的原因。现在看来，环保问题更是社会问题和民生问题，是经济、

---

① 周珂主编、孙佑海等副主编：《环境与资源保护法》，中国人民大学出版社2007年7月版，第7—8页。

社会和民生的交汇点。确立这个观念，才能让环保工作积极参与社会管理。[①] 把环保工作真正看做是一个社会管理问题，要由政府、企业、社会组织和公民个人共同参与。

2. 应对上的问题

由于认识上的误区，在环境保护中应对环境问题上也存在误区。（1）对环境问题引起的社会矛盾和纠纷关注不够。对于经济发展中出现的环境问题给予关注，运用法律与政策予以规范和解决；但对环境的污染和破坏给个人的生命健康、生活居住条件、经济利益的损害等带来的问题没有足够的重视，导致社会矛盾累积，社会关系紧张，社会风险加剧，这些由环境问题引发的社会问题日益突出。（2）社会公众对环保的参与程度不够。环境保护是关系社会公众切身利益的大事，是重要的公共事务之一，公众有责任和义务，也有权利参与到环境社会管理之中。可是，事实上社会公众比较缺乏环境保护的意识，环境保护的参与程度也不高；大部分的社会公众对环境保护的概念认识十分模糊，较多关注负面环境问题，对正面环境问题如可持续发展、自然保护区等关注不足。从法律保障的角度看，相关立法对公众参与有原则性规定，《环境影响评价法》中对公众参与作了较为详尽的规定，但是在实际操作中，却很难使公众参与与政府管理共同形成合力；政府信息公开不足，也影响公众的参与度。

### （二）环境问题解决的关键是环境保护社会管理创新

1. 价值理念的创新

社会管理创新是指，在党的领导下，社会管理主体基于现实社会情况的变化，综合运用法律、经济、行政等手段，尊重社会自身的内在运行规律，改革传统社会管理模式，运用新的社会管理理念，创建更加科学、民主、公平、有序的社会管理机制，以保障公民的基本权利得以实现和社会得以和谐运转的过程及其制度结晶。[②] 社会管理创新的目的在于维护最广大人民根本利益，其实质就是保障、维护和实现公民的基本人权。[③] 任何社会管理的创新首先都是价值理念的创新。任何一套制度的背后都有一套价值体系在支撑着，确保制度以一定的方式运行。如果有一个好的价值理念体系来支撑一个好的制度，制度的运行就能达到它预期的效果。否则，制度的实施肯定要打折扣。

在解决环境问题的环境保护社会管理创新中，“环境公益主义”理念必须贯穿其中。所谓“环境公益主义”是指良好环境不为某个个人、团体和国家所拥

① 曹俊：《环保如何有效参与社会管理？——专访全国政协委员、原国家环保总局副局长王玉庆》，《中国环境报》2012年3月7日。

② 李乐平：《创新社会法视野中的社会管理创新》，《创新》2012年第1期。

③ 范进学：《法学视野下的“创新社会管理”分析》，《政治与法律》2012年第4期。

有，是全人类生存和发展的依托。任何个人、团体和国家都没有理由污染、破坏环境，都有义务保护环境，与自然和谐共处。自从人类产生开始，人类与环境就相伴相随，共存共荣。任何对环境的破坏，都会对人类的生存和发展带来不利影响，甚至是灾难性的后果。充分利用环境资源是人类生存和发展的前提条件；人类自身生存和发展的内在需要，又要求人类必须合理地利用环境，这是人类能够生存和发展的基本条件。否则，人类的生存和发展将成为不可能的事情。这无疑给我们一个重要的信息：良好的环境体现着人类存在和发展的共同利益，并且这一利益是人类最基本的共同利益。“环境公益主义”否定和排斥任何为了私人利益而对环境的破坏，只能以人类的共同利益为基准，其核心是环境公平、环境安全、人与自然的和谐。

2. 管理模式的创新

人类自身生存和发展的内在需要，要求人类必须合理地开发、利用环境。社会管理创新应以社会利益为本位。社会利益本位是指将社会视为可与国家良性互动、相互制约的一个相对独立的系统，国家、社会组织和社会成员通过法治的机制进行协商和合作，以维护社会的整体利益和社会成员的个体利益。① 以社会利益为本位，就是要通过社会调节机制追求社会公共利益最大化及社会安全。②

我国长期以来，政府通过严密的单位体系和街居体系管理社会。在当前社会转型的特定时期，随着社会主义市场经济体制的确立，单位承担的大量社会管理职能被剥离，越来越多的“社会人”、“自由人”，有了自己独立的生存空间。社会形态开始真正凸显，各类社会组织和市场主体逐步成长。旧的社会资源分配体系、控制模式和整合机制正在趋于解体，而新的社会管理体系尚未形成并充分发挥作用，新老问题相互交织在一起，使得社会系统性的风险加大。而现代社会管理绝不可能单独依靠政府来完成的，而是一种“大管理”，它与社会治理紧密相关，某种程度上管理是手段，治理是目的；治理结构主体的多元化是现代社会管理的一个重要特征；促进政府管理功能与社会治理机制的有机融合，加快形成政府、社会、企业、公民共同治理的大格局的模式。③

以社会利益为本位，相应地要求在环境保护社会管理领域，必须转变以往主要依靠政府力量的管理模式，应与社会治理紧密结合，强调环境社会管理主体的多元化，让政府、企业、其他社会组织以及公民个人的参与形成一种合力，建立多主体参与环境社会管理的制度和机制，并且要求在制度和机制中充分发挥社会组织的作用。

---

① 李乐平：《创新社会法视野中的社会管理创新》，《创新》2012 年第 1 期。

② 董保华等：《社会法原论》，中国政法大学出版社 2001 版。

③ 张子良：《社会管理创新需让“公众参与”成为习惯》，《解放日报》2011 年 4 月 12 日。

## 三、环境保护社会管理创新的路径是公众参与

### （一）环境保护社会管理创新中的公众参与

1. 公众参与及其理论基础

社会管理一定要有社会力量的参与，否则就不能称之为社会管理。① 解决环境问题离不开公众参与。社会公众要求改善环境质量的迫切愿望是解决环境问题的原动力，社会公众的理解和行动是环境立法和政策得以落实的最坚实基础。所谓参与就是让人们有能力去影响和参加到那些影响他们生活的决策和行为；而对公共机构来说，参与就是所有公众的意见得到倾听和考虑，并最终在公开和透明的方式中达成决议。② 创新社会管理中的“公众参与”，主要是指要为公众创造常规化和组织化的参与渠道，使其得以表达各种诉求。这种常规化和组织化的参与渠道，正是普通民众从个体走向社会的主要途径。③ 环境保护社会管理中的公众参与，是指在环境保护社会管理领域，社会公众有权通过一定的程序或途径参与一切与环境相关的决策活动、实施活动，使得其符合广大公众的切身利益。强调参与的公众主体性，强调参与渠道的制度化和组织化保障，强调参与过程的公开、互动、协商、对话和有效。在现代环境社会管理中，公众参与是其中的一支重要力量。

公众参与环境保护的理论基础是公民环境权理论。一般认为环境权是指：每一个公民都有在良好环境下生活的权利。公民的环境权是公民最基本的权利之一，应该在法律上得到确认并受到法律的保护，是公众参与环境社会管理制度得以确立的理论基础。环境权对环境保护社会管理诸多方面发挥着作用。第一，环境权确立了公民的主体地位，可以促进环境管理的社会民主化，开辟公众参与环境保护与管理的渠道；第二，环境权可以成为社会公众对环境行政进行调查、请求采取适当措施的根据，为环境诉讼带来便利；④ 第三，环境权的确立还能推进公害防止协定的缔结，促进立法和政策的实效性。

2. 公众参与环境保护社会管理中存在的问题

公众参与环境保护社会管理是推进环保进程的一个重要方面，在实践中也取得了一定的进展，但还存在不少问题，主要有：（1）参与能力不足。近年来公

---

① 曹卉、汪火根：《创新社会管理的内涵与路径：基于社会组织的解读》，《南昌航空大学学报》（社会科学版），2012 年第 1 期。

② 周红云：《公共政策制定中公众的有效参与》，《人民论坛》2011 年第 2 期。

③ 曹卉、汪火根：《创新社会管理的内涵与路径：基于社会组织的解读》，《南昌航空大学学报》（社会科学版），2012 年第 1 期。

④ 汪劲著：《日本环境法概论》，武汉大学出版社，1994 年版第 30 页。

众参与环境管理的意识不断增强，例如PM2.5被公众广泛关注就是一个生动的例子。但由于我国教育发展不平衡，公众整体素质不高，环境社会管理涉及环境、科技、法律政策以及社会生活的方方面面，公众参与还有赖于社会公众的整体素质的不断提高。(2) 参与程度不够。我国一些立法赋予了公众参与的权利，如《环境影响评价法》中对公众参与制度作出了专门规定，还有如保障公众参与的《环境信息公开办法（试行)》等，但总体而言制度供给不足。需要注意的是，在这些制度的具体措施执行过程中还存在着这样那样的偏颇，造成公众参与渠道不畅，影响了公众参与环境保护社会管理的积极性。① (3) 参与缺乏有效性。在环境保护过程中，由于权益保障、诉求表达、利益协调、矛盾排除等机制不健全，公众参与的社会组织化程度低，要么行政化色彩过浓，自主性不足，要么经费短缺，缺乏必要的法律保障，大都表现为一种自发性、间歇性的民间参与行为，根本没有与庞大的国家机构对话、沟通与互动的能力，因而参与缺乏有效性。

3. 公众参与环境保护社会管理路径的选择

公众参与环保社会管理路径的选择主要是：(1) 培养公众参与意识，提高参与能力。培养公民以人为本和人与自然和谐的观念和意识，提升公众的主体意识、权利意识和必要的维权能力，从而使之积极参与环境社会管理。(2) 加强制度建设，拓宽公众参与环保的渠道。要努力使公众参与制度化、规范化和程序化，使公众能够合法地参与社会的公共生活；要建立一套适当的激励机制，鼓励公民通过公众参与环境保护作出自己的贡献。(3) 加快政府职能向服务型转变，处理好与不同社会主体之间的关系。要重视、支持环保社会组织的工作，并加以积极的引导。让社会组织成为开展环保工作的重要力量，这是现阶段创新环境管理模式的关键。(4) 发展环境非政府组织，形成制度化、组织化的公众参与。公众参与环保的主体有个人和组织两种。由于个人的力量过于分散，所以各种环保组织就成了公众参与的主导。我国需要有大量民间环保组织的涌现，这就需要从法律和政策上鼓励公众组建各种环保社团，参与环境保护。

## 四、环境保护社会管理创新重在发挥社会组织的作用

### （一）重视环境保护社会组织的作用

一般来说，社会管理包括两类：一是政府社会管理，二是社会自我管理和社会自治管理。而现代社会管理是以政府管理与协调、非政府组织为中介、基层自治为基础以及公众广泛参与的互动过程。目前，发展非政府的社会组织，提高社

① 朱慧卿：《创新社会管理亟需公众参与》，《人民论坛》2011年第23期。

会公众的社会参与能力，提高社会自治与自我服务能力已成为当代社会管理发展的一个大趋势。我国公众参与环境社会管理中存在的问题，不论是参与能力不足，参与程度不够，还是参与缺乏有效性，其核心问题就是社会组织的制度化和组织化程度低，没有形成一定的参与力量。环保创新管理模式，必须要重视发挥社会组织的作用。政府、企业、社会组织是开展环保工作的三方力量。过去，环保工作的主要对象是企业，关注点是企业排污；近几年，环保工作开始注重政府责任，如目标考核、总量控制等制度的实施；今后，应更加重视环境保护社会组织的作用。

目前，许多国家的法律都规定公民有权依法成立旨在保护环境的社会团体，保障公众团体参与环境保护活动。近十多年来，我国的一些官方环保组织（如中华环保联合会），许多民间环保团体（如自然之友、地球村）及一些环保志愿者及其组织，频频出现于各种媒体，通过报纸、杂志、电视、互联网等传媒向人们广泛宣传环境保护知识；或者在学校、社区开展各种环保活动，鼓励并引导人们建立环境友好型的生活方式；或者就环境问题的调研提交议案，参与到一些敏感环境事件中发挥作用。特别是近几年，国内较有影响的一些环保组织抓住了一些地方开展环境法庭试点工作的契机，提出若干涉及公益的环境诉讼，有效地提高了我国公众在环境保护中的组织化参与度。但与发达国家相比，我国的环保社会组织的发展还处在初步阶段。

### （二）我国环境保护社会组织的主要作用

1. 开展环境保护的宣传教育，进行环境信息交流，提高公众的环境意识。环保社会组织通过举办宣讲会、展览会、座谈会、研讨会，在公共场所设立宣传站、宣传牌，建立环境资源信息中心，组织环境专题讨论会、学习班等方式普及环境科学知识，促进环境信息交流，提高公众的环境意识、环境道德和环境法制观念。还可以通过出版物的发行，组织在大自然徒步、野营、观察自然等各种形式的户外活动，培养公众的环境意识。

2. 对政府环境保护管理的参与与监督。可以通过其参与政府环境管理和对政府环境管理监督，将公众的愿望、要求反馈给政府，以加强公众对政府的监督，使政府及时修正、提高其决策和管理。当政府作出有关环境的立法、重大决策或有重大的环境污染事故发生时，社会组织要跟踪调查，掌握详细的材料并向公众及时公开事态进展情况，以呼吁和引起公众关注或参与到有关活动中去。

3. 开展咨询服务等活动，解决公众实际面临的环境问题。环境社会团体中有专业人员，如教师、科学研究人员、医生、律师、工程师、国家公务员等，可以从不同专业领域提供咨询意见，帮助公众对有关环境资源的问题或事务作出正确的选择。如律师可以指导被污染者通过法律途径获得合理的行政救济或损害赔偿。

4. 对政府、企业和个人影响环境资源的行为进行监督。环境保护社会团体可以以其成员或以团体的名义，凭借强大的社会公众基础和社会舆论声势，对政府的不当、违法行政行为，对单位和个人的环境违法行为进行监督，施加社会压力迫使他们改正或取消其行为。

5. 以其他多种方式发挥自己的作用。通过加强和媒体、企业、政府和公民个人的合作，引起人们对社会环境问题的关注；帮助提起公益诉讼或作为环境公益诉讼的原告提起公益诉讼以保护环境和社会公众利益，化解社会矛盾；推动政府制定绿色产业政策，倡导社会公众绿色消费，依靠市场和消费者的力量推动环境社会管理工作。①

环境保护社会组织作用的发挥，其目的在于预防和治理环境污染与破坏，解决环境问题，以及由于环境问题引发的社会矛盾和利益冲突，化解社会风险，维护社会稳定。

① 刘倚源、尉志凌：《论环境保护中的公众参与》，《新西部》2009 年第 12 期。

# 先行先试权运用的示范性效应初探
## ——以浦东经验为例

王 诚
◉ 上海对外贸易学院法学院副教授

自2005年上海浦东新区获批国家级综合配套改革试验区以来，“先行先试”一词已经随着改革试验区在全国范围内的扩散，以及中央和地方层面多种改革试点的建立而为人们所熟知，一时间已俨然成为改革创新的代名词。在批准各种改革试点区域时，国务院及有关部门不厌其烦地要求试点地区“先行先试”，率先在重点领域和关键环节取得突破。上海浦东新区作为最早获批的改革试验区，在先行先试权力的运用上进行了具有开拓意义的探索。因此，本文拟以浦东综合配套改革试验区为样本，总结其运用先行先试权的实践内容，梳理出其权力运用的基本经验，并从法治的视角对先行先试权的运用方法和工作机制作出观察与初步分析。希望本文的研究结论能对国内其他的改革试点地方有所启示，从而充分发挥上海浦东作为改革先行者应当具备的示范性效应。

## 一、浦东先行先试权运用的实践总结

2005年6月21日，上海浦东新区率先被国务院批准为综合配套改革试验区，肩负起改革进入深水区后的攻坚任务，并在国内掀起一轮新的改革大潮。自2005年以来，经过多年的探索和发展，目前我国已经形成以国家综合配套改革试验区、国家重大改革试点、国家发改委改革联系点和省级改革试点为主体的多主题、多层次的改革试点新格局。[①] 各个试点地区，尤其是国家级综改试验区和国家重大改革试点地区，已经在利用先行先试权积极开展改革试验方面取得了众多良好经验。这其中，上海浦东新区作为综合配套改革的先行者，更是值得重点予以关注。

### （一）先行先试权运用的具体领域

迄今为止，浦东新区已成功完成两轮三年行动计划，并已于2011年开始第

① 叶薇：《全国综合配套改革会议上午在沪召开》，《新民晚报》2011年6月10日。

三轮计划。在这几年的时间里，浦东新区的改革探索取得了较为丰硕的改革成果，积累了相对较为丰富的先行先试权运用的改革经验。[①] 在批准设立综合配套改革试验区之初，国务院就对浦东的改革试点提出了“三个着力”的要求，即着力转变政府职能、着力转变经济运行方式和着力改变二元经济与社会结构。围绕着这三项要求，浦东新区政府制定了相应的总体方案、三年行动计划和年度工作计划，并在一系列领域取得了新的突破和进展。

1. 政府职能转变的先行先试

深化行政管理体制改革，转变政府职能，是浦东综改试点中最为核心的内容。在优化行政管理架构和创新政府管理方式方面，新区政府在多个领域进行了改革创新。例如：剥离街道的招商引资职能，促使街道的工作重心转向社区服务、社会养老、社会救助等公共服务职能；[②] 先后启动六轮行政审批制度改革，极力清理行政审批事项，压缩审批时限、精简审批环节并优化审批流程，同时深入探索行政审批的标准化、信息化和扁平化管理；[③] 建立“7 +1”的开发区管理体制，按照“充分授权、重心下移”和“区内事区内办”的原则，市、区两级赋予各开发区管委会相应的权力和资源，优化了区域管理体制；[④]

2. 经济发展方式转变的先行先试

围绕着国务院所确定的建设上海国际金融中心和国际航运中心的目标，浦东新区政府通过先行先试，在完善制度环境和推动制度创新方面取得了很多重要突破。例如：2010 年 4 月 16 日，经证监会批准，期待已久的金融衍生产品股指期货正式在浦东的中国金融期货交易所推出，进一步完善了上海的金融市场体系；[⑤] 上海股权托管交易中心、首批消费金融公司以及单船单机 SPV 融资租赁公司的正式设立，标志着新型金融机构在新区不断涌现，金融机构体系在不断健全；[⑥] 加快建设国际航运综合发展试验区，积极落实中央赋予的有关免征营业税政策，期货保税交割试点、水水中转集拼业务以及空运货物服务中心等十大功能性项目均已正式启动运作。[⑦]

3. 城乡二元化经济社会结构转变的先行先试

破除城乡二元化结构，是浦东新区在综合配套改革之初便已设定的十大重点关注任务之一。随着 2009 年经济社会发展相对较为落后的南汇区并入浦东新区

---

① 基于可以理解的资料收集渠道问题，本文的观察和分析主要建立在公开的媒体报道和会议资料，以及实地走访政府部门所获得的相关资料基础之上。

② 丁波、李蕾：《上海浦东新区：街道，退出招商舞台后》，《解放日报》2007 年 7 月 29 日。

③ 谢国平、宋宁华：《浦东行政审批事项装电子“身份证”》，《新民晚报》2010 年 12 月 21 日。

④ 胥会云：《浦东下一站：“7 +1”战略构造全新动力》，《第一财经日报》2010 年 4 月 19 日。

⑤ 尤莼洁：《股指期货今起正式交易》，《解放日报》2010 年 4 月 16 日。

⑥ 沈则瑾：《2010 年浦东新区“十大突破”》，载《经济日报》2011 年 1 月 21 日。

⑦ 李芃：《浦东方法论》，《21 世纪经济报道》2011 年 3 月 4 日。

之后，如何实现城乡统筹发展更是成为浦东需要着力突破的难题。为此，浦东积极探索了多种措施以发展城乡社会管理的新模式。例如：加快推进区域范围内教育、卫生二元并轨，通过不断加大公共财政投入来推进公共服务的均等化，最终实现城乡统筹；① 以上海市开展小城镇发展改革试点为契机，浦东启动了农村集体建设用地流转的试点和农村承包经营权流转的管理服务中心建设。② 以村为试点有序开展农村集体经济组织产权制度改革，成立社区股份合作社并依法进行工商登记，改变了以往农村集体经济组织产权不明晰的状况。③

### （二）先行先试的工作方法与方法论

除了在上述改革领域所取得的成就外，更具重要意义的收获恐怕是浦东在改革试点过程中所摸索、总结出的先行先试的具体方法和方法论。国务院在授予改革试验区先行先试权时，未对该权力作任何的界定。因此，先行先试权的具体内容，包括其行使方式，都只能由被授权者——改革试验区在一定范围内作自主诠释。④ 就行使方式而言，经过几年的探索和实践，浦东新区已经建立了一套完善的改革试点推进机制，从而很好地回答了改革过程中如何运用先行先试权的工作方法问题。

具体来说，这一推进机制可概括为“总体部署、聚集重点、滚动推进和项目化”。⑤ 其中，获得国务院批复的浦东综改总体方案，是推进改革试点的纲领性文件，它提出改革试点的各项任务和要求，明确改革的基本思路和方向。根据总体方案的部署，三年行动计划将按照聚集重点、突破难点、以点带面、逐渐深入的原则进行编制，主要体现阶段性和操作性。年度工作计划则是对三年行动计划的进一步分解和细化，结合年度特征，制定年度重点工作安排。在具体的落实和推进上，三年行动计划和年度工作计划采用的都是项目化的方式，即分阶段明确改革事项、责任和时间节点，确保先行先试的各项改革试点和支持浦东改革的各项政策措施落实到位。在这一过程中，需要制定推进落实改革事项的计划任务书，对改革试点任务进行分解分工。此外，浦东还建立了包括专项改革推进小组、专家咨询、评估论证反馈和目标考核等在内的一整套试点推进机制，最大程度地保障改革试点决策的科学性和改革试点措施的协调性。实践证明，浦东所创建的这一改革试点推进机制有力保障了改革的整体推进和重点突破，因而已被国

---

① 申欣旺：《浦东城乡统筹：为了更好的农村》，《中国新闻周刊》总第516期。

② 王志彦：《浦东探索规划土地管理新模式》，《解放日报》2011年5月19日。

③ 张匀初、黄勇娣：《浦东成立首家村级社区股份合作社》，《解放日报》2010年9月7日。

④ 参见拙著：《改革中的先行先试权研究》，法律出版社2009年版，第34页。

⑤ 参见《戴海波同志在浦东新区综合配套改革试点工作推进会议上的讲话》，http：//dangjian. pudong. gov. cn/pd _ djw _ djcz _ ldjh/2011 - 04 - 06/Detail _ 362006. htm，2012年5月25日最后访问。

家发改委推广到所有的国家综合配套改革试验区。

在建立先行先试的工作方法的基础上，浦东进一步总结、提炼出改革试点的工作方法论，从而指明了改革的具体方向与方法。方法论的基本指导思想，是中央对浦东提出的“三个着力”要求和“两个中心”建设目标，围绕着这两点，浦东将其方法论概括为三个导向，即“需求导向、问题导向和项目导向”。[①] 通过在具体需求和问题上的解剖麻雀、案例分析，进而形成项目，以点带面，最终有效推进体制、机制和制度的创新。

总体而言，浦东新区所总结的先行先试权运用的方法与方法论，较好解决了在获得中央政府的改革授权后，改革试验区如何主动运用这一授权为本区域的经济、社会发展服务，如何开拓改革新局面的难题。事实上，中央政府在批准各个改革试验区时，往往对它们有着侧重点不同的改革要求，如福建平潭综合实验区作为祖国大陆距台湾本岛最近的地区，其先行先试主要集中在对台交流合作领域。山西作为我国的资源大省，改革的核心任务就是通过科技进步与创新，建设资源节约型和环境友好型社会。因此，简单模仿或照搬照抄其他地方的改革方案显然是不可行的。但是，面临的问题虽然不同，解决问题的方法与方法论却有其内在规律。从发现需求不能得到满足的制度供给不足，到现实中暴露的具体问题，再到为解决问题和建立制度而设立的一个个项目，构成了一个严密完整的方法论链条。同时，根据中央政府批复的本地方改革实施方案，“总体部署、聚集重点、滚动推进和项目化”也为一定时间段之内的改革工作提供了步步推进的基本思路。就此而言，如何运用先行先试权的方法与方法论有着极强的示范意义和推广价值。

## 二、调适先行先试权与法制（法治）关系的经验总结

在浦东的普适性改革经验总结中，除了有关方法与方法论的内容外，如何处理改革、先行先试及其与法制（法治）的关系，同样是一个重大课题，也是所有具备先行先试权的改革试验区在运用该权力时无法回避的一个难题，值得深入总结和反思。

奉行“摸着石头过河”的改革指导思想，以先行先试作为改革基本思路的做法，势必会与现行法律体系发生冲突与碰撞。尤其是在“中国特色社会主义法律体系已经形成”[②] 的今天，改革者们发现动辄陷入法律规则的罗网，法制已无形当中经常性成为改革创新举措的障碍。因此，在当代中国特殊的情境下，改

---

① 李芃：《浦东方法论》，《21 世纪经济报道》2011 年 3 月 4 日。

② 语出全国人大常委会委员长吴邦国同志在 2011 年 3 月 10 日第十一届全国人民代表大会第四次会议上所作的全国人大常委会工作报告。

革、先行先试与法制（法治）竟时常成为一对矛盾。然而，“实行依法治国，建设社会主义法治国家”是宪法明确规定的国家发展目标和价值选择，法治国家意味着以宪法为首的法律体系是人们行为的基本准则。正如我国《宪法》第5条第4款所明确指出的，“一切国家机关和武装力量、各政党和各社会团体、各企业事业组织都必须遵守宪法和法律。一切违反宪法和法律的行为，必须予以追究。”显然，宪法至上的法治基本原则决定了当其他价值目标与法治发生冲突时，法治应当具有优先序位。

在浦东几年的摸索试验中，始终困扰改革者的一个问题便是改革的权力问题。尽管被授予了先行先试权，但这一权力的边界并不清晰。[①] 改革者在破除原有的制度障碍时，经常会面临与现行法律、法规和政策的冲突。以浦东为例，在削减行政审批项目、减少行政收费、金融监管权力和社会中介组织登记等领域，都存在着法律、法规的阻碍和权力不足的尴尬。如果一味强调依法行政，坚持宪法和法律至上的法治原则，则现行法律制度的约束将成为制约改革有效推进的瓶颈，改革工作将无法展开，难以为继。但如果无视既有的法律制度，完全抛开法律规范的约束来推行改革创新，又会严重损害法律的权威，构成对法制的破坏，进而牺牲法治，这同样是不可接受的。因此，如何解决改革试验区先行先试与法律规范相对滞后的矛盾，以及改革试验区的自主权与改革创新的要求不相匹配的矛盾，是当前为先行先试权提供法制保障，进而吻合法治建设目标的首要任务。

浦东新区在改革实践中，面对先行先试权可能与法制（法治）发生的矛盾，大体上表现出三种态度。

第一，对于上位法没有规定且属于地方性事务，可通过地方立法权率先作出规定的，浦东新区会运用上海市人大常委会的专门授权决定，[②] 大胆进行试验摸索。应当承认，基于宪法和组织法赋予县级以上地方政府“……管理本行政区域内的经济……等行政工作”的职权，浦东新区并非没有任何自主发展和改革创新的空间。在经济领域的制度创新实践中，先行先试权的运用多数时候并没有超出地方政府的应有权限范围。

第二，对于是否突破现有法律、行政法规存疑的，浦东新区一般低调应对，但继续推行。例如2010年5月1日，上海市工商行政管理局和浦东新区政府共同发布了《境内自然人在浦东新区投资设立中外合资、中外合作经营企业试行办

① 笔者曾主张国务院所授予的先行先试权应当包括对国务院及国务院以下机关所制定法律文件的变通权，但毕竟只是理论上的推演，缺乏制定法上的依据与支持。参见拙著：《改革中的先行先试权研究》，法律出版社2009年版。

② 上海市人大常委会曾于2007年4月26日通过《关于促进和保障浦东新区综合配套改革试点工作的决定》，该决定的主要内容即授权浦东新区在上海地方立法权范围内可予以“变通”执行。该决定的全文可见 http：//npc. people. com. cn/GB/5674037. html，2012年7月19日最后访问。

法》，允许境内自然人投资设立外商投资企业，使中国公民有权直接作为股东设立外资企业。[①] 然而，上世纪80年代制定的《中外合资经营企业法》和《中外合作经营企业法》，并未将境内自然人列入外商投资企业的投资者范围。易言之，上述办法扩大了法律对中外合资、合作企业设立主体的范围规定。从公民角度而言，此举固然使他们获得更多权利与自由，但从形式法治的角度看，办法是否与两个法律存在冲突则不无疑问。有支持者以“法无禁止即有自由”作为依据，认定法律并未明文禁止自然人参与投资设立中外合资、合作企业，因此公民当有权成为这类企业的投资者。笔者并不认同这一观点，在商事法律领域，“商主体法定”原则是商事主体立法的基本原则。“商主体法定”当然也包括商主体的设立标准法定，投资者只有具备取得资格的条件时才能成为商主体。[②] 所以，在这一领域，所谓“法无禁止即可为”是不能成立的。恰恰相反，“商主体法定”原则要求的是“法无明文规定即不可为”。

第三，当改革试点明显与法制相冲突或是改革试点明显超出权限范围的，浦东一般会求助于国务院及有关部委的支持。例如在建设国际金融中心的过程中，涉及的金融市场体系建设、金融市场监管乃至于高端金融人才减免个人所得税的权力，基本集中于中央政府。如果想在这一领域有所突破，只能寻求获得来自中央政府的特别授权。

当然，需要指出的是，不论是低调绕行还是寻求中央政府的支持，凡是构成对全国人大或其常委会所制定的法律有所突破的先行先试措施，在未得到全国人大授权的前提下，都是不符合法治原则的做法，不应予以提倡和鼓励。

对上述问题最为理想化的解决方案，是由全国人大常委会赋予改革试验区以等同于经济特区的权利，或是通过立法直接给予试验区以特殊的发展自主权。[③] 但是从2005年至今，通过对国务院及国家发改委指导综合配套改革试验区的实践及相关回复内容的总结，不难看出国务院并没有请求全国人大将综改试验区上升到经济特区高度的意图。也就是说，短时间内综改试验区不大可能获得如同经济特区一般的“变通权”。即使是针对福建平潭综合实验区以及深圳前海深港现代服务业合作区这类更加特殊的改革试验区，国务院也只是同意给予“比经济特区更加特殊的先行先试政策”，[④] 并没有在扩大地方立法权方面做文章。假如有

---

① 田玲翠：《境内自然人可投资设立外资企业》，《文汇报》2010年5月8日。

② 郑在义：《论我国商主体的法定化》，《国家检察官学院学报》2006年第14卷第3期，第146页。

③ 参见拙著《改革中的先行先试权研究》，法律出版社2009年版；刘敏：《地方政府“先行先试”的法理前提》，《探索与争鸣》2012年第1期；肖明：《“先行先试”应符合法治原则》，《法学》2009年第10期。

④ 参见《国务院关于支持深圳前海深港现代服务业合作区开发开放有关政策的批复》（国函【2012】58号文），以及2012年2月14日国务院新闻办举行平潭综合实验区总体发展规划有关情况发布会上，国家发展改革委地区司司长范恒山的讲话。

涉及突破现行法律、法规的重大改革事项，国务院强调的则是在有关部门的指导下，通过实施项目化管理和建立必要的风险处理预案来防范和化解风险。① 基于这一观察可知，中央政府在本轮改革大潮中，在改革与法制（法治）的关系上，对综改试验区和重大改革试点地区显然采取了不同于以往对经济特区的处理进路。从权力角度而言，改革试验区的自主性受到了更多限制。

## 三、指导协调机制：维护法治的有效方式？

### （一）指导协调机制的出台及其普遍接受

在2005年6月21日批准浦东综改试验区的国务院常务会议上，国务院提出的要求是："中央有关部委要按照相关职责积极支持试点工作；涉及体制与政策问题需要研究、论证与协调的，由国家发展改革委牵头；涉及到全局的重大问题，由国务院审定。"② 根据这一安排，国务院对于超出地方权限范围的改革措施，采用的是一种报批—准许的机制。

在浦东新区提交给国务院并获得其批准的《综合配套改革试点总体方案》中，上述报批—准许机制被转化为由国家发改委主任与上海市长共同担任组长的"双组长部市合作机制"。③《方案》还建议，"部市合作机制"的工作方式为联合召开工作会议，每年在北京和上海进行一至两次。显然，《方案》希望建立一种更为正式化、更具可操作性的问题解决机制。此后，依托部市合作机制，国家发改委与上海市政府联合召开过多次试点工作会议，推动了一批国家层面的改革项目在浦东试点，诸如中国人民银行、国家外汇管理局、国家工商总局、商务部和民政部等有关部委共在浦东开展了40多项改革试点。

2009年3月25日，国务院正式批准上海的"两个中心"建设。在其随后发布的《推进上海加快发展现代服务业和先进制造业建设国际金融中心和国际航运中心的意见》中，国务院明确要求建立健全由国家发改委牵头，由国务院有关部门参加的上海两个中心建设的指导协调机制。根据报道，这一部级联席会议机制承担着协调中央各部门之间以及各部门与上海之间的指导、协调与服务。作为国家层面的统筹协调机制，它涵盖的范围甚至还包括上海的周边省份，如对长三角港口群的整合功能。④ 至此，作为沟通中央政府与改革试验区有效手段的部市指导协调机制正式形成。不过，这一机制的运作流程目前尚处于很不透明的状态。指导协调机制有哪些成员部门？发改委作为牵头部门拥有什么样的职权？协调机

---

① 吴洁瑾：《2011全国综合配套改革试点工作会议在沪召开》，《东方早报》2011年6月11日。

② 参见《浦东综合配套改革试点总体方案》。

③ 孙小静：《上海浦东改革"涉入深水区"》，《人民日报》2006年4月18日。

④ 萧遥：《上海"两个中心"建设国家协调机制确立》，《第一财经日报》2009年4月30日。

制的启动程序与工作方法是什么？这些理应是协调机制最基本的内容均付之阙如，未作任何公开，甚至它们是否存在也不得而知。我们能看到的，只是这一机制在真实地发挥作用。①

在浦东新区之后，或许是对指导协调机制的实际效果较为满意，国务院在对其他改革试验区总体方案的批复中，基本上也都要求国家发改委会同国务院相关部门对改革试点工作进行指导，对具有突破性的试点项目进行协调推进。另一方面，除了较早期的天津滨海新区和深圳在其改革试验总体方案中仍然采用报批—准许方式外，后续的其他综改试验区和重大改革试点地区均明确提出要建立部省（市）合作机制或类似会议机制。② 其中，对部省合作机制最为重视的当属湖北省。2009 年 9 月 18 日，湖北省政府专门就部省合作机制的建立发布鄂政发［2009］38 号文，即《关于加强部省合作共建推进武汉城市圈综合配套改革试验的指导意见》。在该文件中，湖北省政府要求建立部省会商机制和部省协调机制，并对部省合作共建的主要任务与工作机制进行了原则性规定。

### （二）指导协调机制的作用及反思

指导协调机制成为综改试验区及重大改革试点地区的共同选择，究其原因，其实并不令人意外。

首先，指导协调机制是国务院青睐且力推的工作机制。与最初的报批—准许机制相比，协调机制涉及更多的参与主体，央地之间互动的内容与方式也更为全面和丰富，能够适应参与主体更广泛的需求。③

其次，指导协调机制的主导权，或者说最终的决定权仍掌握在中央政府手中，凭借这一机制，中央政府可以更好地保证改革的可控性。考虑到综改试验区及重大改革试点地区的数量已逾两位数，且未来还可能不断攀升，如何在给予地方改革创新权力的同时也能保证改革不致失控，对中央政府而言这也是其必须考虑的重要因素之一。因此，相比于以往的经济特区，国务院即使愿意给予改革试验区更加优惠的政策，也没有选择从立法角度请求全国人大赋予它们变通权。归

---

① 例如在 2012 年年初国家发改委、上海市政府有关负责人就《“十二五”时期上海国际金融中心建设规划》答记者问中提到，规划是上海“两个中心”建设部际协调机制成员部门和上海市政府共同努力的结果。规划发布后，部际协调机制成员部门将加强对规划实施的支持和指导。各部门要加强沟通协调，指导和帮助上海市解决规划实施过程中的具体问题。具体可见国家发改委网站：http：//www. ndrc. gov. cn/xwfb/t20120130 _ 458847. htm。2012 年 7 月 10 日最后访问。

② 天津和深圳在其总体方案中虽未明确提出建立部省（市）合作机制，但都规定有由国家发改委牵头，协调国务院相关部门对改革进行指导的工作机制。显然，这种工作机制是部省（市）合作机制的前身。

③ 例如，仅以部省之间的合作方式而言，就有共建示范试验区模式、联合行动模式、联席会议模式和加强沟通模式。详见黄永明等：《部省合作模式及推进机制：闽粤经验对武汉城市圈的启示》，《学习与实践》2011 年第 4 期，第 28 页。

根到底，指导协调机制是一种对改革地方限制更为严格的机制，它更有效地确保了中央政府在改革进程中的控制权。

第三，指导协调机制是改革试验区突破体制束缚，向中央政府争取政策、项目和资金支持的有力手段。对此，湖北省《关于加强部省合作共建推进武汉城市圈综合配套改革试验的指导意见》中已经有极为清楚、直接的表述。指导协调机制所能带来的具有双重收益的“垄断租金”，实质上也是各个地方政府不惜代价争夺改革试验区资格的根本原因。① 可以想见，这一机制对改革试验区来说是不可或缺的沟通与争取支持的平台。

第四，指导协调机制还是改革试验区化解改革风险，维护法制统一原则的重要手段。对于改革者而言，当改革创新的举措超出了自身的权限范围及国家制定法的规定时，通过某种机制获得中央政府的批准，不仅可以使改革措施免除合法性的担忧，有效维护法制统一的原则，也可以使自身所承担的法律及政治风险得到化解。② 从这个意义上说，指导协调机制是改革试点地方运用先行先试权时的一种保障机制。

尽管指导协调机制已经普遍为中央政府和改革试验区所接受，但在其工作机制、程序甚至成果都还处于一片模糊的情况下，很难对这一机制的效果与作用发挥进行客观评价。理想状态下，除了通过该机制向中央政府索要资金和项目外，改革试验区还可就其超出现行制定法规定的改革措施，向中央政府请求支持。如果请求事项在国务院的职权范畴内，国务院可视情况作出决定。如果超出国务院的职权，则应由国务院通过法定程序报请全国人大决定。因此，理论上指导协调机制可以避免地方为追求改革实效而罔顾法治原则，恣意破坏现行法秩序的违法行为或是所谓的“良性违宪”行为。但是，我们仍然有理由对以下可能表示担心：

首先，中央政府已经批准的国家级综合配套改革试验区已有上海浦东等10个，加上义乌和温州两个综合改革试验区，以及福建平潭综合实验区、深圳前海深港现代服务业合作区等重大改革试点地区，明确要求建立指导协调机制的已逾10个。以国家发改委牵头的中央各部委需要对接如此之多的改革试点地方，它们是否有充分的人员和时间来完成指导与协调的工作，以及研究与解决问题？如果由于上述因素导致整个指导协调机制的效率低下，势必会影响到地方的改革推进效率，并最终会影响到参与者对机制本身的评价。

其次，在整个指导协调的工作机制甚至是结果都不透明的情况下，除了机制

① 参见拙文：《试论综合配套改革中的“先行先试”》，《天津社会科学》2008年第5期。

② 很多改革地方所呼吁要求的“试错权”，以及因此而产生的地方立法中的“试错免责条款”，实质上都是人们对改革风险的认知及回应。参见肖明：《“先行先试”应符合法治原则》，《法学》2009年第10期，第18页。

的参与者外，很难有其他外在力量对整个指导协调的过程及其结果进行监督。易言之，如果需要协调的事项已经超出国务院的职权范围，本应由全国人大作出决定，而相关部门却有可能未经允许直接代为进行“指导”。由于参与者的有限，这种违法甚至违宪的行为很难被发现并纠正。而本应是用以维护法治原则的指导协调机制，则可能被用以破坏法治。

## 结语

随着新一轮改革潮流的深入推进，先行先试权已经得到各个改革试验区的普遍重视。如何用好这一权力为本地方的改革探索服务，如何既取得改革的成效，又始终保证改革在法治的轨道上行进，应当是所有改革试验区共同关切的问题。上海浦东作为先行者，其运用先行先试权的经验，其调适先行先试权与法制（法治）关系的经验，以及其首先建立的运用先行先试权的保障机制，都值得其他改革地方予以关注和思考，从而使其示范性效应获致最大化发挥。

# 法律阙如、政治正确与现实合理

## ——对公安机关处理劳动纠纷的调查与分析

谢天长
◉ 福建警察学院法律系副教授，法学博士

我们利用假期对甲县某派出所在日常警务工作中解决纠纷的情况进行了调研，调查的主要方式就是查阅和统计公安派出所的《接（报）处警登记表》。《接（报）处警登记表》是公安机关统一用来记载派出所每日接处警情况信息的档案文件。为了全面了解该派出所2008—2010年度调处纠纷的状况，调研中，我们调阅了该派出所2008—2010年度全部的《接（报）处警登记表》，对每一份《接（报）处警登记表》中记载的详细信息进行了全面细致的梳理，根据《接（报）处警登记表》中记载的"报警内容"，以及"处理意见"中表达的信息，对每起的报警信息进行了分析，对其中属于劳动纠纷性质的报警信息进行了提取，并由此引发对公安机关处理劳动纠纷的若干讨论。

## 一、公安机关处理劳动纠纷的调研情况

2008—2010年三年间，该派出所分别受理劳动纠纷49、63、60起，共172起。纠纷种类涉及工资、工伤、劳动保障、辞退等诸多劳动纠纷类型（见表1）。

**表1：2008—2010年甲县某派出所受理的劳动纠纷情况**

| 纠纷原因 | 2008年 | | 2009年 | | 2010年 | |
|---|---|---|---|---|---|---|
| | 数量（起） | 百分比（%） | 数量（起） | 百分比（%） | 数量（起） | 百分比（%） |
| 工资 | 31 | 63.2 | 33 | 52.3 | 25 | 41.7 |
| 工伤 | 1 | 2 | 0 | 0 | 2 | 3.3 |
| 劳动保障 | 6 | 12.4 | 11 | 17.4 | 18 | 30 |
| 辞退 | 11 | 22.4 | 19 | 30.3 | 15 | 25 |
| 合计 | 49 | 100 | 63 | 100 | 60 | 100 |

我们原以为，有劳动监察、劳动仲裁等部门对劳动纠纷进行专门处理，因此进入派出所的劳动纠纷数量相对应该不多。调查结果发现，从劳动纠纷发生的相

对数据来看，该派出所受理的劳动纠纷仍不算少。值得注意的一个特点是，诉诸派出所的劳动纠纷大多引发了抓扯、威胁、毁坏资产财物、破坏资方的经营秩序，甚至导致工人或者资方被打伤，由此致使劳动纠纷更加复杂。根据我们对该派出所2008—2010年《接（报）处警登记表》中记载信息的分析，三年中受理的172起劳动纠纷中，劳资双方发生抓扯、威胁、扰乱资方生产秩序、破坏资方财产，甚至限制投资人或者其代理人的人身自由的情况不在少数（见表2）。

**表2：2008—2010年甲县某派出所受理的劳动纠纷双方冲突情况**

| 冲突情形 | 2008年 | | 2009年 | | 2010年 | |
|---|---|---|---|---|---|---|
| | 数量（起） | 百分比（%） | 数量（起） | 百分比（%） | 数量（起） | 百分比（%） |
| 抓扯无人身伤害 | 13 | 26.6 | 19 | 30.2 | 19 | 31.6 |
| 抓扯致人身伤害 | 9 | 18.4 | 10 | 15.9 | 9 | 15.0 |
| 威胁 | 17 | 34.7 | 23 | 36.5 | 21 | 35.0 |
| 扰乱资方生产秩序 | 3 | 6.1 | 4 | 6.3 | 3 | 5.0 |
| 破坏资方财产 | 6 | 12.2 | 6 | 9.5 | 7 | 11.7 |
| 限制人身自由 | 1 | 2.0 | 1 | 1.6 | 1 | 1.7 |
| 合计 | 49 | 100 | 63 | 100 | 60 | 100 |

从我们的调研可以看出，公安机关作为侦查机关和治安行政执法机关，从其职能设置看，通常认为与劳动纠纷无涉，实际情况是，公安机关同样受理了一些劳动纠纷，而且通过公安民警的努力解决了上述纠纷，实际上起到了消解劳动纠纷、和谐劳动关系之作用。从这种意义上说，我们讨论公安机关在处理劳动纠纷中的作用，是具有现实意义的。

## 二、公安机关处理劳动纠纷的法律根据阙如

### （一）劳动纠纷是否为“民间纠纷”

公安机关是处理治安案件的行政机关，即公安机关处理的治安案件是指违反治安管理法律、法规，依法应当受到治安行政处罚，由公安机关依法立案查处的违反治安管理行为。通常情况下，公安机关不可能介入劳动纠纷，在理论和实践上存有争议的是能否在处理劳动纠纷引起的治安案件时，一并调处劳动纠纷。这首先涉及对《治安管理处罚法》第9条的解释，① 其关键是对“民间纠纷”概念

① 《治安管理处罚法》第9条规定：“对于因民间纠纷引起的打架斗殴或者损毁他人财物等违反治安管理行为，情节较轻的，公安机关可以调解处理。经公安机关调解，当事人达成协议的，不予处罚。”

的认定。如果劳动纠纷可以认定为“民间纠纷”，那公安机关就可以对劳动纠纷引起的治安案件进行调解，否则，公安机关就无权处理这类纠纷。

何谓民间纠纷？最早涉及民间纠纷概念的是1989年国务院颁行的《人民调解委员会组织条例》，该条例第1、2、5、11条中均涉及这一概念，但未对概念作出解释。但《人民调解委员会组织条例》第16条规定：“本条例由司法部负责解释。”司法部于1990年颁行的《民间纠纷处理办法》第3条规定：“基层人民政府处理民间纠纷的范围，为《人民调解委员会组织条例》规定的民间纠纷，即公民之间有关人身、财产权益和其他日常生活中发生的纠纷。”这实际是一个十分宽泛的解释，只要是公民与公民之间的纠纷都可以解释为“民间纠纷”。但劳动纠纷则不能据此解释为民间纠纷，因为劳动纠纷的基础是劳动关系，即劳动力所有者（劳动者）与劳动力使用者（用人单位）之间，为实现劳动过程而发生的一方有偿提供劳动力由另一方用于同其生资料相结合的社会关系。[①] 劳动纠纷是劳动者（作为公民）与用人单位（作为组织）之间的纠纷。

公安部的相关规范扩大了民间纠纷的范畴。《公安机关治安调解工作规范》（2007年12月8日公安部公通字［2007］81号文件）第3条第二款规定：“民间纠纷是指公民之间、公民和单位之间，在生活、工作、生产经营等活动中产生的纠纷。对不构成违反治安管理行为的民间纠纷，应当告知当事人向人民法院或者人民调解组织申请处理。”这个规定不仅把纠纷主体扩大到“单位”，而且把纠纷的领域扩大到工作和生产经营活动中，这和司法部对民间纠纷的解释限定在日常生活中有较大的区别。对此，孟昭阳教授把这个概念界说为：“《治安管理处罚法》所称的民间纠纷是指具有某种特定关系的自然人之间发生的民事权益争议和在日常生活中发生的其他纠纷。认定民间纠纷须符合两个条件：一是纠纷双方之间存在某种特定关系，包括家庭成员和其他亲友关系、邻里关系、同学关系、同事关系、恋爱关系、朋友关系、特定空间关系和其他在工作、生活中具有交往的关系；二是纠纷的内容是民事权益争议和在日常生活中发生的其他纠纷，例如恋爱纠纷、失信行为导致的纠纷等。”[②]

笔者认为，对民间纠纷范围的界定，侧重在于纠纷的民间性，即公民之间、公民和单位之间因日常生活事务而引起的纠纷，这个纠纷具有一定的亲缘、地缘、学缘、业缘等关系基础，主要是民事权益上的纠纷，也可以是道德层面、生活方式方法上的争执。从这个意义上说，劳动纠纷可以认定为民间纠纷，因为劳动的首要目的在于获得维系人们生活的物质基础，是我们生活的主要内容。在特定的环境中工作，同事之间已经形成一定的人际交往氛围，其间发生的事情具有

① 王全兴：《劳动法（第三版）》，法律出版社2008年版，第29页。

② 孟昭阳：《治安调解的界定及适用范围与条件》，《中国人民公安大学学报（社会科学版）》2008年第6期。

法律性，也涉及道德性，还关乎个人的处事方式方法。因而，认定劳动纠纷为民间纠纷具有法律上的根据。

（二）公安机关能否调解引起治安案件的“原因”

一般认为，适用治安调解的范围是：（1）因民间纠纷引起的打架斗殴造成轻微伤害的；（2）因民间纠纷引起的故意损毁他人财物情节轻微的；（3）其他民间纠纷引起的违反治安管理行为，情节轻微的；（4）违法行为造成伤害或损害，受害方要求赔偿损失，负担医疗费用的。治安调解的前提就是案件的性质属治安案件，即违反了《治安管理处罚法》的相关规定。《公安机关治安调解工作规范》（以下简称“《工作规范》”）第2条规定：“本规范所称治安调解，是指对于因民间纠纷引起的打架斗殴或者损毁他人财物等违反治安管理、情节较轻的治安案件，在公安机关的主持下，以国家法律、法规和规章为依据，在查清事实、分清责任的基础上，劝说、教育并促使双方交换意见，达成协议，对治安案件做出处理的活动。”《工作规范》第3条第一款规定：“对于因民间纠纷引起的殴打他人、故意伤害、侮辱、诽谤、诬告陷害、故意损毁财物、干扰他人正常生活、侵犯隐私等违反治安管理行为，情节较轻的，经双方当事人同意，公安机关可以治安调解。”

劳动纠纷不属于治安案件，这就从根本上排除了公安机关对劳动纠纷进行裁决的权力。问题在于，如果劳动者因劳动纠纷与他人发生了争斗，演变成治安案件，公安机关在处理这类治安案件时，可否在处理治安案件的同时，一并解决当事人之间的劳动纠纷。甚至可能是，如果劳动纠纷不能恰当解决，就不能解决好治安纠纷。对此，笔者的看法是：公安机关处理劳动纠纷的前提是，由劳动纠纷已经导致治安纠纷，在处理治安纠纷的过程中一并处理劳动纠纷，这是可以的，也是必要的；如果是纯粹的劳动纠纷，由当事人向劳动争议仲裁机构申请仲裁，公安机关不得就劳动纠纷进行调解或裁决。

这里可能会有若干种不同情形：其一，治安纠纷和劳动纠纷都可解决；其二，治安纠纷可以解决，但劳动纠纷不能调解解决；其三，治安纠纷不能调解解决，但劳动纠纷可以调解解决；其四，治安纠纷和劳动纠纷都无法调解解决。对于第二、四种情形，毫无疑问应该告知当事人将劳动纠纷诉诸仲裁或者诉讼，对于第一种情形，公安机关应该就引起治安纠纷的劳动纠纷进行调解，一揽子解决纠纷，以平息争端。第三种情形则比较棘手，公安机关在处理纠纷的过程中，本意一揽子解决纠纷，结果是劳动纠纷愿意调解，但治安纠纷无法调解解决，需要对治安纠纷作出治安裁决。在这种情况下，是否仍然就劳动纠纷制作调解书？如果调解，是否构成对劳动纠纷的单独处理而违背相关法律法规；如果不制作调解书解决争端，是否打击当事人的积极性，损害当事人利益，实际也是故意地将本可立即解决的纠纷拖延至未来。笔者看法，公安机关应该帮助当事人制作好调解书，甚至监督当事人执行好调解书。如果当事人对调解书的效力不放心，或者公安机关认为有必要，可以让当事人到劳动争议仲裁机构确认这个裁决书，使之发生法律效力。

### （三）公安机关处理劳动纠纷缺乏法律依据

世界上许多国家和地区的法律都为劳动纠纷的处理设置了特殊的通道，比如法国、德国、意大利和英国等的劳动法庭或法院，日本的劳资政三方组成的劳动委员会。我国也是如此，劳动纠纷的处理有特殊的程序和通道。《劳动争议调解仲裁法》第10条规定："发生劳动争议，当事人可以到下列调解组织申请调解：（一）企业劳动争议调解委员会；（二）依法设立的基层人民调解组织；（三）在乡镇、街道设立的具有劳动争议调解职能的组织。"还有就是依法设立的行业性、区域性（含工业园区）调解组织。劳动争议还须以仲裁为诉讼的前置程序，未经劳动仲裁不得提起诉讼。因此，公安机关不是劳动纠纷的处理机关，不能单就劳动纠纷进行调解处理，公安机关调处劳动纠纷缺乏法律依据。

在劳动纠纷引起治安案件并诉诸公安机关的情况下，公安机关为便于消解纠纷，维护社会安定稳定，而出面处理劳动纠纷，是考虑到纠纷的关联性，其目的也是为了处理好治安案件。如果能够一并解决治安纠纷和劳动纠纷，则可以形成调解书，并监督调解书的执行。在治安纠纷无法调解的情况下，公安机关原则上不进行劳动纠纷的调处，如果确已形成较为成熟的调解意见，公安机关可帮助制作调解书，并建议当事人送请劳动争议仲裁机构确认调解书的效力。

## 三、公安机关处理劳动纠纷的政治逻辑

### （一）维护社会稳定的诉求

新形势下，影响社会和谐稳定的因素越来越多，征地拆迁、企业改制、环境污染、劳资纠纷、食品安全、医患矛盾、移民补偿等等，这些问题的敏感性、关联性、对抗性越来越强，触点增多，燃点降低。解决这些问题，实际是对利益的重大调整，必然引起利益攸关者的强烈反弹。当然，这些"反弹"中，有些属于合理的抗争，并仍在法律框架内寻求矛盾的解决，有些则属不甘心特殊利益的丧失而阻挠改革的步伐，或者虽然属于合理的诉求，但试图在法律和机制之外，采取非正常方式处理矛盾，这都成为影响社会稳定的重要因素。

各级党委政府在推进改革的进程中，一方面要着力实现经济增长、关注民生，努力促进社会和谐，另一方面，限于体制和机制，难以回避改革中面临的深层次问题，各级党委政府承受着维护稳定的空前压力。党委政府又把维护稳定的压力很大部分转移给公安机关，公安机关基于法定职责，毫无疑义地处于维护社

会稳定的第一线，并承担由此产生的各种政治、管理和法律责任。在这种情况下，各级公安机关及其民警往往想方设法消弭矛盾，以避免更大的事端和冲突。因此，对于因劳动争议而报警求助的纠纷，不管是上级领导要求参与，还是公安机关接报警受理的案件，都尽量疏导解决，这些都是维护社会稳定的压力所致。

### （二）执法方式变迁的需要

严格意义上说，公安机关并非一个专门的纠纷解决机关，但是，为什么会有大量的民间纠纷流向公安机关？这一现象与基层社会结构转型、人民调解等民间纠纷解决机制相对缺乏、纠纷本身的特点、公众对警察角色的认知、警察功能的转型、警务机制的改革等之间存在内在的联系。警察调解对于纠纷双方维持良好关系和比较彻底地解决纠纷都具有重要意义，它的运用和实行，既符合我国公民“崇官”的文化传统，也切合构建和谐社会的要求。① 在当前的社会治理体系之下，警察调解是纠纷性质、纠纷当事人、区域社会内的纠纷解决体系、公安机关（组织）、警察（个人）等诸因素互动的结果。通过协调警察调解与人民调解、行业调解等纠纷解决机制之间的关系，可形成一个较为完善的权力主导型“大调解”体系。②

2009年9月，公安部发布了《公安部关于实行社区和农村警务战略的决定》，明确了社区（农村）警务与社会稳定之间的关系，并将开展群众工作确定为驻社区（农村）警务机制下社区（农村）民警的首要职责。该决定要求，社区民警应当“积极参与排查调处民间矛盾纠纷，努力把不稳定因素化解在基层、化解在萌芽状态”。2009年12月18日，全国政法工作电视电话会议在北京召开，会议把深入推进社会矛盾化解作为今后一段时期的三项重点工作之一，要求高度重视和发挥调解的作用，构建人民调解、行政调解、司法调解三位一体的“大调解”工作体系。左卫民和马静华对此的解释是，这是公安机关重塑形象的举措，公安机关试图通过“为群众提供一条更便捷、高效、经济的纠纷解决途径而取信于民，重塑公安机关的形象，其最终目的还是在于在治安防范、侦查犯罪的基础工作过程中得到社区群众的普遍支持”。③

2009年2月19日，孟建柱在全国县级公安局长专题培训班上强调，要妥善处置各种突发事件，着力提高驾驭复杂局势能力；要坚持预防为主、调解为先，

---

① 谢天长：《治安行政执法：理念、制度与技术》，中国检察出版社2010年12月版，第173—174页。

② See Philip J. Harter, Neither Cop Nor Collection Agent: Encouraging Administrative Settlements by Ensuring Mediator Confidentiality, Administrative Law Review, Vol. 41, Iss. 3, at 315.

③ 左卫民、马静华：《论派出所解决纠纷的机制——以一个城市派出所为例的研究》，《法学》2004年第9期。

把工作着力点更多地放在及时准确掌握社情民意上，密切关注群众在生产、生活中遇到的新问题，推动解决群众最关心、最直接、最现实的利益问题，从源头上化解矛盾纠纷。这充分表达了公安机关对民间纠纷与社会稳定的关系问题的认识，以及对预防与解决民间纠纷问题的重视，从而使公安机关在对待民间纠纷问题上的态度从一种法律的逻辑转变成一种政治的逻辑，将大量并非公安机关职权范围内的民间纠纷纳入了派出所日常工作的范围之内。

### （三）和谐警民关系的要求

警民关系是通过警察特定的职业活动，在警察与公众之间形成的综合性社会关系——警察必须依照相应的法律与程序规定，实施有效的治安管控，保护公众人身与财产安全，这是警察应尽的职责和义务；而公众虽将相关权限委托警察，但可在遵守社会秩序的基础上，要求警察提供必要的公共安全服务，这是法律赋予公众的基本权利。由于公共安全“供需链条”与警民关联互动在很大程度上取决于警方作为，因此，公安机关和人民警察应主动从思想认识、组织保障、工作落实等多角度，深入贯彻群众路线，努力再造平等、和谐警民互动。[①]

很长一段时间，公安机关及其人民警察为了维护社会治安，采取了不少过激的治理手段和方法。这在特定时期和特定环境下也许是必须的，但也为此付出了很大的代价，其中一个重要方面就是导致公安机关和人民群众之间的嫌隙，警民对立情绪滋长。可以说，弥合嫌隙、消除对立、重建互信是新时期警民关系建设的重要内容，各级公安机关尤其是基层公安机关在直接面对人民群众的过程中必须放低姿态，以切实、具体的行动来唤起人民群众参与警务活动的热情和积极性。公安机关要从社会依存的角度来定位自己，正如古代水利社会中的人们，为了获得使用水利设施的利益而聚居和联合，离开彼此是无法生存于那个社会的。[②] 在自己的工作中，通过给予相对人一定的便利和利益，以获取相对人的认可和支持，而不是一味地要求相对人配合和付出。[③]

这种利益和便利的相互给予，首先要求公安机关要从人民群众最需要、最急迫的事情着手，而保护劳动者利益就是这种事情中的典型。作为一般群众，其衣食住行都依赖于劳动收入，劳动中发生的利益贬损直接影响劳动者的生活，关系着劳动者的切实利益。公安机关从这些事情着手，在合法与可能的情况下帮助人民群众解决纠纷，保护劳动者利益，或者减少劳动者的损失，是能够得到劳动者的真心拥护和支持的，也能在一定程度上强化人民群众的信任和支持。总之，只有在具体业务实践中，充分顾及到群众的感受，想群众之所想、

---

① 吴仲柱：《论警民关系转型与重构》，《福建警察学院学报》2009年第4期。

② 王铭铭：《“水利社会”的类型》，《读书》2004年第11期。

③ 谢天长：《治安行政执法：理念、制度与技术》，中国检察出版社2010年12月版，第106页。

急群众之所急，以“角色换位”的心态处理问题，才能够彼此兼顾、公正平和地处理社会治安问题，把治安管理工作推向深入，① 才能有力地促进警民关系的和谐发展。

2008 年 11 月底，公安部部长孟建柱在江苏省调研时强调，各级公安机关“要坚持预防为主、调解为先、民生为重、整合力量、方便群众的理念，逐步形成人民调解、行政调解、司法调解密切配合的有效工作平台，把矛盾纠纷解决在基层，化解在萌芽状态，从源头上解决关系社会治安综合治理的各类问题，解决人民群众最关心、最直接、最现实的利益问题”。孟建柱的讲话精神，就是要求公安机关及其民警从政治的高度来实践社会治安综合治理，在具体事务中体现“以人为本”和“以民为本”，通过调解等柔性方式解决纠纷，从而实现社会主体之间的和谐相处、互利共赢。

## 四、公安机关机关处理劳动纠纷的现实合理性

### （一）纠纷的突发性与公安机关的勤务方式

根据纠纷发生、存在的状态，可以将纠纷分为突发性纠纷与持续性纠纷。前者指初次发生的纠纷，在纠纷发生与解决之间没有经历其他社会事件，间隔时间较短；后者指发生后处于持续争议状态的纠纷，在纠纷发生与解决之间已经历其他社会事件，所隔时间较长。从该派出所 2008—2010 年《接（报）处警登记表》提供的信息看，诉诸公安派出所的劳动纠纷，虽然此前有分歧甚至冲突，但当天发生的情况，都属突发性纠纷，即纠纷主体或其他人即时将纠纷提交到了派出所，希望得到派出所的及时处理。

我们还注意到，从该派出所 2008—2010 年《接（报）处警登记表》中记载的纠纷发生时间看，有将近 50% 的纠纷是在上班时间之外诉诸公安派出所的（见表 3）：有些纠纷是在上班时间拖延直到下班后爆发并报案；有些则直接发生于非工作时间，劳动者在等、堵、纠缠雇主的过程中发生了纠纷。当这些纠纷已然发生时，双方当事人可能都无法冷静地考虑依靠法律手段来寻求纠纷的解决，更可能升级乃至激化为暴力冲突。这时，负责协调解决劳动纠纷的法院、仲裁、司法等机构，可能正处于下班时间，无法为当事人提供调解纠纷的服务；即使处于上班阶段，也不具备这样的应急突发纠纷的能力。公安机关的勤务方式不仅是全天候的，而且还有 110 报警服务台等便捷的报案机制，满足了处理突发性纠纷的工作要求，因此把纠纷提交到公安机关是可能的，也许也是

① 马德世：《服务行政——治安行政管理的一种现实转变》，上传日期：2007 年 6 月 19 日，访问日期：2011 年 1 月 23 日，http：//www. sucaitianxia. com/Article/falv/200706/112. html

必须的。

**表3：2008—2010年甲县某派出所受理的劳动纠纷发生时间情况**

| 纠纷发生时间 | 2008年 | | 2009年 | | 2010年 | |
|---|---|---|---|---|---|---|
| | 数量（起） | 百分比（%） | 数量（起） | 百分比（%） | 数量（起） | 百分比（%） |
| 上班时间（9：00—17：00） | 28 | 57.1 | 33 | 52.4 | 39 | 65 |
| 下班时间（17：00—9：00） | 21 | 42.9 | 30 | 47.6 | 21 | 35 |
| 合计 | 49 | 100 | 63 | 100 | 60 | 100 |

（二）纠纷的暴力性与公安机关的制暴能力

如果仅从表格统计的数据看，我们很难从中看出劳动纠纷的暴力性，我们对每一起纠纷作进一步的分析后就可以发现，劳动纠纷和其他绝大多数诉诸公安机关的纠纷一样，双方或多方纠纷主体之间大多存有殴打、抓扯等类似的暴力冲突，或者是暴力冲突的威胁。在2008—2010年三年受理的172起劳动纠纷中，基本上都存在着暴力冲突，或抓扯，或威胁，或破坏财产（见表2），有些劳动纠纷则直接转化成了治安纠纷。正是纠纷的暴力冲突特性，在某种程度上赋予了公安派出所受理劳动纠纷，或者说赋予了劳动纠纷当事人诉诸派出所的正当根据。

据该所民警介绍，派出所受理的劳动纠纷，起先出于经济利益的诉求，但当分歧升级为冲突时，大多数当事人只是想利用公安机关的权威“讨要说法”与“寻求保护”。根据2008—2010年该派出所《接（报）处警登记表》提供的信息看，劳动纠纷涉及的金额通常并不太大，之所以被当事人“诉至”派出所，基本上就是因为纠纷已然具有一定的暴力性，当事人想利用公安机关的权威满足某种“精神性的需求”或者是担心自己与家人的人身受到损伤。

（三）诉讼、仲裁受案的被动性与纠纷本身的积极性

在法院诉讼、人民调解、仲裁等其他纠纷解决机制中，这些机构本着“不告不理”的原则，被动地接受着纠纷当事人的解纷诉求。这对于突发性纠纷而言，是难以即时向这些机关寻求纠纷解决的。因为，诉诸这些机关来解决纠纷，是需要很多的准备的，包括诉状、申请书之类，甚至还要咨询律师分析利害得失、聘请律师代为出庭等。

派出所受理的纠纷来源形式却显得较为多样，除了纠纷当事人亲自，或者通过电话到派出所要求解决纠纷外，那些即使与纠纷并无直接利害关系的“群众”同样可以通过各种方式向派出所表达要求警察调处该纠纷的意思，甚至在纠纷当事人、“群众”都未诉诸派出所的情况下，派出所民警在日常工作过程中遇上了

纠纷也都要主动介入，甚至在纠纷还没有发生，只是存在发生纠纷的可能的情形下，派出所民警还必须认真地“排查各类矛盾纠纷”，将把这些矛盾纠纷解决在萌芽状态。换句话说，派出所受理的纠纷来源既包括纠纷当事人的主动诉求，也包括“群众”的积极告知，公安机关的主动介入（见表4）。派出所的受案方式，实际是最为便捷的，当事人无需任何准备，只要到公安机关陈述清楚即可。公安机关则依照职权调查取证，弄清曲直，为最终解决纠纷履行绝大多数的程序责任。这样的纠纷解决方式，是比较适合解决小额纠纷、民间纠纷的，当然也适合了一些劳动纠纷的需要。

**表4：2008—2010年甲县某派出所受理的劳动纠纷来源情况**

| 纠纷来源方式 | 2008年 | | 2009年 | | 2010年 | |
|---|---|---|---|---|---|---|
| | 数量（起） | 百分比（%） | 数量（起） | 百分比（%） | 数量（起） | 百分比（%） |
| 群众来访 | 12 | 24.5 | 19 | 30.2 | 18 | 30.0 |
| 群众来电 | 29 | 59.2 | 34 | 53.9 | 31 | 51.6 |
| 巡警移送 | 6 | 12.2 | 9 | 14.3 | 10 | 16.7 |
| 县局指令 | 2 | 4.1 | 1 | 1.6 | 1 | 1.7 |
| 合计 | 49 | 100 | 63 | 100 | 60 | 100 |

（四）诉讼和仲裁的条件性与公安机关解决纠纷的无条件性

我们对诉讼、仲裁、复议等纠纷解决形式的研究中可以发现，一种纠纷解决机制是不可能面对一切纠纷的，也就是说，不会有一种可以解决一切纠纷的法律机制，每种纠纷解决机制都是为解决特定的纠纷而存在的。因此，每一种纠纷解决机制都包含它的准入“门槛”，即一定的受案条件。这个条件至少会有这样一些要求：(1) 这个事情必须是一个纠纷，也就是有利益的对抗。(2) 这个纠纷还必须是法律纠纷。现实中存在的许多纠纷并非法律纠纷，可能是政治纠纷、武力纠纷或者其他什么纠纷，也就是说，这样的纠纷无法在法律层面上予以探讨和解决。(3) 这种法律纠纷可以由这种机制加以解决。①

即使在纠纷当事人诉诸法院或者仲裁机构时，法院或者仲裁机构还必须根据相关的法律法规对当事人的诉求形式审查，以确定是否应该接受当事人的诉求并启动纠纷解决程序。其间的等待、各种程序上的准备不仅考验当事人的耐心，还需要当事人经济上的投入，就司法成本而言也需巨大的经济投入。

因当事人对自己的行为缺乏法律上的准确认知，也未作任何法律上的准备，因此当一方或双方当事人将纠纷诉诸派出所时，通常并没有明确的权利诉求，只

① 谢天长：《信访：过滤纠纷过程和压力机制》，《福建论坛（人文社会科学版）》2009年第6期。

是向派出所报告双方纠纷这样一个事实。在派出所受理了纠纷之后，大部分纠纷当事人也未能向经办民警提出自己的权利要求。这从诉讼和仲裁的角度而言，是无法受理和审查的，而对于派出所而言，则可先予以案件登记，然后作进一步的调查，从而弄清事实，帮助当事人消解纷争。

### （五）诉讼和仲裁解决单一性与公安机关解决纠纷的综合性

我们知道，诉讼和劳动争议仲裁在解决纠纷时，针对的就是符合受案条件的劳动纠纷。换言之，它们对纠纷的指向上，表现出很强的针对性。而“诉至”派出所的劳动纠纷，往往是经济利益的争执与人身伤害、财产损失的赔偿结合在一起的，从劳动争议仲裁的角度，只能处理劳动争议，而不能处理人身伤害和财产损失的赔偿。这种情况下，如果当事人试图通过通常的法律渠道来解决纠纷，就会面临两个甚至多个诉讼的问题，即劳动争议首先诉诸劳动争议仲裁委员会，而人身伤害和财产损失则要诉诸法院。当事人为少许的经济利益，费时费力去仲裁和诉讼，非常不经济，实际是既不可能，也没必要。

当事人在纠纷当场，考虑到纠纷发生的时间、纠纷的突发性、纠纷面临的暴力性等因素，而向公安机关“报案”，并寻求公安机关出面协调解决纠纷，是可以理解的。从另一个角度看，公安机关结合自身对治安案件的处理权，针对劳动争议和治安违法等纠杂在一起的现实，协调双方当事人，甚至通过对当事人施加可能给予治安处罚的压力，对劳动纠纷中涉及的经济利益，互相妥协，互相谅解，从而达成“一揽子”解决问题的目标，是可行的，也是有利于社会的安定稳定的，具有某种程度的现实合理性。

## 五、余论

我们对公安机关处理劳动纠纷的上述讨论，仅是对少数派出所的调查所引发的思考。这个派出所的辖区内，正好有经济开发区，厂矿企业较多，且多数是中小型企业，劳动纠纷多发，派出所介入处理劳动纠纷也是客观情势使然。在企业较少，劳动纠纷极少的区域，派出所或许根本没有这样的“警务”活动。尽管如此，我们还是认为，公安机关处理劳动纠纷依然具有一定的研究必要，也存在需要理论澄清和实践解决的问题。

### （一）公安机关处理劳动纠纷的现实需要与制度瓶颈并存

在很大程度上可以认为，正是劳动纠纷的前述特点，才使得它们非常容易进入公安派出所，也使得公安派出所相比于其他解纷机制的优势得以充分发挥。在纠纷冲突的激烈程度较高，尤其是在包含暴力因素的情况下，以及当事人本身只是寻求公安机关的某种保护时，其选择公安派出所作为纠纷解决的机构，是非常自然的事情；特别是在缺乏其他及时有效的纠纷解决机制可供选择的情况下，当事人求助于某种制度权威来终结冲突的愿望非常强烈，公安派出所正好可以满足当事人的愿望；而公安机关全天候警务机制很好地契合了纠纷发生即时性的特点，纠纷可以非常便利地进入公安派出所。由此可以认为，公安派出所受理的劳动纠纷具有很强的特定性，甚至在当事人选择取向与具体诉求的角度上还可以认为，这些劳动纠纷之所以进入了公安派出所，实是因为它们更适合于公安派出所的介入。在这一意义上，公安派出所的劳动纠纷调处职能在满足公众不同解纷需求的同时，也平衡着纠纷解决体系的供求关系。也正因为这个原因，公安派出所调处劳动纠纷的职能实际上是存在相当限度的，这不仅表现为进入公安派出所的劳动纠纷在数量上可能有限，而且它能处理的纠纷更是有限。

### （二）警察调解能增强我国纠纷解决机制的实效性

从区域范围内的纠纷解决体系而言，在人民调解等其他基层纠纷解决机制的作用日渐式微的情况下，警察调解作为一种社会冲突的应急反应机制，对于及时有效地抑制冲突激化，化解矛盾，具有重要的作用。而从公安机关警务功能的角度而言，警察调解，对于预防与减少因为纠纷而转化的违法犯罪的发生，同样具有不容忽视的效果。从纠纷当事人的角度而言，警察调解机制的快速反应满足了其对纠纷解决的及时性需求，同时，警察调解的“零成本”，使之成为一种真正意义上的社会公共产品，纠纷当事人也乐于分享；从警察的角度而言，特别是在警察服务理念日益深入的背景下，警察已经在很大程度上认同了将调解纠纷作为其本职工作的重要组成部分，同时，在建设社会主义和谐社会的大背景下，公安机关与纠纷调处、矛盾排查等相关的内部考核指标，在对警察施加调解压力的同时为其提供了积极的行动动力。

### （三）治安调解未作为公安机关的考核内容可能导致调解的“两极化”发展

近几年，公安机关在勤务机制的便捷性、服务性、规范化、信息化等方面取得显著进步，公安队伍素质显著提高，服务意识大大增强，队伍形象明显改善，从而拉近了公安机关与群众之间的距离，使公安机关和人民警察在群众心目中建立了较高的威信，人们有纠纷愿意找公安机关解决。公安机关受理案件、调解纠纷不收任何费用，处理有力，也促使群众“有困难找警察”，从而大量的案件涌入公安机关。为了促进社会和谐，最大限度地消解社会纠纷，对于能够较顺利地调解结案的案件，基层民警在政治正确的压力下会快速付诸实施，并使之快速结案。

但很多治安调解工作耗时耗力，且做得再好也难以立功受奖，致使民警容易把主要精力用在破案上，追求破案数和逮捕、劳教数，对调解纠纷的重要性认识不到位，工作上也不能产生压力，对能够迅速调解结案的，乐观其成，对不能迅速调解结案的，容易将案件升格，诉诸刑事解决，导致“民转刑”案件频发。特别是一些年轻同志，为了部门目标考核的需要，为了尽快完成自己的工作目标，提高自己的绩效考核，对一些能够调解结案的案件，一经调查取证，就迅速地将案件移送到人民检察院，忽视向当事人做法律释明工作，使得当事人双方不能明白自己在轻微刑事案件处理中所应享有的权利，不能充分保障当事人的权益。

# 从西方法治理论探析我国的法治实践

**黄丽端**
◉ 福建天衡联合律师事务所律师

## 引言

法治已成为当下社会治理的一种实践轨道和理论范式，但同时也是一个历史话题，不同时代和不同地域的人们有着不同的法治思想和法治实践。随着依法治国作为我国的治国方略被写入宪法，中国必然逐渐走上一条有特色的法治之路。因此，借鉴比较完备的西方法律制度是必不可少的。而在借鉴移植的过程中，探析西方法治理论则是一个前提。诚然，法治理论的完整图景是随着历史的推展而逐渐清晰化的，而历史的过程是一个人类记忆的过程，探析这些记忆的过程总会受到生活在“当下时代”这个显性的历史阶段中人们的独特经验、情感和价值判断的影响。所以，当我们用历史的方法去追寻西方法治理论进而探析一国当下的法治实践的时候，我们遇到了这样的困境：我们怎样突破人类“代际交流”中的记忆阻隔和文化地域的知识阻隔，来分享“法治理论”所反映的人类“共同经验”？我们怎样知道通过记忆流传的法治理论是一种真实的知识？我们怎样分辨出哪一种法治理论是一种“典型”的知识且已经变成了人类的普遍记忆？鉴于此，笔者放弃了对整个世界范围的“法治”知识的整体图式进行概括的努力（事实上这几乎难以做到），也不打算在由“轴心期”（the Axial Period）所奠基的不同文化区域之间进行法治论的宏观比较，而是把研究的兴趣限定在西方法治理论框架之内，整理由西方人叙述的“法治的故事”，探求西方法治的曙光、智慧，分析当下的诘难，并引入“界限意识”，多视角展开法治的内涵与外延。通过理论的关怀反思，建构未来法治问题的进路，进而探析我国当下法治轨道上的社会治理模式创新。这也正是本文的意旨所在。当然就这一点而言，本文不过是抛砖引玉。

## 一、西方法治理论的历史考察

### （一）古希腊、古罗马人的睿智

历史上，西方的法治观念始于公元前594—593年的梭伦变法（Solon Reform），至亚里士多德时代则逐渐理论化。当此之时，为探求治理国家、管理社会的方法，柏拉图和亚里士多德曾就人治与法治原则提出过不同的主张。柏拉图主张人治，也就是贤人政治。他说："在一个理想的国家中，最佳的方法并不是给予法律以最高权威，而是给予明晓统治艺术、具有才智的人以最高权威。立法家们是可怜虫，他们不停地制订和修改法律，总希望找到一个办法来杜绝商业的以及其他方面的弊端，他们不明白，这样做其实等于在砍九头蛇的脑袋。"① 当然，辩证的角度看，柏拉图晚年也意识到法律在社会生活中的作用，明确提出了依法治国的方案，但他仍然不过是将法治作为治国的一种次佳方案。作为柏拉图的学生，亚里士多德反对老师的人治观点，他总结了希腊各城邦不同政体下法律的实施情况，得出结论：法治应当优于人之治。原因如下：第一，人治容易偏私，而法治才能秉公。他认为，凡是不凭感情因素治事的统治者总比感情用事的人们较为优良，法律恰好是全没有感情的，人类的本性（灵魂）则谁都难免有感情。第二，法律是多数人制定的，而多数人总比一个人治理国家要好，因为许多人出资举办的宴会可以胜过一个人独办的宴席。第三，实行人治容易贻误大事。第四，实行法治是时代的要求。实行人治管理国家实属困难，而在共和制兴起的时代，即在我们今日，谁都承认法律是最优良的统治者。亚里士多德还对法治的内容及其作用作了较为系统的论述，他说：法治应当包含两重意义，亦即对已成立的法律普遍的服从，而大家所服从的法律又应该本身是制订良好的法律。同时他还认为法律不应该被看做是对自由的奴役，法律毋宁是拯救。②

西塞罗曾指出：根据希腊人的观念，法律的名称意味着平等的分配。什么是平等的分配？柏拉图在解释法律的性质时，曾以一个雅典人的名义说道："在公共和私人的生活中，在我们的国家和城邦的安排中，我们应该服从那些具有永久性质的东西，将根据理智来进行的分配称为法律。分配是分配者和被分配者之间的一种关系。"③ 而亚里士多德在阐述正义的观念时指出，分配的正义（distributive justice）是社会共同体成员间分配名誉、金钱和其他财产时的正义。即所谓不同品德的人们在社会上享有不同的政治权利、不同的社会荣誉和不同的财产数

---

① 柏拉图著，何勤华译：《法律篇》，上海：上海人民出版社，2001年版。

② 亚里士多德著，吴寿彭译：《政治学》，北京：商务印书馆，2006年版。

③ 柏拉图著，何勤华译：《法律篇》，上海：上海人民出版社，2001年版。

额。他说：分配之公平，对于公共财产，则用前述之等比比例，即公产分配于二人或二人以上者，亦视多人所贡献之多寡为准。① 可见，古希腊人的法律观念尤其是法治理论与分配问题之间有着内在的联系，不管学者之间的分配观有多么大的差异，但有一点是完全相同的，即让每个人各得其所。而这种正义观也正是古希腊法治理论的思想渊源。

此后，斯多葛学派的创始人芝诺及其追随者把“自然”这一概念引入了法治理论范畴。他们所说的“自然”不是严格意义上的自然界，而是指某种和谐的秩序；不仅是事物的秩序，也是人的理性。而理性是适用于人类并能够使所有人平等地、和谐地生活在一起的支配原则，因此，遵从理性的生活，就是自然的生活，自然法因而就是理性法，它构成了现实法和正义的基础。斯多葛学派还主张，一切人都是生而平等的，即使人们的天赋、资质、财富、地位等方面不可避免地存在着差别，但人人至少都有要求维护人的尊严的起码权利，正义要求法律应当认可这些权利并为这些权利提供保障。

当罗马共和国进入帝国时期，罗马法学家们运用自然法的概念证实“万民法”。万民法不仅承认罗马人享有独立的权利，而且承认非罗马人也享有与罗马人平等的人格权、人身权、财产权和诉讼权利，在此意义上，我们可以认为万民法概念和自然法概念一定程度上是等同的。查士丁尼《法学总论》还用自然法来证实人类平等和自由，指出“根据自然法，一切人生而自由”。真正对自然法问题展开完整而系统论述的是古罗马法学家西塞罗，他继承了古希腊哲学的理性主义传统和自然法观念，明确提出自然法是检验实在法效力的高级法，并据此论证了在自然法面前人类平等的民主思想。他说：“真正的法是符合自然的理性，它永恒不变、并具有普遍的适用性——即使元老院、公民会议的决定也不能摆脱它设定的义务——这个法，不管在罗马或雅典，不管是现在或将来，都没有什么不同，对一切国家和一切时代都具有不变的效力，这个法的主人和统治者是支配我们一切的神。”②

### （二）文艺复兴的曙光

公元476年，日耳曼人对罗马的入侵把古代文明一扫而光，欧洲进入中世纪。黑暗的时代摧毁了罗马法的殿堂，法律的严明在战乱中丧失，秩序井然的诉讼程序被封建割据的领主随意践踏，但人们寻求法律和正义的努力依然没有停止。由于教会在中世纪实力强大，包括法律在内的人文科学和自然科学都受到了教会的统领，成为神学的附庸。基督教不仅在征服者那里获得了至高无上的精神权威，而且也在蒙昧的市民心目中建立起从未有过的信念和敬仰。“教会法的一

---

① 亚里士多德著，吴寿彭译：《政治学》，北京：商务印书馆，2006年版。
② 汪太贤：《西方法治思想的源与流》，北京：法律出版社，2001年版。

个侍女”，是为明证。这或许也正是中世纪“法律至上”“国王服从法律”观念的根源。

托马斯·阿奎纳是中世纪公认的基督教思想的集大成者和经院派神学家，也是西方神学法学派和神学法治论者的代表人物之一。他一方面继承了古希腊古罗马的自然法思想，另一方面又对其进行了神学化的改造。“托马斯·阿奎纳的神学体系中，自然法据有一席之地。这当然不再是希腊哲学家或罗马法学家的自然法，但它至少保持着自然法观念的一般特征。神学家们所做的，是把它加以神学的改造，将它安排在一个新的价值体系中，使它从属于一个更高的存在：源于神的智慧的永恒法。这种对于自然法的神学改造和发展本身也许并不重要，重要的是，一种卓越的思维模式保存下来了。由于这种模式本身所具有的适应性和潜在的批判性，即使是在一个没有了上帝的时代，它也能够独立地存在，推动人类历史的进程。”① 托马斯·阿奎纳把法律分为四个类型，即永恒法、自然法、人法、神法。人法来源于自然法，自然法来源于永恒法，但其溯源则都来自于神法。这种思想尽管有着浓厚的宗教气氛，但也正是这种超验性的宗教才能够提供一种用于评价国家法和限制政府权力普遍性的准则。

11 世纪末 12 世纪初，《国法大全》的发现直接导致了罗马法的复兴。在欧洲大陆出现了学习、讲授、注释、研究和传播罗马法的热潮。至此，熄灭了几个世纪的古典法治思想的火炬又重新被点燃。然而，这只不过是在专制、愚昧和神权所构成的重重黑幕下发出的第一声叹息。随后的文艺复兴运动才是思想解放运动的真正源泉。这场发端于意大利的文艺复兴运动以复兴古典文化为其基本形式，借古喻今，批判封建专制和教会的精神奴役，表达人类原始而美好的理想。从法治的层面，文艺复兴运动的主要贡献在于恢复了对人和与人密切相关事物的价值判断，为古典法治理论与近代法治理论起了沟通和引领的作用。随着人文主义思想向法学领域大量渗透，古典自然法思想的精神被挖掘出来，并随着社会改革被上升为普遍的政治理念和原则。而这一切的关切和转化，则为近代法治思想的最终形成创造了条件。

### （三）古典自然法学的辉煌

对于近代法治理论而言，文艺复兴仅仅是为其提供了精神条件和舆论准备，启蒙运动则为其形成提供直接动力和关键作用。这个时期，古典时代的自然法（natural law of the classical era）在法律领域中占据了支配地位。格老秀斯、霍布斯、洛克、孟德斯鸠、卢梭等启蒙运动思想家相继打出了理性、民主、法治的旗帜，并对此进行了系统的理论阐述和论证。他们普遍认为存在一种永恒的普遍的自然法，相信它是至高无上的理性的命令，是一切实在法的依据，由此推动了法

① 徐爱国：《西方法律坐标丛书：思想史视野下的法治现象》，北京：北京大学出版社，2009 年版。

治理论的制度化和现实化。大致而言，古典时代的法治观念渐次经历了三个时段的演进：一、实施和保障自然法主要依靠统治者的智慧和自律；二、试图用权力分立（separation of powers）来保护个人的天赋权利（natural rights），并反对政府对这些权利的不正当侵犯；三、实施和保障自然法取决于人民主权（popular sovereignty）和民主。①

约翰·洛克（John Locke）是近代资产阶级自由主义的奠基人。他认为生命、自由、财产是人的天赋权利，国家是人们通过社会契约的形式所建立的机构，这个机构在法律上要首先保障人的天赋权利，为此就必须实行法治。在他的代表作《政府论》一书中，他认为，人们参加政治实现社会管理的目的就在于使生命、自由和财产权更有保障，而为了实现这个目的，防止权力滥用，就要实行分权制。因此，他主张把国家的政治权力分为立法权、执行权和联盟权。他还特别强调立法权和执行权的分立，认为如果立法权和执行权同时属于一个机关或一些人，就必然造成权力膨胀，甚至出现攫取权力以控制权力，在“制定和执行法律时，使法律适合了他们自己的私人利益。这样不仅使社会中其他成员的利益面临威胁或受到了实际的损害，而且违反了组成社会和政府的目的”。这样说，洛克实际上是把分权和制衡的原则看做是实行法治的前提和基础。洛克的法治观中体现的另一个重要内容就是，一个真正的共和国应该是一个法制完备并认真执行法律的国家，否则将是不可思议的。因为，“法律不是为了法律自身而被制定的，而是通过法律的执行成为社会的约束，使国家各部分各得其所，各尽其能；当这完全停止的时候，政府也显然搁浅了”。②

法国的孟德斯鸠（Charles Louis de Montesquieu）则把法律看做是“由事物的性质产生出来的必然关系”，把法治看做自由和平等的屏障，认为没有法治，就没有政治自由，没有平等，就必然导致凭一己的意志为所欲为的专制统治。为此，孟德斯鸠提出了著名的“三权分立”原理以保障和实现法治。他在吸收洛克等人的分权思想的基础上，主张将国家权力划分为立法权、行政权和司法权，三种权力分属于不同的机构，并依据法律来合理行使。与孟德斯鸠不同的是，卢梭（Jean Jacques Rousseau）认为，在市民社会，个人不服从于任何其他个人，而只服从公意，即社会意志。卢梭追求的一个目标是依法治理的民主共和国，他强调法律和法治对民主国家的必要性，指出，法律是治国的根本依据，主权者只能根据法律而行为，以法治为依归。一个国家如果不依法律为治，就不是正当的国家，就没有政治自由和平等。一个依法而治的国家，无论采用何种政体形式，都可称为共和国。③

---

① 徐爱国：《方法律坐标丛书：思想史视野下的法治现象》，北京：北京大学出版社，2009 年版。

② 西方法律思想史研究会编：《自然法：古典与现代》，北京：中国法制出版社，2007 年版。

③ 西方法律思想史研究会编：《自然法：古典与现代》，北京：中国法制出版社，2007 年版。

这个时期，康德（Immanuel Kant）、黑格尔（Georg Wilhelm Friedrich Hegel）等崇尚法治的德国思想家们，把法治的要素确定为：公布一部通过权力分立制度来明文限制国家权力的成文宪法，通过基本权利来保证个人的不可侵犯、不受国家干预的活动范围，法院为防止国家权力侵犯公民权利而提供的法律保护，法院的独立性，保证法定审判官制和禁止刑法的追溯力，以及行政机关依法办事的原则。而美国的潘恩（Thomas Paine）、杰斐逊（Thomas Jeffeson）则全盘接受了英法两国启蒙思想家关于民主和法治的理论，并在他们的治国实践中加以运用。他们坚定地宣布，在专制国家中国王是法律，在自由民主和法治的国家中法律应是国王。国家的权力源于宪法，而宪法来自人民的授权和契约。他们把政府分为相互独立的三部分，并辅之以复杂的制衡制度，以防止权力滥用而侵害人民权利。他们还强调正当程序和平等保护。上述原则构成了美国法治的基础。

自此，古典自然法学达到了顶峰。西方法治的基本原则——理性自然法原则、人权原则、自由和平等原则、民主原则、法律至上原则、法律普遍性原则都已确立并先后在欧美各国得到实践。

### （四）分析实证主义的诘难与20世纪的回应

经过几个世纪的动荡之后，西方社会需要的是稳定和秩序，是对各种社会问题的有效解决，而自然法学作为一种革命的武器则意味着完成了历史使命。随着科学的发展，人类对自然和社会的认识逐步加深，古典自然法先验的、形而上学的理论，因为不能自证也得不到他证而被认为是不合时宜的；企图用价值顶替事实、把自然法与实在法杂糅一起的做法也被认为是非科学的。一定程度上，法律被视为纯事实领域，与自然法所宣扬的和谐、理性等价值显得格格不入。适应时代的情势，分析实证主义法学应运而生。哈特在1957年前后对分析实证主义的表述是："第一，法律是一种命令，这种理论与边沁和奥斯丁有关；第二，对法律概念的分析首先是值得研究的，其次，它不同于社会学和历史的研究，再次，它不同于批判性的价值研究；第三，判决可以从事先确定了的规则中逻辑地归纳出来，而无须求助于社会的目的、政策或道德；第四，道德判断不能通过理性论辩、论证或证明来建立或捍卫；第五，实际上设定的法律不得不与应然的法律保持分离。"①

20世纪，两次世界大战给人类带来了巨大的灾难，迫使人们对现行的社会制度、价值形态以及人类自身的处境开始进行反思。古斯塔·拉德布鲁赫是一个法律功利主义者，他认为，"关于'应当'的最后陈述是不可能被证明或作为公理的"，"法律秩序的存在要比法律的正义和功利更为重要"。当他目睹纳粹的罪行之后，思想发生了急剧的变化："当一种实在的法律对正义的侵犯已达到不能

① 张文显：《二十世纪西方法哲学思潮研究》，北京：法律出版社，2006年版。

容忍的程度时，这种法律实际上就已成为‘非法的法律’。”① 美国法学家富勒认为，作为一种有目的事业，法律是存在道德性的，不道德的法律不宜被称为法律。他同时把法的道德性分为“外在道德”和“内在道德”。前者指的是法的内容合乎道德性，这实质上与先前的自然法理论基本一致。后者指的是法律形式上的合理性：法律须具有普遍性，法律须具有公开性，法律不得溯及既往，法律须明晰且易于掌握，法律不得相互矛盾，法律不得要求不可能之事，法律须有合理之稳定性；颁布之法律与其施行应当一致。众多学者在不同领域多有建树，罗纳得·德沃金、哈耶克、约翰·罗尔斯、罗伯特·诺齐克、波斯纳……西方20世纪法治理论特别是价值法学的繁荣已成为不争的事实，同时，也正是这些理论深刻地影响了西方法治社会的走向：他们解决社会问题，同时不断地追求卓越。他们坚持自己的价值观，同时指明正义的实现途径。平等美好的生活、社会权力的完美配置始终是他们的目标。西方价值法学虽然还是受到分析实证主义的责难和批判，其自身也存在价值专断等问题，但它仍旧是西方法治思想的主流。而且，某种意义上说，这已经不单纯是一个学术或理论问题，而是人类的追求价值使然。在这个层面上，二者是承认法治的，只是所基于的角度和观念不同。也正是在这个时期自然法学与分析实证主义此消彼长的论争过程中，西方法治思想不断地向前发展。

## 二、“西方法治之辨”

### （一）引入“界限意识”

如果说西方法治理论是一种普遍而稳定的“集体意向”的话，那么引入“界限意识”将使这种“集体意向”中的不同要素更为清晰。在西方，个人自由和正义就是“界限意识”作用于人与社会后所形成的价值观念和思维模式。“界限意识”在西方哲学史中非常久远，尤其是应用在法学领域。罗素在论述古希腊米利都学派阿那克西曼德的正义思想时，便十分重视“界限意识”。他说：“阿那克西曼德所表现的思想似乎是这样：世界上的火、土和水应该有一定的比例，但是每种原素（被理解为是一种神）都永远在企图扩大自己的领土。然而有一种必然性或者自然律永远地在校正着这种平衡；例如，只要有了火，就会有灰烬，灰烬就是土。这种正义的观念——即不能逾越永恒固定的界限观念——是一种最深刻的希腊信仰。神祇正像人一样，也要服从正义。”近代哲学家康德认为，不管是哲学家还是法学家，其使命就是划分界限。20世纪的哲学家维特根斯坦认为“界限”概念是其思想体系的核心。在谈到《逻辑哲学论》时他指出：“这

① 柏拉图著，何勤华译：《法律篇》，上海：上海人民出版社，2001年版。

本书的目的就是为思想划定界限，或者毋宁说，是为思想的表达明晰各种概念。”“只是在语言中才能划界，界限的另一边只有在相对比较中才显得有意义。”① 维氏在此将界限问题与问题的意义或价值联系起来，这是很值得借鉴的。

在西方，由于“界限意识”的引入，思想家们注重划分感觉世界和理念世界的界限、世俗世界和神圣世界的界限、国家和教会的界限、市民社会和政治国家的界限、权利和善的界限、正义和恶的界限、可知世界和不可知世界的界限等等，这些都为个人自由价值、正义价值、善价值的实现提供了理论条件，从而促进法治的不断发展。因此，我们要明晰西方法治内涵，有必要引入“界限意识”，以下主要从人文精神与法治传统和法治外延的多面性进行“西方法治之辨”。

### （二）人文精神与法治传统

西方法治，无论是理念还是制度，都源于人们对人生意义、价值的认知和关怀。古典的法治理念和学说脱胎于希腊时期人文思想的襁褓，而近代法治的生成又得力于人文主义、人本主义或人道主义的张扬。综观近代以来，以英国为首的西方国家逐渐确立了法律至上，并以法制约政党、政府权力而保障个人自由权利的法治传统，就不难发现，这一传统的形成与西方古代社会以人为中心的人文思想和文艺复兴以来所确立的以自由、平等、人权、博爱和民主为内容的人文主义具有一种内在的、必然的联系。这种内在的、必然的联系，正如马克斯·韦伯为我们揭示的那样，任何一项事业的背后都存在某种决定该项事业发展方向和命运的精神力量。可以说，人文精神决定着西方法治的发展方向和命运。

1. 人文精神形成对法的信仰

对法的信仰是西方法治主义的重要传统和内容。西方法治大厦的构造，如果其外在要素是一系列法治的原则和制度本身的话，那么其内在要素必定是人们对法的普遍信仰。失去人们对法的普遍信仰和尊重，再完善的法治原则和制度都将无法支撑起整座法治大厦。当然，人们对法的信仰并不是先天使然，它必须经历对法治的认知—信赖—笃信的心理过程。而在这过程中，人文精神实际上起到了支撑和催化作用。西方人并非与生俱来地亲近法律，对法律充满着无比的坚定。事实上，这一法治传统的形成，一定程度上是以西方人文精神为其内在动因。更确切地说，人文精神的大力张扬，巩固和促进了人们法律信仰的形成。

2. 人文精神的理性追求催生法治主义

理性主义对西方法治传统的影响重大而深远，不仅表现在理性是西方法治的固有内涵，而且还在于理性追求是西方法治始终如一的关怀。然而，支持法治形成的理性精神却不是偶然自生的，它是西方人文精神在长期积淀中派生的分支，

① 刘进田：《西方法治文化价值的哲学观念内核》，中国政法大学学报，2009年第8期。

是人文精神的核心内容之一。因此，正是西方人文精神孕育而成的理性精神催生着西方法治主义的诞生。

3. 人文精神铸成了法治的自由平等目标

自由主义是西方法治的基石。而以自由主义为思想底蕴的西方法治又是以人为核心，以个人的自由和社会的平等作为崇高的价值目标。这样，我们可以看出，法治的这一理想目标是与人文精神极力张杨的自由、平等和人权思想一致的。而如果再仔细考察西方法治这一价值目标的确立过程和人文精神的形成过程，我们便会发现西方法治的价值——个人的自由和社会的公平，与西方人文精神的基本内容——自由、平等和人权的契合不是偶然，而是必然。可以说，正是文艺复兴时期以人文主义、人道主义为主题和启蒙运动时期以近代民主、平等和自由为核心的人文精神，铸成了西方法治的自由平等价值。

### （三）法治外延的多面性

1. 法治的历史性

法治内在地包含有一个时间要素的概念。我们可以从两个方面来理解：(1) 法治作为一种法律制度作用于国家社会生活是需要一个时间过程的；(2) 法治的概念是随着历史的发展而不断充实和丰富其自身的意义的。我们着重第二方面的内容，因为它对于厘清西方法治理论在认识上的某些误区具有独特的价值。以往，我们在谈“西方法治”这一概念时，往往先在地存有一种潜在的意识，认为一开始就会有一个所谓完整的法治概念“在那里”存在着；或者在历史上的某个历史阶段（如古希腊）或某个法治理论家（亚里士多德、约翰·洛克、康德、戴雪、富勒、拉兹、罗尔斯、德沃金等等，不一而足）提出了某个完整的法治概念。事实上，我们下面的论述将揭示这样一种现象：法治概念的完整图景是随着历史的进程而逐渐清晰化的，在历史演变的过程，社会的重大变革，社会革命、政治革命和宗教革命（这三种革命有时是交织在一起的），立法制度和司法制度的改革，如此等等的事件不断地充实着法治的实际内容，而理论家的贡献在大多数情况下充其量是对这个事实或事件的理论说明和解释。这也从另外一方面说明，法治作为一个制度，一种理念，它在不同的时代所应对的具体社会情势、社会问题是不完全相同的，因而，法治在回应这些问题的过程中也充盈着其丰富的意义。如果笼统地说，我们赞成这样一种看法：“西方法治尽管在古希腊、古罗马时期已经有了观念和原则的理论论述，但其制度基础的确立还是近代以后的事情，而直至 19 世纪中期以后，专门的法治理论知识才逐渐丰满起来。”①

---

① 高鸿钧：《现代西方法治的冲突与整合》，《清华法治论衡（第一辑）》，北京：清华大学出版社，1999 年版。

2. 法治的地域性

西方是个文化概念，同时也是个地理概念。当我们把西方作为一个整体探讨其法治理论源流，是否会抹杀西方各国法治模式的差异？西方法治确实存在差异。综观文献，学者大致认为西方至少存在两种法治模式，一是以英国为代表的“法的统治”（rule of law）模式，二是以德国为代表的“法治国”（Rechtsstaat）模式。概括而言，英国的法治模式具有悠久的历史传统，可以追溯到1215年《大宪章》时代，德国的法治模式则是19世纪以来的产物；英国的法治模式中法与国家有一定距离，而德国的法治模式中，法是与国家联系在一起的。传统上，在英国，很少提及“国家”概念。中世纪，主权是与王室政府联系在一起的；资产阶级革命后，主权与议会相关联，故有“议会主权”之说。而在德国，因为历史上没有英国那样强大的中央集权，直到19世纪，作为民族国家的统一中央集权才开始形成，而法恰恰是这一过程的产物，因而法治自然与国家联系在一起形成“法治国”模式。但是，我们从内容和精神看，又不难发现，其实，德国的“法治国”与英国的“法的统治”并不存在精神实质上的区别，只是基于“地域”国度上的不同，加上文化背景、社会变革、政治观念等的区别，产生不同的模式。但它们同时都是近现代的产物，都强调依法治理国家，管理社会，将一切权威置于法律之下。无论在英国和德国，法治模式大多可分为两种类型，即形式法治与实质法治，在英语中，相当于这两种法治类型的是“依法而治”（rule by law）和“法的统治”（rule of law）。

3. 法治的要素

把握法治的要素，我们必须考察法治所服务和实现的价值和目的。从西方学者的语境出发，有三个这样的价值和目的是法治所要追求的：其一，法治应当对抗专制和霍布斯（Hobbes）论述过的“一切人反对一切人的战争”。其二，法治应当允许人们通过理性的自信来筹划他们自己的事务，因为他们能够预先知道各种行动的法律后果。其三，法治应当保证防止至少某些种类的官员专断。根据这些目的归纳，我们把西方历史上的和现代的法治理论家们的观点作简要的梳理，发现他们大体都承认法治至少有五个方面的构成要素。只有在这些要素存在的情况下，法治才能够实现：（1）第一个要素是法律规则、标准或原则的性质（能力），它们能够指导人们从事一定的行为。人们必须能够理解法律并遵守它们。（2）法治的第二个要素是实效性。法律应该实际上指导人们，使之依此做出相应的预期和行为。按照约瑟夫·拉兹（Joseph Raz）的术语，“人们应该受法律的统治并遵循它”。（3）第三个要素是稳定性。法律应当是足够稳定的，以便使所规制的主体（个人或机构）能够安排筹划和做出相应的行为，不因随意改动而破坏秩序的稳定。（4）法治的第四个要素是法律（权威）至上（the supremacy of legal authority）。法律应当宰制国家最高统治者和包括立法者、执法者和法官在内的官员以及普通公民。（5）最后一个要素涉及公正司法的操作性（工具性），即司法机关（法院）应当能够实施法律并应使用公正的程序。[①]当然，这五个方面要素的概括不能涵盖西方法治理论学家的所有观点。但作为法治内容的基本构成部分，这是我们进一步理性探析西方法治理论的必要“前见”或理解条件。法治理论其他方面内涵或实质性的揭示也必须以此为基础或出发点。

## 三、西方法治理论对我国法治实践的启示

基督教文明孕育了西方的法治理念，由于有了上帝的庇护，信仰法律成了不证自明的选择。随着法治观念成了中国的必然选择，中国也移植了西方的法律体系，问题在于，在中国社会治理模式中所遵循的法治理念中，缺乏了上帝的“庇护”，中国的现实也决定了不可能再在中国的法律观念中植入“上帝”的因素，我们又将如何建立对法律的信仰，切实走上依法治国的道路？

### （一）培养权利观念和公民个人意识

我国传统上由来已久的权利虚无观念，使公众形成权利意识的被动性和虚无性往往直接导致司法制度不能得到良性的实施。他们认为权利的行使与否是个人自由的选择，多一事不如少一事，而当这种观念成为公众的普遍意识时，法律制度就陷入了泥潭。从西方的法治理论可知，个体是法治中权利和权力的最终承受者，个体权利状态如何，直接说明一个国家的法治程度。从古希腊古罗马以降的西方法治思想，都是强调保护个体权利。因为从理论上来讲，他们都认为个体权利是国家权力、社会权利的渊源，亦即所谓天赋人权，社会契约。所以在我们这样一个权利意识薄弱的国家里实行法治，就必须彰显公民的权利意识，法治保护个体权利尤为重要。正如19世纪德国法学家耶林所言：权利一方面从法律内获得自己的生命，另一方面也反过来给予法律以生命。他在《为权利而斗争》这一名著中，提出了“主张权利是对自己的义务”、“主张权利是对社会的义务”这样两大命题，凸显出权利对于法治的重要性。权利观念的形成，公民个人意识的培养，往往取决于文化传统的价值取向。西方文化传统是权利本位，“尊重权利”是社会久已形成的共识。而在我国，传统的文化观念却是义务本位，人们还不习惯于让权利意识勇敢地显示出来，当权者漠视民众的权利，而普通的民众自己也乐于接受这样的现实。因此要使西方法治思想在中国获得长久的生命力就必须培养普通公众全面的权利意识，当然，这一观念在我国的实践将是一个任重而道远的过程。

---

① 高鸿钧：《现代西方法治的冲突与整合》，《清华法治论衡（第一辑）》，北京：清华大学出版社，1999年版。

### （二）合理控制国家权力

孟德斯鸠曾指出："一切有权力的人都容易滥用权力，这是万古不易的一种经验。有权力的人们使用权力一直遇到有界限的地方才休止。"① 在我国，国家权力尤其是行政权力过分膨胀和强大，已是不争的事实。实施依法治国则必须把国家权力置于法律控制之下，但是"徒法不足以自行"，因此法律控制权力的最佳途径就是权力制约权力，即国家权力应以功能和性质为标准分配到相应的机构中去，使国家立法权、行政权、司法权互相监督、协调发展。此外，要加强培育社会权力。"社会是介于国家和个人之间的中间环节，社会组织兼顾着管理者和被管理者的双重身份。它一方面对社会成员的私人事务和权利进行协调管理，另一方面对国家主张社会个体权利的实现，以保障私人权利免受国家权力的侵害，并且在其受到侵害时有效地运用救济手段。"② 完整的社会权力系统可以对国家权力实行监督和限制。在我国，社会权力的主体可以包括人民及社会组织。社会组织包括民族、阶级、阶层、利益群体及政党、企业事业组织等。建设和推行社会权力的过程就是建设上述社会权力载体自身的过程，各社会组织应充分认识到自身的权力作用，主动参与到经济建设和社会管理当中来，重视反映底层社会阶层的愿望。在合法的前提下，实践公民的政治权利，利用自身的影响力开展利国利民的社会活动，进一步实现对国家权力的控制，推进法治进程。

### （三）采取"推进型"法治道路

理顺明晰推进我国法治进程的观念，下一步就要落实我国法治建设如何启动进行。学界中大致有两种观点：一种是"自然演进论"。从本文的第一部分可知，古希腊古罗马的法治思想和近代形式法治思想及其向现代实质法治的转变，都是由在本土资源基础上的内部整合和演变进化而来的，是商品经济（市场经济）逐步发展和民众的法治意识逐渐积累的产物，其直接动力来源于市民社会。"自然演进论"者认识到了法治上层建筑对经济基础、社会基础和文化基础的依赖关系，但同时也过分强调了这一关系。如苏力认为：中国的法治建设不能通过变法实现，只能由本土资源演进而实现。范忠信说："认为政府依靠强有力的国家施政过程去推行贯穿民主法治精神的法律制度就可以自上而下地实现法治，这里是一种误解。"另一种是"法治推进论"。认为一国的法治运动应该在国家"上层建筑"（包括政府机关，国家权力机关，执政党等）的推动下启动和进行，

---

① 梁治平：《法辨》，北京：中国政法大学出版社，2002 年版。

② 马长山：《西方法治产生的深层历史根源、当代挑战及其启示——对国家与市民社会关系视角的重新审视》，《法律科学》，2001 年。

"上层建筑"是法治运动的主要动力。①

综合上述对西方法治理论的探析，笔者认为，从我国的国情出发，法治道路只能采取"推进型"模式，但在政府推进法治建设的同时，应汲取"自然演进论"的有益建议。考察整个西方法治理论，我们知道西方法治思想历经古代、近代、现代漫长的发展历程，与之相反的是我国本土法治思想源流贫乏，法治走自然演进的道路将不切合实际。我国几千年的历史是"人治"，真正意义上的"法治"观念淡薄。传统的儒家思想倡导"为政在人"，即"其人存则政举，其人亡则政息"，"有治人，无治法"，再加上长期以来的自然经济和计划经济决定我国法治不可能像西方国家那样自然演进。改革开放以来，虽然我国公民的权利意识、法治意识增强，依法治国也日益深入人心，但这并非"自然演进"的结果，恰恰相反，是政府推行改革，发展市场经济的结果。另一方面，法治现代化的紧迫性也决定了我国法治建设只能主要地依靠政府推进。西方国家几百年的资本主义市场经济使法治不断趋于完善。我国改革开放三十几年的历程不可能催生一个法治自然产生、发展、完善的完整过程，所以我们在社会治理过程中推进法治轨道的创新，有必要借鉴、移植并消化西方先进的法治理念和经验。当然，在由政府推进法治建设时，要注意培育市民社会。从西方法治理论的发展可知：市民社会是法治发展的基础；市民社会是法治规则的重要源泉。诚如范忠信先生所说：法治是从西方移植过来的参天大树，市民社会则是法治大树的土壤，土壤不能移植，只能用"社会化学"方法改良。

① 范忠信：《为什么要重建中国法系：居正法政文选》，北京：中国政法大学出版社，2006年版。

# 论 NGO 在我国社会治理中的作用

冯 霞
◉ 中国政法大学国际法学院教授、台湾法研究中心研究员、法学博士

非政府组织（英文为 Non - government Organizations，简称为 NGO）的大量出现是 20 世纪 80 年代“全球结社革命”的产物，在这场全球结社革命中，非政府组织兴起，并在政府和市场之外的第三部门（the Third Section）逐渐确立了自己的相对独立地位。非政府组织一词，首先由联合国在 1949 年所使用，其所指涉的团体范围很广，包括学校、医院、慈善团体、宗教组织、基金会、发展机构、专业性协会、俱乐部及游说团体等。就非政府组织与团体所关心的价值事项来看，至少包括民主推动、人权保护、文化交流、新闻信息、医疗卫生、环境保护、经济投资、科技交换、国际劳工、人道救济、难民保护、宗教交流等活动。一般而言，当我们在论及“非政府组织”时，还可进一步区分为国际非政府组织（INGOs）与（国内的）非政府组织（NGOs）。国内的非政府组织，其特征如下：正式的、有组织的、非政府或私人的、自主的、非营利的、志愿的。至于“国际非政府组织”的意涵，则是指涉在一地区、国家或国际间所形成之非营利目的、自愿性的人民团体，该团体由一群有共同理念的人民所组成，以达成其理念目标为首要任务。

在经济全球化浪潮迭起和经济不确定性日益增加的大变革时代，不论是发达国家还是发展中国家都在寻找一种更好的新的治理形式，以便在社会发展的竞争中赢得优势，治理理论由此成为回应这一变革的强势政治理论话语。从历史经验看，治理存在着传统与现代的两个模式，传统治理模式尊崇政府的统治与控制，治理的权威及其行动者必定是政府权力的运用者；而现代治理模式则包括各种公共的或民间的个人和机构管理共同事务的诸多方式，从根本上区别于传统政府统治。由于种种原因，我国一直实行高度集权的管理体制，政府作为单一的权力中心治理社会公共事务。理论与实践表明，这种单一中心治理体制不能适应经济市场化、政治民主化和社会现代化的发展要求，必须予以改革。政府治理的理性变革，应当由体制内分权向体制外分权即向社会分权推进，从而建立起政府、市场、社会三维框架下的多中心治理体制。

## 一、我国 NGO 有关立法初具规模

改革开放以来，我国非政府组织的数量急剧增长。虽然与此同时，关于非政府组织的法律也得到了相应的发展，但与非政府组织现实快速发展的客观需要相比，是相对滞后的。近年来，随着中国社会进入转型期，政府职能转变，各种非政府组织勃生，在发展中也出现了很多问题。例如，各类非法 NGO 的破坏作用；西方敌对势力的染指与企图分化、颠覆（最著名的莫如东欧发生的一系列“颜色革命”）；外国人士擅自在境内设立 NGO；NGO 违规从事营利性活动，非法侵占资产，超出章程规定的宗旨和业务范围进行活动等等。这不同程度地干扰了正常的经济、社会秩序。当然，这些都是负面的，也并非是不可避免的，除此之外我们还看到中国 NGO 在诸多领域发挥了积极作用。从中国青少年基金会“希望工程”捐款、保护母亲河活动，到 1998 年特大洪涝灾害中国慈善总会空前的赈灾募捐；从中国扶贫基金会一以贯之的各类扶贫工程、“2002 新长城—中国特困大学生资助项目”，到民间活跃的环保 NGO 如“自然之友”、“地球村”、“绿色家园志愿者”以及近年出现的从事农村发展的 NGO 等；直至 2003 年 SARS 肆虐下各公益社团组织对突发性危机事件的应对：NGO 呈现出充沛的活力和巨大的发展潜质，其作出的业绩，在中国和国际上都产生了积极的影响。

关于 NGO 我国立法上已经初步形成了以《宪法》为统领，以两个《登记管理条例》为主，与之相配套的地方性法规、部门规章为辅，一般法与特别法相结合的法律法规体系。对于所涉及的主要法律关系，从其设立、变更、注销到财务、人事、税收管理，在我国现行立法上都有所规范和调整。因此，可以客观地说，我国关于非政府组织的立法是比较全面的：1.《宪法》中的有关规定；包括了《宪法》第 35 条关于公民结社自由的规定，第 47 条关于公民从事科学研究、文学艺术创作和其他活动的自由以及国家对于从事教育、科学、文学、艺术和其他文化事业的公民的有益于人民的创造性工作给予鼓励和帮助的规定。2. 非政府组织法律以及相关法中的有关规范；除了《红十字法》、《工会法》外，我国目前还没有非政府组织的统一立法，但在相关法律中有关于非政府组织的规定。如《证券法》、《体育法》、《注册会计师法》、《律师法》、《职业教育法》等。《民法通则》第 50 条确立了社会团体法人的民事法律地位。3. 行政法规。主要包括《社会团体登记管理条例》、《民办非企业单位登记管理暂行条例》、《外国商会管理暂行规定》等，其他的一些行政法规中也有类似规定，如《广播电视管理条例》、《电影管理条例》、《印刷业管理条例》和《出版管理条例》等行政法规中也有关于非政府组织在各自主管部门指导下实行自律管理等规定。4. 地方性法规。如《天津市社会团体登记管理规定》、《深圳市社会团体组织通则若干规定》、《上海市促进行业协会发展规定》。5. 部门规章。包括《社会团体

设立专项基金管理机构暂行规定》、《民办非企业单位登记暂行办法》、《社会团体分支机构、代表机构登记办法》、《民办非企业单位名称管理暂行规定》、《事业单位、社会团体、民办非企业单位企业所得税征收管理办法》等。还有各个业务主管部门制定的管理暂行办法，如《交通部社会团体管理暂行办法》、《建设部社会团体管理暂行办法》等。6. 国际条约。我国已经加入的《世界人权宣言》(1948）第 20 条第一款规定：人人有权享有和平集会和结社的自由。另一个我国加入的国际条约《公民权利和政治权利公约》（1966）第 22 条也规定人人有权享有和平集会和结社的自由，包括组织和参加工会以保护自身的利益的权利。

以上是关于非政府组织的一般性立法，除此之外还有一些单行法律法规就某些特殊非政府组织的设立、组织机构、职能、监督管理等问题作了具体规定。主要有：基金会（《基金会管理条例》)、工会（《工会法》)、民办学校（《民办教育促进法》)、消费者协会（《消费者权益保护法》）等等。

众所周知，在大陆法系中，将私法人分为社团法人和财团法人两类，其中非营利性社团法人和财团法人也就是我们所讲的非政府组织。而在英美法系没有公法人与私法人的划分，非政府组织可以是非营利公司，也可以是协会，还可能是公益信托（Trust)。相比较而言，我国对非政府组织的分类和界定非常不统一，缺乏明确一致的标准，因而存在诸多争议，笔者认为，我国非政府组织可考虑分为以下几类：1. 法定非政府组织。指那些按照现行法规，在各级民政部门登记注册、获得社会团体或相应法人地位的“非政府组织”。而根据非政府组织的权力来源来划分的话又可以分为：法律法规授权的非政府组织、受委托的非政府组织和基于自治性章程而产生的非政府组织。如果依据现行法规，在民政部门注册登记的非政府组织主要包括三种类型：依《社会团体登记管理条例》（1998 年）注册登记并获得社会团体法人资格的社会团体，依《基金会管理办法》（1988年）注册登记并获得社会团体法人资格的基金会，依《民办非企业单位登记管理暂行条例》（1998）注册登记的民办非企业单位，后者视不同情况获得法人、合伙或者个体的行为主体资格。此外，在法定的非政府组织中，还包括 33 个免于在民政部门注册登记而具有法律地位的特殊团体，以及国务院批准免于登记的 25 个特殊的社会团体。2. 草根非政府组织。指那些不被现行法规正式认可的，但是在相当程度上具备 NGO 的核心特征，即非政府性、非营利性的组织，其中大多属于民间自发组建，因各种原因不能在民政部门登记注册而未获得法人资格的组织，又称为“转登记或未登记组织”。3. 准非政府组织。指那些处于转型中、边缘性及其他社会组织，包括转型中的事业单位、组织界限尚未划清的部门代管组织如业主委员会、在现代科技手段下出现的新型组织如网上社团等，也可统称为“未定型组织”。除此之外，还可以按照组织性质将非政府组织划分为公益型非政府组织和互益型非政府组织，或按照组织体制划分为会员制的非政府组织和非会员制的非政府组织，或按照活动领域、活动范围、活动导向等来划分，在此不一一赘述。

## 二、NGO 在社会治理工作中的作用

NGO 的发展源自于西方的治理理论。治理，是基于这样一种判断：当国家体系中的政府不能有效地配置社会资源（政府失灵）、市场体系中的企业又囿于利益动机不愿提供公共物品（市场失灵）时，需要寻找、培育有别于政府和市场之外的第三种力量。[①] 随着经济体制转轨和政府职能的转变，我国 NGO 得到空前的发展，尽管 NGO 做的似乎只是一些“拾遗补阙”的工作，但在整个社会的沟通、整合及治理方面，NGO 以其独特的优势发挥了不可替代的作用。因此 NGO 已经成为比肩政府和市场的“第三种机制”。

### （一）促进社会和谐

NGO 建立的诉求机制与利益整合机制，增进社会容忍，协调利益，维护社会稳定，促进社会和谐。转型期的中国，各阶层利益不断重组与分配，各种社会矛盾错综复杂。如果这些矛盾不能通过合理的渠道释放，就会逐渐积累形成社会冲突，引起社会动荡。而 NGO 提供的较宽松的活动空间，使社会成员可通过各种方式满足其多样性和多层次的愿望并实现其利益；NGO 合法、有序、理性的表达诉求，能够起排解社会怨气、释放社会压力的作用，也使各社会群体能依法共存相容，增进社会容忍度，以避免许多恶性的、非理智群体性事件的发生。在 NGO 中贯穿的宽容、互助、互惠和利他精神，不仅能够在 NGO 内促进和谐，而且还可缓和或消除企业和政府部门所引发的一些社会矛盾，从而有助于维持整个社会的稳定。从这种意义上说，NGO 是政府治理社会的得力帮手，是和谐社会建设的主力军。

### （二）维护社会良性运转

NGO 医治“市场失灵”和“政府失灵”的突破口，成为社会良性运转的一支重要力量。美国著名经济学家韦斯布罗斯认为，正是政府和市场在提供公共产品方面的局限性，导致了对 NGO 的功能需要，这是 NGO 存在的主要原因。[②] 中国自上个世纪 70 年代末推进改革至今的几十年里，市场的局限性和消极性彰显无疑，尤其表现在出现了大量的社会问题如失业、腐败、越轨和环境恶化等。政府的力量是有限的，曾被世人羡慕的北欧高福利国家，实行了几十年的从“摇篮到坟墓”的高福利政策，在 20 世纪末叶遭到冲击，国家财政拮据，足以证明由

① 贾志刚、杜成功：《NGO：〈走向社会发展的前台〉》，《领导之友》2005 年第 3 期，第 5 页。
② 田凯：《西方非营利组织理论述评》，《中国行政管理》2003 年第 6 期，第 59—64 页。

政府包揽社会福利已行不通，单靠政府力量不能解决众多社会问题。① 在政府与市场功能的“空白区域”，NGO 往往有更高的效率。NGO 的效率得益于政府的“掌舵”与“划桨”职能的分离，也得益于市场机制的导入。一方面，政府将部分公共事务分离出来交给 NGO，从而更好地发挥“划桨”的职能；另一方面，NGO 有利于将竞争机制引入公共服务领域，提高服务效率。NGO 的发展弥补了政府、市场管理的不足，成为社会良性运转的一支重要力量。

### （三）促进社会公平

NGO 帮助社会弱势群体，实现社会资源再分配，促进社会公平、公正。社会弱势群体是由于某些障碍及缺乏经济、政治和社会机会而处于不利社会地位的人群。一个和谐的社会，应当是使弱势群体得到有效保护的社会。政府应当是保护弱者的有力工具，是社会公平的实现者和保护者。但在现代社会，由于政府能力的有限，还不能保证社会公平的真正实现。政府的社会政策往往存在一种“中位取向”，以体现大多数人的要求，而无法满足所有公众对公共产品的需要，如对残疾人、妇女、儿童等弱势群体利益的保护的要求。这时 NGO 如残疾人联合会、妇联、儿童基金会等就是最有效的保护工具。NGO 以其灵活性、多样性、人性化等特点发挥其独有的优势。首先，NGO 能深入基层，贴近最贫困的人口；第二，NGO 能灵活地为贫困人口服务；第三，NGO 能创造性地探索扶助最贫困人口的新模式。② 总之，NGO 以其独有的公益性，实现对社会弱势群体的关怀，从而有利于社会公平正义的实现。

### （四）促进公民社会的发展

NGO 促进公民社会的发展，成为建设社会主义民主政治的一支新型力量。NGO 的发展成为公民社会形成的基石。泰勒认为：“就较为严格的意义来说，只有当整个社会能够通过那些不受国家支配的社团来建构自身并协调其行为时，市民社会才存在。”③ 作为公民社会中一个最积极活跃和最具社会效益的组织形式，NGO 的形成和发展意味着公民社会的发展。此外，NGO 为公民政治参与、影响公共决策提供了重要的渠道，促进了社会主义民主政治建设。首先，中国 NGO 可通过启发、教育和引导民众参与发展活动，增强民众对自己基本权利的意识，鼓励和帮助民众维护自身权益。其次，NGO 可通过支持、反对政府政策，游说政府官员与民意代表、参与竞选等方式，影响政府决策。再次，NGO 可在不同

---

① 于燕燕：《非营利组织与社区发展》，《城市研究》2000 年第 1 期，第 35 页。

② 湖南省 NGO 调研组：《关于“湖南省民间社团组织（NGO）在帮助‘弱势群体’的作用和现状”的调研报告》，《长沙民政职业技术学院学报》2005 年第 3 期，第 98 页。

③ 邓正来：《国家与市民社会》，中央编译出版社 1999 版，第 8 页。

的利益集团因政治、经济、文化以及利益的多元化发生矛盾和冲突时，利用其民间的身份，在各利益集团之间促进沟通与理解，以推动问题的解决。最后，NGO还可在同政府的合作中享有知情权和咨询权，参与政府有关决策过程，并对其进行监督和评估①。

## 三、NGO在社会治理工作中的困境

改革开放后，随着计划经济体制向市场经济体制的逐步转变，中国NGO的发展遇到了千载难逢的机遇。然而，在面临机遇的同时，中国NGO的发展也面临许多问题和挑战。

### （一）政府行政干预过多

NGO的特点之一是其独立性，但由于部分NGO其本身是从职能部门转变过来，或者是由政府机构直接建立的，其在组织、功能和活动方式等方面，都过分依赖政府，具有浓厚的官僚化倾向，不符合“小政府，大社会”的发展要求，从而阻碍了其发展，导致NGO发展的困境。以湖南NGO为访谈对象的资料表明，许多社团实质上是政府职能的外延，如湖南省青少年发展基金会就隶属于共青团系统，为省共青团管理；省慈善总会隶属民政系统，为省民政厅管理；省红十字协会隶属卫生系统，为省卫生厅管理等。该省各地市的慈善总会、红十字协会均是此种模式，许多社团是政府的一个行政部门，是“一套班子两块牌子”。②

### （二）有关NGO政策法规和监管机制不健全

NGO的活动若没有法律制度的依托，很容易偏离其组织目标，即为社会提供有效的公共物品。目前，在NGO的立法方面，我国主要有《社会登记管理条例》、《民办非企业单位登记管理暂行条例》、《基金会管理办法》等等。继这些条例之后，1999年8月，我国历史上第一个有关NGO捐赠的专门法案《公益事业捐赠法》出台，2001年《中华人民共和国信托法》出台。从条例到法律，已经看到进步，但这远远不能满足NGO发展的需要。应清楚地认识到，已有的条规内容比较陈旧，条款过于抽象，缺乏可操作性，随着NGO的急剧增加，很难适应新形势的要求。此外，对NGO的监督制度、形式和手段比较单一，一方面政府对NGO的监管不力，另一方面来自社会的监督也不强。

---

① 万智慧：《加快我国非政府组织建设，促进我国社会主义政治文明》，载《马克思主义与现实》2004年第5期，第67页。

② 湖南省NGO调研组：《关于“湖南省民间社团组织（NGO）在帮助‘弱势群体’的作用和现状”的调研报告》，《长沙民政职业技术学院学报》2005年第3期，第98页。

（三）社会公益、志愿精神不足

NGO 的正常运行主要依靠慈善捐款和志愿者的志愿行为。虽然社会公众捐赠意识有很大提高，但远远不能满足 NGO 的需求。正由于慈善不足、志愿不足，导致 NGO 的财政危机正在吞噬 NGO 的本性即其非营利性。据资料统计，美国非营利部门的资源总量为 5085 亿美元，其中 31.3% 来源于政府资助，50.2% 来源于会费、服务收费及投资回报，私人志愿捐款仅占总资源的 18.4%。[①] 在我国现阶段，不少人对志愿者的了解不够，也缺乏对志愿者活动的认可制度。此外，慈善公益组织的数量和增长速度并未与我国经济和社会的发展趋势相吻合。这些问题的积压已经成为公益慈善组织发展的瓶颈。

（四）资金与人力资源匮乏导致 NGO 能力不足

由于各种现实原因存在，我国相当一部分 NGO 处于严重资金短缺状态。据统计，我国 NGO 由各级政府提供财政拨款和补贴占到 50%，政府以项目为引导的经费支持占 3.6%。其他主要的收入来源依次是：会费收入（21.2%），经营性收入（6%），企业赞助和项目经费（5.6%）。另外诸如募捐收入、国际组织和国外政府资助等方面的收入来源，合计不到 5%。[②] 资金短缺很大程度上影响 NGO 活动开展与组织运行的效率。其次，在人力资源方面，NGO 缺乏固定的人力资源补充途径；在引进人才方面，NGO 缺乏有效的激励机制和进行系统专业培训的指导人员。

## 四、发展和完善我国 NGO 的基本途径

当务之急是如何在跨越式发展模式下，建立和完善我国的 NGO，使其发挥应有的作用。

（一）推进经济体制和政治体制改革，实现政府职能转变

随着改革开放的深入，我国政府长期扮演的“全能政府”的弊端已彰显无疑，相反“有限政府”的理念已深入人心，其表现在政府由微观管理转向宏观管理，由控制转向引导，由强调“管”转向强调服务，由依靠命令转向推动立法依赖法制。经济体制改革、政治体制改革的重要目标在于政企分开、政事分开、政社分开。从总体上看，政企分开有了实质性突破，政事分开和政社分开尚未真正破题。为此：第一，在党的领导下，稳步推进政社分开，逐步实现社会组

① 王绍光：《多元与统一——第三部门国际比较研究》，浙江人民出版社 1999 年版，第 42 页。

② 王名、贾西津：《中国 NGO 的发展分析》，《管理世界》2002 年第 8 期，第 55 页。

织领导人自选、活动自主、经费自筹等方面的改革。第二，建立政府与民间组织的平等协商对话机制。第三，各级政府要从部门利益和行业利益中超脱出来，尽快地把公益性、服务性的社会职能下放给具备条件的民间组织。①

### （二）完善和健全有关NGO的法律法规

完善有关NGO的法律法规，首先是国家加强对NGO的立法工作，提升立法权威；设立NGO管理方面的实体法；从立法上给NGO的自治性与民间性以法律上的保障，逐步打破限制竞争的规定，为NGO能力的提升创造良好的宏观环境。二是形成配套的法律体系，主要体现在与《宪法》中关于公民结社原则相衔接的结社法律、捐赠法律和规范非营利事业与非营利组织的单行法，与这些法律相衔接的实施细则和单行法规等等，以优化NGO生存于其中的法律环境。

### （三）培育社会公共意识

在当今全球一体化进程中，我国民众的公民参与意识越来越强，志愿活动走向兴盛，但是还远不能满足NGO的需求。如何有效地激励全社会的参与，培育社会公共意识、强化志愿精神是一个值得人们深入探讨的问题。一方面，政府应在政策和实际行动上支持与弘扬整个社会的志愿者精神，并通过注册认证制度的贯彻落实，把更多有爱心的人组织起来，使其积极投身到为社会公益事业的服务中去；另一方面，各类NGO通过自律、研讨、宣传，扎扎实实开展好各种志愿服务活动，努力为建设社会主义和谐社会作出更大的贡献。

### （四）建立NGO多渠道融资体系

资金短缺问题是NGO公共性发挥的最大障碍之一，而解决这一问题的最佳途径是建立关于NGO的多渠道融资体系。NGO的资金来源可以是政府的财政支持、国内外的社会捐助、在政策允许范围内的服务收费和营利收入等；NGO的资金筹募机制也应该是多元化的，应大力发展类似于美国筹募、社区基金会、商营公益捐赠基金的公共筹募机构和监督机构；民间NGO之间的良性竞争有利于使社会资金向规范、有效的组织集中。② 因此，政府一方面要增加对NGO的资助性投入；另一方面要积极引导NGO多渠道融资体系与机制的建立和健全；而NGO可以适当开办营利性实体，同时积极学习国外的经验，努力提高自身的知名度和公信度，依靠自身的优势来获取社会资助等。

---

① 迟福林：《政府转型与民间组织发展》，载［EB/OL］．［2005209224］http：//www. ngocn. org/Article/ShowArticle. asp？．

② 卢雷、石开斌：《论我国非营利组织公共性的缺失及其对策》，《山东教育学院学报》2004第4期，第41页。

（五）建立协商对话机制

在利益多元化的社会里，存在着各种利益主体，包括政府、企业、公民个人。在各种利益群体中，有强势的，也有弱势的，例如有经济实力的企业，和失去土地又无社会保障的农民。强势者的利益表达与诉求，比较容易传递，路径会有多种选择，社会关注程度高；而弱势者的利益表达与诉求，往往缺乏有效的途径，以致有些人采取极端行动来维护自身权利。由于民间组织的使命和特性决定了为弱势群体服务的价值取向，所以弱势群体的声音和诉求，往往通过民间组织反映表达出来。建立政府与民间组织协商对话机制，可以真实地反映弱势群体的要求；可以协调不同利益关系，提高决策的科学性；也可以减少由于信息不对称而产生的种种误解，增加相互信任。协商对话，需要参与者相互尊重、平等、客观、包容，需要有良好的沟通能力。相对于政府而言，民间组织处于弱势位置，所以还需要从制度和程序上保证对话的有效性，使民间的声音能够通过正常渠道顺畅地表达出来。

我国已经进入了一个新的发展时期，一个在更深层次、更大空间和更广领域进行变革的转型期社会。在这样的背景下，要建立“小政府、大社会”的目标模式和发展第三部门，促进社会的稳定、健康发展，就必然要构建现代社会治理模式，实现善治。作为政府、市场、公民社会的三元社会结构框架中的一种社会组织形态，中国的 NGO 不仅将可以成为政府的帮手、公益事业的补充，更将充当有效的社会控制中介，在国家与社会间、在国家与个人间、在社会转型的稳定和发展间起到良好的缓冲作用。NGO 对社会弱势群体的保护和对公益性的代言，不仅彰显出一种强大的力量，更在搭建一种新的机制，即通过 NGO 这个平台，把公众引入参与行政决策之中，形成多元社会治理模式。目前，我国公民对公共服务、公共产品的需求和实际供给之间的矛盾导致社会治理水平面临严峻的挑战，可以说，在我国社会正在经历重大的变革和转型的背景下，构建现代社会治理模式，提高社会治理水平，是一个任重道远的过程。

# 论民间组织在社会治理中的主体地位

**金国坤**

◉ 北京行政学院法学部主任、教授、法学博士

2010年7月12日，北京市250家民间组织携500余个与民生密切相关的公益服务项目到北京会议中心摆摊儿“赶大集”，与政府洽谈，由政府购买其服务，其中300项优秀项目将得到政府“买单”，根据不同情况给予每个项目3万至30万元不等的资金支持。这些项目实施后，市民将免费享受超过1亿元的十大类社会服务。[①] 这一行动表明了在社会管理和公益服务领域，政府已向民间组织敞开胸怀，由政府独家提供公共服务的局面已经打破。民间组织参与公共管理，动摇了传统行政主体理论，行政法律关系主体双方的地位和权利义务将发生重大变化，迫切需要行政法学界对行政法理论和制度作出调整，以适应社会发展的需要。

## 一、民间组织的发展以及在社会管理中的作用

民间组织是在社会主义市场经济发展过程中新涌现出来的各类社会性组织，主要包括社会团体、基金会、民办非企业单位、部分中介组织以及社区活动团队等。这些民间组织与机关、事业单位、企业单位并列，在我国可以称之为第四部门。[②] 近年来，我国民间组织发展迅速，已经成为一支不可忽视的社会力量。截至2009年底，依法登记的民间组织已经超过43万个，其中社会团体23.9万个，民办非企业单位19万个，基金会1843个，已经初步形成了遍布城乡，涉及国民经济各个行业、社会生活各个方面，门类齐全、层级多元、覆盖广泛、功能较强

① 侯莎莎：《政府出资亿元购买公益服务》，《北京日报》2010年7月13日，第5版。

② 如果在西方国家将这些民间组织称为第三部门的话，在我国称之为第四部门更合适一些，第三部门在我国应是事业单位。事业单位被依法定义为官办的以后，民办事业单位的概念就不复存在了，而代之以民办非企业单位。民办非企业单位以及社会团体、基金会与事业单位存在着本质区别，事业单位是由国家机关举办的或者利用国有资产举办的，根据法律授权具有行政主体资格，可以参照公务员管理，依法由各级人民政府机构编制管理机关登记；而民办非企业单位是利用非国有资产举办的，国家机关不得举办民办非企业单位。举办民办非企业单位以及社会团体、基金会都应当向民政部门申请登记。

的民间组织体系。[①]

就民间组织中的民办非企业单位而言，[②] 它们以从事教育、科技、文化、卫生、体育、社会福利、环境保护等社会服务活动为目的，近年来正在平稳发展并在社会服务中发挥着越来越重要的作用。根据《2009年民政事业发展统计报告》，全国19万个民办非企业单位中，教育类占了92703个，社会服务类28060个，卫生类27237个，科技研究类9760个，文化类7188个，体育类6591个，职业及从业组织类1628个，农业及农村发展类1466个，生态环境类1049个，法律类782个，宗教类271个，国际及其他涉外组织类56个，其他11608个。据上海市社会服务局调查，民办非企业单位致力于为老年人、残疾人、病人和青少年服务的正日趋增多。在政府部门的引导下，关爱弱势人群、热心公益事业，正成为沪上民办非企业单位的新热点。[③] 广东省民办福利机构已占全省福利机构总数的31.6%，打破了社会福利以往只有国有一家独办的局面，推进了社会福利社会化。[④] 成立于1995年的天津鹤童老人院，已成为全国养老服务示范单位，其设在京津两地的4个养老院舍，常年赡养400余位需要长期护理和照顾的老年人。[⑤]

在民政部民间组织管理局于2010年6月在浙江举行的一次民间组织立法和管理经验交流会上，长期从事民间组织管理工作的浙江省民间组织管理局副局长李崇义亲身体会到，民办非企业单位和事业单位一样，都是为人民群众提供公益性质的专业性服务，同时民办非企业单位还是对事业单位职能的进一步拓宽。民办非企业单位的存在和发展，是对政府提供公共服务的重要补充。随着我国经济的发展和人民生活水平的提高，需要满足人民群众不断增长的物质文化生活的社会服务性活动也越来越多，对于许多社会急需而政府又无暇顾及或力不从心的领域，由民间出资兴办非营利性的学校、医院、科研院所、文体场所、社会福利院等等，可以填补社会服务空位，较大满足社会生活的迫切需求。民政部门认识到，民办社会工作机构的发展，对于进一步推进社会工作及其人才队伍建设，预防和解决当前社会发展中存在的各种矛盾和问题，推动政府转变职能，创新社会管理和公共服务方式，加强以改善民生为重点的社会建设，促进社会和谐，更具

---

① 《第三届民间组织创新与发展论坛在银川召开》，中国民间组织网，http：//www.chinanpo.gov.cn，最后访问时间：2010年9月2日。

② 所谓民办非企业单位，是指社会力量利用非国有资产举办的，从事非营利性社会服务活动的民间组织。

③ 《上海各级政府积极引导沪上民办非企业单位热心公益事业》，《文汇报》2006年10月12日。

④ 方向文：《浅谈民间组织在社会服务中的功能作用》，广东民政网，http：//www.gdmzzzs.com，2009年9月22日。

⑤ 《天津鹤童老人院成全国养老服务示范单位》，北方网，http：//www.enorth.com.cn，2005年11月22日。

有现实意义。[1]

从计划经济到市场经济，企业成为市场的主体，政府从台前退到了幕后，充当监管者和服务者的角色。一般而言，市场能有效地对资源进行配置，并推动经济和社会的发展，但在公共服务的供给方面，市场由于投入的成本相对于收入而言并不合算，所以市场在面临这些问题时常常失败。企业的营利性特征决定了对公共物品和公共服务不适宜主要依靠市场来提供，而必须大部分通过公立机构或私立非营利组织来提供，即使在市场经济最发达的美国也是如此。[2] 社会管理，提供公共产品在市场经济环境下被认为是政府保留的一项重要职能，自然而然地，公共事业被认为必然由政府直接举办，只准一种社会建设主体——政府部门和体制化了的社团存在，几乎不给非政府组织生长空间，在社会管理领域仍然是“社会全能政府”。[3] 结果是不仅投入了大量的人力、物力、财力，还导致政府职能越位与缺位并存，机构重复建设，既“养事”又“养人”，造成财政资金的浪费。越来越多的实践告诉我们，完全由政府提供公共服务，既不能达到效益最大、效率最高，也不能保证所有社会成员都平等地享有。而民办非企业单位由于其不以营利性为目的的公益性特征，既没有官办事业单位的“官气”，也没有私营企业“商气”，有的是一股为公益的“朝气”。在公共医疗卫生服务、孤寡老人服务、残疾人服务，甚至市政建设、环境卫生等一些公共服务领域可以发挥其独特的作用。[4]

民办非企业单位能否异军突起，以社会管理主体的身份出现的问题，使我想起了在经济领域个体经济和私营经济的发展历程。1982 年《宪法》第 11 条规定，在法律规定范围内的城乡劳动者个体经济，是社会主义公有制经济的补充。个体经济被认为是起到了拾遗补缺的作用。1988 年修正案对第 11 条增加规定：“国家允许私营经济在法律规定的范围内存在和发展。私营经济是社会主义公有制经济的补充。”而 1999 年第 14 条修正案则规定，“国家在社会主义初级阶段，坚持公有制为主体、多种所有制经济共同发展的基本经济制度”，第 16 条修正案规定“在法律规定范围内的个体经济、私营经济等非公有制经济，是社会主义市场经济的重要组成部分”。经济领域中非公经济从补充到组成部分的发展是否也就是明天社会领域民间组织从补充到组成部分的变迁？

---

① 参见《民政部关于促进民办社会工作机构发展的通知》（民发〔2009〕145 号）。

② 根据美国卫生与教育统计 1996 年年鉴，美国的医院中，联邦医院的数量占 5.7%，州或地方政府资助的医院占 24.5%，私立非营利医院占 55.7%，私立营利医院只占 14.1%是；美国的高等教育中，四年制的公立高校数量占 27.3%，四年制的私立非营利高校占 66.6%，四年制的私立营利学校仅占 6.1%。

③ 李昌平、廖洪涛：《唯有打破“社会全能政府”，别无选择借鉴 30 年经改，破题社会改革》，《南方周末》2010 年 7 月 7 日。

④ 参见《发挥民间组织在公共服务中的作用》，郑州民间组织信息网，http：//www. hnzzmjzz. com，2007 年 12 月 20 日。

其实，《民办教育促进法》早已宣示，民办教育事业属于公益性事业，是社会主义教育事业的组成部分，民办学校与公办学校具有同等的法律地位。《国家中长期教育改革和发展规划纲要》（2010—2020 年）更是明确，民办教育是教育事业发展的重要增长点和促进教育改革的重要力量。这也就是民办非企业单位的地位和前景。

## 二、民间组织面临的制度障碍与破解之道

我国的民间组织是自发形成的，在产生之初政府采取的政策是既允许其存在，又进行严格的管制。对于社会团体、民办非企业单位及其基金会，立法要求必须经过登记才能合法成立。未经登记，擅自以社会团体、民办非企业单位或基金会名义进行活动的，将受到法律追究。登记在实行登记制的国家和地区中可分为注册登记制度及审批登记制度两种形式。在注册登记制度中，民间组织向登记机关申请登记时，登记机关仅对其进行形式审查，不需要其他有关部门的批准。① 而在审批登记制度中，民间组织在向登记管理机关申请登记之前，先要得到有关机关的批准，登记机关根据其决定是否予以登记注册。我国现行登记制度属于许可制度。《民办非企业单位登记管理暂行条例》第 3 条规定，成立民办非企业单位，应当经其业务主管单位审查同意，并依照本条例的规定登记。根据《行政许可法》的规定，这是双重许可制度。业务主管单位的审查同意是根据《行政许可法》实施的确认许可，民政部门的登记是根据《行政许可法》实施的登记许可。两者都属于《行政许可法》规定的许可范围。②

双重许可制度，在管理理念上暴露出政府对民办非企业单位的管制心态，目的是控制民办非企业单位的规模和发展，将民间组织掌握在可控范围内。③ 有了前置审批环节，成立民间组织就不再是“自由”的了，即使符合其他法定条件，但没有业务主管机关的批准文件，就无法向登记管理机关申请设立登记，民间组织法人就无法成立。在实际操作中，业务主管单位不过是为民政部门进行初审，也就是说，同一事项，必须经两个机关分别审查一次，实际上就是给两个机关分别以“一票否决权”。这不仅使有关事项的申请过程过分拖延，而且使申请被批

---

① 如德国民法第 21 条规定，非营利性社团因登记于主管初级法院的社团登记簿册而取得权利能力。也就是说，非营利性社团的成立无须获得许可，只要符合法律规定的形式要求，即可因注册而取得法人资格。

② 登记本来是对民事权利的确认，在行政行为分类中属于行政确认行为，但工商企业登记、社会团体登记和民办非企业单位登记，法律规定了申请登记应当提交相应的文件，符合法定的和登记机关要求的条件，实际上已不是对既有民事权利的法律确认，而是赋予其新的民事权利。这样的登记，其性质已经转变为行政许可了。

③ 参见谢海定：《中国民间组织的合法性困境》，《法学研究》2004 年第 2 期。

准的可能性降低了。① 由于任何一个民间组织注册必须先找一个政府部门作业务主管单位，然后才能到民政部门登记注册。20 年多来，这种双重许可制度所造成的后果是，只有 20% 的民间组织按照规定在民政部门登记注册，而 80% 的民间组织则处于非法的状态，而它们所做的，却是社会需求极大的公益性活动。② 双重许可管理体制也给事后的监管带来了麻烦。民办非企业单位接受业务主管部门和登记管理机关的双重监督，表面上看起来强化了监督，实质上容易导致了政出多门或相互推诿的现象，人为地制造了职能冲突，增加了民间组织的负担。③ 据反映，由于实行双重管理体制，民办非企业单位在登记注册、常规管理和年度检查等方面都比工商企业麻烦。同时，登记管理部门、业务主管部门、工商财税部门等国家相关的职能部门之间在政策制定和政策执行中往往缺乏协调，互不配套，常常导致民办非企业单位无所适从，疲于应付。双重管理体制不但没有给民办非企业单位带来任何好处，反而增加了很多麻烦，还不如直接登记为工商企业。事实上确实有相当一批本属民办非企业单位登记范围的民间组织直接登记为一般工商企业。

政府对民办非企业单位的管理理念和管理方式，加上民办非企业单位法律地位的不明确和处境的尴尬，使民办非企业单位的发展极其缓慢。《中国民间组织报告（2009—2010）》认为，民间组织整体增长速度放缓，民办非企业单位增速最慢。④ 民办非企业单位既不是企业，也不是事业单位和社会团体，在民事法律关系没有其民事主体地位。⑤ 在实践中，民办非企业单位的定性使其陷入了尴尬境地：因为不是事业单位，他们不能在财政局购买事业单位发票；由于是民办非企业单位，执照上没有允许从事经营，也不能去国税局购买企业单位发票。⑥ 更为严重的是一些地方工商行政管理部门，对有收费行为或开展有偿服务的民办非企业单位按未经工商登记，开展违法经营活动予以处罚，造成管理的混乱，严重

---

① 北京市民政局课题组：《关于促进民办非企业单位发展研究报告》，http：//zyzx. mca. gov. cn/article/yjcg/mjzz/200807/20080700018673. shtml，2008 年 7 月 23 日。

② 南香红：《“婆家”难找，民间组织求解 20 年之困》，《南方都市报》2008 年 3 月 16 日，第 AA11 版。

③ 参见拙著：《部门权限冲突解决机制研究》，北京大学出版社 2010 年版，第 37 页。

④ 黄晓勇：《中国民间组织报告（2009—2010）》，社会科学文献出版社 2010 年版，第 2 页、第 6 页。

⑤ 《民法通则》专设“法人”一章，法人包括企业法人、机关法人、事业法人和社会团体法人。《事业单位登记管理暂行条例》、《民办非企业单位登记管理暂行条例》以及《社会团体登记管理条例》将民办非企业单位排除在了事业单位和社会团体之外，那它在民法主体中就缺少了“座席”，成了“编外”成员，无法享受民事权利，承担民事义务。

⑥ 1996 年马未都成立了中国第一家私立博物馆——北京观复古典艺术博物馆。2002 年，这家私立博物馆更换了法人执照，变成“民办非企业单位”。该馆馆长马未都无奈地说：“我并非为我这一家博物馆的命运担忧，北京市的其他几家私立博物馆也正面临着相同的命运。希望有关部门从观念上解决私立博物馆的定性问题，将私立博物馆做成一个可以良性运转的民间公益组织。”（参见罗昌平：《民办非企业单位的鱼和熊掌》，中国商报网，http：//www. cb－h. com，2008 年 8 月 12 日。）

挫伤社会力量兴办公益事业的积极性。① 在税收、土地利用等方面，总的来说，目前尚有许多地方政府对民办非企业单位发展重视不够，扶持力度不大。② 政府对其优惠政策尚未充分体现出来，民办非企业单位生存存在着困难。上海市的一份调查显示，民办非企业单位的财务状况普遍偏紧。③ 在政府出资举办大量的事业单位从事公共服务的大前提下，事业单位和民办非企业单位在很多服务提供领域是重叠的，或者可以说，大多数民办非企业单位提供服务的领域，都有事业单位的存在。这使得事业单位和民办非企业单位之间在理论上存在相互竞争，但目前的制度环境明显有利于事业单位，而民办非企业单位在公共服务提供中处于不利地位。这是研究中国民间组织时不能回避的现实问题，也是笔者将其称为第四部门的主要原因。

民办非企业单位的出路何在，如何激发人们举办非营利性的民间组织的积极性，使其在社会民生福祉领域发挥应有的作用，需要创设一个良好的制度环境。2006 年 10 月中共十六届六中全会提出了“鼓励社会力量在教育、科技、文化、卫生、体育、社会福利等领域兴办民办非企业单位”的重要部署，这意味着对民办非企业单位政府已经开始从管制向扶持转变，民办非企业单位从此将走上健康发展的道路。

首先，要为民间组织的成立创设一条绿色通道，简化申请设立的条件和手续。政府不应当有过大的干预社会的权力，不能以政府的价值判断来统率社会，压制社会的活力。④ 在对民间组织的管理体制上，应参照公司登记条例，变双重许可为登记许可制，实行准则主义，取消经业务单位审查同意的前置条件，明确规定，设立民办非企业单位，应当依照登记管理条例规定的条件和程序向登记管理机关申请设立登记。

其次，尊重和保障民办非企业单位的权利。作为立法，应在原则中规定，民办非企业单位依照法律、行政法规及其章程规定开展活动，任何组织或者个人不得干涉。任何单位和个人不得私分、侵占、挪用民办非企业单位的财产。尊重民办非企业单位的权利也表现在要保障其有充分的自主权。如果诸如民办非企业单

---

① 《民办非企业单位登记管理暂行条例》明确规定：“民办非企业单位不得从事营利性经营活动。”对于该条的理解，尽管有学者从不分配原则加以解释，认为是不分配原则限制，但立法上将非营利性用于限定民办非企业单位的服务活动，这就导致了对民办非企业单位本质属性规定出现了偏差，也没有体现立法者的初衷。

② 李崇义：《民办非企业单位的发展与管理》，浙江省民间组织信息网，mjzz. zjmz. gov. cn，2007 年 9 月 17 日。

③ 在 158 家有效问卷中，有 72. 2% 的民办非企业单位处于勉强维持状态，10. 1% 的民办非企业单位存在着较大的赤字，只有 7. 6% 的民办非企业单位在财务上有较多结余。

④ 陈金罗、葛云松、金锦萍、齐红著：《中国非营利组织法的基本问题》，中国方正出版社 2006 年版，第 74 页。

位的理（董）事会、监事会的组成、职权和议事规则，理（董）事、监事的资格、产生程序和任期，以及民办非企业单位的组织机构和活动准则都由立法规定，登记主管机关对民办非企业单位是否依照章程开展活动的情况都要进行日常监督管理，民办非企业单位就缺乏了活力和自主性。

第三，鼓励和扶持民办非企业单位的发展。在非营利组织比较发达的国家，政府的财政支持都占有相当大的比例。美国霍布金斯大学对43个国家进行的非营利组织国际比较研究项目结果显示，非营利组织的收入来源总体结构为服务收费（49%）、政府资助（40%）和慈善所得（11%），其中政府资助占比重较大的领域是保健（55%）、教育（47%）和社会服务（45%）。[①] 非营利组织发达的国家都以立法形式促进和保障非营利组织的生存和发展。日本2002年通过了《特定非营利活动促进法》，美国《国内税收法典》规定了美国民间组织的免税条款。[②] 在我国，理想的做法是制定《民间组织促进法》，统一规定对社会团体、民办非企业单位和基金会等民间组织的鼓励和扶持政策。在目前，作为国务院的行政法规《非企业单位登记管理条例》中，应专章规定对民办非企业单位的鼓励和扶持措施。各级人民政府应当在社会服务领域转移政府职能，通过购买服务、建立财政性资金支持制度、建立民间组织孵化制度、出租转让闲置的国有资产等方式，扶持民办非企业单位发展。同时规定，民办非企业单位享受国家规定的税收优惠。各级人民政府应当按照社会事业用地及建设的有关规定，对新建、扩建民办非企业单位用地给予优惠。作为配套措施，国家税收法律规范中应体现出对民间组织的税收优惠政策。[③]

## 三、政府与民间组织合作伙伴关系的形成

目前，与非营利组织建立合作伙伴关系已经成为西方福利国家行政改革的重要方式，甚至已经形成了依赖于非营利组织提供公共服务的情况。为了满足诸如家庭护理、儿童照顾等个人服务或是如社会住房、劳动力市场培训等社会

① Salamon, Laster M &Anheier, Helmut K. Global Civiliety: Dimensions of the Nonprofit Sector. U. S. A.: The Johnskins University Maryland. 1999. 27 – 33.

② 美国《国内税收法典》规定，任何完全致力于宗教、慈善、科学、公共安全测试、文学、教育、促进业余竞技体育比赛、预防虐待儿童和动物等事业的法人机构、社区福利基金、基金会（或基金），只要其净收益不是为了保证私人股东或个人受益，其行为的实质不是为了进行宣传倡导活动企图影响立法，不代表任何公职候选人（或反对者）对与或干涉政治竞选活动，都可以申请501（C）（3）条款下的免税组织资格。

③ 如江苏省民政厅《关于进一步加快慈善类民间组织发展的意见》（苏民发〔2006〕5号）提出，在慈善组织成立初期，民政部门和业务主管单位可在办公场地、启动资金、项目开展等方面给予必要的扶持。要积极探索制度创新，建立健全财政扶持和政府购买服务的运行机制。

服务的需要，工业国家的政府正在向非营利组织求助，非营利组织正在日益成为社会管理的主体。从行政法律关系主体角度认知，非营利组织正在由行政相对人向行政主体的角色转换。一些专业性的学术研究团体正在成为政府的智囊团，为政府的决策发挥咨询作用，推动政府的决策民主化和科学化进程。有学者认为，目前社会管理的主要特点表现为，在将提供公共福利和其他服务移交给志愿的自治的协会的同时，又使这些组织能够获得公共资金，从而为其成员提供服务。① 英国撒切尔政府和布莱尔政府都剥离了一些政府管理职能，发包给一些社会上的民间组织来具体实施，而政府则是通过签约来监督其执行和实施。在美国，政府用于非营利组织支出在总公共支出中的比例平均达到34%，有的州高达50%，形成了半壁江山。事实表明，在非营利组织多的地方，政府广泛求助于它们提供公共出资的服务；在非营利组织发展不充分的地方，政府机构亲自承担更多的公共服务。因此，莱斯特·M. 萨拉蒙教授认为，把政府和非营利组织视为竞争者的传统观点是站不住的，它们之间是一种合作伙伴关系。② 1998年，英国率先由首相代表国家签署《英格兰和威尔士地区政府与志愿及社区部门关系协定》(COMPACT)，将政府与民间的伙伴关系作为一项国家政策确立下来。其后，苏格兰地区，以及加拿大、新加坡等诸多国家作出响应，出台了类似的协定或守则。③

改革开放以来，政府通过在一定领域内的自动退出，通过授权和委托使民间组织享有一定管理权力等方式，不断推动民间组织的发展，这是中国民间组织得以发展的不可或缺的起始因素。解除束缚民间组织发展的种种枷锁，给民间组织松绑，促使其进一步发展壮大，使其能够承担起社会事务管理的职能，为政府分忧，为社会公众服务，是我们的正确选择。据民政部门观测，民间组织目前在以每年10%—15%的速度在发展，注册的志愿者超过2500万人，在各级民政部门备案的城乡社区民间组织有20万个，民间组织在经济、政治、文化、社会、教育、科技等各个领域发挥着积极的作用，已经成为我国社会主义现代化建设中的一支重要力量。④ 如何充分发挥民间组织在社会管理中的作用，有赖于政府对民间组织的主动合作态度。近年来，政府与民间组织主动合作，有效地履行了社会保障和公共服务的职能。报告显示，民间组织在帮助政府更好地履行自身职能、

---

① PaulHirs, t Associative Democracy: New forms of Economic and Social Governance, Polity Press, 1994: 167—169.

② [美] 莱斯特·M. 萨拉蒙著：《公共服务中的伙伴——现代福利国家中政府与非营利组织的关系》，田凯译，商务印书馆2008年版，第105页。

③ 转引自贾西津：《公共服务购买——政府与民间组织的伙伴关系》，慧灵网，http://www.huiling.org.cn/html/xzgd_564_1319.html，2008年8月13日。

④ 民政部民间组织管理局调研组：《我国民间组织党建工作调研报告》，《社团管理研究》2009年第12期，第3—5页。

推动政府与社会的良性互动合作方面，正在发挥着日益重要的作用。[①] 如上海市各级政府通过补贴鼓励民间力量兴办了大量养老和照顾残疾人的机构，卫生行政主管部门通过与民办非企业单位医疗机构的有效沟通，为老年病及精神病的治疗、护理和康复，临终关怀、社区基本医疗等提供价廉、便捷、优质的医疗服务，为满足各种社会需求发挥了积极的作用。[②] 山东省已有11%的民间组织承担了政府转移、委托的职能。四川成都市锦江区要求事关民生的公益性专项资金，要全部从政府直接操作转向购买民间组织服务，通过公开竞标，让民间组织参与，形成政府与民间组织的合作伙伴关系。截至2010年5月，锦江区已经通过政府购买的方式，购买了11个项目，涉及资金1205万元。[③]

随着民间组织的日益壮大和发展，政府将不再是公共事务的唯一治理者，公共事务的治理将更多依赖于社会与市场力量的参与合作。经济市场化与行政社会化是历史发展的必然。经济管理体制的改革促成了市场经济的形成，随之而来的社会管理体制的改革也将实现公共行政社会化的大趋势。我们应当改变传统的认知思路，以合作主义的态度建立新型的国家与社会的关系，实现党的十七大提出的“党委领导、政府负责、社会协同、公共参与”的社会管理新格局。有学者提出，政府应当认可民间组织在公共管理和公共服务中的补充性作用。政府对其他社会行为主体的管制和控制色彩应减少，而规划、引导、协调、交换、服务以及必要的扶持功能应增强。[④] 笔者以为，社会协同不仅仅是一个补充作用，而是政府与民间组织共同承担起对社会的管理服务职责。在福利国家时代，社会民生问题越来越多，也越来越重要，政府没有能力，也没有必要单方面承担所有社会管理职能，充分发挥民间组织在社会服务中的主动性和潜能，与其携手合作，共同为人民谋福祉，是社会管理的趋势。

但值得人们注意的是，正如美国学者朱迪恩·坦德勒一语道破的：政府组织与非政府组织并非是天然的姻亲，从诸多层面来看，两者毋宁说更似一对相互竞争对手。不管怎样说，非政府组织和政府之间的关系经常是错综复杂的。[⑤] 由于政府组织在公共事务治理过程中掌控着具有强制约束力的公共权力，必须要防止政府所掌控的公共权力的强制性和单方意志性。因为，虽然公共事务的治理边界已向民间组织敞开，但民间组织在提供公共物品与服务时，难免会同政府发生意

① 黄晓勇：《中国民间组织报告（2009—2010）》，社会科学文献出版社2010年版，第29页。

② 《上海各级政府积极引导沪上民办非企业单位热心公益事业》，新浪网，http：//news. sina. com. cn/s/2006 - 10 - 12/082010214247s. shtml，2006年10月12日。

③ 严斌：《政府向民间组织购买服务多赢》，《成都日报》2010年5月27日第4版。

④ 陈金罗、刘培峰主编：转型社会中的非营利组织监管》，社会科学文献出版社2010年，第81页。

⑤ 朱迪恩·坦德勒：《变私人志愿组织为发展机构：评价问题》，USAID Program Evaluation Discussion Paper no 12，转引自王华：《治理中的伙伴关系：政府与非政府组织间的合作》，《云南社会科学》2003年第3期。

料内外的冲突。政府与民间组织的平等合作不能寄希望于政府组织在治理过程中的自律。强者和弱者的“平等”合作无异于痴人说梦。民间组织不能一味坐待政府在治理领域内的施舍与扶助，而应积极通过法律、制度的途径争得自己平等的发言权。而且，正如曾长期担任民政部福利和慈善事业促进司司长的王振耀教授所言，一旦要依靠政府来推动公民社会建设，那样建设起的公民社会，也是不合乎公民社会建设的一般规则的。① 政府对于民间组织，只是因势利导，顺应社会的发展。国家民政部启动《民办非企业单位登记管理暂行条例》的修订工作，以保障、促进、扶持为立法理念的新的民办非企业单位条例的诞生——尽管仍称为民办非企业单位，仍是条例——便是政府与民间组织合作伙伴关系建立的良好开端。

## 四、行政主体理论的变迁

面对民间组织的出现和发展，政府从小心翼翼地管制到大胆的培育，最终使这些民办非营利性组织在社会管理中赢得半壁江山，与政府形成合作伙伴关系。这是民间组织的轨迹，是社会发展的必然。民间组织在中国的崛起，最终必将撼动行政法的根基，民间组织从行政相对人将成为行政主体的重要组成部分，而且行政主体概念本身也会在社会大变革面前显得不合时宜。行政法对这一公共管理的发展趋势不能坐视不管，或者行政法只关注政府的行为，而对非政府组织的行为视为民事行为，人为地将其排斥在行政法的研究领域之外。殊不知民间组织的发展不是一个简单的催化行政行为方式转变的问题，从管制走向服务，民办非企业单位将不再是服务对象——行政相对人，而是要成为公共行政的主体，与行政机关成为合作伙伴，看来在重新安排行政法学体系的时候，必须在行政主体中给民间组织相应的地位，不是授权性组织或行政机关委托的组织所能涵盖的。就目前广泛存在的政府向民间组织购买服务而言，不是政府委托民间组织从事某一行政事务，而是通过职能转移将政府自身不该管、管不好、管不了的一些社会事务，通过公共财政支付转移交由民间组织承担。政府购买公共服务的中标者与政府是承包合同关系，以自己的名义实施社会管理和服务行为，独立承担法律责任。

在德国行政法学界，将公营造物、公法人之社团法人、公法上之财团法人并称为“公法人”，其系行政组织之一种，公营造物与常见之行政机关外型接近，公法上之社团法人则系由相关人民自愿组成，公法上之财团法人则系由政府出资捐助设立。公法上财团法人在德国最初系政府捐助成立以从事贫困照顾者，现在尽管不限于此，但基本上都是属于基金范畴，如平准性基金、文化资产照顾基

① 吴鹏：《从司长到院长，慈善需要较真的人》，《新京报》2010 年 6 月 25 日第 A22 版。

金、社会照顾基金等。[①] 基金会在德国形式上可以是私法人，也可以是公法人。公法基金会是由投资人为实现特定目的而投资成立的具有权利能力的行政组织，在法律上自负其责，是行政主体。[②] 我国立法上将民办非企业单位和基金会作为两种不同性质的民间组织，其实其性质都相当于德国法上的财团法人，民办非企业单位，如医院、学校也与公营造物有关，我们只是将它们定位为非营利法人，[③] 并未明确其行政法主体地位。行政法学界曾用法国的公务法人理论解释了大学的行政主体地位，在学生状告学校的诉讼中，司法实务界也认可了大学可以作为授权性组织。公立大学作为政府举办的事业单位，成为授权性行政主体没有任何法律障碍，而民办大学这样的民办非企业单位，是私法人还是公法人，能否成为法律法规授权的行政主体，在目前的法律规范规定并不明确。《民办教育促进法》规定，民办教育事业属于公益性事业，是社会主义教育事业的组成部分。民办学校与公办学校具有同等的法律地位，国家保障民办学校的办学自主权。由此看来，既然公办学校是授权性组织，那民办学校也是授权性组织。如果诚如《湖南省人民政府关于促进民办教育发展的决定》（湘政发〔2008〕1号）所规定的“民办学校是民办事业单位”，自然“民办学校与公办学校具有同等的法律地位”，因为公法学校也是事业单位，而事实上并非如此，民办学校是民间组织，而且《民办教育促进法》打破了民间组织的非营利性界线，规定民办学校的出资人“可以从办学结余中取得合理回报”，使本来复杂的主体资格更加扑朔迷离。

有一点可以肯定，国家政策上对兴办某一事业并没有刻意区分官办的和民办的，教育上如此，其他行业也如此。如在举办博物馆上，根据正在征求意见的《博物馆条例（征求意见稿）》，博物馆，包括纪念馆、美术馆、科技馆、陈列馆等，是向公众开放的非营利性社会服务机构，各级人民政府应当制定博物馆事业发展规划，鼓励个人、法人或其他组织设立博物馆，无论是政府举办的，还是民间举办的，都必须保障博物馆正常运行和管理所需经费，只是要求利用本级财政资金设立的国有博物馆的事业专项经费，并随着财政收入增长而增加。其他的博物馆的主办者应当保障博物馆正常业务活动经费。从立法精神上看，并不因为举办者的不同，或资金来源的不同而导致性质的变化。由此是否可以推断出，民办非企业单位与官办事业单位一样，都是授权性的行政主体。

授权性主体这一概念最初来源，已无从查考，但这一概念绝对是在政府独大的情况下出现的，其他组织只有在法律、法规有明确授权的情况下才能从事某一方面的活动，没有法律、法规的授权，这一方面的管理任务默认是政府的。在行

---

① 翁岳生编：《行政法》（上册），中国法制出版社2002年版，第292—293页、第297页。

② ［德］哈特穆特·毛雷尔：《行政法学总论》，高家伟译，法律出版社2000年版，第581页。

③ 《基金会管理条例》第2条规定，基金会，是指利用自然人、法人或者其他组织捐赠的财产，以从事公益事业为目的，按照本条例的规定成立的非营利性法人。

政社会化的背景下，再抱着授权性主体这一概念不放是否有点迂腐，况且授权性组织法定只能是事业单位，民办非企业单位也没有被授权的资格。到了该抛弃这一概念而代之以更科学的概念的时候了。“法律法规授权组织”这一概念，严格地说，这只是权宜之计。但是否用“公务法人”这一概念，正如马怀德教授所言，公务法人是国家行政主体为了特定目的而设立的服务性机构，也即事业单位。[①] 民办非企业单位可以回归到民办事业单位，但改变不了不是国家行政主体所设的事实。“公务”这一概念容易受《公务员法》影响而产生混淆。行政主体理论，至少在社会管理中，在民生福利原则指导下，不再是行政组织的代名词，或者行政组织是主要的行政主体，授权性主体作补充，而是随着行政社会化的日益发展，行政组织、事业单位和民间组织三驾马车共同前进，如果从法律授权角度说，一切权力皆来自于法律，都是法律法规授权的组织，没有法律法规的授权，不得作出影响公民、法人和其他组织合法权益或者增加公民、法人和其他组织义务的决定。但那是对损益性的行为而言的，对授益性的行为，仍以不禁止为原则。在社会服务领域，行政机关做得，事业单位做得，民间组织也做得，只是不得以营利为目的，如果要营利，也可以直接登记为企业。正如《国家中长期教育改革和发展规划纲要（2010—2020年）》所言，要开展对营利性和非营利性民办学校分类管理试点。作为公法人的民办学校，是非营利组织，在教育领域中是行政主体，享有与公办学校相同的权利义务，处于同等法律地位，对具备学士、硕士和博士学位授予单位条件的民办学校，应当按规定程序予以审批。“政府委托民办学校承担有关教育和培训任务，拨付相应教育经费”的表述，不是指民办学校只有在政府委托的前提下才能从事教育培训工作，而是说民办学校在作为行政主体承担分内的教育培训工作之余，也可以接受政府委托承担本应政府承担的教育培训任务，只是政府应当拨付相应的经费。

只是民办学校的未来，也是民办企业单位的未来和民间组织之有的行政法地位。

---

① 马怀德：《公务法人问题研究》，《中国法学》2004年第4期。

# 社会治理过程的非政府组织的功能与作用
## ——以台湾消费者文教基金会为例

**苏锦霞**
◉ 台湾消费者文教基金会董事长

## 壹、前言

社会治理理论系在20世纪80年代末时期，西方国家和一些国际性组织如世界银行、国际货币基金组织以及经合组织等中兴起，已逐渐成为公共管理的重要价值理念和实践追求。各地对于社会治理发展出不同的架构及模式，然而新的社会治理模式中，政府不再是唯一的价值存在，非政府组织（non-government organization 简称 NGO），同样可以成为进行社会管理、提供公共服务的价值主体。

非政府组织是指其设立之宗旨是存在的不以营利为目的的各类民间组织。在特定法律系统下，它是不被视为政府部门的协会、社团、基金会、慈善信托、非营利公司或其他法人。联合国关于非政府组织的定义是：在地方、非营利性的、提供各种各样的服务和发挥人道主义作用，向政府反映公民关心的问题、监督政策和鼓励在社区水准上的政治参与。它们提供分析和专门知识，充当早期预警机制。非政府组织在各地方还演绎出接近50种不同称谓，如第三部门、非营利组织、独立部门、慈善部门、志愿者部门、免税部门、草根组织等等。

非政府组织基本特点：第一是不代表政府或国家的立场，而是来自民间的诉求，即非政府性；第二是把提供公益和公共服务当做主要目标，而不以获取利润当做追求，即非营利性；第三是拥有自己的组织机制和管理机制和独立的经济来源，无论在政治上、管理上，还是在财政上，都在相当程度上独立于政府，即独立性；第四是其成员参加组织完全出自于自愿而不是迫于无奈，即自愿性；此外，还有非政党性和非宗教性的特征，其并不以取得政权为主要目标，也不从事传教活动，因而政党组织和宗教组织，不属于非政府组织的范围。

联合国非常重视NGO的作用，1945年联合国成立时通过的《联合国宪章》第七十一条：经济暨社会理事会得采取适当办法，俾与各种非政府组织会商有关本理事会职权范围内之事件。此项办法得与国际组织商定之；并于适当情形下，经与联合国会员国会商后，得与该国国内组织商定。国际非政府组织自 1972 年斯德哥尔摩联合国人类环境大会后，逐步形成在联合国各组织开会的同时、地，召开相同主题的非政府组织论坛或磋商会议的惯例。①

台湾从上世纪 80 年代以来，许多民间社会运动发起，非政府组织也因而崛起，非政府组织基于社会现状应有所改变的理念，适当运用资讯与资源，透过策略与行动方针，影响涉及广大民众或特定弱势族群福祉的公共议题，及影响公众的态度与观念，以促使相关政策及法令之制定，导引或创造社会变迁，其作为不仅可以提醒当局扩大关切的面向、制衡利益团体的过度垄断，同时可以提高社会之民主化水准，并带动民众的参与。

消费者文教基金会成立缘起正是弱势的民众在消费行为过程中遭受到不公平的对待，希望有所改革下，再加上连续的消费危害事件刺激下，有效集结成永久性之组织，形成对于当局、企业及消费者三方影响的主力。

## 贰、消费者文教基金会成立历程

消费者文教基金会的成立可分为二阶段，第一阶段是始于台北市国际青商会所推动的“消费者保护运动”，第二阶段则是成立永久性基金会。

第一阶段：台北市国际青商会所推动的“消费者保护运动”：

台北市国际青商会是属社会团体，对于社会问题长期关注，经常举办改善社会环境的活动，由于领导阶层的定期变动与年度工作计划的限制，因此所推动的活动仅因应社会环境的即时性需要，做抛砖引玉的工作，无法长期性、持续性地专注在某一固定议题上。

于 1979 年夏天，米糠油制作商在米糠油制造过程中添加多氯联苯，导致中部地区民众因食用业者制造贩卖之米糠油，发生严重的“多氯联苯受害事件”，两千多位民众因食用彰化油脂公司受到污染的米糠油而受害，严重者导致死亡，怀孕妇女生下的孩童全身发黑，没有死亡的民众全身长满痘痘，情况相当可怜，且大多属经济上的弱者。而肇祸业者非但未予以赔偿，反而以脱产方式逃避责任，且在法庭上毫无悔意。② 然而，翌年初又发生“假酒事件”，许多人喝到假酒而中毒、丧命。③ 引发消费者保护问题持续激荡，当时会长李伸一律师注意到

① 《中国非政府组织的现状、存在问题与发展出路》（方邦鉴著）。

② 《食用油的新产品——米糠油》，《中央日报》，1978 年 10 月 21 日，第 7 版。《工业局推动米糠油炼制》，《中央日报》，1979 年 8 月 13 日，第 5 版。

③ 《假酒含有甲醇为害身体极烈医生建议疗法两小时内洗胃交大蔡教授也因饮假酒中毒急救中》，《中央日报》，1980 年 1 月 25 日，第 6 版。

此问题，与几位学者交换意见后，定于当年之母亲节正式推动消费者保护的活动，在原始的构想中，所要推动的只是一个启蒙性的社会活动而已，然活动当天，经由与会的民意代表、业者、学者专家等人士讨论，认为必须长期性做下去，提出了对于未来推展的构想，包括成立消费者急救基金、法律扶助、草拟消费者保护基本法供当局参考、消费者教育等问题，由此将走向影响当局公共政策的方向，民间社团在积极性的参与社会治理的角色。①

第二阶段：消费者文教基金会的成立

台北国际青商会的领导者以及积极参与活动的学者专家们又透过各种关系，动员了更多的学者专家、民间团体及大众传播界人士参与成立基金会的筹备工作，当时申请成立财团法人时，所需的基金为新台币一百万元，是由第一次筹备会议人员认捐，其中三商行董事长翁肇喜先生，以三商行的名义认捐一百万元，加上台北国际青商会十万元，以及部分筹备委员的捐赠。

基金会的组织原本要以"消费者基金会"向"内政部"登记，然而当时有一股反运动的力量出现，一些不利于基金会成立的耳语在社会上传播，主要在于怀疑组织的动机，甚至有谣言指称其为"政治野心集团"或"阴谋叛乱分子"。而在向"内政部"登记时，"内政部"以相同性质之基金会不得重复为由，拒绝基金会之成立，因为依据非常时期人民团体组织法规定："人民团体在同一区域内，除法令另有规定外，其同性质、同级者，以一个为限"，当时已有"全国性"的"中华民国消费者协会"及台北市的"台北市国民消费协会"。经过筹备委员们的走访，最后到"教育部"登记设立消费者文教基金会，加上文教，以推展消费教育及保障消费者权益为主要的工作。②

## 叁、消费者文教基金会组织③

消费者文教基金会成立之初，仅在台北设立总部，后为服务广大的消费者，陆续在中区、南区、高屏成立分会，并于花东地区成立工作室。消费者文教基金会的决策核心为董事会，于董事中选任董事长、副董事长、秘书长、财务长、发行人及社长等职，此等职务皆为无给职。

实际从事业务执行、推展之秘书处、管理部、企划部、申诉部、编辑部、发行部及检验部之专职人员，则为支薪职员。

消费者文教基金会另有一群学者专家，由董事会甄选，并依其所学专长组成19个委员会，以提供专业的意见、研究及顾问等，作为董事会及执行董事之决

---

① 《公共利益团体影响公共政策之研究－消费者文教基金会的个案分析》1985年6月，江金山撰。

② 《公共利益团体影响公共政策之研究－消费者文教基金会的个案分析》1985年6月，江金山撰。

③ 参考资料由消费者文教基金会提供。

策参考。

另设置义务律师团，该单位不仅是消费者文教基金会的组织特色，必须供董事会征询且表示建议，还须负责咨询工作，免费替民众解答消费法律问题，以及协助申诉部处理申诉案件等。

义工团负责电话之咨询工作，协助消费者文教基金会举办之活动，担任消费者文教基金会义工必须接受16小时的职前训练，并须接受6个月的实习方能成为正式义工，借此提升、维持服务品质。

消费者文教基金会组织架构如下页所示：

## 肆、消费者文教基金会工作项目：

向“教育部”申请成立后，随即向台北地方法院办理登记，于1980年11月1日正式成立，并推选柴松林教授担任第一届董事长。借用李伸一律师的办公室，开始推展消费者保护的工作。①

主要工作项目：消费者文教基金会以“推广消费者教育、提升消费者地位以及保障消费者权益”为宗旨，主要任务为接受咨询、受理申诉、进行产品比较测试、消费市场调查、出版消费刊物、推动消费者保护法令之立法、从事消费者保护问题之研究，其性质为非营利、非政治性的法人团体。

（一）成立之后，第一位消费者来消费者文教基金会申诉是进口果酱过期，厂商在已过有效日期的标示再贴上一张标示有效日期未过期的贴纸，消费者文教基金会发动义工到超级市场和商店进行调查，发现许多过期与未标示保存期限的食品，并将这些食品买回，联络媒体召开新闻发布，引起很大的回响，进而推动标示法的修法事宜。

（二）于1981年5月发行《消费者报导》杂志，从事各种商品与服务的检验，并推广消费者保护资讯。1981年端午节前夕，消费者文教基金会针对制作肉粽所需虾米进行检测，发现部分虾米含有荧光剂，而此份报告引起轩然大波，引起各界质疑，但检测的结果确属事实；其后消费者文教基金会又针对花生油受黄曲毒素污染、沙士含黄樟素、麻油不纯等检测事件，逐渐奠定了消费者文教基金会的检验地位，更受到广大台湾民众的肯定。②

（三）在全球化的潮流之下，在“消保事务无国界”的概念下，消费者文教基金会认为有必要结合世界各国消费者保护团体，共同致力国际消费者之保护。故于消费者文教基金会成立3年后，积极寻求参加国际消费者保护组织的管道，

---

① 财团法人消费者文教基金会网站：http：//www. consumers. org. tw/unit110. aspx（浏览日期：2012年6月21日）。

② 吴忠吉、姜志俊：《消费者权益白皮书》，台北：消费者文教基金会，1998年。

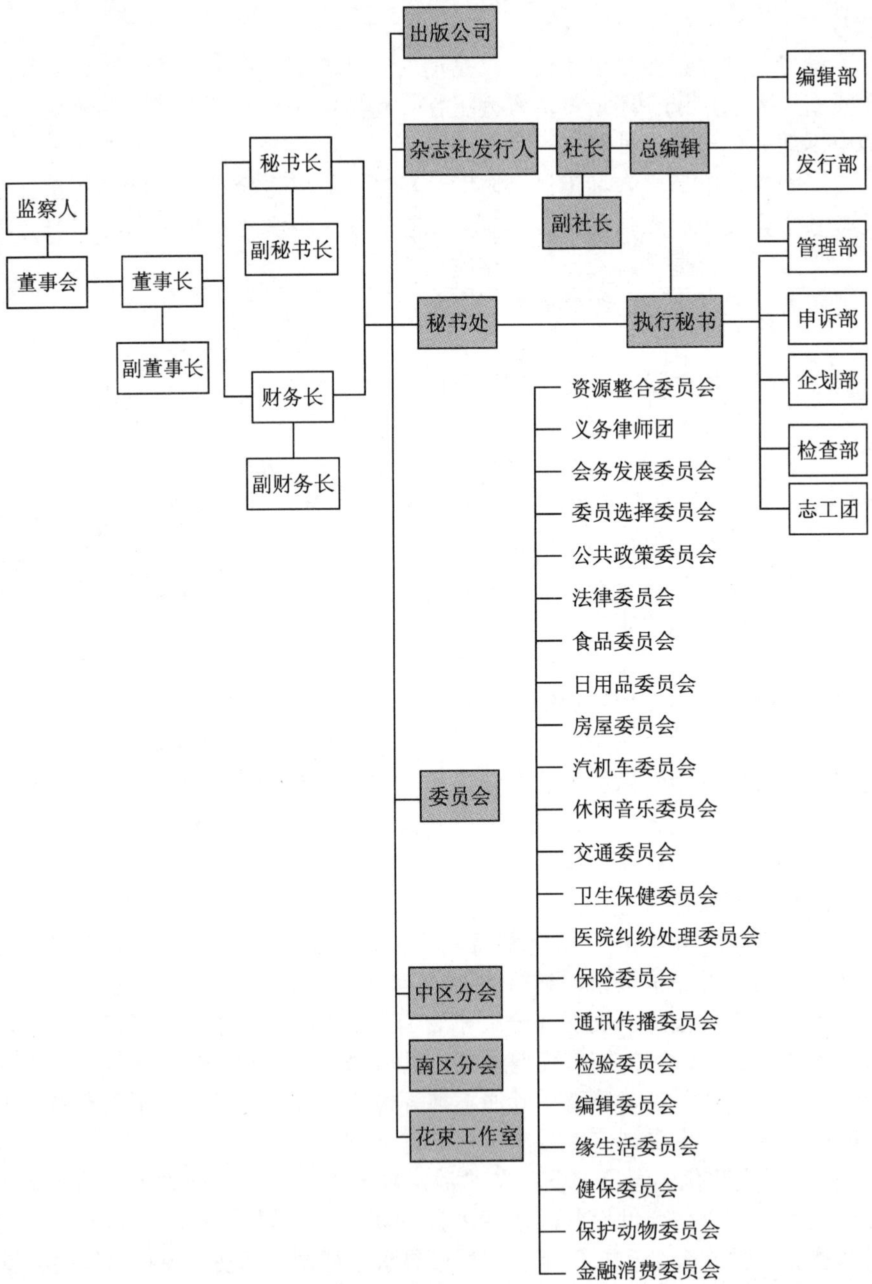


自1983年开始参加国际消费者组织联盟（International Organization of Consumers Union，简称IOCU）的国际活动。1992年11月消费者文教基金会获准成为国际消费者组织联盟的准会员（Associate member）；并在1994年9月在法国召开的国

际消费者组织联盟第 14 届大会中，以 Consumers Foundation，Chinese Taipei（简称 CFCT）名称，加入当时已改称为“国际消费者联盟”（Consumers International，简称 CI）的国际消保组织，成为 CI 的完全会员（Full member）。①

消费者文教基金会工作大事记：②

（一）1980 年至 1990 年间：

1. 财团法人消费者文教基金会正式成立。

2. 成立“多氯联苯受害者救助基金”协助消费者取得赔偿。

3. 检验市售沙士，发现含有黄樟素致癌物质，使业者改变配方。

4. 发布麻油检验，有部分麻油成分不纯，业者提出名誉损害赔偿引发第一宗官司，台北高等法院判决肯定消费者文教基金会之检验功能。

5. 味全新 AG－U 奶粉钙磷比含量偏低，消费者文教基金会组织医疗及法律顾问小组消费者，为消费者求偿。味全公司尊重消费者文教基金会的建议，凡经基金会认定的低血钙症申诉患者，每名至少将发放慰问金六万五千元。

6. 对日亚航公司以七四七—〇〇及 DC—八等机龄老旧、安全检查有瑕疵、噪音大的民航机飞行台湾一事，消费者文教基金会决定致函日本消费者联盟及关西主妇联盟，共同要求日亚航公司尽速更换或停飞该型飞机，共同发起拒搭活动，以维护中日搭机消费者的飞航安全，最后获得航空公司承诺换新机。成功。

7. 因台风淹水，南阳公司之汽车因而泡水，业者开具不实证明，证明汽车未泡水，消费者文教基金会征得南阳公司同意，只要消费者文教基金会鉴定确实车子泡过水，南阳公司将赔偿车主每辆新台币十二万元，并换新车。

8. 汽车前挡风玻璃导致消费者眼部受伤，消费者文教基金会力促汽车商改换安全性更高的胶合玻璃，多家业者也即时宣布采用胶合玻璃。

9. 天王公司取消李察·玛尔克斯（Richard Marx）演唱会，消费者文教基金会宣布为受损害消费者提起集体诉讼官司，后经协调，业者退费予消费者。

10. 揭露八宝散含超量重金属，卫生署采纳消费者文教基金会的建议，明令禁止 100ppm 以上的配方。

（二）1991 年至 2000 年间：

1. 多起公共场所意外，消费者文教基金会发起通报运动，鼓励消费者检举违反公共安全之场所，业者因而加强对公共安全之重视。

2. 泛亚旅行社发生财务危机，消费者文教基金会协助千余位消费者要求求偿。

---

① 财团法人消费者文教基金会，《航向消费新纪元－消基会创立 20 周年专刊》（台北：消费者文教基金会，2000 年）。

② 参考资料由消费者文教基金会提供。

3. “消费者保护法”完成立法，经过十多年的努力推动，终于立法完成。

4. 访问买卖手法翻新，消费者文教基金会接获多起申诉，消费者文教基金会提倡针对契约公平性及本票付款机制纳入管理，并约束业者行为，之后主管机关公布契约范本。

5. 校园信用卡刷爆事件频传，消费者文教基金会力促学生信用卡应加强管理，嗣学生申请信用卡严格条件执行。

6. 福斯 T3 型厢型车发生火烧车，导致 2 名消费者死亡，消费者文教基金会透过消费者通报活动，成功推动业者召车回厂检修。

7. 为确保保障消费者权益，消费者文教基金会制作“订车契约”及“预售房地买卖契约书”范本。

8. 有线电视断讯风波不断，消费者成为业者恶性竞争下的牺牲者，消费者文教基金会因而介入，透过座谈会、各种调查，及参与公听会，向业者呼吁必须保障消费者权益，嗣主管机关对于业者的加强管理，对于收费之费率，须经地方行政主管部门之审议。

9. 发生林肯大郡房屋倒塌事件，山坡地开发安全成为消费者关切的重要议题，消费者文教基金会呼吁建立监控系统，并适时发布警讯，嗣主管机关设置监控制度。

10. 镭射光笔被小朋友视同玩具，然其光波可能伤害眼睛，消费者文教基金会经由测试结果，呼吁业界要加强警示标语，而家长要更加注意。

11. 传出食用蒟蒻果冻而意外噎死案例，消费者文教基金会进行果冻含水量测试，并希望业界改变包装体积，且加强警语。

12. 发生“九二一”大地震，损失惨重，消费者文教基金会加入全国赈灾联盟，并为台北、台中县市受灾消费者提供团体诉讼及法律服务。

13. 消费者文教基金会进行网路服务供应商（Internet service providers，简称 ISP）服务品质、消费者满意度调查，为国内 470 万名网路消费者调查网路服务供应商提供之服务品质。

（三）2001 年至 2010 年间：

1. 为提倡环保，鼓励消费者、业界努力于资源回收再利用，并结合业界、社区、教育单位共同为环保教育进行扎根工作，2001 年 5 月借由《消费者报导》杂志创刊 20 周年，消费者文教基金会举办盛大的环保服装秀，邀请知名服装设计师采用保特瓶、再生织品为材料，设计各式服装 66 套，由名模搭配舞者精湛的舞艺担纲演出；同时会场展示保特瓶、再生织品创意设计大赛的得奖作品。其后并利用这些服装作品，至校园、社区进行系列的回收再利用宣导活动，现世界各地皆有台湾业者以回收宝特瓶所制造的衣服。

2. 华航 CI611（747—200）型客机于台北飞往香港途中，在澎湖海域附近坠毁，机上 225 名乘客及机组员全数罹难，由于华航每隔三、四年就发生重大空难，且均未能记取教训改善飞安，消费者文教基金会乃主动为罹难者家属争取权益，积极与自救会成员就理赔事宜进行沟通，并进一步与华航洽商。

3. 严重急性呼吸道症候群（SARS）登陆台湾，引发全民恐慌。在此期间，消费者文教基金会针对疫情的发展，分别提出要求疫情资讯公开化；邀请交通运输业者加入公布消毒纪录，并加入消毒标章的认证工作；特别针对当时大量需求的防疫用品，例如活性炭口罩、体温量测计、外科手术口罩防水性等议题进行检测与探讨，同时关切对相关消费权益问题，如消费者欲取消原订课程、旅游行程，以及已购买的票券等问题，呼吁必须尊重消费者的权益。

4. 消费人数众多的悠游卡与手机，是否仍须存有扣押保证金的必要，引发消费者的质疑。消费者文教基金会即针对悠游卡收取200元押金的不合理现象提出质疑，积极督促改善，并获得台北市交通局的善意回应，对智慧卡公司提出将押金折半降为100元的建议。

5. “新糖主义”烘培西点门市无预警倒闭，众多消费者至消费者文教基金会投诉。消费者文教基金会呼吁当局必须介入调查业者诈欺、背信等行为，并建请财政部等主管机关，应针对市售礼券及相关的商业行为，应尽速订定“履约保证”相关法规，加以规范，以保障消费者权益。现对于预付型之消费，多已规范履约保证制度。

6. 宝路宠物食品的经销商美商艾汾股份有限公司台湾分公司表示饲料中含有有褐霉素（cCitrinin）和赭曲毒素（Ochratoxin），以致伤害狗的肾脏，造成大量犬只死亡，艾汾公司目前仅提出2003年9月至2004年5月期间，狗狗因肾衰竭而死，并具有就医记录者，即负责理赔，但此项条件对于消费者来说，并不实际，且有规避责任之嫌。消费者文教基金会呼吁：有关单位应尽速订定宠物（动物）饲料管理办法、检验标准，并拟定适当的把关机制；动植物防疫管理局应将肾衰竭列入“犬只重大疫病通报系统”，汇整并及时处理兽医师的通报案例；要求业者对赔偿事件应采“从宽认定、从速理赔、合理交代”。

7. 日本自2001年9月发现亚洲第一起狂牛症案例后，即积极推动食品履历制度，希望日本消费者不只吃得安全，更要吃得安心。而在台湾，美国牛肉开放进口不久，又传出狂牛症问题，主管机关迟迟不肯下架，让消费者暴露在狂牛危机中；病死猪肉一再出现，造成民众恐慌，问题食品层出不穷，消费者无法吃得安全，更遑论可以吃得安心，因此消费者文教基金会不断提出国内推动食品履历的重要性。

8. 大陆三鹿牌毒奶粉流入台湾，要求主管机关除公布的处理方案之外，必须针对大陆商品的分级检验机制，建立“消费者保护基金”等措施，一旦流向不明时，本于公共利益的考量，搜购问题商品，日后再向应负责业者求偿，如此才能尽速清理市场，消除消费者疑虑，并让无辜厂家免于受害。

9. 亚力山大健身中心于去2007年12月倒闭后，今年1月消费者文教基金会与消保会正式为“亚力山大”受害者提出团体诉讼，逾1万多人告亚力山大，创团体诉讼纪录。

## 伍、消费者文教基金会的社会管理及公共服务的功能与作用：个案观察

选择新庄“博士的家”消费团体诉讼①案、“乔丹快闪”新闻事件、禁止进口美牛内脏等公投以及塑化剂事件效应，对于社会治理所产生的功能与作用，加以说明。

一、新庄“博士的家”消费团体诉讼案（1999年9月）：②

（一）消费者文教基金会有鉴于消费者的弱势，若因消费行为发生损害时，无资力可进行诉讼，于是催生消费者保护法时，将消费者保护团体可以帮助受害的消费者进行诉讼之方式，明文规定在条文之中。新庄“博士的家”是消费者保护法通过后，第一件的消费团体诉讼，具有历史代表性的指标。

（二）1999年9月台湾发生了地震，台北县新庄“博士的家”社区发生三栋大楼倒塌，共有45人丧生，28人受伤，财物损失严重。然兴建于1993年，看似新颖的大厦居然活生生的像积木般的断成两截！仅仅芮氏五级的地震就击垮了博士的家！导致无数家庭破碎。大楼倒塌的原因有未按图施工，柱的主筋搭接不实，接头均在同一介面；柱的箍筋需一百三十五度弯角，却仅有九十度弯曲，致抗压能力下降；捆绑柱箍筋及梁的箍筋，未保持适当距离；绑扎钢筋时未跳点绑接；混泥土强度不足，灌浆不足，使钢筋欠缺保护层而外露，致钢筋防锈能力及混泥土握裹能力均不足。博士的家坍塌案，是人祸而不是天灾。

（三）消费者文教基金会经225名受害者受让请求权，以消费者文教基金会为原告，于2000年2月21日向板桥地院提起首宗消费团体诉讼。嗣后于2000年九月八日，建商与受灾户在消费者文教基金会进行谈判，先就死伤部分协调，消费者文教基金会要求建商协商时，须提示一定金额之台支，以示和解诚意，经过多次协商，终于就死伤部分以死亡者每人赔偿510万，受伤者依轻重程度，28名共赔偿1，480万元，在九二一周年2000年9月21日签下和解书，为受害者争取到总计244，300，000元死伤部分之赔偿金。而财产损害的部分，虽消费者文教基金会代表受灾户多次与建商协商，建商只愿赔偿一亿六千万元，消费者文教基金会只得继续进行诉讼，截至2002年元月止，团体诉讼共开十一次庭，终于在2002年1月28日第一审宣判，法官援引消费者保护法，就财产损害部分，

① 消费者保护法第50条消费者保护团体对于同一之原因事件，致使众多消费者受害时，得受让二十人以上消费者损害赔偿请求权后，以自己名义，提起诉讼。

② 参考资料由消费者文教基金会提供。

判决建商等九人应赔偿新台219914966元，及应给付最高额的惩罚性赔偿金（损害额之三倍）659744898元，合计共870659864元，创国内消费者诉讼判决赔偿之最高额。

（四）第一审判决之后，在受灾户希望本案早日解决，使消费者文教基金会能服务其他消费者及九二一之受灾户，及考量前述判决在执行拍卖财产缓不济急下，为协助新庄“博士的家”受灾户，早日取得赔偿金，着手重建家园，继续与建商、营造厂、地主等人协商，但因建商其中有人坚持只赔二亿四千万元下；使和解陷于胶着，消费者文教基金会迫不得已，只好个个击破，提出先和解者可酌减金额之条件，终于在2002年12月31日与地主、建商、营造厂、建筑师全数完成和解。和解取得金额总数为两亿八千一百七十三万三千四百五十元。

（五）消费团体诉讼之提起，对于企业经营者而言，所造成消费者损害时，不仅仅是对于单一消费者赔偿而已，消费者不再是一盘散沙，借由消费者文教基金会所提出的消费团体诉讼，消费者无需单独面对求偿诉讼漫长无助。消费者文教基金会以非政府组织的力量，协助受害者达成求偿的目的，提供了公共服务的功能。

二、“乔丹快闪”新闻事件（2004年5月）：①

（一）麦可·杰佛瑞·乔丹（Michael Jeffrey Jordan）是美国NBA职业篮球运动员，在2004年5月时，台湾NIKE公司首次邀请乔丹来台访问，台湾NIKE公司在规划活动时系采消费者购买Brand Jordan商品，才能取得入场抽奖券，并宣称活动近一小时，除了商品发表会外，球迷可目睹乔丹本尊。许多球迷为了见飞人——乔丹一面，使尽浑身解数，有的球迷就是购买大量的乔丹商品，希望多拿几张抽奖券来提高中奖几率，有的球迷则是以创意取胜，用赞扬乔丹的作品来取得入场的机会，而700份乔丹在台唯一球迷活动“The Show”入场券，立刻在网络上掀起拍卖热潮，由于奇货可居，最高卖价已喊到5万2千元，总之，为了会球神—乔丹，消费者费尽心思！

（二）然而，台湾球迷满心期待，亚洲地区唯一的球迷会，未料活动当天乔丹现身时间只有九十秒，球迷大失所望，有被骗的感觉。该公司事后未立即妥处；致引发球迷众迷众怒，上网号召迷讨回公道，引起社会关注。

（三）消费者文教基金会接到球迷的申诉，认主办单位并未将球迷会的活动内容完全公开，明知仅是办一场秀，并非球迷会、签名会等球友近距离会面活动，那么，依民法第八十八条规定，消费者若知与乔丹见面的机会只有90秒，就不会花大把金钱购买相关商品，来取得抽奖券，也因此，消费者可以主张撤销买卖换购抽奖券的行为，换言之，无论如何，NIKE公司均应以退货还钱方式填补消费者的损失。而对于消费者因要参加乔丹会所额外支出的交通或其他开支，

① 参考资料由消费者文教基金会提供。

NIKE 亦应视情况予以赔偿。但对于消费者文教基金会之要求，台湾 NIKE 公司并无诚意处理，于是发起全民拒买 NIKE 商品之活动，并且要求公平交易委员会，介入调查。

（四）嗣该公司在各方压力下公开道歉并采各项补偿措施，暂息风波，惟公平会经五个月调查后认为，台湾 NIKE 公司在活动前宣称活动有一个小时，内部规划乔丹出现五分钟，但实际出场时间只有九十秒，“明显有失比例”，造成参与消费者预期的高度落差。且该公司明显利用资讯不对等的地位，营造消费者高度期待，却又不分揭露乔丹的出场时间，而活动的十天期间，NIKE 全省三十家门市的 Brand Jordan 商品的平均营业额比活动前成长了 6.16 倍（工商时报 93.10.22 八版），确有影响市场交易秩序的公平，也损害消费者权益，故予裁罚一百万元。

（五）对于未依照契约之精神提供给与消费者服务或商品的业者，非政府组织在当局主管机关尚未有任何行政措施时，即结合民众的力量，让业者可以及时补偿消费者的损失，发挥提供社会管理的功能。

三、禁止“美国牛带骨牛肉、绞肉、内脏、头骨、脑、脊髓、眼睛牛肉进口”公民投票（2009 年 11 月）：[①]

（一）台美双方在 2009 年 10 月 22 日于华府签署“美国牛肉输台议定书”，卫生署并于 11 月 2 日公告修正美国牛肉及其产品之进口规定，同意 30 月龄以下美国牛只进口台湾，其中包含美国带骨牛肉、绞肉、加工肉品，去除特殊危险物质、中枢神经系统、机械取下的肉屑，即可输台。

（二）在得知当局已与美国签署议定书之时，全民哗然。对于台美谈判完全忽视消费者权益之状况，消费者文教基金会于 11 月 1 日与主妇联盟基金会、董氏基金会、民间监督健保联盟等单位共同发动“台美重启谈判”全民“公投”连署活动，以促成当局对“美国牛肉输台议定书”重启谈判协商管道。活动正式展开后，消费者连署之热烈，在岛内隐然掀起一股“无声革命”，消费者希望借由提案连署的“动作”，“正式表达”不赞成当局轻忽消费者健康与声音的作法。整个社会发出抵制具有风险美牛进口的怒吼，短短 18 天，消费者文教基金会即接收到将近 21 万份的提案连署书，并于 2009 年 12 月 8 日送出 13 万 459 份提案人连署书至中选会，而进入第二阶段之程序。

（三）由于放宽美国带骨牛肉进口，对台湾环境及人民健康将造成永久伤害，文献上已经指明，普利昂蛋白存在于包括脑、头颅、眼睛、三叉神经节、脊索、脊柱和背根神经节、扁桃腺及回肠末端等部位，甚至资料显示肌肉、骨头也有其踪迹。因社会对于美牛安全的疑虑，“立法院”就便提案修改《食品卫生管理法》提出：美国牛绞肉、内脏、头骨、脑、脊髓、眼睛六项狂牛症高风险部位

① 参考资料由消费者文教基金会提供。

及制品，全部禁止输台。但带骨之牛肉仍有风险存在，而继续进行公民投票。

（四）第二阶段公投连署活动继续推动着，有些民众认为已经连署过了，不必要再作连署，民众不知公投有分为二阶段连署；而有人认为“立法院”已经修法成功，为何还要推动第二阶段公投？因此，消费者文教基金会继续游说及教育消费者，包括虽然内脏等美牛危险部位看似已修法阻绝，但还是面对国内法律与台美协议内容冲突之争议，也还须面对美国报复的难题；民间推动的公投，是以直接民意方式，作为当局谈判筹码的坚实后盾，协助当局进行谈判。并且认为虽然宣称三管五卡，即管源头、管边境、管市场，以及“核、标、开、验、查”5道关卡，来确保进口美牛产品安全，但其实是“管不着”、“卡不住”，因为台湾没有检测新型库贾氏症“普利昂蛋白”的能力，无法进行管制，等等，但仍然未达第二阶段的连署人数的门槛（86万份连署书），公投连署活动依法停止。

（五）公民投票做为普世的民主价值，透过公投，人民可实现当家做主的基本权利，决定国家未来的发展方向。台湾拥有“全国性公投”权力当时是第五年，有几次的“实验性”投票，由政治人物带领，伴随着争议与对立而至，有其阶段性原因与意义；消费者文教基金会等NGO组织首次回归公民发起的公投，则将“主权在民”的落实推进了新的境界。从这个角度观察，这次的公投已经踏上台湾甚至是全世界因为“消费权”之民生议题而进行公投，是弥足珍贵的第一步。

四、饮料食品遭非法添加塑化剂（2011年5月）①

（一）2011年5月间，台湾食品安全出现严重漏洞，市售饮料被验出违法添加“邻苯二甲酸（2－乙基已基）酯，简称DEHP”，不肖业者在合法食品添加物“起云剂”原料中，违法使用危害人体健康的塑化剂DEHP，顿时全台消费者陷入集体恐慌。

（二）在检察官的持续调查下，原料供应商从一开始的昱伸公司，又追查出宾汉公司，遭受污染的食品也从运动饮料扩及果汁、果酱果浆、水果粉及优格粉，甚至健康食品也惨遭污染，一连串的问题食品风暴就此铺天盖地而来！

（三）有关部门紧急要求商家下架。但是这起风暴却像雪球一样愈滚愈大，购买非法起云剂的下游业者一一现形，受污染的食品也几乎是每日一爆，被验出的塑毒物也不仅是DENP一种，有关部门赶忙宣布“D－Day”行动上路，规定未检附张贴不含六大类塑化剂的报告即不得贩售；另外也协调医疗院所加开塑化剂门诊。

（四）消费者文教基金会基于消费者保护团体的立场，一直持续关心毒害事件的发展，并研拟各种协助消费者求偿的可能措施，协助受到塑毒的消费者得到应有的赔偿，先与业者协调是否愿意以调解或仲裁的方式，与消费者来作成协

① 参考资料由消费者文教基金会提供。

议。然仅有少数的业者愿意调解，另希望业者能提供安心基金，先让有食用之消费者可以进行身体检查，相关的费用可以业者提供的安心基金给付，然亦未达成此目标。

（五）因而必须走到“消费团体诉讼”，此次的团体诉讼，将耗费大量的人力、物力与时间、金钱，消费者文教基金会仍然决定接受消费者的托付、提起团体诉讼，并选在2012年的315世界消费者日提起诉讼，其中被告是历次消费团体诉讼最多、求偿的金额最高。

（六）着手进行《消费者保护基金草案》的研拟，盼透过立法程序达到让业者拿出不法所得用以赔偿消费者的目的，在“三聚氰胺”毒奶事件爆发，当时消费者文教基金会即已建议当局相关单位应研拟“消费者保护基金”，可惜仍未看到相关机制的建立。台湾发生的塑毒事件，又再次突显出以现行的法律机制，并无法完全发挥保护消费者的功能，更无法在类似的问题上，对不肖业者施以对等的惩戒。提出消费者文教基金会版本的“消费者保护基金草案”，主要目的是为了确立“成立消费者保护基金”的法源、将之法制化。

（七）此事件消费者文教基金会提供多层的服务，更再次希望发挥影响力，在消费者保护的立法上，更能保障消费者。

## 陆、结语

消费者文教基金会是为了社会大众的权益而组织、营运、活动的，是属于公共财。因而连带影响了其他社会团体与层面，例如妇女运动——“妇女新知”最初就设在消费者文教基金会。消费者文教基金会与相继成了的非政府组织，如“主妇联盟”、“董氏基金会”一起推动许多活动。

许多社会团体、社会活动，都是因为有消费者文教基金会起头的带动，而刺激这些民间社团与运动的活络。在立法方面，消费者文教基金会催《消费者保护法》，由消费者文教基金会发起20万人的连署，并游说66位“立法委员”连署签名，送入“立法院”。另《食品标示法》也是消费者文教基金会去推动而改善的，如今业者会在商品上的期限标示、内容说明，都是消费者文教基金会推动而产生的。再者商品上印有“消费者保护热线”或“消费者服务专线”，这也是消费者文教基金会要求业者设置供消费者询问。

非政府组织并没有公权力，消费者文教基金会是以和平、理性及科学的方法作为运作模式，在社会上奠定了相当的知名度及公信力，且消费者文教基金会所关注的议题是多元化，与消费者贴近的，三十多年来，一直扮演者保护台湾消费者权益角色，让许多消费大众所忽视的消费者权益死角得以受重视，消费者文教基金会对于整个台湾对于消费环境起了重大的作用。

# 台湾“刚果 NGO”现象与法律治理难题

**罗承宗**

◉ 台湾崇右技术学院财经法律系专任助理教授

## 一、问题提出

非营利组织（Non-governmental organization，NGO）的存在已被普遍认为是现代社会不可或缺的重要特征。一般而言，以 NGO 作为主要骨干的公民社会（civil society），和市场经济与民主政治，共同成为现代社会的三个构成部分。①至于其中所谓的公民社会，系指独立于政府、企业与家庭之外，各种自主运作之自愿型组织，其组织型态可谓包罗万象。②

台湾在上个世纪的后半叶长久威权统治下，一方面与威权体制关系密切的公司企业乃至于各种随附组织团体，亦即包括受政党控制其人事、财务或业务经营的法人、团体或机构不断增生茁壮，但另一方面民间自发性的组织必须臣服于行政部门指挥领导，否则即受严密取缔，NGO 难有生存发展空间。解严之后，台湾人民力量迅速激发，单纯以公民身份组织起来活动之各种 NGO，加上宗教性之新兴团体更是声势浩大，使得这股 NGO 社会力在形成台湾的公共领域上扮演重要角色。③ 虽曰如此，然而台湾从威权体制和平渐进转型为民主体制过程中，由于“转型正义”的相关改革未能获得重视，导致台湾 NGO 的发展既有独特的风貌，亦有治理困难的法律难题。本文拟以台湾“刚果 NGO”现象为中心，对于相关法律治理难题进行鸟瞰式的探讨。

---

① 江明修、冯燕、许崇源、官有垣、许静淳等著：《国内非营利组织管理法规之研究》，“行政院研究发展考核委员会”委托研究案，2001 年 12 月，第 17 页。

② Michael P. Maxwell，NGOs In Russia：Is the Recent Russian NGO Legislation the End of Civil Society in Russia?，15 Tul. J. Int'l & Comp. L. 235，243 - 244（2006）.

③ 黄伟民：《结合非营利组织之市民性公共管理之研究》，台湾中山大学政治学研究所硕士论文，2000 年 6 月，第 8—9 页。

## 二、台湾 NGO 的四种形态

迈入21世纪的台湾，就NGO与“国家”相互间的关系而论，根据江明修、邱昌泰教授观察，的确很难拼凑出一副完整图像，① 但仍勉强可称为一种含糊的多元关系。具体而言包括下列四大形态：

### （一）向行政部门靠拢之NGO

向行政部门靠拢之NGO，其与行政部门发展共生共栖的依赖关系。这种情形，与一直以来台湾有关NGO相关规定残缺不堪，没有一套专法规范密切相关。有学者指出，许多NGO之补助款直接操纵在行政部门首长之高度行政裁量权上，许多补助款的分配常常是主管说了就算，因此分配上常常造成不均、不公的情形，许多与行政部门密切关联之NGO获得相对较多的补助款，然而也失去其组织自主性，在政策过程之涉入上难免成为替行政部门背书或奔走之工具，反之，与行政部门在公共政策上有所冲突之NGO则常因与行政部门间之政策歧见而遭受补助款申请上之刁难。②

其次值得注意者，在于当在政治意识上与执政党相似时，就会导致“红顶”NGO出现，③ 他们一方面受到来自第一行政部门相当丰厚之资源挹注，另一方面又有能力跟第二部门企业竞争，与民争利，独揽行政部门委托之大型专案计划，故发展为新兴之大型NGO。NGO若丧失了捍卫公共性之功能，其合法性与存在性将受到质疑。为了维护组织之自主性，NGO应避免因接受行政部门、企业或私人之赞助而影响到其本身之独立性与原本之使命。向行政部门靠拢之NGO类型，由于在第一部门行政部门与NGO间产生彼此互惠基础、甚至其存在本身之

---

① 邱昌泰、江明修，前揭《第三部门、公民社会与政府：台湾第三部门发展经验的省思与前瞻》，收于《第三部门与政府：跨部门治理》，初版，智胜文化事业有限公司，2008年3月，第16—18页。惟本文就相关类型以受政府、政治影响之程度，略为调整顺序。

② 江明修主持，《政府与非营利组织关系之理论辩证与实务探析（I）》，“行政院国家科学委员会”专题研究计划成果报告，2000年7月，第102页。另外，第三部门的行政依存度过强，容易沦为行政机关的下级单位，形成不平等的依赖关系，也是日本NGO所面临的课题。详参：林淑馨，《日本非营利组织的研究：现况与课题》，中国行政，2002年12月，第17页。

③ 这个形容词乃延伸“红顶商人”一词而来。清国同治年间，具有官员身份的杭州商人胡雪岩，因办理太平天国战乱后的杭州善后工作，并多次帮助左宗棠采购军火有功，官阶升迁至从二品的布政使。由于布政使的朝冠上饰有镂空珊瑚，俗称“红顶子”，在当时商人而戴红顶子的几乎绝无仅有，因此胡雪岩被人们称为“红顶商人”。后来“红顶商人”被用来指称在官场和商场两面得意者；在当代，“红顶商人”一词更泛指本身不具官员身份，但与政府高层关系良好，能够影响政府政策的企业界人士。相关解释权且参照维基百科（wikipedia）：“红顶商人”词条。网址：http：//zh. wikipedia. org/wiki/% E7% BA% A2% E9% A1% B6% E5% 95% 86% E4% BA% BA（造访日期：2009年12月26日）。

目的就是遂行行政部门指示任务下，自然而然形成一种共生共栖之依赖关系，不利于公民社会之独立发展。[①]

（二）政治人物豢养之 NGO[②]

选举需要金钱，政治人物投入选举难免需要经费支助，由于选民与企业的赞助日益困难，许多政治人物，纷纷成立基金会，从事社会公义，宣扬社会理念。基金会理论上属于 NGO 之一种，其经费应用于公众与公益之用途。惟这种类型的 NGO，在累积政治资源方面则绝对是一项“营利事业”，而公众正是他们政治生涯发展之本钱。政治人物如有现职为其正式的舞台；而相形之下，基金会则是另一种与民接触之管道。换言之，这类型之 NGO 显示出来是公益之一面，惟其背后之运作却充满政治性。从其成立之过程来看，必须要有工商企业界之支持，这些都是政治人物之人脉累积。在台湾复杂之政经结构网络中，其所产生的影响，相当值得重视。[③] 另外政治人物亦可以透过基金会与第一部门行政部门互动接触，而往往成为行政部门公共工程与采购业务的投标者，接受行政部门补助、委托、奖助者。由于基金会之负责人是政治人物，对于行政部门机关有相当之影响力，故其取得行政部门的资源常常十拿九稳，另外基金会亦可以作为政治人物吸收各种民间捐款的合法途径，这些情形都侵蚀了 NGO 的社会公益性格。

台湾政治人物筹组基金会之风气约起源于解严后，有关这类型 NGO 在台湾之运作实况与指摘，在 1995 年由记者张启凯所著之《国库溃堤》一书中即有相当深刻之描述，指出部分由“立委”主导成立和找“立委”挂名董监事之基金会，以行政部门资助为主要财源，除了未遵守监督者不应该向被监督者要钱的基本民主守则外，更进一步指摘这些基金会拿了钱后更丝毫不见为“国家”和“全民”作了任何贡献。[④] 1997 年 12 月 3 日所举办的县市长选举，台北市长陈

---

① 值得注意的是，邱昌泰，江明修教授于前揭书提出，在 2000 年政权轮替后，“国民党时期盛极一时的非营利组织因为江山易主、理念不同，都已面临崩解、改组或转型的危机，生存普遍遭遇困难”。惟笔者认为邱、江两位教授恐怕过于武断，而忽略了当时朝小野大的政治环境，也低估了长期威权主义统治下这些披着非营利组织外衣营运之政党随附组织所累积下来之雄厚实力。如在台湾各大重要风景区拥有青年活动中心的“救国团”、低调神秘但资金雄厚的妇联会等组织，即是经历民进党执政时期依旧难以被撼动之适例。有关随附组织范围法律上之认定，要考虑之重点是这些组织是否被国民党视为稳定政权所不可或缺的要素，例如上述蒋经国“总统”为了政治接班而成立之“救国团”，就符合此概念。参见：陈英钤，《重建政党公平竞争的基础：从法制面谈政党不当财产与党营事业之处理》，收于《二十一世纪宪政风云》，初版，台湾法学会主编，2004 年 1 月，第 44—45 页。

② 这种类型之另一种面向，反映在政治人物或团体豢养之第二部门组织企业之情形，更明白地说，亦即是国民党党营事业与党产之清算与追讨，在台湾此法制上之课题迄今仍饶富研究价值。

③ 江明修、陈定铭：《基金会之问题与健全之道》，第 24 页。引自：TNN 台湾非营利组织研究网，网址：http：//npo. nccu. edu. tw/content/section02/item02 _ doc/199906. pdf（造访日期：2010 日 2 月 3 日）。

④ 张启凯，《国库溃堤》，月旦出版社，1995 年 4 月，第 159 页。

水扁所组成的“宝岛希望助选团”，为民进党提名县市长强力助选，所到之处人声鼎沸。为求“宝岛希望助选团”完美演出，陈水扁将其成立之“福尔摩沙基金会”专职员工 20 多人，投入全省辅选工作；加上台北市政府政务官与幕僚人员，每次助选团人员都有四五十人之庞大阵容。当时“福尔摩沙基金会”专职员工投入选举的助选行列，即引发了民间 NGO 参与选举之政治性争议与质疑。①

（三）企业所培植之 NGO

企业所培植之 NGO，行政部门与其关系较为疏离。详言之，审视近年西方社会中政府、营利以及 NGO 互动行为之演变，可以发现除了 NGO 活跃外，第二部门企业机构日渐增加公益活动的参与，并逐渐朝向系统性、长期性发展，推动公益活动，而不是短暂性地捐款或捐赠企业的产品而已。这种体认企业应参与解决社会问题、改善社区生活品质，并将企业的营利行为本身应尽之社会责任作一连结，即谓之企业社会责任（Corporate Social Responsibility，简称 CSR）或企业的慈善行为（Corporate Philanthropy）。至于企业履行企业社会责任之方式，其途径包括可借由与既有之 NGO 合作，赞助 NGO 方式进行，亦可自行成立基金会推动公益活动来履行社会责任。②。

学者 Noreena Hertz 生动地深入剖析，指出鉴于行政部门在许多事务上逐渐无法掌握，而许多企业拥有非常雄厚之资源，一般想象得到的物质欲望已经不能满足他们，为了名留青史，他们决定在政治和社会的舞台上轧上一角，企业的决策高层开始参与公共事务，出钱的金主顺理成章地取代政治人物的传统角色。现在的慈善家不仅赞助艺术文化、博物馆、慈善机构，还在政治上发挥影响力。这些人富可敌国，遍布全球的势力更是行政部门望尘莫及，他们不必循选举管道就能达到政治上的目的，许多企业家明白自己远比政治人物更有能力做事，运用企业的杠杆能力就能接触不同国家的领导人，达成各种目标。这些踏上世界舞台的新贵，“封地”遍及全球的“采邑首领”，可说比政治领袖还更像政治领袖。例如微软（Microsoft）公司创办人、全球首富比尔·盖兹（William Henry “Bill” Gates III）曾在一年半之内就和国家主席江泽民举行两次高峰会议，而克林顿总统仅和江泽民会晤过一次③。

近年来台湾越来越多企业家开始成立基金会，投入公益活动，以贯彻企业社

① 江明修，陈定铭，前揭《基金会之问题与健全之道》，第 25 页。

② 官有垣：《基金会治理功能之研究：以台湾地方企业捐资型社会福利与慈善基金会为案例》，公共行政学报，第 7 期，2002 年 12 月，第 66—67 页。

③ Noreena Hertz 著，许玉雯译，《当企业并购国家：全球资本主义与民主之死》（The Silent Takeover: Global Capitalism and the Death of Democracy），初版，经济新潮社，2003 年，第 214—217 页。

会责任。参照所得税法第 36 条规定，营利事业之捐赠得依下列规定，列为当年度费用或损失：一、为协助“国防”建设、慰劳军队、对各级行政机关之捐赠，以及经“财政部”专案核准之捐赠，不受金额限制。二、除前款规定之捐赠外，凡对合于第 11 条第 4 项规定之机关、团体（亦即教育、文化、公益、慈善机关或团体）之捐赠，以不超过所得额百分之十为限。由此观之，台湾立法政策上系肯认公司得借由捐赠行为，享有所得税总额之扣除，以鼓励公司善尽企业社会责任。①

由于企业所培植之 NGO 多以基金会的型态为主，其成立与运作经费因受母企业“庇荫”，主要倚重基金孳息及股息收入，在财源筹措上较无匮乏之虞。故经费挹注不成问题。然而社会对于这类 NGO 之质疑，多是其与母企业之间之关系，以及其运作目的为何。江明修、邱昌泰教授指出这类企业培植之 NGO 亦很容易沦为“伪装式”的 NGO，真正的动机还是为了协助企业从事财务操作与税赋规避。更进一步分析，这些常见手法包括：企业捐赠该组织借以扣减所得税额，降低税赋；利用该组织转投资营利事业或向关系人购买公司股票，使资金回流至营利事业或大股东；以企业之大股东或关系人担任该组织董监事或其他职务以列支薪资、汽车、交际等费用，甚至与关系人进行不动产买卖或股票操作等非常规交易来进行利益输送。②。

### （四）面向公民社会的 NGO

面向公民社会的 NGO，与行政部门发展互不往来的孤立关系，这类型的 NGO 概念上可谓最符合“非政府”与“非营利”的精神。由于缺乏行政体制的常态支持，导致 NGO 间贫富差距悬殊的现象颇为明显。某些拥有高度声望、独立性的 NGO，具有极为强大的募款与吸收志工能力，完全不必依靠行政机关的补助，其生存与发展自然不成问题。顾忠华教授指出，台湾 NGO 在社会资本的累积上，到目前为止以宗教组织，例如慈济、法鼓山、佛光山等，表现得最为出色。③ 然而在另一方面，太过强势的大型 NGO 蓬勃发展下会造成排挤效应，使得中小型 NGO 在无法依靠行政补助下，经常面临经费不足的困局。

---

① 庄永丞：《从公司治理观点论我国上市上柜公司之慈善捐赠行为》，台湾本土法学杂志，第 94 期，2007 年 5 月，第 110 页。惟值得注意者，该文亦同时提出，公司治理之目的，在以谋求股东财富最大化为经营最高指导原则（亦即能以金钱量化之营收），由于企业社会责任并无明确裁量判断（亦即无法以金钱量化之公益效益），若董事会以非股东利益之利害关系人利益最大化为公司治理目的，必陷入经营判准无所适从之困境。

② 杜荣瑞，薛明玲：《非营利组织之管理财务及税务问题之研究》，财税研究，第 25 卷，第 1 期，1993 年 1 月，第 42 页。

③ 引自：张培新，《台湾宗教组织运作的社会资本考察：以慈济功德会为例》，中山人文社会科学期刊，第 14 卷第 1 期，2006 年 6 月，第 127 页。

## 三、第五种形态 NGO：台湾“刚果 NGO”现象与实例

### （一）何谓“刚果 NGO”

前述四种类型的 NGO 分类，大抵而言足以勾勒台湾现行民间 NGO 组织的轮廓。不过这四种类型里即使与行政部门关系最紧密的“政府靠拢 NGO”，其基本结构依旧是由民间构成，只不过在财务上高度受到行政部门补助支应，或经常接受行政部门委托任务，遂行行政部门指示而已。然而若更仔细剖析，除了上述四种类型外，事实上存在与行政部门紧密度更高的第五种类型，亦即“刚果 NGO”。“刚果 NGO”系“政府拥有的非政府组织”（government-owned/organized non-governmental organizations，GONGO）的中文谐音略称，用以描述由行政部门设立、营运之“貌似”民间 NGO 的 NGO。

就理论上来说，“刚果 NGO”一词本身就充满高度矛盾。盖非 NGO 的最大特征之一就是发自民间，原则独立于公部门外而不受其控制。然而这类型组织实质上根本乃政府设立，究竟还能不能冠上 NGO 称号，殊值怀疑。一般而言，根据外国学者对“刚果 NGO”的相关研究似贬多于褒[①]。至于在台湾，“刚果 NGO”用语或许是太过时髦的字眼，但若以“政府捐助财团法人”或“公设财团法人”置换的话，则诸如：黑机关、任用私人、不受监督、小金库、双薪肥猫、退而不休等长久以来的负面批判，立即涌现而出[②]。综上，虽“刚果 NGO”对台湾学界仍属陌生词汇，惟由于大抵可涵盖公设财团法人乃至于行政部门捐助 50% 以下却拥有实质控制权之财团法人，故本文采之。

### （二）台湾“刚果 NGO”概况与治理难题

针对公设财团法人、公部门捐助 50% 以下却拥有实质控制权之财团法人，有学者指出这些行政部门“外围”组织，享有用人不受公务人员法规限制之便利，经费预算并能规避议会监督，成为行政部门施政之“地下管道”[③]，相当受到行政部门欢迎。例如“中华经济研究院”、“工业技术研究院”、“国家文化艺术基金会”、“中央通讯社”、“国际合作发展基金会”及“二二八事件基金会”等情形不胜枚举，而依据其设置条例（如“中华经济研究院”设置条例）或基于法律授权（参见二二八事件处理及赔偿条例第 3 条第 1、2 项）而设立，惟皆

---

① See Kerstin Martens, Examining the (non - ) status of NGOs in international law, 10 Ind. J. Global Legal Stud. 1, 8 - 9 (Summer 2003)

② 可参照：张启凯，《国库溃堤》，月旦出版社，1995 年 3 月，第 161—164 页。

③ 顾忠华：《公民结社的结构变迁 - 以台湾非营利组织的发展为例》，《台湾社会研究》，第 36 期，1999 年 12 月，第 139 页。

明订为财团法人。至于公设财团法人之用语，迄今尚非实定法上名词，具体之规范见于预算法第 41 条中之“政府捐助之财团法人”概念。另外在“立法院”2004 年 6 月 11 日审议通过“中央”行政机关组织基准法过程中之附带决议里，则可比较清楚看到国会对公设财团法人课题之重视①。

探究台湾“刚果 NGO”生成之背景，有论者指出过去公部门之所以捐助成立财团法人，主要多因部分特殊任务由行政机关直接进行，因人事、财政、公务员责任等法律限制，产生窒碍难行之处。另公部门受限于法令规章束缚，常被外界批评缺乏效率、弹性与应变能力。在早期法制观念未臻成熟时，公部门才透过迂回捐助成立财团法人之方式，其定位上属依民法所设立，享有私法人地位，由其担任半公半私之角色，以完成特定公共任务②。

公部门于该笔资金捐助后，应如何进行控制，依预算法第 41 条第 3、4 项分别规定：各部门投资或经营之其他事业及行政部门捐助之财团法人，每年应由各该主管机关就以前年度投资或捐助之效益评估，并入决算办理后，分别编制营运及资金运用计画送“立法院”（第 3 项）。行政部门捐助基金累计超过百分之五十之财团法人及日本撤退台湾接收其所遗留财产而成立之财团法人，每年应由各该主管机关将其年度预算书，送“立法院”审议（第 4 项）。立法机关可经由本条文之设置，企图强化对公设财团法人之监督统制。

至于有关公设财团法人之认定，参照“司法院”释字第 41 号解释，“国营事业转投于其他事业之资金，应视为行政部门资本，如其数额超过其他事业资本百分之五十者，该其他事业即属于“国营事业管理法”第 3 条第 1 项第 3 款之“国营”事业。”本此判断“国营”企业标准解释意旨，台湾从来以捐助基金超过 50% 始认为为公设财团法人，甚至于“行政院”于 2007 年 9 月间向“立法

① 该法通过时，其中涉及公设财团法人之“立法院”附带决议包括第 5 点：请“行政院研究发展考核委员会”及“行政院”人事行政局全面清查所有由当局出资或捐助之财团法人，如其能自负盈亏者，应朝向民营化组织型态转型；如无法自负盈亏者，应予裁撤；其余如能转型为行政法人者，应予转型。第 6 点：由“法制委员会”定期安排相关行政主管机关到会就“全面清查政府出资或捐助财团法人营运状况及其处理方案”专案报告。引自：《立法院公报》，第 93 卷第 34 期，院会记录，2004 年 6 月 11 日，第 243—244 页。爰此，“行政院”曾于 2006 年 6 月间就各部会捐助成立之财团法人，邀集各相关主管机关进行清查，并针对各财团法人之运作情形，分红、黄、绿 3 类灯号处理。列为红灯者，表示已与当局脱勾或有重大弊端，亟需各机关优先处理者；列为黄灯者，表示目前运作及经营情况有异状，需主管机关持续追踪其发展者；列为绿灯者，表示目前运作及经营情形皆无异常状况，可循正常程序监督者。经“行政院”召开 14 次会议清查完竣，已于 2006 年 11 月 14 日函请各主管机关确实依清查结果办理后续有关财团法人督管事宜。引自《立法院第 7 届第 1 会期第 9 次会议议案关系文书》，2008 年 4 月 30 日，第 0092 页，报 572 页。

② 张淑铃：《政府捐助成立财团法人定位与法制之探讨》，政府审计季刊，第 30 卷第 1 期，2009 年 10 月，第 24 页。

院”提出之“财团法人法草案”中仍延续此一界分标准[①]。此种界分标准造成捐助50%以下者，即非公设财团法人。行政部门对于财团法人之捐助大概有两种情形，一为设立时捐助，二为设立后捐助。如果仅依照设立时捐助有无超过50%来判断是否为公设或私立财团法人，较为明确。但第二种情形，如设立后捐助、累积之捐助总额已超过该基金之50%，亦应视为公设财团法人[②]。值得注意的是，有论者对以行政部门捐助财产是否达50%来区分公设财团法人与民间财团法人提出指摘，而认为宜参照公司法第369条之2第2项[③]以行政部门是否直接或间接控制实质控制该财团法人之人事、财务或业务经营者为断，凡经行政部门以直接方式财团法人内部人事制度、或透过安置董事或经理人等方式间接主控财团法人相关财务事项之规划及业务之经营，均可认定为公设财团法人，而不得径以行政部门捐助财产是否形式上以达到捐助总额50%作为区分标准，以免流于重形式而轻实质之弊[④]。这些立法构想虽然相当具有参考价值，然而或因“刚果NGO”结构盘根错节且利益纠葛甚深，纵令该草案早已立法完竣，由于掌握行政与立法多数席次的马“政府”始终欠缺立法治理“刚果NGO”乱象意愿，导致“财团法人法”立法持续延宕至今。

### （三）“建国百年基金会”：备受争议的“刚果NGO”

举例而言，为庆祝所谓“建国一百周年”所成立的“建国百年基金会”，堪称是近年来在台湾备受议论的“刚果NGO”。详言之，为举办该次庆典，马“政府”虽已于2010年度编列1890万元预算，2011年度预定编列近1亿元预算支应。然除此之外，马“政府”于2009年11月8日于台北圆山饭店举行第1次全体委员会议，担任筹备委员会主任委员的萧万长表示，将另于同年12月成立“建国百年”基金会以统筹运作庆祝活动办理事宜。汇整当时相关报导，在人事方面，基金会荣誉董事长为马英九，董事长为“总统府”廖了以秘书长，曾志朗政务委员、广达电脑林百里董事长及文建会盛治仁主委担任副董事长。董事会

---

① 其中值得注意的是，为规范公设财团法人继续捐助繁衍之情形发生，本草案第2条对公设财团法人具有更细致的界定，凡属于以下三种情形者，都属于公设财团法人：一、由政府、公营事业捐助成立，且其所捐助之财产合计达捐助财产总额百分之五十以上之财团法人。二、由前款之财团法人自行或前款之财团法人与政府、公营事业共同捐助成立，且其所捐助之财产合计达捐助财产总额百分之五十以上之财团法人。三、接受政府、公营事业或前二款之财团法人捐赠，且其所捐赠之财产与其捐助财产合计达捐助及捐赠财产总额百分之五十以上之财团法人。

② 引自：林桓、刘昭辰、吴煜宗等，《公设财团法人之研究》，“行政院研究发展考核委员会”委托研究报告，2005年3月，第89页。

③ 公司法第369条之2第2项规定：除前项外，公司直接或间接控制他公司之人事、财务或业务经营者亦为控制公司，该他公司为从属公司。

④ 林桓、刘昭辰、吴煜宗等，前揭《公设财团法人之研究》，第136页。同旨亦可参见：张锡胧，《政府捐助之财团法人外控机制之检讨与建议》，《主计月刊》，第596期，2005年8月，第17—18页。

下置执行长一名，承董事会及董事长之命办理各项业务，由 2008 年“总统大选”国民党发言人蔡诗萍担任执行长。至于在经费方面，基金会拟预计筹募经费至少逾 10 亿元，其中 49% 由行政部门捐助，另外 51% 则由民间、企业募款。萧万长更明白指出，该基金会是长期负责执行筹委会的意见，并可接受各界捐款，不受行政部门机关预算、员额等相关规定的限制，有助于延揽专业创意人才与弹性灵活运作①。

由于该基金会成立与运作时间与 2012 年“总统大选”相当接近，党、政、民间与选举间之分际引发各界质疑。而“立法院”预算中心曾委婉指出，依公益劝募条例规定除重大灾害及国际救援外，行政部门不得发起劝募活动，以此方式举办“国庆”活动恐有“不妥”。并举九二一基金会为例，指该基金因未受“立院”及审计监督，遭监院纠正②。再者从经费构成比例上来看，行政部门捐助经费 49%，显然意图让基金会披着民间团体外衣而逃避国会之监督。至于另外从民间、企业募得的 51% 是否不乐之捐，是否存在政商对价关系？也引发舆论诸多质疑批判声音③。

综上，检视“建国百年”基金会，简而言之可从以下两方面观察：第一，从组织构成员而论，一个集结现任行政部门领导人、高阶政务官等作为重要成员的基金会，其与行政部门间浓厚的关联性已昭然若揭。第二，从捐助额设定而论，既然行政部门已能对该基金会捐助到 49% 程度，那么再努力多点加码，行政部门即可堂堂取得捐助额过半优势地位，并让代表人民监督行政部门的“国会”能充分过问其营运状况。马“政府”刻意在 49% 煞车喊停，让该基金会成为捐助为过半的“民间团法人”，其中利用民间财团法人外观达成逃避监督的意图至为明显。总而言之，“建国”百年基金会相当符合“刚果 NGO”概念，且由于伪装效果拙劣，还是个一望即知的“刚果 NGO”。

## 四、抵抗“刚果 NGO”的法律思维（代结论）

财团法人固系民间社会性活动，公部门捐助成立之财团法人，则系基于“国家”施政之必要，其性质非属私法人之范畴④。诚如学者所指摘，在传统国家法人与地方自治法人之外，或新设、或直接由既有国家机关、机构改制成一新的独

① 相关报导，整理自：自由时报，《筹备百年国庆替马连任铺路》，2009 年 11 月 9 日。中国时报，《百年国庆扩大举办》，2009 年 11 月 9 日，要闻/A1 版。

② 苹果日报，《百年国庆基金挨轰变相辅选》，2009 年 11 月 09 日，A7/头条要闻。

③ 联合报，《黑白集：百年国庆怎么庆》，2009 年 11 月 10 日，A2 版/焦点；真晨报，《社论：百年国庆不应便宜行事》，2009 年 11 月 11 日，02/政治风云。

④ 林秀燕：《浅谈政府捐助财团法人之监督》，主计月刊，第 591 期，2005 年 3 月，第 84 页。

立法人，再将行政任务将由该法人行使乃所谓之“法人化”之概念，所设立之法人如果是私法人，不管是财团法人或公司由于营运仍归国家掌握，充其量只能说是“披着私法外衣的国家”或“形式上的私人”，而不是“真正的私人”，不能免于基本权等公法原理原则之拘束①。

面对“刚果NGO”现象，有学者指摘这些行政部门“外围”组织，享有用人不受公务人员法规限制之便利，经费预算并能规避“议会”之监督，成为行政部门施政之“地下管道”②。鉴于其营运深受行政部门支配，倘若仍昧于现实地将其与民间自发性组成的NGO等同视之，将其所作所为排除于公法的统制范畴之外，不啻是法治主义之倒退，形同让NGO相关法制度沦为行政部门恣意遁入私法之温床。

基于上述在法制上对“刚果NGO”予以高密度监督统制课题之必要性与重要性，笔者认为将来在法律上应有意识地将“刚果NGO”从发自民间之NGO中予以界分，而广泛地将其纳入行政部门之范畴。至于进一步有关界分的标准，鉴于从来以行政部门捐助财产是否已达到捐助总额50%的标准过于僵化且流于形式，未来在法制上可参照公司法第369条之2第2项精神③，以行政部门是否直接或间接控制实质控制该财团法人之人事、财务或业务经营者为断，凡经行政部门以直接方式财团法人内部人事制度、或透过安置董事或经理人等方式间接主控财团法人相关财务事项之规划及业务之经营，均可认定为公设财团法人，受到法律与议会的更严密监督。一旦法制度能作如此调整，当能对行政部门利用财团法人制度繁殖“刚果NGO”的情形发生遏阻的效果。

---

① 许宗力：《论行政任务的民营化》，收录于《法与国家权力（二）》论文集，台北，元照出版公司，2007年1月初版，第429—430页。同旨可参：洪淳琦，《我国文化艺术补助机制之相关法律问题研究——以“财团法人国家文化艺术基金会”为中心》，台湾本土法学杂志，第63期，2004年10月，第27页。

② 顾忠华：《公民结社的结构变迁——以台湾非营利组织的发展为例》，台湾社会研究，第36期，1999年12月，第139页。

③ 公司法第369条之2第2项规定：除前项外，公司直接或间接控制他公司之人事、财务或业务经营者亦为控制公司，该他公司为从属公司。

# 非政府组织在社会文化治理过程中的功能与作用

李丽萍
◉ 福建八闽律师事务所律师

随着社会主义建设事业发展的逐步深入，社会主义文化建设日渐呈现多元化趋向。非政府组织由于自身的民间性、志愿性和公益性，其组织的活动不仅得到联合国经社理事会及世界银行等国际组织的认可，也得到了国内社会的普遍认同。非政府组织在社会治理过程中发挥了诸多的作用，如非政府组织在应急管理过程中的功能和作用，[①] 非政府组织在“5·12”抗震救灾中的突出表现，[②] 非政府组织在环境保护过程中的功能和作用等。本文从社会文化的角度探讨非政府组织在社会文化治理过程中的功能和作用，主要表现为：社会主义文化法律政策的“宣传普及者”，社会主义文化法律政策的“主要践行者”，社会主义文化法律政策的“推动促进者”，对外文化交流的“中转站”。下面分别加以详细论述。

## 一、社会主义文化法律政策的“宣传普及者”

党的十七大强调“大力发展文化产业，实施重大文化产业项目带动战略”。2009年7月，我国第一部文化产业专项规划——《文化产业振兴规划》出台，央行等九部门发文“加强金融对文化产业振兴支持”等举措，标志着文化产业的发展已经被提升为一项国家战略性产业。文化产业发展需要思想的沟通碰撞，文化产业法律政策的宣传、普及工作就显得尤其重要。法律政策的宣传、普及仅仅依靠政府部门的力量，显得单调且力不从心，而非政府组织的民间性和公益性，使得其在社会主义文化法律政策的宣传、普及方面起到了不可或缺的作用。

非政府组织的各行业协会如律师协会、青年志愿者协会等能够为社会主义文化法律政策的宣传提供专业性的服务。非政府组织的律师协会拥有高素质的法律专业资深人才，是政府政策、导向、意志的良好宣传普及者。非政府组织的各行

---

① 沈荣华：《非政府组织在应急管理中的作用》，《新视野》2005年第5期，第42页。

② 杨庆：《浅谈非政府组织在抗震救灾中的作为》，《今日南国》2008年第6期，第14页。

业协会能结合本行业的专长和实践，区分各行业不同类型、不同规模的企业和机构情况，研究采取具体的宣传普及法律政策的方法。例如：中央九部委联合发出《关于开展科教、文体、法律、卫生“四进社区”活动的通知》后，各律师协会多次指派若干律师志愿者服务队深入社区参与“法律进社区”活动，以出墙报、板报，发放宣传资料，为社区居民讲解法律政策的方式宣传普及法律政策知识。[①] 一些高校也派出具有法律专业知识的师生自愿者服务队，进军营耐心地为有法律方面困扰的官兵们答疑解惑。[②]

## 二、社会主义文化法律政策的“主要践行者”

据《全球公民社会年鉴2001年》统计，每百万人口中拥有国际非政府组织成员身份的人数从1990年的148501人增加到2000年的254332人，密度从30%增加到43%。[③] 可见，非政府组织本身作为群体，在社会主义文化法律政策的执行过程中，就是一支庞大的践行者。非政府组织在发展、创新、提升社会主义文化方面，发挥了很大的作用。

### （一）文化产品创造者

文化产业战略的实施，标志着政府在使文化产业成为国民经济支柱性产业过程中，必须担当起宏观调控的主导作用，引领整个文化产业发展的方向。同时，文化产业政策的兴起，标志着文化已经具备商品的属性，也意味着商品机制的商品流转、商品价值功能在文化产业的发展中起着举足轻重的作用。但政府调控和文化市场各自都有其局限性，如政府无法亲自进行文化创作，文化市场无法掌握文化自主规律等。非政府组织的组织性、自愿性、公益性和民间性，使其更契合文化发展的内在需求和文化发展的规律性。

第一，非政府组织的组织性、自愿性能使文化产业发展的环境更具有包容自主性。文化产品具有物质性和精神性的双重特点，它的精神性特点决定了它是人类思想和智慧交锋碰撞的结果。非政府组织的组织性，能使文化产业的发展凝结人民大众的共同智慧，使文化产业更具有民族凝聚力。而非政府组织的自愿性，又能为文化产品的产生创造宽松、包容的外部环境，培养出高度的文化自觉性。

---

① 焦作市律师协会开展法律服务进社区进农村活动，http：//www. jzpfw. gov. cn/News _ View. asp? NewsID =291。

② 福州大学法学院法律服务进军营，http：//lawschool. fzu. edu. cn/a/xueshenggongzuo/xinwendongtai/2012/0620/963. html。

③ Helmut Anheier，Marlies Glasius and Mary Kaldor：Global Civil Society Yearbook 2001，Oxford University Press，2001，P6.

第二，非政府组织的公益性、民间性能为文化产业的发展注入新鲜血液，提供创作源泉。文化产品的生命在于创意。非政府组织的公益性，使得文化产品的内容更加注重公益，精神更加积极向上。非政府组织的民间性又使得文化产品取材更加广泛，构思更加新颖，内容更加丰满。

### （二）文化产品规制者

十七大提出“深化文化体制改革，推动社会主义文化大发展大繁荣”，根据文化体制改革的需要，政府需要为其提供法律政策给养，而非政府组织作为文化体制改革的民间力量，也能够为规范文化产品的协调、健康发展作出贡献。

21 世纪是电子信息时代，随着手机、电视、电脑应用技术的发展，文化产业的发展有了新的样态。以信息交流为主要方式的无线通讯、移动电视、平板电脑、超级本等高科技产品，以旅游、娱乐为主的休闲文化和以论坛、会展、商务交流为主的商业文化的发展，已经成为文化产业增量提升的重要引擎。非政府组织在规范新兴文化产业发展方面也具有不同于政府和市场部门的规范作用。例如，中国互联网协会为整治网络不文明行为，倡导给网络一个文明的空间，牵手网络运营商和各大主流网站，向全国互联网从业者发出文明办网的联合倡议。① 中国电影发行放映协会为了规制电影院线之间的不正当竞争、贴片广告经营管理无序等混乱现象，出台了《电影票销售及结算行为规范》，对市场的电影票价无规折扣、随意设置半价日等行为进行规制，并对违规者进行相应的处罚。②

### （三）文化产品传承者

首先，非政府组织培养文艺人才，对民间文艺的传帮带工作发挥了极大的作用。我国的许多民间艺术，如剪纸艺术、花灯制作、皮影等都濒临失传，非政府组织的民间文艺家协会，为文化产业在传统民间艺术领域采集、创新提供专家力量，并为传统文化产业培育新的艺术人才。民间文艺家协会使得文化产业的发展能够更全面、系统地深入到广大人民群众的实际生活中，使得民间文艺活动更加丰富多样化。③

第二，非政府组织对非物质文化遗产的保护，使人们对非物质文化遗产的保护意识得到优化增强。中国非物质文化遗产保护中心、中国民俗学会、中国工艺美术学会、中国中医科学院、中国科学技术史学会、中国民间文艺家协会，这几

① 千龙、新浪、搜狐、网易等 14 个网站联合发出文明办网倡议书，http：//www. bjdx. gov. cn/jrdx/dxxw/dxxx/2006n/31306. htm。

② 团购电影票最多打七折，怎么看？http：//www. jfdaily. com/topic/186609。

③ 中国民间文艺家协会，http：//baike. baidu. com/view/113714. htm。

个非政府组织都是国家非物质文化遗产保护工作专家委员会向联合国教科文组织推荐的对保护非物质文化遗产有突出贡献、卓越工作表现的非政府组织。① 可见，我国非政府组织对非物质文化遗产保护工作所作的努力，在我国非物质文化遗产方面所发挥的作用，不仅得到了国内专家的认同，还得到了联合国教科文组织的认可。非政府组织对于非物质文化遗产的保护宣传，提醒人们非物质文化正在逐渐走向衰亡，如果现在还不行动起来对之加以保护，非物质文化遗产就会消失。非政府组织对于非物质文化遗产保护的倡议宣传，唤醒人们对非物质文化遗产保护的意识，对非物质文化遗产的保护具有极大的促进作用。

第三，非政府组织参与各地文化节，对各民族文化的传承起着宣传和保护的作用。十七大提出创新文化发展理念以来，各地争相办起了体现当地文化特色的文化节。就福建省来说，武夷山举办的彭祖文化节、漳州的土楼文化节、莆田的南少林武术文化节、永安举办的笋竹文化节、三明举办的烟标文化节，都各具地方文化特色。这些文化节的举办，虽然非政府组织不是主办单位，但非政府组织或者是协办单位，或者是诚邀对象。非政府组织的民间性，使得其对这些文化节的参与本身，就能起到一种文化交流、宣传和保护的作用。

总之，十七大提出“发扬广大人民群众和文化工作者的创造精神”，非政府组织作为一股民间力量，积极参与到发展社会主义文化产业政策的浪潮中来。其对文化产品创作的参与，对文化产业发展问题的解决和规制，以及对文化交流传承的贡献，都是作为社会主义文化法律政策践行者的角色，而且，因为非政府组织的组织性和自治性，使得文化行业协会和文化中介组织在文化法律政策的微观层面具有政府组织不具备的比较优势，更能够发挥沟通政府和人民群众之间的桥梁和纽带作用。

## 三、社会主义文化法律政策的“推动促进者”

以高新技术为标志的手机报纸、手机电视、移动电视、网络传播等新媒体新业态的出现，就必然需要催生新的法律政策。非政府组织属于民间自治性组织，它的公益性特征使其在一定程度上能够反映民众的呼声。非政府组织的各行业协会更了解行业内的现实情况，能够聚集行业内的各类焦点问题，及时向政府组织反馈，并由政府制定相应的政策，连接政府与民众，使国家政策的出台更加准确，更符合行业有序、健康发展的要求。例如，随着中国电影业的发展，涉及的题材越来越多样化，每年电影协会的专家们都会提出很多关于电影的提案，并呼吁国家出台电影法，使电影摄制、生产、制作、发行的整个过程都能在法制的轨

① 推荐保护非物质文化遗产领域非政府组织和专家有关情况的报告，http：//iel.cass.cn/news_show.asp？newsid=7734。

道上运行。① 中国广告协会为全面净化社会文化环境，促进未成年人健康成长，提出关于净化广告市场的相关实施方案，充分发挥非政府组织对社会主义文化法律政策的“推动促进”作用。②

## 四、对外文化交流的“中转站”

非政府组织通过组织专题研究，召开研讨会、座谈会的方式，游梭于政府与民众之间，也使非政府组织有别于政府间、政党间的单一对话交流模式，使得文化交流的样式更趋于多样化。同一类型不同国籍的非政府组织之间的交流，不同类型相同国籍的非政府组织间的交流，不同类型不同国籍的非政府组织之间的交流都能使文化交流的内容更加丰富，更加多样化，满足多元化文化的需求。

非政府组织在文化交流过程中，有时以协办者的身份出现，有时以主办者的身份出现，但无论以何种方式出现，都促进了文化的交流和传播。2012 年 2 月 10 日，晋江英塘六桂宗亲东南亚的千余史六桂堂宗亲，以祭祖、座谈的方式促进宗亲文化的交流和合作。③ 2011 年 12 月 3 日，美国电影协会携手北京国际版权交易中心联合举办“电影大师班”，来自 10 多个国家的电影从业者在这个班中互相学习、交流全球电影的现状，并对电影合作的前景进行了探讨。“电影大师班”的交流，为中国电影进入国际影坛开辟了新径，也为提升中国电影的国际化水平提供了有益的借鉴。④

## 五、小结

综上所述，非政府组织在社会文化治理过程中具有有别于政府的优势，使其在推动文化产业发展方面具有不可替代的功能和作用。发展文化产业，应该调动非政府组织的力量，使其行业协会发挥行业自律的规范作用，充分激活广大群众的文化创新力，同时保护传统文化，整合起整个社会力量发展文化产业。

---

① 电影家协会副主席呼吁出台电影法：给电影松绑，http：//ent. cn. yahoo. com/ypen/20120309/914017. html。

② 李建国：《切实解决重点难点问题开创预防示成年人犯罪工作新局面》，《长安》2009 年第 8 期，第 8 页。

③ 闽南六桂迎始祖信杯庆典在福建晋江举行，http：//tw. people. com. cn/GB/104510/17079227. html?prolongation = 1。

④ 美国电影协会在北京举办“电影大师班”，http：//3d. southcn. com/news/Industry/2011 - 12 - 07/15210. html。

# 揭开NGO之面纱
## ——试议我国大陆非政府组织之长远发展

郭 真
◉ 福建重宇合众律师事务所律师

2008年发生了汶川地震，民众们看到社会各界踊跃投入抗震救灾行列，贡献微薄力量，万众一心，其利断金。在援助人潮中，我们看到了红十字会、青基会、壹基金等身影，他们都有一个共同的名字，称为非政府组织。非政府组织的付出和奉献让人感动，心中敬佩油然而生。可是，一些异象也涌入民众的视听，从“天价帐篷”到“天价餐费”再到“郭美美事件”，中国红十字会的丑闻不断,[①] 而这只是一个典型的非政府组织丑闻，存在相类似问题的非政府组织相信不在少数。显然，既不能忽视非政府组织对社会生活的贡献，视若无睹，也不能忽视这其中不和谐声音的来源，盲目推崇。究其原因，是一个新生社会现象在不断发展和羽翼渐丰中必然经历的成长过程，故本文旨在通过简要分析总结，提出些许建议，以期为我国大陆地区非政府组织的发展略尽微薄之力。

### 一、非政府组织概况

#### （一）非政府组织的概念和特征

非政府组织是公民所成立的地方性、全国性或国际性非营利、志愿性组织，以促进公共利益为工作导向，提供多元的服务，发挥人道的功能，将人民的需求传递给政府，监督政府政策，鼓励人民参与地方事务。[②]

非政府组织是政府和以营利为目的的企业之外的第三种力量，属于第三部门[③]。美国霍普金斯大学的莱斯特·萨拉蒙教授认为，第三部门与产生公共物品

---

① 《红十字会丑闻盘点》，中国经济网，最后浏览时间：2012年7月10日，参见以下网址：http：//biz. ce. cn/news/201204/28/t20120428 _ 23283529. shtml。

② 《联合国可持续发展21世纪议程》，参见联合国网站 http：//www. un. org/chinese/events/wssd/chap27. htm。

③ 《联合国宪章》第71条对第三部门所下的定义为：第三部门是指在国际范围内从事非营利性活动的政府以外的所有组织，其中包括各种慈善机构、援助组织、青少年团体、学会、合作协会、经营者协会等。

的公共部门（政府部门、国家部门）和产生私人物品的私人部门（市场部门、营利部门）相对应，各种非政府、非营利性的志愿团体、社会组织、民间协会、行业协会和宗教团体等，都可以划入这一术语所指的范围。① 另外，第三部门也被称为“独立部门”（Independent Sector）“志愿部门”（Voluntary Sector）、“非营利部门”（Non Profit Sector）和“利他部门”（Altruistic Sector），在我国也被译为“第三域”。② 这些概念经常混用，强调的侧重点不同。③ 在大陆地区，NGO 通常被称为民间组织、社会团体或者人民团体。在香港地区常称为慈善组织、非营利组织，在台湾地区 NGO 被视为第三部门或第三种力量，大致分成两类，一是财团法人的基金会，另一是社团法人的会员制协会。

NGO 与政府组织、营利组织存在明显的区别（参见表 1），一般具有以下特征：

**表 1：政府机构、非营利组织与营利组织的理想类型比较④**

| 特征 | 政府机构 | 非营利组织 | 营利组织 |
|---|---|---|---|
| 哲理基础 | 公平正义 | 道德慈善 | 市场利润 |
| 运作理念 | 强制分配性 | 自愿分配性 | 自愿累积性 |
| 目标群体 | 一般大众 | 一般大众或目标群 | 股东 |
| 组织目标 | 多重目标 | 多重目标 | 经济性获利 |
| 服务基础 | 公民权 | 公益赠与 | 对价服务 |
| 财务来源 | 税收缴费 | 捐赠补助 | 顾客给付 |
| 功能决定 | 法律规定 | 领导者选择 | 董事会 |
| 决策来源 | 立法机构 | 理事长 | 董事会 |
| 负责对象 | 人民 | 支持者 | 拥有者 |
| 服务范围 | 广泛 | 有限，特定 | 限于付费者 |
| 行政架构 | 大的科层体系 | 规模较小 | 有限的科层体系 |
| 行政模式 | 一致 | 弹性 | 有变化的 |
| 组织规模 | 大型 | 小型 | 小到中 |
| 方案规模 | 大型 | 小型 | 小到中 |

① 参见 Lester M. Salamon，Partners in Public Service：Government – Nonprofit Relations in the Modern Welfare State，Baltimore：John Hopkins University Press，1995。

② 参见李亚平，于海译：《第三域的兴起》，上海：复旦大学出版社，1998 年版。

③ 我国学者王名在 2005 年接受《21 世纪经济报道》专访时就认为：第三部门、公民社会、NGO、非营利组织，指的都是同一类的社会组织，即独立于政府和企业市场体系之外的非营利的、公益导向的社会部门。目前我国学界对非政府组织或前述这些名词的定义和范围也存在迥异的观点。

④ 原始资料来源：Powell，W. W（ed.），The Nonprofit Sector：A Research Handbook.，New Haven：Yale University Press，1987. 中文译本来源：王顺民，《当代台湾地区非营利组织的社会行销及其相关议题论述》，“中国文化大学”社会福利系，笔者对中文内容略有调整。

1. 非官方性，即指 NGO 必须在体制和组织上独立于政府之外，与政府之间不存在隶属关系、不是政府的附属单位或延伸机构；2. 非营利性，即指 NGO 的最终运营目的不是为了 NGO 本身或其成员能够获得可观的经济回报，所以 NGO 亦称为非营利组织（英文为 Nonprofit Organization，缩写为 NPO），可以有收入，但不可分红；3. 自治性，即指 NGO 必须能够独立自主，充分实现自我管理，不依赖于政府或其他社会组织；4. 组织性，即指 NGO 具有一定的组织形式，经常性地有计划开展活动，一般设有章程；5. 自愿性，参与 NGO 的原动力是自愿服务，而不是强制性或义务性；6. 公益性，即指 NGO 的出发点是为了公众提供免费的社会服务。①

### （二）非政府组织的独特优势和内在缺陷②

作为一种新型的社会组织形式，在过去的 20 年间，非政府组织发展迅速，规模不断扩大，涉及范围广泛，且在公共服务中具有独特优势，特别是发生公共危机时，具有独特优势（参见表 2）。

**表 2：非政府组织的独特优势**

- 根基广——雄厚的草根基础，根植于广大群众
- 使命使然——公益性的宗旨
- 计划务实——较贴近生活，常能解百姓燃眉之急或关注被忽略的社会阶层
- 组织弹性——作出决策较快，具有行动力
- 参与动力大——参与者充满热情，来自各行各业
- 人道主义魅力——社会关注大，出发点佳，容易获得民众的认可和支持
- 成本低——NGO 的工作人员一般不多，运营成本较低
- 目的明确——希望 NGO 能长期稳定发展

但是，我们也必须看到，仅有满腔热情是不能持久有序地提供公益服务，为了更好地发挥 NGO 的社会功能，必须正视其存在的内在缺陷（参见表 3）。

**表 3　非政府组织的内在缺陷**

- 资金难——财务困难，无法持续供给资金
- 管理难——缺乏专业的管理经验
- 人才难——受制于有限的资金，留住人才是个问题
- 规模小——组织规模较小，动员能力有限
- 沟通少——与其他社会组织、机构的协调、沟通、合作不充分

---

① 参见王名、何建宇：《社会发展与中国 NGO》，清华大学 NGO 研究所 Working Paper 第 6 期；何增光主编：《公民社会与第三部门》，北京：社会科学文献出版社，2000 年版；王顺民：《当代台湾地区宗教类非营利组织的转型与发展》，台北：洪华文化事业有限公司，2000 年版。

② 参见吴东民，董西明：《非营利组织管理》，中国人民大学出版社，2003 年版；王名：非营利组织管理概论，北京：中国人民大学出版社，2002；吴英明，林德昌：《非政府组织》，台北：商鼎文化出版社，1990 的版；刘红升：《反思与重建：第三部门在中国》，杭州浙江大学，2002。

- 重复性——不同非政府组织的项目相似，让民众重复性捐款的现象不少
- 服务对象局限——非政府组织根据其服务宗旨，服务于特定有限的对象
- 整体性差——欠缺对整体社会与经济环境的充分了解和把握

### （三）非政府组织的社会功能①

非政府组织因其独特优势，在某些方面（例如治安管理、环境卫生、社会福利、慈善事业、信息提供、社区服务、特殊人群的教育、老年人照顾、学术研究、文化发展、贫困地区发展等多项社会管理职能方面）能够充分灵活地服务社会，主要体现在以下几个方面：

第一，直接服务功能，例如特殊人群的教育，学前教育，偏远山区女孩的教育，消费者权益保护，妇女儿童权益保护，社区服务等。

第二，间接推动功能，例如环境保护方面法规的制定，消费者权益方面的法律，妇女权益保护的法律，未成年人权益保护方面的法律，老年人权益保护方面的法律等等。

第三，倡导指引功能，鼓励和实现着更多人参与社会治理和服务，且能通过其行为引起政府部门关注社会问题，和促进企业提升和承担更多的社会责任。

第四，缓解矛盾功能，很多社会矛盾短期内无法得到有效解决或政府因其组织机构特点鞭长莫及，而非政府组织因其组织的灵活能及时作出决策，有效处理社会矛盾，较大程度地缓解了可能激化的社会矛盾。

## 二、香港地区和台湾地区的经验借鉴

我国香港地区和台湾地区的非政府组织事业比较发达，规模不等，涉猎广泛，凝聚群心群力，各行各业都能见到他们的身影。特别是在解决养老、失业、医疗、救济等方面问题中发挥着不可或缺的作用，减轻了政府在一些领域，特别是社会保障领域的财政负担，其成功经验值得细细品味。

### （一）香港地区的 NGO 发展的成功经验

在 1959 年香港福利署成立前，香港政府本着“小政府，大社会”的理念，一直对民间组织及慈善领域是持“放羊吃草”的不干预态度。自政府介入后，

---

① 关于非政府组织或第三部门参与社会治理，特别是社会保障方面，现有基础理论包括：“市场失灵理论”，“政府失败理论”，美国学者汉斯曼提出的“契约失灵理论”，美国学者萨拉曼的“志愿失灵主义”。

香港的 NGO 事业进入有序的飞速发展期。[①] 香港慈善界的百年历史和与政府间 30 多年的合作伙伴关系，形成了独具特色的香港社会福利制度——政府与慈善界联盟的制度。[②] 其提供方式是以官民合作，官管民营为主。[③] 这样一方面，非政府组织为政府履行了部分公共服务职能，另一方面，政府为非政府组织提供经费，两者相辅相成。

香港地区非政府组织（或非营利组织）之所以能发展到今天的规模，具有现在的影响力，归纳起来有几个发展特点：

1. 资金财务特点：来源多样化。包括政府财政资助（主要通过税收），专门筹款机构资助（如香港公益金，香港赛马会、六合彩），NGO 机构自行筹款，有价服务收入，海外捐赠。

2. 组织机构特点：服务多元化和机构集团化。例如，东华三院、保良局、仁济医院、明爱医院。

3. 服务人员特点：香港拥有专业而庞大的义工队伍，[④] 全港登记的义工多达几十万人，没有登记而参加义务社会服务的更多。

4. 监督管理特点：严格有序。香港政府要求民间组织必须根据香港税务条例注册为非营利慈善团体，并有良好的管理和财务背景，社会福利署担当制定政策和服务方针、分配资源、监察服务质量的角色，而民间组织则接受政府的津助，按服务及津助协议的条款承办指定的福利服务。同时还制定财务及人事管理规定。[⑤]

5. 特别需要指出的是：筹款与服务独立运行，即善款筹集与服务项目的实施相分离，是香港慈善与非营利部门组织结构的基本特征。[⑥] 这样，极大地提高了社会资源的开发、利用和管理效率，提升了香港慈善与非营利事业的整体水

---

① 目前香港 300 多家的各类慈善机构和志愿团体中，以社会福利机构为主。这些机构所从事的社会福利工作被分为九个大类 322 个项目，这九大类是：社区发展、家庭及儿童服务、康复服务、安老服务、过犯及释囚服务、学龄儿童及青年服务、长期病患者服务、其他服务对象服务、辅导服务。另外香港还有为数众多的休闲和联谊俱乐部、中心组织、工会、商会、专业团体、宗教组织、私立学校等服务机构。

② 《沪港非营利组织比较研究报告》，中国社会科学院社会学所社会政策研究中心课题组，2002 年 4 月 1 日。

③ 支持这种社会福利制度模式的三大支柱是：政府有能力提供足够的资金支持；慈善和非营利组织有能力承担；社会力量有能力监督。

④ 1999 年在香港各类非政府社会工作机构从业的工作人员有 22300 多人，其中专业社会工作者 4200 多人，他们全部为接受过社会工作高等教育的专业人士。注册的社会工作者在机构中一般担任专业和管理工作，有一套规范的职级评定和晋升制度，工薪待遇大体与公务员相当，高于同等资历的一般从业人员。参见《沪港非营利组织比较研究报告》。

⑤ 这些管理规定包括《慈善筹款活动内部财务监管指引说明》、《领导你的非政府机构 - 机构管制 - 非政府机构董事会参考指引》，与廉政公署联合制定《防贪锦囊》、《受资助非政府福利机构的人事管理》和《受资助非政府福利机构的采购程序》。

⑥ 即由专门的筹款机构向社会募集慈善性资金，然后再分配给专事服务的慈善团体。筹款机构与服务机构实行专业化的分工与协作，形成了运行过程中筹募——救助——筹募的闭环回路。

平。作为一个地域的社会组织结构，它的重要意义还在于促进和推动社会资源的三个主要方面——政府、企业和非营利部门的合作。

### （二）台湾地区的 NGO 发展的成功经验

台湾与香港的 NGO 发展具有共通之处，同样得到政府扶持，特别是社会保障领域①；同样拥有强大的志愿者服务队伍（香港称“义工”，台湾称“志工”）；组织结构相似。台湾地区的 NGO（亦称 NPO）经历了国际非政府组织的移植期，上世纪 80 年代的本土化期，90 年代的区域化期，已然成为有意识、有组织、有作为，能够号令全社会最积极的那部分力量站起来抗灾的社会主体。②具体来说，台湾 NGO 发达的主要缘由可包括以下几点：

1. 政府扶持。一方面设立门槛低③，另一方面，政府资助。台湾的 NGO 组织，约三分之一的资金来自政府资助。一是公办民营公益性机构，如养老院、托儿所、医院。二是专案申请，许多项目，政府出钱，进行招标，由 NGO 组织竞标实施。三是政府拨款，一些固定的项目，财政或相关机构，固定拨付给相关组织实施。

2. 志工服务。在台湾，志愿者被称为志工，意为“有心人士”。志工队伍是台湾地区 NGO 能长远发展下去的重要力量支撑。大学里设有专门的社会工作专业，专门培养从事社会工作的专业性人才，并且对于这些专业人才的就业给予一定的政策优惠，同时加强对专业社工的监管。通过一定的标准对专业社工进行注册，通过各种法律法规对其进行规制。

3. 定位明确。台湾的大多数 NGO 组织，都小而专，非常聚焦，于简洁的机构设置和明确有限的机构使命可见一斑。

4. 与企业的合作伙伴关系。台湾地区对非营利组织如何进行行销研究颇多，并多有实践，较为成功的范例是金融机构与非营利组织合作发行的公益认可卡（affinity card）形态（即“你刷卡，银行捐钱给你认可的公益团体”）④，可谓双赢良策。

5. NGO 联盟。这点在公共危机和应急事件中突出体现了 NGO 的作用，最大程度地整合 NGO 各个组织的资源和力量，最终实现社会服务目的。⑤

6. 人员专业。台湾地区存在着 NGO 律师，专门为 NGO 的规范化和专业化出

---

① 指的是在社会面对政府提供的社会保障产品不足情况下，通过传统的互助形式，逐渐发展成数量庞大的民间非营利组织，活跃于慈善和社会服务领域。

② 《台湾 NGO 观感》，中国青基会，最后浏览时间：2012 年 7 月 12 日，参见 http：//www. fjygjlb. com/index. asp？xAction = xReadNews&NewsID = 912。

③ 台湾地区“人民团体管理办法”规定，凡有台币 3000 万元（人民币 700 多万元），就可以成立财团法人；凡有 30 人共同发起，就可以成立社团法人，从事符合宗旨的相关活动。

④ 王顺民：《当代台湾地区非营利组织的社会行销及其相关议题论述》，台湾中国文化大学社会福利系。

⑤ 《台湾 NGO 观感》，中国青基会，最后浏览时间：2012 年 7 月 12 日，参见 http：//www. fjygjlb. com/index. asp？xAction = xReadNews&NewsID = 912。

谋划策。台湾地区的 NGO 组织是由知识分子主导的，具有专业性，既能从理论上给予指引，又能从专业素养上提高 NGO 组织的整体素养。

7. 法制化管理。以法律为救灾工作的指南和机制。①

台湾地区 NGO 不同于香港地区 NGO 的一个特点是，台湾地区施行“双规制”。② 这与大陆地区有类似之处，但不同的是，其统一登记机关为法院。

## 三、大陆地区 NGO 的发展现状和未来愿景

### （一）发展现状

中国社会科学院今日发布的 2012 年《民间组织蓝皮书》指出，我国大陆民间组织增长速度持续走低，整体增速创历史新低。截至 2010 年底，共有民间组织 44.6 万个，增长速度又下降了 0.6 个百分点。基金会保持较高增长势头，非公募基金会与公募基金会数量基本持平。2010 年底，基金会发展到 2200 个，增长速度为 19.4%。我国社会团体数增加到 24.5 万个，比上一年度增长了 2.5%。民办非企业单位成为数量增长最多的民间组织类型，2010 年底，我国民办非企业单位总数达到 19.8 万个。2010 年，全国 44.6 万个民间组织吸纳了社会各类就业人员 618.2 万人，比上年增长了 13.5%。③ 其中社会团体增速最慢。④

我国大陆地区的非政府组织大致分为三类：社会团体⑤，行业组织，民办非

① 台湾“921”抗震 9 年，在安置阶段和重建阶段都有系统的规划，而且都作为法条公布，还有十分明确的、甚至照我们的观点看来很繁琐的细则。所有的法条都明确了生效的时间。参见《台湾 NGO 观感》，中国青基会，最后浏览时间：2012 年 7 月 12 日，http://www.fjygjlb.com/index.asp? xAction = xReadNews&NewsID = 912。

② 台湾地区非营利组织的设立步骤：1. 由目的事业主管机构核定设立许可，再由法院负责法人登记。具体而言，社会保障部门作为主管机关对法人（民间非营利组织）的业务有审查权，包括法人的设立许可、组织运作、年度重大措施、财产保管与运作、财务、公益绩效及其他事项的检查、监督职能。

③ 在“921”地震的灾后援助和重建，以及数据公布中，可见到“全盟”的力量和作用，也可注意专业人员，如律师和会计师的参与介入，增加了公信力。参见《中国共有民间组织 44.6 万个，吸纳 618 万人就业》，公益时报网，最后浏览时间：2012 年 6 月 19 日，http://www.gongyishibao.com/News/201205/145097.aspx。

④ 另据国内学者的研究，我国除民政部门注册的外，还有数量庞大的因登记门槛过高而游离于部门外的“草根组织”，参见俞可平：《中国公民社会兴起与治理的变迁》，社会科学文献出版社，2002 年版。

⑤ 社团登记业务流程：1. 申请筹备社团：经有关业务主管单位同意，由发起人向登记管理机关呈送筹备社会团体的申请文件。2. 审批筹备申请：登记管理机关在 60 个工作日内对社团筹备申请进行审查并以书面形式作出批准筹备和不批准筹备的决定。3. 筹备：经登记管理机关批准筹备成立的社会团体，自批准之日起 6 个月内召开会员大会或会员代表大会，通过章程，产生执行机构、负责人和法定代表人。4. 申请成立社团：筹备完成后，向登记管理机关申请成立登记。5. 登记：收到完成筹备工作的社会团体申请成立登记的全部有效文件之日起，登记管理机关在 30 个工作日内完成审查工作，对符合登记条件的社会团体发出准予登记的通知。6. 发证：准予登记的社会团体到民政部民间组织服务中心办理领取登记证书事宜。

企业单位。①

关于 NGO，我国大陆地区称为民间组织，目前已有一些相关法律法规，包括《关于严格控制成立全国性组织的通知》（1984 年），《基金会管理办法》（1988 年），《外国商会管理暂行规定》（1989 年），《社会团体登记管理条例》（1989 年），《民办非企业单位登记管理暂行条例》等。

### （二）发展契机和瓶颈

目前，我国大陆正处于转型期，政府职能逐渐转向服务型，亟需非政府组织的默契配合。同时，经济的高速发展，也给 NGO 的发展带来了资金沃土，百姓在有余力的情况下，也愿意参与 NGO 或慈善事业。不可忽视的是，NGO 本身的优点，也是让政府支持的地方，NGO 无须扩大政府组织规模，造成冗员，也无须政府管理成本，可专注于社会生活的微观服务上，使得政府能全力专注于宏观调控。新的社会问题，政府无法独立解决，必须联合社会各界的力量，才能妥善解决社会纠纷，缓和社会矛盾，实现公平正义，维持社会和谐和稳定。

但是，我们不能盲目乐观，还应看到 NGO 遇到的一些发展瓶颈。主要体现在资金难（资金来源有限），人才难（优质人才稀缺和流失），运营难（缺乏完善的管理机制），难取信于众（财务、信息等的不透明），政府对社会组织的抵触，与其他民间机构缺乏沟通交流，单打独斗。

其根源在于：一是法律制度还不健全完善，面临身份困扰，不少草根组织无法得到合法“身份”；一是我国根深蒂固的观念，对 NGO 尚处于初级阶段的认识，存在不少误读；一是官办色彩浓厚，行政特征明显。

### （三）发展途径

发展我国大陆地区的 NGO 组织，必须从以下几个方面着手：

1. 完善法律和制度

我国对非政府组织一向视为政府机构的对立面，在行政法，特别是行政组织法方面，研究存在不少空白和模糊之处。有学者建议：一要明确非政府组织的法律地位，完善行政主体理论；二要规定非政府组织所享有的职权和应履行的职责，及其会员的权利与义务；三要确定非政府组织的法律责任及权利救济途径；四要保证非政府组织的自治性和独立性。我国对 NGO 的成立实现“双轨制”，有时候造成管理僵化，不能机动灵活地应对社会问题和应急事件；另一方面，因为对非政府组织的具体运营细节没有相关法律规定，会造成非政府组织运营不规范，不稳定。故，应尽快制定相关法律法规，在法律方面使得非政府组织合法合理。

---

① 事业单位是否归入 NGO 范围，目前学界观点不一。参见应松年：《非政府组织的若干法律问题》，北京联合大学学报，2003 年第 1 期。

2. 开源节流，多重筹款方式

实施公益项目，最基本的工作是筹资，没有资金，公益慈善项目就成了无源之水，无根之木。前述香港和台湾 NGO 的多样化募款途径可供参考，大陆地区的 NGO 虽然行政色彩浓烈，存在不少政府扶持和资助的非政府组织，但是大多数的 NGO 仍处于仅靠募捐来维持运营的状态。建议开拓眼界，不要局限于某种特定的方式，台湾地区存在的企业资助 NGO 组织的现象，香港赛马会作为盈利性机构，把其盈余的一定比例定期资助特定 NGO 组织的模式，也可借鉴。

3. 改变对非政府组织的传统观念

NGO 与政府的相处模式应为竞合模式，从词义上分析，即是竞争合作的关系。政府应改变观念，看到非政府组织在实现社会功能上所具有的优势；而民众也不该把非政府组织仅认为是富人捐赠善款的慈善组织，非政府组织的内涵和作用远不止于此。

4. 人才的引进，与专业人士的配合

NGO 组织要留住人才，首先要认识到其组织的工作人员也是寻常百姓，也需要维持基本生活，而另一方面，NGO 组织的不稳定性，常导致其工作人员在项目结束后即被裁员或失业，这样恶性循环，导致 NGO 组织一直在培养新的人才，而有经验有资历的人才却常常流入其他社会机构中，本土化的草根组织尤为明显。留住人才，一方面要良好运作组织，提高效率，并相应提高待遇，一方面要从理念上培养人才的使命感。

5. 加强与企业及社会其他力量的配合合作

NGO 组织应改变其单打独斗的模式，台湾地区的企业与 NPO 之间的良好合作关系，为我们提供了发展的新思路。

6. 向企业学习管理机制

虽然 NGO 组织的管理模式简单，相对于政府机构的僵化复杂，其灵活性值得推荐，但是管理的无序性和随意性不利于组织的长久发展。

7. 学会以“营销方式”宣传 NGO 的宗旨和项目

注重挖掘媒体资源，建立广泛联系，形成媒体支持网络，为公益项目的顺利实施提供舆论支持，为弘扬积极向上的非政府组织精神营造良好社会氛围。

8. 加强监督，增强公信力

公益项目的实施要以社会大众的支持参与为坚实后盾，营造良好的社会舆论氛围尤为重要。财务不明朗，是非政府组不能获信的主要原因，以中国红十字会为例，若不是收支不明，财务不透明，百年基业断然不会因一两个不良事件而动摇，故要坚持“资金管理透明，资金募集透明，资金使用透明，基金增值透明”，这样才能长远稳定地发展，使广大目标群体得实惠、普受惠、长受惠，使捐赠者放心、满意。

笔者才疏学浅，本文篇幅有限，难免纰漏，希望以上建议能对我国大陆地区的 NGO 组织的长远发展有所裨益。

# 台湾地区"行政诉讼法"的演变历程及其对大陆的启示与完善思考

**宋锡祥**

◉ 上海对外贸易学院法学院院长、教授

台湾地区行政诉讼法律制度可以追溯到民国初期的1914年，"行政诉讼法"的初次立法肇始于1932年（民国二十一年），2000年开始实施新的"行政诉讼法"，条文也从27条一举扩增至308条，而新法自实施以来也历经四次修正。最新一次较大幅度修正是2011年，同年11月1日获得台湾地区"立法院"通过，11月23日公布修正条文，并2012年9月6日付诸实施。台湾地区"行政诉讼法"的实施，是"司法为民"的具体体现，不仅有效保护了公民、法人或者其他组织的合法权益；而且每次修正更是依法行政，逐步推动行政法治化的进程。因此，研究和跟踪台湾地区"行政诉讼法"的立法演变历程，并对其作出客观的分析和评价，这对于大陆现行《行政诉讼法》的修改和完善，具有相当的启示和借鉴作用。

## 一、台湾地区行政诉讼法律制度的源流及其演变

民国时期（1932年11月17日）制定并予以公布的行政诉讼法，计27条，并于翌年6月23日施行。初期条文仅27条，嗣后曾于1935年（29条）、1937年（30条）、1942年（34条）三度修正。虽然从1945年10月25日起，在台湾地区实施，但行政诉讼制度运作，则迟于1950年国民党当局退台之后。行政法院组织的体制与诉讼程序，初时少有变更。"行政诉讼法"分别于1969年及1975年，经过两次修正，内容略有变化，条文数量仍维持不变，截至1998年"行政诉讼法"大幅度修正之前，此区区34条文构建起台湾地区行政诉讼制度之雏形，并实施长达20余年。依1969年公布的"行政诉讼法"（简称"旧法"）第1条第1项规定，所谓"行政诉讼"者，系指人民因中央或地方机关的违法行政处分，认为损害其权利，经依法提起再诉愿或相当的救济程序，不服其决定，或逾3个月不为决定或延长再诉愿决定期间逾2个月不为决定者，得向行政法院提起诉讼的救济方法。

归结起来，旧行政诉讼制度呈现出如下特征：（1）以行政处分为中心的行政裁判权。凡是属于行政处分的争议案件，一般均可提起行政诉讼，法律特别规定由普通法院或其他机关管辖者除外。（2）设立诉愿前置程序。行政诉讼的提起，须先经由诉愿、再诉愿的程序，使行政机关有自我审查的机会，并有助于减轻法院负担。(3) 实行“一级一审”的审级制度。在审级的设计上，岛内仅设有一家行政法院，集初审、终审、事实审、法律审于一身，行政法院一经判决，诉讼程序即告终结。（4）诉讼类型以撤销诉讼为主。行政诉讼的提起，主要以请求行政法院撤销或变更违法之行政处分或诉愿决定为目的，通常称为“撤销诉讼”。旧法第 2 条第 1 项虽规定：“提起行政诉讼，在诉讼程序终结前，得附带请求损害赔偿”，在性质上属于“给付诉讼”。唯因损害赔偿请求权的“实体规定”，过去多半付之阙如，人民尚难直接援引此项“程序规定”有所请求，故前述附带请求赔偿的规定并未发挥其作用。及至 1981 年台湾地区“国家赔偿法”施行后，因该法第 12 条规定，人民得适用“民事诉讼法”的规定向民事法院请求台湾当局赔偿，故实务上也少有依“行政诉讼法”提起附带请求赔偿之案例。

综观旧行政诉讼制度，可知其仅有以行政处分为诉讼客体的“撤销诉讼”类型，对于“请求行政机关为行政处分”、“确认行政处分无效”、“确认公法上法律关系成立或不成立”、“确认已执行完毕或因其他事由而消灭的行政处分为违法”及“公法上给付”等公法上争议事件，缺乏救济途径，加之在争讼程序的设计上，在设有多层级的先行程序的同时，却无审级救济制度，致使人民的权益无法获得充分且迅速的救济，与台湾地区“宪法”保障人民诉权的规定不相吻合。有鉴于此，台湾“司法院”于 1981 年 7 月间成立行政诉讼制度研究修正委员会，着手从事研修工作，历时 11 年，于 1993 年间拟具“行政诉讼法修正草案”，送请“立法院”审查。1995 年 6 月 7 日，“立法院司法、法制委员会”联席会议就“司法院”所提“行政诉讼法修正草案”进行审查程序。1998 年 10 月 2 日，“行政诉讼法修正草案”相继获得二、三读通过，同年 10 月 28 日经总统公布，并于 2000 年 7 月 1 日起施行，自此台湾行政诉讼制度才有了全新的面貌。① 此次“行政诉讼法”的修正幅度，为历次之最，不仅条文数目由原来的 34 条增至 308 条，同时在内容上，无论是条文的结构，章节的编排，乃至诉讼类型的增加及诉讼程序的强化，均有极大的改观，毫无夸张地说，这是台湾行政诉讼制度的重大变革和改良。地区台湾“行政诉讼法”第 1 条开宗名义揭示了行政诉讼的宗旨，即在保障人民权益，确保台湾行政权的合法行使，并增进司法的功能。针对上述宗旨，此次修法的重点包括：

1. 行政诉讼裁判权的范围得以扩大。旧法关于行政诉讼的范围，虽采用概

---

① 李建良著：《台湾行政诉讼法制的沿革、演进与发展课题》，《2006 两岸四地法律发展（上册）》2007 年 7 月版，台湾中研院法律所，第 282 页。

括主义，然而，实践上其诉讼类型仅有撤销诉讼一种，故实际上无法保障人民权益的要求。按照修改后的台湾地区“行政诉讼法”第2条规定，凡属公法上的争议事件，除法律另有规定外，均得提起行政诉讼，这表明，新法采取概括规定，明定除法律别有规定外，一切公法上争议均得依本法提起行政诉讼，从而改变了以往提起行政诉讼的对象，只能限于“行政处分”的做法。

2. 行政诉讼的种类有所增加。台湾地区“行政诉讼法”第3条除保留原有的撤销诉讼外，还增列“课予义务诉讼”（请求应为行政处分诉讼）、“确认诉讼”及“给付诉讼”等三种诉讼类型。其中“课予义务诉讼”者，是指行政机关对于人民依法申请的案件，应作为而不作为时，人民经诉愿程序后，得向行政法院提起请求原机关应为行政处分之的诉讼。“确认诉讼”者，是指确认公法上法律关系成立或不成立的诉讼，及确认已执行完毕或因其他事由而消灭的行政处分为违法等的诉讼（第6条）。所谓“给付诉讼”则是对于因公法上原因发生财产上的给付，或因公法上契约发生的给付，向行政法院提起诉讼。[①] 且除主观诉讼外，并包括客观诉讼。换言之，新法的法定诉讼类型，囊括撤销诉讼、课予义务诉讼、确认诉讼、合并请求损害赔偿或其他财产上给付之诉讼、一般给付诉讼、维护公益诉讼、选举罢免诉讼等种类。不过有关新法规定的法定诉讼类型究竟有多少，以及是否承认法定外诉讼类型等问题，目前学界仍存有争议。[②]

3. 由原来“一级一审制”改为“二级二审制”。其中，增设“高等行政院”作为事实审兼法律审的第一审级；而将原行政法院改称台湾地区“最高行政法院”，作为上诉审，原则上为法律审，充当终审法院的职能。其属适用简易程序的案件，如欲对之提起上诉或抗告者，则须以该诉讼事件所涉及的法律上见解具有原则性者为限，并经台湾“最高行政法院”的许可。[③]

4. 采取开庭审理的诉讼程序。按照台湾地区“行政诉讼法”规定，“高等行政法院”一审诉讼程序，是以言词审理为原则，并仿效“民事诉讼法”增订相关规定，以利于庭审程序的顺利进行。

5. 确定先决问题的处理方法，杜绝审理纷争。由于台湾采用司法二元制度，同一基础事实或法律关系所衍生的民、刑事诉讼或行政诉讼，分别由普通法院和行政法院负责审理，为了避免和减少事实认定及法律见解上的歧义，程序法理应有所规范，以免引发争议。为此，新法特增订先决问题的处理条款，规定民事或刑事诉讼的裁判，以行政处分是否无效或违法为依据的，应依行政争讼程序予以

---

① 李建良著：《台湾行政诉讼法制的沿革、演进与发展课题》，载《2006两岸四地法律发展（上册）》2007年7月版，台湾中研院法律所，第283页。

② 陈计男著：《行政诉讼法释论》，《自刊》2000年版，第155页。

③ 陈铭聪：《台湾地区〈行政诉讼法〉立法沿革与修正研究》，http：//www.110.com/ziliao/article-297357.html，（访问时间：2012年7月7日）。

确定。行政争讼程序已经开始者，在其程序确定前，民事或刑事法院应停止其审判程序，从而有效地防止裁判上的分歧。

6. 增设权限争议的解决方法与释“宪”申请权。在台湾，有关行政诉讼与民事、刑事诉讼的审判，分别由不同性质的行政法院与普通法院审理，故一旦发生审判权冲突，应设有解决的方法。鉴于此，新法明定行政法院就其受理诉讼的权限，如与普通法院确定裁判的见解有异时，应以裁定停止诉讼程序，并申请“司法院”“大法官”作出解释，以解决审判权的积极冲突。

7. 为维护社会公益，增设维护公益诉讼与团体诉讼。所谓公益诉讼无非是人民为了维护公益，就无关自己权益的事项，对行政机关的违法行为，以法律有特别规定者为限，也可提起行政诉讼。团体诉讼则是出于公益目的的社团法人或非法人团体于其章程所规定的范围内，由多数有共同利益的社员，就一定的法律关系，授予诉讼实施者，可以公共利益为理由提起诉讼。

8. 允许采用和解方式解决与公益有关的行政诉讼，并增订相应条款。考虑到行政诉讼往往与公益存在一定的关系，原则上不许当事人以合意解决诉讼上的争议，但在某些情况下，当事人就诉讼标的具有处分权且不违反公益者，并非不允许其为诉讼上的和解，以终止争执。有鉴于此，新法特就诉讼上和解之程序、要件及和解笔录的效力，作出明确的规定，以便于遵循。

9. 崇尚情势变更原则，以体现实质公平。所谓情势变更原则是以契约制订当时的情势不变为原则，一旦情势发生变化，非订约当时所能预料，而依其原有效果显失公平者，契约所约定的内容也应作相应的调整。情势变更通常是私法上的原则，但公法上的契约或公法上其他原因所产生的财产上给付，如发生情势变更，为维护当事人的实质公平，或免除或防止公益上的重大损害，也应适用情势变更原则。与之相配合，新的“行政诉讼法”第203条规定，行政法院在诉讼程序中，得依当事人（包括行政机关）申请，为增减给付或变更、消灭其原有效果的判决。

10. 仿效日本立法例，允许行政法院受理撤销诉讼。行政法院受理撤销诉讼，虽认为原处分或决定违法，但其撤销或变变更对于社会公益有重大损害时，应权衡受处分人的个人利益与社会公益，如认为原处分或决定的撤销或变更显然与社会公益相违背者，行政法院得驳回原告之诉，以维护公益与私益之间的平衡。一旦行政法院作出此项判决，除应在主文中告知原处分或原决定违法外，并应依原告的声明，将其因违法处分或决定所为给付或所受损害，在判决内令被告机关返还或赔偿，使原告能迅速获得适当之救济。

11. 增订简易诉讼程序，以免不必要的耗时费力。从诉讼经济的角度出发，新法对于诉讼标的小（约10万元新台币）、价值额不大案件以及不服行政机关所作的罚金以外的轻微案件适用简易诉讼程序，并采取书面审。（1）适应行政诉讼种类的增加，允许保全的范围扩大至公法上金钱给付或其他权利。根据台湾地区“行政诉讼法”规定，如果公法上金钱给付或其他权利有必要进行保全，自应辅以假扣押或假处分之程序，以利保全，故新法特增订保全程序之规定，以适应新形势的需要。（2）根据不同诉讼种类，增订相应的强制执行程序。为了配合诉讼种类增多的发展趋势，修订后的“行政诉讼法”就不尽相同的诉讼种类，分别对执行名义、执行方法及实施强制执行的程序作出明确的规定，使执行程序上依法有据。

12. 修正裁判的强制执行，以强化执行功能。新法增订第八编“强制执行”，撤销判决确定者，行政机关应即为实现判决内容的必要处置。如行政诉讼的裁判属于判令债务人为一定给付者，该裁判得为执行名义，向台湾“高等行政法院”申请强制执行。如债务人为中央或地方机关或其他公法人者，并应通知其上级机关督促其如期履行。至于强制执行机关则明定得由“高等行政法院”下设执行处为之，也可委托普通法院民事执行处或行政机关代为执行，有关强制执行程序，原则视执行机关为法院或行政机关而分别准用《强制执行法》或《行政执行法》规定。

台湾行政诉讼制度在大刀阔斧地进行改革，并逐步趋于健全和完善，除适时修改“行政诉讼法”之外，尚需对行政法院的组织有所调整与增补。台湾“司法院”于1993年提出“行政诉讼法”修正草案时，一并提出“行政法院组织法修正草案”，于1999年1月15日经台湾“立法院”三读通过①，同年2月3日经“总统”公布。依“行政诉讼法”第101条第2项及《行政法院组织法》第48条第2项规定：“本法修正条文施行日期，由台湾‘司法院’以命令定之。”“司法院”修正公布“行政诉讼法”和“行政法院组织法”修正条文，均经本院于2000年7月1日施行。

为了方便新法与旧法的衔接，避免新法实施初期所可能产生的适用疑义，台湾“立法院”于2000年5月23日三读通过“行政诉讼法施行法”，共6条，其主要内容如下：（1）新法施行后，于施行前已系属而尚未终结的行政诉讼事件，由台湾“最高行政法院”依新法予以裁判。如认为起诉无理由的，应予驳回；有理由的，应为原告胜诉的判决或发交该管辖高等行政法院依新法予以审判。（2）确定裁判的再审：新法施行前已确定裁判的再审，其再审期间依旧法的规定；再审事由，依新法规定。（3）新法施行后，不服再诉愿决定的再诉愿人或利害关系人，得于法定期间内向台湾“高等行政法院”提起行政诉讼。（4）第三人对新法施行前已确定的终局判决，认为有新法第284条第1项规定重新审理的事由者，得于新法施行之日起30日或知悉确定判决之日起30日的不变期间内，依新法的规定，申请重新审理。但已确定的判决，自新法公布日回溯起算已逾超过1年的，不得申请重新审理。翌年10月22日“司法院”修正发布适用简

① 台湾地区《立法院公报》，1999年第6期，第1257页。

易程序的数额增至新台币 10 万元的公告，并自 2002 年 1 月 1 日付诸实施。

台湾“最高行政法院”为行政诉讼的终审法院，其判决所持的法律观点和见解，有约束下级行政法院的效力。为避免各庭之间法律见解歧异，该法院每月定期举行庭长、法官联席会议，就产生分歧的法律问题进行讨论，形成书面决议，以便统一认识。此外，该法院每年还举办各级行政法院法律座谈会，与下级审庭长、法官进行法律见解的沟通和交流，探讨审判实务及学理上的问题，并记录下来，这些记录仍具有实际的参考价值。

整体而言，新法无论是制度结构或体系内容，可谓是与德、法、日等传统法制先进国家不相上下，并驾齐驱。然而，从 1981 年 7 月组成“修正委员会”到 2000 年 7 月 1 日公布实施，自今期间长达 10 余年，期间国内外法制及相关理论已多所变革，加之新法因立法技术等因素，若干规定本身也存在不适用上的缺陷和困扰，一经实施，实务上即陆续产生若干问题亟须解决。对此，台湾地区“司法院”于 2001 年 3 月开始对“新法”再次检讨修正作业，先后共进行二次修正，不包括 2011 年的修改。

第一次修正于 2007 年 6 月 5 日通过，2007 年 7 月 4 日公布，2007 年 8 月 15 日实施。本次共新增 10 条，修正 8 条，重点如下：（1）向无审判权法院起诉，改采职权移送制。为保障当事人免于承受诉讼审判权归属认定及移转的不利益，增订行政法院对其认为无受理权限的诉讼，应依职权移送至有受理诉讼权限的法院，免除人民承受审判权错误的不利益，以保障其诉讼权。（2）少量定额征收裁判费，以防止滥诉的情形。因为司法资源属全民所有，为防止滥行诉讼，浪费司法资源，推动使用者付费原则，改采按件定额酌征裁判费。诉讼费用包含裁判费及其他进行诉讼的必要费用，原则上由败诉一方负担。起诉，按件征收裁判费新台币 4000 元，适用简易诉讼程序的事件，征收新台币 2000 元，特定申请事件、抗告等，征收新台币 1000 元。（3）行政诉讼当事人若欲委托代理人，除可委托律师为诉讼代理人外，在税务、专利行政事件，会计师、专利师或依法得为专利代理人者，经审判长许可，亦得为诉讼代理人；如当事人为公法人、“中央”或地方机关、公法上的非法人团体时，其所属专任人员办理法制、法务、诉愿业务或与诉讼事件相关业务者，亦得为诉讼代理人。（4）新法对于不经诉愿决定而提起的撤销诉讼以及课予义务诉讼的起诉期间，漏未规定，修正案就课予义务诉讼疏未规定起诉期间，故参照撤销诉讼起诉期间的规定予以明定。第 106 条第 3 项、第 4 项明定应于行政处分达到或公告后 2 个月的不变期间内为之；不经诉愿程序即得提起第 5 条第 1 项的诉讼者，应于作为期间届满后，始得为之。但于期间届满后，已逾 3 年者，则不得提起。（5）为免对于确定判决反复争执，本次增订对于再审之诉的再审确定判决不服，复提起再审之诉时，其 5 年再审期间自原判决确定时起算。但再审之诉有理由者，自该再审判决确定时起算。

第二次修正于 2009 年 12 月 22 日通过，2010 年 1 月 13 日公布，2010 年 5 月

1 日实施。本次共新增 5 条，修正 61 条，重点如下：（1）新法就课予义务诉讼、不经诉愿决定即可提起撤销诉讼或课予义务诉讼之情形，漏未规定起诉期间，遂增订起诉期间之规定。（2）明定其他法院将诉讼移送至行政法院者，移送前所生之诉讼费用，视为行政法院诉讼费用之一部分，并明定应补行征收诉讼费用或溢收诉讼费用的处理。明定溢收诉讼费用之处理，准用"民事诉讼法"相关条文的规定。（3）明定准予诉讼救助的本案诉讼，在裁判确定后有关诉讼费用之征收，准用"民事诉讼法"第 114 条第 1 项规定，及关于诉讼救助之裁定，准用"民事诉讼法"第 115 条规定，得为抗告。（4）在管辖权规定方面，此次修正主要是便利证据调查及人民诉讼，包括不动产事件、公务员职务关系和公法上保险事件。一是在不动产的公法上权利或法律关系方面，仍专属不动产所在地之行政法院管辖。增订第 2 项规定，除前项情形外，其他有关不动产的公法上权利或法律关系涉讼者，得由不动产所在地之行政法院管辖。二是参照德、法《行政法院法》相关立法例，增订相关条文，规定有关公务员职务关系的诉讼，得由公务员职务所在地之行政法院管辖。其理由是，有关公务员职务关系之诉讼，包括公务员职务关系是否发生，及因职务关系所生之诉讼，许多大陆法系国家的立法例均有由原告职务所在地的行政法院管辖之规定。[①] 三是关于公法上保险事件，明确连接点和管辖法院，规定因公法上的保险事件涉讼者，得由为原告的被保险人、受益人的住所地或居所地或被保险人从事职业活动所在地的行政法院管辖。前项诉讼事件于投保单位为原告时，得由其主事务所或主营业所所在地之行政法院管辖。（5）将现行列举准用"民事诉讼法"的方式，改为例示准用。除保留于各章节之列举准用"民事诉讼法"之规定外，增订概括性准用规定，即"民事诉讼法"的相关规定，除本法已规定准用者外，与行政诉讼性质不相抵触者，亦准用之。

## 二、2011 年台湾地区"行政诉讼法"修改的主要特点

自 1998 年"行政诉讼法"大幅度修改以来，台湾社会发生了较大的变化，为了与时俱进，开拓进取，适应新形势的发展需要，历时 10 多年之后，除了于 2011 年 5 月有小幅修正之外，台湾当局于同年 11 月 23 日公布修正新的"行政诉讼法"，此次修改在某些方面是对行政诉讼制度作了重大变革，这无疑是台湾地区行政诉讼制度发展迈向了新的高度，对于祖国大陆行政诉讼制度的进一步健全和完善有一定的参考和启示作用。概括起来，此次修改具有显著特点，具体主要体现在以下几个方面：

① 参见：《行政法院法》第 52 条第 4 款、法国《行政法院法》第 56 条之规定。

（一）行政诉讼由原来的“二级二审制”改为“三级二审制”

2000年7月1日，台湾地区行政诉讼开始采用“二级二审制”，改变了以往“一级一审制”的做法，与此相适应，相继成立台北、台中和高雄三所高等行政法院，作为掌理行政诉讼第一审法院，同时将原行政法院改制和升格为台湾地区高等行政法院。虽然在审级设计上有所改变，但随之而来是只有三家法院受理第一审行政诉讼案件，势必给民众诉讼带来不便。例如，违反道路交通管理处罚条例裁决救济属于公法性质的争议事件，以往只有一家行政法院受理，数量庞大，不堪负重，以致40多年来均由普通法院受理。当今行政诉讼既然实施了10余年，诉讼不便的问题日益显现出来，为了解决这一突出矛盾，使公法案件逐步回归行政诉讼审判，台湾“司法院”将行政诉讼改为“三级二审制”，即在各地方法院设立行政诉讼庭，除了把行政诉讼简易程序案件的第一审及其相关保全证据案件、保全程序案件和强制执行案件，改由地方法院行政诉讼庭受理之外，还将现行由普通法院审理的违反道路交通处罚条例裁决的救济案件改依行政诉讼程序审理。

（二）简易程序由以往的书面审改采庭审

由于简单轻微的案件往往适用简易诉讼程序，为了节省成本、劳力和费用，不采取开庭审理的办法，仅以书面审理后作出裁判。但时过境迁，简易诉讼程序的金额由2002年的10万元调整为40万元，加之，各地方法院相继设立了行政诉讼庭之后，与民众衣食住行息息相关的行政诉讼案件，如果行政诉讼的诉讼标的金额或价额在新台币40万元以下，当事人就可就近向被告所在地地方法院行政诉讼庭提起行政诉讼，其便利程度自不待言，到庭就近应诉的成本和费用较之以往更为节省。为了更好地保障台湾民众行政诉讼的合法权益，本次修改作了改进，简易诉讼程序案件原则上必须经过庭审，而不是书面审理，使得民众的权益更有保障。同时删除了简易诉讼程序的裁判，可以不经言词辩论的规定，从而排除了法律上的障碍。

（三）对于简易诉讼程序一、二审案件的受理作出明确限定

台湾地方法院行政诉讼庭作为简易诉讼程序的第一审管辖法院行使审判权；不服一审判决，当事人可以向台湾“高等法院”提起上诉或抗告，但必须以原判决违背法令为限，包括：（1）原判决所违背的法令及其具体内容；（2）依诉讼资料可以认为原判决有违背法律的事实。高等行政法院作为台湾地区第二审法院，仅就法律问题进行审理，至于认定事实是否正确和清楚在所不问。相比之下，原上诉规定的要求相对较严，即简易诉讼程序案件的“上诉或抗告，必须经台湾地区最高法院的许可”，“许可要件是以诉讼案件所涉及的法律见解具有原

则性的为限”。现已放宽为“以原判决违背法令为理由”，即可上诉或抗告于台湾地区“高等行政院”，由其作出法律审。这就意味着简易诉讼程序的上诉无须具体表明该诉讼案件所涉及的原则性法律见解。但有关简易诉讼程序案件的抗告，不是以原裁判违背法令为理由的，应以书面形式提出抗告，从而删除了适用简易诉讼程序的案件得以言词抗告的规定。

根据台湾地区“行政诉讼法”第229条第2项规定，符合下列条件的行政诉讼案件，除本法另有规定外，一般适用简易程序。一是关于税捐课征案件的诉讼，所核课征的税额在新台币40万元以下者；二是不服行政机关处以新台币40万元以下罚款处分而涉讼者；三是其他关于公法上财产关系的诉讼，其标的金额在新台币40万元以下者；四是不服行政机关诸如告诫、警告、记点、计次或其他相类似的轻微处分而涉讼者；五是依法律的规定应适用简易诉讼程序者。

上述规定的数额，台湾“司法院”得因情势需要，以命令方式将数额减为新台币20万元或增至新台币60万元。此外，如因诉的变更、追加或提起反诉，导致诉讼标的金额或价额超过新台币40万元者，其庭审及裁判改采普通诉讼程序的规定，台湾地方法院行政诉讼庭应裁定移送有管辖权的“高等行政法院”受理。

### （四）从确保裁判见解统一的需要出发，构建台湾“最高行政法院”裁判统一协调机制

由于简易诉讼程序案件实行两审终结制，台湾“高等行政法院”作出的判决为终审判决，对于第二审判决，当事人不得提起上诉或抗告。有时难免终审裁判而引发判决见解不统一的问题，特规定，“高等行政法院”认为有必要确保裁判见解统一时，应以裁定方式移送台湾“最高行政法院”作出裁判，该移送裁定对于当事人是有利的，故当事人对于移送裁定不得声明不服。

一般情况下，有下列情形之一者，才有由台湾“最高行政法院”确认或统一法律见解的必要：第一，原审判决所适用的命令有抵触法律之虞；第二，同类案件所表明的法律见解与其他高等行政法院所表明的法律见解相互抵触或矛盾；第三，同类案件所表明的法律见解与台湾“最高行政法院”所表明的法律见解相互抵触。

需要专门提及的是，如果台湾“最高行政法院”经审查后认为，移送的诉讼案件并没有涉及判决见解统一的必要者，应以裁定发回。一旦被发回，“高等行政法院”不得就同一案件裁定移送台湾“最高行政法院”，以免案件来回摆荡，影响当事人的诉讼权。

### （五）普通诉讼程序误用简易诉讼程序，有相应的纠错机制

本该适用普通诉讼程序的案件，一审时误用简易诉讼程序审理并作出判决，

其上诉审应适用何种程序作出判决有明确规定。具体来说，简易诉讼程序的上诉、抗告、再审、重新审理，分别准用第三编至第六编规定。本应适用普通诉讼程序的案件，一审法院行政诉讼庭错误地适用简易诉讼程序进行审理并作出判决，如果当事人在一审程序中曾依“行政诉讼法”第132条准用“民事诉讼法”第197条第1项规定对该程序的误用提出异议的，说明其诉讼程序存在重大瑕疵，当事人对该简易诉讼程序的一审判决提起上诉，受理上诉的高等法院应废弃该判决。被废弃的一审判决不是发回重审，而是由受理的高等法院按普通程序进行审理并作出一审判决。必须指出，如果当事人在一审时对该程序的误用表示无异议或在无异议的同时就该诉讼有所声明或陈述，说明该诉讼程序的瑕疵得到了补正，在这种情况下，上诉审法院就此不得废弃原判决。

（六）确认行政处分违法诉讼要件上有所调整

旧法中提起确认行政处分违法诉讼，允许对于“已执行完毕或因其他事由消灭”的行政处分提起之，但因已执行完毕之行政处分不见得归于消灭，对于未消灭的行政处分应不允许提起确认之诉，故适用上有所疑义。鉴于此，本次修正更加合理和科学，明确规定：只有“确认已执行而无恢复原状可能”或“已消灭”的行政处分，才能对其提起确认之诉。①

## 三、对台湾地区“行政诉讼法”新修改的基本评价

“司法为民”是司法改革的核心和重点，台湾当局应该秉持“司法为民”精神，落实“全民司法、全民司改、司法为民”的理念。并依据《公民与政治权利国际公约》与《经济社会文化权利国际公约》来审视现行法制，并与世界人权标准逐步靠拢或与之接轨，符合依法治国理念与人权保障要求，落实民主宪政国家以法治国原则。基于此，可以概括出“行政诉讼法”的三项基本原则，分别是多管齐下，提高司法审判效率；采取多项便民措施，方便岛内居民诉讼与执行；创设各种救济机制，确保人民合法权益。司法必须要贴近社会，亲近人民，是人民体现公平正义与人权保护的重要机制。台湾地区“行政诉讼法”的多次修正，都在一定程度上具体体现了“司法为民”的精神。

（一）多管齐下，提高司法审判效率

1. 配合行政法院组织法的修正，在“高等行政法院”配备具有财经、税务或会计专业的司法事务官，并参与必要的诉讼程序。为了加快行政法院的审理速

---

① 《台湾地区行政诉讼法修正：新增便民措施，改正旧法漏洞》，http：//yuanyulai. fyfz. cn/art/578055. htm，（访问时间：2012年7月10日）。

度，明确诉讼关系，修正条文允许必要时得命司法事务官就事实和法律上的事项，基于专业知识对当事人作出说明。行政法院因司法事务官提供而获知的特殊专业知识，应给予当事人辩论的机会，唯此才能采用为裁判的基础。在台湾地区“高等行政法院”设置具有财经、税务或会计专业的司法事务官，辅助法官办案。在庭审调查、辩论阶段，为了使诉讼关系明确，司法事务官经法院命令，就事实和法律上的事项，根据自己掌握的专业知识对当事人作出说明或向其发问；向证人或鉴定人直接发问。

2. 在少量定额征收裁判费、防止和避免滥诉现象的同时，交通裁决案件收取的受理费相对较低。因为司法资源属全民所有，为防止滥行诉讼，浪费司法资源，推动使用者付费原则，改采按件定额酌情征收裁判费。诉讼费用包含裁判费及其他进行诉讼的必要费用，原则上由败诉的一方承担。起诉按件征收裁判费新台币4000元，上诉征收裁判费3000元；适用简易诉讼程序的案件，征收新台币2000元，特定申请案件、抗告等，征收新台币1000元。[①] 考虑到交通裁决案件具有一定的特殊性，与其他行政诉讼案件相比，其裁罚的金额较低，如与其他行政诉讼简易程序案件一样收费，既有失公允，也会影响民众诉讼救济的意愿。鉴于此，新增条文另定受理费用。具体收费标准包括：起诉按件征收新台币500元；上诉按件征收新台币750元；抗告征收新台币500元；再审之诉，按起诉法院的审级，依第1款、第2款征收裁判费；对于确定的裁判申请再审的，征收新台币500元。至于申请参加诉讼、停止执行、证据保全、重新审理、假扣押、假处分等，同样征收新台币500元。这里所谓“按件”是按照诉状的件数计算，如果一起诉状同时对三件裁决书不服，在收取受理费时，仅以一件计算起诉裁判费。

除了设置具体受理费标准之外，还在某些情况下另行规定了法院依职权退还裁判费的条款。按照“行政诉讼法”第237条之四第3项规定，下列情形视为原告撤回起诉：第一，因原裁判确有无效或者违法不当或已为的执行欠缺法律上的原因；第二，仅因被告机关已满足原告的请求处置的（如自行撤销原处分），而使诉讼无继续的实际利益，乃立法上明确视为起诉的撤回。此时受理法院应依职权将裁判费予以退还。[②]

3. 对于证人及第三人的罚金数额由原来的3000元及1.5万元新台币以下提高至3万元及6万元以下。一是证人受合法通知但无正当理由而不到场，经再次通知仍无动于衷的，以往充其量只是处以新台币分别为新台币3000元或1.5万元以下，罚款数额明显过低，不足于形成对证人的威慑力。修正条文在参考和借

---

① 陈铭聪：《台湾地区〈行政诉讼法〉立法沿革与修正研究》，http：//www. 110. com/ziliao/article－297357. html，（访问时间：2012年7月7日）。

② 参见陈清秀：《行政诉讼法修正简介》，《月旦法学》2012年第2期，第164页。

鉴台湾地区“民事诉讼法”相关条款的基础上作了改进，对于证人不陈明拒绝的原因事实而拒绝提供证人证言，或以拒绝为不当的裁定已确定而仍拒绝提供证言的，行政法院得以裁定将罚款数额增加10倍，即最低达到新台币3万元以下，最高达6万元以下，这势必赋予法官一定的自由裁量权。同时证人的到庭作证的比例会大大提高，在相当程度上提升了司法审判效力。二是对第三人无正当理由不从提出文书之命的，行政法院得以裁定处新台币3万元以下的罚款；必要时，可以实施强制处分。

4. 新增课予义务诉讼的起诉期限。由于旧法只有撤销诉讼的起诉期限，课予义务诉讼的起诉期限仍是空白，成为法律适用上的盲区，司法实践中屡遇困扰。本次修法故而新增课予义务诉讼之起诉期限为诉愿决定书送达后两个月内提起；利害关系人知悉在后的，自知悉时起计算。而自诉愿决定书送达后3年后不得提起。

5. 参照“民事诉讼法”的相关规定，[①] 遵循一事不再理的原则。2010年5月1日之前，当事人对于原确定判决提起再审之诉，经行政法院认为无再审理由，判决驳回确定后，依当时规定，并未限制当事人对此驳回再审之诉的确定判决不得提起再审之诉，为避免和防止当事人就同一案件再以同一事由提起再审之诉，导致浪费司法资源，新增条文规定，再审之诉，行政法院认为无再审理由，判决驳回后，不得以同一事由，对于原确定判决或驳回再审之诉的确定判决，另行提起再审之诉。

6. 从调查取证的便利出发，对管辖权的连接点作出适当规范。以往因不动产公法上权利或法律关系涉讼属于专属管辖者，其适用范围过于宽泛。在2009年修法时，将第一项修正为限于因不动产征收、征用或拨用之诉讼，始专属不动产所在地之行政法院管辖。至于其他有关不动产之公法上权利或法律关系涉讼者，为调查证据之方便，2010年增订第2项规定，亦得由不动产所在地的行政法院管辖。

### （二）采取多项便民措施，方便岛内居民诉讼与执行

1. 设立多项连接点，便于原告选择管辖法院。部分办理交通裁决业务者（诸如监理站）不具备机关资格，无任何行政诉讼的当事人能力可言。问题在于，原告要提起诉讼，必须以具有机关资格者作为被告（例如监理所），如果以原告就被告的原则，势必给民众的诉讼带来诸多不便。有鉴于此，修订条文第237条之二对于交通裁判案件增订可供选择的四个连接点，包括由原告住所地、居所地、所在地或违规行为地的地方法院行政诉讼庭行使管辖权。[②]

---

① 参见台湾地区“民事诉讼法”第498条之一。

② 参见陈清秀：《行政诉讼法修正简介》，《月旦法学》2012年第2期，第162页。

2. 将保全证据的申请划归地方法院行政诉讼庭。为保全证据的便利，修正条文将有关得向受询问人住居地或证物所在地“高等行政法院”申请的规定，改为得向“地方法院行政诉讼庭”申请。但一旦遇有紧急情况，才能在起诉后允许向“地方法院行政诉讼庭”提出保全证据的申请。

3. 有关假扣押申请，由管辖本案的行政法院或假扣押标的所在地的地方法院行政诉讼庭行使管辖权。依照最新的体制，管辖本案的一审法院既可能是地方法院行政诉讼庭，也可能是高等法院行政法院，为了配合第3条的规定，修正条文作了相应的规定。如果以假扣押标的所在地法院为管辖法院时，为求得执行便利，新法明文规定由标的物所在地的地方法院行政诉讼庭管辖，改变了以往由“高等行政法院”管辖的做法。

4. 在行政诉讼强制执行方面改由地方法院行政诉讼庭办理。行政诉讼庭在办理执行案件中应委托民事执行处具体实施或行政机关代为履行执行事宜。为配合地方行政法庭的设立，以及简易事件程序、交通裁罚案件程序、保全程序及行政诉讼强制执行案件程序的修改，台湾“司法院”同时提出了“行政诉讼法施行法修正草案”，对新法的溯及力及已系属于法院的案件如何处理等都有明确的规定予以规范。①

5. 增加人民递交诉状的渠道。过去人民向行政法院提交起诉的诉状相对比较单一，不是通过邮寄方式，就是自己直接送达，新法修正准用民事诉讼法相关规定，允许以传真或其他科技设备向行政法院提出诉状。② 就近到相关的管辖法院寻求救济。与此同时，法院在审理案件调查证据时，也将更为方便，增进审判效能。③

6. 确定相应的管辖连接点，方便人民就近寻求司法保护。有关公保、劳保、农保或健保诉讼，可以由被保险人、受益人的住居所地或被保险人工作地的行政法院管辖。公教人员保险、劳工保险、农民健康保险及全民健康保险等公法上的保险事件，具有社会安全功能，故因此种公法上保险事件涉讼者，为便利人民就近寻求行政法院的权利保护，规定得由其住居所地的“高等行政法院”管辖。

7. 涉及投保单位为原告时，明确其主事务所或主营业所所在地作为连接因素，并由所在地高等法院行使管辖权。有关公法上的保险事件，大部分属于涉及请领保险给付及取消被保险人资格、退保、变更投保工资、罚锾处分等，而可能起诉者为被保险人、受益人及投保单位。因此，增订投保单位为原告时，得由其

---

① 《浅析台湾地区行政诉讼法修改动向》，a/201105/1179987. shtml，(访问时间：2012 年 7 月 5 日)。

② 《台湾地区行政诉讼法修正：新增便民措施，改正旧法漏洞》，http：//yuanyulai. fyfz. cn/art/578055. htm，(访问时间：2012 年 7 月 10 日)。

③ 陈铭聪：《台湾地区〈行政诉讼法〉立法沿革与修正研究》，http：//www. 110. com/ziliao/article－297357. html，(访问时间：2012 年 7 月 7 日)。

主事务所或主营业所所在地的“高等行政法院”管辖。

### （三）创设各种救济机制，确保人民合法权益

1. 设立纠错机制，减少讼累。交通裁决案件具有性质轻而数量多的特点，为了使法律关系及早确定，免除其诉愿等前置程序，促使原处分机关能自我省察原裁决是否合法妥当，以符合“依法行政”的要求。由于台湾地区对于交通裁罚案件采取二审终结制，由地方法院行政诉讼庭为第一审管辖法院，“高等行政法院”为上诉审法院。交通裁罚案件的判决，采取书面审理方式。交通裁罚案件起诉前，并不需要原告经诉愿等前置程序后始能提起。但修正条文中创设了“重新审查”的特别救济制度，以取代诉愿程序，即被告（原处分机关）在收到起诉状以后，应在20日之内对处罚决定是否合法妥当性进行重新审查，被告在收到起诉状后自行撤销或变更原裁决，或确认处分确为无效或违法，或返还已缴纳的罚金、已缴送的驾驶执照、计程车驾驶员职业登记证、汽车牌照等，并呈报于管辖的地方法院行政诉讼庭，使其得以知晓。如审查结果认原决定违法或不当，即应自行撤销或变更原裁决；如果被告全部维持原处罚决定或部分不依原告请求处置时，须附具答辩状，并将重新审查记录等文件，一并递交管辖的法院。

需要说明的是，“重新审查”是被告在原告起诉后依法应为的行为，归属于诉讼程序的一部分，其好处在于，督促行政机关事前谨慎裁决，事后自我省察，达到疏减讼源、减轻民怨的功效。①

2. 新增撤销诉讼转换为确认诉讼的条文。提起撤销诉讼后，如行政处分因执行而无恢复原状的可能或已消灭者，诉讼标的已不复存在，此时无法继续审理撤销诉讼，而应将诉讼种类改为确认诉讼。唯旧法中并无转换的规定，故产生人民是否应另诉请求确认行政处分违法的问题。本次修法明定允许行政法院在这种情况下依申请确认该行政处分为违法，保障人民诉讼权利，以免人民为求救济而忙于奔波。②

3. 为了因应信息科技和国际互联网的发展，增加人民递交诉状的渠道。过去人民向行政法院提交起诉的诉状相对比较单一，通过邮寄方式，或自己直接送达，新法准用“民事诉讼法”相关规定，允许民众以传真或其他科技设备向行政法院提出诉状，包括电子邮件传送诉讼文书。

4. 配合“大法官”司法解释，对寄存送达生效时间作出明确规范。台湾地区大法官对《诉愿法》第47条第3项、“行政诉讼法”第73条中有关送达产生效力的解释（释字第667号）并无违宪之嫌，但仍有改进之必要。考虑到民众因

---

① 参见陈清秀：《行政诉讼法修正简介》，《月旦法学》2012年第2期，第163页。

② 《台湾地区行政诉讼法修正：新增便民措施，改正旧法漏洞》，http：//yuanyulai. fyfz. cn/art/578055. htm，（访问时间：2012年7月10日）。

外出工作、旅游或有其他事由，不能及时领取诉讼文书，影响诉讼权益，同时为了与大法官的解释相适应，新增行政诉讼的文书从寄存在邮政机构或警察机关之日起，经过10日才发生送达效力，以强化对人民的利益之保障。

## 四、台湾地区"行政诉讼法"修改对大陆的启示与完善思考

台湾地区行政诉讼法律制度近10多年来有了长足的进步和发展，自2000年7月1日实施的新的"行政诉讼法"以来，就修改了四次之多，尤其是最近5年修改的频率相当高，仅2011年，就修改了两次。其中，2009年和2011年11月修改的幅度较大，在借鉴诸如德、法、日等大陆法系国家立法例的同时，根据岛内现实的情况和发展需要，顺应了台湾地区政治、经济、社会、文化情势的重大变迁，使得台湾"行政诉讼法"历经修改日臻健全和完善。

尽管台湾"行政诉讼法"的改革与发展同祖国《行政诉讼法》的发展道路不尽相同，彼此还存在不少差异，但其作为中华法律文化的组成部分，与大陆《行政诉讼法》具有天然的和不可分割的"亲缘"联系，均可以作为相互参考和借鉴的参照系。台湾地区通过不断修改和调整其"行政诉讼法"，出现一些新的发展动向，值得祖国《行政诉讼法》借鉴。同时，大陆有些方面的合理做法也可供台湾地区参考和效仿。

### （一）成立专门的修改机构，适应"行政诉讼法"随时调整和修改的需要

近年来台湾地区对其"行政诉讼法"的修改明显提速。为了适应频繁修改"行政诉讼法"的需要，早在1981年7月，台湾"司法院"就组建了"行政诉讼制度研究修正委员会"，为了对"旧的行政诉讼法"进行全面检讨修正，延揽了实务界与学者专家共同参与修法工作，搜集国外相关立法例及学说，并分区举行座谈会，广泛征求各界人士的意见和建议，历时11年，召开大小会议共计256次进行审慎研议，最终完成修正草案，并于1993年2月18日提请"立法院"审议，三读通过后，于1998年10月28日公布，并于2000年7月1日起正式实施。台湾地区行政诉讼于1998年大幅度修正以后，近年来台湾法制、社会及经济环境的变化迅速，且"行政诉讼法"准用的"民事诉讼法"经过数次修正。为了因应上述情势，台湾"司法院"于2001年专门成立"行政诉讼制度修正委员会"，研究修正"行政诉讼法"。台湾于2007年通过"行政诉讼法部分条文修正案"，新增条文10条，修正条文8条，其中规定了行政诉讼裁判费的征收问题、审判权错误采移送制、扩大诉讼代理人资格、修正再审期间的起算等。之后，台湾于2009年12月对"行政诉讼法"再次进行了大幅修正，该次修正条文61条，增订5条，共计66条。2011年修改频率最高，达两次之多。

目前，大陆已经启动《行政诉讼法》的修改工作，颁布于1989年的现行

《行政诉讼法》是祖国大陆民主与法治建设的重要里程碑，对推动大陆法治建设和保护公民权益发挥了重要作用。然而，经过23年的发展，大陆经济社会发生了翻天覆地的变化，广大公众对法治的需求不断提高，现行行政诉讼制度已不合时宜，早已无法满足新形势的发展需要。因此，修改和完善《行政诉讼法》势在必行。有鉴于此，中国法学会行政法学会会长应松年教授于2011年9月组织全国部分高校学者成立了《行政诉讼法》修改课题组，对改革和完善大陆行政诉讼制度展开全面和系统探讨，提出了具体改革建议和改革方案，是值得称道的。观念的改变尤其重要，我们应当摈弃“10年或20年不变”的做法，不要过分苛求目前的修改建议和修改方案，指望“毕其功于一役”，通过这次《行政诉讼法》的修改来解决行政诉讼制度存在的所有全部问题，而应当以发展的眼光和宽容的态度来对待这次修改。关键是要建立一种《行政诉讼法》能够保持经常性修改的常态化机制，借鉴台湾的做法，成立相应的修订研究机构或修改委员会，及时提出修改或者改革方案，今后每隔几年或稍长一段时间就来一次小幅或大幅度修改，使《行政诉讼法》能与时俱进、开拓进取，不断适应大陆政治、经济、社会和文化发展的需求，从而达到相对满意和完善的结果。

（二）不急于求成，一次修改解决所有法律问题

如前所述，近年来台湾地区对其“行政诉讼法”的修改次数在增加，修改幅度有大有小，根据修改的需要和可能穿插进行，2011年5月的修正的幅度就很小，仅涉及三个条文，包括新增1条，修正2条，既有名词上的修改，如将原来的“邮务机构”改为“邮政机关”；又有内容上把“寄存机关或机构应保存2个月”调整为“寄存机关应保存3个月”及参酌“民事诉讼法”的相关规定对原适用简易程序的金额或价额的规定加以调整的修改，又有比较重要的修改，包括采行律师强制代理制度。考虑到行政诉讼的上诉审为法律审，上诉理由必须具体指摘台湾“高等行政法院”判决有如何违背法令之情形，此时要有专业法律素养的人士参与诉讼或代理，才能胜任。为了贯彻法律审的功能，保障当事人的合法权益，参照台湾地区“民事诉讼法”的相关规定①，在上诉审采行律师强制代理制。如果上诉人或其法定代理人具有律师资格或为台湾地区“教育部”审定合格的大学或独立学院公法学教授、副教授者；税务行政事件，上诉人或其法定代理人具备会计师资格者；专利行政事件，上诉人或其法定代理人具备专利师资格或依法得为专利代理人者，因其已具备专业素养，不必再强制其委托律师为诉讼代理人的必要。

紧接着于2011年11月23日台湾立法机关对其作了大幅度修改，于翌年9月6日实施，1年里就修改了两次之多。这表明，台湾地区既重视对“行政诉讼

① 参见台湾地区“民事诉讼法”第466条之1第1项规定。

法”的较大幅度的修改，也不忽略小幅修改，其修改的次数与频率主要取决于经济社会发展的需要。只有修改数量上的积累，才能达到质的飞跃。与台湾地区相比，祖国对其《行政诉讼法》的修改相对滞后，该法自颁布和实施23年以来，未作过任何修改，只求法律的稳定性，而忽视了法律的适应性，与我国现行行政诉讼制度的整体安排试图融合既保护公民权益又监督行政机关的双重目的有一定的关系。无论立法部门还是司法部门对进一步强化保护公民的权益这一目的之观念和意识尚未建立起来，这也许是《行政诉讼法》长期未作修改的原因之一，而现行行政诉讼制度完全以行政行为为中心而不是当事人的权利保护为基点的制度设计，尽管可以通过撤销甚至变更行政行为达到保护公民权益的效果，但无法涵盖所有情形。同时，行政诉讼制度的具体运作也存在行政诉讼保护公民权益不力的现象。因此，当务之急是要把强化保护公民权益的目的放在《行政诉讼法》修改的突出位置，甚至是首要目标。一方面大陆要加快《行政诉讼法》的修改步伐，解决行政诉讼制度中的突出问题。另一方面，今后也应增加修改的次数和频率，因为《行政诉讼法》的健全和完善不可能一蹴而就，而是一个渐进的过程。而台湾在这方面的有益经验值得大陆适当吸取。

当然，我们也应看到，2011年11月的最新和较大修改，并没有解决台湾地区“行政诉讼法”的所有问题，如台湾地区“国家”赔偿的公法诉讼案件，性质上属于公法上损害赔偿事件，主要归台湾普通法院管辖，目前仍由其按“三级三审制”的方式进行审判，尚未将其纳入行政诉讼的范畴。[①] 其主要是考虑到行政诉讼实行的是“三级二审制”，与普通法院实行的“三级三审制”不同，如将岛内“国家”赔偿的案件归入行政诉讼之中，势必会减少审级利益，也容易造成节外生枝，故暂时不予考虑，作为未来修法的一项内容。

### （三）法制现行，理顺行政法院与知识产权法院管辖案件的关系

由于台湾地区采用司法二元制的诉讼体系，知识产权的“有无”问题，归行政法院管辖，侵权纠纷及刑事诉讼则由普通法院审理。单一知识产权案件分属不同体系法院审理的结果，不仅引发诉讼程序中止的问题，延长了诉讼程序的进行，而且还涉及争论点的纠结交错，屡屡发生如何适当进行分割，避免裁判歧异的难题。为改进台湾知识产权诉讼程序，充分发挥权利人所享有权利能得到迅速、有效救济的作用，有必要专门成立知识产权专业法院。为此，台湾“立法院”分别于2007年1月9日和3月5日三读通过了“知识产权案件审理法”和“知识产权法院组织法”，并于同年3月28日付诸实施。从此之后，将原本分散在普通法院及行政法院处理的知识产权争议案件，统筹由知识产权法院审理。与此同时，台湾知识产权法院还设立技术审查官，协助法院从事专业技术问题的判

① 参见陈清秀：《行政诉讼法修正简介》，《月旦法学》2012年第2期，第158页。

断及相关资料的收集与分析，使知识产权案件的审判工作得以顺利进行，并迈入了新的纪元。

在组织层级上，台湾知识产权法院相当于台湾“高等行政法院”，并以台湾地区“最高行政法院”为终审法院。就案件审理程序及职权而言，与行政诉讼法相比，《知识产权案件审理法》和《知识产权法院组织法》的最大不同之处在于，办理知识产权民事诉讼或刑事诉讼的法官，得参与就该诉讼案件相牵连的知识产权行政诉讼的审判，不适用行政诉讼法有关回避制度的规定。也就是说，办理知识产权民事、刑事诉讼案件的法官，也可参与知识产权行政诉讼的审判，在这一问题上，大陆知识产权的审判制度在不断地进行改革和探索之中，将继续创新完善知识产权审判机制，与台湾相比在某种程度上具有异曲同工之处。以上海为例，浦东新区法院在全国法院中率先尝试由知识产权审判庭集中审理知识产权民事、行政和刑事案件的“三合一”审判模式，这无疑提高了司法审判效率，适应了知识产权司法保护的新要求，并为《国家知识产权战略纲要》所肯定。相比之下，虽然台湾知识产权法官可以办理知识产权行政和民事诉讼案件，也可参与知识产权刑事案件的审判工作，但并没有将三种不同性质的案件合并审理，与大陆法院创立的“三合一”审判模式毕竟有所不同，在这方面台湾有必要借鉴大陆的合理成分和可取之处，为其所用。而台湾在法制建设上对于祖国大陆也有参考价值和借鉴意义，尤其是专门制定和颁布了《知识产权案件审理法》和《知识产权法院组织法》，为知识产权案件的审理工作提供强有力的法律支撑，使知识产权法院对案件的审理有法可依，有章可循。

（四）公益诉讼和行政和解方法等值得大陆借鉴

1. 2000年前台湾地区在修改其“行政诉讼法”时着手建立起了公益诉讼制度，并以法律有特别规定者为限，才能提起，针对的是行政机关的违法行为，旨在维护社会公益。而大陆现有《行政诉讼法》尚未建立公益诉讼制度，但近年来建立行政公益诉讼制度已初步形成了共识。因此，增设维护公益诉讼制度已刻不容缓。笔者赞同原则上对于行政行为违法损害重大公共利益、又没有适格原告、现实需求也较为迫切的几类案件列入公益诉讼的范畴。① 修法本身仅作概括性规定，并确立诉讼前置程序，具体列举范围初创阶段不宜过于宽泛，由《行政诉讼法实施细则》作出明确规定，或留待将来大陆最高人民法院司法解释予以解决。

2. 增设行政诉讼调解制度，促进公民、法人或其他组织与行政机关的和解。由于行政诉讼往往与公益存在一定的关系，是由行政机关的行政行为引起的争议

① 胡卫列：《建立行政公益诉讼制度》，http：//www. legaldaily. com. cn/Frontier _ of _ law/content/2012 -03/21/content _ 3445632. htm？ node =33424，（访问时间：2012 年 7 月 18 日）。

而引发，而行政行为是行政机关行使法定职权或者履行法定职责所实施的，法律规定的行政职权或者职责，行政机关不能随意处分，① 原则上不允许当事人以合意解决诉讼上的争议。在现行《行政诉讼法》制定时，明确规定行政诉讼不适用调解。然而，解决行政争议并不一定需要法院通过判决的方式实现。《行政诉讼法》需要改变不能调解的做法，而在司法实践中，调解实际上已经被广泛运用于行政诉讼案件之中。但问题在于，原、被告之间所达成协议的法律效力如何确定，法律本身应加以解决。一旦有一方反悔或者不实际履行各自的承诺，就会难以处理。基于此，修改《行政诉讼法》时应参照台湾地区的立法例，确立调解制度并就调解的程序、调解及调解笔录的效力，作出明确、具体的规范，便于各自遵守。

## 五、结束语

法谚云：“有权利即有救济”“有权利而无救济，非权利也”。行政诉讼法作为保障公民权利的救济法，应为公民提供便捷、有效且无盲区的救济途径。台湾地区在新“行政诉讼法”颁布之后，一直在积极探索完善和发展的路径，并进行卓有成效的积极尝试，包括引入司法事务官制度，引进专业人才提供咨询意见等，使行政诉讼的架构的设置日趋完备。但毋庸置疑，在软件建设和人才培养方面仍有待改进，如应设立强化专家、学者参审制度，或建立专家、学者提供咨询意见的机制，不断提高行政审判质量。同时，法官的综合能力和专业素养的提升也至关重要。在台湾，一般司法考试合格者，经过2年的系统职前训练与实务训练培训课程，才能担任台湾普通法院的法官。而从普通法院的法官转入行政法院法官，职前训练和培训是必不可少的，目前仅有1个半月时间，明显过于短暂，难以胜任行政法院法官必须具备行政法专业素养和较为丰富的税法知识背景的要求。因此，适当延长强化培训时间，从制度上保障至少需要1年以上的专业和实务训练，提高转入门槛，并引入相应的考核指标、实行筛选和淘汰机制，不失为培养和选拔人才的良策。至于新法经修改后的实效性，有待于实践的进一步检验。

① 邹荣《完善行诉审理与裁判制度》，http：//www. legaldaily. com. cn/Frontier _ of _ law/content/2012 -03/21/content _ 3445632. htm? node =33424，（访问时间：2012 年 7 月 18 日）。

# 社会治理中行政纠纷之解决途径
## ——以社会保险为中心

**谢荣堂**
◉ 中国文化大学法学院副教授，法学博士

### 前言

基于法治国家精神，有权利必有救济（ubi jus，ibi remedium），人民之权利受侵害或未获必要保护时，国家应保障人民无漏洞且畅通之权利救济途径，以实现人民之司法受益权。尤其，当人民与行政机关之间发生法律权益争议时，此类争议属于公法上之法律争议，基于依法行政原则，是项争议为行政争讼之范围。原则上，行政救济凡是未来行政诉讼之标的与行政处分相关者，皆应于行政诉讼前践行必要程序，例如：审议程序；不服前项决定者，再提起诉愿程序，不服诉愿决定者，于法定不变期间三十内，向行政法院提起行政诉讼。目前有关公法上之法律争议案件，绝大多数由行政法院负责审理，而德国除一般行政法院外，另外设立社会法院为特别行政法院，负责审理以保障社会基本权利为中心之公法上法律争议事件，社会保险争议等，本文将以社会保险争议案件为探讨轴心。

行政救济制度主要目的在于保障人民，使其得借由内部审查之审议、（复）复查、申诉、诉愿及行政诉讼之方式寻求权利保护。因此，须人民之基本权利受到侵害或有受侵害之威胁时，始具有行政救济之保护实益，而关于社会行政救济所保护之权利内涵与本质，本文首将论述传统自由权与社会权利救济之主要途径与范围。次则探讨普通与社会行政诉讼程序基本原则，由于社会行政与一般行政之本质不尽相同，因此，德国社会法典于第十编立法特别规范社会行政程序及社会行政基本原则，及相关之内部自我审查机制。

### 一、自由法治国与社会法治国原则基础理念

法治国（Rechtsstaat）思想起源于德国法，于日本明治维新时已为日本法学

界所采纳，之后为台湾法学界所广泛接受。[①] 就法治国之历史发展观察，首先着重于形式意义之法治国（Rechtsstaat im formellen Sinne），亦即将法治作为国家统治与实现法律目的之行政手段。但国家行政目的由维护统治权与共同秩序，逐渐转换为以保障人民权利与实现社会正义之实质法治国[②]为目的。19世纪末20世纪初之自由法治国主义思想认为，国家不应介入人民之自主（privat autonom）生活中，其功能仅在防御内在及外来危险。20世纪人类历经两次世界大战，经济普遍萧条衰退与民生不济。因此，人民省思国家之角色应该有所转变与提升，故除要求国家继续维持共同秩序外，亦要求国家应积极强化及介入人民之生活，实现国家对于人民之生存照顾义务，并立法赋予国家对人民之各项给付义务，例如：生活物资、就学、就业及医疗、养老保险等。就社会安全而言，为有效化解资本家与劳动者之冲突、缩小贫富差距及缓和社会阶级对立，国家必须积极介入与安排人民之社会与经济生活之安全并采取有效之措施，以谋求社会分配正义之实现。国家行政权之作用便逐渐由单纯之秩序维护者转换为人民生存照顾与社会保障之给付义务人。此种强调国家社会义务与法治国家理念结合之国家类型即为社会法治国（Sozialrechtsstaat）。因此，社会法治国取代自由法治国。[③]

鉴于魏玛宪法之负面经验，德国基本法仅于第20条第1项及第28条第1项第1款确立社会法治国原则。[④] 社会法治国原则赋予国家于宪法上之作为义务，尤其要求立法者必须透过立法来形成一个“可接受之利益冲突平衡关系与致力于为所有处于困境人民创造适当之生存条件，以提升人民幸福及平衡其生存上之负担”。[⑤] 具体言之，国家应提供人民具有人格尊严之最起码生存保障（Menschen-würdiges Existenzminimum），而如何来达成此一宪法委托（Verfassungsauftrag），国家原则上享有立法上之形成自由。[⑥] 立法者虽然享有立法上形成自由，但依据社会法治国原则，基本内涵应能达成下列目标：一、提供陷于困境人民必要之社会给付，所谓“陷于困境”意指个人于人格上或社会发展上具有明显障碍，例如经济上紧急需求、身体上或精神上之伤残等，[⑦] 而上述由国家所提供之协助，必须确保陷于困境人民具有人格尊严之最起码生存条件；[⑧] 二、保障人民机会平

---

① 陈新民：《法治国家论》，台北：学林文化出版社，2001年，第3页。

② E. Forsthoff, Der introvertierte Rechtsstaat, in: Rechtsstaat in Wandel, 1964, S. 213；陈新民，法治国家论，台北：学林文化出版社，2001年，第4页。

③ Pieroth/Schlink, Staatsrechte II, 15. Aufl., 1999, Rn. 85.

④ Der soziale Rechtsstaat, in: Benda/Maihofer/Voge (Hrsg.), Handbuch des Verfassungsrechts, 2. Aufl., § 17.

⑤ BVerfGE 1, 97, 105.

⑥ Hesse, Grundzüge des Verfassungsrechts der BRD, 20. Aufl., 1995, Rn. 213.

⑦ BVerfGE 44, 353, 375.

⑧ BVerfGE 40, 121, 123.

等，此处所强调者并非德国基本法第 3 条之平等待遇，而系拉近经济条件佳者与经济条件较差者，于取得物质上与非物质上利益之差距，以确保宪法所保障之各项自由权行使，不至于因社会条件差异而产生过大落差，① 因社会国原则所追求为实质平等，而非纯粹形式平等；三、立法者有义务平衡及消除社会中之歧异及冲突，具体形成并维持合乎正义之社会分配秩序；② 四、社会国原则所优惠对象仅限于自然人，非自然人——法人则不在其保护范围之内。③ 社会国原则适用对象非属狭隘之国民权或公民权，保护对象不仅限于本国人，以德国为例，非本国人而实际生活于德国境内者，皆同受优惠保障，因生存权为基本人权，而非限缩之国民权。④ 尤其在全球化之趋势下，人民不再仅限于本国生活、工作及实现自我等，欧洲联盟已大幅度打破国界及过分强调主权概念，对于欧盟会员国之国民，皆得受相同保护。就此点，于台湾地区亦应为相同之解释与适用。

## 二、基本权利保护与救济制度之保障

基本权利在分类上，学术上众说纷纭，若以其保障之范围区分，得分为自由权、参与权及社会基本权。“宪法”师承德国魏玛宪法之体例与精神，于第二章规范人民之基本权利与义务，本章保障之基本权利在属性上为自由权，亦即学理上之抵抗权⑤（Abwehrgrundrechte）。抵抗权旨在保障人民自由免于“国家”公权力干涉或第三人对其基本权利之侵害，除此之外，进一步要求“国家”对于人民遭受之侵害有排除之保护义务。

“宪法”第十三章基本“国策”中详列各项人民之社会基本权利（Sozialgrundrechte）或分享权（Teilhaberecht），例如第三节之“国民经济”（§142—§151）、第四节之社会安全（§152—§157）、第五节之教育文化（§158—§167 条）、第六节之边疆地区对少数民族之保障（§168—§169）及“宪法”增修条文第 10 条等。德国法学界早期将社会基本权利视为方针条款（Staatszielbestim-mung），对于“国家”之施政仅具备参考作用，几乎无法对执政者产生任何约束力；有鉴于此，为加强社会基本权利作用，法学界进一步提出宪法委托说（Verfassungsauftrag），认为社会基本权利为“宪法”对立法者之委托，即立法者负有实现社会基本权之立法义务，此一学说缺点在于当立法者未履行其立法义务时——立法怠惰⑥，并无任

---

① BVerfGE 33, 303, 331.

② BVerfGE 22, 180, 204; 35, 202, 235f; 69, 272, 314; BSGE 55, 224, 231.

③ BVerfGE 35, 348, 355.

④ BVerfGE 51, 1, 27f.

⑤ 李惠宗：《宪法要义》，2006 年，第三版，第 92 页。

⑥ 参考司法院大法官 2000 年度学术研讨会论文集。

何强制效果。因此，德国于二次大战后制定基本法时，刻意将魏玛宪法中社会基本权利之规定予以排除，仅于基本法第20条第1项及第28条第1项第1款确立社会法治国原则（Sozial-rechtsstaat），并配合基本法第1条第1项对人格尊严保障（Unantastbarkeit der Menschenwürde）及同条第3项对国家三权约束之交互作用，以实现社会正义及保障社会安全[①]。一方面可避免魏玛宪法徒列社会基本权利而无法实现之尴尬，同时赋予立法者更大之立法形成自由空间。有关于此，台湾“司法院大法官”第596号解释认为，基于“宪法”之价值体系及立法目的，自得斟酌规范事物性质之差异，衡量“国家”财政能力、人民需求、社会差异及其他相关因素所为之不同规范与给付内容，属立法自由形成之范畴。据此明白可见，台湾“大法官”就“宪法”对于社会基本权之规范性质，系采“宪法”委托说。

更进一步，德国基本法第1条第3项后段以及联邦宪法法院透过判决，将社会国原则解释为直接有效之法律（Unmittel-bar geltendes Recht），而非仅只具原则性之宣示作用。[②] 换言之，德国基本法所保障之社会基本权利，相较于魏玛宪法明列社会基本权利，却仅将社会基本权视为方针条款，基本法赋予人民于特定之例外条件下，就其宪法所保障权利提出请求遭到行政机关拒绝时，得透过行政诉讼、社会行政诉讼及特别救济途径——宪法诉讼等司法救济途径来获得社会给付，而非仅能被动地等待立法者之立法实现。

社会基本权不同于自由权及平等权，后二者为主观公权利，人民得于遭受侵害时，透过司法途径具体主张排除或请求必要保护。然而社会基本权利并非如同前述之自由权及平等权得以作为请求权之基础，因社会基本权利原则上仅赋予国家实现之义务，[③] 人民无法直接以之作为具体向国家请求之权利基础，也就是说，只能反射性地享受。关于社会基本权之实现，其内涵并非指绝对、机械之形式上平等，而系保障个别人民于法律上地位与自我实现之实质平等；立法机关基于宪法之价值体系及立法目的，得以斟酌规范事物性质之本质差异而为合理之差别对待[④]，以期能针对个别需求而予以给付或协助，而非仅形式上向特定人民为固定式、无差别之社会给付。

## 三、一般行政法与社会行政法

行政法制之范围涵盖行政组织、职权、任务、行政程序及行政争讼程序。行

---

① Jarass/Peiroth, Grundgesetz, 5. Aufl., 2000, Art. 20, Rn. 102 – 107.

② BVerfGE 6, 32, 34.

③ R. Waltermann, Sozialrecht, 2000, Rn. 19.

④ “司法院大法官”第596号解释。

政法规范之对象得分为三大类，第一类为人民与国家间之公法上法律关系；第二类为公法人间及无隶属关系行政机关间之法律关系；第三大类为国家与特别法律关系所规范人民间之法律关系。此类法律关系，在学理上称之为一般行政法或普通行政法（本文以下将称为普通行政法）。行政法规范之对象与范围极为广泛，性质相近者形成所谓特别行政法领域，例如：警察法、税法、劳工法、社会法及财经法等[①]。本文限于篇幅，将仅聚焦于普通行政法与社会行政法。

社会法（Sozialrecht）属于特别行政法，所保护及涵盖范围相当广泛，与人民之生活与生命延续息息相关，性质为国家履行对于人民生存照顾义务之实体保障。一般而言，社会法常被称为社会福利法，此一名称主要来自于英美法上之概念[②]，至于社会法则属于来自于德国法上之翻译[③]，台湾学界于称呼上则包含社会福利法、社会保障法与社会安全法等。德国法上将社会法分为实质上与形式上之社会法，前者以社会给付之内容与功能为出发点，社会法系以社会法治国理想实现社会基本权利而设，其须能保障人民合于人格尊严之生存条件、保护个人实现人格发展与自由之平等机会、保护与促进及家庭、实现个人就业权利以满足其生活及降低或缓和生活特别负担[④]。而形式上之社会法则系以德国社会法典立法所规范之范围为社会法之领域。

社会法专指社会保障法，即社会保险法、社会补偿法制及社会救助法[⑤]而言。德国为最早提出社会法概念并制定社会法典（Sozialgesetzbuch）之国家，对社会法概念采取上述之狭义解释。第一次世界大战之后，随着社会主义思想之兴起，德国推动工业社会化政策，并加强社会法研究。但对于何谓社会法，于德国学界同样存在着分歧。或称社会法为调整对低收入者或其他因特殊负担及损失，而进行平衡之社会支出以及与之相关之预防和补救措施之法律领域。同时还包括对“社会弱者”（Sozialschwächen）提供各种机会之法律以及社会救济之基本法律保障。另有学者参照联合国宪章第二十二条规定定义社会法：“任何人作为社会成员有权享受社会保障；有权享受必要之经济、社会及文化权利，以维护其人格尊严与促进其个人之人格发展“。因此，社会法亦得解释为消除社会不公平和不平等待遇之法律，但此二定义于德国皆未被普遍接受。部分学者则由德国社会法典试图定义社会法，该法典第一编第 1 条第 1 项规定：社会法典为实现社会公正和社会保障应有效调整社会福利支出（包括社会救济和教育性救助）。国家应

---

① 吴庚：《行政法制理论与实用》，增订十版，2008 年，第 26—27 页。

② 锺秉正：《社会保险法论》，台北，2005 年，第 1 版，第 10 页。

③ 关于社会法之定义，请参考郭明政：《社会安全制度与社会法》，台北，1997 年，第 1 页以下；郭明政：《社会法之概念、范畴与体系——以德国法制为例之比较观察》，政大法学评论，第 58 期，1997 年 12 月，第 369 页以下。

④ Hermann Bley/R. Kreikebohm, Sozialrecht, 1993, 7. Aufl., Rn. 2.

⑤ 许庆雄：《社会权论》，众文图书，1991 年，第 2 页。

协助、保障符合人格尊严之生活；为人民之人格自由发展创造平等之前提条件；保护家庭并促进和谐；保障自由选择就业方式以谋取生活费用；消除或减轻生活特殊负担。德国社会法典从社会安全支出来定义社会法。因此，社会法包括社会保险、社会补偿、社会促进和社会救济相关法制。社会法系国家为实现社会国原则之重要工具，亦即德国社会法典中所规范之法律关系。①

再由学说归纳整理，社会法之基本功能得归纳以下三原则：一、互助原则（Gegenseitigkeit）或相互原则，社会安全制度之建构主要目的，系以集体力量保障个人之经济安全，盖单纯慈悲心及社会道德观实不足以建立完善之社会安全制度。为促成社会安全制度保障目的得以实现，必须由全体国民共同承担社会风险。借由制度化运作使得全体身体健康者帮助生病的人，有工作者帮助因老、幼、环境或其他原因无法工作者。② 二、强制原则（Zwang），此概念展现于社会保险中。社会保险保障大多数人的利益、安全与健康等，虽然会减少个人所得，但基于社会整体的利益，采用强制保险原则为必要手段。例如：全民健康保险。③ 三、最低保障原则，主要系对于社会风险发生时，保障当事人最低度生活水准之给付，以维持其基本生活（Existenzminimum）或支付医疗所需费用，使风险发生后，当事人不致成为社会之负担。④

## 四、行政救济之功能与意义

行政救济就具体而言，应称为行政权利救济（Verwaltungsrechtlicher Rechtsschutzweg），指人民受行政机关违法或不当之瑕疵行政行为或行政处分，致使其合法权益遭受损害时，依法进行行政机关内部（审议、复查、申诉及诉愿）及行政机关外部（行政诉讼）之保护程序。在学理上，有将行政救济分为二阶段，第一次权利救济，对于不法或不当状态之排除，例如：撤销违法之行政处分；第二次权利救济，对不法行为所造成之损害或状态请求赔偿，例如：国家赔偿。在此必须强调，第一次权利救济与第二次权利救济并非指行政作用之相对人，得先后进行两次权利救济，而系以行政作用之完成状态作为区分。行政作用，例如行政处分作成后尚未执行或执行状态持续中，行政作用之相对人得提起第一次权利救济。另外，行政作用，例如行政处分已经执行完毕，状态已经确定或无法恢复时，人民对于该违法或不当之行政处分，已无法依据行政救济程序予以排除或停

① Dörr/Francke，Sozialverwaltungsrecht，2002，Berlin，Erich Schmidt，Rn. 3，S. 11.

② 郝凤鸣：《法国社会安全法之概念、体系与范畴》，政大法学评论第58期，1997年12月，第384页。

③ 梁宪初等合著：《社会保险》，台北，2000年，2版，第6—7页。

④ 梁宪初等合著：《社会保险》，台北，2000年，2版，第8页。

止时，则行政作用之相对人不得再提起第一次权利救济，因已无第一次权利救济之保护实益，故仅得提起第二次权利救济，以获得事后之补偿或损害赔偿。因此，依据德国法原文 Primärer Rechtsschutz，翻译为首要权利保护；Sekundärer Rechtsschutz 翻译为次要权利保护，应属为宜。

## 五、救济程序

### （一）行政机关内部审查程序——审议程序

审议制度在台湾现行法律体制上，例如："国家"机关依据法律规定，对特定案件、专案计划及政策之审议；"立法院"对于法案或预算案之审议审议；教育主管机关对于学杂费调整审议程序及社会保险争议案件等，运用范围甚广，本文将着重于社会保险法上之审议程序。

"全民健康保险法"第 5 条规定，为审议本保险被保险人、投保单位及保险医事服务机构对保险人核定之案件发生争议事项，应设"全民"健康保险争议审议委员会。前项委员会，由主管机关代表、法学、医药及保险专家组成之；其组织规程及争议事项审议办法，由主管机关拟订，报请"行政院"核定后发布之。被保险人及投保单位对争议案件之审议不服时，得依法提起诉愿及行政诉讼。据此得见，提起诉愿及行政诉讼之前，相对人必须先进行审议程序，未能获得满足，始得提起进一步之诉愿及行政诉讼。

审议事项及程序，以"全民"健康保险为例，依据"全民"健康保险争议事项审议办法第 2 条规定：被保险人、投保单位及保险医事服务机构对保险人就下列"全民"健康保险事项所为之核定案件（以下简称权益案件）发生争议时，应先依本办法规定申请审议：一、关于保险对象之资格及投保手续事项。二、关于被保险人投保金额事项。三、关于保险费、滞纳金及罚锾事项。四、关于保险给付事项。五、其他关于保险权益事项。保险医事服务机构对保险人就医疗费用事项及特约管理事项所为之核定案件（以下简称医疗费用案件及特约管理案件）发生争议时，得经双方约定，先依本办法规定申请审议。"全民"健康保险争议事项审议分为权益案件、医疗费用案件及特约管理案件；就审议决定，依据同办法第 20 条第 2 项规定，审定书应附记不服审定之救济方法、期间及其受理机关；类此规定于第 24 条第 4 项，审定书应附记不服审定之救济方法及其受理诉讼管辖行政法院。

关于劳工保险、农民健康保险及"国民"年金保险之争议案件，皆如同"全民"健康保险，依法授权订定争议事项审议办法，审议委员会组织、程序及功能大致相同，不再一一赘述。

（二）诉愿程序

在行政救济程序上，诉愿属于行政机关之内部自我审查（Verwaltungsinterne Kontrolle），审查范围包含合法性（GesetzmäBigkeit）及适当性（VerhältnismäBigkeit）。不同于行政法院仅得就合法性为审理，以避免违反权力分立原则（Gewaltenteilung），使得司法权过度侵犯行政权之核心领域。诉愿程序在功能上，若能妥当发挥，对于人民之权利救济将更为迅速有效，因为原处分机关或管辖机关于自我审查之后，若发现错误尤其裁量瑕疵或违法裁量，依据法律授权应直接自行变更或撤销原处分之内容，并陈报诉愿管辖机关（诉愿法第 58 条第 2 项）。行政法院对于违法或瑕疵之行政裁量，基于权力分立原则，仅得于判决中述明其错误或瑕疵，不得代替原处分机关另为处分，因此，与权利保护之时效上及效率上，不如诉愿程序得撤销、变更或废止原处分。

台湾行政救济程序之第一道程序为诉愿程序，依据诉愿法第 1 条及第 2 条规定，对于行政机关所作之行政处分及行政机关对依法申请案件应作为而不作为等二大类型，得提起诉愿。诉愿程序，在行政机关内进行，其诉愿管辖机关依诉愿法第 4 条之规定，原则上，应向原处分机关之上级机关提起诉愿。对于诉愿决定不服或提起诉愿未获决定之案件，则得依据“行政诉讼法”第 4 条第 1 项后段或第 5 条提起怠于作为诉讼，借由行政法院之确定判决要求受理机关尽快作成决定或行政处分。

提起诉愿之要件规定于诉愿法之相关条文中，归纳分析如下：（一）诉愿主体，依据诉愿法第 1 条及第 18 条规定，包括自然人、法人、非法人之团体等，及各级地方自治团体或其他公法人等之受行政处分之相对人及利害关系人；（二）诉愿客体，依据诉愿法第 1 条及第 2 条规定，为违法或不当之行政处分、违反法定义务之消极行为，例如对依法申请之案件，于法定期间内应作为而不作为，除有法定事由予以延长一次之外；（三）依据诉愿法第 1 条及第 2 条规定，必须行政处分相对人之权利或利益受损害，诉愿所保护之权利包含“宪法”及法律上所保护之利益，所谓利益，则指尚未成为权利之各种值得保护之利益；[①]（四）诉愿法第 4 条规范诉愿管辖机关，向法定管辖机关提起，原则上为原处分机关之上级机关；若诉愿人向无管辖权之机关提起诉愿，依据行政程序法第 17 条及诉愿法第 61 条规定：行政机关对事件管辖权之有无，应依职权调查；其认无管辖权者，应即移送有管辖权之机关，并通知当事人；（五）诉愿法第 2 条及第 14 条规定，诉愿之提起，应自行政处分达到或公告期满之次日起三十日内；（六）诉愿法第 56 条规定，诉愿应具诉愿书，并载明规定事项及附上相关附件。

① 吴庚：《行政法制理论与实用》，增订十版，第 640 页。

### （三）行政机关外部审查——行政诉讼

1. 基本意涵

当行政机关内部审查机制无法提供人民必要之权利救济时，则基于“宪法”第16条人民诉讼权之保障，“国家”应设立行政机关以外之外部审查机制，亦即行政诉讼制度。行政诉讼之主要功能有二，其一，为必须能达到有权利即有救济之功能，其二，必须行政诉讼救济之结果合于时效性，否则迟来之正义即非正义。依据台湾“行政诉讼法”第2条规定，公法上之争议，除法律别有规定外，得依本法提起行政诉讼为观察，凡公法上之法律争议皆由行政法院为诉讼管辖。相较于德国，依据德国联邦行政法院法第40条第1项规定，公法上之争议，非属宪法性质者，皆得向行政法院提起诉讼，但联邦法律明文规定，其争议以其他法院管辖者，不在此限①。德国联邦行政法院法第40条与台湾“行政诉讼法”第2条皆属于诉讼管辖概括条款。另外关于社会法上之公法争议，德国则以社会法院作为特别行政法院②，其诉讼管辖范围特别于社会法院法第51条作范围较小之管辖概括规定。进一步言之，德国联邦社会法院法第51条规定，社会法院审理之公法上争议，主要为社会保险法上之法律争议、劳工奖励法上之法律争议、社会补偿法上之法律争议、残障程度之认定争议、薪资续付法之争议、基于社会法典第三编与第四编之争议。除此之外，社会法院之诉讼管辖亦包含私法上之健康保险争议以及公法上与私法上之看护保险争议。

因此，公法上之法律争议关于社会法上之公法争议，原则上归属于社会法院管辖，但依据德国联邦行政法院法第188条规定，有关社会救助、青少年救助、战争受害者之照护、严重残疾者之照护及教育金进修补助（Bafög）之事务，行政法院应以合议庭之方式审理之。社会法上之公法争议，部分基于法律之特别规定，由一般行政法院为诉讼管辖③。台湾目前仅设行政法院，概括审理公法上之争议案件，除法律特别规定由普通法院管辖之案件，例如：社会秩序维护法及道路交通管理处罚条例。

台湾目前行政法院之诉讼审级分为二级二审制，第一审为高等行政法院为事实审，终审法院为“最高行政法院”为法律审。德国社会行政法院依据德国社会法院法第2条规定为三级三审制，第一审为社会行政法院（§ 8 SGG），第二审为邦社会行政法院，第三审为联邦社会法院（§ 38 Abs. 1 SGG）。台湾行政法院与德国社会行政法院，出简易诉讼程序之外，皆采合议制，台湾合议庭法官皆由专业法官担任审判工作，德国社会法院之合议庭除由三位专业法官组成之外，

---

① 陈敏博士等译：《德国行政法院法逐条释义》，2002年，“司法院”印行，第196页。

② § 1 SGG（德国联邦社会法院法）。

③ 陈敏博士等译：《德国行政法院法逐条释义》，2002年，“司法院”印行，第1856—1857页。

另外设立如同劳工法院之荣誉法官（Ehrenamtlicher Richter）。荣誉法官之产生主要来自于社会保险人、雇主、医生、被保险人以及社会行政机关之公务员，前述人员不须具备法官资格，但须受过法律相关之训练。荣誉法官参与社会行政诉讼至主要目的在于，借重荣誉法官于专业与经验以协助厘清争议事项之内容，以维护社会行政诉讼是正确性与公平性。①

台湾目前所有关于公法上之争议案件，于诉讼上皆单一由行政法院管辖，不仅造成行政法院于案件审理上之沉重负担，案件审理耗时过长，对于较具急迫性之人民社会给付请求，例如健康保险之特别给付而言，迟来之社会给付对于被保险人而言，不但是长时间之磨难，恐亦难免造成保护不足或迟延之负面影响。因此，为有效实现人民之诉讼权，独立特设社会行政法院，并建立类似德国具社会保险或特别社会法专业知识与法学素养之荣誉法官参与社会行政诉讼之审理，使得社会行政诉讼既合法且能合于实务运作与人民需求之实质判决，始更能合于“宪法”第16条诉讼权之制度性保障。除此之外，管见认为就短期而言，于现制行政法院中设立社会行政诉讼专庭，一方面有效区隔社会行政诉讼与一般行政诉讼，二方面亦得更有效实现与保护人民之社会基本权与诉讼权。

2. 权利保护须为必要与可能

基于诉讼资源之合理有效分配与运用，人民提出行政诉讼时，其诉讼利益必须具有值得保护之价值，无保护价值则该诉讼行政法院应予驳回。② 提起行政争讼，须其争讼有权利保护必要，亦即具有争讼之利益为前提，③ 若对于当事人被侵害之权利或法律上利益，即使经审判之结果，亦无补救之可能，或无法回复其法律上之地位或其他利益者，即无进行争讼而为实质审查之实益。④ 另行政法院于受理撤销诉讼时，虽发现原处分或决定违法，但若撤销或变更该行政处分于公益将有重大损害，经斟酌原告所受损害、赔偿程度、防止方法及其他一切情事，认为原处分或决定之撤销或变更显与公益相违背时，得驳回原告之诉，并应于判决主文中谕知原处分或决定违法，⑤ 此即前已论述之情况判决，⑥，德国社会法院法并无类此立法。

若无上述情形，则行政救济法制所保护之权益应包含权利与利益，权利系指人民之主观公权利而言。⑦ 利益于台湾现行法制上包括法律上利益，如诉愿法第

① Gitter/Schmitt, Sozialrecht, 5. Aufl., 2001, § 52 Rn. 4.

② 陈敏：《行政法总论》，作者自版，台北，2004年，第四版，第1358页。

③ “司法院大法官”第546号解释。

④ “最高行政法院”91年判字第1070号判决。

⑤ “行政诉讼法”第198条；诉愿法第83条。

⑥ 黄绿星、蔡进田著：《行政诉讼情况判决之研究》，1997年，“司法院”研究年报第十七辑第二十篇，“司法院”印行，第1—4页。本条立法系仿效日本行政事件诉讼法第31条第1项。

⑦ 陈新民：《行政法学总论》，台北，2005年，修订八版，第584页。

1 条规定：人民对于“中央”或地方机关之行政处分，认为违法或不当，致损害其权利或利益者，得依本法提起诉愿观察，其规范包含权利或利益。行政法上所保障之权益应包含权利与利益，权利系指人民之主观公权利而言。利益于台湾现行法制上，除法律上之利益外，是否包括事实上利益，例如诉愿法第 1 条规定：人民对于“中央”或地方机关之行政处分，认为违法或不当，致损害其权利或利益者，得依本法提起诉愿中之“权利或利益”，“行政诉讼法”第 4 条第 1 项规定：人民因“中央”或地方机关之违法行政处分，认为损害其权利或法律上利益，经依诉愿程序后，得向高等行政法院提起撤销诉讼中，即明文规定“权利或法律上利益”同为诉愿与行政诉讼所保护。换言之，若非属权利或法律上利益受到违法行政处分之侵害，即不得提起行政争讼[①]。多数见解依据文义解释，所谓利益应仅止于法律上之利益，管见认为，事实上之利益若于论理解释上，属于立法者所欲保障之内容，应视个案加以认定，不宜一律排除。

另观“行政诉讼法”第 4 条第 1 项规定：人民因“中央”或地方机关之违法行政处分，认为损害其权利或法律上利益，经依诉愿程序后，得向高等行政法院提起撤销诉讼，即明文规定权利或法律上利益皆受保护。换而言之，若非权利或法律上利益受到行政处分之侵害，即不得提起行政诉讼。再者，“诉愿法”第 1 条所规范之行政处分，系指行政机关对人民所为之单方行政行为，而对外发生具体之法律效果，且以该项处分损害其现实之权利或利益者为限，若仅将来有损害发生之虞而预行请求行政机关或法院给予行政救济或保护，则非属于上述讨论所保护范围[②]。再就保护之对象而言，应涵盖直接相对人与利害关系人[③]。

---

① “最高行政法院”2003 年判字第 340 号判决。

② “最高行政法院”2003 年判字第 1821 号判决。

③ 陈新民，前揭书，第 584 页；诉愿法第 18 条。

# 论澳门行政诉讼法中预防及保存程序在实施上之若干法律问题

**何金明**

◉ 澳门注册大律师，澳门经济法律学会理事长，法学博士①

## 引言

公共行政政策日渐影响市民在各个民生领域的权利，不论是由行政当局主动开展的，又或是作为利害关系人的市民向行政实体提起的行政程序，其目的只有一个，就是开展公共政策及达致公共利益，又或是，利害关系人要求行政实体给予的某种利益。

为此，在“依法行政”的理念下，行政实体所作出的决定，应符合法律规定的同时，且不损害利害关系人的个人利益，倘出现了损害市民依法受保护的利益时，利害关系人就应运用行政司法诉讼手段予以保障。行政司法诉讼制度既可以主张行政实体的决定是否存有违法性，又或是透过行政司法诉讼途径，以保护利害关系人的法律受保护的利益；然而，任何诉讼流程均存在一个问题，就是冗长的司法诉讼能否保障利害关系人的利益，经常在坊间听闻“迟来的公正不是公正”这句述语，其意味着利害关系人即使透过司法争讼而最终获取有利裁决，但可能出现因冗长诉讼而令原受保护的权利灭失。

在澳门行政司法诉讼方面，同样设置了紧急性的预防及保存程序，借此赋予利害关系人向行政法院提出，使被争议的权利可以立即赋予一个保护网，不致因冗长诉讼而影响最终的权利受损。

---

① 中国社会科学院研究院知识产权法学博士，华侨大学经济法硕士，澳门大学法学学士，澳门注册大律师，澳门经济法律学会理事长。

## 一、保全程序之概念和重要性

保全程序[①]作为一种紧急程序，在任何形式之诉讼中担当着保护诉讼当事人之利益，不致消灭或丧失；在学术界内对保全程序已有一致见解：在任何诉讼中，从原告提起诉讼至法院作出判决、执行判决，需要经过一段颇长之时间，在此过程中，将可能对诉讼判决出现难以执行之情况，又或者，在原告提起诉讼程序之前，对于可能出于当事人一方之行为或其他原因，致使另一方当事人之合法利益未能获得足够保障；因此，为了保护诉讼当事人应有之利益，以及保证将来执行判决之法律效力，透过诉讼当事人之申请或法院依职权能力，由法院颁令对诉讼争议之利益，采取必要之保全程序有其重要性及必要性。

大部分大陆法系国家及地区，保全程序并非一个独立之诉讼程序，它必须依附在一个诉讼程序内，不论是现时或将来，否则，有关保全程序执行之效果将会丧失；而且，法院在是否颁令作出保全程序之裁决，对原告提起之诉讼争议内容不会产生任何影响，并在法院作出确定性判决后，保全程序亦自动丧失效力。所以，保全程序之本质是一种临时执行之程序旨在保护当事人利益不因诉讼审判之缓慢，或利益之特殊性质，而必须即时作出紧急措施之一个程序。

从上述保全程序之概念，不难发现其具有下列之特征：

1. 属于一种紧急性和例外性质之临时性程序；
2. 申请人必须具有正当性：如不及时采取保全程序将可能导致本身之合法利益遭受难以弥补之损失；
3. 必须依附于一个诉讼程序为前提，不论为现时或将来之情况；
4. 必须向有管辖权之法院提出申请；
5. 与真正之诉讼程序比较，保全程序更应简单快捷；
6. 在具体保全程序中，得因法院要求，申请人应提供担保。

## 二、行政诉讼制度上保全程序之重要性

现行行政诉讼制度是解决私人和行政当局存在利益冲突，或针对一个违法行政行为提起司法程序的一套行政诉讼制度。虽然各国行政诉讼制度有各自的特性，但纵观行政诉讼制度之核心部分，各国之行政诉讼制度均有其共通点：1. 行政

---

① 在诉讼制度上，不同法律体系和法律制度对“保全程序”之名称各有不同，如台湾称为“保全程序”、中国大陆民事诉讼法律称为“财产保全”或“诉前财产保全”、葡国为“Procedimentos Cautelares”（译为“保全程序”）、澳门民事诉讼制度为“保全程序”，然而，在澳门行政诉讼法典内，将之称为“预防及保存程序”，其本质是一致的。

诉讼是一种司法诉讼程序；2. 行政诉讼是针对具体行政行为而进行之诉讼，又或针对行政实体以使其作出一行政决定。而大部分大陆法系之国家，其行政诉讼法律是指规范法院、行政当局、私人及其他诉讼参与人的诉讼活动程序的法律规范的总称，而澳门方面，更加入检察院作出诉讼参与者之一的特色。

行政诉讼制度本身之价值，主要分为两点：1. 公正；2. 效率。所谓公正，就是透过一个严谨之司法诉讼程序，在每一个诉讼行为皆反映事实真实性，透过法院调查、搜证、辩论和合议作出一个符合公正之裁决；而效率，就是如何以最简单直接之方法，达致公正的裁决。要达到行政诉讼制度之既定目的，一个符合公正之标准和一个高效率之程序是必需的，且尤以效率因素更为重要，才能达到诉讼之经济利益，因为没有效率的公正是虚假的公正、暂时的公正，不可能实现真正的公正价值。但如何达到公正和效率之目标，在现实世界内，私人处于一个弱势地位，对于行政当局之违法行政行为，即使立法者赋予补救的措施，也未能快速地作出紧急程序来保障私人之利益。

有鉴及此，为保障私人之权利不受行政当局之行政活动继续进行不法侵害，也避免因行政诉讼进行期间过度漫长，令私人之利益踏进不能补救的地步，或为着保持利益状况不发生变化，令最后执行结果不致落空，因此，有需要设置保全程序，其重要性在于保护私人之利益或中止行政活动之继续侵害，其特性主要是体现及时性和效用性。

纵观现代各国各地区之行政诉讼制度，大部分皆没有专章列节地规范行政诉讼之保全程序，而是以民事诉讼制度中有关紧急程序或保全程序作为行政诉讼制度中保全程序之一种援引，如台湾地区“行政诉讼法”中保全程序之假押扣和假处分；中国的《中华人民共和国行政诉讼法》规定利害关系人和行政机关可以向人民法院声请行政行为或法院强制执行之中止措施，但必须指出有关声请具有必要性。①

## 三、澳门《行政诉讼法典》之预防及保存程序制度

澳门《行政诉讼法典》于澳门特区成立前颁布实施，翻开了澳门行政法制本地化新的一页。事实上，过去所沿用之行政诉讼制度乃由葡国自1986年引申至澳门之《行政法院诉讼法》②，但在过去15年内，澳门政治变化、体制改革，并随着社会发展，司法体系现代化等各种因素下，原有之行政诉讼制度在执行上

① 中国大陆的司法体系没有设置“行政法院”，按《中华人民共和国行政诉讼法》规定，涉及行政事宜之司法诉讼，一般由人民法院负责处理，而有关具体行政执行之权限，按《行政诉讼法》第65条和第66条规定执行。

② 七月十六日第267/85号法令所核准，并藉八月七日第220/86号法令命令在澳门适用，公布于1986年12月29日第52期《澳门政府公报》。

已不合时宜，加之该制度主要以葡国司法架构为蓝本，更不能切合澳门现实需要，而该《行政法院诉讼法》公布后，一直缺乏中文译本，使该行政诉讼制度之功用未能得以有效运用。基于种种原因下，在1999年12月13日公布现行澳门《行政诉讼法典》①，该法典的颁布主要基于下列因素：

1. 明确在行政上之司法争讼方面有哪些法规仍然生效；

2. 对各种行政法之法规进行一体化之规定，特别是与《澳门行政程序法典》② 之配合；

3. 确立私人在与行政当局存在利益纠纷或被侵害时，给予足够之保障；③

4. 明确各种行政申诉方式，使私人有足够之保障机制维护自身利益。

透过《行政诉讼法典》，私人可以在法定期间④内针对行政当局作出之具体行政行为之不法性，向澳门行政法院提起“司法上诉”⑤，也可以在维护本身之权利和利益之前提下，向澳门行政法院提起“诉”⑥，有关诉之流程是依据民事诉讼法之一般规定进行，而非按《行政诉讼法典》有关司法上诉之流程进行，现对“司法上诉”及“诉”作下列简单介绍：

1. 司法上诉：为《行政诉讼法典》一般诉讼程序，包括诉讼书状阶段、调查阶段、辩论阶段、审判阶段和上诉阶段。

2. 对规范提出之争议：针对行政法规之规范违法而提起司法上诉。

3. 选举上之司法争讼：针对选举行为出现违法事宜而提起司法上诉。

4. 诉：主要按其提起之目的而分为“确认权利或受法律保护之利益之诉”、“命令作出依法应作之行政行为之诉”、“提供资讯、查阅卷宗或发出证明之诉”、“关于行政合同之诉”和“实际履行非合同民事责任之诉”。

在上述各诉讼手段中，私人仍须依法作出既定程序，事实上，私人之权利和利益，可能正在受到一个具体不法行政行为之侵害，若不即时遏止，私人之利益将难以弥补，又或在行政法院作出有利私人之判决后，行政当局对有关判决没有作出即时行动，使私人之利益难以实现⑦，或待至诉讼判决确定后，私人之权利

---

① 公布于1999年12月13日法令第110/99/M号所核准。

② 公布于1999年10月11日第41期《政府公报》，法令第57/99/M号所核准。

③ 法令第110/99/M号之序言法。

④ 按现行生效之澳门《行政诉讼法典》第25条规定，针对澳门居住之上诉人、澳门以外居住之上诉人和作为上诉人之检察院，或属默示驳回之上诉人，提诉期间分别为30天、60天和365天。

⑤ 这里所指“司法上诉”本义应为“行政行为之诉”，只是在有关法规中被译为“司法上诉”，实质为诉讼而非真正之“上诉”。见2000年11月出版之《澳门大学法学院学生会成立十周年特刊》中，由米万英检察官所著《澳门行政诉讼制度的特征》，首页。

⑥ 其目的可体现在各种诉之方式，《行政诉讼法典》第97条。

⑦ 按法治国三权分立原则，即行政、立法和司法互相独立和相互制衡原则，行政当局作出的行为是独立的，不受任何权力所干扰。

已不能补救。上述种种情况，皆可能出现，如何作出相应措施，单靠《行政诉讼法典》之司法上诉或诉之制度，也未能达致有效目的。因此，立法者在制定《行政诉讼法典》中，加入一种从属诉讼程序①——预防及保存程序，其性质与民事诉讼法之保全程序是一致，目的乃是私人在进行有关诉讼前或后，按本身之利益要求行政法院作出一个司法裁决的程序②；其特征就是针对上述所发生种种现实情况，而成为一种补救司法上诉和诉所未能产生即时效用之一种保全程序。

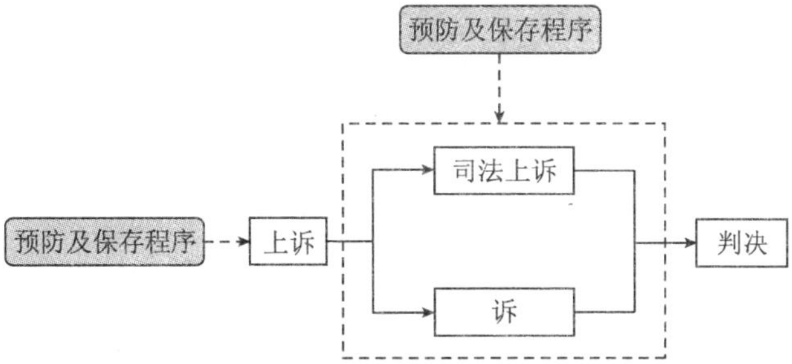


（《澳门行政诉讼法典》预防及保存程序提起之程序性）

## 四、法律依据、方式和流程

在行政法层面上，私人与行政当局并非处于一个对等之天平上，基于行政当局之身份和优势，往往在行政争讼上，即使赋予他们应有之诉权——司法上诉和诉，私人仍然处于一种弱势地位。如何保障他们应有之权利，如何切切实实维护他们之利益免致继续被侵害，这就构成设立预防及保存程序之依据。

立法者在考虑订立之《行政诉讼法典》中，有关预防及保存程序便是为解决上述现实问题而设立之一套机制，并因应其程序目的而作出四种紧急措施，分别为：

1. 效力之中止：属于一种与撤销之诉有类似性质之从属程序，以一个含不法性之积极行政行为为前提，中止程序就是中止该积极行政行为对外继续产生效力。同时，亦可针对行政规范之违法性声请中止效力之程序。

2. 勒令作出某一行为：透过裁决，要求行政当局、对立利害关系人和特许人作出或放弃一个辅助性质之行为。

---

① 将预防及保存程序定性为从属诉讼程序，主要在学说界认为此程序之性质与民事诉讼程序之附随事项性质是一致的，必须依附一个主诉讼之前提，倘若最终不存在主诉讼，有关从属诉讼程序将引致失效。

② 在现行澳门《行政诉讼法典》有较具体指出，该裁决会否影响法院作出终局判决之效果，事实上，即使裁决涉及实体事宜，按澳门民事诉讼法之制度，以及普遍学术界之观点，均趋向于独立事件。

3. 预行调查证据：是指在有理由之情况下，可于提起有关诉讼程序前作出有关收集证据，否则诉讼进行期间难以举证。

4. 非特定之预防及保存措施：当有理由指出，私人之权利正受到严重及难以弥补之损害时，又不适合使用上述三种预防及保存程序时，则可采用此保全程序，是一种补充诉讼程序。

在《行政诉讼法典》中设置效力中止之保存程序，无疑是针对司法上诉和诉出现一个缺项——不能即时对私人之权利和利益有效地保护，立法者亦意识到《行政诉讼法典》所设定之各种救济方式未能平衡法治国家三权分立之局面所引致对私人之后果[①]，行政当局对本身之活动有自主权，当法院就争讼作出判决前，行政当局仍能按本身意愿行使法律赋予之权限，而且，在行政法上，推定作出行政行为是合法的；这导致私人单靠司法上诉和诉之救济方法，未能保护私人之利益，亦违背《行政诉讼法典》设立之目的[②]。因此，按《行政诉讼法典》第120条和第121条规定，只要同时符合三项基本要件时，便可针对行政当局实行中行政行为声请中止效力，这些要件包括：1. 有关侵害私人利益之行政行为仍继续进行，而不理会是否导致私人利益难以补救；2. 有关中止措施并不影响公众利益；3. 中止之行政行为可被提出司法上诉。

中止效力程序以从属程序方式附随主诉讼中，或未有主诉讼之前提下声请，必须在有效之诉期内提出司法上诉[③]，否则按民事诉讼制度之规定，使中止效力程序终止。而《行政诉讼法典》关于中止效力程序之流程如下：[④]

中止效力程序乃中止一个执行中行政行为，对于要求行政当局作出一个维护私人利益之措施，中止效力程序未必达到预期之目的。立法者亦考虑到现实状况会发生这些问题，在预防及保存程序中加入勒令行政当局作出或不作出特定行为之措施，此程序旨在保护某一利益下具正当性提诉之人得请求法院作出命令，勒令行政当局、私人或被特许人作出或不作出特定行为[⑤]，其依据是利益之侵害或

① 在澳门行政法学术界有两种见解，一是三权分立之局面下，行政当局所作出之行政行为不因私人提出司法上诉而中止执行，它们是互相独立的；另一见解认为当私人提起司法上诉即具有中止行为活动之效力。

② 《澳门特别行政区基本法》第36条，《澳门特别行政区公报》第一期，1999年12月20日，印务局出版。

③ 提起效力中止程序之期限为与其所依附之主诉讼之提诉期是一致的，而效力中止程序原则上只能依附司法上诉，所以其诉期援引《行政诉讼法典》第25条规定为30天、60天和365天。

④ 下列流程乃作者根据《行政诉讼法典》及《澳门民事诉讼法典》有关规定作基础撰写，提供读者更易了解，个别程序有待改善，且实际情况将更为复杂。

⑤ 此句中所指之“私人”是指按行政法之层面上，被勒令作出一积极或消极行为，以确保利害关系人之权利不被侵害之个体。例如在相邻之房地产上，上层A之冷气机经常滴水，影响下层B之天台使用，B向市政机构作出投诉，未能如愿，并知悉有关市政机构之裁决存在不法性，B有权在法定期间向行政法院提起司法上诉，在提起前或提诉后在待决期间，B亦可以请求法院勒令A立即作出改善行为。

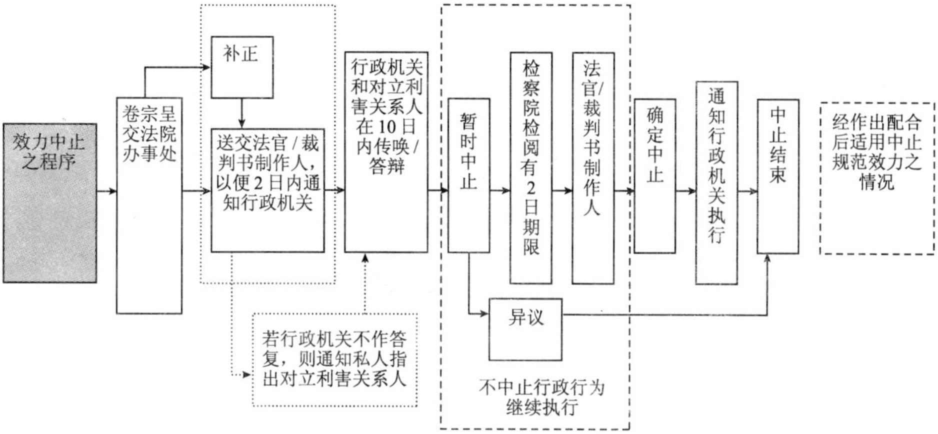


保护，上述为澳门《行政诉讼法典》中称为“勒令作出某一行为”，其执行之流程大致如下：①

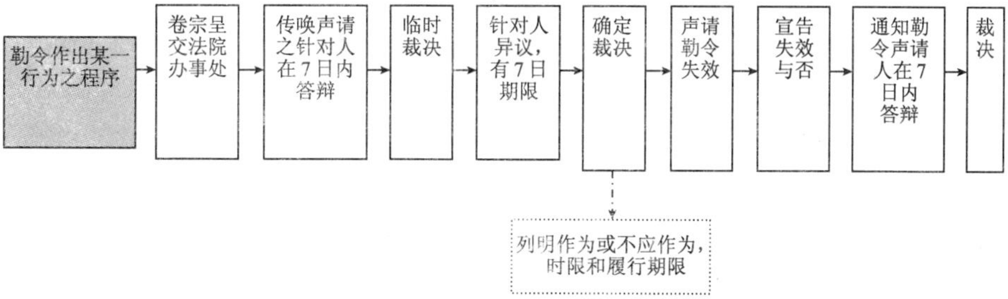


在“行政诉讼制度”和“民事诉讼制度”内，亦规范了“预行调查证据之保全程序”，旨在保障支援私人提出诉讼所持诉因之证明力，基于证据之多样性②，不作出即时之调查和记录，便可能遗失或消灭有利于私人之证据，也导致私人之利益受损，所以立法者特别地设立此紧急程序，而澳门《行政程序法典》第89条亦作出相同之规定③。而根据《行政诉讼法典》规定，预行调查证据之流程如下：④

---

① 下列流程乃作者根据《行政诉讼法典》及《澳门民事诉讼法典》有关规定作基础撰写，提供读者更易了解，个别程序有待改善，且实际情况将更为复杂。

② 澳门《民法典》第一卷第二编第四分编第二章证据，由一九九九年八月三日法令第39/99/M号所核准。

③ 《澳门行政程序法典》第89条预行调查证据指出有权限之行政当局应利害关系人附理由说明之请求，基于对调查具重要性且恐防消灭之证据作预先收集，且得在行政诉愿之提起前作出，由一九九九年十月十一日法令第57/99/M号所核准。

④ 下列流程乃作者根据《行政诉讼法典》及《澳门民事诉讼法典》有关规定作基础撰写，提供读者更易了解，个别程序有待改善，且实际情况将更为复杂。

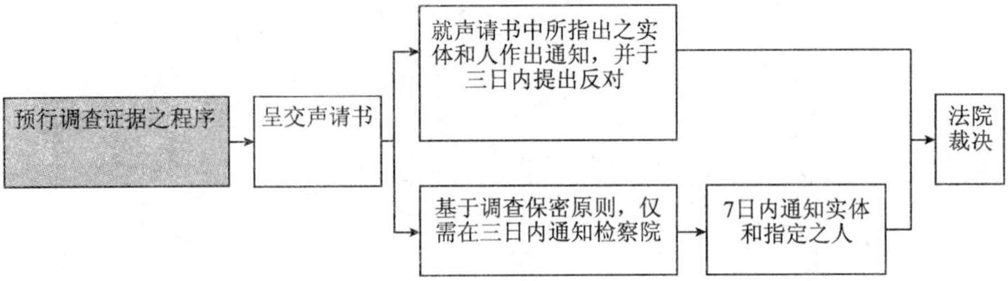


最后，作为前面三种紧急措施之后补制度，非特定之预防及保存措施，就是立法者按每一具体事件而不适用中止效力程序、勒令作出某一行为程序和预防调查证据程序时，赋予私人之最后手段，私人只要有理由相信，某一行政行为会对其权利或受法律保护之利益造成严重且难以弥补之侵害之条件下，便能就具体情况请求法院命令采用适当之预防或保存措施，① 有关声请之流程如下：②

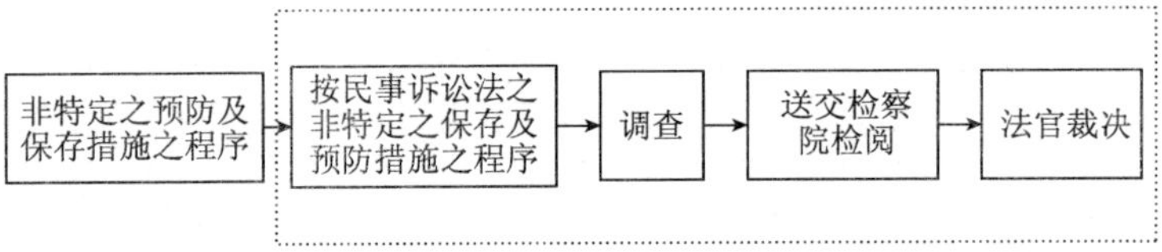


## 五、执行上之困难：预防之困难、保障之不足

由于澳门《行政诉讼法典》之规范，一定程度上乃沿自葡国现行《行政法院诉讼法》制度，在一些执行程序上具有一定之参考价值。其中，效力中止程序之规定，原则上乃旧制度之一个延续，特别是作为附属诉讼程序之要件亦一致③，而葡国学者 Santos Botelho 在其著作《司法行政》④ 一书中指出，本程序之目的就是要避免私人在诉诸法院时，在最后判决作出前，仍然受到行政行为之侵害，以致私人利益难以恢复，但是此中止效力之程序并非偶然性发生，而是建基于一个保障机制，私人在声请本程序时必须具备若干前提，才能赋予法院有权限

① 在此所指之“法院”，原则上是指行政法院，由法律第 9/1999 号《澳门司法组织纲要法》第 30 条规定，作为第一审审理具权限之行政、税务及海关事宜之争议；但是，若争议所针对之被诉主体为局长以上之据位人时，则私人应向相应之法院作出诉讼，参阅该法律第 36 条及第 44 条，1999 年 12 月 20 日《澳门政府公报》第一期。

② 下列流程乃作者根据《行政诉讼法典》及《澳门民事诉讼法典》有关规定作基础撰写，提供读者更易了解，个别程序有待改善，且实际情况将更为复杂。

③ 参阅澳门《行政诉讼法典》第 121 条和葡国《行政法院诉讼法》第 76 条，引自“Contencioso Administrativo – Anotado – Comentado – Jurisprudência”，Santos Botelho 着，Almedina 出版，第 278 页。

④ “Contencioso Administrativo – Anotado – Comentado – Jurisprudência”，Santos Botelho 着，Almedina 出版。

作出中止效力程序，这些前提或可接受条件包括可接受之形式客观条件、可接受之主观条件和实体客观条件。[①] 所谓可接受之形式客观条件包括诉期、诉讼形式等，而可接受之主观条件包括权限、正当性和诉讼利益，最后实体客观条件包括请求和诉因。很明显效力中止程序本身必须依附在一个主诉讼之上，而根据《行政诉讼法典》第120条明确指出，效力中止程序之提起取决于一个已存在侵害私人利益之行政行为，倘若行政当局仍未作出行政行为时，效力中止之程序便不能提起；那么，是否存在一个进行中行政行为，在仍未界定是否合法或具争议性时，效力中止程序又能否保障私人之利益；事实上，葡国最高行政法院便就此情况作出司法见解“在仍未审查出争议行政行为会导致上诉人难以弥补和恢复之损害者，不能宣告该行为之效力中止”[②]。此司法见解体现多个原则性问题：一、行政行为合法性推定原则，在行政当局作出之行政行为，即使与私人之利益发生冲突时，行政行为都享有合法性推定，必须由私人为本身利益负举证责任，推翻行政行为之合法性推定，这无疑在执行上增加私人提起程序之负担，也难以作出司法上诉；二、行政行为乃行政当局为公益而施行的，在私人利益和公益之冲突下，如何以合理化和数量化作为标准，而使行政行为中止效力，若由私人作出举证，证明本身利益之量化又是否恰当和公平，特别是涉及精神损害之抽象概念时，如何作出有利于私人之裁决，实属难以肯定，[③] 另外，排除了私人利益和公益之冲突后，也须考虑申请中止效力是否影响对立利害关系人之利益，使之不能提起有关申请；最后，存在很多不确定性概念，例如“难以弥补”如何衡量。而澳门《行政诉讼法典》第121条1款a项“难以弥补”、b项“严重侵害”和c项“强烈迹象”皆属不确定概念。在葡国和澳门学说界、甚至一些司法见解皆支持若存在这些不确定概念，且无具体证据证明时，私人在声请效力中止时不具正当性。[④]

在剖析程序之实体问题后，让我们看看效力中止之流程，整个流程若得到行政当局之配合，由声请至裁决只需约20天（参见上述相关流程图），但是即使行政行为处于暂时中止状况下，行政当局仍可透过具理由之声明，使行政行为重具执行效力，[⑤] 所以，私人之利益所获得之保障是非常有限的。

继效力中止之程序外，勒令作出某一行为之保全程序在执行上也存在一定问

---

① 分别作者所暂译，原文为“Condições Objectives formais de Admissibilidade”，“Condições Subjectivas de Admissibilidade”和“Condições Objectivas Substanciais”，引自“Contencioso Administrativo – Anotado – Comentado – Jurisprudência”，Santos Botelho著，Almedina出版，第279版至第285版。

② 译自葡国最高行政法院合议庭裁决 Ac. De 12.12.85（A. D. 296/297）。

③ 学说界认为可参考澳门《民法典》第489条1款之规定，属严重性而应受法律保护者具较高利益。

④ 葡国最高行政法院合议庭裁决 Ac. De 19.10.89 – Rec. n°27.472 – A。

⑤ 参见澳门《行政诉讼法典》第126条和第127条。

题，由于勒令作出某一行为程序并不取决于一个不法性行政行为之存在，因而提起司法上诉未必能有效保护私人利益时，反而取决于一个权利之确认，但确认权利之诉并不能及时使私人之利益免受损害，私人可以向行政法院声请此程序；相对于旧法之制度，现行澳门之勒令作出某一行为措施之范围更为广泛，涉及之层面也较高，葡国学者 F. Amaral 亦指出此措施在合法性防卫和扑灭行政贪污上有非常重要之价值。但是，此保全程序也存在执行上一些问题，例如就被诉主体之定性问题，基于前葡萄牙政府所制订之各组织法规、市政规章、旅游和卫生法规存在很多积极冲突和消极冲突之状况，导致行政当局对法规之执行时出现混乱之情况，使私人在声请本紧急程序时，未能即时产生既有保护。如一实际个案中，位于住宅区之酒吧，经营时发出高频度之噪音，以及酒吧之生财工具放置在人行道上，有关住户往行政当局投诉时，其结果是市政机关认定问题是噪音事宜，应属旅游局权限处理，而旅游局却认为该酒吧故意将吧台摆放在人行道上，是违反市政条例，处理应由市政机关负责；而该批住户遂请求行政法院作出裁决，却因被诉主体非为行政当局或未指明谁为被诉主体，以及不存在一个具体行政行为（由于两个部门也没有接收住户之投诉，也没有签收任何文件），因此法院不予受理。

本个案由于部门之间在立法上不协调，致使各个行政法规对同一问题的规定直接发生冲突，使之难以执行，并由此，使私人未能清楚争议关系存在之各种元素，因而诉诸法院也就容易被拒绝。同一情况，勒令作出某一行政行为之目的在于保障私人之利益，但是《行政诉讼法典》第 174 条指出，即使行政法院作出有利私人之裁决，行政当局只要提出该条文规定之理由，则有关之勒令失效，所以在没有行政当局积极参与和配合下，勒令作出某一行为之措施在实践中执行是非常困难的。

预行调查证据则是明确规定在诉讼提起前，私人有理由恐防有助调查事实之真相之证据会遗失或消灭而向行政法院声请，进行有关证据收集。它与民事诉讼制度之预行调查证据之制度是一致的，而《行政诉讼法典》亦规定在诉讼进行期间得提起此措施，以确保私人之诉权得到维护；但是，行政诉讼制度不同于民事诉讼制度，在行政诉讼制度上，被告为行政当局，私人要有效取得相关证据，事实上是很困难，皆因行政当局往往以有关文件属政府机密文件，或其他保密原因而拒绝提供，构成私人保护本身利益之理据不足。

最后为非特定之预防及保存措施，是一种后补制度，且在《行政诉讼法典》中新设立的，立法者目的是改善旧制度所保障之狭窄范围，而此制度将给予私人充分利用法律赋予之功能，虽然有关法律条文只有两条规范，但事实上是援引民事诉讼制度一般保全程序。所以预行调查证据与非特定之预防及保存措施与现行行政诉讼制度没有多大之分野。

还有一点值得一提，按《行政诉讼法典》第 4 条规定，私人在行政争讼上必须委托律师作为代理人，而有关声请预防及保存程序之声请人，法规没有明确指出是私人之律师，明显地，在有关诉讼进行期间必为律师代表私人参与诉讼，但试想想，当私人知悉本身利益被行政当局侵害，至提起司法上诉和诉之法定期间内，要求即时申请预防及保存程序，是否容许？在私人聘任律师后才进行声请预防及保存程序，所需之程序和时间是否足够？对保障私人之利益又是否足够？

## 六、结论

在民主法治之社会法制下，私人为保障本身利益而诉诸法院之权利已明文写进宪制性文件内，但如何落实有效施展诉权之目的，就是本文章研究之核心内容。在行政诉讼制度上，基于三权分立原则，私人要对抗一个以行政主导之行政行为，单单以行政救济之诉讼方式，未能即时作出保障，现行制度大都趋向透过保全程序予以介入。澳门特区成立后，行政争议日趋频密，虽然新生效之《行政诉讼法典》给予私人更多之手段——司法上诉和诉，但澳门特区以行政主导之政治体制运作，如何在此情况下防止行政机关滥用行政权力和作出不法行政行为，因而预防及保存程序之设立具有特定重要性，其设立之目的就是防止行政机关滥用权力和作出不法行政行为，使私人之利益不致继续受到侵害，以及透过保全程序下，使私人之利益得以实现，事实亦反映出，更多之司法上诉和诉提出之前后，私人往往声请预防及保存程序是更有效保护其利益之方法。然而，澳门行政法之发展尚属起步阶段，行政诉讼制度未能趋于完善，而且涉及的行政实体规范繁多，互相间存在一定程度之冲突，例如在特区成立之后，旧法令和旧训令与新行政法规和行政长官批示，在法律位阶上何者较高，当涉及行政规范相冲突时，如何处理？如何对行政当局作出之行政行为定性？这将使私人行使预防及保存程序时，遇到法律上和现实上之各种各样的难题，如行政行为之合法性问题、被告主体之正当性，以及更多出现之法律概念不确定、法律规范存在积极冲突和消极冲突等问题，也令预防及保存程序未能达到设立之目的。

解决之建议莫过于行政当局与立法机关制定法律和行政法规时，必须以整体行政规范为蓝图，立法要清晰，行政机关必须依法行政，才能使行政诉讼制度趋于完善。基于保护私人利益之前提，从法律角度上，预防及保存程序之设立不应局限于法官层面之运用和操作，而应在私人之层面作考虑，例如，申请程序之条件要清晰，时间要快捷，甚至容许提起司法上诉或诉前之预防及保存程序，由私人本身作出声请。

# 加快公民救助行为保护与促进立法，创新与完善社会管理

**陈荣文**

◉ 福建师范大学马克思主义学院博士研究生，福建社会科学院法学研究所副研究员

## 一、助人行为保护与促进立法的社会基础

“老吾老以及人之老，幼吾幼以及人之幼”，由己及人，“善推其所为”，则“天下可运于掌”（《孟子·梁惠王上》），这一政治伦理路径是我国古代儒家社会管理思想的重要组成部分。“爱人”不仅是我国传统政治道德文化核心概念“仁”的主要内容之一，[①] 也是西方世界基督教的基本教义，具有普世性。《圣经·新约全书·路加福音》篇“好撒玛利亚人寓言”（the parable of the good Samaritan）中讲述了这样一个故事：

一位律法师（lawyer）问耶稣如何可得永生，耶稣问答说，“你要尽心尽意尽力尽性（with all your heart and with all your soul and with all your strength and with all your mind）爱你的神，爱邻居如同爱自己”。这位律法师又问耶稣谁是他的邻居。耶稣说了这样一个故事：有一个人从耶路撒冷（Jerusalem）到耶利哥（Jericho）去，落在强盗手里。他们剥去他的衣服，把他打个半死后扔下他走了。此时碰巧一位牧师（priest）也走同一条路，看到了这个人但却从路的另一边走过去了；同样，一个利末人（Levite）走到这里看到了这个人，也从路的另一边走过去了。但一个撒玛利亚人走到这里看到这个人时，动了慈心（had compassion）。上前用油和酒倒在他的伤口处，包扎好之后将他扶上自己的牲口，并将其带到一家旅店照看他。第二天，这个撒玛利亚人还拿出两钱银两（denarii）给旅店老板说：“你且照应他，此外所花费的，我回来必还你。”耶稣问这位律法师，这三个人哪个是这个被强盗打得半死之人的邻居？耶稣说，是怜悯他的那个人。

源于这则寓言，乐善好施、基于内心慈爱而救助他人者，常被称作“好撒玛

① “樊迟问仁。子曰：‘爱人’。”（《论语·颜渊篇第十二》）

利亚人”。而旨在为“好撒玛利亚人”提供法律保护，使那些对处于紧急危险中的他人自愿施以救助、但又在施救过程中由于过错而导致他人伤害的人免除责任的法律制度则被称为“好撒玛利亚人法”或行善人（保护）法。①

我国上世纪70年代末期实施改革开放以来，人们价值观中的经济利益趋向日趋明显，虽然忠于职守、见义勇为、舍生取义仍然为社会主流价值取向，各类感人至深的事例，如“最美司机”吴斌、②“最美女老师”张丽莉、③“最美妈妈”吴菊萍、④“托举哥”周冲⑤等事例层出不穷，但毋庸讳言，做好事却被讹诈的事例也时有发生，并经媒体，尤其是网络媒介的发酵，而带来了巨大的负面的社会影响。

此类案件中最具社会影响力的应为南京彭宇案。⑥该案之所以具有标志性，主要源于法院判决中所认定的“社会情理”与“日常生活经验”。该案判决认为：“根据日常生活经验分析，……如果被告是见义勇为做好事，更符合实际的做法应是抓住撞倒原告的人，而不仅仅是好心相扶；如果被告是做好事，根据社会情理，在原告的家人到达后，其完全可以在言明事实经过并让原告的家人将原告送往医院，然后自行离开，但被告未作此等选择，其行为显然与情理相悖。”在事发当天，彭宇曾给老太太200多元钱，且此后一直未要求老太太返还，故此引发钱款性质为先行垫付的赔偿款还是借款的争执。对此，法院判决认为：“根据日常生活经验，原、被告素不认识，一般不会贸然借款，即便如被告所称为借

---

① 参见薛波主编：《元照英美法词典》，北京：法律出版社，2003年版，第606页。

② 2012年5月29日中午，杭州长运客运二公司司机吴斌驾驶从无锡开往杭州的大客车，在途经沪宜高速公路时，一块数公斤重的铁片击碎正在高速路上以每小时90公里行驶的大巴车的挡风玻璃，直接刺入他的腹部。吴斌在肝脏破裂、多根肋骨折断的情况下完成了靠边停车、拉手刹、打开双闪灯等保障安全的动作，挣扎着站起来，疏导24名乘客安全离开……6月1日凌晨，吴斌经抢救无效去世，享年48岁。

③ 2012年5月8日20时38分，在佳木斯市胜利路北侧第四中学门前，一辆客车在等待师生上车时，因驾驶员误碰操纵杆致使车辆失控撞向学生，危急之下，教师张丽莉将学生推向一旁，自己却被碾到车下，造成双腿截肢，骨盆粉碎性骨折。

④ 2011年7月2日下午1点半左右，杭州一处住宅小区内，一名两岁女童从十楼突然坠落，在楼下刚巧路过的居民吴菊萍奋不顾身地冲过去用双手接住孩子，致左手臂多处粉碎性骨折。

⑤ 2012年6月3日，广州天河区东圃怡东苑三岁女童琪琪失足悬挂四楼阳台，周冲徒手爬上三楼防盗窗，将女童托举达十余分钟，女童在众人的帮助下，成功获救。

⑥ 2007年1月4日，原告徐寿兰诉称，2006年11月20日上午，原告在南京市水西门公交车站等83路车。大约9时30分左右，两辆83路公交车进站，原告准备乘坐后面的83路公交车，在行至前一辆公交车后门时，被从车内冲下的被告撞倒，导致原告受伤，故诉请被告赔偿13万6千余元人身财产损失。被告彭宇辩称，被告当时是第一个下车的，原、被告之间没有碰撞，而是下车后发现原告摔倒在地做好事对其进行帮扶，而非被告将其撞伤。一审院审理后根据其对日常经验的分析理解认定被告撞伤了原告，但认为原被告双方均无过错，因此，应根据公平责任，由当事人合理地分担损失，故判定由被告补偿原告报失的40%，即4.6万余元。被告不服，上诉于南京市中级人民法院。在二审中，双方达成和解协议，原告同意减少赔偿（补偿）数倾，并撤回了起诉。

款，在有承担事故责任之虞时，也应请公交站台上无利害关系的其他人证明，或者向原告亲属说明情况后索取借条（或说明）等书面材料。但是被告在本案中并未存在上述情况，而且在原告家属陪同前往医院的情况下，由其借款给原告的可能性不大；而如果撞伤他人，则最符合情理的做法是先行垫付款项。……综合以上事实及分析，可以认定该款并非借款，而应为赔偿款。"① 可见，依该份判决书对社会风尚的判断，无由助人不合常理，好事如果"做过了头"就更加不合常理了。

做好事被讹的案例还有许多，如2009年在南京发生一起郑先生扶起一名跌倒的孕妇却被孕妇咬定是他将其撞倒并索赔2000元的案例，孕妇丈夫赶来后一把拽住郑先生就挥拳要打，并问郑先生："既然人不是你撞的，你为什么要发善心去扶，广场上来来往往人多着呢，就你一个人学雷锋?"本案后经郑先生报警，并通过广场监控录像才得以证明自己的清白。② 在2011年江苏南通殷红彬案③中也因为大巴车安装了车辆监控系统，能够实时记录车辆前方和内部情况，殷红彬④才能因此证明自己的清白而幸免损害赔偿责任。值得注意的是，在本案中，乘务员与乘客的证词基本上没有起到作用！当然，做好事被诬讹事情的发生也不仅仅限于帮扶老人，还有捡到、照看并送还别人丢失的孩子却被诬陷为拐卖儿童、⑤ 经请求帮不识字且对子女有戒心的邻居老太太到银行存款却被诬拿了钱，⑥ 所有这些都让心寒，让人际间的不信任雪上加霜。流弊所在，使得"救人有风险，救前需思量"的说法广为流传，使得人们对待搀扶摔倒老人变得越来越"谨慎"，进而产生一系列触目惊心的恶果：2010年1月8日下午，一位85岁的老大爷在杭州鼓楼南宋御街上不慎跌倒，老人在地上躺了近20分钟，临街商铺和街上的众多围观者，无一人主动上前扶起，原因就在于怕负责任赔钱。⑦ 2010年12月15日深圳市福田区益田村78岁的老人肖雨生在小区跌倒，面部朝下、鼻子紧贴地面无法呼吸，保安和路人因为害怕承担责任无一人敢上前救护，以至

---

① 南京市鼓楼区人民法院（2007）鼓民一初字第212号民事判决书。

② 见网易新闻 http：//news. 163. com/09/1119/07/5OFFH4PB000120GR. html。2012年7月27日访问。

③ 2011年8月26日，江苏飞鹤快客司机殷红彬在如皋立交桥上救起一位倒在路中间的骑三轮车老太，反被老太报警称其肇事后逃逸。后经监控录像对比，殷红彬实为救人。雨诺：《好人难当，法律不能再围观》，《政府法制》，2011年第28期，第26页。

④ 2012年4月18日，殷红彬路遇翻车事故再施援手。见南通网讯（通讯员张燕飞王泱贝记者蔡韦星），http：//www. zgnt. net/content/2012－04/24/content_2039576. htm，2012年7月27日访问。

⑤ 程晓军：《助人反遭诬陷，谁为受伤的爱心做主》，《女性天地》，2006年第9期，第22—23页。

⑥ 随意：《帮扶老人你该伸出哪只手》，http：//club. news. sina. com. cn/thread－868989－1－1. html，2012年7月27日访问。

⑦ 黄俊华：《是谁筑就冷漠的心墙——从彭宇案看媒体自律与职业道德的缺失》，《青年记者》，2010年第6期，第22页。

于老人活活被憋死！[①] 2011 年元月一位八旬老翁摔倒福州市区道路旁，无人上前相助，老人最终在路人围观中死去。2011 年 9 月 3 日，武汉一位 88 岁老翁摔倒街边无人相助，因延误治疗窒息而亡。[②] 路人的麻木在臭名远扬的 2011 年广东佛山小悦悦事件[③]中表现得淋漓尽致。

为什么做好事，救治他人，这种为社会所倡导的播撒爱心的“爱人”的行为，其实践者需要表现得像英勇就义？为什么很多人会认为不是肇事者就不会实施救治行为？[④] 为什么连作为社会公正最后一道防线的人民法院也会认为做好事应有界限，否则就不符合“社会情理”与“日常生活经验”？彭宇案一审判决触痛了媒体与社会公众的敏感神经，主要是因为案审法官所运用的经验法则即“社会常理”与社会所提倡的道德准则相冲突，裁判理由缺乏社会认同，严重削弱了裁判的公正性与权威性，并从司法制度方面为人们做好事救助他人设置了心理障碍，挫伤了社会公众救助他人的热心。之后，媒体与社会公众便习惯性地将人们见死不救的心理状态归咎于害怕被讹诈而承担损害赔偿责任，归结为“前事不忘，后事之师”，是对前车之鉴的理性选择，并认为这种冷漠虽然在道德上应受谴责，但情有可原——因为做好事被讹不仅可能，而且有极大的概率会因此而承担赔偿责任。南京彭宇案、郑州李凯强案的判决（两案被告都无法证明自己没有撞人，当然，原告也无法证明是被告撞人，故适用公平原则承担一定比例的赔偿责任）活生生地摆在那呢。

这显然形成了一个恶性死循环。法官们根据其生活观感认为人们一般会因为自保、怕麻烦、害怕承担责任而不去见义勇为，救助他人，并将其运用于司法裁判的自由心证中；社会公众则会因为害怕法官大人这种以偏概全的所谓生活经验而在他人需要救助时却步。如果说做好事被讹现象反映了人们之间的信任危机，那么，处理此类事件的引起争议的司法判决则加深了这种信任危机。[⑤] 不谈蛋鸡先后的问题，这一状况确实已经在一定程度上成为了一部分社会现实，人们的善心、良心因为对承担赔偿责任的恐惧被加上了重锁。

---

① http：//www. yixizhidi. cn/t－578－1. html. 2012 年 7 月 27 日访问。

② 杨剑龙：《搀扶跌倒老人与〈好撒玛利亚人法〉》，《检察风云》，2011 年第 20 期，第 60 页。

③ 2011 年 10 月 13 日下午 5 时 30 分，一出惨剧发生在佛山南海黄岐广佛五金城：年仅两岁的女童小悦悦走在巷子里，被一辆面包车两次碾压，几分钟后又被一小货柜车碾过。让人难以理解的是，七分钟内在女童身边经过的十八个路人，竟然对此不闻不问。最后，一位捡垃圾的阿姨陈贤妹把小悦悦抱到路边并找到她的妈妈。2011 年 10 月 21 日，小悦悦经医院全力抢救无效死亡。《百度百科·小悦悦》http：//baike. baidu. com/view/4682882. htm. 2012 年 7 月 27 日访问。

④ 参见代希奎：《东莞一公安局长救车祸伤者反被指是肇事司机》，《广州日报》，受伤者工友称“你就是肇事司机，不然哪有那么好心救治伤者？”

⑤ 黄俊华：《是谁筑就冷漠的心墙——从彭宇案看媒体自律与职业道德的缺失》，《青年记者》，2010 年第 6 期第 22 页。

## 二、受救助者讹诈救助人的原因及其危害性

我国传统文化说的是受人滴水之恩自当涌泉相报，为什么受救助者会忘恩负义、恩将仇报，有意将救助人诬陷为肇事者？无他，利之所在耳。受救助人为何见利忘义？最直观的感受是中国社会的道德滑坡，同情和互惠的基本道德准则被僭越。从道德约束角度看，主要是上世纪砸烂孔家店、批判传统文化后，传统文化中的价值观念日渐消亡，但又未能及时构建出新的符合社会发展的价值观，加上从计划经济向市场经济的社会转型与变迁，社会生活商业化气氛日益浓厚，人们对金钱的需要与渴望不断增强，于是唯利是尚的价值观念在传统文化实用主义理性的推波助澜下便阴差阳错地填补了历史合力形成的价值观的真空。这是内因。

在外因方面，首要的一个原因是缺乏对救助人的法律保护制度。很多大陆法系国家的法律中规定了公民的一般救助义务，要求公民对身处困境的他人施以援手，除非这样做会对自己造成损害，见危不救者须承担相应的法律责任。英美法系一些国家的法律虽然并不认可公民应负一般救助义务，但却制定了好撒玛利亚人法来保护善心救助人，规定当救助人因救助行为中的过失行为而造成或扩大了受助者的伤害时，减轻或者免除施助者的法律责任。好撒玛利亚人法的立法目的就是要维护公民的助人善心，其效果不仅在于保护了个体施助者，更重要的是通过对个体救助人的保护捍卫了陌生人之间的同情心和社会成员之间互帮互助的美德。与之相对照，我国在免除或减轻好心助人者的法律责任、保障救助人的合法权益等方面的法律制度设计还远未成熟，更没有制定相应的法律规则对恩将仇报讹诈救助人的行为进行惩处。因而前者怯于伸出援手，后者勇于讹诈纠缠。

第二个原因是受救助者的经济需要。有学者的社会调查显示，受救助者的经济能力较为低下，在找不到肇事者的情况下，找到一个人为他/她所受到的伤害买单就显得至关重要，而救助人显然是当时情境下最容易被抓住的哪个人。不抓住救助人就没有人对其所受伤害负责。而且在大多数时候，受救助人认为自己属于社会弱势群体，有较强的被剥夺感，认为救助人相对富有，自己敲诈“恩人”一点小钱对恩人来说无关紧要，以此来消减自己的负疚感。而且，社会公众与一些处理此种事宜的人民警察也认为较为贫穷的受救助者的这种行为虽然不对，但却可以理解，从而为这种行为的孳生蔓延提供了土壤。①

第三个原因是讹诈救助人的成功率较高。尤其是在救助人为年轻人而受救助人为老年人情形，年轻的救助人因为爱面子不愿意与受救助的老人拉扯争执，而

---

① ［美］阎云翔：《社会转型期助人被讹现象的人类学分析》，徐大慰译，《民族学刊》，2010 年第 2 期，第 6—8 页。

且围观者也容易出于同情弱者的心理不辨是非地指责年轻人，故只要讹人的老人不是太贪要得太多，年轻的救助人的选择一般都会是给钱走人了事。旁观者不愿卷入纠纷，很少有人愿意出来作证，这也增加了讹诈成功的机会。

当然还有其他的一些原因，如受有争议判决的不良导向影响、[①] 被子女指使教唆、对社会关系圈子之外的陌生人无须负有道德责任的特殊道德观、讹诈失败也不用承担法律责任，等等。[②]

尽管"做好事被讹"属于小概率事件，但它对社会成员间的信任、同情和互助观念造成了难以痊愈的重创，其表现之一是人们不再相信无私的同情，施加援助的程度越深，范围越大，就越被难证明自己的清白。比如，有这么一个经典的案例，一位的士司机将一位受伤的妇女送回家，之后又再次去看望了她，在得知其经济困难后还给了一些钱。但两年之后，受伤妇女的家人却起诉这位司机，诉请赔偿这位妇女在交通事故中头部所受永久性伤害 25 万元。所提交的关键证据竟然是这位司机把受伤妇女送回家之后继续提供的帮助！理由是："如果不是肇事者，在当今社会，没有人会这么做。"[③] 不相信人们之间无私和无由的同情的存在的不仅是社会一般群众，警察与法官亦不例外，因为他们在处理案件的过程中并不驳斥讹诈者"如果你没有伤害我为什么要帮我?"的辩解，而是要求施助者提供证据证明自己的无辜。[④] 可有些警察与法官没有认识到的是，"做好事"原本就是没有界限的，基于所处的环境不同、心理上的差异，以及对存在、幸福、快乐、人生价值、信仰的认识、理解的不同，人们所选择的做好事的方式、程度都会有所不同。因为，之所以被称之为"做好事"，也就意味着行为人与获得利益的人之间没有利害关系，否则就不是做好事，而是一种义务性、回报性行为。有的人可能仅仅将其送往医院，有的人可能留下照顾，也有的人可能继续给

---

① 法律判决会改变人们行为的预期成本和收益，激励当事人选择自身利益最大化的行为。在信息是不完全的、法律是不完备的、当事人的证据是不完全可验证的情形下，法官对自由心证原则的使用就成了决定案件胜负的一个重要的决定因素，如果法官谨慎、公正、正确地运用自由心证原则，使潜在的救助人感到其行为的后果能大于即使遭反告时的损失，他就会选择实施救助他人的行为，此时被救者反告的获胜可能性较小，反告的期望所得会低于感恩的期望所得，因而被救者也会选择感恩而不是恩将仇报为人所唾弃。反之，如果法官对法律与自由心证的运用导致案件的判决有利于诬告者，那么救助人将好人受恶报，其最优选择就只能是见危不救。因而法官判决时的公正性的概率会影响社会公众的行为选择进而影响社会信用和正义。参见唐志军，王玉霞：《信息、自由心证和法律判决对社会规范的影响——来自彭宇案的法与经济学分析》，《西部商学评论》，2008 年第 2 期，第 143—144 页。

② ［美］阎云翔：《社会转型期助人被讹现象的人类学分析》，徐大慰译，《民族学刊》，2010 年第 2 期，第 7—8 页。

③ ［美］阎云翔：《社会转型期助人被讹现象的人类学分析》，徐大慰译，《民族学刊》，2010 年第 2 期，第 4 页。

④ ［美］阎云翔：《社会转型期助人被讹现象的人类学分析》，徐大慰译，《民族学刊》，2010 年第 2 期，第 4 页。另见南京市鼓楼区人民法院（2007）鼓民一初字第 212 号民事判决书。

予患者经济上的资助，这些都是有可能的。[①] 我国向有“好事做到底”的说法，做好事怎么能人为地圈定其极限呢？圣经故事中善良的好撒玛利亚人为什么在给伤者包扎好伤口后还要将他带到旅店照顾？甚至还要帮他支付食宿费用？难道可以由此类推富有爱心的好撒玛利亚人是强盗的同伙？这显然荒谬之极。

2005年7月11日，在浙江省宁波市桥头堡镇镇中心的十字路口，一辆卡车撞倒了一位骑自行车的外地妇女，一位高中生见到后当即叫来出租车把受伤的妇女送到一家医院接受治疗。到医院以后听那位妇女说她身上没带钱便又替她支付了大约200元的医疗费。可之后那位妇女却指责他与那个逃跑的卡车司机是一伙的，并要求他再付500元赔偿费。理由是：如果你不认识那个司机，为什么你要把我送到医院还要付医疗费呢?![②] 包括警察在内，没有人能够反驳她的逻辑。警察让这位同学提供证据，证明他确实不认识那个司机。这个要求自然在这位同学的能力之外，最后不得不又给那位妇女500元钱。戏剧性的是，后来有人提供了卡车号牌使警察找到了卡车司机并因此证明了这位同学的清白，但这位同学却已经对今后遇到同类事情是否还会再伸出援助之手持保留态度了。[③] 这位同学心有余悸，所表现出来的态度与李凯强案判决后媒体所进行的新闻调查得到的结论基本相符。[④]

“做好事被讹”事件对社会的负面影响还表现在对传统道德观念的颠覆。我国传统道德观念传承主要渊源之一孟子说：“恻隐之心，人皆有之；羞恶之心，人皆有之；恭敬之心，人皆有之；是非之心，人皆有之。恻隐之心，仁也；羞恶之心，义也；恭敬之心，礼也；是非之心，智也。仁义礼智，非由外铄我也，我固有之也，弗思耳矣。故曰：‘求则得之，舍则失之。’”（《孟子·告子上》）孟子认为同情心、羞耻心、恭敬心与是非心为人们所固有，但“求则得之，舍则失之”。在人们目睹他人处于困苦危急之时，原本这种恻隐之心会比平时来得更加强烈，同情心更加泛滥，更愿意伸出援助之手，但“做好事被讹”事件的发生和传播，会让人们下意识地先考虑自身的安全并进而质疑这种恻隐之心的价值，

---

① 张卫平：《司法公正的法律技术与政策——对“彭宇案”的程序法思考》，《法学》，2008年第8期，第144页。

② ［美］阎云翔：《社会转型期助人被讹现象的人类学分析》，徐大慰译，《民族学刊》，2010年第2期，第1页。

③ ［美］阎云翔：《社会转型期助人被讹现象的人类学分析》，徐大慰译，《民族学刊》，2010年第2期，第2页。

④ 该调查数据显示，在对15万人的调查中，受李凯强案判决影响，怕麻烦不会去帮扶老人的占调查人数的62.97%，“先理性判断是不是碰瓷，再决定”的占33.10%，不顾风险去扶的只占3.93%。而在被问及如果帮扶别人却被讹诈，是否还会去扶时，在8万受访者中只有4%的人给出肯定答案。见黄俊华：《是谁筑就冷漠的心墙——从彭宇案看媒体自律与职业道德的缺失》，《青年记者》，2010年第6期第22—23页。

从而“舍则失之”。人们一旦失去了同情心，认同了冷漠的合理性，便将进一步助长社会冷漠，于是，救助人不仅会遭受被救助人的错误指责与讹诈，还要应对社会公众以及执法者和司法者对其善行的怀疑，需要找寻有力的证据来辩白自己！从而衍生出一种荒谬的社会现象，社会舆论从谴责讹诈行为转而强调自我保护的意识与技巧。如彭宇案判决之后“助人为乐安全教程”应运而生，包括冷静观察现场与跌倒者的神态、表情，说服他人共同实施救助行为，寻找目击证人，留下证人联系方式，利用随身携带的手机相机等录音拍照设备提取证据、向110报备等。① 长此以往，出于恻隐之心内心的道德感召而助人行善者将被视为自找麻烦的反面教材，做好事被讹的事例也将成为父母甚至老师教育下一代不要去帮助陌生人的经典案例，从而在不经意间抹杀了孩子的同情心与善良心。此外，好心有好报、助人者人恒助之、种豆得豆种瓜得瓜，都是我国传统的道德准则，讹诈救助人这种恩将仇报的行为显然是对这一道德准则的最无耻的践踏。②

## 三、“好撒玛利亚人法”立法的比较法观照

综观世界各大法系的立法，所谓“好撒玛利亚人法”并不特指某部专门制定用来调整救助人、受救助人、相关第三人以及其他相关主体之间法律关系的法律法规，而是泛指一切法律、法规甚至判例中与处理不履行救助义务是否承担法律责任、救助义务的发生条件、救助人因实施救助行为致被救助人或第三人损害是否承担损害赔偿责任、救助人因实施救助行为造成本人人身或财产损害如何获得赔偿等问题相关的一切法律规范的总称。从这个意思上观察，“好撒玛利亚人法”是人类一项跨越几千年的历史文化遗产。有人发现，在古埃及与古印度的法律中便已有对处于危险中的他人不施以救助的人进行惩罚的规定，认为在早期人类文明中人们承担着一般救助义务。不过，罗马法中并没有规定这种一般救助义务。③

现代意义上的好撒玛利亚人法始自19世纪大陆法系各国刑法典中对见危不救的定罪与惩罚规定。④ 1810年《法国刑法典》第475—12条是这类法律规定的

① 李梓：《助人风险催生防范之道》，《新世纪周刊》，2007年第24期，第54页。杨剑龙：《搀扶跌倒老人与〈好撒玛利亚人法〉》，《检察风云》，2011年，第20期，第61页。

② ［美］阎云翔：《社会转型期助人被讹现象的人类学分析》，徐大慰译，《民族学刊》，2010年第2期，第5页。

③ F. J. M. Feldbrugge. good and bad samaritans, a comparative survey of criminal law provisions concerning failure to rescue. AM. J. Comp. L. 1966. v14. p630 - 631.

④ Jan M. Smits. The Good Samaritan in European Private Law; On the Perils of Principles without a Programme and a Programme for the Future . Inaugural lecture, Maastricht University 19 May 2000, published by Kluwer, Deventer 2000.

原型。[①] 1845 年《俄国刑法典》（第 998 条）、1853 年《意大利托斯卡纳（Tuscany）刑法典》（第 97 条）、1867 年《比利时刑法典》（第 422 条）、1871 年《德国刑法典》（第 360 条）、1881 年《荷兰刑法典》（第 450 条）、1889 年《芬兰刑法典》（第 21 章第 15 条）、1889 年《意大利扎那德利（Zanardelli）刑法典》（第 389 条）、1902 年《挪威刑法典》（第 387 条）、1926 年《土耳其刑法典》（第 476 条）、1930 年《意大利刑法典》（第 593 条）、1930 年《丹麦刑法典》（第 253 条）、1933 年《波兰刑法典》（第 247 条）、1936 年《罗马尼亚刑法典》（第 489 条）、1940 年《冰岛刑法典》（第 221 条）、1944 年《西班牙刑法典》（第 489 条，后为 1996 年西班牙刑法典第 195 条）、1951 年《希腊刑法典》（第 307 条）、1951 年《保加利亚刑法典》（第 148 条）、1951 年《南斯拉夫刑法典》（第 147 条）、1952 年《阿尔巴尼亚刑法典》（第 157 条）、1953 年《德国刑法典》（第 323c 条）、1957 年《埃塞俄比亚刑法典》（第 547 条）、1960 年《苏俄刑法典》（第 127 条）、1960 年《乌克兰刑法典》（第 112 条）、1961 年《比利时刑法典》（第 422 条）、1961 年《捷克斯洛伐克刑法典》（第 207 条）、1961 年《匈牙利刑法典》（第 259 条）、1975 年《奥地利刑法典》（第 95 条）、1982 年《葡萄牙刑法典》（第 219 条）、1985 年《卢森堡刑法典》（第 410 - 1 条）、1999 年《越南刑法典》（第 102 条）均将见危不救规定为犯罪予以刑罚。[②] 上述这些规定都是大陆法系国家的法律规定。在英美法系，其所确定的法律原则是，除非有某种先在关系的存在，人们并不因其懈怠行为而承担法律责任，否定了人们对处于危境中的他人必须给予帮助这一一般救助义务的存在。[③] 可见，总体言之，大陆法系与普通法系在好撒玛利亚人法的立法与适用方面存在着一个根本性的区别，在普通法中人们并不负有对处于危境中的陌生人施以救助的义务，而在大陆法系则相反，法律更愿意肯定这种一般救助义务的存在，人们不履行这一法定义务必

---

① Jan M. Smits. The Good Samaritan in European Private Law; On the Perils of Principles without a Programme and a Programme for the Future . Inaugural lecture, Maastricht University 19 May 2000, published by Kluwer, Deventer 2000. 也有人认为 1845 年俄国刑法典为此类规定原型，见 John T. Pardun. good samaritan laws: a global perspective. Loyaola of Los Aaneles international and comparative law review. 1998. v20. http://digitalcommons. lmu. edu/ilr/vol20/iss3/8.

② F. J. M. Feldbrugge. good and bad samaritans, a comparative survey of criminal law provisions concerning failure to rescue. AM. J. Comp. L. 1966. v14. p630 - 631. Jan M. Smits. The Good Samaritan in European Private Law; On the Perils of Principles without a Programme and a Programme for the Future . Inaugural lecture, Maastricht University 19 May 2000, published by Kluwer, Deventer 2000. 徐国栋：《见义勇为立法比较研究》，《河北法学》，2006 年，第 24 卷第 7 期，第 6 页。

③ 其理由主要有：第一，忽略不能引起责任，因为他人没有导致损害的发生；第二，所有由国家所强加的非合同义务都是非法的；第三，一般救助义务具有强制的利他性质，而这种强制的利他性质是错误的；第四，一般救助义务对个人自由施加了不适当的负担。参见 M. K. Osbeck. bad samaritanism and the duty to render aid: a proposal. 19 U. Mich. J. L. Reform 315, 328 (1985)。

须承担相应的刑事民事责任。当然，事无绝对，其中也有例外，放在下面叙述。

（一）普通法系

在英国法，其一般原则正如 1987 年 Lord Goff 在审理 smith v. little woods organisation Ltd. [①] 一案时所阐明的，人们并不就其纯粹的疏忽懈怠而承担责任，即人们不负有保护他人不受伤害的一般注意义务。也就是说，英国侵权法并不要求一般民众对处于危难或危险中的他人承担救助义务，其经典说法是"一个路过并看见某个孩子在很浅的小池塘淹死而不伸手援救的过路人，对这个孩子的死不负有任何责任，即使援救该孩子对其而言不费吹灰之力时也是如此。一个目击交通事故发生，却因为急着去上班而顾不上帮助受害人打一个求助电话的坏撒玛利亚人对其不作为也不承担责任"。[②] 根据英国法律，《圣经》中"好撒玛利亚人寓言"中在好撒玛利亚人之前看到倒在路上的伤者却不顾而去的牧师以及利末人因为不负有救助义务因而不因其不作为而承担法律责任。在英国法中，因不作为而承担法律责任的前提条件是特定先在关系的存在，而这种特定先在关系要求其作为，否则，不管他人面临的危险多么巨大，而他所能提供的救助又是多么轻而易举、毫无危险，他都有权熟视无睹。相反，若其选择救助，还需为其救助行为所造成的损害承担法律责任。

美国法同英国法一脉相承，法律缺乏一般救助义务的规定。在美国，一般而言，行为人对处于危险之中的他人没有提供帮助的义务，不论有多么容易就能给他人提供帮助，也不论不提供帮助时出于故意还是粗心[③]。《美国侵权法重述·第二版》第 314 条规定：行为人意识到或应当意识到他的一项行为是协助或保护他人所必需这一事实本身并不使行为人有采取该行为的义务。（the fact that the actor realizes or should realize that action on his part is necessary for another's aid or protection does not of itself impose upon him a duty to take such action.）相反，虽然人们不负有一般救助义务，但人们一旦实施救助，尽管无偿，也应负有谨慎作为的义务，亦即负有合理的注意义务，其结果就是，试图救助他人的"好撒玛利亚人"可能因其未尽到这一义务而承担过失侵权责任。

正是这种法律制度，使得英美法系出现了这样的典型案例。在 1928 年发生在美国的一个案件 Osterlind v. Hill[④] 中，在美国国庆节（7 月 4 日）这一天，被

---

① smith v. littlewoods organisation Ltd. ［1987］2 AC 241.

② John Murphy，street on torts，Oxford university press，2005，P. 189. 转引自胡雪梅：《英国侵权法》，北京：中国政法大学出版社，2008 年版，第 69—70 页。

③ 文森特·R. 约翰逊：《美国侵权法》，赵秀文等译，北京：中国人民大学出版社，2004 年版，第 140—141 页。

④ Osterlind v. Hill，160 NE 301（1928）.

告将一艘独木舟租给一个明显喝醉的人后坐在海滨看着租用人玩船，后来船翻了，租船的人抓紧船身30分钟并呼救。但身体强壮并泳技很好的被告却无动于衷，结果自然是这个沉没海底。在本案的审判中，法官认为，即使是被告将独木舟租给受害人的，但这种关系并不足以使被告对其负有注意义务，因而被告对此不承担任何法律责任。当然，如果翻身是由于独木舟本身存在缺陷的原因则另当别论。

另一个著名的案件发生在1964年，在3月14日上午较早的时候，在纽约州皇后区一位名叫Kitty Genovese的妇女在其回家的的路上受到攻击。在长达40分钟的时间里，该名妇女被多次殴打。经警方事后确认，在这一过程中，当时至少有38位邻居听到过该名妇女的呼救，甚至其中还有人目睹到该名妇女的挣扎，但却没有人对此进行干涉，甚至没有人打电话报警。本案的发生震惊了美国社会，"冷漠的邻居"这一社会问题引起了广泛的讨论与检讨分析，新闻界、法学界、社会学界、哲学界、道德伦理学界都对这一问题显示出了深厚的兴趣与关切，各种新闻报道与研究文章汗牛充栋。[①]

为了消除人们对实施救助行为反而承担责任的担心，美国加利福尼亚州在1959年率先颁布好撒玛利亚人免责法，废除了这一法律规则，其他各州亦迅速跟进，佛蒙特州甚至于20世纪60年代末制定了《帮助危境中的他人之义务法》(the duty to aid the endangered act)，虽然该州法院很少适用这一法律。到1980年，美国50个州均通过了好撒玛利亚人免责的法令，对处于紧急情况下的他人自愿[②]、诚信地试图施以援手的医务人员或其他救助人，其一般过失可以免责。[③]显然，好撒玛利亚人免责法的立法目的在于通过消减人们对救援不当将招致被诉请赔偿的恐惧从而鼓励人们救助处于紧急情况中的他人。[④] 对此，有人认为，这一立法旨向是工具性的，而不是建立在公平基础之上。[⑤]

在澳大利亚，一般救助义务只在北区存在，肇始于北区最高法院1994年在Salmon v. Chute and Dredge一案中对刑法第155条的解释，[⑥] 认为根据该条规定，

---

① Aaron Kirschenbaum. The Bystander's Duty to Rescue in Jewish Law.

② 在这里，"自愿"指其不负有法律规定的救助义务，并且也未就其救助提出任何条件。

③ 其适用要件一般是：(1) 救助行为的性质为急救护理；(2) 救助人主观上具有诚信；(3) 救助人的救助为无偿或没有获得报酬的期望；(4) 重过失或极度轻率的行为或故意不法行为不得免责。见Dov Waisman. negligence, responsibility, and the clumsy samaritan: is there a fairness rationale for the good samaritan immunity? . http: //ssrn. com/abstract = 2009473。

④ Danny R. Veilleux. construction and application of "good samaritan" statutes. 68 A. L. R. 4th 294. 2009.

⑤ Dov Waisman. negligence, responsibility, and the clumsy samaritan: is there a fairness rationale for the good samaritan immunity? . http: //ssrn. com/abstract = 2009473. 但也有人认为，这种工具性观点是不适当，或至少是不完全的，认为过失责任的矫正正义一般法理可作为自愿救助者免责的法理基础。参见Dov Waisman. negligence, responsibility, and the clumsy samaritan: is there a fairness rationale for the good samaritan immunity? . P23 http: //ssrn. com/abstract = 2009473。

⑥ Salmon v. Chute and Dredge. (1994) 4 N. T. L. R. 149, 151.

能够实施任何形式的救援、复苏、医疗处理、急救或救助而不实施这些救助行为的任何人，在受害人急需这些救助，得不到这些救助就会有生命危险时，却无情地见危不救，构成犯罪并应处以 7 年以下有期徒刑。这种犯罪的构成要件有四：(1) 犯罪嫌疑人能够提供救助，包括具有胜任救援所需的生理心理能力、一定的与需要救助人之间的可接近性、知道其急需救助；(2) 救助方式为救援、复苏、医疗处理、急救护理或其他救援措施；(3) 他人急需这种救援、复苏、医疗处理、急救护理等救援措施，否则将有生命危险；(4) 犯罪嫌疑人冷漠地未实施救援。

在立法上，澳大利亚昆士兰州 1973 年颁布了《紧急情况自愿救助法》，后为 1995 年《法律改革（其他事项）法》代替，但其适用只限于医生与护士。新南威尔士于 2002 年颁布《民事责任法》，其第 56—57 条规定，“好撒玛利亚人”不为其疏忽行为承担民事责任，条件上是救助人诚信、无偿，存在紧急情况，受救助人明显处于被伤害或有被伤害之虞。南澳大利亚于 1936 年《过错法》，维多利亚 1958 年《过错法》均有类似规定。其共同的构成要件是：(1) 存在紧急情况，主要指医疗方面所需；(2) 救助人具有诚信；(3) 救助人没有获得报酬或酬劳的期许；(4) 救助人不因法律规定或先在行为而负有救助义务。

加拿大安大略省 2001 年《好撒玛利亚人法》中也规定：“无论习惯法如何规定，自愿且不求奖励报酬的个人，不必为施救过程中因疏忽或不作为所造成的伤害承担责任，除非能证明该人系因严重疏忽而造成伤害。”为促进救助人施救提供法律依据。

### （二）大陆法系

大陆法系国家一般均制定有“好撒玛利亚人法”，其所要解决的问题主要是：(1) 人们是否负有救助他人的义务，是否会因为不履行这一义务而承担相应的法律责任；(2) 人们实施救助他人的行为是否会因此而承担赔偿责任或承受损失；(3) 人们在救助他人时如果造成了自身的损害是否会得到他人的赔偿或补偿。[①] 大陆法系对第一个问题主要是通过在其刑法典中规定见危不救为犯罪并给予刑罚来给人们设定一般救助义务作出回答，对第二个问题则主要通过民法或侵权责任法中相关规定，如紧急避险等免责规定来解决，对第三个问题则主要通过无因管理等法律制度来解决。

1. 法国法。法国法中规定了一般救助义务，其刑法第 223—6 条规定：“任何人能立即采取行动阻止侵犯他人人身之重罪或轻罪发生，这样做对其本人或第三人并无危险，却故意放弃采取此种行动的，处 5 年监禁并科 50 万法郎罚金。”

---

① Jan M. Smits. The Good Samaritan in European Private Law; On the Perils of Principles without a Programme and a Programme for the Future . Inaugural lecture, Maastricht University 19 May 2000。

"任何人对处于危险中的他人，能够个人采取行动，或能唤起救助行动，且对其本人或第三人均无危险，却故意放弃给予救助的，处前款同样之刑罚。"前者规定人们负有见义勇为义务，后者规定人们负有一般救助义务。该一般救助义务的构成要件，主要有以下几个方面，即潜在的施救人与受害人之间没有特别关系存在；施救人能够救助受害人；施救人主观上相信受害人处于危险中；救助措施无论对受害人还是救助人都不具有危险；如果潜在的施救人导致了不幸事故，施救人有义务使受害人从危险中解脱出来。① 另外，《法国民法典》第1383条规定，"任何人不仅对其行为造成的损害负赔偿责任，而且对因其懈怠或疏忽大意造成的损害负赔偿责任。"因而，人们还将可能为其见危不救而承担民事赔偿责任。

由于《法国民法典》第1382条规定，"人的任何行为给他人造成损害时，因其过错致该行为发生之人有义务赔偿损害"，救助人将可能因其救助行为中的过错而承担损害赔偿责任。法国法一方面在立法上将紧急避险作为善意的救助人的免责事由（如1984年之后刑法第122—7条），另一方面又在案例法中发展出一种互助（互救）默示合同理论。根据该理论，在救助人与受救助人之间存在着默示的互助（互救）合同，从而将救助人是否承担责任的问题由侵权法领域转移到合同法领域，以避免《法国民法典》第1382条的适用。同时，根据该理论，自愿救助人过失造成的受救助人损害并不属于《法国民法典》第1150条项下的"所预见或可预见的损害"，从而据此免责。

2. 德国法。德国法一般救助义务的法律基础是其刑法典第323C条，根据该条规定，面对灾害、迫在眉睫的危险或危难而不提供帮助的人，虽然这一帮助在此情形下是必要的和合理的，且提供这一帮助并不会对他自己造成相当大的危险，也不会违反其他可能的重要义务的履行，将处一年以下监禁或罚金。见危不救在德国是一种刑事犯罪，将因此而承担刑事法律责任。德国法规定人们对处于危险中的他人负有提供合理的必要帮助的义务，但提供帮助的人并不因其所提供的帮助从客观上看并非最佳而承担法律责任。《德国民法典》第823条（损害赔偿义务）规定：（1）故意或有过失地不法侵害他人的生命、身体、健康、自由、所有权或其他权利的人，有义务向该他人赔偿因此而发生的损害；（2）违反以保护他人为目的的法律的人，担负同样的义务。依法律的内容，无过错也可能违反法律的，仅在有过错的情形下，才发生赔偿义务。为见危不救承担民事法律责任提供了制度基础。就救助人实施救助行为造成受救助人或第三人损害这一情况，德国法的解决方式并不是法国法中的默示合同方法，而是以紧急状态为抗辩事由，只要损害后果属于救助行为的必然后果或损害已经由被害人同意。在受救

① John T. Pardun. good samaritan laws: a global perspective. Loyaola of Los Aaneles international and comparative law review. 1998. v20. P602. available at: http: //digitalcommons. lmu. edu/ilr/vol20/iss3/8.

助人不能表示其同意意思情形，德国法认为这种同意的意思表示可以通过理性人标准推定得出。如果救助人因其实施救助行为而承受了某种损害，则受救助人以及导致危险发生的人对此负有赔偿责任，其法律依据为《德国民法典》第677条规定的无因管理制度。

3. 意大利法。《意大利刑法》第593条规定：发现丢失或被遗弃的10岁以下儿童的任何人，因为生理心理健康原因或年龄原因或其他原因而无力自己照看，若未将该情况通知有关部门，予以一年以下监禁或2500里拉罚金；发现他人昏迷、受伤或处于其他危险境况而不提供帮助或立即通知有关部门者，亦同；疏忽行为导致人身伤害者，刑罚增加；导致他人死亡者，刑罚翻倍。根据这一规定，意大利法律同样赋予人们对处于危境中的他人进行救助（包括自己实施力所能及的救助或告知有关部门以便他人获得救助）的义务。对救助人的法律责任问题，一方面意大利刑法第54条规定了紧急避险制度以便救助人免责，另外还在《意大利民法典》第2045条规定了紧急状态："为加害行为的人，从对人身重大损害的现在的危险救济自己或者他人的必要上由于不得已时，而且其危险并不是由其自己任意引起的，同时其危险亦不能以其他方法避免时，对于被害人，关于赔偿的数额一任裁决官的公平评价负担。"

4. 其他国家。《比利时刑法》第422条规定，只要不对自己或他人造成严重危险，任何有能力施以救助的人均有对处于严重危险中的他人进行救助的法律义务。《芬兰刑法典》第21节第15条规定，任何知道他人有生命危险或身体健康受到严重威胁而不提供帮助或寻求他人帮助的人，如果这种帮助为其力所能及且为他人合理期待，将因未能履行救助义务而被处以罚金或两年以下监禁。《葡萄牙刑法典》中规定，在他人有急迫需要，尤其是在存在致人死亡、残疾或失去自由的危险的灾难、事故或公共危险情形，不提供必要的帮助包括自己帮助或促进他人提供帮助以使他人避免这种危险，将受到一年以下监禁或罚金处罚。《葡萄牙民法典》第339条规定了紧急避险制度以供救助人用以免责。《西班牙刑法典》第195条规定，对无父母照看保护或处于严重危险境况之下不给予帮助，且给予这种帮助为其力所能及、并不给其本人或第三人带来危险，则应受三至十二个月的监禁处罚。自己不能提供这种帮助而不紧急寻求他人帮助者亦同。《西班牙民法典》第1902条规定的是民事责任的一般规则，根据该条规定，以作为或不作为给他人造成损害者，只要有过失就应赔偿所造成的损害。见危不救可能因此承担民事责任。但《西班牙民法典》第1903条规定，如果责任人能够证明其行为已如同被救助人之父般谨慎以避免引起损害则不承担侵权责任。为救助人免责提供了制度保障。

对照两大法系的"好撒玛利亚人法"，不难发现，在普通法国家，鼓励人们勇于救助处于危境中的他人的法律手段是为救助人提供责任抗辩以消减人们对因不当施救而承担赔偿责任的内心恐惧；而在大陆法系国家，其法律手段则是通过最严厉的刑法规定使人们负有对处于危境急需救助的他人进行救助的法律义务，以最严厉的法律规定将见危施救这一道德义务法律化。同时，为消除救助人的后顾之忧，创设了紧急状态、紧急避险、默示合同、无因管理、受害人同意等法律制度供救助人用以减免因实施救助行为而承担法律责任以及补偿救助人因实施救助行为而受到的损害。

（三）犹太法

在犹太教中，人们对处于危险中的他人的救助义务兼具宗教义务、伦理义务与法律义务等多重属性，但这一义务的履行以不牺牲自己的性命或将自己的生命安全置于重大危险为前提。不过，犹太法并不将不履行这一救助义务的不作为视为犯罪并给予刑罚。为鼓励人们见危施救，犹太法不仅规定救助人对其因实施救助行为所受损失有向受救助人请求赔偿的权利；而且还规定了救助人的责任豁免制度，规定救助人对其旨在救助处于困境中的受救助人所实施的行为不承担侵权责任，不仅受救助人不应诉请其承担侵权责任，甚至财产受到损害的其他人也不可以诉请其承担损害赔偿责任；规定对救助人实施救助行为期间所负有的全部法律的、公民的、宗教的以及礼仪方面的积极义务（legal，civil，religious and ritual positive duties）给予豁免。①

根据犹太法教典《塔木德经》，旁观者对处于受犯罪侵害或自然威胁或灾害境况中的他人负有救助的伦理法律义务，“你不应对邻居躺在血泊中而无动于衷”（thou shalt not stand idly by the blood of thy neighbor，利未记，19：16），认为人们对他人躺倒在血泊中而无动于衷，如好撒玛利亚人寓言中的牧师与利末人，对他人处于危境中能救而不救，他就触犯了戒律。

（四）我国法

我国没有制定专门的“好撒玛利亚人法”，我国《刑法》也没有将见危不救规定为犯罪，救助义务在我国仍属于道德层面的概念。不过，对大陆法系“好撒玛利亚人法”立法所关注的三个问题中的第二个问题和第三个问题，即救助人因实施救助行为而承担民事甚至刑事责任的问题以及救助人因实施救助行为致自己受到损害的赔偿问题，我国法律中的某些规定与此相关，如《刑法》第 21 条、《侵权责任法》第 31 条规定的紧急避险制度、《民法通则》第 93 条规定的无因管理制度以及《民法通则》第 109 条与《侵权责任法》第 23 条规定见义勇为者损害赔偿请求权制度等。

另外，为解决潜在的救助人的后顾之忧，2012 年 7 月，民政部、教育部、公安部、财政部、人力资源社会保障部、住房城乡建设部、卫生部等部门共同制定

---

① Aaron Kirschenbaum. The Bystander's Duty to Rescue in Jewish Law.

了《关于加强见义勇为人员权益保护的意见》，主要内容有：保障低收入见义勇为人员及其家庭的基本生活、保障见义勇为负伤人员的医疗诊治、扶持就业困难的见义勇为人员就业、为适龄的见义勇为人员或其子女的就学提供便利与优惠待遇、优先解决见义勇为人员家庭住房困难问题、提高并完善见义勇为人员工伤保险、伤残抚恤补助等政策。

在地方立法层面，2011 年 11 月 28 日，深圳市政府法制办公室就深圳市法制办与综治办联合起草的《深圳经济特区公民救助行为保护条例（征求意见稿）》向社会公开征求意见。该《条例》共 14 条，主要内容有：第 2 条对救助行为进行界定，将救助行为界定为“没有法定或者约定义务的公民，出于善意为在意外事故或其他紧急情况下遭遇人身伤害或人身伤害危险的人提供帮助的行为”。第 4 条确立救助行为免责原则，规定“救助人提供救助行为，除存在重大过失，对救助行为的后果不承担法律责任”。第 5 条规定举证规则，规定由被救助人承担证明救助人在实施救助过程中存在重大过失造成救助不成功后果或被救助人遭遇的人身伤害系救助人所造成之主张的证明责任。另外，被救助人起诉救助人被人民法院判决败诉的，救助人可以要求原告承担救助人因诉讼发生的合理费用。第 6 条规定救助人因提供救助行为而致自身受到人身损害的法律待遇，即属于职工的，视同工伤，依法享受工伤保险待遇；不属于职工的，其医疗费、丧葬费由深圳市社会治安基金承担。救助人因实施救助行为死亡的抚恤金或者致残的慰问金，等同见义勇为情形处理。第 8 条规定为救助行为人提供法律援助。第 9 条规定鼓励作证，提供证据证实救助行为的可获得物质奖励。第 10 条规定对恶意被救助人的惩戒，被救助人明知其提出的主张没有事实依据或者隐瞒歪曲事实真相，要求救助人承担责任的，依法予以惩处。对该条例，虽然有人认为其个别条文中的规定可能逾越了其立法权限，但整体上看，对弘扬助人为乐美德，促进社会和谐，保护救助人的合法权益是有促进作用的，能够在一定程度上有助于彭宇案等案件中暴露出来的一些社会问题的解决。

## 四、关于助人行为保护与促进立法的几点设想

罗杰·科特威尔认为：“道德是民德中禁忌和命令的总和，并以此来确定人们的正当行为，因此，道德绝不是直觉性的，而是历史性的，惯例性的和经验性的。”① 礼赞并倡议救死扶伤、助人为乐，是我国历史悠久的伦理文化传承元素之一，“毋以善小而不为”、“善有善报”，则是惯例性和经验性的道德行为准则。在明哲保身、见利忘义思想因种种原因泛滥成灾的时候，“助人”这一道德善行

① 罗杰·科特威尔：《法律社会学导论》，潘大松译，北京：华夏出版社，1989 年版，第 22 页。

的惯例性与经验性的维系与呵护，不仅需要道德的感召，更加需要制度的护持。这一点业已逐步成为社会共识，如2011年11月，深圳市起草了《深圳经济特区公民救助行为保护条例（征求意见稿）》；2012年1月，在福建省十一届人大六次会议上，彭超等10位福建省人大代表提交了《关于尽快出台〈福建省助人行为保护条例〉的议案》；2012年3月，全国政协常委，民盟中央副主席郑惠强在全国政协会议上提案提交了《让制度安排托起助人美德》的提案，全国政协委员李立新也建议加快公民救助行为保护立法；2012年7月，民政部、教育部、公安部、财政部、人力资源社会保障部、住房城乡建设部、卫生部等出台《关于加强见义勇为人员权益保护的意见》，等等。

制定公民助人行为保护与促进的法律，首先需要对助人行为进行准确的界定。鉴于我国大多数省市均制定了各自对见义勇为行为进行奖励与保护的地方性法规，因此，从法律上界定助人行为，首先要做的就是将助人行为与见义勇为行为之间的关系剖析清楚，从而为公民助人行为保护与促进立法的范围进行合理的限定。

对见义勇为行为，各地立法所作的界定并不一致。《福建省奖励和保护见义勇为人员条例》（2011年修正）第3条规定，本条例所称见义勇为，是指公民在法定职责、法定义务之外，为保护国家、集体利益和他人的人身、财产安全，挺身而出，与正在发生的违法犯罪行为作斗争或者抢险、救灾、救人的合法行为。修正前的《福建省奖励和保护见义勇为人员条例》（1998）第3条所给出的定义为“为保护国家、集体利益和他人的人身、财产安全，不顾个人安危，挺身而出，与违法犯罪行为作斗争或抢险救灾的合法行为”。其构成要素有：1. 见义勇为行为人实施见义勇为行为不属于履行法定职责与义务；2. 见义勇为人实施见义勇为行为的目的在于保护国家、集体利益和他人的人身财产安全；3. 国家、集体利益或他人人身财产安全正遭受正在发生的违法犯罪行的侵害，或处于险情灾情之中；4. 行为人的外观表现为与违法犯罪行为作斗争或抢险、救灾、救人；5. 行为人的行为为合法行为。相似的定义有《安徽省见义勇为人员奖励和保护条例》（2011年）第2条，① 《黑龙江省见义勇为人员奖励和保护规定》第2条。②《山东省见义勇为保护条例》第2条③在第一个要件即不负有先在义务中除不存在法定义务之外，增加了还不负有约定义务；在第四个要件中未将“救人”

① 条文为：“本条例所称见义勇为，是指不负有法定职责、特定义务的人员为保护国家利益、公共利益或者他人人身财产安全，制止正在发生的违法犯罪行为或者救人、抢险、救灾等行为。”

② 条文为：“本规定所称的见义勇为，是指在法定职责、法定义务、约定义务之外为保护国家利益、社会公共利益或者他人生命、财产安全，制止正在发生的违法、涉嫌犯罪的行为或者实施抢险救灾、救人的行为。”

③ 条文为：“本条例所称见义勇为，是指非因法定职责或者约定义务，为保护国家利益、集体利益或者他人的人身、财产安全，不顾个人安危，与违法犯罪行为作斗争或者抢险救灾的行为。”

概括在内。而《江苏省奖励和保护见义勇为人员条例》（2009年修正）第2条①、《上海市见义勇为人员奖励和保护办法》（2002年）第2条②、《甘肃省奖励和保护维护社会治安见义勇为人员条例》（2001）第2条③、《湖北省见义勇为人员奖励保护规定》（2000年）第2条④、《广东省见义勇为人员奖励和保障规定》（1998）第2条⑤等对见义勇为行为的定义则未将确认行为人保护国家、集体利益和他人人身财产安全的行为属于见义勇为行为的前提是其不负有法定的或约定的义务这一前提条件包括进去，而且也没有包括“救人”行为。

域外立法也没有对救助行为作出法律定义，但根据其相关规定，大体可以推定出它们所界定的救助行为的几个要素：一是行为人不负有先在的救助义务，包括法定义务与约定义务；二是行为人在主观上是善意的；三是行为人实施救助行为是自愿的，不因此谋求任何利益；四是受救助人客观上正处于需要救助的状态，否则其生命安全、身体完整将受到严重威胁；五是救助行为的外在表征主要为进行医疗救护与处理等方面。

根据法律规范的分工协作，结合目前对见义勇为的地方性法规界定以及社会需要，对救助行为的合理界定应从以下几个方面进行：第一，由于有无因管理等法律制度的存在，为国家、集体或他人财产性利益提供管理与保护，应排除在救助行为的范围之外，因此，受救助的对象只能是自然人，救助的目的是为生命、身体、健康正处于危险境地中的他人提供帮助以便其摆脱这一危险；第二，造成他人生命、身体、健康危险的并不是正在发生的违法犯罪行为（与违法犯罪作斗争以保护他人生命、身体、健康的行为为典型的见义勇为行为，由见义勇为法律制度调整），而是来源于意外事故、紧急情况或违法犯罪行为的后果；第三，救助人实施救助行为出于自愿，救助人对实施救助行为不负有法定义务或约定义务；第四，救助人实施补助行为是无偿的，不谋求任何利益回报；第五，救助人实施救助出于善意；第六，救助对象的生命或身体健康正处于危险中。这些特点，既能将救助行为与见义勇为区别开来，也能使其有别于人们日常生活中一般

---

① 该条规定，本条例所称见义勇为是指以下行为之一：（一）在国家、集体利益和他人生命财产受到违法犯罪行为侵害时，挺身而出，同违法犯罪行为作斗争的；（二）在抢险救灾中，不顾个人安危，保护国家、集体利益和他人生命财产，表现突出的；（三）其他见义勇为事迹突出的。

② 该条规定，本办法所称的见义勇为，是指个人为保护国家利益、公共利益或者他人的人身、财产安全，制止违法犯罪、协助有关机关打击违法犯罪活动以及抢险救灾的行为。

③ 该条规定，本条例所称见义勇为，是指在维护社会治安中，为保护国家、公共利益或者他人的人身、财产安全，不顾个人安危，挺身而出，与违法犯罪分子作斗争的行为。

④ 该条规定，本规定所称见义勇为是指人民群众为保护国家、集体利益和公民生命财产安全，不顾个人安危，挺身而出同违法犯罪行为和重大灾害事故作斗争的行为。

⑤ 该条规定，见义勇为人员是指公民在法定职责之外，敢于挺身而出，积极同侵害国家、社会、集体利益和公民生命财产安全的行为作斗争或者在排除治安灾害事故和自然灾害中作出突出贡献的人员。

帮助行为。从这一构成要件分析，《深圳经济特区公民救助行为保护条例（征求意见稿）》（2001年）第2条对救助行为所给出的定义“救助行为是指没有法定或者约定义务的公民，出于善意为在意外事故或其他紧急情况下遭遇人身伤害或人身伤害危险的人提供帮助的行为”，基本符合要求，如能在这一定义中再添加自愿、无偿两个要件就更完整了。

其次，建立健全救助人善意实施救助行为的法律责任减免机制。这正是英美法系“好撒玛利亚人法”的主要内容，也是英美法系制定“好撒玛利亚人法”的初衷。如，美国1997年志愿者保护法（VOLUNTEER PROTECTION ACT OF 1997）第2条（a）款中明确指出，经由国会调查发现，由于志愿者可能要面对追究其责任的诉讼，因此他们提供志愿服务的积极性减弱了；由于志愿者对于轻率、武断和反复无常的诉讼所产生的理所当然的担忧而造成了全国范围性的问题。如前述，这也是我国目前所存在的情况。为了消除这种担忧，该法在第4条（对志愿者承担的法律责任的限制）中规定，除该法另有规定的外，如果损害的产生不是由于故意或构成犯罪的不当行为、严重疏忽、不顾后果的不当行为，或者是对受害者的权利及安全的存心且公然的不重视所致，志愿者对其救助行为所造成的损害，一律不予追究。这种为救助人建立责任减免机制的立法倾向已成为“好撒玛利亚人法”立法的普遍选择，如马尼托巴2006年《好撒玛利亚人保护法》第1条（除重大过失外不承担责任）（No liability unless gross negligence）规定，“自愿为意外事件或医疗紧急情况的受害人在事发现场提供紧急医疗服务、帮助或建议者，对因该等行为中的作为或疏失而造成受害人死亡或损害不承担责任，但该人有重大过失的除外”。由上述规定可见，通行的救助人责任减免机制的主要内容是，救助人对实施救助过程中的过失致人损害不承担损害赔偿责任，但因故意或重大过失致人损害的除外。由于我国《侵权责任法》第6条规定行为人因过错侵害他人民事权益，应当承担侵权责任，因此，豁免救助人在实施救助过程中的过失致人损害责任应该以特别法的方式作出规定，根据我国《立法法》第8条第7项的规定，民事基本制度只能制定法律，地方性法规没有此等权限。《深圳经济特区公民救助行为保护条例（征求意见稿）》（2001年）第4条（免责原则）规定救助人提供救助行为，除存在重大过失，对救助行为的后果不承担法律责任。虽然内容正确，但有越权立法之嫌。另外，对救助行为中容易发生的故意造成对受救助人人身伤害或财产损害的情形，如急救过程中实施的一些医疗处置措施，也应引入“知情同意”、“推定同意”、自甘冒险或受害人同意制度，使救助人免责。

第三，建立健全救助人实施救助行为所受损害获得赔偿或补偿制度。这种赔偿或补偿可通过以下方式获得：一是根据《民法通则》第109条、《侵权责任法》第23条的规定，诉请侵权行为人赔偿；二是根据《民法通则》第109条、《侵权责任法》第23条的规定，在侵权人逃逸或者无力承担责任时，请求受益人即受救助人应当给予适当补偿；三是在受救助人所受伤害或所处危境并非他人侵权行为所致时，根据《民法通则》第 93 条关于无因管理的规定的精神，借鉴犹太法的规定，建立救助人向受救助人请求赔偿制度；四是在前述方法不能赔偿救助人实际损害的情形借鉴见义勇为立法，由救助行为保护与促进基金向救助人支付补偿。

第四，完善举证责任机制。鉴于目前经常发生受救助人诬陷救助人为肇事者并诉请赔偿这种社会不正常现象，要改变司法执法机关要求救助人自证清白这种举证责任倒置的做法，在没有办法查明事实真相的情况下，要严格执行《民事诉讼法》第 64 条和最高人民法院《关于民事诉讼证据的若干规定》第 2 条规定的“谁主张、谁举证”举证规则，明确规定，如果被救助人主张其所遭遇的人身伤害是由救助人造成，或者主张救助人在实施救助过程中存在重大过失，造成或扩大了被救助人的损害，从而要求救助人承担赔偿责任的，应当由被救助人承担举证责任。此外还应建立证人作证奖励制度，对愿意提供有效证据证明救助人清白的证人，给予一定的物质奖励。

第五，建立对讹诈诬陷救助人进行处罚的责任追究机制，加大恩将仇报诬陷讹诈救助人的行为成本。对明知其提出的主张没有事实依据或者故意隐瞒歪曲事实真相，要求救助人承担责任的，给予相应的处罚。这种处罚措施包括在个人诚信记录方面作不良记录、责令具结悔过、公开赔礼道歉、罚款，情节严重触犯治安管理处罚法或构成犯罪的，依法追究其法律责任。新加坡的经验表明，建立这种对救助人进行诬陷讹诈的行为给予惩处的制度有助于减弱受救助人诬讹救助人的动机，从而抑制这种行为的发生。另外，可建立救助人因应对恶意诉讼所支出的合理费用由故意诬陷讹诈救助人的被救助人承担的制度，进一步动摇受救助人恶意诬陷救助人谋求不法、不当利益的物质基础，即对受救助人明知其提出的主张没有事实依据或者有意隐瞒歪曲事实真相，诉请救助人承担损害赔偿责任的，在其诉请不为法院判（裁）决支持时，救助人为应对该诉讼所花费的合理费用，可诉请受救助人赔偿。

第六，建立救助行为风险基金，为实施救助行为而陷入纠纷或困境的人提供援助。设立救助行为风险基金，如“搀扶老人风险基金”①，并鼓励社会组织、企业与个人向救助行为风险基金捐资，以透明为原则专款专用，为实施救助行为而致自身陷入经济窘困的人提供援助，解除人们实施救助行为在物质上的后顾之忧。

第七，建立救助行为确认与救助行为被诉法律援助制度。因实施救助行为被起诉的，救助人可以向司法行政主管部门申请法律援助，司法政策主管部门应当为其提供法律援助。

---

① 见中国好人网 http：//www. chinahaoren. cn/。

第八，建立健全救助行为奖励机制与物质保障机制。奖励机制包括给予表扬等精神鼓励以及一定情况下给予物质奖励，将其与本人或子女的就学、就业、社会保障挂钩等。救助人因实施救助行为死亡或致残的，除可诉请侵权人或受益人赔偿或补偿外，还可参照适用见义勇为的法律规定享有抚恤金或者慰问金。

# 两岸行政强制立法的回顾与展望

王成栋[1] 温学鹏[2]

◉[1] 中国政法大学台湾法研究中心副主任、教授

◉[2] 中国政法大学行政法专业硕士研究生

## 一、行政强制的历史沿革

中国行政强制领域的立法最早可以追溯到1913年北洋政府的“行政执行法”，在体例和内容上主要仿效日本法制。1914年曾为限制行政机关职权稍作修正。1932年12月28日国民政府在参考北洋政府法律基础上颁布“行政执行法”，并于1943年及1947年历经两次修正，但全文仅十二个条文，内容甚为简略，且颇多缺漏之处。①

1949年之后，中国行政强制法律的发展分为两条线索。一条在大陆。1949年之后至20世纪80年代初，大陆全部废除国民政府时期法律，行政强制领域的立法一直处于空白状态。诚如马怀德教授所言，大陆“行政强制执行的立法与实践均始自二十世纪八十年代以后。八十年代以前，包括行政强制执行制度在内的整个中国（大陆）法制建设处于停滞不前甚至倒退阶段，严格地讲，此时的行政处理决定基本上依靠行政隶属关系得到执行”。② 20世纪80年代以来，随着大陆立法的不断推进，首先在单行法领域规定了行政强制问题。如1982年的食品卫生法（试行）第38条规定：“对罚款的决定逾期不履行又不起诉的，由食品卫生监督机构申请人民法院依照《中华人民共和国民事诉讼法》（试行）规定的程序强制执行。”1983年《中华人民共和国海上交通安全法》第45条规定：“当事人对主管机关给予的罚款、吊销职务证书处罚不服的，可以在接到处罚通知之日起十五天内，向人民法院起诉，期满不起诉又不履行的，由主管机关申请人民法院强制执行。”正是在相关法律相继颁布的过程中，形成了“一种约定俗成的

① 李建良：《论行政强制执行方法》，杨小君、王周户主编：《行政强制与行政程序研究》，中国政法大学出版社2000年版，第75页。

② 马怀德：《行政强制执行制度及立法构想》，杨小君、王周户主编：《行政强制与行政程序研究》，中国政法大学出版社2000年版，第44页。

立法意识的反映，即凡是法律法规未规定授权行政机关自行强制的，均需向人民法院申请强制执行”。[①] 以此，逐渐形成了大陆以人民法院强制执行为原则，以行政机关强制执行为例外的制度。20 世纪 80 年代至 2011 年行政强制法通过，这一时期，是行政强制领域逐渐从无到有，由混乱逐渐转向有序的一个时期。虽然各个单行法及《行政诉讼法》都对行政强制作了规定，但总体来说这个时期，行政强制立法领域存在四个方面的问题：缺乏统一立法，行政强制执行制度缺少指导原则，行政机关与法院的行政强制执行权划分不清，行政强制执行手段不完善、程序不健全。[②] 1999 年 3 月大陆开始起草行政强制法，历经十多年的制定和修正，终于于 2011 年 6 月 30 日由全国人大常委会审议通过，于 2012 年 1 月 1 日生效。《行政强制法》是“中国特色社会主义法律体系的支架性法律”。《行政强制法》的出台，使其与《行政处罚法》、《行政许可法》、《立法法》、《政府信息公开条例》等规范行政机关共同行政行为的综合性法律法规，以及大量规范行政机关某一管理领域行政行为的专门性法律法规一同形成了我国行政行为与程序法律制度的框架。[③]《行政强制法》的颁布不仅实现了行政强制领域统一的立法，着力解决行政强制的“散”、“乱”、“软”三大突出问题，[④] 而且以法律形式确定了我国行政机关与法院强制执行的双轨制，解决了学界多年来关于行政强制“二行为说”和“三行为说”的争论。但行政强制法实施的效果还有待于实践进一步的检验。

行政强制的发展另一条主线在台湾，国民党退踞台湾后，沿用 1932 年的“行政执行法”，但由于条文简陋，多已不合时宜。故 1967 年开始着手“行政执行法”的修改。经过 30 多年的努力，终于于 1998 年公布，并于 2001 年实施。在旧“行政执行法”时期，行政执行领域主要存在以下问题：（一）旧法本身欠缺执行力。行政强制执行中的间接强制主要是代执行和罚锾，都属于金钱给付义务，但旧法并未规定金钱给付执行的规定，实践当中均由行政机关申请法院，按民事强制执行的名义执行。（二）误将即时强制称为直接强制。旧法第六条一下规定之所谓“直接强制处分”，实为即时强制之误。直接强制是与间接强制相对的，一切达成执行目的或实现与履行义务相同状态之合理手段。而即时强制是因应特定紧急危难之事故，为避免人身伤害、其他损失或影响公安暂时而为人之管

---

① 马怀德：《行政强制执行制度及立法构想》，杨小君、王周户主编：《行政强制与行政程序研究》，中国政法大学出版社 2000 年版，第 45 页。

② 马怀德：《行政强制执行制度及立法构想》，杨小君、王周户主编：《行政强制与行政程序研究》，中国政法大学出版社 2000 年版，第 45—47 页。

③ 袁曙宏：《我国〈行政强制法〉的法律地位、价值取向和制度逻辑》，《中国法学》2011 年第 4 期。

④ 袁曙宏：《我国〈行政强制法〉的法律地位、价值取向和制度逻辑》，《中国法学》2011 年第 4 期。

束、物之扣留及家宅或处所之侵入，二者性质完全不同。（三）罚锾规定之不当。旧法第五条以罚锾作为间接强制手段，而罚锾之多寡则依机关层级而定："中央"各部会为三十元以下；省"政府"及其各厅、院辖市市"政府"及其各局为二十元以下……实则罚锾之多寡应以违反义务之情节、不履行义务对公益所生之影响，以及义务人本身之财力等衡量标准，与机关大小无管。（四）未设救济途径：在行政执行程序中，义务人或第三人对于执行之方法有所争执，实属常有，对执行过程中可能发生之争执，为特设救济之途径，不仅影响当事人权益，且容易造成执行机关与当事人冲突情况。（五）欠缺指导原则。行政执行以促成义务人履行义务为目的，各种强制措施则属手段范围，此目的手段关系之正确处理，各国有关行政执行之法律皆有原则性的规定，现行法对此亦有欠缺。① 1998年通过2001年生效的新"行政执行法"是台湾行政执行领域一个新的里程碑。它的出台，不仅弥补了以上之不足，而且也引发了学者们新一轮的思考和争论。第一问题即是在行政强制中"断水"、"断电"的质疑。水电乃是现在社会公民生存之必需物品，保障人身安全和卫生之必须。采用断水断电是否有违人权，有违行政执行领域比例原则，引发争论。② 第二问题就是拘提管收的质疑。③ 台湾行政执行法规定，义务人如于行政执行处调查财产时，拒绝陈述；或就其财产状况，不为报告或为虚伪之报告；或显有履行义务可能而故不履行；或有逃匿之虞；或就供应强制之财产有隐匿或处分之情事者，为达成执行目的，即有限制住居及拘提管收之必要。但在实施过程中，民众、学界反应极大。拘提管收是一种限制人身自由的严厉措施，与现代法治理念及行政法比例原则均有相冲突之嫌疑。2005年5月27日，为配合"司法院大法官"会议释字第588号解释意旨，经"立法院"修正完成本法第17条及19条有关拘提、管收等规定后，声请拘提、管收之事由已为缩减，并尝试引进德国"代宣誓之保证"及"义务人名簿"制度。第三个问题就是"行政执行法"第九条规定，"义务人或利害关系人对执行命令、执行方法、应遵守之程序或其他侵害利益之情事，得于执行程序终结前，向执行机关声明异议。前项声明异议，执行机关认其有理由者，应即停止执行，并撤销或更正已为之执行行为；认其无理由者，应于十日内加具意见，送直接上级主管机关于三十日内决定之"。但义务人可否就异议决定不服提起诉讼，并不明确，而且实务中为保证效率，一般不得提起诉讼。为此学界颇有争议，认

---

① 旧"行政执行法"内容的不足均参考吴庚：《行政法之理论与实用》，中国人民大学出版社2005年版，第314—316页。

② 相关内容参见董保城：《建筑物违规使用"断水""断电"法理及实务》，杨小君、王周户主编：《行政强制与行政程序研究》，中国政法大学出版社2000年版，第170—180页。

③ 所谓拘提是指强制义务人到场询问之处分。所谓管收是指对义务人或有为义务人清偿金钱给付职务之人的身体自由，予以拘束之强制处分而言。引自蔡震容：《行政执行法》，翁岳生主编：《行政法》（下），中国法制出版社2009年版，第1166页。

为应增订列举限制住居等执行行为所为异议之决定，得径行提起行政诉讼。[①]

纵观两岸行政强制领域的发展，可以看出，行政强制的法制化水平不断提高，概念、理论日渐成熟，大陆行政强制法由无到有，由混乱到有序，台湾地区行政执行法历经修改，由十二条增至四十四条，内容充实、体系完整。而且行政强制领域，警察权色彩日渐淡化，人权观念、公民参与特点凸显。

## 二、两岸行政强制领域的比较

行政强制作为一种损益性的行政行为，较其他行政行为更为容易侵害公民的权益，因而为各国行政法学界历来重视之议题。两岸就行政强制领域也开过多次交流会，研讨会成果颇丰。下面仅就两岸学者所热议的问题作一些整理，意图相互借鉴，共同实现行政强制领域的法治化。

### （一）两岸行政强制领域的不同之处

查阅两岸法律及学者交流内容，总结两岸行政强制领域的主要不同，可分为两点：

1. 行政强制的相关概念、分类不同

台湾地区行政执行领域，可以分为行政强制执行和即时强制。行政强制执行是指行政强制执行机关对不履行行政义务之人民，施予强制手段，以达履行义务之状态称之。它包括了公法上金钱给付义务之执行以及行为不行为义务之执行，后者采取之手段，包括了代履行与怠金（间接强制）以及直接强制等强制方式。行政强制执行是行政处分的强制执行。而即时强制是指行政机关为即时除去目前急迫危害之必要，无暇课以义务以恐难达成目的时，直接对人民之身体或财产加诸实力，达成行政上必要状态。[②] 台湾地区关于行政强制的概念和分类，概念清晰，体系完整，逻辑一致，臻于成熟。

而大陆学界相当长的一段时间内对行政强制领域相关概念没有达成共识，造成用语的混乱。[③] 2011 年 6 月 30 日通过的《行政强制法》使概念的争论暂告一段落。《行政强制法》第二条规定："本法所称行政强制，包括行政强制措施和

① 新法之改进内容参见林云虎：《台湾行政执行制度与实务——行政执行机关企业化经营之新风貌》，载杨解君、董保城主编：《海峡两岸行政（强制）执行理论与实务对话》，中国方正出版社 2006 年版，第 11—15 页。

② 台湾行政强制执行相关内容参见蔡震容：《行政执行法》，载翁岳生主编：《行政法》（下），中国法制出版社 2009 年版，第 1087 页。

③ 参见朱新力：《论行政强制措施的合理定位》，载杨小君、王周户主编：《行政强制与行政程序研究》，中国政法大学出版社 2000 年版，第 195—197 页。在该文中，朱新力教授列举了学界关于行政强制中的四种观点。

行政强制执行。行政强制措施，是指行政机关在行政管理过程中，为制止违法行为、防止证据损毁、避免危害发生、控制危险扩大等情形，依法对公民的人身自由实施暂时性限制，或者对公民、法人或者其他组织的财物实施暂时性控制的行为。行政强制执行，是指行政机关或者行政机关申请人民法院，对不履行行政决定的公民、法人或者其他组织，依法强制履行义务的行为。”《行政强制法》虽然如此规定，但是行政强制措施的内涵还有待于进一步的考察，国务院法制办原副主任袁曙宏认为，实施行政强制措施的前提条件是“情况紧急”，不需要有待履行义务的行政决定先行存在，是一种“暂时性限制或控制行为”。这个定义很难同即时强制区分。而全国人大常委会法工委对行政强制法解释的权威读本，却认为“即时强制即可能发生在行政强制执行领域中，如为防止火灾蔓延对房屋的立即强制拆除，此时行政决定与执行合二为一，无暇催告当事人自动履行；也可能发生在行政强制措施领域中，如警察发现‘武疯子’伤人在即，将其直接扑倒控制。此时没有时间做出行政决定和履行批准程序，直接实施限制人身自由的强制措施”。同时，该读本还认为：“行政强制措施是为了便于行政决定的作出或者行政目的的实现，不能作为制裁手段。”① 从读本中可知，如果是为了便于行政决定的作出，则可以认为行政强制措施是行政决定过程中的方法和措施，而不是一类单独的行政行为，但如果是为了行政目的的实现，则又可以认为是行政决定的一种。可见，行政强制措施的涵义仍有不甚明确之处。且关于即时强制既属于行政强制措施又属于行政强制执行的两个例证似很难经得起推敲。

2. 行政强制执行权的原则不同

大陆行政强制执行权是以人民法院执行为原则，以行政机关强制执行为例外。而台湾地区却主要是行政机关自行执行。由此，大陆学者对行政强制执行权是一种行政权的延伸还是司法权抑或是司法权、行政权兼顾而争论不休。而台湾地区却形成了比较一致的意见，他们认为行政强制执行权是行政权的延伸和扩展，是行政权的应有之义，为了保障公权力权威，行政机关作出行政处分，义务人不履行之时，应得自力强制履行。而大陆持行政强制执行权是司法权或者行政权与司法权兼具，主要的论点是因为行政决定权与行政执行权的区分，行政机关当然享有行政决定权，但却不一定享有执行权。当然，大陆行政强制执行权以人民法院执行为原则还有一个现实的重要原因，就是“从我们目前的状况来看，就是把行政强制执行权全部赋予行政机关，则会导致行政机关借口行政效率随意进行强制执行，使公民权利得不到有效的保护”。② 对此问题，台湾行政法学者却有相反的观点，在旧“行政执行法”时期，由于行政执行法没有规定金钱给付

① 乔晓阳主编：《中华人民共和国行政强制法解读》，中国法制出版社 2011 年版，第 10、11 页。

② 应松年教授在 1999 年海峡两岸行政法学术研讨会上的讲话。引自杨小君、王周户主编：《行政强制与行政程序研究》，中国政法大学出版社 2000 年版，第 63 页。

义务执行的问题，行政机关只能申请法院，准用民事领域的强制执行法强制执行。但台湾学者认为："公法上金钱给付义务之强制执行，本质上，仍属行政执行之范畴，移送司法机关之法院强制执行，不仅凸显行政机关强制执行能力之软弱而减损行政机关公权力之威信，并且也增加普通法院强制执行业务之负担。"①

笔者认为，行政强制执行权属于行政权之延伸应无异议，符合大陆法系长期以来对行政法各概念的打磨，及行政法理论逻辑的一致性。申请法院强制执行，只是为行政强制执行增加一个监督制约机制，这可以根据实施的现实情况，以实定法的规定为根据。台湾地区虽然强调行政执行权应有行政机关自行实施，但在拘提管收的案件中，由于涉及公民重大利益，也须先申请法院裁定。②

（二）两岸行政强制领域的相同之处

行政强制是行政权不可或缺的部分，也是为达成一定行政之目的所进行的必要手段。因而两岸在该领域有很多共同之处，如果单纯介绍制度上的共同点实无必要。在此，笔者仅就两岸行政强制发展趋势的共同点作一点论述。笔者认为两岸在行政强制领域的共同趋势就是警察权力的淡化，人权保障凸显。

台湾地区行政执行法一经颁布，就有学者对行政强制执行中的断水断电提出异议，认为其有违当代人权保障理念，"义务人纵然因而屈服，然而因断水断电之实施衍生出公共安全考虑、公民健康之隐忧，一旦发生意外损害，国家责任随之扩大，特别是在现代给付行政国家任务之下，提供人民或者营业者一个日常生活或营业活动基本需求之水电，乃为国家之宪法义务"。③ 而新"行政执行法"实施之后，各界对拘提、管收的情形反映强烈，"司法院"释字第五八八号解释认为：其一，拘提且管收合并声请，违反"宪法"第八条的正当法律程序，此部分几乎大多数"大法官"赞同；另一，拘提管收制度"合宪"其实质要件应通过"宪法"第二十三条比例原则之审查，就此部分"大法官"意见甚为分歧。④ 2005 年 5 月 27 日，为配合"司法院大法官"会议释字第 588 号解释意旨，经"立法院"修正完成本法第 17 条及 19 条有关拘提、管收等规定后，声请拘

① 廖义男：《"行政执行法"简介》，载杨小君、王周户主编：《行政强制与行政程序研究》，中国政法大学出版社 2000 年版，第 16、17 页。

② 参见台湾地区"行政执行法"第十七条：义务人有下列情形之一者，得命其提供相当担保，限期履行，并得限制其住居：一显有履行义务之可能，故不履行者。二显有逃匿之虞。三就应供强制执行之财产有隐匿或处分之情事者。四于调查执行标的物时，对于执行人员拒绝陈述者。五经命其报告财产状况，不为报告或为虚伪之报告者。六经合法通知，无正当理由而不到场者。义务人逾前项限期仍不履行，亦不提供担保者，行政执行处得声请该管法院裁定拘提管收之。

③ 董保城：《建筑物违规使用"断水""断电"法理及实务》，载杨小君、王周户主编：《行政强制与行政程序研究》，中国政法大学出版社 2000 年版，第 178 页。

④ 蔡震容：《行政执行法》，载翁岳生主编：《行政法》（下），中国法制出版社 2009 年版，第 1172 页。

提、管收之事由已为缩减，并尝试引进德国“代宣誓之保证”及“义务人名簿”制度。[①] 由以上两个案例则可以清晰看出，台湾行政强制领域警察权力不断淡化，更加强调人权保障。

大陆地区行政强制的立法也逐渐由强调警察权转为凸显人权保障，权力淡化的特点。其中最为典型的案例就是2003年由孙志刚案件而引发《收容遣送条例》的废止。收容遣送曾经是大陆计划经济时代救助、安置、教育流浪者的重要措施，但在改革开放之后，却成为大城市限制外来流动人口的手段，并且由于操作不规范，逐渐成为一种带有惩罚性质的行政强制措施。幸而在孙志刚案件发生之后，在相关学者的努力之下，国务院自行废除了《收容遣送条例》并代之以具有民事救助性质的《城市生活无着的流浪乞讨人员救助管理办法》。第二个比较典型的情况就是行政强制设定权的法律保留。现实当中，行政机关违法违规行使行政强制权的情况特别明显。因而此次《行政强制法》专门明确规定了本来应该由《立法法》规定的行政强制设定权问题。《行政强制法》第十三条规定：行政强制执行由法律设定。法律没有规定行政强制执行的，作出行政决定的行政机关应该申请人民法院强制执行。同时，该法第十四、十五条[②]还规定了行政强制权设定的公众参与条款以及事后评价制度，更加凸显了人权保障及权力淡化的特点。

综上可以看出，两岸行政强制的发展方向就是警察权力的不断淡化，相对人的地位不断提升，人权保障日益重要。

## 三、两岸行政强制发展展望——公民参与权概念的提出

行政强制领域的发展趋势表现在各个方面，有执行机关的企业化经营趋势、权力淡化趋势、公众参与趋势等等，不一而足。在此笔者仅就行政强制中发展趋势比较明显的公民参与作一论述。

---

① 林云虎：《台湾行政执行制度与实务——行政执行机关企业化经营之新风貌》，载杨解君、董保城主编：《海峡两岸行政（强制）执行理论与实务对话》，中国方正出版社2006年版，第11—15页。

② 第十四条：起草法律草案、法规草案，拟设定行政强制的，起草单位应当采取听证会、论证会等形式听取意见，并向制定机关说明设定该行政强制的必要性、可能产生的影响以及听取和采纳意见的情况。

第十五条：行政强制的设定机关应当定期对其设定的行政强制进行评价，并对不适当的行政强制及时予以修改或者废止。

行政强制的实施机关可以对已设定的行政强制的实施情况及存在的必要性适时进行评价，并将意见报告该行政强制的设定机关。

公民、法人或者其他组织可以向行政强制的设定机关和实施机关就行政强制的设定和实施提出意见和建议。有关机关应当认真研究论证，并以适当方式予以反馈。

### （一）“公众参与”与“行政程序”

20世纪中叶以来，行政法领域出现了两大突出特点，一个是公众参与热潮的兴起，另一个就是行政程序日益重要。蔡定剑教授在考察了欧美公众参与的实践和相关学者的研究后，指出作为一种制度化的公众参与民主制度，应当是指公共权力在进行立法、制定公共政策、决定公共事务或进行公共治理时，由公共权力机构通过开放的途径从公众和利害相关的个人或组织获取信息，听取意见，并通过反馈互动对公共决策和智力行为产生影响的各种行为。[①] 传统的公众参与理论一般主要是强调社会大众的参与，即是不特定的或者相对特定的群体一同参与行政立法、行政决策以及具体的行政治理过程。这种参与仍然以行政机关为主，讲求行政机关采取各种形式听取公众意见的角度，而且行政机关在公众参与过程中仍然享有最终或者较大的决定权。行政程序，则是基于提高行政活动的效率，保障相对人的权利角度，设置的行政活动的方式、方法、步骤、期限。当然，从英美法系兴起的自然公正、正当程序等原则指导下的行政程序主要还是强调保障相对人的权利。以自然公正为基础的程序规定，主要保障两方面的内容，一方面是自己不能做自己的法官，另一方面是不能仅听取一方意见。而“行政程序相较于其他国家公权力行使程序，尤其司法程序，最显著的不同即为：行政机关在行政程序中既是‘当事人’（程序主体），又是‘决定人’。亦即有‘球员兼裁判’的特征”,[②] 因而行政程序更加强调，在作出行政决定之时，要听取当事人的意见，如当事人程序上的陈述辩解权等。

笔者认为，行政法领域的公众参与现象与行政程序兴起有共同之处，即均是现代社会理念的体现。自文艺复兴以来，人的主体性地位极大提升，现在社会的理念已经要求当涉及相关主体利益的决定时，必须赋予相关主体参与的机会。只不过，基于行政专业性的考量，参与的程度与方式不同而已。因而，本文采用“公民参与”一词来表示公众参与与行政程序交叉、混合的内容。

### （二）公民参与的梯度

1969年，雪莉·阿恩斯坦在美国规划师协会上发表了一篇名为《市民参与的阶梯》的文章。在文中，她提出了公众（公民）参与的八个梯度：操纵、训导、告知、咨询、展示、合作、授权和公共控制。“操纵”和“训导”是“参与的组织者以公众参与的名义把参与者置于‘顾问’或摆设的虚假位置上，目的是为了让参与者接受‘教育’，或参与不过是证明自己的合法性”。而“告知”和“咨询”只不过是组织者把信息通知参与者，并公开听取参与者的意见，“它

① 蔡定剑主编：《公众参与：风险社会的制度建设》，法律出版社2009年版，第5页。

② 汤德宗：《行政程序法》，翁岳生主编：《行政法》（下），中国法制出版社2009年版，第918页。

并不能保证公众的意见和公众的利益能得到充分的考虑”。“展示”则是将“参与方案向公众展示并听取意见”，“因为基本规则允许参与者提出建议，但是仍然保留组织者作出最后决定的权力”。“合作”则是参与者可以与组织者进行谈判，并与传统权力持有者进行协调。“授权”和“公众控制”是在一些项目中，参与者通过与组织者协商，获得大多数决策者的席位或者完整的管理权力的参与方式。①

当然，她的参与梯度理论，主要是从参与的过程以及分享决策权的程度来划分的，并没有涉及参与者的界定和不同的行政过程。如果是确定的利害关系人参与且在行政行为作出的阶段，则是我们所说的行政相对人的程序性权利。而如果是在行政立法领域笼统的公共利益，那么更多的就是我们所认为公众公共参与的问题了。基于阿恩斯坦的理论，我们可以对大陆《行政强制法》及台湾地区“行政执行法”作如下归类：

**表一：大陆《行政强制法》公民参与条款（数字表示行政强制法法条的序号）：**

| | 操纵 | 训导 | 告知 | 咨询 | 展示 | 合作 | 授权 | 公共控制 |
|---|---|---|---|---|---|---|---|---|
| 行政强制的设定（立法） | | | 14 | 14、15 | | | | |
| 行政强制措施 | | | 18、20、21、24、25、31、32 | 8、14、15、18、20 | | | | |
| 行政强制执行 | | | 35、36、38、44、45、51、54 | 35、36、39、58 | | 42 | | |

**表二：台湾地区“行政执行法”公民参与条款（数字表示行政强制法法条的序号）：**

| | 操纵 | 训导 | 告知 | 咨询 | 展示 | 合作 | 授权 | 公共控制 |
|---|---|---|---|---|---|---|---|---|
| 总则 | | | 5、10 | | | 5、8、9 | 9 | |
| 公法上金钱给付义务之执行 | | | 13、14 | 14 | | | | |
| 行为或不行为义务之执行 | | | 27、31 | | | 17 | | |
| 实时强制 | | | | | | | | |

（三）“公民参与权”

政治学学者和行政学、管理学就公众（公民）参与理论与内涵作了十分细致的研究，为法学学者提供了大量的素材。但目前为止，法学学者仅将公民参与理论和内涵转化为行政法上行政机关的具体程序义务，如告知义务，发布法律草

① 以上内容，参见蔡定剑主编：《公众参与：欧洲的制度和经验》，法律出版社2009年版，第12—25页。

案义务，举行立法听证会等，至多再进一步上升为行政相对人的具体的程序性权利，而并没有将其上升为公民的一种概括的实体性权利，即公民参与权。根据现代社会对自由及人主体性的认识，公民在行政领域的参与上升为公民参与权，应该是行政法治的发展方向，当然行政强制领域也不例外。

根据行政学、管理学学者对公众（公民）参与理论的研究（主要以阿恩斯坦的参与梯度理论），我们可以看出，公民参与权是公民以权利主体身份，为维护和发展自身利益或公共利益，以法定形式参加行政活动过程，并对行政决定直接发生作用与影响的一种综合性权利，并可以将公民参与权分解为参与资格权、发起权、知情权、表达权、监督权和参与决定权、参与实施权等。①

正所谓“无救济即无权利”，一旦将公民参与的内容（见表一、二）上升为公民参与权的高度，则我们对违反表一、二中条款的行政活动，不仅可以以违反程序或者侵犯公民具体程序性权利为由提起诉讼救济，而且可以径行以公民参与权受侵犯提起诉讼。以公民参与权受侵犯为由提起诉讼，不仅使法律明示具体的行政相对人或者社会公众享有权利的情况获得了救济，而且也概括地使法律仅仅规定行政机关履行义务的情况而默示赋予公民参与权的情况获得了救济。在后果上，更应该判定违反上述条款的行政活动无效，而不能允许行政机关补正。行政机关只能就判定无效后的现实情况重新进行调查作出决定。②

行政强制领域，虽然多涉及强制执行，是政府单方的事实行为，但也应保证公民参与权中的知情权、表达权、监督权以及一定的参与决定权和参与实施权③。因而今后行政强制领域立法发展的一个重要的方向就是将行政强制中的公民参与现象上升为公民的公民参与权来保障。

## 四、结语

正如孔夫子所曰“温故而知新”，我们应该常回头看看我们法律的发展历

---

① 关于公民参与权的内涵与类型主要参考了邓佑文博士的博士论文。邓佑文：《参与式行政中的政府与公众关系研究》，中南财经政法大学2012届博士论文，第92页。

② 判定行政行为无效，并非是说，行政机关不能再次作出行政决定，但是行政机关再次作出行政决定时，应该以现有的状况为基础。例如，甲的房屋是违章建筑，行政机关没有履行告知义务，就将其拆除。如果甲以公民参与权为由提起诉讼，法院裁判强制拆除行为无效。则此时的效力应是因为没有履行告知义务，导致公民参与权受侵犯，则在没有履行告知义务前，应该认为甲的房屋是合法建筑，行政机关的拆除行为侵犯了甲的合法财产，应予赔偿。赔偿之后，则由于违章房屋事实上已经灭失，则行政机关没有必要再次作行政决定。再者如乙欠国家税款1000元，行政机关强制划拨之后，没有告知乙。乙以侵犯公民参与权为由，提起诉讼，则法院宣告划拨无效，行政机关不仅要返还乙1000元，还应返还期间的孳息。返还之后，由于乙仍然欠国家税款1000元，则行政机关可以依法律规定，就当下情况作出新的行政决定。

③ 如大陆的执行协议、台湾地区的“义务人协助义务”等。

程，如此一来我们方能从历程中寻出规律，进而预测未来。总的来说，两岸行政强制领域的法治发展一个重要的趋势就是警察权的淡化，公民参与的强化，人权的凸显。将公民参与活动上升为公民参与权来保障，应该是未来行政强制领域发展的一个方向。

# 必须高度重视行政执法风险防范的重要性

**焦志勇**

◉ 首都经济贸易大学法学院教授

2011年3月，十七届中央政治局就推进依法行政和弘扬社会主义法治精神举行了第二十七次集体学习会。在会上，胡锦涛总书记明确指出：推进依法行政，弘扬社会主义法治精神，对深化政治体制改革、发展社会主义民主政治，对全面实施依法治国基本方略、加快建设社会主义法治国家，对建设富强民主文明和谐的社会主义现代化国家、实现党和国家长治久安具有十分重要的意义。应当讲，自2004年3月国务院发布《全面推进依法行政实施纲要》近七年来，各级政府在依法行政、推进行政管理体制改革等方面都采取了一系列积极而有效的创新改革措施并取得了显著的成绩。但我们也应当看到，随着经济体制和政治体制改革的不断深入，一些社会矛盾也日显突出且尖锐，政府如何合理地调节与调整各种社会利益关系，并通过依法行政来正确处理社会矛盾，不仅已成为当前社会管理所出现的新情况，而且也成为政府当下在依法行政中防范行政执法风险的新问题。[①] 从近年来轰动全国的上海市"钓鱼执法事件"、海南省"砒霜门"、长春市"强拆致人被埋并窒息死亡案"、"广州二沙岛违法建筑案"等违法行政案件来看，这些违法的行政行为不仅侵害了行政相对人的合法权益，而且也给行政机关公信力带来不同程度的损害。因此，从构建和谐社会、实现党和国家长治久安的高度来认识行政执法风险问题，积极、有效地采取防范措施，并最大限度地降低此类风险对社会稳定的不良影响，不仅成为关系到提升政府依法行政水平和构建法治政府的重大问题，而且也成为维护社会安定与和谐，实现党和国家长治久安的行政法理论与实践的重大问题。

---

① 2010年10月10日发布的《国务院关于加强法治政府建设的意见》（以下简称《意见》）中明确指出："当前，我国经济社会发展进入新阶段，国内外环境更为复杂，挑战增多。转变经济发展方式和调整经济结构的任务更加紧迫和艰巨，城乡之间、地区之间发展不平衡，收入分配不公平和差距扩大，社会结构和利益格局深刻调整，部分地区和一些领域社会矛盾有所增加，群体性事件时有发生，一些领域腐败现象仍然易发多发，执法不公、行政不作为乱作为等问题比较突出。"从目前实践来看，诸如：征地拆迁、环境保护、劳动争议、涉法涉诉等领域已成为损害群众利益的问题十分突出。

## 一、如何认识执法风险的真正内涵

一般而言，行政执法风险是指：具有执法资格，负有法律、法规所赋予的权力或履行职责的国家公务人员，在国家行政管理事务实施中存在有未按照或未完全按照法律、行政法规、规章要求的行为执法或履行职责，因此而侵犯或者损害行政相对人的利益，并造成一定的物质或精神上的损失所应依法承担相应责任的可能性。就行政执法风险而言，行政执法风险是行政机关在执法过程中因执法行为所产生的法律风险，而不是行政机关或者公务人员非公务行为产生的风险。这种风险的表现形式及在风险引发事件后行政机关及相关行政执法人员所承担法律责任方面的理论及实务问题，国内行政管理学及行政法学的学者多有论述。例如：有的学者认为，行政执法风险的表现形式是多样的，因其执法主体的不同而有所区别。执法主体分为单位主体和个人主体。单位主体主要包括有执法资格的国家机关以及经法律、法规授权的组织；个人主体是指依法具有执法资格的单位主体中的工作人员，即具有执法资格的个人。对单位主体而言，风险的主要表现形式为名誉损害和经济利益的减损，例如：因为行政执法错误而导致行政败诉或行政赔偿案件，既对执法单位的名誉造成一定的负面影响，又要给相对人支付经济赔偿，造成单位经济利益的损失。对个人主体而言，风险的主要表现形式为相应的纪律、法律责任，例如：执法人员在执法过程中滥用职权，可能会受到党纪、政纪乃至刑事法律的追究。由于任何执法单位的执法行为都是由具体的工作人员来实施的，所以，在行政执法风险上，执法单位和执法人员所面临的风险往往是混同的，单位主体主要以其名誉和财产承担法律风险责任，而个人主体则以名誉、经济利益，甚至人身自由等形式来承担法律风险责任。尽管上述学者们对行政执法风险的表述体现了行政执法风险的形式、种类以及违法行政者应当承担的法律责任，但从依法治国的角度讲，就行政执法风险防范的实质和内涵的全部而言这种表述是不完全的，其表述存在着认识上的偏差。笔者认为：就行政执法风险的微观层面说，行政执法行为是由行政执法人员具体实施的，执法过程中的行政机关单位主体的与执法人员个人主体责无旁贷地要承担因风险致违法行政案件发生而产生的法律责任。但就行政执法风险的宏观层面说，单位主体与个人主体所实施的行政是为实现国家行政管理职能而进行的，他们所出现的行政执法风险不仅直接影响其单位主体及个人主体的利益，而且更重要的是这类行政违法事件的发生严重影响着国家行政管理职能的正常实施和公众对行政机关的信任度。上述行政执法中出现的违法事件所引发的不良社会影响就是最好的证明。我们必须看到，公众因此类行政违法事件对执政党和政府，以及行政机关信任度的降低甚至丧失的趋势正是我们行政执法风险背后的最大风险。因此，从维护和实现党和国家长治久安的高度来认识，防范行政执法风险的内涵不仅包括对行政机关的风险和相关行政执法人员的风险两个层面，而且还应当包括由于行政违法行为给执政党和政府，以及行政机关“公信力”造成不利影响的可能性，而这种不利影响的可能性不仅关乎我们党作为执政党的形象和政府的威信，而且也直接关乎我们政府是否能够保证国家行政管理不偏离为人民服务目标的实现、构建和谐与稳定的社会秩序与环境、增进建立公民与政府之间信任关系等重大问题。因此，笔者认为，就行政执法风险的内涵而言可以表述为：是指具有执法资格的国家公务人员在执行法律、法规所赋予的权力或履行职责的过程中，存在有未按照或未完全按照法律、行政法规、规章要求的行为执法或履行职责中侵犯、损害了行政相对人的利益，并造成一定的物质或精神上的损失，以及应履行而未履行职责，由此给执政党和政府以及行政机关“公信力”造成不良影响所应承担法律责任的可能性。

## 二、必须从党和国家长治久安的高度重视行政执法风险防范的重要性

国务院2010年10月10日印发的《关于加强法治政府建设的意见》中指出：“各级行政机关及其领导干部一定要正确看待我国经济社会环境的新变化，准确把握改革发展稳定的新形势，及时回应人民群众的新期待，切实增强建设法治政府的使命感、紧迫感和责任感。”应当讲，行政执法是行政机关最经常、与人民群众权益最直接相关的社会管理活动。应当看到，近年来，我国各级政府行政执法机关普遍开展“防范廉政风险和监管风险”的管理工作，此项工作得到进一步地扩展和深入，并在行政机关依法行政工作方面取得了较为显著的成效和成绩。但我们也必须看到，各级政府这种行政执法风险防范的工作大多集中在其行政行为特殊性质及执法风险易发的行政管理领域，如公安机关、工商行政管理部门、城市管理行政执法部门等，且这项工作多体现为相应行政机关针对其自身业务方面的风险所作出的所属公务人员工作指导性的警示或建议。然而，轰动全国的上海市“钓鱼执法事件”、海南省“砒霜门”、长春市“强拆致人被埋并窒息死亡案”、广州市“二沙岛违法建筑案”等类似事件所反映出的公务人员违法行政问题以及由此引发的“民愿”甚至是“民怨”来看，目前各级政府的行政机关仅仅把引发行政执法的违法事件的风险定格在个别行政机关或者公务人员的直

接法律责任的认识显然是浮浅和有害的。[①] 笔者认为，这种认识之所以是浮浅的和有害的在于：表面上看个别公务人员在行政执法过程中所呈现的违法行为侵害了行政当事人的合法权益，应当追究违法者甚至相关行政机关的法律责任，但从深层次讲，个别公务人员乃至相关行政机关的违法行为不仅严重削弱了行政机关依法行政的"公信"基础，而且从根本上给我们执政党和政府的威信以及行政机关的公信力造成了严重的损害，而这种风险直接威胁着我们党和国家的长治久安。行政执法风险虽然不必然引发行政违法事件的发生，但每一重大行政违法事件的背后必然是行政执法的风险所引发和演变而成。究其原因，实质上是一些行政机关和公务人员仅仅把风险的防范局限在单位的"政绩考核"和个人的"人身安全"方面，而未把行政执法风险防范乃至这种风险背后的风险防范提升到关乎实现党和国家长治久安的高度来认识，进而酿成极坏的社会影响。事实证明：每一行政执法中所发生的违法事件，受到最大伤害的实际上是执政党和政府的形象，以及行政机关的公信力，而这种伤害远远比有关事件本身给相关当事人造成的损失更烈。因此，从人民的根本利益出发，从党和国家长治久安出发，各级行政机关必须高度重视行政执法风险乃至风险背后风险防范的重要性，必须始终把行政执法风险防范工作摆在突出的重要位置来抓，从而最大限度地防范和化解此类风险背后更大风险可能性的产生。如果行政机关以及公务人员不能从维护人民的根本利益以及党和国家长治久安出发，从根本上预防行政执法风险的产生，必将会严重损害我们执政党和政府的形象，严重损害国家行政机关的公信力，严重损害我们党和国家与人民的关系。"水能载舟，亦能覆舟"，这是千百年来妇孺皆知的古训，而这一古训是值得我们行政机关以及每一个公务人员深思的！因此，各级行政机关应当在新的角度和高度对行政执法风险乃至这种风险背后风险的防范有更加清醒的认识。行政机关的施政行为不仅要对自己公务人员的所作所为负起责任来，而且还要从人民根本的利益出发，最大限度地预防行政执法过程

---

① 关于海南省工商行政管理部门发生的"砒霜门案"社会反响很大，其评论多见报端。现摘录一篇2009年12月7日发表在《经济观察报》第16版的该报评论员李翔撰写《"砒霜门"充满疑虑》部分内容："表面看来，事态似乎一目了然，但是在这个疑虑重重的年代，我们不知该如何表态。我们坚定地支持过那些在我们看来代表了商业积极力量的企业和企业家，但是一些惊人的丑闻愚弄了我们，让我们开始变得犹豫不决；我们也曾怀着善意看待政府对权力的使用，相信政府能够有效的维护公众和社会的利益，但是不断发生的对权力的滥用让我们同样不能确定自己的善意和信任是否妥当。作为媒体，我们反对公权力的滥用。因为不受约束的公权力的滥用，将会对承受这种滥用权力的公司和个体造成巨大的伤害。——同样地，我们也反对商业力量强大到能够随意颠覆和改变政府的决策，因为我们还要（在此时代亦必须）依靠政府权力来维护整个社会和全体公众的利益。我们支持受到权力滥用伤害的公司积极起身反对这种滥用。它们的行为对整个社会亦有正向作用，或者正向的溢出效应；但是我们恐惧它会让政府在下一次维护公众利益时变得畏首畏尾。我们也支持政府能够及时地将自己所认为的错误之事公之于众，但我们恐惧这样的行为背后隐藏着对权力的滥用和操纵。我们担心公权力伤害正向的商业力量，我们亦担心公司利益绑架公权力。"

中的风险产生，从根本上有效引导和控制行政行为，使政府的公共行政行为更好地为公众服务。只有这样，我们的各级政府才能真正地赢得公众的支持和拥护，才能真正地使施政行为更好地提升到法治水平，才能真正地实现党和国家的长治久安。

## 三、防范风险的主要途径

现代社会的行政执法风险特征和中国社会加速转型的高风险性，迫切需要我们加强对行政执法风险的防范，并加快社会改革的步伐，疏通民意表达和利益诉求的渠道，建立调适民众心理、缓解社会情绪、防范和化解社会风险的长效机制。因此，高度重视行政执法风险以及风险背后风险防范的重要性，做好各项防范工作，最大限度地减少风险和化解因风险所形成的违法事件产生的社会不良影响已是我们目前依法行政极其重要的工作内容。

首先，各级行政执法机关必须从实现党和国家长治久安的高度充分重视行政执法风险防范的重要性。当前，我国政治与经济的改革正处于极其关键的阶段，由各种社会矛盾所引发的行政纠纷及案件已经成为影响治安秩序和社会稳定的突出问题。因此，从思想上高度重视行政执法风险背后风险防范的重要性，努力作到依法行政，并妥善预防和化解行政执法风险所引发的行政违法案件，是当前行政执法机关维护社会稳定、创建和谐社会，实现党和国家长治久安所面临的一项十分严峻而紧迫的重大任务。2011 年初，胡锦涛总书记在中央党校举行的省部级主要领导干部社会管理及其创新专题研讨班开班式上指出，正确把握国内外形势新变化新特点，针对当前社会管理中的突出问题，着重研究加强和创新社会管理、做好新形势下群众工作的思路和举措，为促进社会和谐、实现“十二五”时期经济社会发展目标任务凝聚强大力量。因此，我们应当正视社会管理过程中出现的新情况，在社会管理改革与创新中努力解决新问题。应当承认，目前随着政治、经济、文化制度改革的不断深化，各种社会矛盾逐步集中凸显，不仅给社会管理而且也给行政管理部门的执法提出了新的挑战。如何在新形势下依法创新行政执法手段，如何有效地防范行政执法中各种风险的出现，并努力提升社会管理风险防范的新水平，是各级行政执法部门依法行政工作中亟待解决的重要问题。

其次，强化行政执法队伍建设，建立行之有效的管理制度。从根本上做到依法行政，最大限度地减少行政执法过程中的风险发生，关键还在于行政执法队伍建设。各级行政机关必须把“队伍建设”作为依法行政、防范风险的一项基础性、长期性工作抓紧和抓好。“队伍建设”的一个重要方面就是要加强行政执法人员的思想道德素养，树立“为人民服务”和“依法行政”的形象。行政机关不仅要强化对行政执法人员的“法治”教育和“风险”的警示教育，而且还要不断强化行政执法人员的“为人民服务”的观念，从近年来我国“廉政与监管风险防范”的实践看，一个将个人利益或者单位利益看得高于国家利益和人民利益的官员和单位，法律、行政法规和规章制度在他们面前都会形同虚设。因此，要提高行政执法机关和行政执法人员的道德素养与“为官”的道德水准，真正地做到一切社会管理必须以维护好、实现好、发展好人民群众的根本利益为出发点和落脚点。“队伍建设”的另一个重要方面就是要开展执法队伍的整顿工作，搞好管理体制和制度建设，建立和完善工作激励机制、约束机制和监督制约机制，以实现建设廉洁、勤政、务实、高效的行政工作人员队伍的目标。对于新录用行政执法人员，要严格标准，实行公平竞争、择优录用，切实把好进人关。严肃执法纪律，强化执法监督，将行政执法人员的管理和执法责任制工作相结合，增强执法人员依法行政的自觉性，从而真正地建设一个精通法律、精干高效的法制机构和一支素质过硬、勇于任事的政府法制公务员队伍。

第三，要规范执法行为，提高执法质量。对于行政执法人员而言，严格依法执法，提高执法质量，是预防和化解行政执法风险的主要途径。行政执法人员在执法过程中，应当严格按照法定的权限、程序、内容及要求做出行政执法行为。努力克服执法随意性，避免违法、违规行为的发生，从而提高行政执法质量，以防范行政执法的风险。对于执法机关而言，应当在法律、法规的框架内针对本系统的每一个岗位制定出相应的工作职责和工作标准及责任追究的实施办法，做到有章可循。与此同时，各级行政执法机关应当完善执法监督机制，加大内部惩处力度。行政执法是行使国家行政权的重要形式，如果缺少有效的监督和制约，就可能偏离法制轨道，导致专横，滋生腐败，行政管理的目标就难以实现，公民的合法权益就无法保护。在实践中，有些地方和部门行政权力运行不透明，监督渠道不畅通，人民群众监督没有落到实处；行政部门对行政权力的监督制约以及行政问责失之于宽、失之于软，有案不查、有错不纠、有过不惩的问题还相当程度上存在。要解决上述问题就需要我们充分发挥执法责任制的功效以及执法监督机制的作用，建立起以执法责任制为核心的目标管理考核机制；严格过错责任追究，加大行政惩处力度，以促进执法人员依法行政由被动转为主动，有效地防止权力滥用行为的发生，减少违法执法行为，化解执法危机。违法执法行为是否受到依法追究，不仅是衡量行政执法责任制工作成效的主要标志，同时也是公众对于政府依法行政的考量。因此，行政机关要结合各部门实际工作制定完善切实可行的“行政问责制”中追错标准和操作程序。同时依法加强内部监督，切实纠正执法违法行为，坚决纠正和处理那些在行政执法中故意和过失违法违纪的行为，努力使违法责任追究工作取得实效。

第四，各级行政执法机关要加强行政执法的宣传，做好行政调解工作，最大限度地减少风险的发生。依法行政与行政机关的行政职能、为人民服务的目标是相一致的，行政机关依法行政就是将保证行政管理遵循为人民服务的目标。因此，行政机关应当加大行政执法的宣传，积极营造全社会尊法、守法、依法维权的良好环境。与此同时，通过行政执法的宣传，增强全社会尊重法律、遵守法律的观念和意识，并积极引导公民、法人和其他组织依法维护自身权益，逐步形成与建设法治政府相适应的良好社会氛围，从而赢得人民群众的充分理解、广泛支持和积极参与，并在此基础上建立公民与政府之间良好的信任关系，以努力构建行政执法部门与社会各界及广大行政相对人的和谐关系，从而最大限度地预防与化解行政执法风险，避免行政违法事件的发生。与此同时，各级政府应当在实践中逐步建立与完善包括群众利益协调机制、群众权益保障机制、劳动关系协调机制、社会矛盾调处机制、社会稳定风险评估机制等维护群众权益、维护社会稳定的行政调解机制，从而使各级政府在新形势下，最大限度地做好社会管理，加强社会建设，推进社会改革。

综上所述，努力防范行政执法风险背后的风险是我们执政党的“生命线”，努力提高化解行政执法风险的能力是政府一切工作的“健康线”。因此，我们必须不断地增强大局意识、责任意识和危机意识，始终把行政执法风险防范的工作摆在一个突出的位置，大力夯实风险防范各项基础工作，增强风险化解的实际能力，从而使行政执法的风险防范工作提高到一个新水平。

# 行政守法责任书与法治主义

**郭庆珠**

◉ 天津师范大学法学院副教授，法学博士

## 一、引论：三亚宰客危机与作为危机处理措施的行政守法责任书

2012年春节假期期间，美丽的海滨城市三亚屡屡出现商家宰客现象，并迅速发酵为社会公共事件。在事件中，人们谴责的矛头不仅指向了不良商家，并且指向了对商户负有管理职责的行政机关，后者迅速成为事件的焦点，进而演化为人们对于行政机关是否认真履行管理职责的信任危机。其实类似的事件在2011年春节期间就曾经上演过，行政机关也有过积极的应对，其中最重要的应对措施之一就是三亚工商局积极推行“守法责任书”制度。据媒体报道，在2011年春节期间三亚工商部门和海鲜排档经营者集体签订了诚信守法经营责任书（以下简称为三亚工商守法责任书），主要内容包括：（1）海鲜排档如被相关行政职能部门查实存在严重欺客宰客行为，情节严重，影响恶劣的，实行“一次性死亡”，由工商部门依法吊销营业执照。（2）经营过程中若有欺客宰客行为被消费者申诉、举报并被市级以上新闻媒体曝光，要立即自行停止营业，进行内部整顿。（3）海鲜排档必须使用统一的四联点菜单。点菜单须经消费者签名确认且留存备查时间不得少于一年。①

三亚宰客危机处理中映入人们视野中的“守法责任书”并非是一个完全新鲜的事物，近些年的实践中行政机关与相对人签订守法责任书的并不少见，比较典型的除了上述工商机关与商户签订的守法经营责任书外，还有地方政府与企业签订的依法节能责任书、税务机关与纳税企业签订的依法纳税责任书、公安机关与被管理对象签订的治安管理责任书等。上述责任书的名称虽各异，但其主要内容基本相同，包括行政机关如何对相对人进行管理和相对人如何守法等，笔者把实践中类似的“责任书”统称为行政守法责任书。

从表面上来看，各种行政守法责任书由行政机关和相对人“约定、合意”

① 参见王成诚著：《三亚海鲜排档集体签责任状，严重宰客“一次性死亡”》，载《南国都市报》2011年1月27日第4版。

而形成，似乎可以归入行政契约（或称为行政合同）的范畴，那么它是否是行政契约呢？这是一个需要厘清的问题，因为这会涉及法律规制和相对人法律救济等诸多方面。在“约定、合意”之名下而呈现出来的形式上的“相对人承诺”在实践中往往会成为行政机关管理相对人和正当化自身行为的依据，那么，如此一来，“依法行政”有可能演化为“依约定行政”，而这种事实上的“依约定行政”在实践中正被行政机关广泛采用，尤其是在某些执法难度较大、执法环境比较复杂的领域，行政机关往往会把这种“约定”视为是“以子之矛，攻子之盾”的利器，而且对于行政机关而言“约定取得”的低成本化更是会激发其极大的热情。尤其是在执法危机出现的时候，守法责任书总会闪亮登场，这对行政机关有两个方面的利好：一是责任书的内容可以表明行政机关应对危机管理的积极作为；二是若后续发展中危机未得到完全解除，相对人没有履行承诺一般会成为行政机关为自己执法不力进行辩解的完美借口。故而行政机关总是乐于让相对人签署责任书，正如上文提到的三亚宰客事件中，让商户签署守法责任书成为危机应对和落实整改措施的最优先选项之一。

存在的未必就一定是正当的，如何用法治的理念和精神去考量守法责任书及所谓的“相对人承诺”等问题，实现责任书和法治主义的完美对接，是人们必须考虑的一个现实课题。

## 二、行政守法责任书的法律性质

从法律性质上进行准确定位是对行政守法责任书进行法治解读的核心问题，实践中也有对此予以厘清的现实需求。

### （一）“假契约”定性中的理论困惑

有的学者把行政守法责任书定位为“假契约”，认为它仍然属于行政契约的范畴，但是行政契约的一种特殊形态。之所以认为它仍然属于行政契约的范畴是基于三个主要理由：（1）行政守法责任书具有行政契约的两个基本要素，即存在合意和类似于行政行为的权力因素，尽管合意不显然，但是依然存在。一方面，责任书是在广泛征求意见的基础上确定的，这种交换意见的过程有合意的因素在里面；另一方面，类似于商场买东西，消费者在不能砍价的情况下购物被视为是契约，责任书的签署与此相似，相对人对于责任书的签订享有接受或放弃的最终决定权，应被视为有合意的过程。（2）出于共同的目标，相对人和行政机关之间存在互动互助的共栖关系，从而会使责任书签署过程中行政机关对相对人事实上的强制效果获得实践正当性的解说，从而可以有效地解释双方的合意。（3）行政守法责任书都是采取签订合同或者协议的方式，这样的外观和形式，也是判断它属于行政契约的一种重要标准。①

笔者认为，针对人们有关相对人意思表达自由受到行政机关压制、缺乏选择自由从而导致合意缺乏的质疑，假契约理论给出的理由虽有一定的道理，但尚缺乏充分的说服力。

首先，责任书内容确立过程中的广泛征求意见和其他行政行为中的听取意见并无多大的区别，相比其他行政行为而言，实际上无法承载对其功能的过度解读，用其来解释合意的存在显然有些牵强。在现代社会，出于对间接民主的补充和行政行为正当性的诠释，任何行政行为都非常注重对于相对人意见的听取和利益的协商，从而使行政行为在“合法律性”的基础上更具正当性。“通过多元利益的表达、协商和调和而使行政政策得到合法化，尽管并不是一种完美的现实方案，但与传统行政法所适用的通过形式正义所表现出来的‘合法律性’方案相比，对现代行政过程具有更强的合法化能力。”② 即使仅仅从正当法律程序的视角来看，听取相对人意见也已经成为一个基本要求，因而用行政行为过程中的一个普遍做法来说明行政契约中“合意”这一特殊情况是不妥的。

其次，从自由选择的视角，责任书的签订和商场买东西并不具有可比性。在超市等商场，虽然消费者并没有砍价，也不允许砍价，但人们并不质疑是在签订契约。笔者认为，主要原因在于在这个过程中虽然消费者不能砍价，但是其选择自由是被充分尊重的，并不影响合意的真实性，有两个方面的原因：一是单从消费过程而言，商场和消费者之间是完全平等的，甚至消费者更为强势，俗话说“消费者是上帝”就是一个很好的注脚；二是商场并非是一家，而且相互之间竞争激烈，消费者在商场内虽不能砍价，但是可以选择不同的商场，这就使得商场内不能砍价对消费者选择自由的制约失去了意义，从而保证合意的真实性和自愿性。而责任书的签署与商场买东西显然不同。一方面，行政机关和相对人之间是不平等的，行政机关掌握国家权力和大量的公共资源，有强大的国家机器作为后盾，处于弱势地位的相对人之选择自由必然受到压制，在实践中这是一个不争的事实；另一方面，与商场不同，相对人面对的行政机关只有一家，相对人没有任何选择的余地。因而相对于商场的消费者而言，行政守法责任书中的相对人并没有“要么接受、要么放弃”的最终决定权，只要相对人在某个行政机关的职权管理范围内从事活动，就只能“接受”，而不能像商场消费者一样，不在这个商场消费，还可以去其他商场消费。例如，海鲜排档经营者如果要想在三亚市经营海鲜排档就必须和工商局签署守法责任书，放弃了守法责任书的签署也就意味着

---

① 参见余凌云著：《行政法上的假契约现象——以警察法上各类责任书为考察对象》，载《法学研究》2001 年第 5 期。

② 王锡锌著：《公众参与和行政过程——一个理念和制度分析的框架》，中国民主法制出版社 2007 年版，第 40 页。

放弃了海鲜排档的经营，因为在三亚市并没有其他的工商机关供你选择。对于行政契约而言，行政机关和相对人之间的意思表示一致包括两个方面：一是自由选择对方的一致，二是对合同条款认识的一致。① 对比行政守法责任书，“自由选择对方的一致”显然是缺失的。

第三，用行政机关和相对人之间所谓的互助互动共栖关系来说明相对人的自愿选择和合意的存在也是值得商榷的。一方面，出于维护公共利益和公民福祉的需要，行政机关享有行政优益权，公民和社会组织有义务协助和配合行政机关的公务活动，这在任何行政行为中都是一样的，以在此基础上所产生的所谓“互助互动”导出合意的存在显然在逻辑上缺乏周延性。另一方面，假契约理论在论证互助互动关系时以治安责任书为例指出公安机关和相对人有实现良好社会治安秩序的共同目标，从根本上说并不违背相对人的意思，因而会乐于接受并签署责任书。“正是为了这样的共同目标，甚至可以容许派出所要求相对人必须签署责任书，因为这从根本上说，并不违背相对人的意思，有哪个商家或个体户愿意社会治安混乱的呢？进而不乐意接受应尽的，而且是力所能及的责任呢？”② 此论证逻辑实际上有偷换概念的嫌疑，对于公安机关维护良好社会治安秩序的目标，相对人无疑是认同的，但是认同目标并不表明就一定会乐于接受责任书对于自身义务或责任的设定，换句话说，认同目的未必一定认同手段，以目标认同上的互助互动共栖关系来说明责任书中的相对人自愿和合意显然不够严谨。而且从实践来看，上述论述中所言的“应尽的，而且是力所能及的责任”往往并非是相对人“应尽的”和“力所能及的”，因为行政机关在很多情况下会通过责任书为相对人新设义务或以更为不利的裁量基准为相对人认定义务。正如三亚工商守法责任书中，商户会认同工商部门实现良好经营秩序的目标，这对其经营活动的开展显然是有利的，因为个别商户宰客现象的存在会使得顾客减少，收益下降，因而会乐于配合工商部门依法进行的管理，但是并不表明会乐于接受责任书设定的义务和责任，试想有哪个商户会从内心乐于接受所谓的“一次性死亡”呢？附加说明一点，上述论述提到“甚至可以容许派出所要求相对人必须签署责任书”，既然是“必须签署责任书”，就无所谓“容许”可言了，这种“容许”就只能是“命令”中的协作和服从，对此下文将进行阐述。

总之，笔者认为，行政守法责任书中所谓的合意不仅仅是不显然的问题，而是是否存在的问题，从现有理论来看认定其存在的理由是不充分的，把责任书归属为行政契约的范畴是值得反思的，即使它具有合同或协议的外在形式，也不足以改变其内在实质。

---

① 参见马怀德主编：《行政法学》，中国政法大学出版社2007年版，第280页。

② 余凌云著：《行政法上的假契约现象——以警察法上各类责任书为考察对象》，《法学研究》2001年第5期。

### （二）契约式命令与命令的协作、服从

从内在实质而言，行政守法责任书应该属于行政命令的范畴，但是行政命令的一种特殊形式，因为它表面上具有契约的外部特征，笔者把它称为契约式命令，而并非特殊形式的契约。

行政命令是指行政主体依法要求行政相对人为或者不为一定行为（作为或者不作为）的意思表示。一项行政行为是否属于行政命令，不取决于其名称形式，而取决于其是否具备设定义务的内容。行政命令既可以是书面方式，也可以是口头方式，还可以是动作方式，其名称通常用“命令”，但在实践中也可能并不用“命令”名称，而用“布告”、“指示”或者“通知”等名称。① 行政守法责任书是以契约形式出现的特殊行政命令，就像“布告”、“通知”等形式可以承载实质意义上的命令一样，以契约的形式也可以承载命令的内容，相对人名义上的签署以及形式意义上的承诺并不能从根本上改变其行政命令的性质，恰恰凸现了它是一种新形式的命令。行政守法责任书中所谓的“相对人承诺”也并非契约中真正意义上的承诺，而是在行政机关要求下作出的协作和服从行政命令的意思表示。

对于以上性质的界定可从以下方面进行理解：

首先，行政守法责任书内容确定的过程中虽然会广泛征求意见，但是行政机关对于内容确定有最终的决定权，其实质是行政机关通过自己的意思表示为相对人设定义务，这与行政命令的实质内涵是一致的。在内容确定的过程中相对人的意见会听取，但是是否采纳、如何采纳则由行政机关进行独立判断，这和其他行政命令是相同的，是行政行为单方性的重要体现。人们可能会问，行政契约中的格式合同也是行政机关单方提供的，为什么最终没有演变为行政命令？这就要和相对人的选择自由结合起来进行分析。行政机关单方决定合同内容只是一个必要条件，若相对人有选择自由，仍然不会改变其行政契约的本质，但若相对人没有选择自由，则必然指向了行政命令，行政守法责任书中缺乏的恰恰是相对人的选择自由。行政守法责任书中的义务内容及其设定，下文将在实证的角度上进行更为详尽的解读。

其次，相对人的选择自由权已经被压缩为零，对于责任书的是否签署已经丧失最终的决定权。假契约理论认为相对人对于责任书有“要么接受、要么放弃”的决定权，从实践和理论上来看，相对人实际上是不具有这种决定权的。为厘清这个问题，需要从责任书涉及的行政事项和行政目的进行分析。从实证视角分析，行政守法责任书涉及的基本上都是秩序管理和干涉行政的事项，出于行政秩序的目标追求和平等对待的法治精神，行政机关一般会要求在自己辖区内的所有

① 参见姜明安主编：《行政法与行政诉讼法》（第三版），北京大学出版社、高等教育出版社 2007 年版，第 301—303 页。

管理对象都要签署，这种要求本身就是一种行政命令，在签与不签的问题上，行政机关和相对人之间显然是存在命令与服从关系的，如三亚工商守法责任书是要求所有的海鲜排档经营商户都要签署的，正如媒体报道这一事件时所用的标题“三亚海鲜排档集体签责任状”，“集体”二字十分传神地说明了商户并没有选择的余地。[①] 虽然从实定的法律来看，行政机关似乎并没有强制对方必须接受责任书的手段，但是从广义上来说，法律赋予了行政机关管理职权就可能使类似的手段无处不在，法律认可的行政管理关系中行政机关和相对人的不平等性会使得相对人无可回避，若相对人不签署责任书甚至会失去在行政机关相关管理领域从事有关活动的机会，因为你不签署就意味着你没有达到行政机关管理的目标要求，这是行政机关所不允许的，伴随而来的必定是行政机关的频繁检查，最终也会迫使相对人妥协或退出，可以试想在三亚从事海鲜排档经营而不签署工商守法责任书的话，必然是这样的结果。真正意义上的行政契约大多出现在供给行政和给付行政的领域，比如在美国，政府合同被分为供应合同、劳务合同和建筑合同；在法国，行政契约主要分为两大类，即公务特许契约与公共采购契约。[②] 一般而言，行政契约中行政机关和相对人的相互选择是自由的，和行政守法责任书不同，行政机关不会要求所有的管理对象都一律签署契约，这就使得相对人的选择自由有非常大的余地。对于行政契约而言，不签署只是使相对人失去一次和行政机关合作的机会，而守法责任书的不签署一般会使相对人永远失去在这个领域和行政机关合作的机会。还应该注意到若相对人不签署责任书的话，压力不仅来自行政机关，也会来自其他的行政相对人，因为所有的人都有维护良好秩序的愿望和协助行政机关实现的义务，若不签署可能会被其他相对人所排斥，如在三亚宰客事件中，只要是诚心从事经营的商户无疑都希望有好的经营环境，若有个别商户不签署守法责任书显然要背负极大的社会压力。

第三，行政守法责任书是一种抽象的行政命令，所谓“相对人承诺”实际上是相对人协作和服从行政命令的意思表示。根据前文的阐述，行政守法责任书实质上属于行政命令的范畴，但是它和作为具体行政行为的命令是有不同的。具体行政命令是行政机关针对某个已经发生的特定事件要求相对人作为或不作为，如某人在行洪河道修建违法设施，河道管理机关责令其限期改正。行政守法责任书中的命令内容则是针对某些未来可能发生的事件，要求相对人作为或不作为，它一般采用“要件—效果”的结构模式，即假如出现了某个事实，就会导致某个效果。如在治安责任书中往往规定：“相对人若发现治安问题或可疑情况，要及时向公安机关报告。”再如三亚工商守法责任书规定：“海鲜排档如被相关行

① 参见王成诚著：《三亚海鲜排档集体签责任状，严重宰客“一次性死亡”》，《南国都市报》2011年1月27日第4版。

② 参见余凌云著《行政契约论》（第二版），中国人民大学出版社2006年版，第49—50页。

政职能部门查实存在严重欺客宰客行为，情节严重，影响恶劣的，实行‘一次性死亡’，由工商部门依法吊销营业执照。”从行政守法责任书中命令的结构形式来看，和行政机关以行政规范性文件发布的抽象命令实际上是没有区别的。行政命令的内容实现，很大程度上取决于相对人的协作和服从，而且相对人必须协作和服从，否则，随之而来的往往是行政强制或行政处罚。此处所讲的“协作和服从”也可以换成另外一个词汇——配合，即对于行政机关的命令，相对人有配合的义务，这是所有行政命令的应有之义。对于一般的行政命令而言，相对人的协作和服从是隐性的，隐含在命令之中，往往会通过相对人的自觉或行政机关的后续行为保障实现，而在行政守法责任书中，实际上是行政机关在发布抽象命令内容的同时，提前要求相对人表明自己的自觉配合命令实现的态度，换句话说，责任书实际上是把作为行政命令应有之义的、通常以隐性形态存在的相对人配合呈现出来。因此，相对人的承诺实际上是相对人根据行政机关的要求所作的协作和服从行政命令的意思表示，并非是真正意义上的承诺。

总之，行政守法责任书虽然具有契约的外在形式，但并非契约，而是一种以契约形式承载的抽象行政命令，笔者把其称为契约式命令；与契约形式相对应而在形式上表现出的所谓“相对人承诺”在实质上也仅仅是对命令的协作与服从。责任书在性质上是属于行政契约还是行政命令的争论实际上类似于我国台湾地区对于行政契约与须相对人同意协力之行政处分的争论，如对于公务员任用或志愿服兵役所签署的留营服务书，有的台湾学者认为是行政契约，有的认为是须相对人同意协力之行政处分。① 以上两种观点，笔者同意后者。此处所谈及的“服务书”与本文所论“责任书”在实质上是相同的，即只要相对人在行政机关的职权管辖范围内活动，就要签署“服务书”或“责任书”，或者说根据行政机关的要求必须“同意协力”，即上文所讲的协作与服从，而并非是和行政机关的“合意”，因而把责任书定位为行政契约是值得商榷的。

## 三、行政守法责任书的类型化梳理及对其性质的实证回应

为便于从法治主义的层面对行政守法责任书进行规制，有必要根据内容的不同对责任书进行类型化的梳理。

### （一）实践中三种类型的责任书

根据行政机关确定相对人义务的意思表示差异，总体上分析，行政守法责任

① 参见翁岳生主编：《行政法》（下），中国法制出版社2000年版，第750页；林纪东著：《行政法》，三民书局1982年版，第361—362页；吴庚著：《行政法之理论与实用》，三民书局1996年版，第383页。

书可以分为以下三类：

1. 申法型责任书

申法型责任书是指行政机关仅仅通过责任书重申法律为相对人规定的义务，并强调在相对人违法的情况下由行政机关依法处理。如安阳市消防支队与设计施工单位签订的责任书中规定，设计单位一年内出现两次技术缺陷或三次以上技术修改的、施工单位出现两次技术质量事故或未经审核擅自施工以及设计、施工人员无证上岗的，按照《河南省消防条例》进行处罚。[①]

2. 基准型责任书

基准型责任书是指在法律许可的自由决定空间内行政机关通过责任书规定某种裁量基准，并要求相对人服从根据该裁量基准对其义务的认定及处理。从守法责任书运行的实践来看，行政机关一般会要求相对人服从在裁量空间内根据更为严厉或对相对人更为不利的义务裁量基准作出的行政决定，从而更好地实现社会管理目标。如三亚工商守法责任书有关“一次性死亡”（即吊销营业执照）的内容就体现上述精神。因为根据《消费者权益保护法》第50条和相关法律的规定，经营者存在欺客宰客行为，情节严重的，工商管理机关可以责令停业整顿或吊销营业执照，即工商机关可以裁量选择采用哪种决定，未必一定是后者。[②] 而三亚工商守法责任书实际上把上述情况的裁量结果仅仅指向了后者，把裁量基准固定在更高层级即对相对人更为不利的义务标准上，并把其形象地称为“一次性死亡”。

3. 创务型责任书

创务型责任书是指行政机关通过责任书为相对人创设新的、法律没有明确规定的义务，并要求相对人必须服从。如三亚工商守法责任书规定：“经营过程中若有欺客宰客行为被消费者申诉、举报并被市级以上新闻媒体曝光，要立即自行停止营业，进行内部整顿。”再如山西省岢岚县政府与企业签订的“税收责任书”规定：“年底完不成新旧税收任务的企业，其法人代表停职清税。”上述责

---

① 参见施秀琴著：《安阳消防支队与设计施工单位签订责任书》，《山东消防》1997年第7期。

② 《消费者权益保护法》第50条规定：经营者有下列情形之一，《中华人民共和国产品质量法》和其他有关法律、法规对处罚机关和处罚方式有规定的，依照法律、法规的规定执行；法律、法规未作规定的，由工商行政管理部门责令改正，可以根据情节单处或者并处警告、没收违法所得、处以违法所得一倍以上五倍以下的罚款，没有违法所得的处以一万元以下的罚款；情节严重的，责令停业整顿、吊销营业执照：（一）生产、销售的商品不符合保障人身、财产安全要求的；（二）在商品中掺杂、掺假，以假充真，以次充好，或者以不合格商品冒充合格商品的；（三）生产国家明令淘汰的商品或者销售失效、变质的商品的；（四）伪造商品的产地，伪造或者冒用他人的厂名、厂址，伪造或者冒用认证标志、名优标志等质量标志的；（五）销售的商品应当检验、检疫而未检验、检疫或者伪造检验、检疫结果的；（六）对商品或者服务作引人误解的虚假宣传的；（七）对消费者提出的修理、重作、更换、退货、补足商品数量、退还货款和服务费用或者赔偿损失的要求，故意拖延或者无理拒绝的；（八）侵害消费者人格尊严或者侵犯消费者人身自由的；（九）法律、法规规定的对损害消费者权益应当予以处罚的其他情形。

任书中的“自行停业整顿”和“停职清税”的义务显然是法律所没有明确的。

### （二）对行政守法责任书法律性质的实证回应

通过对行政守法责任书内容的实证梳理，可以再次回应上文有关其法律性质的定位，即行政守法责任书不是行政契约，而是具有协议或合同外在形式的契约式命令，主要有以下层面的理由：

1. 申法型责任书和基准型责任书规定的相对人义务具有法定性。申法型责任书和基准型责任书都是在法律规定的框架内明确相对人的义务，前者是对法定义务的简单重复，后者是对法定义务的具体化。这充分说明，对于这两种责任书而言，“合意”是不存在的，所谓“相对人承诺”并非是契约意义上的承诺，因为相对人对于法律和法定义务必须遵守，对于行政机关执行法律的行为，相对人必须服从，而相对人是否同意或签署并非是内容实现的必要条件，行政机关完全可以在不经相对人同意的情况下根据法律而作出决定，若采用行政守法责任书的形式，相对人签署是必须的，除了协作和服从别无选择。在此情况下，行政机关依据法律要求相对人为或不为一定行为的意思表示，无论以什么形式出现，都是命令，而非契约或其他行为。

2. 创务型责任书规定的相对人义务具有普遍性。对于创务型责任书而言，它和申法型和基准型责任书既有不同点，也有相同点。不同点在于创务型责任书设定的义务是行政机关在自己职权范围内新设的，并非法律明确规定；而申法型和基准型责任书中的相对人义务则是法律明确规定的。相同点有两点：一是都是为了行政目的的实现，这点在此不再累述；二是三种责任书中的相对人义务都具有普遍性。申法型和基准型责任书中的义务是法定义务，具有普遍性自然没有疑问，而创务型责任书中的义务虽非法定，但是是行政机关为了实现行政目的在自己的职权范围内普遍、抽象性的设定的，并要求自己管辖范围内所有从事相关活动的相对人都要签署，如上文提到的三亚工商守法责任书和山西省岢岚县政府与企业签订的“税收责任书”都充分体现了这一点。与申法型和基准型责任书相似，由于普遍性义务的存在，创务型责任书也显然不能归属到行政契约的范畴内，因为行政契约中的义务基本上都是针对契约相对人而个别和单独设定的，不具有普遍性，即使是采用格式合同签署的行政契约，也不具有针对所有相对人的普遍性特点，因而相比较而言，责任书中行政机关要求相对人负担义务的意思表示应该属于行政命令。

3. 从内容上看，并不存在行政契约意义上的双向对待给付。对于契约而言，无论是公法契约还是私法契约，缔约双方实体上的权利（力）、义务往往是对应的，即任何一方都是既有实体上的权利（力），也有实体上的义务，可以称之为一种双向的对待给付。当然为了实现行政目的，行政机关享有行政优益权，有更多的实体权力，然而这并不能从根本上排除其应该负担的实体义务，契约中的双向对待给付仍然是非常明显的。但是行政守法责任书和行政契约是有明显不同的，从实证的角度考察，前者基本上都是仅仅规定了相对人的义务，行政机关的义务则难觅踪迹，这显然不符合双向对待给付的要求，从这个意义上也不能把其定位为行政契约，而是更为符合行政命令的特征。如三亚工商守法责任书中有关商户接受“一次性死亡”、自行停业整顿及必须使用统一四联点菜单的规定明显地印证了这一点。

## 四、行政守法责任书的利弊及其法律界限

### （一）行政守法责任书的利弊

从实践来看，行政守法责任书是利弊共存的，如何才能更好地发挥其优势，抑制其弊端，是需要深入思考的问题。

行政守法责任书的优势包括以下方面：（1）虽然并非是真正的契约（也非上文所说的“假契约”，因为根据该理论，“假契约”仍然属于真正的行政契约），但它可以通过类似于书面“协议”的形式使得各方的权利（力）、义务更加明确、具体，因为这些权利（力）、义务会在责任书中明确列举出来。（2）通过相对人“签署”的方式，可以使相对人知悉自己的权利和义务，以便更好地在未来根据指引调整自己的行为。抽象命令一般是通过公告等方式对外发布，如在政府公告或媒体上公布等，并不直接告知或送达给每一个相对人，那么，由于相对人受条件或获取管道的限制，很可能会出现因不知该命令而违反相关规定的情况，这在实践中并不鲜见。行政守法责任书虽然是一种“条件—效果”模式的抽象命令，具有行政规范性文件的特点，但它并不通过公告等方式告知相对人，而是通过直接送达并交由相对人签署的方式，此做法显然可以避免上述不知命令内容的情况出现。（3）所有的行政命令都要求相对人协作和服从，而行政守法责任书作为一种抽象的行政命令把相对人的协作和服从公开化、书面化，明确要求相对人表明协作和服从的态度，可以强化相对人的责任心，更好地保障命令内容的实现。

结合实践，行政守法责任书的弊端包括：（1）行政机关很可能通过这种形式意义上的“契约”把自己的某些职责转移到相对人身上，如公安机关借口警力不足通过责任书要求相对人完成某些应该由自己完成的治安管理任务等。（2）由于有相对人的“签署”，行政机关很可能会以此来掩盖自己滥用职权的行为，利用形式意义上的“协议”迫使当事人负担某些不该负担的义务，并把类似的问题解释为相对人的“自愿”。如发生在陕西安康镇坪县的大月份胎儿被强制引产事件中，面对质疑，当地计划生育管理部门最初的解释就是孕妇是自愿的，因为孕妇曾经在术前谈话记录上签字、按手印，然而，事后的调查表明孕妇

的签字是在行政机关的要求及强迫下做出的。[①] 该事件中，术前谈话记录虽然没有叫责任书的名字，但是从实质上看二者并无区别，都是一种行政命令，签字不过是在行政机关要求下的协作和服从，以签字为由来证明相对人的“自愿”从而掩盖行政机关的滥用职权是不妥的。（3）在某种意义上来讲，行政守法责任书不仅不利于行政机关和相对人的互动，而且很可能造成相对人对行政机关公信力的质疑。责任书的签署并不会产生契约签订过程意义上的互动，相对人是没有选择自由和决定自由的，让相对人签署，即表明协作和服从的态度，很可能会引起相对人内心的抵触，一旦产生纠纷，必然会使人对行政机关的公信力产生质疑，因为相对人很可能会觉得行政机关预先设下了一个“钓鱼”的陷阱。（4）由于责任书的内容是一种抽象的行政命令，并且行政机关会要求相对人通过“签署”表明协作和服从的态度，而一旦某个事实发生，而使得责任书规定的命令义务具体化时，相对人很可能因自己的“签署”而失去抗辩的机会和有效的救济。

### （二）行政守法责任书的法律界限

在实践中，行政守法责任书必须尽可能地趋利避害，这是客观规律的必然要求，而“趋利”应该建立在正确把握责任书法律界限的基础之上，因为法律是民主的产物，具有正当性，若责任书不符合法律规定和意旨而失去了正当性基础，“趋利”也就没有了意义。

行政守法责任书定位为行政契约（包括作为行政契约特殊形式的假契约）还是契约式命令，对于其法律界限的探讨会带来很大的不同。对于行政契约而言，传统的依法行政的规制会大大弱化，“自愿阻却违法”这一法谚常常被人们所引用来解释这一现象，为避免和另一法谚——“私人契约不能变更公法规定”——的矛盾，学者对“自愿阻却违法”作了修正，认为在行政契约关系中，国家放弃单方面行使公权力的行为方式，而以平等地位与私人共同参与行政措施的作成，则在具体事件中，遇有个人有权处分之法律地位范围内，“自愿阻却违法”并不受到排斥。[②] 有的西方学者解释认为契约是一种在本性上就含有事实或不确定性的解决方法，行政合法性原则可以不必被严格遵守。[③] 也就是说，行政契约的机动性和灵活性应该得到保证，不应该再用形式意义上的依法行政理念来禁锢它，只能在要求行政契约符合依法行政基本精神的前提下，对依法行政作相

---

① 参见田德政、潘京著：《怀孕七月被引产，强制？自愿?》，载《华商报》2012 年 6 月 14 日第 A20 版。

② 廖宏明著：《行政契约之研究》，台湾地区“司法院”秘书处发行 1995 年版，第 74 页。

③ Cf. Michael Nierhaus, Administrative Law, Collected in Werner F. EBKE & Matthew W. Finkin (ed.), Introduction to German Law, Kluwer Law International, 1996, p. 96. 转引自余凌云著《行政契约论》（第二版），中国人民大学出版社 2006 年版，第 67 页。

应修正，在有组织法规范或法的一般原则等作为依据的情况下，行为法规范及其授权基本上不再被人们所强调。① 相对于行政契约，对于契约式命令的法律规制要严格得多，笔者认为，以下方面是需要注意的：

1. 关于法律的授权

根据上文的阐述，行政守法责任书被定位为一种明确要求相对人协作或服从的抽象行政命令，那么它的作出是否需要法律的明确授权呢？对于申法型和基准型责任书而言是没有这个问题的，因为它们本身就是根据法律规定作出的命令，相对人必须服从。问题在于行政机关能不能做出创务型责任书，或者说能不能以抽象命令的方式创设新的义务并要求相对人必须服从。对于这个问题，有一点是毋庸置疑的，即行政机关必须要有组织法的授权，必须在自己的职权范围内。举一个例子，若公安机关和相对人签署税收责任书显然不妥的，因为这超越了其职权。问题的关键在于有组织法授权的情况下，行政机关能不能依职权通过抽象命令为当事人创设新的义务而不必要有行为法的授权，并要求相对人必须服从。对此，有的学者主张完全禁止，认为："在负担行政领域，行政机关不应依职权制定行政规范性文件。也就是说，行政机关不能以行政规范性文件创设公众的义务。"② 这儿所说的行政规范性文件显然包括抽象的行政命令，该观点严格禁止这种抽象命令存在。在我国台湾地区也有人持禁止的态度，认为"组织法"上的职权规定，充其量仅能作为行政机关事务管辖的分配，并不能认为是对职权命令的概括授权，否则不啻承认行政机关有广泛的"立法权"，而违背宪法上权力分立或依法行政的基本原则。③ 但是，在我国台湾地区也有学者对此持肯定态度，认为行政机关为执行法律、实现公益目的，纵使缺乏个别法律的直接授权，其组织法上的职权规定，应该可以视为是一种概括的授权。④ 台湾地区实务中对此基本上是采取的肯定做法，"行政机关得否基于'组织法'之规定订定职权命令，直接规范有关人民权利义务之事项，不无疑义，在实务上，以往行政法院似持肯定之见解。""行政官署维持人民公共利益，对于特定事件，在其职权范围内，自可为一定之处置。"⑤ 从实证的视角考察，我国对于行政机关依职权创设新义务的抽象命令并不完全禁止，而且在实践中还比较常见。笔者认为，从行政管理的实际出发，在仅有组织法而未有行为法授权的情况下，一概绝对禁止行政机关依职权制定抽象命令为公民设定新的义务似并不符合行政国家背景下及时因应社会关系调整的需要，也不符合公共利益的总体需求，而且行政机关在没有行

① 参见余凌云著：《行政契约论》（第二版），中国人民大学出版社2006年版，第68页。

② 叶必丰著：《行政法与行政诉讼法》，武汉大学出版社2008年版，第105页。

③ 参见陈新民著：《行政法学总论》，自刊行1991年版，第74页。

④ 参见翁岳生主编：《行政法》（上），中国法制出版社2002年版，第551页。

⑤ 翁岳生主编：《行政法》（上），中国法制出版社2002年版，第129页。

为法授权情况下依职权设定公民新的义务也并非完全没有正当性，因为它本身也是出于行政目的的需要，可以间接地追溯到法律正当性之渊源上。因此，即使没有行为法明确授权，行政机关在行政守法责任书中依职权为相对人设定新义务也不必绝对地一概禁止，但为了保障相对人权益，应该从事项上加以严格限制，只有部分事项中，行政机关才可以这样做，这一点和行政契约显然是有区别的。

2. 事项的限制

在没有行为法依据的情况下，行政机关通过创务型责任书依职权为相对人设定新的义务，并要求相对人协作和服从，很容易会导致行政权力的滥用，因为在这一过程中权力“过度集中于同一行权主体而导致压制性权力结果”。[①] 为避免对相对人的权益造成大的侵害，应该明确创务型责任书设定新义务的领域应仅仅限于某些对相对人影响比较轻微的事项。对于这个问题可以借鉴我国台湾地区的做法，台湾“司法院大法官”1997 年释字第 443 号解释认为对公民权益的限制可因事项不同而规范密度有所差异，“至何种事项应以法律直接规范或得委由命令予以规定，与所谓规范密度有关，应视规范对象、内容或法益本身及其所受限制之轻重而容许合理之差异……；若仅属与执行法律之细节性、技术性次要事项，则得由主管机关发布命令为必要之规范，虽因而对人民产生不便或轻微影响，尚非宪法所不许”。[②] 有学者进而解读认为：“从大法官最后所举的命令态样，等于是间接肯定了即使行政命令的效力涉及一般人民，并不一定要有法律具体明确授权，唯必须是仅属有关执行法律之‘细节性、技术性’事项。”[③] 也就是说，轻微的、技术性的义务事项，行政机关可以依职权通过行政守法责任书创设，其他的义务事项应该有行为法的明确授权。假如以此标准来考量上文提到的山西省岢岚县政府与企业签订的“税收责任书”中规定的法人代表“停职清税”义务，显然有欠妥当，因为“停职”既涉及对公民劳动权的限制，也涉及对企业经营自主权的干涉，而上述权益都是非常重要的，甚至是宪法规定的基本权利，在没有行为法明确授权的情况下，行政机关就依职权通过责任书进行限制是值得商榷的。

3. 行政机关职责转移的禁止

虽然相对人有协助行政机关实现行政目的的义务，但是行政机关不能把自己的职责转移给相对人，比如说公民有协助公安机关维护社会治安的义务，但仅仅限于“协助”，假如公安机关通过责任书的形式把治安巡逻等让相对人完成，并规定出现治安问题的由相对人承担责任，那么这样的责任书是违法的。责任书虽

---

① 罗豪才、崔卓兰著：《论行政权、行政相对方权利及相互关系》，载《中国法学》1998 年第 3 期。

② 翁岳生主编：《行政法》（上），中国法制出版社 2002 年版，第 534 页。

③ 翁岳生主编：《行政法》（上），中国法制出版社 2002 年版，第 535 页。

有所谓的相对人“签署”，即相对人根据行政机关的要求表明了协作和服从的态度，但是这并不能把责任书中行政机关转移职责的做法合法化，因为行政机关的职责是由法律规定的，作为法律执行者的行政机关必须遵守和履行，非有法律的明确授权不得把其转移，在没有行为法明确授权的情况下行政机关自己决定把其职责转移给相对人显然是违背法律保留要求的。

笔者认为，还应该把行政机关通过责任书把其职责转移给相对人和公共行政的民营化区隔开来，以避免因概念混淆而影响对前者法律规制的理解。虽然从表面上讲，二者有共同的地方，即结果都是非行政机关的组织或个人在替行政机关履行职责，但是从内涵上讲，这是两个不同的概念。前者发生在行政机关和作为被管理对象的相对人之间，管理目的十分明确，是以某个特定的行政管理关系存在作为前提的，因为这种不平等管理关系的存在，若行政机关通过责任书转移自己职责，则相对人除了协作和服从别无选择；而后者中，行政机关和承担公共行政民营化任务的组织、个人之间并不以某个特定的行政管理关系作为前提，因而承担民营化任务的组织和个人有自主决定的自由并且享有更多的权利。因而，笔者认为，为了更好地保障相对人权益，行政机关通过责任书把其职责转移给相对人应该遵循绝对的法律保留，除非特殊情况下有法律的明确授权，任何转移都是违法的，目的是为了防止行政机关利用自己的优势地位迫使相对人替自己履行义务，而这种法律允许的特殊情况在现实中是很少出现的。而公共行政的民营化并非一律采取绝对的法律保留，而是区别不同情况和相对保留相结合。正如有的学者所指出的，可以根据行政任务公共性的强弱来决定是否适用法律保留。对于那些只能由国家提供的强公共性的行政，因其与公众利益有直接的利害关系，涉及公众的生存权，是民营化的禁区，适用绝对的法律保留。对于那些准公共性或弱公共性的行政，政府只是间接地履行职能或是负有不同程度的监管责任，在这些可以进行民营化的领域内，适用相对的法律保留。① 很显然，二者在内涵和法律保留上都是有区别的，假如把行政机关通过责任书转移自己的职责给相对人误以为是公共行政的民营化而用后者法律保留的标准要求前者，这是非常错误的，因为后者的规制标准在有些情况下比较宽松，用在对前者的规制上是不利于相对人权益保障的。

4. 不当联结禁止

不当联结禁止原则是行政法的一个基本原则，其内涵主要是指行政机关为了实现行政目的而针对相对人做出行政行为时，往往会对其课以一定的义务或负担，或造成相对人其他的不利益，对相对人造成不利益所采取的手段必须与行政

---

① 参见章志远、庄婧著:《公共行政民营化界限研究——“治安承包”引发的思考》,《河南司法警官职业学院学报》2008 年第 3 期。

机关所追求的目的之间有合理的联结关系存在，无实质内在关联的，不得相互联结。[①] 因为行政机关掌握公共资源，处于优势的地位，可以不必经相对人的同意而单方地设定某种条件或采取相关的手段，因此极易滥用这种权力，若没有不当联结禁止原则的约束，相对人的权益很可能会被侵犯。“考量公民与国家之地位并不完全平等，若政府可以无限制地结合各种武器对付公民，则公民的地位将毫无保障。”[②] 为了行政目的而不择手段是不被允许的。根据该原则，行政守法责任书应该符合以下两点基本要求：（1）责任书的内容不得考虑与行政目的无关的因素。行政机关的利益选择及价值的判断有时候未必是正确的，若行政机关把自己有关行政目的之外的判断和行政目的相捆绑，可能会导致在确定责任书内容时考虑不相关的因素，比如说王某是刑满释放人员，在三亚经营海鲜排档，假如工商机关制作的守法经营责任书仅仅因为其刑满释放人员的身份而相比其他经营户多设定义务，那么就是考虑了不应当考虑的因素。（2）责任书中不得附加与行政目的无关的条件。所附加的条件，必须能够促进行政目的的实现才会被允许。假设工商机关制作的守法经营责任书规定海鲜排档宰客的，一律停止营业，同时规定一个解除条件——只有向被欺诈的顾客赔偿损失的才能恢复营业，那么这个条件是可以的，因为这是和行政目的有实质关联的，责任书的目的就是维护良好经营秩序，保障顾客权益，这个条件有助于此目的的实现；但是，若条件改为除非经营户捐资助学才可以重新营业，那么这个解除性条件明显地与责任书要达到的目的不存在实质关联，因为捐资助学本身并不能改善经营秩序或保障顾客权益，附加这种条件是不被允许的。

① 参见赵义德著：《析论不当联结禁止原则》，城仲模主编：《行政法之一般法律原则》（一），三民书局1994年版，第221—222页。

② 伍劲松著：《论行政法上禁止不当结合原则》，《西南政法大学学报》2004年第4期。

# 海峡两岸欠薪行政强制制度比较研究

**胡玉浪**
◉ 福建农林大学人文学院教授

工资是劳动给付的对价，持续地劳动并定期获得工资是劳动者赖以维生的重要保障。如果劳动者的工资债权无法实现，必然会对劳动者及其家庭成员的生存利益造成损害。为了预防欠薪以及解决由于欠薪所引起的种种不利后果，各个国家和地区都纷纷探索建立相应的欠薪保障制度予以应对，包括工资支付制度、工资优先权制度、欠薪保障基金制度、欠薪法律责任制度等。其中，欠薪法律责任制度又分为欠薪民事责任制度、欠薪行政责任制度和欠薪刑事责任制度。欠薪行政强制制度是劳动保障行政部门实施行政管理、保护工资债权、维护社会秩序所不可或缺的手段，在保障劳动者的工资债权方面发挥重要的作用。本文主要结合大陆地区和台湾地区的相关规定，对海峡两岸欠薪行政强制制度进行对比分析，希望对于完善我国欠薪行政责任制度，保护劳动者的合法权益有所裨益。

## 一、欠薪行政强制制度构建的基础

1. 欠薪行政强制制度构建的实质正义基础

法律是正义的表现，人类制定法律是为了实现对社会的调整，也就是实现社会的正义。正义有形式正义和实质正义之分。“所谓形式正义就是要求以同样的方式对待人，就是同一基本范畴的人都应受到同等待遇的活动原则。”① 与此相对，实质正义是指每个人根据具体每个主体的特性对待，着眼于内容和目的的正义性。② 工资是劳动者的基本生存保障，与劳动者的日常生活联系最为紧密。“强制的本意是凭借手中的力量，迫使他人作既定的服从。”③ 从理论上讲，劳动关系建立在劳动合同的基础上，欠薪问题本应由劳工通过私法途径申请劳动仲裁和劳动诉讼解决，欠薪行政强制制度却赋予公权力直接介入私权纠纷，其考虑基点在于，工资债权与一般民事债权不同，“工资乃劳动者出卖劳力之报酬，出卖

① 佩罗尔曼语。转引自许中缘：《民法强行性规范研究》，法律出版社 2010 年版，第 61 页。

② 许中缘：《民法强行性规范研究》，法律出版社 2010 年版，第 61 页。

③ 陈光中主编：《刑事诉讼法学》，中国政法大学出版社 1990 年版，第 114 页。

血汗之代价”,[①] 是劳动者的基本生存保障。建立欠薪行政强制制度的目的是促使雇主履行义务，保障劳动者及时领到应得的工资，实现社会正义。

2. 欠薪行政强制制度构建的秩序基础

秩序是人类一切活动的前提，是人类社会生活的必要条件。“只有在秩序的基础上，社会才能存续。”[②] 没有社会秩序，就没有人类社会。但“人类对秩序的追求，时常会为偶然情形所阻碍，有时还会被普遍的混乱状况所挫败。”[③] 工资是劳动给付的对价，是劳动者及其家庭成员生活的重要来源甚至是唯一的来源。“工资具有生存价值。这是一个关系到生存还是死亡的价值。”这是因为“工资对于劳动者而言，是全家人的生活，是全家人吃饭的问题，是全家人过不过得下去、能不能继续生存的问题。”[④] 如果劳动者的工资债权无法及时实现，就会给劳动者及其家庭成员的生存造成障碍，影响社会的和谐与稳定，特别是雇主欠薪后恶意逃匿更容易引起劳动者群情激愤，酿成群体性的社会事件，危害经济发展和社会秩序。欠薪行政强制制度是社会安全制度的重要组成部分，面对强资本弱劳工的社会现状，掌握公权力的政府理应责无旁贷地担当起保障劳动者工资债权实现的责任。

3. 欠薪行政强制制度构建的效率基础

所谓效率，就是以最短的时间、最简便的程序、最小的代价实现最大的成果或效益。工资债权是一种定期给付债权，工资给付的长度底线由法律直接规定，属于劳动基准法的组成部分。雇主应当按时支付工资，在特定情况下，雇主甚至应当提前支付工资。由于人的生存利益一刻也不能停止，因此，若雇主迟延支付工资，将对劳动者的生存利益造成损害。但若劳动者通过一裁二审程序追讨被拖欠的工资，其冗长烦琐的程序和所耗费的时间、经济成本远非普通劳动者所能承受，更不能满足劳动者生存之急需。通过欠薪行政强制制度，强制雇主依法履行工资给付义务，能够在一定程度上帮助劳动者及时拿到其应得的工资，缓解劳动者的燃眉之急，降低追薪成本，保障基本生活。

## 二、大陆地区欠薪行政强制制度体系

1. 责令限期支付

责令限制支付（责令改正）是指劳动保障行政部门对于雇主违反劳动法律

---

① 王泽鉴:《民法学说与判例研究》(第 1 册)，中国政法大学出版社 2003 年版，第 502 页。

② ［美］霍贝尔著，周勇译:《初民的法律》，中国社会科学出版社 1993 年版，第 12 页。

③ ［美］博登海默著，邓正来译:《法理学：法律哲学与法律方法》，中国政法大学出版社 2004 年版，第 234 页。

④ 黎建飞:《工资的属性与特殊保护》，《法治论坛》第 10 辑，第 106 页。

法规的行为给予的必须纠正其违法行为的一种强制性措施。责令限期支付是一种行政管理措施，而不是行政处罚。《劳动法》第91条规定，用人单位克扣或者无故拖欠劳动者工资，拒不支付劳动者延长工作时间工资报酬或者低于当地最低工资标准支付劳动者工资的，由劳动行政部门责令支付劳动者的工资报酬。《劳动合同法》第85条进一步明确规定，用人单位未按照劳动合同的约定或者国家规定及时足额支付劳动者劳动报酬的，由劳动行政部门责令限期支付劳动报酬；用人单位安排加班不支付加班费的，由劳动行政部门责令限期支付；劳动者提供了正常劳动但劳动报酬低于当地最低工资标准的，由劳动行政部门责令支付差额部分。根据上述规定，用人单位拖欠工资是严重的违法行为，劳动保障行政部门应当责令用人单位限期支付，向劳动者支付工资报酬，但是《劳动法》和《劳动合同法》均没有明确规定劳动保障行政部门给予用人单位应付金额的时间究竟是多长，也没有明确规定责令支付之后用人单位拒不支付工资的法律责任。

2. 责令支付赔偿金

根据《劳动法》第91条、《劳动合同法》第85条、《劳动保障监察条例》第26条的规定，用人单位克扣或者无故拖欠劳动者工资，拒不支付劳动者延长工作时间工资报酬，低于当地最低工资标准支付劳动者工资的，在劳动行政部门责令限期支付后拒不改正的，劳动行政部门应当责令用人单位按照应付金额50%以上1倍以下的标准计算，向劳动者加付赔偿金。责令赔偿金不同于请求赔偿金。请求赔偿金指用人单位没有履行劳动法上关于劳动合同订立与履行过程中的法律义务，劳动者有权通过劳动争议处理程序，请求劳动仲裁机构裁决或人民法院判决用人单位按照国家规定数额或比例，向其支付赔偿的一种法律责任形式。责令赔偿金是在用人单位严重违约或违反法定义务时，由劳动保障行政部门责令用人单位支付给劳动者的金额。请求赔偿金归为民事责任，按民事救济程序处理；责令赔偿金被归为行政责任，由劳动保障行政部门责令用人单位支付给劳动者一定的金额，在劳动监察行政关系中，监察机关是行政主体，用人单位是监察对象，劳动者只是受益主体。①

3. 责令停业整顿、吊销营业执照

企业的劳动力使用权是其经营自主权（人财物、产供销）的一个重要组成部分，企业无故、恶意欠薪是滥用经营权、违法经营，应当受到工商行政管理部门的依法查处。② 例如，《国务院关于解决农民工问题的若干意见》第3条指出，对恶意拖欠农民工工资、情节严重的用人单位，可依法责令停业整顿，直至吊销营业执照。《浙江省企业工资支付管理办法》第29条规定：“工商行政管理部门

---

① 董保华：《劳动合同立法的争鸣与思考》，上海人民出版社2011年版，第806—807页。

② 许建宇：《构建我国欠薪保障制度的法学思考》，《中州学刊》第5期，第86页。

在企业年检时，应当将企业工资支付信用情况作为考核企业诚信的重要内容，记录在企业信用档案；对克扣、无故拖欠工资等违法行为严重的企业，暂缓通过年检。”一些地方的建筑业行政主管部门对建筑施工企业实行“一票否决制”，对有恶意欠薪行为的建筑施工企业降低或取消其资质，或者取消其在本地的建设工程投标资格，把其逐出本地建筑市场。如《海南省劳动保障监察若干规定》第20条规定：“本省对承担建筑、交通运输、水利水电等工程项目的企业实行工资保证金制度。用人单位发生拖欠或者克扣劳动者工资行为被责令限期支付而逾期未支付的，由劳动保障行政部门使用工资保证金予以支付，并由有关部门依法对其市场准入、招投标资格和新开工项目施工许可等进行限制。”

4. 罚款

罚款是指劳动行政部门对用人单位的违法行为可以予以一定经济处罚。罚款是行政处罚的一种，罚款的情形和罚款的标准必须按国家规定执行。考察大陆地区的劳动法律法规，罚款作为一种欠薪行政强制措施主要出现在有关劳务派遣的相关规定。《劳动合同法》第92条规定，劳务派遣单位未按月支付劳动报酬的，或者在被派遣劳动者在无工作期间劳务派遣单位未按照所在地人民政府规定的最低工资标准按月支付报酬的，或者劳务派遣单位克扣用工单位按照劳务派遣协议支付给被派遣劳动者的劳动报酬的，经劳动行政部门责令改正后拒不改正，情节严重的，以每人一千元以上五千元以下的标准处以罚款，并由工商行政管理部门吊销营业执照。

## 三、台湾地区欠薪行政强制制度体系

1. 责令限制支付

“劳动基准法”第27条规定：“雇主不按期给付工资者，主管机关得限期令其给付。”其立法理由是：“工资为劳工及其家属所赖以为生者，应按时给付。雇主积欠工资，劳工如需依民事诉讼途径要求清付所需费用甚大，且旷废时日，难以解决劳工生活迫切所需，将形成严重之社会问题。本条规定赋予主管机关限令清付期限，民济民法及仲裁之所未备。”但是对于责令支付的期限，“劳动基准法”和“劳动基准法施行细则”均未作出明确的规定。

2. 罚款

根据“劳动基准法”第79条规定，在行政机关责令限期给付工资后，如果雇主仍不为给付，主管机关得处雇主二千元以上二万元以下罚锾。

3. 限制出境

台湾地区“大量解雇劳工保护法”第12条规定：事业单位于大量解雇劳

工时，[①] 积欠劳工退休金、资遣费或工资达一定金额，[②] 由主管机关责令事业单位于三十日内支付。届期未给付者，应经由劳工委员会开会决议，函请入出境管理机关禁止其代表人及实际负责人出境。为避免在作成限制出境处分决议前，事业单位之负责人早已潜逃出境，劳工委员会得不经委员会决议，先请入出境管理局予以限制出境，但须于作出处分后二日内召开委员会审查追认。[③] 由此可见，"大量解雇劳工保护法"先以本法第 2 条之"解雇人数多寡"与第 12 条之"积欠工资金额高低"作为判定是否限制出境之实质要件，再经第 12 条"限期给付未果"的程序要件，方可为限制出境之处分。其核心内涵即欲借由限制事业单位董事长及实际负责人出境自由权之压力，保全其等无法潜逃、必须留在境内正视事业单位大量解雇劳工后，针对积欠退休金、资遣费或工资等劳动给付构成重要情节之后续处理问题，俾谋求解决之道，以保障劳工权益，维护公共利益，降低社会成本。[④]

## 四、海峡两岸欠薪行政强制制度的比较、借鉴与完善

1. 欠薪行政强制的种类

从海峡两岸的法律规定看，欠薪行政强制措施的相同点是：第一，海峡两岸都包括责令限期支付工资的罚款；第二，法律对于行政机关责令雇主限期支付工资的期限，均未作出明确的规定（台湾地区大量解雇劳工除外），都需要明确与补充。不同点是：第一，大陆地区欠薪行政强制措施还包括责令支付赔偿金、责令停业整顿、吊销营业执照，台湾地区还包括限制董事长和实际负责人出境；第二，大陆地区责令支付工资的范围，主要包括用人单位拖欠劳动者工资，拒不支

① 根据"大量解雇劳工保护法"第 2 条的规定：所谓大量解雇劳工，是指事业单位歇业、转让、亏损、业务紧缩、因不可抗力停工一个月以上，或因并购、改组而解雇劳工，且有下列情形之一：同一事业单位之同一厂场雇用劳工人数未满三十人者，于六十日内解雇劳工逾十人；同一事业单位之同一厂场雇用劳工人数在三十人以上未满二百人者，于六十日内解雇劳工逾所雇用劳工人数三分之一或单日逾二十人；同一事业单位之同一厂场雇用劳工人数在二百人以上未满五百人者，于六十日内解雇劳工逾所雇用劳工人数四分之一或单日逾五十人；同一事业单位雇用劳工人数在五百人以上者，于六十日内解雇劳工逾所雇用劳工人数五分之一。

② 根据"大量解雇劳工保护法"第 2 条的规定：其具体金额如下：雇用劳工人数在十人以上未满三十人者，积欠全体被解雇劳工之总金额达新台币三百万元；雇用劳工人数在三十人以上未满一百人者，积欠全体被解雇劳工之总金额达新台币五百万元；雇用劳工人数在一百人以上未满二百人者，积欠全体被解雇劳工之总金额达新台币一千万元；雇用劳工人数在二百人以上者，积欠全体被解雇劳工之总金额达新台币二千万元。

③ 参见台湾地区《大量解雇劳工时禁止事业单位董事长及实际负责人出国处理办法》第 3 条、第 13 条。

④ 陈威志：《大量解雇劳工保护法之研究》，台湾政治大学 2005 届硕士学位论文，第 73 页。

付劳动者延长工作时间工资报酬或者低于当地最低工资标准支付劳动者工资。台湾地区责令限期支付工资则适用于雇主未依法支付工资的各种情形;① 第三，大陆地区欠薪罚款的适用范围只限于劳务派遣，台湾地区欠薪罚款则适用于雇主欠薪的各种情形。

2. 欠薪行政强制的对象

台湾地区“劳动基准法”第 81 条规定：“法人之代表人、法人或自然人之代理人、受雇人或其它从业人员，因执行业务违反本法规定，除依本章规定处罚行为人外，对该法人或自然人并应处以各该条所定之罚金或罚锾。但法人之代表人或自然人对于违反之发生，已尽力为防止行为者，不在此限。”根据“行政院劳工委员会”的解释，违反“劳动基准法”行为时其处罚对象应为行为人，并对法人或自然人并科罚金或罚锾，属两罚规定。② 从《劳动法》、《劳动合同法》的规定看，则没有关于用人单位法定代表人或主要负责人应承担欠薪行政责任的规定。从实践看，规定对欠薪行为实行两罚制确有必要。这是因为大部分欠薪行为的发生都与用人单位主要负责人或直接责任人员的个人意志有关，如果不对其加以惩罚，就不能有效地扼制欠薪现象的发生和蔓延。2011 年通过的《刑法修正案（八)》第 276—1 条规定：“以转移财产、逃匿等方法逃避支付劳动者的劳动报酬或者有能力支付而不支付劳动者的劳动报酬，数额较大，经政府有关部门责令支付仍不支付的，处三年以下有期徒刑或者拘役，并处或者单处罚金；造成严重后果的，处三年以上七年以下有期徒刑，并处罚金。单位犯前款罪的，对单位判处罚金，并对其直接负责的主管人员和其他直接责任人员，依照前款的规定处罚。”从台湾地区欠薪行政强制的对象和大陆地区治理欠薪的实践以及刑法关于欠薪刑事责任的规定看，大陆增设欠薪行政责任两罚制的条件已经成熟。

3. 海峡两岸欠薪行政强制措施的进一步发展与完善

法的生命在于运行，法的价值在其运行中得以体现和实现。根据学者的调查，从 2003 年台湾地区“大量解雇劳工保护法”公布实施至 2009 年，“行政院劳工委员会”共处理六个案例，其中六个案例都禁止董事长或负责人出境，共禁止七人出境。可是六个案例中，没有一个案例经由禁止出境后，由该董事长或实际负责人清偿劳动债权。全部依据“劳动基准法”第 28 条的规定由积欠工资垫

① 根据“劳动基准法”第 79 条规定，雇主低于基本工资（最低工资）支付工资（第 21 条)，未全额给付劳工工资（第 22 条)；低于法定标准支付延长工作时间之工资（第 24 条)；同工不同酬（第 25 条)；不按期给付工资（第 27 条)，未支付例假（周休)、年节纪念日、特别休假期间的工资，或在要求劳工于例假（周休)、年节纪念日、特别休假期间工作未支付双倍工资（第 39 条)，低于法定最低标准支付婚、丧、病假或事假以外期间的工资（第 43 条）等，处二千元以上二万元以下罚锾。

② 参见台湾地区“行政院劳工委员会”1988 年 7 月 22 日台劳动 1 字第 16337 号函、1997 年 4 月 29 日台劳动 1 字第 015298 号函。

偿基金来垫偿劳工被积欠的工资。[①] 在大陆地区，劳动者追讨工资主要通过劳动仲裁和劳动诉讼，甚少通过行政途径寻求救济，欠薪行政强制措施的成效非常有限。海峡两岸欠薪行政强制制度都需要进一步发展与完善。

（1）财产强制。关于欠薪问题，除了对责令改正、罚款、限制出境等行政强制措施外，扣押雇主财产，亦是保存工资债权的重要手段，而且侵害雇主利益较轻微，但海峡两岸对此均未作明确规定。台湾“保险法”第149条、“银行法”第62条等均明确规定，保险公司或银行经主管机关派员监管、按管或勒令停业进行清理时，主管机关对该部门及其负责人或有违法嫌疑之职员，得通过有关机关或机构禁止其财产为转移、交付或设定他项权利，并得函请入出境许可之机关限制其出境。大陆地区亦明确规定，人民法院采取强制执行措施时，有权查询被执行人的存款情况，有权冻结、划拨被执行人的存款（《民事诉讼法》第218条）。这些规定可以在治理欠薪问题时借鉴使用。

（2）人身强制。目前除了台湾地区“大量解雇劳工保护法”限制董事长或负责人出境外，海峡两岸均缺乏对欠薪雇主人身强制的规定。台湾学者建议，应根据“行政执行法”第17条、“强制执行法”第22条的规定，对雇主采取拘提、管收、监视居住等行政强制措施，以债务人之自由或身体为执行对象，间接促使债务人履行债务，以满足债权人之债权。同样，《民事诉讼法》亦明确规定，对拒不履行法定义务的被执行人，人民法院可以对其采取拘留、限制出境、在征信系统记录、通过媒体公布不履行义务信息以及法律规定的其他措施（第217条、第231条）。这些都可以在治理欠薪问题时借鉴使用。这里存在的主要难点是：法院要对欠薪雇主实行人身强制，首先必须取得执行名义，旷日费时。[②] 此外，依据《中华人民共和国立法法》第8条的规定，“限制人身自由的强制措施和处罚”只能由法律规定。因此，若要对欠薪雇主实行人身强制，仍需法律做出明确的规定。

（3）建立与完善欠薪行政强制的多部门联动机制。第一，出入境管理部门。例如台湾地区“大量解雇劳工保护法”通过出入境管理机关禁止欠薪企业代表

---

① 刘士豪：《大量解雇劳工保护法禁止董事长及实际负责人出境制度之分析与检讨——劳动债权保障制度的重要思考》，《铭传大学法学论丛》第11期，第232页。

② 台湾学者指出，虽然“强制执行法”中的拘提、管收及限制住居的方法对于不肖的雇主可以吓阻其恶性倒闭，但是前提要件是劳工必须先取得执行名义。劳工若要经过一般诉讼程序，才能取得执行名义，这诉讼程序不仅对一般劳工很复杂，而且诉讼时间通常很长，时间一拖，不肖的雇主可能就脱产了。因此，行政机关可以依据“劳资争议处理法”第9条第3项，得依职权交付调解，或依第25条第3项，依职权交付仲裁。若调解成立或仲裁者，若雇主不履行工资给付义务时，劳工得向法院声请强制执行（第59条）。从而使劳工迅速取得执行名义，强化劳动债权的求偿机会。参见刘士豪：《大量解雇劳工保护法禁止董事长及实际负责人出境制度之分析与检讨——劳动债权保障制度的重要思考》，《铭传大学法学论丛》第11期，第249页。

人及实际负责人出境，就是适例。第二，工商行政管理部门、建筑行政部门。目前大陆地区已有工商、建筑行政部门责令欠薪用人单位停业整顿、吊销营业执照、驱逐出本地建筑市场等规定，不过这些规定主要来自地方性法规规章和政策，效力等级低，可操作性差，有待进一步发展与完善。第三，司法部门。根据《刑法修正案（八）》第276—1条的规定：用人单位拒不支付劳动报酬“经政府有关部门责令支付仍不支付的”，司法部门可以对该用人单位及其直接负责的主管人员和其他直接责任人员依法追究其刑事责任。虽有规定，但目前未见相关的判例，同时本规定如何理解和适用，也需要最高人民法院出台相关的司法解释补充完善。

# 海峡两岸行政强制制度比较

胡　东
◉ 黑龙江大学法学院教授

2011年6月30日，十一届全国人大常委会第二十一次会议审议通过了《中华人民共和国行政强制法》，该法分总则、行政强制的种类和设定、行政强制措施实施程序、行政机关强制执行程序、申请人民法律强制执行、法律责任、附则等7章71条。中国台湾地区于1998年由“立法院”重新通过了修订的“行政执行法”，新“行政执行法”分为总则、公法上金钱给付义务之执行、行为或不行为义务之执行、即时强制、附则等5章44条。本文仅就海峡两岸行政强制的概念、行政强制权的设定、行政机关强制执行的程序、行政强制的救济进行比较分析，以期对完善我国的行政强制制度有所裨益。

## 一、行政强制的界定

根据全国人大常委会公布的《行政强制法》，我国的行政强制包括行政强制措施和行政强制执行。其中，行政强制措施是指行政机关在行政管理过程中，为制止违法行为、防止证据损毁、避免危害发生、控制危险扩大等情形，依法对公民的人身自由实施暂时性限制，或者对公民、法人或者其他组织的财物实施暂时性控制的行为。行政强制执行是指行政机关或者行政机关申请人民法院，对不履行行政决定的公民、法人或者其他组织，依法强制履行义务的行为。上述概念表明，行政强制措施是一种即时性的行为，而行政强制执行则是一种实现行政法上义务的行为。

中国台湾地区有关行政强制的法律制度集中体现在“行政执行法”中，1998年修订的新“行政执行法”第2条规定：“本法所称行政执行，指公法上金钱给付义务、行为或不行为义务之强制执行及即时强制。”可见，中国台湾地区“行政执行法”把行政强制执行作为重点规范对象，同时兼顾对即时强制的调整，行政执行包含行政强制执行和即时强制两种行为。其中，对于行政强制执行，台湾学者在学理上所下的公认的定义是：“行政上的强制执行，简称行政执行，系指当人民不履行其行政法义务时，行政机关以强制方法使其履行，或实现与履行有同一状态之行政权作用。”①

## 二、行政强制权的设定

行政强制设定权是指特定国家机关依据法定权限和法定程序创设行政强制规范的权力。

行政强制权必须法定，这是毋庸置疑的，然而就制度设计的角度而言，我们首先要解决的就是行政强制权到底该由谁来设定，亦即行政强制权的法定性中的“法”到底包含哪些规范性文件，这是一个理论上存在争论和实践中做法不一的问题。随着《行政强制法》的颁布，行政强制权的设定问题进一步清晰，根据《行政强制法》的规定，行政强制措施和行政强制执行均由法律设定；尚未制定法律，且属于国务院行政管理职权事项的，行政法规可以设定除限制人身自由，冻结存款、汇款和应当由法律规定的行政强制措施以外的其他行政强制措施；尚未制定法律、行政法规，且属于地方性事务的，地方性法规可以设定查封场所、设施或财物以及扣押财物两项行政强制措施；法律、法规以外的其他规范性文件不得设定行政强制措施。为了保证行政强制措施设定的统一性，《行政强制法》规定，法律对行政强制措施的对象、条件、种类作了规定的，行政法规、地方性法规不得作出扩大规定；法律中未设定行政强制措施的，行政法规、地方性法规不得设定行政强制措施。

这些规定表明：（一）国务院只具有有限的行政强制措施设定权，其制定的行政法规不仅不得设定限制人身自由，冻结存款、汇款两项行政强制措施；（二）国务院各部委不具有任何行政强制设定权；（三）地方性法规只具有两项行政强制措施设定权而且不具有行政强制执行的设定权；（四）地方政府规章不具有任何行政强制设定权。由此可见，《行政强制法》严格控制对行政强制的设定权。

中国台湾地区的行政强制由“行政执行法”设定，关于行政强制的定义、原则、种类、程序都规定在“行政执行法”中。

## 三、行政强制的程序

行政强制的程序是指行政主体实施行政强制行为时所应遵守的方式、步骤、时限和顺序等要素所构成的一个行为连续过程。行政强制程序是行政程序中的一种具体程序，对于建设法治国家来说，行政强制程序具有重要的法律意义。《行政强制法》规定的行政强制程序包括行政强制措施实施程序、行政机关强制执行

---

① （台）张载宇：《行政法要论》，汉林出版社 1977 年 6 版，第 392 页。

程序和申请人民法院强制执行程序。本文仅就海峡两岸行政机关强制执行程序作简要比较。根据《行政强制法》的规定，行政强制程序的内容主要包括以下三个方面：

1. 告诫。如《行政强制法》规定：行政机关作出强制执行决定前，应当事先催告当事人履行义务。经催告，当事人履行行政决定的，不再实施强制执行。我国台湾地区的“行政执行法”也规定：依法令或本于法令之行政处分，负有行为或者不行为义务，经处分或另以书面限定相当期间履行，逾期仍不履行者，由行政机关依间接强制或直接强制方法执行之。

告诫程序要求行政相对人必须已经知悉被告知的内容，因为在行政相对人知悉告诫内容后，如果行政相对人认为行政主体所告诫的内容不合法，则有权提出执行异议，行政主体应当听取行政相对人申辩，如认为行政相对人异议成立，应当撤回告诫。因此，《行政强制法》第三十六条规定：“当事人收到催告书后有权进行陈述和申辩，行政机关应当充分听取当事人的意见，对当事人提出的事实、理由和证据，应当进行记录、复核；当事人提出的事实、理由或者证据成立的，行政机关应当采纳。”对此，我国台湾地区“行政执行法”也作了相关规定：义务人或者利害关系人对于执行命令、执行方法、应遵守的程序或者其他侵害利益的行为可以在执行程序终结之前，向执行机关声明异议。并且较为详细地规定了执行机关处理该异议的程序，即：前项声明异议，执行机关认其有理由者，应即停止执行，并撤销或变更已为之执行行为；认其无理由者，应于10日内加具意见，送直接上级主管机关于30日内决定之。行政执行，不因声明异议而停止执行。但执行机关因必要情形，得依职权或申请停止之。

2. 行政强制执行决定。经过告诫之后，行政相对人仍然没有依法履行其义务，行政主体应当作出行政强制执行决定。《行政强制法》规定：“经催告，当事人逾期仍不履行行政决定，且无正当理由的，行政机关可以作出强制执行决定。在催告期间，对有证据证明有转移或者隐匿财物迹象的，行政机关可以作出立即强制执行决定。”《行政强制法》第四十二条规定：“实施行政强制执行，行政机关可以在不损害公共利益和他人合法权益的情况下，与当事人达成执行协议。”“当事人不履行执行协议的，行政机关应当恢复强制执行。”以上规定表明：行政强制执行决定告知行政相对人后，如果行政相对人开始履行义务，行政机关便可中止行政强制程序。如果行政主体不顾行政相对人已经开始履行其义务，仍然决定行政强制执行，显然违反了行政强制执行的目的，构成行政违法。正如台湾学者所说：“一旦行政机关认为其行政处分已不具价值，或以他种方法仍能达到行政目的时，即或义务仍未履行，亦不得作强制之决定。若义务之履行已为不可能，或纵使义务未履行，而义务之内容已自动或他动而实现，或告诫届期之后或甚至行政机关已决定强制之后，义务人才履行其义务等，行政机关不得再作决定，盖义务已消灭，目的已不复存在之故。”由此可见，行政强制的目的在于使行政相对人履行义务，而不是为行政相对人增加新的义务，只要行政相对人能够在法律容忍的期限内履行了其义务，则行政强制就没有必要。

3. 实施行政强制执行。如果行政相对人在行政主体确定的行政强制实施时间之前仍不履行其义务，则行政主体应当依据行政强制执行决定实施行政强制执行。实施行政强制执行的目的是实现行政行为的效力，也是维护法律权威的需要。行政主体实施行政强制时，必须遵守最低损害原则，即通过对行政相对人最低损害达成行政强制目的。对于这个问题，《行政强制法》作了明确规定，如第五条规定："行政强制的设定和实施，应当适当。采取非强制手段可以达到行政管理目的，不得设定和实施行政强制。"第六条规定："实施行政强制，应当坚持教育和强制相结合。"中国台湾地区的"行政执行法"也规定了相同的内容。该法第三条规定："行政执行，应依公平合理之原则，兼顾公共利益与人民权益之维护，以适当之方法为之，不得逾达成执行目的之必要限度。"

## 四、行政强制的救济

行政强制行为乃是维护社会秩序所必不可少的手段，但它的违法或不慎使用会对相对人的合法权益带来损害后果。因此，有行政强制，就必须有对行政强制的法律救济。

中国台湾地区"行政执行法"对行政强制的救济主要表现在三个方面：1. 执行异议程序。"行政执行法"第九条规定：义务人或者利害关系人对于执行命令、执行方法、应遵守的程序或者其他侵害利益的行为可以在执行程序终结之前，向执行机关声明异议。执行机关认其有理由者，应即停止执行，并撤销或变更已为之执行行为；认其无理由者，应于10日内加具意见，送直接上级主管机关于30日内决定之。行政执行，不因声明异议而停止执行。但执行机关因必要情形，得依职权或申请停止之。这一执行异议程序，既适用公法上金钱给付义务的执行，又适用公法上行为或不行为义务的执行，也适用即时强制。2. 国家赔偿责任。"行政执行法"第十条规定：如果行政强制执行人员在行政执行时故意或过失不法侵害人民自由或权利，受害人可以依照国家赔偿法向国家请求损害赔偿。3. 国家补偿责任。补偿责任与赔偿责任不同，赔偿是违法行为所引起的一种责任，而补偿是合法行为所引起的一种责任。"行政执行法"第四十一条规定：人民因执行机关依法实施即时强制，致其生命、身体或财产遭受特别损失时，得请求补偿。但因可归责于人民之事由者，不在此限。前项损失补偿，应以金钱为之，并以补偿实际所受之特别损失为限。对于执行机关所为损失之决定不服者，得依法提起诉愿及行政诉讼。损失补偿，应于知有损失后，二年内向执行机关请求之。但自损失发生后，经过五年者，不得为之。其中，执行异议与国家赔偿救济适用所有的行政执行行为，但国家补偿救济只适用于即时强制行为。设置国家补偿责任的第四十一条没有被安置在第一章，而是放在第四章即时强制中，之所以这样安排，亦有其中的道理：具有紧迫性特点的即时强制，在合法的状态下，也可能造成他人权益的损害。

大陆《行政强制法》第八条规定："公民、法人或者其他组织对行政机关实施行政强制，享有陈述权、申辩权；有权依法申请行政复议或者提起行政诉讼；因行政机关违法实施行政强制受到损害的，有权依法要求赔偿。""公民、法人或者其他组织因人民法院在强制执行中有违法行为或者扩大强制执行范围受到损害的，有权依法要求赔偿。"根据这一规定，我国大陆对行政强制的救济途径包括行政复议、行政诉讼和国家赔偿三种。然而，在具体条文中对行政强制方法的救济途径的表述又不尽相同，例如：《行政强制法》第三章将行政强制措施方法规定为两大类：一是限制人身自由的强制措施；二是对财产的查封、扣押及冻结存款的强制措施。其中只有在第二十五条及第三十一条中规定了查封、扣押物品决定书及冻结存款决定书中应当载明的事项"申请行政复议或者行政诉讼的途径和期限"，从这里可以看出，对于查封、扣押物品以及冻结存款存在纠纷，可通过行政复议及行政诉讼途径进行救济。而对于对限制人身自由的强制措施没有关于行政救济的明确规定。笔者建议将《行政强制法》第三章"行政强制措施实施程序"修改为"行政即时强制实施程序"。按照对实施行政即时强制的条件和行政即时强制的方法进行明确规定的思路，在《行政强制法》中对行政即时强制进行设计。

根据我国理论界的认识，且借鉴我国台湾地区《行政执行法》的规定，采用限制人身自由的行政即时强制方法的事由有这几项：①处在醉酒和精神病发作状态下的人，不对其人身自由进行限制不能避免对其本人的危险，也不能消除对他人安全和社会秩序构成的威胁；②意图自杀者，非限制不能救护其生命；③正在施暴或斗殴的人，非限制不能预防和制止其危害的发生；④存在其他严重危害公共安全或他人人身安全的情形，非限制不能预防制止危害的发生。我国大陆《行政强制法》对这一限制，并无明确规定。作为我国的第一部统一的行政强制法，应对此进行借鉴，对人身自由的限制的事由通过立法进行规范，为对相对人合法权益的保障设立一道屏障，更为因此发生的侵害相对人人身权的行政强制行为的司法救济提供法律依据。

另外，大陆《行政强制法》对行政强制措施只有关于查封、扣押物品以及冻结存款这两类的规定。我们建议增加类别，如限制使用、强制征用等，以适应社会发展。根据我国大陆理论界的认识，且借鉴我国台湾地区《行政执行法》规定，采用处置财物的行政即时强制方法的事由应有如下几项：①发现管制刀具、武器、爆炸物品及其他危险物品，非扣留处置或限制使用不足以预防危害发生的；②发生重大自然灾害、重大事故，或遇有公共交通、公共卫生和公共安全受到危害或有危害危险的情形，不采取紧急处置措施不足以消除危害和预防危险的；③发生对人民生命、身体和财产安全有紧急危害的情形，不采取紧急处置措施不足以消除紧急危害的。对住宅或其他场所的进入，这是对强行进入住宅或其他场所的即时强制方法的概括。同样，根据我国理论界和台湾地区《行政执行法》的规定，采用对住宅或其他场所强行进入方法的法定事由规定如下：①人民生命、身体、财产受到紧迫危害，不强行进入不能救护的；②有其他妨害公共安全或安宁的行为，不强行进入不能制止的。这一强制方法涉及宪法规定的人身自由权和对住宅权的保护问题，应在行政强制法中明确规定其发生事由及救济方法。

# 行政机关参与公益诉讼中的正当性分析*

## ——以昆明市环保局参与环境公益诉讼为分析对象

陈慰星[1] 林 琛[2]

◉[1] 华侨大学法学院副教授，福建刺桐律师事务所兼职律师

◉[2] 福建刺桐律师事务所律师

被评选为“2011 年中国十大公益诉讼案件”的昆明市环境保护局起诉并由昆明市人民检察院支持起诉昆明三农农牧有限公司、昆明羊甫联合牧业有限公司环境污染侵权纠纷案，经过沸沸扬扬的媒体关注，最终经云南省高院二审终审。① 本案媒体关注点更在于已经接受了昆明环保局行政处罚的两公司，是否还应承担民事侵权赔偿责任等实体法方面的问题。但遗憾的是，学术界和新闻界并未将注意力投射到进行本案的前提性问题，即昆明市环保局作为该民事侵权案件的原告是否适格。尽管在地方司法层面上，这一问题似乎通过昆明市中级人民法院、昆明市人民检察院、昆明市公安局、昆明市环境保护局 2008 年 11 月 5 日联合制定的《关于建立环境保护执法协调机制的实施意见》② 得到了解决，但除了对上述规定本身法律效力的质疑之外，③ 该规定所确认的检察机关与环境保护行政执法机关和有关社会团体并行存在诉讼资格的情况下，本案检察机关以诉讼支持人身份，“参与”到诉讼中的这种“矛盾”情形。当然，如果踯躅于个案，我们很容易沦陷于“一叶障目”的短视黑洞，将我们的论题转化为地方司法实践的理由分析。事实上，放逐于群体性诉讼的场域，个案考量的价值重心，显然不在于分析是否能够为某个特殊个案的地方司法实践正当性提供论证，而应当汇聚于更具普遍性的系统原因分析上。鉴于此，本文试图首先在诉讼法理层面，分析引入行政机关参与公益诉讼的法律机理，并在比较法层面上展开行政机关参与公

* 本文系教育部人文社科会科学研究规划青年基金（项目批准号 11YJC820008）中期成果。

① 关于本案的案情与争点详见：《云南省高级人民法院民事判决书》（（2011）云高民一终字第 41 号）。

② 该办法第 6 条规定：“环境公益诉讼的案件，依照法律规定由检察机关、环境保护行政执法机关和有关社会团体向人民法院提起诉讼，并负责收集证据、承担举证责任。”

③ 依据上述办法规定，主要的法律依据是《民事诉讼法》第 15 条规定：“机关、社会团体、企业事业单位对损害国家、集体或者个人民事权益的行为，可以支持受损害的单位或者个人向人民法院起诉。”

益诉讼的谱系分析，以此落脚于案例所代表的地方实践进路的逻辑性选择。在此基础上，探讨行政机关作为公益诉讼原告的正当性，将会有更为深入、也更加精确的切入点。

## 一、行政机关作为群体性诉讼原告的适法逻辑

行政机关参与群体性诉讼，自然集中于同行政机关行政职权重叠的领域。这使得讨论该问题，还应当前置性地回应行政机关在诉讼之前的行政作为及其可能对于诉讼的影响。这一问题也关涉到开场案例所涉及的争点——已经实施了行政处罚行为的行政机关，是否还能够再行提出新的民事诉讼。云南两级法院对此争点的定性草率之处在于：其并未从引发争点的核心原因上进行是否存在诉权权利来源同诉权行使者权力身份是否重叠的判断，而是“拈轻怕重”地从诉讼标的层面给出一个“侵权案件”属于民事案件、与行政行为的“行政处罚”并不搭界的似是而非的解释。尽管我们无法洞悉这一司法解释背后的动机，但无疑在目前中国司法难以行政权进行核定的禁忌的现实背景下，这一做法虽具有一定的合逻辑性，却乏有符合正当性分析的逻辑基础。

回望本案用以支持环保局作为公益诉讼适格当事人的法律依据，主要有实体法层面的《中华人民共和国环境保护法》第六条“一切单位和个人都有保护环境的义务，并有权对污染和破坏环境的单位和个人进行检举和控告”的规定，这一原告诉讼资格的扩张，以昆明市环保局为维护环境公共利益，有权代表国家向三农公司、羊甫公司的环境侵权行为提起民事诉讼。并依据《中华人民共和国民事诉讼法》第十五条：“机关、社会团体、企业事业单位对损害国家、集体或者个人民事权益的行为，可以支持受损害的单位或者个人向人民法院起诉”，确认昆明市人民检察院支持昆明市环保局起诉三农公司、羊甫公司于法有据。此外，从一审法院的判决理由来看，支持二审法院作出上述诉讼主体资格认定的，还有最高人民法院法发［2010］18号《关于为加快经济发展方式转变提供司法保障和服务的若干意见》有关“法院依法受理环境保护行政部门代表国家提起的环境污染损害赔偿纠纷案件，严厉打击一切破坏环境行为”的规定。

上述法律适用逻辑的成立，建立在这样的授权关联中——《环保法》确立环境诉讼原告资格扩张至行政机关。不过，在中国的法律体系中，这样的关联值得质疑：依据《立法法》第七条和第八条第九款的规定，诉讼仲裁事项应由全国人大或者其常委会立法。由此观之，《环保法》所载明的控告权应当是环保部门获得起诉权的权利来源。但遗憾的是，《宪法》第四十一条明确“中华人民共和国公民对于任何国家机关和国家工作人员的违法失职行为，有向有关国家机关提出申诉、控告或者检举的权利”。作为针对国家机关及其工作人员违法失职行

为的公民权利，控告在中国宪法和相关法律条文体系[①]中的含义，一方面在主体上不包括行政机关，另一方面在行使权利方式上也不包括民事起诉。

对于这一问题，我们可以援引最具有代表性的欧洲消费者保护诉讼实践进行比照。整体而言，欧洲实践存在以公平贸易局为代表的英国模式、以消费者专员为代表的北欧模式和兼而有之的荷兰混合模式。无论何种模式，均同时存在行政管理职权和提起诉讼权的制度选项。比如有权对违法者提起诉讼的英国公平交易局（简称 OFT），其实质是英国竞争法和消费者保护法的执法机构。其日常事务主要就是对英国的市场竞争以及消费者保护相关领域的申诉进行审查，对确定违法的行为进行处理或者移交其他国家机关处理，乃至提起诉讼。[②] 可见，行政机关诉讼职能其实只是事先法定的附设性的配套职能；行政机关实质上也非为提起群体性诉讼而专设。其启动诉讼的制度正当性，主要在于通过 1990 年《法院与司法服务法》（Courts and Legal Services Act 1990）授权其为消费者群体提起消费诉讼。[③] 而北欧模式的诉讼正当性，同其消费者专员的属性有关。[④] 由于专员机关脱胎于消费者政策全国委员会，并非传统的施行直接管理职权的行政机关而更多属于政策监督性机构。因此，消费者专员在面对违法者的时候，更多采用的是谈判等“软性措施”。为此，在软性措施失效的时候，必须要保有向具备强制执法能力法院提起诉讼的能力，才能够对违法者产生足够的威慑。这一做法的另一个好处就是，没有实际行政执法权的专员们，其权力派生于议会，这就可以有效地避免立法权与行政执法机构执法权的冲突。由是观之，比较实践所提供的行政机关参与群体诉讼的正当性谱系，主要是基于协调行政权（执法监督

---

① 主要的相关法律条文可见《刑事诉讼法》第八十四条第二款、三款规定：被害人对侵犯其人身、财产权利的犯罪事实或者犯罪嫌疑人，有权向公安机关、人民检察院或者人民法院报案或者控告。公安机关、人民检察院或者人民法院对于报案、控告、举报，都应该接受。对于不属于自己管辖的，应当移送主管机关处理，并且通知报案人、控告人、举报人；对于不属于自己管辖而又必须采取紧急措施的，应当先采取紧急措施，然后移送主管机关。根据这一规定，控告一般是指被害人及其近亲属或其诉讼代理人，对侵犯被害人合法权益的违法犯罪行为，依法向司法机关告发，要求予以惩处的行为。按照《刑事诉讼法》第八十五条的规定，控告可以以书面或者口头形式提出。属于口头控告的，接待的工作人员应当写成笔录，经宣读无误后，由控告人签名或盖章。接受控告的工作人员应当告知控告人：控告应实事求是，不得诬告陷害他人，并说明诬告应负的法律责任。按照《刑事诉讼法》第八十六条的规定，人民法院、人民检察院或者公安机关对于控告材料，应当按照管辖范围，迅速进行审查，认为有犯罪事实需要追究刑事责任的，应当立案；认为没有犯罪事实，或者犯罪事实显著轻微，不需要追究刑事责任的，不予立案，并且将不立案的原因通知控告人。控告人如果不服，可以申请复议。

② 有关 OFT 职能，具体参见 Paul W Dobson，Michael Waterson，Vertical Restraints and Competition Policy，December 1996，Research Paper 12，available at www. oft. gov. uk/shared _ oft/reports/…policy/oft177. pdf，2012/5/18.

③ See OFT：“Relevant legislation”，http：//www. oft. gov. uk/about-the-oft/legal-powers/legal/，2012/5/18.

④ 吴泽勇：《瑞典的群体性纠纷解决机制分析》，《法学》2010 年第 7 期。

权）进入司法领域所进行的事前授权处理，即当事人适格的扩张是通过立法先予落实。

循此，我们所追问的云南案例实践，难免就会陷入这样的一种尴尬：若环保局提起诉讼的行为，被归为英国模式，属于行政机关职权行为，则依据《立法法》需要更高位阶的人大常委会立法为行政机关此类诉讼“职权”予以授权；若将其定性为北欧模式，其界定为代表公众的这种政策性功能显然又同作为具体执法部门的行政管理职能相互冲突，导致环保行政职权的事实上扩张。而显然，至少《环保法》第七条第二款所确定的“县级以上地方人民政府环境保护行政主管部门，对本辖区的环境保护工作实施统一监督管理”，并未将环保行政权拓展到司法起诉。

## 二、行政机关作为公益诉讼原告引发行政职权错位

上述分析所展示的进路，主要是法律技术层面对案例所涉程序法理之质疑。当然，这种质疑还可以勾连到行政法层面的分析，探讨因为行政机关事实上的“起诉权”而导致的司法权与行政权界分的问题。这一问题的吊诡之处在于，有关行政机关起诉权的性质界定将陷于两难：若将其视为行政机关履行行政职权的应有之义，本身将会陷入一种行政机关选择性运用的问题。类似于荷兰消费者管理局，其兼掌行政处理权和诉讼权，但更倾向于选择成本低廉的直接行政处理方式。在中国目前行政机关普遍强势的职权空间下，行政机关将可纳入行政职权的事务转交司法似乎有某种意义上的推诿之嫌。质言之：若行政部门未及时提出起诉，则对其该推诿性不作为行政行为的救济，能否再行通过行政诉讼来审查？若有，则谁将成为该行政诉讼原告？若将行政机关作为社会公益团体而获得诉讼信托，① 则我们应追问这种诉讼信托与其履行行政职权可能的重叠问题。因为这种诉讼信托的抽象性，其建立在全体国民所信托的公众利益受到侵害，则同样具有维护公共利益的行政职权，应如何同上述诉权所及抽象范围进行划分，这无论如何都可能会在具体个案中被提出。换言之，这样的诉讼资格扩张指向并不恰当。

事实上，本文所质疑的，恰恰是行政机关提交民事侵权诉讼的诉权来源。《水污染防治法》第八十八条业已明确了对水污染侵权的共同诉讼、支持诉讼的规定。环境保护主管部门和有关社会团体可以依法支持因水污染受到损害的当事

---

① 这是目前行政机关获得原告资格最为有力的一种解说。以公共信托理论为基础，国家被推定为全体国民所有的财产的信托管理者，并同时被信托了有关该财产的诉权。国家作为抽象信托人，可以将将诉权分配给检察院或其他组织而代为诉讼。参见齐树洁，苏婷婷：《公益诉讼与当事人适格之扩张》，《现代法学》2005 年第 5 期。

人向人民法院提起诉讼，系属诉讼支持人角色。而从本案主要的民事侵权诉讼请求来看，诉讼目的应在于敦促污染治理的问题（所涉400余万元的治理污染费用）。依《环保法》之规定，则应径行纳入地方环境执法部门既有职权范畴，①为何要劳师动众地通过一个复杂的环境公益诉讼，并建立配套的环境公益诉讼救济基金予以处理？即使从《昆明市环境公益诉讼救济专项资金管理暂行办法》的立法宗旨来看，也是“为了鼓励单位和环保组织对涉嫌危害环境的行为提起公益诉讼，解决环境公益诉讼中调查取证、鉴定评估、诉讼费用、环境修复以及执行救济资金短缺的问题，推动环境公益诉讼的开展”。这意味着，环境公益诉讼首先在事实上应属于对是否危害环境存在争议的事实，其次是为支持进行公益诉讼所造成的资金短缺的救济。据此，环保部门在本案中仅就污染治理费用提起民事诉讼，本身就有双重角色错位之嫌：第一，既有法律对于环保部门行政执法提供了执行救济，如同案件发生初始阶段“2010年3月9日，官渡区环保局向官渡区法院申请执行畜牧小区停止养殖的处罚决定”，若昆明环保局有了治理评估的方案，完全可以再次向法院提出要求针对所涉污染企业的环境治理费用的执行申请；第二，环境民事侵权之诉属于给付之诉，本身隐含了一个确认之诉，② 即侵权行为是否成立的判断。但很明显，本案昆明环保部门诉前业已坐实了污染侵权的定性，并先期进行了行政处罚。同时，污染企业也并无否认侵权。可见，本案核心诉争实质是如何治理污染的问题，而非公益诉讼所指向的维护公共环境的法益。若此，一方面，行政部门可以任意选择性地将自己的职权交托给司法，并将相关费用从“救济基金”列支；另一方面，司法亦可以通过公益诉讼的渠道，而通过个案将权力辐射到行政职权领域。

## 三、一点余思：为什么行政机关不入公益诉讼

从美国行政法发展历程来看，从建国之初的对行政权强烈的警惕所导致的司法审查做法，到发轫于19世纪末，特别是1931年为解决大萧条而走向的行政权扩张，再到20世纪转向到行政程序审查，司法权退却的主要理由，并不像作历史关联分析所展示的那么应景和功利，实际上是关于社会治理所涉“知识”的尊重。在现代社会进入工业化而日渐复杂和多元的时代，高度分工的社会业已被

---

① 《环保法》第二十九条规定：“对造成环境严重污染的企业事业单位，限期治理。……市、县或者市、县以下人民政府管辖的企业事业单位限期治理，由市、县人民政府决定。被限期治理的企业事业单位必须如期完成治理任务。”

② 关于给付之诉包含确认之诉的论证，详见“确认之诉原型观”学说。具体参见［日］兼子一、竹下守夫著，白绿铉译：《民事诉讼法》，法律出版社1995年版，第47页。

专业知识治理所宰制。对比于更具专业能力人才和日常实践经验的行政机关，仅能专注于法律的司法审查自觉变得自律而节制，[①] 法院审理在专业知识方面的退却也成必然。在这一社会治理转型的背景下，行政机关与司法的分工日渐清晰：国家司法中心从行政行为范围转到行政机关决定作出程序的路径选择。[②] 由是观之，将更具专业性的环境侵权损害赔偿落实问题放诸法院，将会使司法审判蜕变为“专业知识”证据内容是否具有可采性的事实分辨游戏。昆明案件证明了这一点。污染企业所提出的行政“处罚”免除民事“赔偿”的法律逻辑实质上是不成立的，也可以通过既有的行政法架构予以解决，被环保部门“转送”到民事司法领域反而复杂化社会治理过程。实际上，最为简单的社会治理路径，就是环保部门对污染企业的治理行为进行行政监督检查，并在落实治理不力的情况下，依据昆明环科院《治理成本评估报告》的数额，对两企业的财产采取行政强制措施，以落实责任的履行。污染企业则可以针对上述行政监督检查决定或者行政强制措施决定，提起行政复议或行政诉讼，以审查上述行政行为合法性。特别是通过行政诉讼救济，借助法院程序，污染企业可行使“被动性救济（passive remedies）手段”来对抗行政机关。[③]

由此，关于昆明案例的分析实质上所应深究的，是超越个案之外的公益诉讼定位问题。作为现代型诉讼的公益诉讼，特别是民事侵权内容的群体诉讼，其与传统民事诉讼的分野何在，实际上反映的不仅仅是行政机构参与诉讼资格的表象问题，更是现代型诉讼如何定位的问题。这一定位深刻地体现为对于造成诉讼的诉因之形成原因的分析上。日本学者在比对美日现代型诉讼之后，揭示了包括公益诉讼在内的现代型诉讼最为重要的特征，即该诉讼所要求的救济是注重于将来所产生侵害的防止，其诉讼的性质，针对于对国家政策是非的考量。[④] 因此，此类案件原告诉权获得，主要是基于如国家政策影响公共利益而着眼于未来侵害的发生，典型案例就是美国 1956 年“哈德逊河自然风景保护联盟诉联邦电力委员

---

① 薛刚凌：《美国行政法之路》，应松年、袁曙宏主编：《走向法治政府》，法律出版社 2001 年版，第 45 页。

② 薛刚凌：《美国行政法之路》，应松年、袁曙宏主编：《走向法治政府》，法律出版社 2001 年版，第 45 页。

③ Lee A. Albert, Standing to Challenge Administrative Action: An Inadequate Surrogate for Claim for Relief, The Yale Law Journal, Vol. 83, No. 3 (Jan., 1974), pp. 425—497.

④ 大沢秀介：《現代型訴訟の日米比較》，东京：弘文堂，1988，第 191 页。

会”案①和日本的大阪国际空港公害诉讼。② 两案所揭之诉讼目的，更有间接制衡行政权之意味，而绝非赋权相关行政机关施行诉讼担当而向违法责任人提起侵权诉讼。因此，我国立法业已明确行政机关作为诉讼支持人角色，参与到诉讼侵权损害赔偿中可能更为妥当。昆明案例，如考虑到案件波及性而难以确认直接受害人，则可以置换为检察院“代位”诉讼或者环保团体担当诉讼，而环保机关作为诉讼支持人，显然更加合法也更具操作性。

---

① 在该案中，由于联邦电力委员会允许在哈德逊河上游修建水力发电厂，破坏了哈德逊流域的整体景观。哈德逊河自然风景保护联盟法提起诉讼请求撤销联邦电力委员会的行政许可。法院确认了环境保护组织和市镇的起诉资格，以确保被涵盖在公共利益之内的利益得到保护。美国此后的 1972 年“赛拉俱乐部诉莫顿”和 1978 年“杜克电力公司诉卡罗来纳时环境研究集团公司”也是此类案件的典型。该案件判决参见：SCENIC HUDSON PRESERVATION CONFERENCE，Town of Cortlandt，Town of Putnam Valley and Town of Yorktown，Petitioners，v. FEDERAL POWER COMMISSION，Respondent，and Consolidated Edison Company of New York，Inc.，Intervener. 354 F. 2d 608，available at http：//p4. 1lo0. net/code/popurl _ fs3 _ reopen _ 517. asp？mymd = soho813089&pid = 26836，2012/5/19. 相关分析参见：Cohen，Bernard S.；Warren，Jacqueline Manney Judicial Recognition of the Substantive Requirements of the National Environmental Policy Act of 1969，13 B. C. Indus. & Com. L. Rev. 685（1971 – 1972）。

② 在该案中，由于大阪国际机场扩张，航班数大量增加，加上执飞航线的喷气飞机大型化，机场周围噪音增大。1969 年 12 月，机场周围那些身体、精神遭受损害的居民以国家等为被告，提出旨在要求禁止夜间 9 时至早上 7 时的航班飞行，并基于《国家赔偿法》2 条 1 项主张针对过去和将来的损害赔偿。须田政胜：“公共性”とのたたかい（大阪国际空港公害诉讼弁护团日志 – 4 –），判例时报（717），14 – 16，1973 – 11 – 21。

# 海峡两岸精神病人强制治疗制度的比较研究

**卢顺珍**

◉ 福建江厦学院法学系副教授

据世界卫生组织统计，全球约有4.5亿人患有神经、精神疾病，其中重性精神病的患病率达到13.47‰，我国目前的重性精神疾病患者也已达到1600万人。[①] 为了保护这一弱势群体的合法权益，包括我国香港和台湾地区在内，已有100多个国家和地区陆续颁布了精神卫生法。我国大陆地区相关法律规定则散见于各种规章、司法解释和地方性法规之中，和老挝一起成为亚洲仅剩余的两个没有专门精神健康法律的国家。这一法律的缺失使得实践中屡次出现精神病人不该收治的收治、该收治的不收治的情形。[②] 大陆的某些地方政府机关甚至把行政纠纷的当事人送至精神病治疗机构强制治疗，以解决不断上访所带来的麻烦。这些“被精神病”事件不但侵害了公民的基本人权，挑战了法律的权威，还暴露出这一领域的立法漏洞，以及这一漏洞给社会管理所带来的负面作用。本文拟对此作出探讨，以求抛砖引玉，并期冀对我国精神立法有所裨益。

## 一、我国大陆地区关于精神病人强制治疗的相关规定

1985年，大陆地区开始对精神卫生立法进行调研和草案起草，经过27年的酝酿，2011年10月29日，全国人大常委会首次公布《精神卫生法（草案）》（以下简称《草案》）征求公众意见。《草案》第26条至32条提出了强制治疗制度的构想，它被认为是防止“被精神病”的关键条款，但《草案》中的规定仍然存在不足之处。

《草案》第25条第一款规定“精神障碍的住院治疗实行自愿原则”，说明通常情况下，病人出入院是自由的，可以不考虑医院的医疗建议，哪怕医院对病人的出入院作出某些强制性规定，只要没有相关的法律依据，病人仍旧可以置之不

① 中华人民共和国卫生部：“精神卫生浮出水面不再是一个“被遗忘的角落”［EB/OL］. http://www.moh.gov.cn/publicfiles/business/htmlfiles/mohltxgbj/s10750/201109/53070.htm，2012年3月30日。

② 新华网：“被精神病”事件频发背后［EB/OL］. http://news.xinhuanet.com/video/2011-06/12/c_121524502.htm，2012年7月6日。

理。然而这种自由如果侵犯到他人、社会或者国家利益时就将受到限制，因而第25条的第二款规定，当“诊断结论、病情评估表明就诊者为严重精神障碍患者”，且具有“1. 已经发生伤害自身的行为，或者有伤害自身的危险，或者不住院不利于其治疗的；2. 已经发生危害他人安全的行为，或者有危害他人安全的危险的”两种情形之一时，可以对病人实施强制治疗。为了避免在实践中出现“被精神病”的情况，《草案》第26至30条设置了复核程序，具体包含复诊、鉴定、重新鉴定三个递进过程，“患者或者其负有监护职责的近亲属对需要住院治疗的诊断结论有异议、不同意对患者实施住院治疗的，可以要求复诊、鉴定和重新鉴定”。所有这些程序仅在病患或相应的医疗机构、鉴定机构之间完成；公安机关只有在复诊结论或鉴定意见表明“患者”具有草案第25条第二款规定情形，且“患者”或其负有监护职责的近亲属不同意强制治疗时，才可以协助相关医疗机构对患者实施强制治疗。人民法院和人民检察院却始终没有介入。说明《草案》仍旧将强制治疗这一行为界定在医疗行为的范畴内，并未上升到司法范畴，从公民人身自由权的法律保护上，对这一制度进行规定。

除《草案》之外，此前大陆地区有关强制治疗的规定主要散见于刑法、刑事诉讼法、司法解释、部门规章和一些地方性法规之中。① 这些规定主要用于解决精神病人的刑事责任能力问题。它们就强制医疗的实质条件作了较为详细的规定，要求强制医疗的前提条件是病人实施了刑法所禁止的危害行为，对于一般的精神病人，如果没有实施该行为，则不能采取强制医疗措施，而是由家属严加看管和医疗，必要的时候由政府进行强制医疗。对于强制医疗的具体实施程序则没有法律作出过详细的规定。2012年3月14日公布的新《刑事诉讼法》第五篇特别程序中，对依法不负刑事责任的精神病人的强制医疗程序作出了具体的规定，弥补了之前相关刑事法律只规定强制治疗的实体要件却忽略程序问题的不足。这些规定的内容包括强制医疗程序的适用对象、审理程序、法律援助、救济程序以

---

① 1956年6月2日最高人民法院《关于处理精神病患者犯罪问题的复函》第1条规定：“精神病人在不能辨认或者不能控制自己行为的时候实行对社会有危险性的行为，不负刑事责任。至于精神病人是否不能辨认或者不能控制自己行为，应由有关医疗部门鉴定并应就其左右邻近调查证明行凶时及行凶前后的精神状况，取得确实的证明。”第2条还规定：“反革命分子与其家属或地主富农分子如确与上述情况相同，不应另有不同的处理。”1978年8月4日最高人民法院《关于处理精神病患者犯罪问题的批复》再次确认了该复函的效力。1979年4月16日最高人民法院、最高人民检察院、公安部《关于清理老弱病残犯和精神病犯的联合通知》第2条规定：“对精神病犯，按下列原则处理：1. 对入监前患有精神病的罪犯，应根据1956年最高人民法院关于处理精神病患者犯罪问题的复函精神，进行复查。对不应负刑事责任的，要予以纠正释放。2. 对入监后新患精神病的罪犯，凡有家的，可准予监外就医，由当地公安机关负责监督。3. 今后，监狱、劳改队必须严格按照《中华人民共和国劳动改造条例》第37条的规定执行。凡不符合收押条件的，劳改单位应予拒绝收押。”《刑法》第18条第1款规定：“精神病人在不能辨认或者不能控制自己行为的时候造成危害结果，经法定程序鉴定确认的，不负刑事责任，但是应当责令他的家属或者监护人严加看管和医疗；在必要的时候，由政府强制医疗。”

及法律监督等。

然而，对实施《刑法》禁止行为以外的精神病人如何进行强制治疗，至今没有一部生效法律进行详细规定，《草案》中的相关程序，也没有司法机关的介入。为什么对于实施《刑法》禁止的危害行为的精神病人，有司法机关的介入来保护他的权利，而对于一个危害程度更低的精神病人，司法机关的保护却没能在法律中得到保留？这是一个不合理的设置。为了保护这些精神病人的合法权利，近些年来上海、宁波、北京和杭州等地区也陆续颁布《精神卫生条例》（以下简称上海条例、宁波条例、北京条例和杭州条例）对此项措施的立法作出有益尝试。

上海条例较为详细地规定了精神病非自愿住院治疗的收治标准、送医主体、紧急住院观察期、诊断主体、随访评级、诊断复核和出院标准。该条例第 31 条规定，精神疾病患者或者疑似精神疾病患者有伤害自身、危害他人或者危害社会的行为时，其监护人、近亲属、所在单位、住所地居民委员会、村民委员会或者事发地公安部门有权将其送至精神卫生医疗机构；其他单位和个人发现的，应当向其住所地居民委员会、村民委员会或者事发地公安部门报告。经两名以上精神科执业医师（其中一名具有精神科主治医师以上职称）诊断认为必须住院观察的，精神卫生医疗机构应当对精神疾病患者或者疑似精神疾病患者实施紧急住院观察，同时通知其监护人或者近亲属。精神卫生医疗机构应当在实施紧急住院观察后的 72 小时内，作出诊断结论。第 32、33 条规定，医疗机构每月应当对住院治疗的精神疾病患者进行一次精神状况评定，具有主治医师以上职称的精神科执业医师确定住院治疗的精神疾病患者可以出院的，精神疾病患者的监护人或者近亲属应当代为或者协助办理出院手续。对于有自知力的患者提出出院要求的，医疗机构则应当准予出院。第 25 条还规定医疗机构应在半年内主动提起诊断复核，如果诊断复核不能确定或对其有疑议则应启动会诊程序。

宁波条例与上海条例相比较，没有规定 72 小时的紧急住院观察期，而规定对首次诊断有异议的，可以在六个月内提出复核和会诊，对于危害自身的精神病患者也没有要求强制医疗，只要求对有严重危害他人人身安全或者公共安全的行为的精神病人实施强制治疗。不过宁波条例对于公安机关在强制治疗中的介入却进行了较为详细的规定，要求强制治疗的决定和解除均应由公安机关作出。[①] 北京条例的收治标准与宁波条例基本相同，没有紧急住院观察期的规定，在第 27 条规定了三个月的诊断复核期，申请复核的对象也不仅限于首次诊断的患者。送医主体和出院标准上规定得也相对比较模糊，实行的基本是一种不完整的自愿住院制度，自愿住院者的出院，在医院不同意出院时，完全依赖于其监护人或者近亲属；而对于重性精神病患者，其住院和出院都由其监护人或者近亲属决定；对

① 《宁波市精神卫生条例》第 23—28 条。

于公安机关送来的精神疾病患者，其住院和出院则完全取决于医疗卫生机构的诊断，并且如果监护人和近亲属拒绝办理住院手续的，由公安机关办理。对人民法院和检察的介入没有予以规定。① 杭州条例与宁波条例较为相近，只是将诊断复核期缩短到一个月，公安机关也只决定是否实施强制治疗措施，是否参与解除程序则未作明确规定。② 值得一提的是杭州条例在第27条作出了执业回避的规定："与精神疾病患者有亲属关系或者有其他利害关系的精神科执业医师，不得为其进行诊断、诊断复核和会诊。对精神疾病患者进行诊断的精神科执业医师，不得为同一精神疾病患者进行诊断复核和会诊。"

## 二、台湾地区的强制治疗制度

台湾地区的"精神卫生法"于1990年颁布，2000年和2002年曾经作过小幅度的修改或增设。随着台湾社会经济的发展和各项福利制度的健全，对于精神病人正当权利的保护越来越受到台湾各界的关注。2007年6月5日，台湾地区"立法院"三读通过新"精神卫生法"修正草案。该草案加强了对精神病人的人权保护，更大地提升了精神病人选择就医的自主性，在强制治疗的决定权上将原先只需两名专科医师签名即可，改为由审查会鉴定。审查会由专科医师、护理师、职能治疗师、心理师、社会工作师、病人权益促进团代表、法律专家及其他相关专业人员组成，他们的作业流程及议事规则均由"中央主管机关"制定。强制治疗决定作出的程序大体为：当精神病人病情严重到足以伤害他人或其自身时，专科医生对其作出诊断，明确是否需要全日住院治疗，其保护人将协助病人前住精神医疗机构办理住院。如果病人拒绝接受全日住院治疗，直辖市、县主管机关将会指定精神医疗机构予以紧急安置，并指定两名以上的专科医师进行强制鉴定。鉴定结果认为仍有全日住院治疗必要，经询问病人意见，仍拒绝接受或无法表达的，即应填写相关资料及诊断证明，向审查会申请许可强制住院。

紧急安置期间不得超过五日，强制鉴定应自紧急安置之日起两日内完成。经鉴定无强制住院必要或于紧急安置之日起满五日未取得强制许可的，应立即停止紧急安置。

强制治疗的期限原则上不得超过60日。如需延长，须再次经主管机关指定的两名以上专科医师的鉴定和审查会的许可，而且期限同样不得超过60日。被紧急安置或强制治疗的精神病人及其家属可以向法院申请裁定停止紧急安置或强制治疗，对法院裁定不服者还可以申请抗告，对于抗告法院的裁定不服者则不得再抗告。申请及抗告期间不停止紧急安置或强制住院。

---

① 《北京市精神卫生条例》第31、32条。

② 《杭州市精神卫生条例》第26、28、29、34、36条。

我国台湾地区在精神病强制治疗的制度设计中遵循了法律保留、比例原则和公权力介入三大原则。人身自由权是宪法赋予公民的一项基本权利。从现代人权与法治的立场考察，强制精神病人住院，构成对其人身自由的限制，并有可能对其身心健康造成伤害，是事关公民基本人权的问题，本质上主要属于公法范畴。禁止非法剥夺或者限制公民的人身自由，是公认的人权基本原则。精神病人作为公民，当然应当享有受到宪法保护的人身自由，非经法律许可不得剥夺或者限制。根据法治精神和宪法原则，如果没有相反的法律规定，每个人都享有决定是否治疗以及如何治疗自己所患疾病的权利，公民的自由权利只有通过立法机关制定或修改法律的途径才能进行限制，医疗机构、行政机关、司法机关和社会团体在没有法律授权的情况下无权限制公民人身自由，包括精神病人的人身自由权。如果确有必要限制甚至取消某些精神病人的自主决定权，国家应当制定公法性的法律加以明确规定。为了避免精神病人遭受不恰当、不必要的强制住院，更为了避免正常人“被精神病”，台湾地区遵循了法律保留原则，制定了不同模式的精神卫生法，规定了强制治疗的收容标准、释放条件、适用程序和司法救济，最大限度地减少了公权力对精神病人人身自由权的侵害。

从人权保护的角度看，对精神病人实施强制治疗确实侵犯到了病人的人身权利，但是因为这些病人已丧失或部分丧失自我认知和行为能力，如果任由病人自己决定是否进行治疗，则有可能贻误或加重病人病情，严重的还有可能对周边造成侵害。为了平衡二者的关系，台湾地区引入了比例原则，要求只有精神病人在没有其他替代治疗手段，且达到收容标准时才可以启动强制医疗程序。程序启动后，对于长期接受强制治疗的病人还设立了相应的听证和复核程序，以保持为达到公益目的所采取的手段与其所侵害的私益之间有相当程度的比例关联性。

同时，司法作为公民权利保护的最后一道屏障，也被纳入到台湾地区的强制治疗制度之中，一方面可以避免医疗机构和相关人员借强制医疗的决定权谋求私利，另一方面也借助于司法机关的介入充分保障被强制治疗者的基本人权。

## 三、大陆地区精神病人强制治疗的立法思考

“精神卫生法”涉及精神病预防、治疗、康复等方面的一系列法律规则，但据参与“精神卫生法”立法调研工作的专家介绍，“精神卫生法”的立法难点在于精神病患者的收治和出院规则。为此，要在法治的轨道上，完善精神病人社会管理模式，就必须在坚持保障患者权益的基础上，着手制定以下规范。

1. 细化相关技术标准和程序规则。在制定强制治疗的收治、出院规则时应当确立医疗性、无可替代性和专业性规则。

所谓医疗性规则，是指是否对精神病人实施强制治疗，应以是否需要对病人实施医疗行为为标准，而不应以政治、经济、宗教、文化和家庭等其他因素为标

准，个人的政治主张、社会地位、道德水平、文化程度和宗教信仰等与医疗无关的因素不应成为诊疗的依据。体现在法条上，可以将收治标准规定为：（1）精神病人正在实施或极有可能实施危害社会秩序、公共安全、他人和自身安全的行为；（2）精神病人无法认知或控制自己可能实施的这一危害行为；（3）精神病人实施的这一行为与其精神障碍之间存在因果关系。

所谓无可替代性规则，是指如果不是为了阻止精神病人伤害自身、危害公共安全或者他人人身安全、扰乱公共秩序，而且还有除强制治疗以外的其他阻止手段时，不得对其实施强制治疗。精神病不同于躯体疾病。如果精神病人自己不感到痛苦，所患精神病没有损害其身体健康或者不会导致其死亡，也无可能伤害自己或者他人，可以不治疗、不住院，外人不宜干涉。新的精神病人治疗与管理模式的建立，是以精神病人的人权保护为基础的。精神病人人权保护的基本理念是应当尽力避免病人非自愿入住精神卫生机构，入住精神卫生机构的方式应当与罹患其他疾病住院的方式相同。1989 年世界精神卫生联盟（The World Federation for Mental Health）在埃及发表了《卢克索尔人权宣言》，1991 年联合国大会又通过了《保护患精神疾病的人和改善精神卫生保健的原则》，它们都要求只有在精神卫生机构正式同意下，方可以对病人实施身体约束或非自愿隔离，而且这些措施必须是阻止立即或迫近发生的对病人或其他人的伤害的唯一可行手段。

所谓专业性规则，是指只有具备一定资质的精神专科医师才享有精神疾病的诊断权。目前我国西医的执业医师制度只将执业医师分为临床医师、公共卫生医师和口腔执业医师，精神专科没有专门的执业医师资格，只有当执业医师从事精神病诊疗工作达到 5 年以上才有可能获得精神专科主治医师资格，所以在需要强制治疗精神疾病的诊断上，必须明确只有具备精神专科主治以上资格的医师才可作出。同时由于精神疾病的诊断大多依靠医师的主观判断，少有客观的检查标准，因而实践中，精神专科医生往往会成为所在医院、个别官员乃至患者家属实现非法目的的工具，为了避免不当的目的介入精神病人的强制治疗制度，应设立执业回避制度，要求给出诊断意见的医师必须要两名以上，且工资或人事关系不能隶属于病人将入住的医院，与患者的利害关系人之间不存在足以影响诊断结果的关系。对于违反执业回避制度的当事人应根据情节轻重追究相应的法律责任。

2. 确立适用的三大原则。参照台湾地区和大陆地区目前一些地方的立法，精神病强制治疗在法律适用上均遵循法律保留、比例原则和司法介入三大原则，只是在具体法条上，对各项原则的应用方法和应用程度上略有不同。我国未来的“精神卫生法”在这些原则的应用上，应注意以下几点。

（1）法律保留。法律保留要求在法律没有作出明确规定时，任何单位、集体或个人不得对精神病人作出强制治疗的决定。从目前的现状来看，虽然这一法律还未颁布，在医疗领域，精神病人被强制治疗，已经成为一种很普遍的治疗手段。这种没有法律依据的行为，是对法律权威的极大挑战。如果不及早颁布“精神卫生法”对这一制度作出规定，势必会破坏我们法律的整体框架；因为依我国宪法和相关法律，强制治疗制度涉及限制公民的人身自由，除非有相应的法律规定，任何单位、集体或个人都不得作出这一规定。

（2）比例原则。精神病人强制治疗制度的价值判断上存在着种种矛盾，现实的需要和法律的权威，社会的秩序和人身的自由，送医者的私利和病人的权利，这些矛盾取舍的尺度将牵涉到强制治疗制度的正义性和可行性。要解决这些矛盾，最佳的办法便是在精神卫生立法中引入比例原则。“比例原则”为行政法中最重要的原则，如同民法中的“诚信原则”一样，以帝王的姿态君临行政法学界①。比例原则在对精神病人实施非自愿住院治疗的应用中，应包括适当性原则、必要性原则及狭义比例原则。在选择针对精神病人可采用的多种处置方案时，适当性原则要求所采取的方案必须符合对病人进行医疗救治或阻止病人进一步造成不良侵害的目的；必要性原则要求所采取的措施对精神病人所造成的损害应该是最小的；狭义比例原则则要求在所采取的方法和所要达到的目的间选择更有利者而为之。具体到法条规定上，一般情况下可以考虑按照《行政强制法》的相关规定实施强制医疗，紧急情况时则属于《行政强制法》的例外，可以考虑按照我国现有的收容模式，治安或刑事违法的病人由公安机关作决定，其他病人，有家属的由家属决定，没有家属和经济来源的则由民政部门作出收容决定。但无论哪一个主体作出收容决定，都必须设立复核制度，复核的时限可根据目前精神卫生机构的工作周期来确定，域外法通常将时限设为72小时。

（3）公权力介入。本文所谓公权力是指对社会成员进行组织、指挥、管理的国家机关和社会团体。精神病人管理可能涉及的公权力主要包括公安机关、卫生部门、民政部门、人民法院、人民检察院。从理论上讲，“精神病强制治疗”虽具“治病救人”之目的，但它以剥夺公民人身自由为代价。作为自然人，精神病患者享有与其他公民同等的基本人权。基于社会公共利益和精神病人个人利益考虑，法定主体可在一定时间内限制甚至剥夺精神病患者的人身自由，但这种限制必须保持最低限度，且须依法定程序进行。在我国只有公安机关和司法机关才有这一权力，因而他们的介入是这一制度设置的必然原则。公权力可以从以下四个层次介入：

第一层次，初次强制治疗决定应当由公安机关作出。主要理由一是目前我国民间非政府组织（NGO）发展还不成熟，难以成立一个类似台湾地区的“审查会”来决定是否对精神病人进行强制；二是公安机关是目前我们行政建制最为健全的机关，警力网络已经延伸到街居镇村；三是公安机关负责社会的治安，负有监管重性精神病人的职责，同时又是唯一享有限制公民人身自由权力的机关，由

---

① 孙琬钟，江必新：《行政管理相对人的权益保护》，北京：人民法院出版社，2003年1月版，第10页。

公安机关来作出决定，于法有据，也有利于公安机关对病人的监管。考虑到精神疾病属于医学的范畴，对于仅存在危害可能，没有实施对他人或社会的危害行为，或者仅对病人自己造成严重伤害的情况，可以把强制治疗的申请权交给病人家属和基层社区卫生服务中心（村卫生所）的医务人员。按照目前的公共卫生政策，这些医务人员必须每三月对病人进行一次随访，评定病人的危险等级，他们对病人的危险度要有一个较为准确的把握。这一制度的设计将申请权和决定权予以分离，有利于防止病人家属或公安机关因利益驱使而让病人“被精神病”。

对于涉嫌治安违法的精神病人，则无需申请，直接由公安机关作出强制治疗决定；对于涉嫌刑事违法的精神病人则按照新《刑事诉讼法》特别程序的相关规定来实施强制治疗。

第二层次，如果被强制治疗的病人、家属及其他利害相关人提出异议，须启动复诊和鉴定程序。直接由异议人向当事人所在地的基层法院提出异议申请，可考虑将这一程序融入到《民事诉讼法》中的“认定公民无民事行为能力、限制民事行为能力案件”的特别程序之中，在解决复核申请的同时，解决病人民事行为能力的问题。

设计这一程序需要考虑的是法院是否会被不断涌来的案件所压垮。笔者认为，对于大多数精神病人来说，达到被强制治疗程度的，多半已失去自我认知能力和控制能力，不会提起复核的程序，能够提起的病人数量极其有限，一旦提起，除非法院的介入，不足以改变原先已经作出的强制治疗决定，所以法院的介入是极有必要的。

第三层次，对于复发的病人可以考虑设置一些简易的程序，将再次入院的决定权交给病人家属或者社区（村）的医生，但对于要求复诊（异议）或鉴定的案件，则不能设置相应的简易程序。对于强制治疗的每一个环节都必须严格地执行回避制度。同时应让人民检察院参与整个过程监督，以防止权力失去了约束和限制后，像自由流动、高涨的能量无限地膨胀①。对于违法作出强制治疗决定，或者应作出强制治疗决定却不作为的相关部门，不论是否造成损害后果，都应追究相应的法律责任。

第四层次，在治疗过程中，决定机关应组织专家对病人进行定期随访，对于符合出院标准的病人，应立即解除强制治疗。

---

① 博登海默：《法理学：法律哲学与法律方法》，邓正来译，北京：中国政法大学出版社，2001 年版，第 96 页。

# 两岸的政府采购救济机制之比较研究

王 雪[1] 朱最新[2]

◉[1] 王雪，广东外语外贸大学法学院2011级法律硕士研究生

◉[2] 朱最新，广东外语外贸大学区域一体化法治研究中心常务副主任，法学院教授，法学博士

## 一、引言

随着中国大陆地区经济的高速发展，政府采购规模呈持续扩大态势。“全国政府采购规模由2002年的1009亿元增加到2011年的11332亿元。”① 随着政府采购规模的扩大，采购中矛盾纠纷、侵权也将不可避免。因而，完善政府采购救济机制，化解政府采购纠纷，是社会和谐的现实需要。同时，全球经济一体化和国际贸易自由化是当今世界的时代潮流，政府采购市场从封闭走向开放是全球经济一体化和国际贸易自由化的必然趋势。中国大陆加入旨在促进政府采购自由化、市场化的WTO《政府采购协议》（以下简称GPA）是历史的必然，“也是我国改革开放总体战略的一项具体措施”。② 加入GPA不仅涉及政府采购市场开放范围，更涉及政府采购救济机制在内的政府采购法律制度的调整。我国台湾地区已于2009年7月15日正式成为GPA第41个成员，其《政府采购法》历经四次修改，有关政府采购救济机制的法律规定不仅与GPA的相关要求相一致，而且比较完善、可操作性强。《中华人民共和国政府采购法》虽存在不少问题，但颇具中国特色。因而台湾地区的政府采购救济机制与大陆的政府采购救济机制之间的相互借鉴对各自救济机制完善无疑有着积极的理论和实践意义。同时，两岸的政府采购规定都体现出“双阶理论”③：主张招标、审标、决标阶段的行为属于执行公权力，合同订立以后供应商与采购人之间的关系属于民事合同关系，并由此设立了不同的救济方式。基于研究视角和学术旨趣，在此，我们对两岸的政府

① 王保安：《政府采购法颁布十年范围规模不断扩大》，http：//www.ccgp.gov.cn/specialtopic/10thAnniversary/hdbd/201207/t20120702_2201042.shtml。访问时间：2012年6月8日。

② 张家瑾著：《我国政府采购市场开放研究》，对外经济贸易大学出版社2008年版，第95页。

③ 参见王锴：《政府采购中双阶理论的应用》，《云南行政学院学报》，2010年第5期。

采购救济机制的比较研究仅围绕招标阶段（包括招标、审标、决标等）之救济程序而展开。

## 二、大陆的政府采购之救济机制

《政府采购法》招标阶段争议处理规定于第六章“质疑与投诉”。该章分别针对供应商就有关政府采购活动事项进行询问、质疑、投诉的程序、方法、期限，采购人或采购代理机构对供应商询问、质疑、投诉作出处理的程序、方法、期限，供应商不服投诉处理决定的救济等作出了具体规定。

### （一）询问制度

《政府采购法》第51条设立了询问制度，即“供应商对政府采购活动事项有疑问的，可以向采购人提出询问，采购人应当及时作出答复，但答复的内容不得涉及商业秘密”。询问制度的主要内容是：询问对象——采购人或采购代理机构；询问范围——政府采购活动中的任何事项；询问形式——非常灵活，没有法定形式，可以是口头的，也可以是书面的；询问程序——没有具体规定，可在任何时候提起；答复要求——准确及时，但内容不得涉及商业秘密。询问制度的设立，明确了供应商享有对政府采购活动事项进行询问的权利，有利于双方及时沟通，消除误会，符合GPA“磋商”救济制度的基本要求。但是，法律并未对采购人答复供应商询问的时限、不及时答复的法律责任等作出明确规定，从而可能导致采购人随意对待供应商的询问，甚至对其不予理睬。

### （二）质疑与投诉制度

《政府采购法》第52—55条设立了质疑制度和投诉制度。质疑制度的主要内容包括：质疑人只能是认为采购文件、采购过程和中标、成交结果使自己的权益受到损害的供应商；受理质疑的机构是采购人或采购代理机构；质疑的程序是供应商在知道或者应知其权益受到损害之日起七个工作日内，以书面形式向采购人提出质疑，采购人在收到供应商的书面质疑后七个工作日内作出答复，并以书面形式通知质疑供应商和其他有关供应商，但答复的内容不得涉及商业秘密；质疑的救济机制是投诉。质疑程序通过非自愿的程序纠正采购人在采购过程中的失当行为。由采购人自己调查、解决，具有一定的便利性，不致过分影响采购的正常进行。而且内部纠错，相比于纯粹外部的监督（复议和诉讼），更加经济和快捷。[①] 投诉制度的主要内容包括：投诉范围是质疑供应商对采购人、采购代理机

---

① 刘慧、羌建新主编：《全球金融危机形势下的政府采购与公共市场研究论文集》，中国经济出版社2010年版，第203页。

构的答复不满意或者采购人、采购代理机构未在规定的时间内作出答复；受理投诉机构是政府采购监督管理部门，即各级人民政府财政部门；投诉程序是质疑供应商对采购人、采购代理机构的答复不满意或者采购人、采购代理机构未在规定的时间内作出答复的，可以在答复期满后十五个工作日内向同级政府采购监督管理部门投诉，政府采购监督管理部门应当在收到投诉后三十个工作日内，对投诉事项作出处理决定，并以书面形式通知投诉人和与投诉事项有关的当事人；投诉的救济是依法申请行政复议或者向人民法院提起行政诉讼。在大陆，如图（一）所示，实际上政府采购监督部门处于救济程序的核心地位，而我国的政府采购监督管理部门是各级人民政府财政部门。从长期政府采购实践中可以发现，各级人民政府财政部门往往就是采购人，并且现实生活中由各级财政部门设置了很多政府采购中心进行政府采购活动①。大陆的政府采购监督部门不是完全独立于政府采购活动的。也就是说，质疑与投诉基本上属于自纠自查，难以保障供应商的合法权益。同时，将投诉设置为不服质疑提起行政复议或行政诉讼的前置程序，限制了当事人根据《行政复议法》、《行政诉讼法》规定享有的提起行政复议或行政诉讼的原告资格，不利于保障当事人的合法权益。《政府采购法》第57条对投诉处理期间暂停采购活动的问题作出了规定，即政府采购监督管理部门在处理投诉事项期间，可以视具体情况书面通知采购人暂停采购活动，但暂停时间最长不得超过三十日。投诉处理期间可以暂停采购活动，这一点是值得推崇的，因为这样可以使供应商在投诉处理完后可以继续参加投标，得以保全自己的合法权益，但是规定“可以视情况而定”，赋予政府采购监督管理部门在暂停采购中以极大的自由裁量权，增加了公职人员随意行使甚至滥用暂停采购的权力的可能性，不利于客观操作，主观性极强，极易产生不公等现象。

（三）行政复议或行政诉讼

《政府采购法》第58条对供应商不服政府采购监督管理部门的投诉处理决定，寻求行政和司法救济的问题作出了规定，即投诉人对政府采购监督管理部门的投诉处理决定不服或者政府采购监督管理部门逾期未作处理的，可以依法申请行政复议或者向人民法院提起行政诉讼。因此，投诉人对政府采购监督管理部门的投诉处理决定不服，或者政府采购监督管理部门逾期未作处理的，可以通过行政和司法救济途径依法寻求救济。按照本法规定，投诉人有权依法向其上一级行政机关申请行政复议，也有权依法直接向人民法院提起行政诉讼。投诉人可以依法先行申请行政复议。投诉人对政府采购监督管理部门作出的投诉决定如有不服，或者政府采购监督管理部门逾期未作处理的，可以依法先行申请行政复议。对行政复议决定不服的，再依法向人民法院提起行政诉讼。投诉人对政府采购监

① 姜晖：《WTO〈政府采购协议〉与我国〈政府采购法〉比较研究》，《当代法学》，2003年第7期。

督管理部门作出的投诉处理决定如有不服，或者政府采购监督管理部门逾期未处理的，也可以不经过复议程序而直接向人民法院提起行政诉讼。

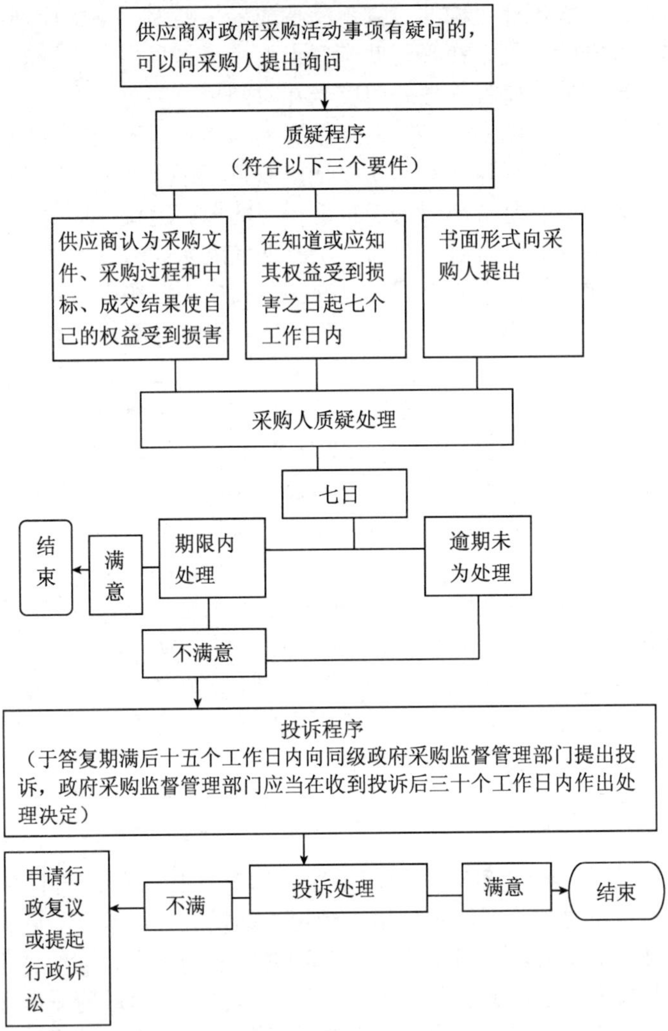


图（一）：《政府采购法》招标阶段救济程序

## 三、台湾地区的政府采购之救济机制

台湾地区的“政府采购法”招标阶段争议处理规定于第六章“争议处理”。该章分别针对厂商就有关政府采购活动事项认为政府机关有不妥或违反法令时，提出异议或申诉之限制与期限、机关答辩以及申诉会审议期限、申诉审议原则与方式、异议申诉之评估与处置等作出了具体规定，设立了体现整部《政府采购法》精髓的异议、申诉制度。

（一）异议制度

台湾地区的“政府采购法”第75条设立了异议制度。异议制度的主要内容包括：第一，异议提出的事由——“厂商对于机关办理采购，认为违反法令或所缔结之条约、协议（以下合称法令），致损害其权利或利益者”，不论其采购金额是否在公告金额以上，都可以以书面形式向招标机关提出。而所谓“法令”，系指为维持政府采购秩序而规范机关采购行为之有关行政法令而言。至于履约、验收期间，违反契约或其他非关政府采购行为法令的争议，并非本条所称“违反法令”，不得以异议与申诉方式处理。第二，异议提出期限——针对不同的异议内容给予不同的异议期限：对招标文件规定提出异议者，为自公告或邀标之次日起等标期之四分之一，其尾数不足一日者，以一日计，但不得少于十日；对招标文件规定之释疑、后续说明、变更或补充提出异议者，为接获机关通知或公告之次日起十日；对采购过程、结果提出异议者，为接获机关通知或公告之次日起十日。若未通知或公告，为知悉或应当知悉之次日起十日。但至迟不得超过决标日之次日起十五日。第三，异议处理的权责机关。根据台湾地区“政府采购法”的相关规定，政府采购异议处理的权责机关是原招标机关。这样做的目的在于争议初期让招标机关有一自我省察的机会，发现错误可立即改正，有利于采购案的继续推动及迅速保障厂商权益。第四，异议的处理——招标机关应自收受异议之次日起十五日内为适当之处理，并将处理结果以书面通知提出异议之厂商。所称招标机关之适当处理包括：“（一）加以说明、解释、澄清；（二）暂停采购程序之进行；（三）撤销或变更原处理结果。‘……其处理结果涉及变更或补充招标文件内容者，除选择性招标之规格标与价格标及限制性招标应以书面通知各厂商外，应另行公告，并视需要延长等标期。’”① 另外，招标机关处理异议，得通知提出异议之厂商到指定场所陈述意见。招标机关处理异议为不受理之决定时，仍得评估其事由，于认其异议有理由时，自行撤销或变更原处理结果或暂停采购程序之进行。但为应紧急情况或公共利益之必要，或其事由无影响采购之虞者，不在此限。

（二）申诉制度

台湾地区的“政府采购法”第76条设立了申诉制度。申诉制度的主要内容包括：第一，实行异议前置。根据台湾地区的“政府采购法”的相关规定，异议是申诉的前置程序，即对于厂商与招标机关间关于招标、审标或决标争议的救

① 林鸿鸣著：《政府采购法之实用权益》，台北永然文化出版股份有限公司2010年版，第227页。

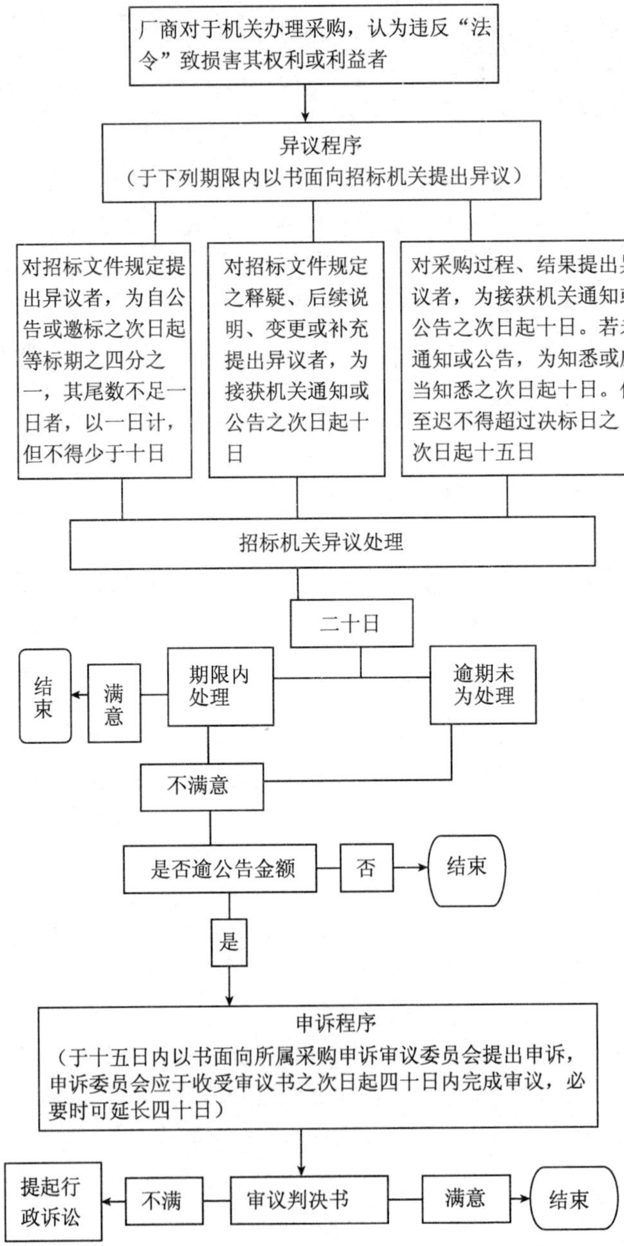


图（二）台湾地区“政府采购法”招标阶段救济程序①

① 参见黄玉华主编：《政府采购法解读：逐条释义》，元照出版社2003年版，第249页。

济途径，采异议、申诉两阶段方式，厂商须先向招标机关提出异议，对于招标机关所作异议处理结果不服，或机关逾十五日期限不为处理时，始得以书面形式继续向政府采购申诉审议委员会申诉。第二，厂商申诉的条件——须为对于公告金额（新台币一百万元）以上的采购表示不服，亦即申诉程序处理金额较大的采购案，而未达公告金额的较小采购案，其依“政府采购法”的救济途径仅止于异议程序。第三，提出申诉的期限——在对于招标机关的异议处理结果不服时，为收受异议处理结果届满之次日起十五日内；在招标机关逾期不为处理的情形，为自十五日处理期限届满之次日起十五日内。第四，申诉受理机关。根据台湾地区“政府采购法”的相关规定，有关厂商申诉的审议机关，在“中央”为“行政院公共工程委员会”所设的采购申诉审议委员会（简称申诉会）；在“直辖市”或县（市），为各该政府所设的申诉会。唯“政府采购法”顾及地方政府未必有能力或意愿设置申诉会处理相关事务，特别规定地方政府未设申诉会者，得委请“中央主管机关”处理。根据“采购申诉审议委员会组织准则”第5条规定，采购申诉审议委员会主要从下列人员中选拔：“曾任实任法官、检察官或行政法院评事者；曾执行律师、会计师、建筑师、技师或其它与政府采购有关之专门职业人员业务五年以上者；曾任“教育部”认可之大专校院副教授以上职务三年以上，且教授法律或采购相关专门学科者；具有与政府采购相关领域之专门知识或技术，并在该领域服务五年以上者。”第五，申诉审议原则——采购申诉得仅就书面审议之。至于何种情形采书面审议，则须视实际情况，在双方事证均甚齐全与明确时，方适合采用。采购申诉审议委员会得依职权或申请，通知申诉厂商、机关到指定场所陈述意见。采购申诉审议委员会于审议时，得嘱托具专门知识经验之机关、学校、团体或人员鉴定，并得通知相关人士说明或请机关、厂商提供相关文件、数据。采购申诉审议委员会办理审议，得先行向厂商收取由主管机关确定的审议费、鉴定费及其他必要之费用。采购申诉审议规则，由主管机关拟定，报请“行政院”核定后发布之，用以规范申诉审议的程序事项。第六，审议判断——采购申诉审议委员会审议判断，应以书面附事实及理由，指明招标机关原采购行为有无违反法令之处；其有违反者，并得建议招标机关处置之方式。采购申诉审议委员会于完成审议前，必要时得通知招标机关暂停采购程序。采购申诉审议委员会为第一项之建议或前项之通知时，应考虑公共利益、相关厂商利益及其他有关情况。本条规定申诉案件审议完成后，申诉会应作成书面审议判断，附具事实及理由，并指明招标机关原采购行为有无违反法令之处，这是审议判断必须处理的事项。如审议结果认定招标机关原采购行为违反法令，申诉会应斟酌情形，决定是否建议招标机关处置方式。审议判断，视同诉愿决定。

## 四、结语

以上分析表明，两岸的政府采购招标阶段救济机制之立法可谓仁智互见、优劣互补。但就总体而言，《政府采购法》对政府采购救济程序作出了比较全面、清晰的规定，然而相对于台湾地区“政府采购法”而言在制度严密和操作规范化上还存在着漏洞；台湾地区“政府采购法”立法较完备，相关配套法规的可操作性强，但相对于“政府采购法”，也有许多灵活制度可予借鉴，以降低救济成本。

### （一）两岸政府采购应建立、健全“磋商”救济制度

《政府采购法》设立的询问制度与GPA（1994）第20条第1款规定[①]的“磋商”救济制度的基本精神有相类似的方面，但还存在一定差异，有必要将“询问”救济直接改为“磋商”救济。[②] 台湾地区“政府采购法”没有设立相关制度。从通过友好协商解决争议的WTO精神出发，两岸的政府采购规定有必要构建“磋商”救济制度。两岸在完善或构建“磋商”救济制度时，一方面要注意保持“磋商”救济高度的灵活性、协商性，另一方面又要对“磋商”救济的时限、相关法律责任等作出具体规范，以保障“磋商”救济的及时性、公正性，同时还要求磋商不应该影响供应商在质疑机制下的纠正措施的方式进行。如，在质疑程序下，供应商可能获得政府采购合同授予权，而如果采取磋商方式却使这种合同授予权丧失，那么这种磋商就不能进行。[③]

### （二）大陆应完善政府采购质疑救济制度

大陆《政府采购法》第55条规定：“质疑供应商对采购人、采购代理机构的答复不满意或者采购人、采购代理机构未在规定的时间内作出答复的，可以在答复期满后十五个工作日内向同级政府采购监督管理部门投诉。”依据这一规定，质疑是选择性程序，并不是投诉的必经、前置程序。然而，根据《政府采购法》制定的《政府采购供应商投诉处理办法》第7条规定：“供应商认为采购文件、采购过程、中标和成交结果使自己的合法权益受到损害的，应当首先依法向采购人、采购代理机构提出质疑。”根据这一规定，质疑程序为投诉程序的前置程序。

---

① GPA（1994）第20条第1款规定：“供应商对违反本协议规定的采购提出投诉时，缔约方应鼓励供应商与采购机构进行磋商，解决争议。采购机构在不妨碍按投诉程序采取纠正措施的前提下，应对投诉事件及时、公正地予以考虑。”

② 焦富民著：《政府采购救济制度研究》，复旦大学出版社2010年版，第215页。

③ 肖北庚著：《国际组织政府采购规则比较研究》，中国方正出版社2003年版，第174页。

质疑程序作为一种内部纠错机制，“很难对采购活动进行全面的、公平的审查。并且质疑程序的前置推迟了行政机关的监督和司法机关的审查，拖长了政府采购的救济，损害了救济的及时性”。[①] 为此，大陆应完善政府采购质疑救济制度：一方面应该严格遵循《政府采购法》的规定，将质疑程序恢复为选择性程序；另一方面应借鉴台湾地区的“政府采购法”异议制度的相关规定，按照 GPA 及时、透明、有效的原则[②]，针对不同的质疑内容给予不同的质疑期限，完善质疑的程序规定。

（三）大陆应重构政府采购投诉救济制度

根据《政府采购法》规定，受理投诉机构是政府采购监督管理部门，即各级人民政府财政部门。“财政部门负责监督政府采购是各国的通常实践，是其财政预算职能的延伸。但是受理投诉并解决争议并不是财政部门职能必然包含的内容。”[③] 而且“目前财政部门内部负责处理争议的人员多为财政、管理方面的专业人才，而不具备货物、服务和建设项目方面的专业知识，也不熟悉我国有关法律，不具有适用法律解决争议的能力”。[④] 同时，在投诉之外，还保留了行政复议制度，无疑增加了救济的成本。与大陆不同，台湾地区设立了相对独立、专业的采购申诉审议委员会，避免了自纠自查可能存在的利益冲突，增强了对争议问题的判断、处理能力；而且采购申诉审议委员会的审议判断，视同诉愿决定，减少了不必要的重复，降低了救济成本。为此，《政府采购法》应该借鉴台湾地区的政府采购的申诉制度，合并投诉救济和行政复议，设立统一的申诉制度，并且按照独立性、专业化选择审查人员，按照公正性的要求制定相应程序保障制度。“必要时也可引入社会听证制度，激发普通民众参与的积极性，提高社会监督，以便达到公开透明的审理结果。”[⑤]

---

① 刘慧、羌建新主编：《全球金融危机形势下的政府采购与公共市场研究论文集》，中国经济出版社 2010 年版，第 203 页。

② 参见张传主编：《政府采购法比较研究》，中国方正出版社 2007 年版，第 272 页。

③ 刘慧、羌建新主编：《全球金融危机形势下的政府采购与公共市场研究论文集》，中国经济出版社 2010 年版，第 203 页。

④ 刘慧、羌建新主编：《全球金融危机形势下的政府采购与公共市场研究论文集》，中国经济出版社 2010 年版，第 204 页。

⑤ 王学良、宋睿：《中美政府采购法律制度比较研究》，《中北大学学报（社科版）》，2005 年第 1 期第 36 页。

# 两岸行政处罚制度的比较研究

张嘉东
◉ 福建南州律师事务所

## 引言

由于历史原因，两岸曾经互不来往，分别实行不同的社会制度，各自建立独立的法律制度，在行政处罚制度上存在不少差异，但两岸人民都是中华儿女，炎黄子孙，有密不可分的历史文化传统，两岸法律体系均属大陆法系，所以行政处罚制度也有不少相似之处。随着两岸关系逐渐缓和，各项交流合作迅速扩大，进一步加强两岸法学交流与合作，增进彼此了解，对促进两岸关系良性发展具有重大意义。在此历史背景下，笔者拟从介绍两岸行政处罚制度的角度，来分析、比较两岸行政处罚法律制度，祈望能集思广益，对增进两岸法学交流有所助益。

## 一、两岸行政处罚法律制度的概况

1. 中国是在废除旧中国“六法”的基础上，建立的全新的社会主义法律体系。在上世纪 80 年代以前，行政法律制度一直不受重视，但在改革开放后短短的几十年内，中国大陆根据新中国成立以来的行政法律实践，借鉴世界先进的立法经验，于 1996 年 3 月 17 日颁布了《行政处罚法》共 64 条，分总则、行政处罚的种类和设定、行政处罚的实施机关、行政处罚的管辖和适用、行政处罚的决定、行政处罚的执行、法律责任、附则等八章。此后中国大陆又陆续颁布《行政复议法》、《行政许可法》、《行政强制法》等一系法律、法规，已建立较完整的行政法律体系及配套制度，可见中国大陆行政处罚制度具有立法晚、起点高、速度快、立法技术先进、行政手段力度大等特点。

2. 台湾地区行政法律制度是沿用旧中国“六法”而来，一直存在诉愿制度、行政诉讼制度和行政法院，行政处罚本来散见于各种相关行政法律中。2005 年 1 月 14 日台湾立法支机构三读通过台湾地区的“行政罚法：共 46 条，分法例、责任、共同违法与并同处罚、裁罚之审酌加减及扩张、单一行为与数行为之裁罚、时效、管辖机关、裁处程序、附则等九章，是继“诉愿法”、“行政执行法”、

"行政诉讼法"、"行政程序法"、"行政监督法"、"行政救济法"等行政部门法完成立法后，又通过的一部重要行政法律，是将行政法法典化的重要里程碑。可见台湾地区行政处罚制度具有立法早，受传统影响深，行政立法完善、行政司法实践经验丰富，但近年来行政立法速度慢等特点。

## 二、两岸行政处罚的种类

1.《中华人民共和国行政处罚法》第八条规定了六种基本行政处罚及一种其他行政处罚，即：（1）警告；（2）罚款；（3）没收违法所得、没收非法财物；（4）责令停产停业；（5）暂扣或者吊销许可证，暂扣或者吊销执照；（6）行政拘留；（7）法律、行政法规规定的其他行政处罚。《行政处罚法》在明确规定六种基本行政处罚外，还规定其他行政处罚，是为适应今后的社会发展，若將来增设新的处罚种类提供法律依据，以避免与现行的行政法律发生矛盾。

2. 台湾地区"行政罚法"第一条规定：违反行政法上义务而受罚款、没入或其他种类行政处罚时，适用本法。但其他法律有特别规定者，从其规定。第二条又规定，本法所称其他种类行政罚是指下列裁罚性之不利处分：

（1）限制或禁止行为之处分：限制或停止营业，吊扣证照，命令停工或停止使用，禁止行驶，禁止出入港口、机场或特定场所，禁止制造、贩卖、输出入，禁止申请或其他限制或禁止为一定行为之处分。

（2）剥夺或消灭资格、权利之处分：命令歇业、命令解散、撤销或废止许可或登记、吊销证照、强制拆除或其他剥夺或消灭一定资格或权利之处分。

（3）影响名誉之处分：公布姓名或名称、公布照片或其他相类似之处分。

（4）警告性处分：警告、告诫、记点、记次、讲习、辅导教育或其他相类似之处分。

可见台湾地区基本行政处罚种类虽仅规定罚款、没入、其他种类行政处罚三种类型，给人太过概括的感觉，但第二条又规定裁罚性不利处分的四种措施却让人觉得太过繁杂。而台湾地区"社会秩序维护法"也有拘留等限制人身自由的规定。但台湾学界却反对将人身自由罚列为行政罚处罚的种类或措施，以避免行政机关的权限过大，故台湾地区"行政罚法"将行政拘留等限制人身自由的处罚排除在行政处罚的种类或措施之外。

## 三、两岸行政处罚法设定行政处罚权的规定

1.《行政处罚法》第九条至第十四条规定设定行政处罚权如下：

（1）法律可以设定各种行政处罚。但限制人身自由的行政处罚，只能由法律设定。

（2）行政法规可以设定除限制人身自由以外的行政处罚。地方性行政法规可以设定除限制人身自由、吊销企业营业执照以外的行政处罚。但法律、行政法规对违法行为已经作出行政处罚规定，地方性法规需要作出具体规定的，必须在法律、行政法规规定的给予行政处罚的行为、种类和幅度的范围内规定。

（3）国务院、委员会制定的规章可以在法律、行政法规规定的给予行政处罚的行为、种类和幅度的范围内作出具体规定。

（4）省、自治区、直辖市人民政府和省、自治区人民政府所在地的市人民政府以及国务院批准的较大的市人民政府制定规章可以在法律、行政法规规定的给予行政处罚的行为、种类和幅度的范围内作出具体规定。尚未制定法律、行政法规的，前款规定的人民政府制定的规章对违反行政管理秩序的行为，可以设定警告或者一定数量罚款的行政处罚。罚款限额由省、自治区、直辖市人民代表大会常务委员会规定。

《行政处罚法》第九条第一款规定：法律可以设定各种行政处罚，但人身自由处罚只能由法律规定。但同法第三条又规定：公民、法人或者其他组织违反行政管理秩序的行为，应当给予行政处罚的，依照本法由法律、法规或者规章规定，并由行政机关依照本法规定的程序实施。同法第十条至第十四条又规定许可行政法规、地方性法规及国务院规章，可以规定某种程度的行政处罚。可见《行政处罚法》对行政处罚法定原则的“法”采取“广义”的解释。且因中国大陆过去实行计划经济，行政机关权力强大，长期采取概括授权各级行政机关制定法规及规章设定行政处罚的做法，故《行政处罚法》设定行政处罚权的规定，显得过于宽松且又繁杂。

2. 台湾地区“行政罚法”第四条规定：违反行政法上义务之处罚，以行为时之法律或自治条例有明文规定者为限。而“法律”是否包括法律明确授权的法规命令，台湾“大法官”释字第三一三、三九四、四〇二号解释认为，对人民违反行政法上义务之行为课予裁罚性之行政处分，涉及人民权利之限制，其处分之构成要件与法律效果，应由法律定之，法律虽得授权以命令为补充规定，惟授权之目的、范围及内容必须具体明确，然后据以发布命令，方符“宪法”第二十三条之意旨。可见台湾地区行政处罚法定原则的“法”，是采取“狭义”的解释，明确规定只有法律或自治条例可以设定各种行政罚。台湾地区的最高行政机构、“部委”、省、直辖市政府都不能制定行政处罚。台湾法界认为：行政处罚是对人身自由、财产、营业及荣誉权的侵害，应有法律或自治条例的明确规定，行政机关才能据以作出处罚。且处罚法定原则包括：禁止以法律或自治条例以外规定的处罚原则、法律明确性原则、类推禁止原则与回溯禁止原则。可见两岸都有行政处罚法定原则的相关规定，但其内容有很大的差异。

## 四、两岸行政处罚有关责任能力及责任条件的规定

1.《行政处罚法》第二十五条规定：不满 14 周岁的人有违法行为的，不予行政处罚，责令监护人加以管教。已满 14 周岁未满 18 岁的人有违法行为的，从轻或者减轻处罚。第二十六条规定：精神病人在不能辨识或者不能控制自己行为时有违法行为的不予行政处罚，但应责令其监护人严加看管治疗。间歇性精神病人在精神正常时有违法行为的，应当给予行政处罚。第七条规定公民、法人或者其他组织因违法受到行政处罚。虽然没有明文规定行政处罚必以故意、过失为前提，但上述条文规定对行为人年纪的不罚或减轻规定（第二十五条），无意识能力者不罚（第二十六条），中止犯、无结果犯的不罚或减轻及不可抗力的减轻（第二十七条），明确规定行政处罚应具备的责任能力及责任条件，体现行政处罚应以有责性为前提。

2. 台湾地区“行政罚法”第七条规定：违反行政法上义务之行为非出于故意或过失者，不予处罚。法人、设有代表人或管理人之非法人团体、“中央”或地方机关或其他组织违反行政法上义务者，其代表人、管理人、其他有代表权之人或实施行为之职员、受雇人或从业人之故意或过失，推定为该等组织之故意或过失。第八条规定：不得因不知法规而免除行政处罚责任。但按其情节，得减轻或免除其处罚。第九条规定：未满 14 岁之行为不予处罚。14 岁以上未满 18 岁之行为得减轻处罚。行为时因精神障碍或其他心智缺陷，致不能辨识其行为违法或欠缺依其辨识而行为之能力者不予处罚。行为时因前项之原因，致其辨识行为违法或欠缺依其辨识而行为之能力，显著减低者，得减轻处罚。第十二条规定：对正当防卫，紧急避险的行为不处罚，但对防卫行为或避险行为过当者，得减轻或免除其处罚。也明确规定行政处罚的责任能力及责任条件，体现行政处罚有责性的原则。且台湾地区行政处罚有关责任能力的规定与大陆的相关规定一致，责任条件的规定差异也不大。

## 五、两岸行政处罚“一行为不二罚”原则

1.《行政处罚法》第二十四条规定：对当事人的同一违法行为，不得给予两次以上罚款的行为处罚。第二十八条规定：违法行为构成犯罪，人民法院判处拘役或有期徒刑时，行政机关已经给予当事人行为拘留的，应当依法折抵相应刑期。违法行为构成犯罪，法院判处罚金时，行政机关已经给予当事人罚款的，应当折抵相应罚金。可见《行政处罚法》规定一行为不二罚是指：同一个违反行政秩序行为不能遭到两次罚款的行政处罚。仅指“罚款不二罚”。但可以对于同一违反行政秩序行为给予罚款同时，并罚其他种处罚，例如：责令停产、暂扣许

可证。

2. 台湾地区《行政罚法》第二十四条规定：一行为违反数个行政法上义务规定而应处罚款者，依法定罚款额最高之规定裁处。但裁处之额度，不得低于各该规定之罚款最低额。前项违反行政法上义务行为，除应处罚款外，另有没入或其他种类行政罚之处罚者，得依该规定并为裁处。但其处罚种类相同，如从一重处罚已足以达成行政目的者，不得重复裁处。一行为违反社会秩序维护法及其他行政法上义务规定而应受处罚，如已裁处拘留者，不再受罚款之处罚。同法第二十三条规定：一行为同时犯刑事法律及违反行政法上义务规定者，依刑事法律处罚之。但其行为应处以其他种类行政罚或得没入之物而未经法院宣告没入者，亦得裁处之。前项行为如经不起诉处分或为无罪、免诉、不受理、不付审理之裁判确定者，得依违反行政法上义务规定裁处之罚款。可见台湾地区《行政罚法》规定的一行为不二罚原则是指：同一行为不受二次以上的处罚；禁止行政机关对于违反行政法义务规定而应受处罚者的同一行为，以相同或类似的处罚种类多次处罚。但数行为违反同一或不同行政法上义务的规定，仍应分别受到处罚。

## 六、两岸行政处罚的适用原则

1. 《行政处罚法》第四条规定：行政处罚遵循公正、公开的原则。设定和实施行政处罚必须以事实为依据，与违法行为的事实、性质、情节以及社会危害程序相当。对违法行为给予行政处罚的规定必须公布；未经公布的，不得作为行政处罚的依据。同法第三十条规定：公民、法人或者其他组织违反行政管理秩序的行为，依法应当给予行政处罚的，行政机关必须查明事实；违法事实不清的，不能给予行政处罚。同法第三十一条规定：行政机关在作出行政处罚决定之前，应当告知当事人作出行政处罚决定的事实、理由及依据，并应告知当事人依法享有的权利。同法第三十三条规定：当事人有权进行陈述和申辩。行政机关必须充分听取当事人的意见，对当事人提出的事实、理由或者证据，应当进行复核；当事人提出的事实、理由或者证据成立的，行政机关应当采纳。行政机关不得因当事人申辩而加重处罚。同法第三十六条规定：除本法第三十三条规定的可以当场作出行政处罚外，行政机关发现公民、法人或者其他组织有依法应当给予行政处罚的行为的，必须全面、客观、公正地调查，收集有关证据；必要时，依照法律、法规的规定，可以进行检查。同法第四十一条规定：行政机关及其执法人员在作出行政处罚决定之前，不依照本法第三十一条、第三十二条的规定向当事人告知给予行政处罚的事实、理由和依据，或者拒绝听取当事人的陈述、申辩，行政处罚决定不能成立。同法第三十七条三款有关回避的规定，都体现实施行政处罚应遵循的公平、公开、公正原则。

2. 台湾地区“行政罚法”第三十三条规定：行政机关执行职务之人员，应向行为人出示有关执行职务之证明文件或显示足资辨别之标志，并告知其所违反之法规。同法第三十五条规定：行为人对于行政机关依前条所为之强制排除抗拒保全证据或强制到指定处所查证身份不服者，得向该行政机关执行职务之人员，当场陈述理由表示异议。行政机关执行职务之人员，认前项异议有理由者，应停止或变更强制排除抗拒保全证据或强制到指定处所查证身份之处置；认无理由者，得继续执行。经行为人请求者，应将其异议要旨制作纪录交付之。同法第四十二条规定：行政机关于裁处前，应给予受处罚者陈述意见之机会。同法第四十三条第一款规定：行政机关为第二条第一款及第二款之裁处前，应依受处罚者之申请，举行听证。同法第四十四条规定：行政机关裁处行政罚时，应作成裁处书，并为送达。上述法律条文虽然没有明确规定行政处罚应遵循公开、公平、公正原则，但都有体现行政处罚的公开、公平、公正原则。

## 七、两岸行政处罚时效

1.《行政处罚法》第二十九条规定：违法行为在二年内未被发现者，不得再给予行政处罚。法律另有规定的除外。前款规定的期限，从违法行为发生之日起计算；违法行为有连续或者继续状态的，从行为终了之日起计算。

2. 台湾地区“行政罚法”第二十七条第一项规定：行政罚之裁处权，因三年期间之经过而消灭。前项期间，自违反行政法上义务之行为终了时起算。但行为之结果发生在后者，自该结果发生时起算。前第二项之情形，第一项期间自不起诉处分或无罪、免诉、不受理、不付审理之裁判确定者，自不起诉处分或无罪、免诉、不受理、不付审理之裁判确定日起算。

行政罚之裁处因诉愿、行政诉讼或其他救济程序经撤销而须另为裁处者，第一项期间自原裁处被撤销确定之日起算。同法第二十八条规定：裁处权时效，因天灾、事变或依法律规定不能开始或进行裁处时，停止其进行。前项时效停止，自停止原因消灭之翌日起，与停止前已经过之期间一并计算。

## 八、两岸行政处罚的适用对象

1.《行政处罚法》第三条规定：公民、法人或者其他组织违反行政管理秩序的行为，依法应当给予行政处罚的，依照本法由法律、法规或者规章规定，并由行政机关依照本法规定的程序实施。可见大陆行政处罚适用对象只有：公民、法人或者其他组织，不包括中央或地方机关。

2. 台湾地区“行政罚法”第三条规定：本法所称行为人，系指实施违反行政法上义务行为之自然人、法人、设有代表人或管理人之非法人团体、中央或地方机关或其他组织。可见台湾地区行政处罚的适用对象很广，包括：自然人、法人、设有代表人或管理人的非法人团体、中央或地方机关或者其他组织。

## 结束语

综上所述，两岸行政处罚概念、法律名词、术语、体例和结构大致相同，但行政处罚的种类、行政处罚权的设定、一事不二罚、时效、适用对象等方面的内容都有很大差异，所以两岸应该进一步加强法学交流合作，增进彼此了解，相互借鉴行政处罚立法及行政处罚实务经验，以促进两岸关系良性发展，造福两岸人民。

# 海峡两岸行政处罚制度比较研究
## ——以完善大陆地区行政处罚制度为视角

**范琦武**
◉ 顺昌县公安局法制科科长

众所周知，行政处罚涉及公民人身、财产权益的限制或剥夺，从有关部门行政复议诉讼统计情况来看，行政处罚案件占具体行政行为相当的比重。应该说，行政处罚几乎涉及我国行政管理的各个领域，可以说，行政处罚已成为我国行政机关实施行政管理，维护社会秩序和经济秩序，保护公共利益和社会利益，惩治行政违法行为的一项重要法律制度。① 从这个意义上讲，规范行政处罚，完善行政处罚制度是行政法治建设的重点。本文以海峡两岸行政处罚法律文件为研究对象，② 就行政处罚理念、行政处罚原则、行政处罚程序等相关制度进行比较，以借鉴和吸收台湾地区行政处罚制度为出发点，就完善《中华人民共和国行政处罚法》提几点建设性建议。

### 一、行政处罚法律文本比较

从文本的结构来看，《行政处罚法》采取章节体例结构，全文共八章六十四条，实体与程序融为一体；台湾地区的“行政罚法”没有采取章节体例结构，该法全文共四十六条，而行政处罚程序则另行立法，由统一的行政程序法来规范和控制。从大陆地区的行政处罚实践来看，由于大陆地区每个行政行为（行政处罚、行政许可等）都有各自的程序规范，导致行政程序繁杂，不统一，以致相对人无所适从，即便是行政机关公务人员，也难以全面掌握现行有效的行政行为程序。所以，笔者认为，台湾地区采取实体与程序分立模式，较为科学，这便于统一行政程序，规范行政行为，值得借鉴。

从文本公布到实施时间来看，《行政处罚法》从公布到实施是 6 个月 14 日，而台湾地区的相关规定从公布到实施有一年度时间的跨度。依照常理，从法律公

① 胡锦光等:《行政法专题研究》中国人民大学出版社，1998 年 9 月版，第 209 页。

② 感谢福建警察学院“两岸警务合作”项目组领导同志提供台湾地区法律文本。

布到实施最起码要让公众知晓，相关机关和人员理解，掌握，以及从软件和硬件方面都要作好实施准备。那么，这就需要一定的时间。大陆地区人口众多，地域广阔，实施行政处罚机关又众多，从公布到实施半年时间，应该说是比较紧张。实践中，有些行政处罚机关，特别是一些基层的执法机关没能在规定的时间内很好地做足相应的准备工作，导致在具体的行政处罚过程中，对法条的理解和掌握出现不统一不规范现象。① 从法律公布到实施有个充分的准备过程，这对于法律的实施当然是很有利处，仅从这一点来看，台湾地区的“行政罚法”从公布到实施用一年的时间是比较合理的。

从法律文本与其他单行法关系来看，台湾地区“行政罚法”第1条规定：“违反行政法上义务而受罚锾、没收或者其他种类行政罚之处罚时，适用本法，但其他法律有特别规定者，从其规定。”显然台湾地区是以“行政罚法”为基本法，只有在其他法律有特别规定时才能适用其他法律。《行政处罚法》第2条规定：“行政处罚的设定和实施，适用本法。”从法理上讲，《行政处罚法》是由全国人民代表大会通过，属于基本法律，有关行政处罚的规定，不论是设定还是实施，也不论是实体还是程序，必须以《行政处罚法》为准。但是，在行政处罚程序上，大陆地区的行政处罚程序采取的又是特别法优于普通法的做法，如《治安管理处罚法》第3条规定：“治安管理处罚的程序，适用本法的规定；本法没有规定的，适用《中华人民共和国行政处罚法》的有关规定。”在此，笔者建议吸收台湾地区的立法表述，在《行政处罚法》第2条“行政处罚的设定和实施，适用本法”后面增加“但其他法律有特别规定者，从其规定”，以增加法律适用的灵活性和普适性。

从法律文本是否涉及溯及力来看，台湾地区“行政罚法”第4条规定“违反行政法上义务之处罚，以行为时之法律或自治条例有明文规定者为限”，同时第5条规定“行为后法律或自治条例有变更者，适用行政机关最初裁处时之法律或自治条例。但裁处前之法律或自治条例有利于受处罚者，适用最有利于受处罚者之规定”。显然，台湾地区采取的是灵活的从新兼从轻原则。这方面，《行政处罚法》没有明确规定，仅在实践中，一些部门依刑法理论即从旧兼从轻原则来适用。还有对于法律施行后，应受处罚而未经裁处的行为，如何处理，台湾地区“行政罚法”第45条规定“对本法施行前违反行政法上义务之行为应受处罚而未经裁处，于本法施行后裁处者，除第十五条、第十六条、第十八条第二项、第

① 《行政处罚法》第31条规定行政机关在作出行政处罚决定之前，应当告知当事人作出行政处罚决定的事实、理由及依据，并告知当事人依法享有的权利。由于公布到实施时间较短，一些行政机关对行政处罚的实施准备不充分，实践中，对告知的时间，内容都不一致，即使是同一个机关告知也是五花八门，影响法律的实施效果。参见范琦武：《公安行政处罚告知程序若干问题研究》，《福建公安高等学校学报》2002年1期。

二十条及第二十二条规定外，均适用之”，而《行政处罚法》就没有明确规定。不难看出台湾地区立法机关为了防止法律公布实施后出现的真空地段，在立法时就法律公布实施与现实社会可以出现的行为都作了详细具体的衔接规范，这种考虑周全的立法，既方便了执法的需要，又减少执法中出现的真空，很值得大陆地区学习和借鉴。

## 二、海峡两岸行政处罚理念比较

结合台湾地区《行政罚法》与《行政程序法》规定的情况看，这两部法律着力点是放在控制和规范行政行为的运作。笔者认为台湾地区行政处罚理念在于控制行政权，如台湾地区“行政程序法”第 1 条规定：“为使行政行为遵循公正、公开与民主之程序，确保依法行政之原则，以保障人民权益，提高行政效能，增进人民对行政之信赖，特制定本法。”紧接着在“行政程序法”第 4、5、6、7、8、9、10 等条文对行政处罚行为进行规范控制。从《行政处罚法》规定情况来看，其着力点在于构建行政权力与公民权利之间的和谐，如《行政处罚法》第 1 条规定：“为了规范行政处罚的设定和实施，保障和监督行政机关有效实施管理，维护公共利益和社会秩序，保护公民、法人或者其他组织的合法权益，根据宪法，制定本法。”大陆地区的行政处罚理念在于既控权又保权。①

值得一提的是，台湾地区为了加强对行政处罚权的控制，专门颁布一部完整的“行政程序法”，从行政处罚的原则、步骤、幅度及行政处罚的方式上都进行全面的规范，这种用专门的程序来控制行政处罚权的模式是值得大陆地区学习和借鉴的。大陆地区既控权又保权的理念在具体的行政处罚制度的构建上，却没有达到应有的效果，或者说构建权力与权利的和谐关系在具体的实践操作上发生偏差。表现之一，控权不足，比如，行政机关有行政处罚的立法权，即行政机关自身可以设定行政处罚事项和权限，同时，自己还可以就行政处罚程序进行自我规范，也就是通常人们所说的自己设立处罚权，然后又自己来行使处罚权，这种控权效果就大打折扣。本来，立法的目的是要控制行政机关的行政处罚权，可是，立法时，又给了行政机关自己可以设立行政处罚权的权力，这样就给行政机关滥用行政处罚权开了法律上的通行证。实践中，有很多行政纠纷就是因此而引发。表现之二，《行政处罚法》在保权方面也是不足，比如，《行政处罚法》规定了限制人身自由处罚种类，本来是为了方便行政机关通过行使更为严厉的行政处罚权，实现对社会的管理和控制，最终达到保护公民合法权益的目的，可是对限制人身自由权力的行使，法律没有赋予当事人提起听证的权利，这就导致实践中一

① 罗豪才等：《行政法平衡理论演讲录》北京大学出版社，2010 年版，第 5 页。

些执法机关可以很随意地通过限制人身自由的处罚手段来达到行政目的。①

理论的核心范畴是理念，② 法治理念是一定的组织和个人对法律的功能、作用和法律的实施所持有的思想、信念和观念的总和，③ 不论是控权论、管理论还是平衡论，其核心范畴都是围绕权力、权利或者权力与权利关系展开。在此，笔者不作过多的评述。④ 本文仅从宪法角度来看，一切权力属于人民，人民通过立法权来规范行政权力的设定与运作。从这个意义上讲，由人民来控制行政权是符合宪法规定的，控权论也符合现代法治要求，并具有宪法依据。特别是当下大陆地区行政权力过多过强过滥情形下，很有必要借鉴台湾地区的做法，通过制定统一的行政程序法加大对包括行政处罚权在内的行政权力的控制。⑤

## 三、海峡两岸行政处罚原则比较

众所周知，行政处罚原则是指导行政处罚设定和实施的具有普遍指导意义的准则。⑥ 所以，一部法律原则的规定很重要，具有画龙点睛、统领全局之功效，且在整个部门法中对该法的制定、适用均起到根本性指导和协调作用。⑦ 评价一部法律是否科学、民主、规范，不仅关注法律理念，同时，还应关注法律原则。台湾地区行政处罚原则主要集中在行政程序法，把行政处罚作为一种行政行为统一规定在“行政程序法”之中。换言之，台湾地区“行政程序法”中有关行政行为的原则适用于行政处罚。台湾地区行政处罚原则主要规定在“行政程序法”第4、5、6、7、8、9、10条，该法第4条规定“行政行为应受法律及一般法律原则之拘束”；第5条规定“行政行为之内容应明确”；第6条规定“行政行为，

---

① 《行政处罚法》规定了听证制度，对较大数额的罚款和吊销许可证，相对方有权提出听证，而比罚款更为严厉的拘留却没有赋予相对方提起听证的权利，其目的是方便行政机关执法，说白了就是方便公安机关抓人。实践中所带来的结果是，由于警察权力过于强大，又没有很好地予以控制，最后演变成侵害公民权利的利器。所以，这种既想控权又想保权的立法理念，最终结果是既控不了权，也保不了权。参见范琦武：《科学发展观视野中的警察司法制度研究——兼论构造中国特色权力制衡模式》，罗锋主编：《首届中国警学论坛文集》，公安大学出版社2009年2月版，第410页。

② 范琦武等：《树立和谐行政的执法理念》，载中央政法委办公厅等编：《法治之魂》人民出版社2007年版，第98页。

③ 中央政法委队伍建设指导室等《社会主义法治理念学习问答》中国长安出版社，2006年版，第1页。

④ 笔者认为，平衡论从权力与权利的关系视角来构建和研究行政法学具有独创新，也更符合中国行政法实践。但是，单就行政处罚权的规范或控制来说，笔者则认为用程序法来控制行政处罚权做法值得肯定。

⑤ 范琦武：《科学发展观视野中的警察司法制度研究——兼论构造中国特色权力制衡模式》，罗锋主编：《首届中国警学论坛文集》公安大学出版社，2009年2月版，第410页。

⑥ 中宣部宣教局等：《公务员依法行政读本》中国政法大学出版社，2001版，118页。

⑦ 孙笑侠：《法律对行政的控制——现代行政法的法理解释》，山东人民出版社，1999年版，33页。

非有正当理由，不得为差别待遇”；第7条规定“行政行为，应依下列原则为之：一、采取之方法应有助于目的之达成。二、有多种同样能达成目的之方法时，应选择对人民权益损害最少者。三、采取之方法所造成之损害不得与欲达成目的之利益显失均衡”；第8条规定“行政行为，应以诚实信用之方法为之，并应保护人民正当合理之信赖”；第9条规定“行政机关就该管行政程序，应于当事人有利及不利之情形，一律注意”；第10条规定“行政机关行使裁量权，不得逾越法定之裁量范围，并应符合法规授权之目的”。而《行政处罚法》的原则主要规定在总则部分的第3、4、5、6条，该法第3条规定：“公民、法人或者其他组织违反行政管理秩序的行为，应该给予行政处罚的，依照本法由法律、法规或者规章规定，并由行政机关依照本法规定的程序实施。没有法定依据或者不遵守法定程序的，行政处罚无效。”这一条款大陆地区称之为处罚法定原则。第4条规定：“行政处罚应遵循公正、公开的原则。”第5条规定：“实施行政处罚，纠正违法行为，应当坚持处罚与教育相结合，教育公民、法人或者其他组织自觉守法。”第6条规定：“公民、法人或者其他组织对行政机关所给予的行政处罚，享有陈述权、申辩权；对行政处罚不服的，有权依法申请复议或者提起行政诉讼。公民、法人或者其他组织因行政机关违法给予行政处罚受到损害的，有权依法提出赔偿要求。”

通过比对，不难看出，台湾地区行政处罚贯穿着控权理念，每个原则都从控权的视角来规定，同时，台湾地区行政处罚原则更具有指导性和可操作性，比如诚实信用原则、信赖利益保护原则、比例原则、法律优先原则、合理原则等。反观《行政处罚法》，宏观的多，口号式的多，具体的、可操作性的、切合现实需要的原则少，如：诚实信用原则、信赖利益保护原则等，这些原则《行政处罚法》没有明确规定，仅在一些专家学者的理论阐述中有所了解。但是，这些原则在当下社会实践中又极其需要，比如：行政机关实施行政处罚权当然要讲诚实信用，可是如果《行政处罚法》没有这么规定，行政机关领导就可以不受这个原则的约束，就会出现今天领导上任一个样，明天领导换了又一个样，或者今天上级机关出台一个文件是这样，明天更高一层的机关出台一个红头文件又是另一样的状况。追根溯源，由于历史原因，大陆地区追求的是国家利益、集体利益、社会利益，而忽视公民个体利益，一旦公民个体利益与国家利益、集体利益、社会利益发生冲突时，公民个体利益要让位于国家利益、集体利益、社会利益。而在法治社会、市场经济条件下，公民利益与国家利益、集体利益、社会利益是一体保护的，这就需要建立诚实信用原则、信赖利益保护原则。在当下执法公信力下降，社会诚信缺失的情况下，必须加强政府诚信建设、社会诚信建设，实现社会管理创新，笔者建议尽快修改《行政处罚法》，借鉴和吸收台湾地区有关诚实信用、信赖利益保护等原则的相关规定。

## 四、海峡两岸行政处罚程序比较

行政处罚要通过一定的方式、步骤和时间、顺序来实现，这就是行政处罚的程序。[①] 用程序来规范和控制行政处罚是现代法治的重要特征，从一定意义上讲，程序即法。[②] 转换一个视角来看程序的重要性，一个国家法治建设是否民主、公开、公正，其评价标准除了理念、原则外，那就要看程序是否规范完备了，如果没有规范完备的程序法，实体法上的权力最终会演变成当权者手中的专制利器。前文已谈到台湾地区行政处罚权由专门的行政程序法来规范控制，大陆地区行政处罚权是在《行政处罚法》中专门规范处罚程序，不论是台湾地区的专门立法还是大陆地区的融为一体，海峡两岸都很注重行政处罚程序建设，都规定了调查程序、告知程序、听证程序、决定程序、送达程序。但是，依笔者的经验，以及通过对台湾地区行政处罚制度的了解，由于理念、原则不同，所以在规范和控制行政处罚权方面，大陆地区程序规范有的地方不尽人意，[③] 台湾的行政处罚程序相当规范、完整，针对性很强，也便于公务员操作，同时，消除了权力控制不规范所带来的隐患。《行政处罚法》虽然也有程序，但是在既想控权又想保权的理念指导下，给行政处罚权力留下自由自主的空间，这就为权力滥用打开一条通道，下面举例说明：

行政处罚程序之外与当事人接触问题。《行政处罚法》没有就这个问题进行专门的规定，导致执法实践中一些公务员与当事人在行政程序之外单方接触，而无法从法律上进行评价，[④] 而台湾地区“行政程序法”第47条规定：“公务员在行政程序中，除基于职务上必要外，不得与当事人或代表其利益之人为行政程序外之接触。公务员与当事人或代表其利益之人为行政程序外接触时，应将所有往来之书面文件附卷，并对其他当事人公开。接触非以书面为之者，应作成书面纪录，载明接触对象、时间、地点及内容。”台湾地区在“行政程序法”中明文禁止公务员与当事人行政程序外的接触，这对公正执法，提升行政机关执法公信力

---

① 应松年：《比较行政程序法》中国法制出版社，1999年版，160页。

② 范琦武：《入世对公安行政执法的影响》载《人民公安报》2002年11月15日。

③ 行政处罚程序缺乏有效的外部监督制约机制；行政处罚程序本身存在很多不合理因素。参见蒋勇等：《行政听证程序研究与适用》，警察教育出版社，1997年版，第68页。

④ 笔者就接触过这样的例子，某单位在调处一起行政处罚案件，经办人员通知双方当事人到办案人员所在单位的办公室接受调处。甲方当事人提前到达，乙方当事人后来才到达，乙方当事人到达后，看到甲方当事人与经办人正有说有笑从办公室走出来。经办人员见乙方当事人便不耐烦地说，这么迟才来，今天没有空下次再来。最终这个案件的处理结果对乙方当事人不利，乙方当事人就开始信访，负责处理此信访案件的同志表示这个案件经办人依法办案，符合法律规定，没有违法之处。对此结论，乙方当事人当然不服，继续上访。

是很有利处的。应该说，在大陆地区，人情往来比较盛行，出了事情托关系、找朋友、找亲属这是很普遍的事情。由于大陆地区没有禁止行政处罚程序外的接触，就无法从法律上制止一些公务员单方接触当事人。特别是当下，推进依法行政，做到严格公正文明执法，构建和谐社会和法治国家，首先必须在法律上对影响公正文明执法的行为或现象进行规范和禁止，所以，台湾地区有关行政处罚程序之外与当事人接触的规定值得借鉴。

在保障相对人陈述权方面。常言道“兼听则明”，应该说行政处罚中的听证程序能较全面地反映和保障当事人陈述权，也更能保证裁决中立和保障相对人平等、有效参与行政处罚决定。① 大陆地区虽然也规定了听证程序，但是，正如前文已提到的，大陆地区没有将限制人身自由的拘留处罚纳入听证范围，导致一些案件，在拘留执行过程中或者拘留结束后提起复议或者诉讼，以致事后该拘留处罚决定被撤销而导致国家赔偿。台湾地区在保障相对人陈述权方面作了充分详细的规定，台湾地区“行政程序法”第 66 条规定：“听证终结后，决定作成前，行政机关认为必要时，得再为听证。”接着该法第 102 条规定：“行政机关作成限制或剥夺人民自由或权利之行政处分前，除已依第三十九条规定，通知处分相对人陈述意见，或决定举行听证外，应给予该处分相对人陈述意见之机会。”这也充分体现了台湾地区行政处罚制度建设着力点在于控制公权的理念。应该说通过听证方式或者给予相对人陈述意见的机会这种做法，更有利于了解事实真相，更有利于最大限度地防止执法机关错案、假案、冤案现象的发生。大陆地区虽然规定了听取陈述和申辩的程序，在实践中，一些地方执法机关把听取陈述和申辩当做可有可无的程序走过场，在告知处罚的事实、依据和理由后便让当事人签字。

送达程序。法律文书的送达直接影响到行政处罚的生效和当事人的权益。大陆地区在送达方面规定得不够具体，而台湾地区“行政程序法”针对不同情形对送达作了很详细的规定，特别是在不能采取直接送达、留置送达情况下，该法第 74 条规定：“得将文书寄存送达地之地方自治或警察机关，并作送达通知书两份，一份黏贴于应受送达人住居所、事务所、营业所或其就业处所门首，另一份交由邻居转交或置于该送达处所信箱或其他适当位置，以为送达。”这就避免了因法律文书送达不到位，而影响了案件的及时处理，提高了行政效能。

更正程序。行政机关在实施行政处罚过程中，会出现告知救济期间错误或者行政处罚内容误写、误算等情况，《行政处罚法》未明确规定如何纠正，导致实践中有的地方法院判决撤销具体行政行为，有的地方法院建议裁处机关更正，而台湾地区“行政程序法”第 98 条规定：“处分机关告知之救济期间有错误时，应由该机关以通知更正之，并自通知送达翌日起算法定期间。处分机关告知之救济期间较法定期间长者，处分机关虽以通知更正，如相对人或利害关系人信赖原

① 应松年：《比较行政程序法》，中国法制出版社，1999 年版，192 页。

告知之救济期间，致无法于法定期间内提起救济，而于原告知之期间内为者，视为于法定期间内所为。处分机关未告知救济期间或告知错误未更正，致相对人或利害关系人迟误者，如自处分送达一年内声明不服时，视为法定期间内所为。”第 101 条规定：“行政处分如有误写、误算或其他类此之显然错误者，处分机关得随时或依申请更正。前项更正，附记于原处分书及其正本，如不能附记者，制作更正书，以书面通知相对人及已知利害关系人。”上述这些规定都很有针对性，解决了现实情况存在的问题，提高行政效能，维护行政权威，确实值得学习和借鉴。

## 五、行政处罚若干具体制度比较

由于理念、原则、程序不同，海峡两岸行政处罚在若干具体制度的构建上，有相当多的地方还存在差异：

行政处罚无效制度。台湾地区在“行政程序法”中确立了行政处罚无效制度，首先该法确立了行政处罚无效的情形，该法第 111 条规定：“行政处分有下列各款情形之一者，无效：一、不能由书面处分中得知处分机关者。二、应以证书方式作成而未给予证书者。三、内容对任何人均属不能实现者。四、所要求或许可之行为构成犯罪者。五、内容违背公共秩序、善良风俗者。六、未经授权而违背法规有关专属管辖之规定或缺乏事务权限者。七、其他具有重大明显之瑕疵者。”其次确立了请求确认行政处罚无效和依职权确认行政处罚无效的程序，该法第 113 条规定：“行政处分之无效者，行政机关得依职权确认之。行政处分之相对人或利害关系人有正当理由请求确认行政处分无效时，处分机关应确认其为有效或无效。”大陆地区也有行政处罚无效制度，《行政处罚法》第 3 条规定：“没有法定依据或者不遵守法定程序的，行政处罚无效。”但是，与台湾地区相比，有一些方面明显存在不足，或者说，《行政处罚法》是上世纪 90 年代订定的，在当时是科学的先进的，并符合时代要求的，随着经济社会的发展，在当下，有的规定已不能满足现实需要。例如，大陆地区行政执法机关违背公序良俗的行为，显然不利于和谐社会的构建，但是，能否被认定为无效行政行为，现行《行政处罚法》没有明确规定。而且，即便从法理上讲，行政处罚内容违背公序良俗的处罚行为无效，但是，《行政处罚法》也没有像台湾地区那样确立当事人对行政处罚无效的请求权或者行政机关依职权确认行政处罚无效的程序。所以，为维护公序良俗，构建社会和谐，建议大陆地区将“行政处罚内容违背公序良俗”认定为无效行政处罚，同时，确立当事人的行政处罚无效请求权制度。

行政裁决权消灭制度。笔者在监督执法过程中，发现过这种情况，即案件在经办人手中，迟迟不处理。经了解，才知道是办案单位拿着案件来牵制和控制着当事人，如果当事人听话，这个案件就拖着不处罚，如果当事人不听话，即便过了三五年，也照样对其进行处罚。其实，实践中还有一种现象，案件事实清楚，证据确凿，是应该裁处的，但是，为了维护某方当事人的利益，又不便于裁处，如果直接作出不予处罚决定又明显违反法律规定，怎么办，只好采取拖的办法，遇到有关方面的当事人上访或者上级机关过问，就答复正在调处。之所以会出现这种现象，与《行政处罚法》在控权方面不完全到位，没有确立行政裁决权消灭制度有关。在这方面台湾地区就做得很到位，“行政罚法”第27条就作出规定：“行政罚之裁处权，因三年期间之经过而消灭。”这样的规定对于防止公权力滥用是很有好处的，值得大陆地区借鉴。特别是大陆个别山区的执法机关办案经费严重不足，为解决办案经费会找一些单位或者关系人拉赞助，“吃人的嘴软”，如果这个单位或关系人或其亲属违反行政义务应受行政处罚，而接受赞助的执法机关，就会采取拖的办法。因此，笔者建议大陆地区应设立行政裁决权消灭制度。

当事人的知情权保障制度。行政处罚案件是通过相关资料和证据来展现的。行政执法机关只能依据已调取收集的证据资料进行裁处。所以，资料和证据最能反映案件的情况。要保障当事人的知情权、监督权，最好的办法就是赋予当事人申请阅览、抄写、复印或拍摄有关资料或卷宗的权利。台湾地区“行政程序法”第46条规定：“当事人或利害关系人得向行政机关申请阅览、抄写、复印或摄影有关资料或卷宗，行政机关不得拒绝。”而《行政处罚法》在这方面没有明确的规定。

一事不二罚。这是大陆学者针对《行政处罚法》规定提出的概念，该法24条规定：“对当事人的同一个违法行为，不得给予两次以上罚款的行政处罚。”台湾地区也有类似规定，台湾地区“行政罚法”第24条规定：“一行为违反数个行政法上义务规定而应处罚锾者，依法定罚锾额最高之规定裁处。但裁处之额度，不得低于各该规定之罚锾最低额。前项违反行政法上义务行为，除应处罚锾外，另有没入或其他种类行政罚之处罚者，得依该规定并为裁处。但其处罚种类相同，如从一重处罚已足以达成行政目的者，不得重复裁处。”很明显，台湾地区“一事不二罚”的规定不仅限于罚款，只要是相同种类的处罚，即“处罚种类相同，如从一重处罚已足以达成行政目的者，不得重复裁处”。大陆地区“一事不二罚”仅限于罚款，没有延伸到其他种类，换句话说，除了罚款，即便相同种类的处罚，也不受“一事不二罚”限制。从人性化执法角度看，“从一重处罚已足以达成行政目的者，不得重复裁处”，显得更为合理。

## 结语

大陆地区行政处罚制度与台湾地区行政处罚制度相比，有些地方还是不够完善的，台湾地区行政处罚制度在相当多的方面可圈可点，海峡两岸同根源，更应加强交流，扩大影响，相互借鉴，共同发展，为推进依法行政作出贡献。

# 论行政诉讼中行政首长出庭应诉的意义
## ——以群体性事件的司法化解为视角

石柏林[1] 郑 勇[2] 郭 哲[3]
◉[1] 湖南大学法学院教授、博士生导师
◉[2] 湖南大学法学院
◉[3] 湖南大学法学院副教授、博士

在当前中国社会转型的特定历史时期，由于经济发展的不平衡、利益群体的兴起和思想观念转变等原因引发了干群关系的紧张，民众采取集体行动对抗基层政府的群体性冲突事件时有发生，并呈现出不断上升的趋势。① 大量复杂的社会矛盾中，行政行为侵害相对人权益的现象也不可避免，并且还表现出较为明显的向“官民矛盾”转化的趋势。通过分析发现，在这众多的群体性事件中，因行政纠纷引发的，规模更为庞大，后果更为严重，特别是涉及农村土地征收、城市房屋拆迁、土地承包、集体土地使用权和林权流转、城管暴力执法等社会热点问题的群体性行政争议，涉及面广，人数众多，矛盾尖锐，处理难度大，引发重大群体性事件的风险增大，严重影响了社会的和谐稳定。行政诉讼的司法实践证明，行政首长出庭应诉，能够改善和优化行政审判的司法环境，进一步发挥行政诉讼在保护公民合法权益、协调官民关系、化解官民矛盾上的重要作用，有效预防群体性事件的发生。本文试图从推动行政首长出庭应诉和完善行政诉讼制度的角度，探讨群体性事件的司法化解。

## 一、行政诉讼行政首长出庭应诉的现状

行政诉讼行政首长出庭应诉，是指作为行政机关主要负责人的行政首长以行

① 根据中国社会科学院“社会形势分析与预测”课题组2005年发表的《社会蓝皮书》显示，从1993年到2003年间，中国“群体性事件”数量已由1万起增加到6万起，参与人数也由约73万增加到约307万。同时根据公安部公布的资料显示，2005年公安部立案的有8.7万余起，同比上升6.6%，2006年超过9万起，并保持上升势头。详见汝信，陆学艺，李培林：《2005年中国社会形势分析与预测——社会蓝皮书》，北京：社会科学文献出版社，2004年版，转引自李蔚，曾庆：《新媒体与群体性事件》［EB/OL］．（2011—04—11）［2012—02—25］http：//www.cddc.net/cnnews/ylyx/201104/14626.html。

政诉讼案件被告的法定代表人身份参加人民法院开庭审理案件，进行答辩和辩论，行使法定权利和履行法定义务的活动。《行政诉讼法》的颁布实施至今已有20余年，全国各级法院受理了大量的行政案件，最高人民法院网2010年2月公布的数据显示，从1987年开始试点建立行政审判庭以来，全国各级法院共审结行政案件184万余件。行政诉讼制度的确立，是我国行政法治进程中的一座里程碑，对于保障公民、法人和其他组织的合法权益，监督和维护行政机关依法行政具有十分重要的作用。然而，在我国行政诉讼的司法实践中，一直存在着“民告官，不见官”的现象，行政首长出庭应诉的比率极低，甚至某些地方多年来行政首长出庭应诉的案件可谓屈指可数，一旦有某行政机关“一把手”出庭应诉，马上就会成为当地新闻媒体争相炒作的热点。行政首长还是习惯于向法院提交一份法定代表人身份证明书后，便委托其内部法制部门的工作人员或聘请律师出庭应诉，判决后坐听汇报。这种将诉讼行为一揽子交给代理人的做法实际上是行政诉讼中被告消极应诉的表现。① 2009年武汉大学林莉红教授主持的“湖北行政审判现状调查”课题公布的研究成果显示，湖北同期“全省行政诉讼中被告法定代表人出庭的比例极低，仅占调查案件总数的2%还不到”。② 2011年广西壮族自治区高级人民法院发布的“2010年行政审判白皮书”也显示，广西全区去年的行政诉讼中，有行政机关负责人出庭参加一审、二审的行政案件总共有29件，出庭应诉率为0.75%，而2009年行政机关负责人的出庭应诉率则更低，仅有0.56%。③

与此同时，全国很多地方政府纷纷通过出台关于强制行政首长出庭应诉的规定，在本地区或部门推行行政负责人出庭应诉制度，为推动本地区或部门行政首长出庭应诉进行了有益的探索和实践④，也取得了较好的社会效果，甚至在某些

---

① 有学者认为，行政诉讼中的代理应当是一种代理人和被代理人的理性关系，在这种关系中代理人对被代理人提供相应的法律知识和正确应诉的方式方法，通过代理应当强化被告的诉讼意识和诉讼技术。而一些行政主体将所有的诉讼行为一揽子交给代理人的处理方式，看似严谨实则在很大程度上割断了行政被告与人民法院的联系，割断了行政被告与原告的联系，割断了行政被告与整个行政诉讼过程的联系，使行政被告甚至不再成为被告，行政被告建立此种代理关系的目的就在于消极地应诉。参见黄学贤，梁玥：《行政诉讼中被告消极应诉的对策研究》，《法治研究》，2010年第6期，第27—28页。

② 林莉红等：《湖北行政审判现状调查报告》，湖北社会科学研究，2009年第10期，第170页。

③ 广西壮族自治区高级人民法院2011年发布的“2010年行政审判白皮书”，参见《动态与声音》，《人民法院报》，2011年9月11日第五版。

④ 据资料记载，陕西省合阳县人民政府和县人民法院于1999年8月联合下发《关于贯彻行政首长出庭应诉制度的实施意见》，在我国较早建立起行政首长出庭应诉制度。此后这一制度逐渐在全国各地推广。如2005年江苏省南通市行政机关与法院在江苏率先推行行政负责人出庭应诉制度。到2007年底，江苏省已有11个地级市和31个县（市、区）的党委、政府出台了专门文件，实施行政机关负责人出庭应诉制度。参见唐志强：《樊明亚行政首长出庭应诉刍议》，《上饶师范学院学报》，2009年第5期，第59页。

地区行政首长出庭应诉率连续三年达到了100%，被媒体称为“南通现象”、[①]“宿迁现象”。

## 二、行政首长出庭应诉率低的原因分析

行政首长出庭应诉率低，存在主观和客观两方面的原因，其中除了强制性的制度缺失以外，根本原因还在于行政首长思想观念和对行政诉讼的认识的问题。观念和认识上的偏差，体现在实际行动中便是对行政审判不支持，不理解，有的甚至故意拖延或阻挠对法院裁判的履行，这严重影响了人民法院审理行政案件的质量和效率，阻碍了依法行政的进程，最终也会损害法院的司法权威和政府自身的形象。

### （一）主观方面

1. 受传统“官本位”思想观念的影响，不愿出庭应诉。由于我国行政诉讼起步较晚，一些部门和领导对行政诉讼缺乏应有的认识，再加上几千年沿袭下来的传统“官本位”思想使一些地方的行政首长思想上还没有真正树立起法律面前人人平等的观念，还没有把自己从“官”的位置上放下来。正如有学者所说，“‘官本位’代表了一种文化心理和一种社会管理模式，在这一思维熏陶下的社会氛围中，人们解决社会问题的首要选择往往是‘训话’而不是‘对话’”。[②] 它一贯“强化行政权威，强调行政相对人对行政权力的服从”，一些执法机构和人员也“把法律当成自己手中的‘指挥棒’，当成‘治民’的有效工具”，[③]“权比法大”的观念仍在作祟，这种权力本位的思维定势使行政机关及其行政首长们有种高高在上的心理，不习惯当“被告”，不容忍“民告官”，认为参加行政诉讼、坐在被告席上与老百姓“对簿公堂”是一种影响权威、丢面子、损形象的事情，有的行政首长甚至认为被告席是不吉利的地方，还是不去为好。有的行政首长认为自己比办案人员地位高，权力大，阅历多，而不愿意接受与自己平级或比自己级别低的法官的指挥。在诸多行政诉讼案件审理过程中，行政机关做为被告，其行政首长基本上不出庭，而是委托本机关的工作人员或律师出庭。因此，许多行政首长都忌讳“民告官”，漠视“民告官”，出现民众“告官见不到官”的现象

---

① 2004年以来，江苏省海安县两任县长、206位行政机关负责人先后出庭应诉。最近5年，该县行政机关负责人出庭应诉率达100%。参见徐育，陈向东等《聚焦行政首长出庭应诉“南通现象”》，《江苏法制报》，2010年8月20日第1版、裴智勇《江苏海安7年206位行政领导出庭应诉（见证）》，载《人民日报》，2011年5月4日。

② 善若水：《从“训话”到“对话”：一步之遥和一念之间》，［EB/OL］.（2006—02—16）［2012—02—25］http：//forlaw. fyfz. cn/art/40643. htm.

③ 汪俊英：《传统行政文化对“依法行政”的负面影响分析》，《学习论坛》，2007年第9期，第77页。

也就不难理解了。

2. 法治观念淡薄，对行政诉讼的重要性认识不足。目前仍有些行政机关的领导干部法治观念淡薄，缺少法律知识，对行政诉讼的性质和功能认识错误，对参与行政诉讼缺乏正确和理性的态度。一些行政机关的行政首长习惯于发布行政命令，直接听取工作汇报，唯我独尊，不习惯用法律的手段解决问题，不把法院甚至法律放在眼里，更不愿承担任何责任，以为不出庭法院奈何不了，官司的输赢也和自己无关。有些甚至认为行政诉讼是法院在给政府“挑刺”，不配合政府部门工作的行为，或认为行政诉讼是相对人给政府添乱，会削弱政府的权威，从而对行政诉讼持抵触情绪，却没有真正认识到“出庭应诉实质上是一种履行公务的活动”①，它对落实违法行政责任的追究，增强行政机关及其工作人员依法行政意识，提高其依法行政的能力和行政执法水平有着重要作用。因此，有相当数量的行政首长借口公务忙、会议多而逃避出庭，或认为与自己无关，有的行政首长甚至认为法院理应“官官相护”，而无需出庭应诉。

3. 规避败诉的风险，以免损害自己及所在机关的形象。诉讼实际上是一场原被告双方的较量，当然会有输有赢。事实上，行政诉讼案件中被审理的大部分行政行为都存在着违法或瑕疵，一旦被法院撤销、变更或确认违法，可能会涉及责任的追究。这对行政首长而言是一种风险，极有可能要承担直接责任或领导责任，行政首长一般不愿去冒这个险，甚至要求本机关都不出庭应诉。另外，有的行政首长往往认为自己不是法律工作者，对法律知识不熟悉，出庭应诉胜诉的把握不大，到时还可能会因为自己在庭审过程中的应对失误而导致败诉和被动，担心败诉会损害自己及所在机关的形象，进而影响到自己的政绩，因此不愿出庭应诉。

### （二）客观方面

1. 相关强制性法律规范的缺失。无论是在1989年颁布的《行政诉讼法》还是最高院的司法解释中，都没有强制性的要求作为行政诉讼被告方法定代表人的行政首长必须出庭应诉的相关规定，而是赋予其选择权。《行政诉讼法》第二十九条规定：“当事人、法定代理人，可以委托一至二人代为诉讼。”按照该条的规定，在行政诉讼中，行政首长并非必须出庭，由其委托本部门的工作人员或者律师作为代理人出庭应诉完全符合法律规定。既然法律没有强制性的规定，而且也不会因为自己未出庭而承担不利的法律后果，行政首长大多也就认为没有亲自出庭应诉的必要。

2. 对具体案件事实了解不够充分，并受诉讼专业性和技术性的限制。行政机关实行的是首长负责制，行政首长一般仅负责主持全面工作，没有精力和能力

---

① 广西壮族自治区高级人民法院2011年发布的《2010年行政审判白皮书》，参见《动态与声音》，载《人民法院报》，2011年9月11日第五版。

负责所有的具体事务，实施具体行政行为的往往是行政机关的工作人员。行政首长对引发行政争议的事实的了解程度一般也要低于行政行为的具体实施者，由其出庭并不一定能够很好地单独承担起举证、辩论等诉讼义务，如果行政机关委托具体行政行为的实施者参与行政诉讼，将更有利于法院查明案件事实。另外，从我国现实情况来看，行政首长一般没有法律专业的背景，而行政诉讼具有很强的专业性和技术性，特别是在法庭诉辩过程中更需要有较强应诉技能和应变能力。行政首长在对具体法律法规的认知和诉讼争议事实的了解不一定全面的情况下，其诉讼能力远不及具体实施该行政行为的工作人员或专业律师，从而影响庭审质量和效率，甚至导致本应胜诉的行政机关败诉。① 再者，行政机关一般都有专门负责出庭应诉的法制部门，平时办案也都有具体的承办人，在行政首长看来，行政诉讼出庭应诉工作具体承办人员就能胜任。

3. 行政事务繁多冗杂无暇顾及或其他公务活动与开庭时间冲突。由于在我国行政管理体制中实行的是行政首长负责制，行政首长作为本机关或部门的“一把手”，统揽全局工作，其主要工作是组织贯彻和落实上级会议精神以及上级行政机关交办的重要的任务等，在其所负责的整体工作中出庭应诉只是一小部分，而且具体工作一般都有副职分管。所以，在一般情况下，行政首长也不太关注行政诉讼案件的处理情况。同时，在某些情况下，行政首长的其他公务活动安排与开庭时间出现了冲突，影响其不能到庭参加诉讼。

## 三、行政首长出庭应诉的法律依据和现实意义

### （一）行政首长出庭应诉的理论依据

在法治的语境下通过推行行政首长出庭应诉完善行政诉讼的相关制度，有效保障司法权对行政权的监督和审查，既是落实法律面前人人平等宪法原则和依法治国基本方略的要求，也是对保护处于弱势的个体权利的有力彰显，因此，有其深厚的理论依据。

1. 行政首长出庭应诉是落实法律面前人人平等宪法原则，尊重和维护法律尊严和权威的要求和体现。

法律面前人人平等是法治社会的核心和首要要求。法治的平等概念，体现在对国家机关管理过程的约束和规范，即行政机关与行政管理相对人虽然在行政程序中的地位是不平等的，但是在法庭上，二者的诉讼法律地位却是平等的。相对于已经非常强大的政治国家或权力一方而言，为实现“民告官”真正意义上的

① 马守锋，黄志聪：《冷静应对行政首长出庭应诉制度》[EB/OL].（2006—05—26）[2012—02—25] 人民法院网 http：//old. chinacourt. org/public/detail. php? id =206140。

对峙和平衡，有必要让行政首长与行政相对人在法庭上平起平坐，通过行政诉讼实现“官民”间的平等的对话和互动。当前，行政首长不出庭应诉的“惯例”，“实际上是行政机关不尊重法律的习惯思维模式在具体诉讼上的客观反映”,① 容易使相对人在诉讼中感到自己与行政机关绝对不是平等的关系，产生“官”贵“民”轻、权大于法的误解。行政首长出庭应诉，是行政诉讼实践中的一个重大突破，通过搭建“官民”平等对话的平台，表达行政机关及其行政首长对行政相对人的尊重和对其利益诉求的重视，它能让相对人和公众真切地体会到法律面前人人平等，这既是对法律面前人人平等原则的很好诠释，也是落实这一宪法原则的要求，同时也显示出行政机关及其负责人对法律和法院司法权的尊重。

2. 行政首长出庭应诉是建设责任政府，切实保障人权和落实依法治国基本方略的必然要求。

“从一定意义上说，行政诉讼是宪政的试金石，是法治的检测器，是民主政治的晴雨表。能不能正确对待行政诉讼和履行法院的判决，也是检验一个国家机关工作人员有无法治观念的一个标尺。”② 而行政诉讼案件中，行政首长出庭应诉率低，特别是在判决生效后不主动履行行政裁判的现状，在破坏正常的审判秩序的同时也损害了国家机关的公信力和法院的司法权威，不利于依法治国方略的有效实施。

依法治国的重点在于依法行政。在行政管理活动中，行政主体通过行政行为的实施来实现国家的行政权，而现代政府应该是责任政府，即政府必须为其行为承担政治、法律责任。③ 司法审查制度的确立是现代法治的重要内容，行政权接受司法权的监督和审查是实现权力制约的一种有效方式，对于行政主体而言，行政诉讼的功能意味着要求其对其实施的具体行政行为承担相应的法律责任。从法理上讲，行政首长出庭应诉是其法定的权利和责任。现行的行政首长负责制，决定了行政首长作为行政机关的法定代表人对本机关或部门的工作具有统领和管理的职权，出庭应诉属于其法定职权的范围，无需委托和授权，而根据权责统一原则，出庭应诉当然也是其法定责任。因此，行政首长出庭应诉既是其职责所在，也是代表本机关或部门承担相应的责任的要求。这样，推行行政首长出庭应诉的主旨在于约束、规范行政行为，落实责任追求，给强势的行政权力以必要的限制；同时有效地扩大相对人和社会公众对行政机关相关重大决策及日常行政执法活动的知情和参与，保障相对人合法权益得到及时、公正和有效的救济。因此，通过出庭应诉，可以使行政首长认真地对待行政诉讼本身，认真地对待相对人的

---

① 樊涛：《行政诉讼案法定代表人必须出庭应诉》，（2007－05－16）［2012—02—25］http：//www. tianya. cn/publicforum/Content/free/1/910019. shtml。

② 沈小平：《民告“官”，“官”须出庭》，新闻月刊，2003 年第 10 期，第 28 页。

③ 陈端洪：《中国行政法》，北京：法律出版社，1998 年版第 47 页。

权利和合理诉求，认真地对待司法机关所做出的行政裁判，真正在保护公民合法权益的基础上促进法治的进步和推动依法治国方略的有效落实。

3. 行政首长出庭应诉是补充配置司法审查权能，弥补和提升司法形式性权威的有效途径。

行政诉讼实际上是法院基于司法权对行政权之运作实施监督与审查的行为，而为了保障这种监督和审查目的的有效实现，就必须通过宪法和法律给法院配置足够的司法审查权能。目前我国法院系统在人事、财政等事项上受制于行政机关的现状使其在行政审判中的独立性实难完全确保，因此，法院司法审查的作用也很难充分发挥。但是，面对我国《行政诉讼法》所确立的审判职责，法院又不能以其宪政地位之孱弱作为其堂而皇之的懈怠理由。为此，法院只能“曲线救法”，在原告的诉求与被告的傲慢中寻求司法审查之生存空间，而行政首长出庭应诉制度恰恰能在一定程度上满足法院的此种需求。同时，“权威是司法的生命所在”，在行政诉讼中，被告的常态性缺席无疑构成了对法院权威的一种严重挑战。而借助于行政首长出庭应诉制度，司法的形式性权威可以获得某种程度的弥补。在整个庭审过程中，法官居于法庭的正中位置并控制着诉讼的程序与节奏，行政首长作为诉讼参与人之一同样必须服从法官的指挥，原告因而获得了与行政首长当面对质的“平等”地位。这一场景本身显然是法院展示其司法形式性权威的最佳机会。[①]

### （二）行政首长出庭应诉的现实意义

美国著名的法官卡多佐认为：“司法必须与社会现实相适应，对司法过程的意义认识关键不在其本身，而在于通过司法达到最良好的社会效果”。[②] 如前所述，行政首长不出庭应诉，不能很好地与行政相对人进行信息沟通，行政纠纷也得不到公正及时的解决，容易激化“官民矛盾”，某些甚至还可能演化为恶性的群体性事件，最终影响社会的和谐稳定。行政首长出庭应诉，把自己放在和行政相对人同等的位置，可以搭建官民平等对话的平台，进一步发挥行政诉讼在协调官民关系、化解官民矛盾、保护公民合法权益上的重要作用；同时还可以增强和提高行政机关依法行政的意识和能力，树立良好的政府形象，从根本上减少侵害相对人权益的违法行政行为的发生。通过形成行政和司法间的良性互动机制，改善和优化行政审判的司法环境，营造支持行政诉讼的良好的社会氛围，畅通行政争议司法化解的渠道，进一步发挥行政诉讼在保护公民合法权益、协调官民关系、化解官民矛盾上的重要作用，从而舒缓民众的对立情绪，有效预防群体性事

---

① 吕尚敏：《行政首长应当出庭应诉吗？——在司法的技术、权能与功能之间》，《行政法学研究》，2009年第4期，第100—101页。

② ［美］考夫曼·卡多佐，A L. 考夫曼著，《卡多佐》，张守东译. 北京：法律出版社，2001，211。

件，维护社会的和谐稳定。

1. 可以体现行政机关对相对人的尊重，通过搭建官民平等对话的平台，有利于促成双方达成和解并保障裁判有效执行，进一步发挥行政诉讼在协调官民关系、化解官民矛盾、保护公民合法权益上的重要作用。

“保护合法权利是行政诉讼是行政审判的根本任务。行政诉讼制度设计的出发点是制约和防止公共权力的滥用，最终目的和根本任务是保护公民、法人和其他组织的合法权利不受行政权的非法侵犯。”① 行政首长出庭应诉，能够让相对人感受到行政机关对自己的尊重，因而能逐步改变长期以来“官贵民轻”、“权大于法”的传统观念，有效地消除抵触和对抗心理，进而缩短争议双方情感上的距离，使双方以平等地位论辩是非，有力推进行政民主化。一旦行政机关法定代表人出庭应诉，它的意义绝不在于使《行政诉讼法》第七条“当事人在行政诉讼中的法律地位平等”变为现实的对席位置呈现的平等，而在于它能实现一种潜在的官民心理的平等。其次，通过诉、辩程序让行政机关面对面地接受相对人的质疑，无疑使民众看到了行政机关解决纠纷的诚意和决心，也有利于行政机关真正了解行政相对人起诉的真实动机、目的和要求，增强相互间的理解，避免不必要的争议和猜疑，平息和化解民众与政府间的矛盾和纷争，减少上访和申诉，达到案结事了的目的，真正发挥行政审判协调官民关系的桥梁作用，从而大大提高法院行政审判工作的质量和效率，实现行政诉讼法律效果与社会效果的统一。最后，行政首长亲自出庭应诉，既能够使行政机关在行政诉讼中全面、准确地掌握案件信息，根据案件具体的审理情况，在法院居中协调下，准确把握时机直接与对方当事人达成和解协议；又能有效消除行政机关与法院之间可能存在的误解与冲突，使行政机关正确理解法院的裁判文书，增强其履行法院生效裁判的自觉性，从根本上解决行政诉讼案件执行难的痼疾。这些都有利于迅速、有效地解决行政纠纷，避免形成老案积案，减少涉诉信访案件的发生和从源头上降低导致群体性事件发生的风险。

2. 有助于促使行政机关及其工作人员增强依法行政的意识，不断提高依法行政的能力和行政执法水平，从源头上减少侵害民众权益的违法行政行为的发生。

行政诉讼案件是行政机关与行政相对人在执法过程中产生的纠纷和矛盾的集中体现，行政首长不出庭应诉，往往难以对本机关或部门的行政行为的违法性或不当性形成直观的了解和深入的认识，对通过案件审理所暴露出来的薄弱环节，事后难以作出有针对性的整改，更无法将个案的得失及时转化为依法行政的经验教训，导致一些不依法行政的行为一再出现，进而不断引发与相对人的行政纠纷。

依法行政是现代法治的核心。行政诉讼是司法机关对行政机关的具体行政行

① 费丽芳：《我国行政审判现状管窥》，《浙江社会科学》，2005 年第 3 期，第 191 页。

为实施保障和监督，促进行政机关不断提高依法行政水平的一项重要法律制度。行政首长出庭应诉对于发挥行政诉讼的功能和作用，促使行政机关依法行政具有重要意义。首先，“出一次庭可能等于上十次普法课”，出庭应诉也是一次与具体案例紧密结合的深刻的普法教育，有助于促使行政首长更好地理解和实施法律，提高自身法律素养，树立依法行政意识和敢于承担责任意识。诉讼程序允许双方当事人在庭审过程中充分陈述自己的主张与理由，双方当事人的抗辩、举证、质证、认证等庭审程序，将对行政首长产生很大的触动，促使其从法律的视角来考虑行政问题，进而提高其对依法行政的感性认识，使其更深刻地认识到有权必有责、用权受监督、违法要追究、侵权要赔偿的行政法治理念，在纠纷产生之初即积极主动地严格执法，克服消极执法现象，把大量纠纷化解在基层，化解在萌芽阶段，化解在行政程序中，从源头上有效预防和减少违法行政行为的发生。其次，行政首长通过出庭应诉，不但能够客观真实地了解行政纠纷的具体情况，而且还可以及时发现本机关在管理上、制度上以及行政执法过程中存在的问题，全面了解本机关的行政执法水平和现状，落实责任追究，并进行针对性的整改，将个案的得失及时转化为依法行政的经验教训，从而使那些同类型不依法行政的行为不再出现，进而不断提高依法行政的能力和行政执法水平，将违法行政行为的发生概率降到最低限度。最后，行政首长出庭应诉对行政机关的具体执法人员来说也是一种督促和警醒，将产生良好的导向作用和示范效应，有利于促使行政执法人员增强责任感和提高工作效率，将依法行政意识和执法为民的理念切实贯彻到具体的执法活动中去。

3. 有利于提高政府公信力，树立良好的政府形象，同时推动政府管理体制改革，构建官民间新的良性互动的社会治理模式。

依常理而言，任何组织或个人都不愿充当被告，何况还须面对可能的败诉风险。但是，长期以来“告官不见官”的现象实际上也给行政机关的整体形象带来了严重损害。民众（不仅是当事人）会将政府官员拒绝出庭的行为视作政府机关自恃强权而漠视法律之举，这无疑会极大地伤害政府机关的公众形象。因此，被告是否出庭已经在一定程度上被演绎为一项关乎政府形象的政治命题。[①]行政首长出庭应诉，是行政机关树立自身敢于承担责任良好政府形象的客观需要和必然要求。行政法权责统一的基本原则要求行政机关在行使权力的同时必须相应地承担由此引起的责任。由于主观或客观等诸多方面的原因，行政机关在履行职能过程中很可能会发生差错甚至做出某些违法行政行为，出现问题并不可怕，重要的还在于行政机关是否善于认识错误和敢于承担责任。虽然现行立法并没有强制性要求行政首长出庭应诉，但民众更愿意把行政首长出庭看做是行政官员对

① 吕尚敏：《行政首长应当出庭应诉吗？——在司法的技术、权能与功能之间》，《行政法学研究》，2009年第4期，第99页。

司法监督态度的一种转变，行政首长通过出庭应诉将宣示行政机关更加尊重法律，更加尊重公众，表明公平、公开、公正地与民众进行司法对话的态度。行政首长出庭应诉，“一改过去政府官员高高在上俯视百姓的视角，转变为面对面的平视”，在诉讼中与原告平等地运用法律解决纠纷，听取民众的呼声和要求，解释做出具体行政行为的理由和依据，接受法院的司法裁判，这无疑是用实际行动向原告和社会公众诠释了法律面前人人平等、维护司法权威的法治精神，进而有利于消除原告对行政诉讼的疑虑和与行政机关对立情绪，增进民众对行政执法活动的理解、信任和支持，在全社会范围内树立行政机关依法行政的良好形象和提高政府公信力。

从全能政府（行政国家）向有限政府转变是我国政治体制改革的一个重要发展方向。“要实现一个政府由管理型到服务型、由人治型到法治型、由训话型到对话型的跨越，并不容易。这其中，理论逻辑上并没有多少距离，而观念和体制上的羁绊却弥足沉重。在政府转型和依法行政的进程中，行政诉讼制度的建立和司法的个案阐解，无疑会起到积极的推动作用。”同时，“在政府与民众为现代化而并肩作战的今天，作为政府代表的行政首长的出庭应诉其象征性意义对于全体社会成员而言是十分重大的：行政首长的出庭应诉，意味着民众的对话身份得到了真正的尊重；而行政首长对行政行为正当性的论证，则又是公共政策通过个案进行表达和解释的最好形式。在社会走向多元、政府职能转变的今天，这一略带‘非暴力不合作’色彩的对话途径的有效建立，使得官司的胜负又反倒是其次了，而一种全新意义上的公共权力和普通民众的关系模式，或者说是一种良性互动的社会治理模式，必然会因此而悄悄生成”。①

4. 有助于提高法院行政审判的公信力，树立司法权威，形成行政和司法间的良性互动机制，营造支持行政诉讼的良好的社会氛围，畅通行政争议司法化解的渠道。

行政审判需要经常与行政机关打交道，能否得到行政机关的理解、信任和支持，对于开展行政审判工作、改善司法环境至关重要。同时，也有学者认为“与提升司法的形式性权威相比，首长应诉制度更具实质性的功能在于它可以通过定式化的程序建立起对行政首长进行直接说理的途径。而在首长应诉的案件中，由于判决结果实际上已体现了行政首长与法官的意见交涉过程，因而法院的判决也就更易被行政首长所接受，从而在一定程度上缓解法院司法审查权能之实际不足所引发的行政诉讼的整体危机”。②

---

① 善若水：《从“训话”到“对话”：一步之遥和一念之间》，［EB/OL］.（2006—02~16）［2012—02~25］http：//forlaw. fyfz. cn/art/40643. htm.

② 吕尚敏：《行政首长应当出庭应诉吗？——在司法的技术、权能与功能之间》，《行政法学研究》，2009年第4期，第100—101页。

任何诉讼制度都无一例外地承担着解决纠纷的功能，化解行政纠纷、解决行政争议是行政审判的功能。从这个角度来看，诉讼制度的具体设计必须有利于纠纷的实际解决，而行政首长出庭应诉正是改善和优化行政审判环境，有效实现行政诉讼目的和功能的有效途径。行政首长亲自出庭，一方面能让民众真切地体会到法律面前人人平等的理念，从而增强其对行政诉讼的信心，减少民众的猜疑和顾虑，消除“官”贵“民”轻、“权大于法”的误解，使行政审判更具可信性、公平性和权威性，同时也展示了行政审判形象，拓展了行政审判的空间，有助于优化行政审判秩序和营造和谐的行政审判环境；另一方面也表明了行政机关对行政审判工作积极有力的支持以及行政权对司法权的尊重，彰显了法院在行政审判工作中应有的地位和权威，提升了司法的公信力，形成司法和行政间的良性互动机制，为解决行政案件“受理难”、“审判难”和“执行难”等问题提供有效途径，进而在全社会营造支持行政诉讼的良好的社会氛围，畅通行政争议司法化解的渠道。

## 四、建立行政诉讼行政首长出庭应诉制度的具体构想

2004 年 3 月，国务院出台的《全面推进依法行政实施纲要》中第 28 点明确规定了“接受人民法院依照行政诉讼法的规定对行政机关实施的监督。对人民法院受理的行政案件，行政机关应当积极出庭应诉、答辩。对人民法院依法作出的生效的行政判决和裁定，行政机关应当自觉履行”，鉴于行政首长出庭应诉对于我国行政法治建设的重要意义，以及当前司法实践中行政首长不出庭带来的各种消极影响，在行政诉讼中推行行政首长出庭应诉制度已成为建设法治国家、构建和谐社会的时代要求和历史必然。近年来，随着行政首长出庭应诉制度在我国许多地区的逐步实施，已经积累了一些成功的实践经验。① 同时，学界对于这一制度的研究也日渐成熟，有关的理论研究涉及行政首长出庭应诉制度的各个方面，包括行政首长主体范围、应诉范围、应诉原则、应诉机构、应诉模式、监督考核制度等，这些全面而深入的理性思考又为该制度的整体性构建打下了良好的理论基础。也正如学者所说，“在我国解决社会矛盾，尤其是官民矛盾，构建和谐社会的努力中，行政诉讼制度应该是定纷止争最重要的而且是最终的制度。现在的

---

① 2004 年 3 月，国务院《全面推进依法行政实施纲要》出台后，推行行政首长出庭应诉已成一种发展趋势，陕西、辽宁、江苏、上海、广东、四川、福建、山东、湖南等地的一些市、县及政府部门通过制定规范性文件的形式加以规范，要求行政首长在行政诉讼中必须出庭应诉，并且通过实施取得了较好的效果。如沈阳市《关于建立行政机关法定代表人行政诉讼出庭应诉制度的通知（沈政办发［2002］15 号）》、杭州市《杭州市行政首长出庭应诉工作暂行办法（杭政办［2006］21 号）》、江苏省公安厅《江苏省公安机关负责人出庭应诉工作暂行规定（苏公厅［2007］45 号）》。

问题是如何使这一制度真正充分发挥作用”。①

1. 转变影响行政首长出庭应诉的传统思想观念，形成支持行政审判的良好社会氛围

思想是行动的先导，推行行政首长出庭应诉制度最大的障碍在于思想观念的转变。目前，各地实行的行政首长出庭应诉制度还处于起步阶段，各级行政首长由于受传统观念的影响对此项工作的重要性还存在认识不足的问题，要使这项制度真正建立起来并得到有效实施，首先，必须充分利用新闻、网络等多重宣传平台，一方面切实宣传依法治国的基本方略，促使行政机关工作人员特别是领导干部自觉树立起有权必有责、用权受监督、违法要追究、侵权要赔偿坚持依法行政的行政法治理念，另一方面及时报道行政首长出庭应诉工作的发展动态，介绍各地的先进做法和经验，大力宣传行政首长积极出庭应诉的典型事例，营造行政首长积极参与行政诉讼的氛围，促进行政机关工作人员特别是领导干部思想观念的转变，摒弃“官本位”和“爱面子”、“放不下架子”、“怕上被告席”等陈旧观念，从思想上消除障碍，提高出庭应诉的积极性、主动性。其次，可以充分运用理论中心组学习制度和法律研讨会等形式，组织行政首长进行法律知识专题学习，促使其深刻认识到行政首长作为行政诉讼中被告的法定代表人出庭应诉实质是一种履行公务的活动，是行政机关接受民众评议、改进工作作风的另一种有效方式，从而进一步提高行政首长对出庭应诉工作重要性的认识。最后，通过普法教育和法制宣传，增强全社会学习法律、遵守法律、尊重法律的法律意识和法治观念，弘扬法治精神，积极引导公民、法人和其他组织依法理性地维护自身权益，营造民众和社会各界支持和监督行政机关依法行政的良好的社会氛围，形成支持行政审判的合力。

2. 完善规范行政首长出庭应诉的法律制度

如前所述，近年来在我国许多地区就行政首长出庭应诉的相关规定和学界研究的日渐成熟，以及该制度的实施所取得的初步成效，为该制度整体性和规范化的构建打下了良好的理论基础，积累了丰富的实践经验。与此同时，目前各地对行政首长出庭应诉制度的规定各有不同，出现了“各自为政”、“零打碎敲”的混乱局面，另外，作为这一制度实施依据的相关规范性文件也面临着某些合法性的危机。② 因此，要解决当前行政首长出庭应诉制度所面临的种种问题，首先应

① 陈东升：《行政首长出庭应诉有合理和必要之处》，《法制日报》2006年8月25日。

② 根据《立法法》有关规定，行政诉讼制度只能由法律规范，政府规章和规范性文件是无权解释和规范行政诉讼制度的，因此各地所推行的行政首长出庭应诉制度面临法律上的合法性问题。参见汪成红：《行政首长出庭应诉制的合法性审视》，《江南大学学报（人文社会科学版）》，2007年第6期，第48—51页、吕尚敏：《行政首长应当出庭应诉吗？——在司法的技术、权能与功能之间》，《行政法学研究》，2009年第4期，第98—103页、乔宁宁：《行政首长出庭应诉制度的“危机”分析》，［EB/OL］.（2008—03—26）［2012—02～25］中国网 http：//www. china. com. cn/law/txt/2008－03/26/content＿13586456. htm.

当由最高立法机关通过修改《行政诉讼法》，在行政诉讼制度中明确规定全国统一的行政首长出庭应诉机制，同时吸收各地在实践中被证明切实有效的制度措施和实践经验，结束行政首长出庭应诉制度各自为政的混乱局面。①

（1）确立重大案件行政首长必须出庭应诉的法律制度。当前，在我国全面推行行政首长出庭应诉制度的障碍除了观念上的因素以外，主要还来自于现行立法的缺位和整体性制度的缺失。因此，在修改《行政诉讼法》时，应加入规范行政机关行政首长出庭应诉的条款，就行政首长的范围、应出庭应诉的案件范围、组织实施机构作出明确规定并引入相应法律责任约束，从而将这一制度纳入正式的法律轨道，为行政首长出庭应诉提供强有力的法律依据和制度支持。当然，对此应在分析和尊重行政机关自身权力运作的规律和特点的基础上视具体情况区别对待，而不能要求行政首长对所有的案件，不分大小轻重，全部出庭应诉，这不仅不合实际，也会因为缺乏可操作性而最终导致这一制度成为“具文”。这就要求通过立法确立重大行政案件行政首长出庭应诉的法律制度。对特别重大的行政案件，行政首长应当出庭，一般行政案件行政首长可视具体情况决定是否出庭。建议在修改《行政诉讼法》时，可将其中第二十九条“当事人、法定代理人可以委托一至二人代为诉讼”的规定修改为“提起行政诉讼的原告可以委托一至二人代为诉讼；法律法规规定的重大行政诉讼案件，被告行政机关的行政首长必须出庭应诉，并可委托一至二人参加诉讼”。同时，为了配合这一规定的实施，各地可结合本地的实际，依据法律法规制定具体的配套措施，最高司法机关也可以在《行政诉讼法》确立的制度范围内进行司法操作方面的细化和解释。

（2）明确界定行政首长及其应出庭应诉的案件范围。建立重大案件行政首长出庭应诉制度，首先应当通过立法明确界定行政首长的具体范围。根据《行政

① 目前学界持这一观点的主要有马怀德教授和黄学贤教授等，其中马怀德教授认为：各地竞相出台行政首长出庭应诉制度，说明这种做法有着深厚的社会基础，是有生命力的；推行行政首长出庭应诉制度，同时也为修改《行政诉讼法》探索出了一条立法途径。为此，他与12名专家教授联名向全国人大提出建议，在修改《行政诉讼法》时增加这一内容，在他拟订的《行政诉讼法》修改方案中也明确提出了行政诉讼中行政首长要出庭应诉。参见刘晓燕，朱云峰：《24个一把手的134次出庭——对合阳县行政首长出庭应诉制度的调查》，载《人民法院报》2003年9月25日，http：//oldfyb2009. chinacourt. org/public/detail. php？ id =61835、黄学贤，梁玥：《行政诉讼中被告消极应诉的对策研究》，《法治研究》，2010年第6期，第31页。同时也有学者主张“另一种更具合法性、合理性与现实性的制度构建是：并非采取‘强制’的方式，让行政首长逢‘案’必‘出’，也不能以责任追究为手段来强制推行这一制度，而是应以现行的《行政诉讼法》中规定的行政诉讼代理制度为依据，赋予行政首长出庭与否的自由。但从推行依法行政的角度，可将行政首长出庭应诉工作纳入年度依法行政工作考核范围，以绩效奖励的方式鼓励、提倡行政首长亲自出庭应诉，以此推动行政首长自愿出庭应诉，使依法行政与行政审判形成更好的良性互动的新局面。”参见汪成红：《行政首长出庭应诉制的合法性审视》，《江南大学学报（人文社会科学版）》，2007年第6期第51页。

诉讼法》的规定，可以作为被告的行政主体包括行政机关和法律、法规授权的组织。在具体诉讼中，作为被告的行政主体是由其法定代表人作为诉讼参加人参与诉讼的，这样此处的法定代表人既包括行政机关的法定代表人也应包括法律、法规授权的组织的法定代表人。行政首长确有正当理由不能出庭应诉的，应在开庭三日前提出书面申请并说明理由，经人民法院许可决定后，可以委托本单位分管副职代为出庭应诉。因此，行政首长的具体范围应当明确为行政机关的法定代表人和法律、法规授权的组织的法定代表人。同时，行政首长作为本机关或部门的第一责任人，总揽工作全局，因此对其应当出庭应诉的案件范围和数量，不宜规定过宽和过高，否则不切实际，也会缺少可操作性，因此“考虑到行政任务的繁重程度以及对行政效率的保障，应该用一种兼具合理性与现实性的操作方式，可以在不同行政层级之间设定不同的条件，来确定各级行政首长需出庭应诉的案件”。[①] 根据各地司法实践总结出的成熟经验，可考虑规定有下列行政诉讼案件情形之一的，行政首长应当出庭应诉：1）本单位本年度的第一件一审案件；2）行政诉讼涉及共同诉讼、集团诉讼的案件；3）行政赔偿金额在 3 万元以上的案件；4）社会影响重大、复杂或人民法院认为确有需要出庭应诉的案件；5）对本机关未来行政执法活动可能产生重大影响的案件；6）同级政府或上级部门相关规定要求出庭应诉的案件；7）行政负责人认为需要出庭应诉的案件；8）行政机关具体负责办理，但依法以省、市、县（市、区）人民政府名义作出具体行政行为引起的行政诉讼案件。如果某机关一年之内没有重大行政案件，可以就这一问题规定一个兜底数字（该年度内无行政案件的除外），以防止有关制度落空。

（3）统一组织实施和考核监督的机构。各级政府法制工作部门是负责政府法律事务的办事机构，也是政府推进依法行政工作的组织、协调、指导和监督机构，因此应代表政府对各部门行政首长出庭的应诉工作进行组织、协调、指导和监督。因此，应通过立法规定各级政府的法制部门为负责落实本级政府部门和下级政府行政首长出庭应诉的组织实施和考核监督机构，[②] 以发挥其在落实制度实施，推动行政首长出庭应诉中的重要作用。

3. 完善保障行政首长出庭应诉的相关配套制度

对于推动行政首长出庭应诉，在制定了科学合理的工作制度的同时，还需要完善相关的实施机制保障这一制度得以良性运行。

---

① 曾洁雯：《行政首长出庭应诉的必要性和可行性探析》，《知识经济》，2010 年第 20 期，第 21 页。

② 对此也有学者主张“在监督主体上可以考虑将地方人大法工委和政府法制办共同作为行政首长出庭应诉的监督主体。由法工委负责本辖区政府首长出庭应诉的总体监督工作，由政府法制办具体负责政府首长以外的其他行政首长出庭应诉的监督工作”。参加王应强：《论建立行政首长出庭应诉制度》，《学习论坛》，2008 年第 4 期，第 80 页。

（1）完善应诉前的充分准备制度。由于诉讼的专业性和技术性，并且行政机关具体的行政执法活动大都由本机关具体的工作人员来完成，如果行政首长在出庭应诉前缺乏充分有效的准备，就难以使出庭应诉达到应有的积极效果，甚至可能会使这一制度流于形式。因此，为保证行政首长出庭应诉制度的实施效果，行政首长在应诉前应进行充分有效的准备，这就要求行政首长在出庭前必须详细了解行政案件的具体的案情事实，在熟悉诉讼知识及有关法律法规的基础上对具体行政行为做出的法律依据及行政行为的合法性等问题进行客观分析，特别是要对原告在起诉时提出异议的部分进行仔细研究，准备相关材料并拟定答辩提纲。另外，被诉行政机关还应加强与人民法院的沟通与协调，在行政案件立案后争取法院及时将案情和开庭时间尽早通知和送达，为行政首长出庭应诉提供充分的准备时间，同时也便于行政首长作好与其他的工作协调和安排。

（2）加强业务培训，提高应诉能力。各级人民法院、政府法制部门及相关行政部门可以定期召开联席会议，分析研判本辖区行政诉讼案件受理、审判和执行的情况，通报信息，增进共识，加强协作。各级政府及其法制部门应与人民法院密切配合，加强对辖区内行政机关行政诉讼应诉的业务培训和工作指导，每年至少组织一次行政审判和行政执法业务培训研讨活动，并通过组织集中学习、专题讲座、案例评析等形式，分析行政诉讼案件的特点、存在问题和改进措施，提高行政机关行政首长和其他工作人员出庭应诉能力和质量。同时，人民法院还可以定期组织行政机关工作人员，尤其是中层以上干部到法院观摩行政案件的庭审活动，现场学习感受行政审判的诉讼程序与相关应诉技巧，帮助行政首长提高出庭应诉能力，消除惧诉压力，增强其出庭应诉的积极性和自信心。

（3）建立行政机关涉诉备案和分析通报制度。政府法制部门应加强与人民法院之间的沟通与协作，建立对行政机关涉诉备案和分析通报制度，强化对行政首长出庭应诉的指导和监督。首先，行政机关在发生行政诉讼案件后，应当在规定期限内将出庭应诉的行政首长及工作人员名单向同级政府法制部门报请备案。人民法院立案受理的案件，在向被诉行政机关发送应诉通知的同时，也将副本抄告同级政府法制机构。其次，案件审理结束后，人民法院在发送裁判文书时，应将被告行政首长实际出庭应诉情况和裁判文书副本抄送被告同级人民政府法制部门，半年或一个年度还应将行政案件受理和审理情况综合抄送法制部门，以便其及时了解和全面掌握出庭应诉制度实施的情况和案件审理结果，实现定期统计。最后，政府法制部门还应当对行政首长出庭应诉情况及存在的问题等进行定期和不定期的综合分析和统计，并形成最终的报告，报所属人民政府或自行通报。

（4）严格监督考核，落实责任追究。行政首长出庭应诉制度在实施过程中，往往会出现主动性不够和后劲不足的现象，为了防止这一制度最终流于形式，必须配套有长效的监督考核机制，确保行政首长积极出庭应诉。各级政府法制部门应充分发挥其监督作用，加强对行政首长出庭应诉制度执行情况的监督检查并将检查结果及时进行通报。行政首长实际出庭应诉的情况、执行法院裁判文书的情况和对司法建议的反馈情况应当纳入对行政首长及其所在行政机关年度依法行政、行政执法责任制和目标责任制的综合考核考评范围，从而提高行政首长出庭应诉的积极性与主动性。同时还应加大考评力度，落实责任追究，对存在拒绝或无正当理由未按规定出庭应诉的，因未依法应诉、举证和答辩而导致行政案件败诉且造成重大经济损失或严重后果的，拒不履行或未及时履行人民法院生效的行政判决书、行政赔偿调解书、行政裁定书等法律文书的，对人民法院提出的司法建议未按规定进行处理的，出庭应诉活动中存在其他违法、失职行为等情形的应当由政府或监察部门按照行政监察法和行政效能建设的有关规定追究相应责任，保证行政首长出庭应诉制度的有效实施。各级人大监督机关也可在每年对其任命干部的述职评议或审查政府工作报告时增加此项内容。

## 五、结语

实践证明，一个平等对话的平台是化解“官民矛盾”的重要前提和基础，行政首长亲自出庭应诉，意味着纠纷的当事人双方以平等的身份参与到解决纠纷的过程中来，能有效地拉近官民距离，推进行政权与司法权的和谐，对于充分发挥行政诉讼制度定纷止争的作用具有积极意义，因此，从某种意义上说，行政诉讼逐渐成为国家法制建设的“晴雨表”和官民纠纷的“调节器”。实质上，建立和推行行政首长出庭应诉制度只是一种手段，其根本目的在于通过行政首长出庭应诉改善行政审判的司法环境，使行政纠纷在行政诉讼程序中得到公正和彻底的解决，并促使行政机关不断提高依法行政的水平，进而保护公民、法人和其他组织的合法权益，进而舒缓民众的对立情绪，有效预防群体性事件的发生，维护整个社会的和谐稳定，最终实现建设法治国家的目标。所以，如果说行政诉讼是一个地方行政机关依法行政水平的“晴雨表”的话，行政首长出庭应诉便是一个很重要的参数，至少它能反映本地行政机关对民众利益的重视和对法院司法权威的尊重，而这里面所蕴涵的中国法律文化特点和政治文明发展建设中存在的问题很值得我们继续思考和探究。

# 行政机关纠纷解决机制的路径思考

**陈宏光**

◉ 安徽大学法学院教授、法学博士、博士生导师

社会纠纷的复杂和多元势必要求解决机制的多元，在多元解决机制之中，行政机关纠纷解决机制具有专家优势，其专业知识和判断是司法机制所无法比拟的，其效益高，主动性强，并具有一定的便宜性和灵活性，容易达到个案的实质公正，使纠纷在平和的氛围中真正得到解决，这诸多优点已得到公认。一个显而易见的事实是，和谐社会不但存在矛盾和纠纷，而且具有多样性，这些矛盾不断得到妥善解决，社会内部各要素和关系从而得以调整、平衡、优化。对于社会发展过程中的纠纷，“关键在于社会必须对纠纷进行适当的调节，使纠纷不以将会毁掉整个社会的暴力方式进行”。①

我国行政机关纠纷解决机制有多种形态，每一种形态都有各自独特的解决纠纷功能。然而，现实中却往往存在这样的悖异现象：一个纠纷历经多个行政机关纠纷解决机制，一级级的行政机关纠纷解决机制都无法有效解决，行政机关纠纷解决机制所具有的优势效能并没能得到充分的发挥，现实中面临公信力不足、解决纠纷的决定和结果难以得到当事人信服的困境。本文从行政机关纠纷解决机制因公信力缺失而造成的现实困境出发，归纳提炼出公信力在行政机关纠纷解决机制中的作用，进而尝试性提出在当下中国提升行政机关纠纷解决机制公信力的可行性路径。

## 一、行政机关纠纷解决机制的公信力问题

### （一）公信力一般性内涵

从一般意义上探究，“公信力”主要包括三个方面内涵，即“公”、“信”和“力”，三者是一个具有逻辑自洽性、逐层推进的整体。“公”的主要内涵有三：一是指最大多数人，也就是常称的社会公众；二是指大家共同拥有或承认的，即

① ［美］彼得·斯坦，约翰·香德：《西方社会的法律价值》，中国人民公安大学出版社，1990年版，第38页。

一种观念、制度被大家普遍认同、接受；第三层内涵是在前两层基础上的一个逻辑推导，即某制度或观念被大多数人拥有或承认，进而认同、接受，那么就被认为是公正的，此语境之下，“公”具有“公正”的涵义。《现代汉语词典》对“信”的解释是使公众信任，即信用与信任。信用是信任的基础和前提，只有具有信用，才能获得信任；信任是信用的逻辑结果，公信力中的“信”是一种互信，只有双方或多方主体相互之间信任付出，才能取得彼此的信任。“力”是信念力与威慑力有机结合而形成的合力，在合力影响和作用下，公众具有一种信念，认为某制度或观念是值得信任的，从而形成了对该制度或观念自愿的信任和服从的态势。同时，该制度、观念获得某种潜在的强制力的维持，当公众违背其时，会受到外在强制力的制裁。①

公信力和权威具有密切联系，联系的节点在“力”的层次之上。权威是公信力的逻辑结果，是一种精神力量，其作用主要是一种社会心理过程，是施加者利用自身所具有的权力和威望达到使人信任和服从的效果，是权威的接受者对于权威施加者所形成的客观必然性的认同和选择，它主要借助掌权者的威信在公众情感、信任等方面的影响而发挥作用，是以自觉自愿的服从为前提，建立在合法性基础上的影响力。权威“归根到底是个信念问题，这种信念关系到权威在其中得以运用的制度体系的正义性，关系到运用者在这个制度体系中充任权威角色的正义性，关系到命令本身或命令的颁布方式的正义性”。②

### （二）行政机关纠纷解决机制公信力特定内涵界定和特征

根据上述公信力的一般内涵，经审慎思考，我们认为采用如下方式对行政机关纠纷解决机制公信力内涵进行界定是合适的：指行政机关纠纷解决机制在处理、解决纠纷过程中所体现出来的真诚守信状态以及社会公众对行政机关纠纷解决机制所具有的信任感和心理认同感，并因此自觉地服从和尊重行政机关纠纷解决机制解决纠纷行为和决定的一种社会状态。③

从直观上讲，行政机关纠纷解决机制公信力是民众对该机制解决纠纷情况的主观评价。从内部要素构成而言，行政机关纠纷解决机制公信力的内涵可以从两个角度来理解：就行政机关纠纷解决机制一方来说，公信力意味着行政机关纠纷解决机制有能力使纠纷发生主体认为通过这种机制所作出的解决纠纷决定是“值得认同和服从的”，从而获得纠纷发生主体的认可和自愿服从；就纠纷发生主体

---

① 张芸：《论司法公信力的逻辑渊源》一文，《兰州交通大学学报》，2008年第5期，第18—20页，对笔者关于公信力一般内涵的界定有一定借鉴意义。

② ［美］D.P. 约翰逊：《社会学理论》，南开大学社会学系译，国际文化出版公司1988年版，第279页。

③ 此定义把行政机关纠纷解决机制公信力界定为一种状态，这种状态随着实践变化，影响公信力因素改变而变动的。

一方来说，意味着纠纷发生主体基于某种价值、信念、习惯而信任、认可这种机制，将其视为“正当”的。在这两方面之中，核心是行政机关纠纷解决机制对社会公众的信用与社会公众对行政机关纠纷解决机制的信任，它表明了对行政机关纠纷解决机制的工作成效、信用的信任度和认可程度。

行政机关纠纷解决机制公信力的主要特征：

（1）动态的互信。行政机关纠纷解决机制公信力实际上是行政机关纠纷解决机制与公众之间的一种信用关系，涉及两个主体的两种行为，即信任方（公众）的“信”与信用方（行政机关纠纷解决机制）的“被信”，“信”与“被信”随着实践而发生变动，实质上是一个双方互动、动态均衡的信任交往与评价过程。

（2）评判标准的主观性和多元性。行政机关纠纷解决机制的公信力尽管客观性因素很强，但毕竟是一种由公众所作出的主观性价值判断，因评判主体不同、情境相异，得到的评判结果可能不同。而且公正作为全社会共同追求的一种价值目标，在行政机关解决具体纠纷之中，不同的价值主体有不同的利益需要和评判维度，所作出的评价也不会全然一致，呈现出多元性。

（3）相关因素的广泛性。行政机关纠纷解决机制公信力涉及行政机关纠纷解决机制权威，解决纠纷的公正性、独立性，人员素质，以及公众的法律素质、信仰，对具体案件的感受等诸多因素，内容十分广泛。

## 二、行政机关纠纷解决机制公信力缺失的原因探析

社会变迁带来的分化，使人们容易产生“离心”倾向，这样的社会变迁，无论就其速度与规模而言都是巨大的，造成“实然”与“应然”之间的断裂，常常使人们短时期内难以适应社会的变迁，从而产生“茫然”和“迷失”，人人自危，失去人类相处最基本的互信。

### （一）行政机关纠纷解决机制公信力缺失的内在归因

1. 行政机关纠纷解决机制解决纠纷行为定性模糊。行政机关纠纷解决机制解决纠纷的行为应是行政机关利用自身所形成的优势，居中裁判，司法性成分要浓一些，至少属于准司法行为，但实践中，理论界和实务界长期以来对其定性模糊，从各自的论点出发，有的强调其行政性，有的强调其司法性，定性上的模棱两可带来一系列让人左右为难的问题。[①]

2. 公信力意识不强。一些人认为公信力属于社会公众主观价值判断的问题，

① 关于行政机关解决纠纷行为的性质，学者多有论述，比较具有代表性当推沈开举的《委任司法初探——从行政机关解决纠纷行为的性质谈起》一文，《郑州大学学报（哲学社会科学版）》，2007 年第 1 期，第 42—46 页。

行政机关对此无从掌控，只要在解决纠纷过程中依法而行就可以了；还有的做群众工作时不细致，不到位，致使有些案件虽然结了，但问题还没有解决，造成“案结事没了”的尴尬情形，当事人不断申诉、上访，对行政机关纠纷解决机制公信力和权威性产生负面影响。

3. 行政机关纠纷解决机制中解决纠纷人员的素质整体上不高，难以获得公众充分信任。行政机关纠纷解决机制中解决纠纷人员是行政机关纠纷解决机制公信力和权威性的主要载体，社会公众对行政机关纠纷解决机制的评价，很大程度上来源于对每个行政机关纠纷解决机制中解决纠纷人员的具体解决纠纷行为的认知及评价，但是现阶段行政机关纠纷解决机制中解决纠纷人员的整体素质和解决纠纷能力与公众的期盼仍有一定的差距，一些纠纷虽然在处理上并无偏差，但由于缺乏必要的说理及事后的解疑释惑工作，当事人无法理解和认可。

4. 行政机关纠纷解决机制解决纠纷行为效力保障缺乏。众所周知，行政机关解决纠纷的社会成本较低，且及时，快捷，简便，然而，实践之中，行政机关纠纷解决机制解决纠纷行为的效力却得不到司法机关的认可和支持，从而严重削弱了行政机关纠纷解决机制的公信力和权威性，所以，赋予行政机关纠纷解决机制解决纠纷行为法律效力势在必行。对由政府和行政机关主持达成的调解协议具有何种效力，法律上至今没有明确规定，这就造成行政性纠纷解决机制无法发挥应有的功能，或不得不与人民调解混同。①

5. 行政机关纠纷解决机制相对独立性不高。行政机关纠纷解决机制既然居中解决纠纷，就需要纠纷解决机制具有相对独立性，以减少外在干预，保证裁决行为的公正性。在我国，虽然行政机关承担了大量的司法职能，但基本上没有独立性，和一般的行政机关没有区别。这样的地位很难保障其裁决的公正性，这也是目前制约行政裁决制度健康发展的关键因素。②

6. 正当程序缺失。我国立法对行政机关纠纷解决机制程序缺乏规定，程序的不健全导致在解决纠纷过程中“各有各的套路，各有各的高招”，行政机关纠纷解决机制在部门利益的驱动下所制定的程序规范缺乏公正性，难以得到纠纷当事人的认可，有的甚至相互矛盾。一些非诉讼纠纷解决方式程序设置不合理，有的甚至比诉讼程序更复杂，因而当事人选择规避诉讼外程序。③

### （二）行政机关纠纷解决机制公信力缺失的外在归因

1. 长期以来，中国社会的“人治”传统使公众对行政机关的信任普遍缺失，

---

① 刘永红，王安平：《构建多元化纠纷解决机制的法律思考》，《西华师范大学学报（哲学社会科学版）》，2009 年第 1 期。

② 沈开举：《WTO 与我国行政裁决机构公正性研究》，《中国法学》，2002 年第 5 期。

③ 范愉：《当代中国非诉讼纠纷解决机制的完善与发展》，《学海》，2003 年第 1 期。

这是阻碍行政机关纠纷解决机制公信力形成的历史文化根源。

社会公众对行政机关的信任是行政机关纠纷解决机制公信力得以产生的前提和基础，而我国封建社会时期长久，有着悠久的人治传统，对公众多以“管治”的思路为主，“官官相护”的思想即使在当下的中国依然有很大的市场，“衙门”里“当官的”和“老百姓”之间的平等对话、互相尊重在传统中国很难想象，多数公众对行政机关的认知有限，对现代政府以及行政机关的服务性认识不够，难以从传统的因敬畏或威慑而不得不服从转变到现代对行政机关解决纠纷过程与结果的客观理性评价，从而对其信任和认可。

2. 信用危机给行政机关纠纷解决机制公信力带来消极负面影响。诚实守信是中华民族的优良传统，也是现代市场经济和社会发展不可缺少的资源。然而，伴随市场经济的负面效应而滋生的人际冷漠和诚信缺失，致使整个社会协商机制尚未形成，无论是家庭内部，还是劳资关系、消费关系、医患关系、交易伙伴关系等都缺乏基本的信任，对抗程度极强，和解协商难度极大，调解协议的反悔率较高。① 社会出现了严重的道德失范现象，整个社会信用体系面临前所未有的道德危机，由公平、公正、诚实守信等价值系统所建立起的“信用”“信任”，已经成为当前中国最需要又最稀缺的社会资源，在此大环境之下，不可避免地影响了行政机关纠纷解决机制的公信力，而且一定程度上加大了行政机关纠纷解决机制提升公信力的难度。

3. 信用保障机制不完善。我国行政机关的运作长期以来存在着以“人治”代替“法治”的现象，行政机关的行为更多地体现出指令性特点。仍然没有摆脱红头文件、政策手段和领导指示、批示这样的一种行政支配的运作模式，政策的临时性、应景性色彩很浓，长期性、稳定性十分缺乏，行政机关的一些决定和政策往往朝令夕改，行政机关的行为常常被个人行为所代替，这些非正常现象不断透支着行政机关的信用，导致信用无法保障。

行政机关解决纠纷的过程中，常常会受到这样或那样的非正常干扰，递条子、电话说情、指示处理等现象在实践之中并不鲜见，给行政机关纠纷解决机制的公信力造成很多大的消极影响。

4. 监督机制不健全。行政机关纠纷解决机制内部并没有专门监督部门，往往造成行政机关纠纷解决机制既是运动员又是裁判员——实行自我监督。大量事实证明，自我监督的动力和有效性的确让人难以信服；而行政机关纠纷解决机制的外部监督又由于专业性不强、信息不对称等因素未能发挥其应有的作用，这就导致行政机关纠纷解决机制因缺乏必要的监督制约和改进的动力，倾向于先入为主的偏见或内部决定，解决纠纷过程往往存在“暗箱操作”，这种缺乏监督的权力必然导致腐败，直接危害行政机关纠纷解决机制公信力。

---

① 范愉：《以多元化纠纷解决机制保证社会的可持续发展》，《法律适用》，2005 年第 2 期。

## 三、公信力在行政机关纠纷解决机制中的价值

通过对民众选择纠纷解决方式偏好进行研究，不仅能够进一步深化对纠纷本质的科学认识和理性把握，更有助于对民众选择纠纷解决方式偏好背后的意识支撑和信念基础进行考察、探知和理解，进而可以考察和把握现实社会中纠纷解决机制如何建立以及有效运行。

由上文论述可知，在人们发生冲突或纠纷时，通常需要一种信任的机制来均衡矛盾、协调冲突、解决纠纷，选择何种机制取决于民众的理性分析，而此种机制能否起作用，则主要取决于人们是否信任和认可这种机制。① 质而言之，民众究竟为何信任、认同或愿意接受某种纠纷解决机制，并自愿服从其作出的决定。这一问题实际涉及纠纷解决机制有效运行的逻辑起点。要而述之，公信力在行政机关纠纷解决机制中的价值具有以下几点。

1. 提高行政机关纠纷解决机制的信用度。一个毋庸置疑的事实是：当事人之所以愿意将矛盾或纠纷通过某种机制进行解决，总是建立在对该解决机制的信任和认同基础之上。当纠纷发生主体信任、认同某纠纷解决机制时，就愿意将矛盾和纠纷诉诸该纠纷解决机制，也表明他们相信该纠纷解决机制对解决纠纷或冲突是有效的，公平的。纠纷解决机制通过个案的公正解决，持续性地提高自身的信用度、信誉度，从而达到在维系社会秩序中发挥控制功能的预期目的。公信力的建构和提升，从行政机关纠纷解决机制视角观之，可以提高自身的信用度，从而获得公众的认可和接受。

2. 提高行政机关解决纠纷决定的执行度。实践当中经常存在这样的情况，行政机关纠纷解决机制已经就某一纠纷进行解决并作出决定，该决定也得到当事人的认可，但由于各种原因，决定的实际执行情况不尽如人意，纠纷解决的实际效果没有达到，久而久之，造成当事人以及其他民众对行政机关纠纷解决机制丧失信任，损害了行政机关纠纷解决机制的公信力。提高行政机关纠纷解决机制公信力，提高行政机关解决纠纷决定的执行度，使行政机关纠纷解决机制的每一个决定都得到切实有效的执行，达到“言必信，信必行，行必果”。

3. 提高行政机关纠纷解决决定的接受度。人们对事物的接受总是建立在信任的基础之上，只有对某事物信任、认可之后，才有可能接受它。与此同理，在诸多纠纷解决机制之中，选择哪一种纠纷解决机制并自愿服从其决定，取决于该机制一贯所建立和拥有的自身公信力。如果公众认为行政机关纠纷解决机制具有公信力并值得信任，就会相信这种机制能够公平、公正解决纠纷，化解矛盾，从

① 陆益龙：《纠纷解决的法社会学研究：问题及范式》，《湖南社会科学》，2009 年第 1 期。关于纠纷解决机制所需要权威认同的论述对笔者论证行政机关纠纷解决机制公信力具有一定的启发意义。

而能够接受行政机关纠纷解决机制所作出的决定，并认为该决定对于他而言是公正的，即使该决定在实际效果上可能是不利于他的

4. 保证行政机关纠纷解决机制的有效运行。行政机关纠纷解决机制得以有效运行必须具有内在和外在两个条件，内在条件是行政机关纠纷解决机制所具有的合理内部设计和架构，解决纠纷的基本条件具备，即本身所拥有的值得信任的东西；外在条件是指行政机关纠纷解决机制在长期解决纠纷过程中所形成的“自身形象”，即公众对其所作的评价状态及其公信力程度。只有当公众认为行政机关纠纷解决机制值得信任并且相信其他公众也会信任该机制时，才愿意将纠纷诉诸其并接受其作出的解决纠纷的决定，从而行政机关纠纷解决机制得以有效运行。

5. 促使行政机关纠纷解决机制的完善。人类社会总是在不断地向前发展，矛盾和纠纷亦随着社会的发展日益复杂和多元，任何一个纠纷解决机制都不可能尽善尽美，总会存在这样或那样的问题，与民众的期望也会存在一定的距离。但我们不能因此而放弃对纠纷解决机制的发展和完善，就行政机关纠纷解决机制公信力而言，在承认其公信力不高这一最大的实际基础之上，着力缕析其原因，探索解决问题的路径，是我们应有的态度，更有利于社会秩序的稳定和发展。

6. 解决纠纷的社会效果得以实现。解决纠纷的过程就是通过一定的方式消除纠纷发生者之间已经产生的分歧，协调和平衡纠纷发生者之间的利益失衡状态；解决纠纷的目的是为了消除纠纷、平衡利益、协调矛盾，进而维持社会的有序。任何机制解决纠纷所追求的最低层次的目的不应仅是“案结了”，而应当是“案结、事了、社会效果达到”，更不应因解决一个纠纷和矛盾而引发新的或更多的纠纷和矛盾。增强行政机关纠纷解决机制的公信力，强调行政机关纠纷解决机制运行过程中，既要注重个案的公正解决，公平正义的实现，也要强调社会效果的实现，通过公正个案的累积和放大，实现整个社会的公正。

## 四、行政机关纠纷解决机制之公信力的路径思考

### （一）行政机关纠纷解决机制的内部完善

1. 增强行政机关纠纷解决机制的相对独立性。行政机关纠纷解决机制作为具有准司法性的纠纷解决机制，相对独立性是其保证解决纠纷结果公正性的重要条件。然而，现实之中，行政机关纠纷解决机制是行政机关本身或其组成部分，这就决定其不可能独立于行政系统之外。然而其解决纠纷的目的和功能决定了它的准司法性，保持独立是其内在要求，所以行政机关纠纷解决机制应在行政系统内部保持相对独立，而且这种独立的程度和行政机关纠纷解决机制公信力成正比例关系，即相对独立性越高，行政机关纠纷解决机制所具有的公信力就越强。

2. 强化行政机关纠纷解决机制专业性。行政机关纠纷解决机制解决纠纷的准司法性决定了其工作人员必须是具有一定专业知识的专业人员，专业性应是对其要求之一。具有实际所要的专业知识和能力，一是可以提高对争议案件的分析水平，从而增强处理解决问题的能力；二是专业性可以增强职业思维的规范性、判断标准的统一性、处理决定的一致性，从而有利于避免行政机关在解决纠纷过程中的随意性，增强解决纠纷的公正性。①

3. 加强行政机关纠纷解决机制程序建构。程序的公正是看得见的公正，加强行政机关纠纷解决机制的程序建构，对于行政机关解决纠纷的过程和决定的公正性和可接受性，具有重要意义，行政机关纠纷解决机制程序性建构过程中，可遵循以下具体路径。

（1）自愿原则。保障当事人参与的平等和自愿是行政机关纠纷解决机制得以有效运行的重要条件之一。当事人选择何种纠纷解决方式，取决于他们的自愿选择，绝不能让他们接受强制性的和解、决定或以其他方式将意志或决定强加于当事人。从程序的启动、解决过程的协商到解决纠纷决定的达成等方面都应允许当事人在自愿的原则下作出决定，这些环节应当有完善具体的程序规则予以规范。

（2）严格的中立性。中立性是行政机关纠纷解决机制公信力的重要渊源之一，也是行政机关纠纷解决机制公正解决纠纷的必然要求，行政机关纠纷解决机制作为处理和解决纠纷的机制，必须遵守严格的中立性要求，在解决纠纷的过程中不得有意偏袒某一方，纠纷解决结果不得包含有纠纷解决机制的不当意志。

（3）当事人处分权的保障。选择行政机关纠纷解决机制是基于纠纷当事人合意作出的选择，除非有损社会公益或有悖公序良俗的情形存在，行政机关纠纷解决机制作为中立第三方不应当干涉当事人的处分权和选择权。如果当事人在选择诉诸行政机关纠纷解决机制之后又自愿和解的，行政机关纠纷解决机制就应当允许，因为当事人的和解是基于双方的意思自治和意志自律作出的选择，这不仅能够有效地保证协议的履行，也有利于社会矛盾和纠纷得到根本解决。

4. 自制力的加强。行政机关纠纷解决机制自制力，即行政机关纠纷解决机制具有必要的自我约束能力。外部监督是我们所强调的，但外部监督存在信息不足、监督不力的状况，在完善外部监督的同时，着力加强行政机关纠纷解决机制的自我约束能力，构建行政机关纠纷解决机制内部监督制衡体系，对于其有效运行具有重要意义。

### （二）行政机关纠纷解决机制的外部强化

1. 提高行政机关纠纷解决机制对公众期望的回应性。当下的中国社会正处

① 张华民：《论提升我国行政复议公信力》，《广东行政学院学报》，2008 年第 6 期。

于深刻的社会变革时期，也是矛盾和纠纷频发期，面对这种实情，就当事人而言，在发生纠纷而通过自我协商又不能解决之际，必然希望诉诸一个中立、公正的纠纷解决机制，借助此机恢复、平衡、协调当事人之间失衡的关系；从社会公众视角来看，稳定和谐的社会秩序是安居乐业、生活发展的必要条件，若大量社会矛盾和纠纷得不到有效解决，长期积聚就可能产生大规模的社会动荡，危及社会的稳定。因此，行政机关纠纷解决机制应发挥自身优势，提高对公众期望的回应性，将社会矛盾和纠纷有效化解在萌芽状态之中。

2. 建立公众对行政机关纠纷解决机制公信力的情感支持和社会认同。由上文论述可知，行政机关纠纷解决机制公信力的核心是行政机关纠纷解决机制对社会公众的信用与社会公众对行政机关纠纷解决机制的信任，无论是行政机关纠纷解决机制所具有的信用还是公众对其的信任、认可，都共同指向主观性的价值倾向，即社会公众的情感支持和认同，从此角度进行逆向性考量，就会发现提升行政机关纠纷解决机制公信力的一个重要条件是增强社会公众的情感支持和认同，在公众心目中形成这样一个状态——行政机关纠纷解决机制是值得信任的并且其他人也都具有这种信任。

3. 优化行政机关纠纷解决机制的内部结构，增强诸机制之间的协调配合。我国的行政机关解决纠纷有着悠久的历史，行政机关纠纷解决机制有很多种，如行政复议、行政调解、行政仲裁等，实践当中，这些机制大都各自为战，呈现一种“各自为政，各行其是，杂乱无序的状态”。① 诸机制之间配合协调性不高，协调机制缺失，往往一个矛盾或纠纷在一个行政机关没有得到解决之后，在其他机关也很难得到有效解决。

行政机关纠纷解决机制内部结构还存在一些不容忽视的问题，具体的解决纠纷机关在机构设置、权限划分、解纷程序等还存在一些不足，不利于行政机关纠纷解决机制的发展，同时也难以满足社会公众对解纷机制的需求。因此，构建行政机关纠纷解决机制之间的协调机制，优化行政机关纠纷解决机制的内部结构，发挥行政机关纠纷解决机制的整体优势，增强互相支持、彼此配合的力度，对于行政机关纠纷解决机制的完善和发展以及社会矛盾和纠纷的解决，无疑具有重要意义。

4. 行政机关纠纷解决机制与其他纠纷解决机制的协调。众所周知，行政机关纠纷解决机制只是众多纠纷解决机制之一，还有司法机关纠纷解决机制、社会纠纷解决机制等，任何一个社会的矛盾和纠纷都具有多元性，在今日转型之中国更是如此。同时，任何一个纠纷解决机制都不可能是完美无缺的，这样或那样的问题存在不可避免，又都具有各自独特的优势。行政调解、行政裁决、行政仲裁、行政复议、行政诉讼等多元化行政纠纷解决机制，在矛盾纠纷的解决过程

---

① 应松年：《行政行为法》，人民出版社1993年版，第872页。

中，都表现出一定的优势和缺陷。[①] 在这样的认知前提下，我们所面临的一个重要课题就是如何协调各纠纷解决机制，形成解决纠纷的整体合力，为满足多元纠纷解决、建设和谐社会提供支持，在中国目前整合性的研究成果和实践经验均较缺乏，应是今后着力的重点之一。

① 缪文升：《一元亦或多元：行政纠纷解决机制的徘徊与抉择》，《内蒙古社会科学（汉文版）》，2009 年第 3 期。

# 台湾诉愿审议委员会制度对大陆行政复议委员会试点工作的启示

黄 磊[1] 王书娟[2]
◉[1] 福建省人民政府法制办公室行政复议处副处长
◉[2] 福建江夏学院法学系副教授

行政复议是指公民、法人或者其他组织认为具体行政行为侵犯其合法权益，依法向特定行政机关提出申请，由受理该申请的行政机关对原具体行政行为依法进行审查并作出行政复议决定的活动。① 在社会管理创新过程中，行政复议制度发挥着化解行政争议、定纷止争的重要作用，是解决行政争议的主渠道。② 为了完善行政复议制度和机制，最大程度地发挥其作用，从2008年开始，国务院法制办公室部署在部分地区开展行政复议委员会试点工作。福建作为试点地区之一，目前正在研究推进。试点过程中，除了要汲取大陆其他地区试点的工作经验外，海峡对岸的台湾地区相关制度的实施经验也很值得研究借鉴。笔者根据掌握的资料，拟以台湾诉愿审议委员会的设置及运行模式为视点，就做好福建省行政复议委员会试点工作提出设想，以期抛砖引玉，加强两岸在行政救济制度方面的交流与借鉴。

## 一、台湾诉愿审议委员会的设置

在台湾，与大陆行政复议相似的制度为“诉愿”制度。台湾现行诉愿制度，可追溯到1930年制定的“诉愿法”。当时的“诉愿法”只有14条，比较简约。其后，“诉愿法”经1937年、1970年、1979年、1995年、1998年、1999年和2000年七次修改。现行的“诉愿法”是在2000年修改基础上颁布实施的，共101条。③

根据“诉愿法”第二节管辖之规定，不服“乡（镇、市）公所”之行政处分的，向“县（市）政府”提起诉愿；不服“县（市）政府所属各级机关”之

① 曹康泰主编：《中华人民共和国行政复议法释义》，中国法制出版社1999年5月第1版，第1页。

② 胡锦涛总书记于2011年3月在中央政治局第二十七次集体学习时的讲话。

③ 周汉华主编：《行政复议司法化：理论、实践与改革》，北京大学出版社2005年4月第1版，第543页。

行政处分的，向“县（市）政府”提起诉愿；不服“县（市）政府”之行政处分的，向“中央主管部、会、行、处、局、署”提起诉愿；不服“直辖市政府”之行政处分的，向“中央主管部、会、行、处、局、署”提起诉愿；不服“中央各部、会、行、处局、署”之行政处分的，可向“主管院”提起诉愿；不服“中央各院”之行政处分的，可向“原院”提起诉愿。这样，台湾地区诉愿机关的数量基本上可以计算出来。据有关学者统计，台湾地区共有60个诉愿机关：在“中央”一级，共有“行政院”及各部等34个诉愿机关；在“地方”一级，共有“省、市、县政府”26个诉愿机关。[①] 台湾地区诉愿机关办理案件一律采取诉愿审议委员会的形式。[②] “诉愿法”第五十二条规定，各机关办理诉愿事件，应设诉愿审议委员会；“诉愿审议组织规程及审议规则，由主管院定之”。据此，台湾“行政院”专门制定了“行政院及各级行政机关诉愿审议委员会组织规程”和“行政院及各级行政机关诉愿审议委员会审议规则”。[③] 其他“院”也制定有相关规则。各有权的“政府”也相应制定了有关规则。比如，台北市政府订立了“台北市政府诉愿审议委员会组织规程”，高雄市政府订立了“高雄市政府诉愿审议委员会设置要点”。

综合上述相关规则，台湾诉愿审议委员会的设置有如下三个特点：

（一）诉愿审议委员会是政府的内设机构，是诉愿事件的承办单位，不具有独立机关的地位，其行为均以所属政府的名义作出。“诉愿法”第八十九条要求，诉愿决定书应当载明“决定机关及其首长”。显然，这是要求诉愿审议委员会所作决定以“政府”名义对外。同样，“台北市政府诉愿审议委员会组织规程”第八条规定：“诉愿决定书、诉愿撤回之准驳，均以府文行之，其他公文得以本会名义行之。”“高雄市政府诉愿审议会设置要点”第六条第一款规定：“诉愿决定书、诉愿案件之撤回、移转管辖及勘验调查，均以本府名义行之。”

（二）诉愿审议委员会在内部组织上具有相对独立性，独立承办案件。诉愿审议委员会与所属“政府”之间存在着相对独立性或者说是权威性。所属“政府”一般不干涉诉愿审议委员会的办案，尊重诉愿审议委员会的决定。虽然“诉愿法”没有明确诉愿审议委员会委员独立行使职权的保障，但“诉愿法”第五十三条、第五十四条规定：“诉愿决定应经诉愿审议委员会会议之决议，其决议以委员过半数之出席，出席委员过半数之同意行之。”“诉愿审议委员会审议

---

① 刘莘：《台湾诉愿制度见闻录》，《法制日报》2010年10月20日。

② 1930年《诉愿法》没有关于诉愿机关设置诉愿审议委员会的规定。1970年“诉愿法”修订增加了“各机关办理诉愿事件，应设诉愿审议委员会”的规定。1995年“诉愿法”修订要求诉愿审议委员会外聘委员不少于委员总数的1/3，1998年修订时这一比例提高到1/2。

③ 吴剑萍：《台海两岸行政复议制度功能解析比较》，《福建论坛：社科教育版》2011年第8期，第34页。

诉愿事件，应指定人员制作审议纪录附卷。委员于审议中所持与决议不同之意见，经其请求者，应列入纪录。”换言之，行政机关首长“均不得影响独立判断”。[①] 相关制度也体现了这种认识。如，“行政院及各级行政机关诉愿审议委员会审议规则”第二十八条规定，决定书以本机关名义行之，除载明决定机关及其首长外，并应列入诉愿会主任委员及参与决议之委员姓名。“高雄市诉愿审议会设置要点”第六条规定，诉愿决定书除载明决定机关及市长外，并应列入本会主任委员及参与决议之委员姓名。据有关学者观察，在马英九担任台北市市长期间，“诉愿决定虽然名义上是台北市政府作出的，马英九要签名，但是事实上，诉愿委员会讨论案件或者经过口头审理案件后作出的诉愿决定，马英九从未否决过，完全是照单全收”。也就是说，“行政首长放手让诉愿委员会以自己的名义裁决案件”。[②]

（三）诉愿审议委员会的组织规则及审议规则较为独立。“诉愿法”第五十二条第三款规定：“诉愿审议委员会组织规程及审议规则，由主管院定之。”如，“行政院及各级行政机关诉愿审议委员会组织规程”规定：各机关应依其业务需要订立诉愿会编组表，列明职称、职等、员额，报经“行政院”核定后实施，专职人员“于本机关预算员额内匀用”。“台北市政府诉愿审议委员会组织规程”第四条规定：“本会置主任秘书、专门委员、组长、秘书、编审、专员、分析师、组员、办事员及书记。”第七条规定：“本规程所列各职称之官等职等及员额，另以编制表定之；各职称官等职等，依职务列等表之规定。”据有关学者观察，“台北市政府的诉愿委员会配有专职工作人员作为办案人员”，“均为法律专业毕业，需要通过考试或者遴选才能进入诉愿审议委员会”。[③] 可见，台北市政府诉愿审议委员会与政府法制局并不是同一批人员，而是有自己独立的办事人员和独立的办事机构。这也反映了设置诉愿审议委员会的初衷之一在于解决诉愿办案人手不足、独立性不够的问题。“惟过去县（市）级政府仍未普遍设置，由秘书室法制股人员兼办”，“非专设诉愿承办单位，恐不易应付也”。[④] 故而要求成立专门诉愿审议委员会，并有专门机构、专门人员从事案件办理。

## 二、诉愿审议委员会委员的构成及选聘

大陆之所以开展行政复议委员会试点，目的之一就在于吸收社会力量参与相

① 周汉华主编：《行政复议司法化：理论、实践与改革》，北京大学出版社2005年4月第1版，第551页。

② 刘莘：《台湾诉愿制度见闻录》，载《法制日报》2010年10月20日。

③ 刘莘：《台湾诉愿制度见闻录》，载《法制日报》2010年10月20日。

④ 翁岳生著：《行政法（下册）》（2000版），中国法制出版社，2002年9月第1版，第1250页。

关案件办理，提高行政复议的公信力和权威性。因此，委员的构成决定了行政复议委员会的独立性和权威性。目前，大陆开展试点的地方都很重视委员的选聘，均以“政府主导、社会参与、专业保障”为指导原则。但具体到委员的构成和选聘，则不同地区又有差异。台湾在这方面由于有“诉愿法”的统一规定，因此，台湾诉愿审议委员会委员的构成及选聘则相对统一。

（一）委员分类。“诉愿法”第五十二条规定：“诉愿审议委员会，由本机关高级职员及遴聘社会公正人士、学者、专家担任之；其中社会公正人士、学者、专家人数不得少于二分之一。”据此，台湾诉愿审议委员会委员实际上包含两部分人员：一部分是行政机关内部人员，即“本机关高级职员”；另一部分是不少于总人数二分之一的社会人士。总体来看，尽管各行政机关诉愿审议委员会员组成人数不同，但大致都是由这两部分人员组成。比如，“行政院及各级行政机关诉愿审议委员会组织规程”规定，诉愿会置委员五人至十五人，委员由机关首长就本机关高级职员调派专任或兼任，并遴聘社会公正人士、学者、专家担任；社会公正人士、学者、专家担任不得少于委员人数二分之一。“台北市政府诉愿审议委员会组织规程”第二条规定：“本会置委员十二人至十五人，除主任委员及副主任委员为当然委员外，余由本府就所属各局、处、会之高级职责派兼之，或遴聘社会公正人士、学者、专家担任，其中社会公正人士、学者、专家不得少于委员人数二分之一。”“高雄市政府诉愿审议会设置要点”第二条规定：“高雄市政府诉愿审议会置委员九人至十三人”，“除法制局局长、副局长为当然委员外；其他委员由本府就社会公正人士、学者专家及本府人员聘（派）兼之；其中社会公正人士、学者、专家不得少于委员人数二分之一”。而据高雄市政府法制局网站介绍，高雄市政府的诉愿委员除主任委员外，政府内部人员两名，政府外的社会人士十位，其中学者两名，会计师一名，律师两名，法院五名。这样设定的目的，显然有利于减少民众官官相护的疑虑。①

（二）委员条件。台湾诉愿审议委员会委员有严格的任用条件。“诉愿法”第五十二条规定：委员“以具有法制专长者为原则”。通过组成人员的专业化，提升诉愿决定品质，促进公正，提高公信力。当然，何为“原则”，“诉愿法”没有规定，而其他相关规则中则普遍要求“具有法制专长”的委员不少于委员人数的二分之一。比如，“行政院及各级行政机关诉愿审议委员会组织规程”规定：“委员应有二分之一以上具有法制专长。”“台北市政府诉愿审议委员会组织规程”第二条规定：“委员应有二分之一以上具有法制专长。”“高雄市政府诉愿审议会设置要点”第二条规定：“委员具法制专长者不得少于二分之一。”

（三）委员选任及任期。台湾诉愿审议委员会的委员分为两个层面。一是主

---

① 吴剑萍：《台海两岸行政复议制度功能解析比较》，《福建论坛：社科教育版》2011 年第 8 期，第 34 页。

任委员、副主任委员。按照“行政院及各级行政机关诉愿审议委员会组织规程”的规定，其五至十五人的委员中有一名为“主任委员”，由“机关首长就本机关副首长或具法制专长之高级职员调派专任或兼任”。台北市、高雄市政府诉愿审议委员会则设主任委员、副主任委员。如根据“台北市政府诉愿审议委员会组织规程”第二条的规定，台北市政府诉愿审议委员会“置主任委员，承市长之命，综理会务，并指挥监督所属员工；置副主任委员一人，襄理会务。主任委员辞职或因故不能执行职务时，由副主任委员代理”。高雄市诉愿审议委员会的九人至十三人委员中，设一名主任委员、一名副主任委员。主任委员由法制局局长兼任，副主任委员由法制局副局长兼任。二是一般委员。一般委员中又分为行政机关内部人员以及社会人士。行政机关内部人员由行政机关任命或调派。如，“行政院及各级行政机关诉愿审议委员会组织规程”规定，由本机关调派高级职员专任或兼任委员。台北市、高雄市均由政府“派兼”。社会人士则由政府“遴聘”。所有的委员任期均为二年，期满可以续派或续聘，任期出缺时，补充遴聘或调派，其任期至原任期届满之日止。

## 三、诉愿审议委员会的办案机制

大陆行政复议委员会试点地区都对运行机制进行了创新。在行政复议委员会及其办公室之间的分工上，大部分地方的行政复议委员会只是对重大、复杂、疑难的案件进行审议，审议采取合议形式，少数服从多数，在合议意见的基础上形成合议报告，并据此作出决定；这些案件里涉及的调查取证等行为，以及程式性行为，则由行政复议委员会办公室（法制机构）承担。除重大、复杂、疑难的案件外的大量一般案件，由行政复议委员会办公室（法制机构）具体办理，并作出行政复议决定。这一点与台湾诉愿审议委员会有较大的不同。按照“诉愿法”第五十三条的规定，“诉愿决定应经诉愿审议委员会会议之决议”。根据“诉愿法”第七十七条至第八十四条的规定，诉愿决定包括不受理决定、驳回决定、撤销变更决定等。换言之，几乎所有案件都应当由诉愿审议委员会通过会议形式决议后作出决定。

### （一）案件审查机制

根据“诉愿法”的规定，诉愿以书面审查为原则，必要时可以听取陈述意见、进行言词辩论、实施证据调查。

诉愿案件的书面审查、证据调查，由诉愿审议委员会指定专人进行审查，提出意见后呈送诉愿审议委员会委员审查，并由委员提出审查意见。比如，“行政院及各级行政机关诉愿审议委员会审议规则”第十一条规定：“诉愿事件经答辩完备，并践行本法规定之审理程序，承办人员应即拟具审议意见连同卷证，送由诉愿会全体委员或三人以上分组委员审查；委员于详阅卷证、研析事实及应行适用之法规后，核提审查意见，供审议之准备。”

听取陈述意见，可以由专门承办人员完成，也可以指定委员进行。“诉愿法”第六十四条规定：“诉愿审议委员会主任委员得指定委员听取诉愿人、参加人或利害关系人到场之陈述。”“行政院及各级行政机关诉愿审议委员会审议规则”第十条规定：“诉愿会主任委员得依本法第六十四条规定，指定委员偕同承办人员，听取意见之陈述，并作出纪录附诉愿卷宗。”“台北市政府诉愿审议委员会陈述意见及言词辩论要点”第四条规定：“陈述意见之听取，由主任委员指定委员偕同承办人员于指定场所为之，或于委员会议中由全体委员听取。”

言词辩论则要求在诉愿审议委员会会议中进行。换言之，言词辩论要求委员们参加。比如，“行政院及各级行政机关诉愿审议委员会审议规则”第十四条规定，言词辩论应于诉愿会会议中进行。“台北市政府诉愿审议委员会陈述意见及言词辩论要点”第四条规定，言词辩论于委员会议举行，由主席指挥之。

这里就涉及诉愿审议委员会专职办事人员与委员之间的关系的问题，显然相关规则对此规定也不太明确。有学者提出，“应使诉愿办事人员均成为专任委员，外聘适量的兼任委员。大部分案件由三名专任委员组成的诉愿庭解决。外聘的兼任委员与专任委员共同形成的诉愿会议，仅专门用来解决专任委员意见不一致，或者三位专任委员中任一认为应提会讨论，或者进行言词辩论的案件，使诉愿会议成为专门用来讨论案件和进行言语辩论的场所”。①

### （二）案件审议机制

诉愿案件由诉愿审议委员会会议决议。“诉愿法”第五十三条规定：“诉愿决定应经诉愿审议委员会会议之决议，其决议以委员过半数之出席，出席委员过半数之同意行之。”第五十四条规定：“审议时应指定人员制作审议纪录附卷，委员于审议中所持与决议不同的意见，经其请求的，应列入纪录。”

“行政院及各级行政机关诉愿审议委员会审议规则”对审议会议召开程序规定得更加详细。首先，诉愿会委员对诉愿案件提出审查意见；然后，由主任委员指定日期开会审议；第三，诉愿会会议由主任委员召集，委员应亲自出席，不得由他人代理，开会时并以主任委员为主席。主任委员因故不能召集或出席时，指定委员一人代行主席职务。“高雄市政府诉愿审议会设置要点”的规定也与此类似。其第三条规定：“本会会议由主任委员召集并为主席；主任委员因故不能出席时，由副主任委员代理；主任委员及副主任委员均不能出席时，得由主任委员指定委员一人代理之。本会委员应亲自出席会议，不得代理。”

---

① 周汉华主编：《行政复议司法化：理论、实践与改革》，北京大学出版社2005年4月第1版，第552页。

### （三）诉愿决定机制

诉愿案件由诉愿审议委员会委员过半数出席、出席委员过半数同意始能通过决议。决议后，承办人员应当根据决议内容制作诉愿决定书，层送诉愿机关行政长官签发，然后以诉愿机关的名义印发。诉愿决定书除由首长署名盖印外，还要列入诉愿委员会主任委员及参与决定的委员姓名。

台湾诉愿审议委员会的审理、决议机制，充分体现了委员独立办案、独立判断的精神。

## 四、台湾诉愿审议委员会制度对大陆行政复议制度改革的三点启示

任何解决纠纷的制度，其核心要求都是公正。保障行政复议机构的中立地位，才能保证行政复议的公正性。① 大陆试点行政复议委员会，目的也在于提高行政复议制度的公信力，增强相对人对行政复议制度的信任。台湾诉愿审议委员会经过近40年的实践，在确保公正性、独立性、权威性方面的很多做法值得大陆借鉴，对大陆下一步开展行政复议委员会试点工作、深化行政复议制度改革至少有以下三点启示：

（一）行政复议委员会的运行要与改革行政复议管辖制度相结合。大陆行政复议制度运行效率不高、成效不彰，一个很重要的原因是管辖的分散。从中央到省、市、县，不光政府可以成为行政复议机关，政府部门也可以成为行政复议机关，而且申请人对行政复议机关还有选择权。这虽然方便了申请人，但也造成无端的扯皮与资源浪费。现有的状况就是各个部门都有人员从事行政复议工作，但各个部门的行政复议力量均感不足。因此，有必要借鉴台湾诉愿制度的做法，实行政府统一管辖，把部门的行政复议权力集中到政府，把分散的行政复议力量集中起来。这也为今后行政复议委员会的组建奠定基础。否则，一级政府的若干个部门有若干个行政复议委员会，显然在人员力量安排上不现实。

（二）行政复议委员会试点不要拘泥于“行政化”、“司法化”之争。一直以来，大陆行政复议制度是走“行政化”道路还是走“司法化”道路争论不休，影响了改革。这一点，台湾诉愿制度的发展也曾经遇到。台湾诉愿审议委员会实际上是具有“准司法”性质的机制，“诉愿审议委员会组织外成员比例不得低于二分之一，企图使其成为更具公正性的第三者地位；增强委员决议的正确性与透明性；虽然仍采取书面审查和职权调查主义，但加上当事人主动申请举行言词辩

① 赵咏梅：《海峡两岸行政复议制度之立法比较》，《福建省社会主义学院学报》2011年第2期，第70页。

论及意见陈述、鉴定和查勘等规定，均属保护人民权利的规定”。[①] 这项制度在具体实践中对于解决行政争议、化解社会矛盾起到了积极的作用。据统计，2009年，台北市政府诉愿审议委员会作出诉愿决定1762件，其中提起行政诉讼的149件；2010年，台北市政府诉愿审议委员会作出诉愿决定1557件，其中提起行政诉讼112件。这些行政诉讼案件中，法院否定诉愿决定的只占不到8%。[②] 可见，经过诉愿后向法院起诉的少，被法院否定的更少。诉愿审议委员会的公正性、专业性、权威性无疑得到了最好的印证。因此，只要有利于提高行政复议制度的公信力，有利于增强群众对行政复议制度的信任度，有利于行政争议的有效解决，行政复议委员会的建构就应当被采纳，而无论这种设计究竟是“行政化”的还是“司法化”的。

（三）行政复议委员会既要注重委员构成的中立性、专业化，同时也要注重案件办理效率。选聘行政复议委员会委员不应都是行政机关的工作人员，要做到社会人士参与、专业人士参与，以保障其中立性。在行政复议委员会运行过程中，行政复议委员会的审议与行政复议委员会办事机构的职能分工也很重要。可以通过设置行政复议委员会，成立行政复议委员会办事机构，由办事机构负责承担行政复议案件的审查和审议准备工作。同时，行政复议委员会办事机构可以成为市县政府法制机构的实体机构，进而使政府法制工作机构能够发挥其最大效能。

---

① 周汉华主编：《行政复议司法化：理论、实践与改革》，北京大学出版社2005年4月第1版，第546页。

② 吴剑萍：《两岸行政复议制度功能解析比例》，《福建论坛：社科教育版》2011年第8期，第34页。

# 两岸有关行政机构事务管辖争议解决机制的比较与评析

刘文戈
◉ 武汉大学法学院宪法学与行政法学专业博士研究生

管辖，是行政主体依法律规定，在事务、地域、级别等方面所享有行政职权的界限或范围。由于行政事务日益纷杂、行政权边界自身的不明确及权力自我膨胀趋势的不可避免性，行政管辖争议因此而产生。近年来，由于行政机构事务管辖争议所引发的事件屡屡见诸报端，例如，在大陆地区，2005 年环保总局与水利部淮河水利委员会有关发布“限制排污总量”的信息发布权限争议、[①] 2009 年文化部与新闻出版总署间关于网络游戏“魔兽争霸”的审批权发生了争议，[②] 台湾地区“农委会”和“卫生署”于 2011 年年发生了有关“瘦肉精”监管的争议等等。[③] 这种管辖争议表面上看，是行政机构内部的事务，影响了行政机构的行政效能。然而，行政机构间的管辖争议往往衍生行政越权或行政不作为，进而导致政府在公共事务中的缺位，最终影响着行政相对人和公民的权益。为了提高行政效能，更好地保障行政相对人和公民的权益，两岸均制定了一些规则以形成行政机构管辖争议解决机制。两岸有关行政机构事务管辖争议解决机制的制度设计有一定区别。因此，对两岸有关行政机构事务管辖争议解决机制的有关制度进行比较分析，对于完善行政机构事务管辖争议解决机制，更好地保障行政相对人和公民的权益具有重要意义。

## 一、大陆有关行政机构事务管辖划分与争议解决的体制

行政机构的管辖权设定是行政组织法的范畴，一般认为属于法律保留的范

① 新浪网：《环保总局质疑水利部门越权》专题报道，网址 http：//finance. sina. com. cn/nz/hbzj/，访问日期：2012 年 5 月 5 日。

② 凤凰网：《新闻出版总署终止魔兽世界审批》专题报道，网址 http：//finance. ifeng. com/topic/news/wyjcmsdz/index. shtml，访问日期：2012 年 5 月 3 日。

③ 舒子榕：《瘦肉精管制不当农委会、卫生署遭纠正》，《联合报》网站，网址 http：//udn. com/NEWS/NATIONAL/NAT1/6317772. shtml，访问日期：2012 年 5 月 6 日。

围。在大陆,《宪法》、《国务院组织法》和《地方各级人民代表大会和地方各级人民政府组织法》是行政机构管辖权划分的基本渊源,对行政机构职权进行了基本划分。《宪法》第八十九条授权国务院"统一领导全国地方各级国家行政机关的工作,规定中央和省、自治区、直辖市的国家行政机关的职权的具体划分"。国务院制定了《国务院行政机构设置和编制管理条例》,以编制管理的方式对中央国家行政机关的职权进行划分。国务院还制定了《地方各级人民政府机构设置和编制管理条例》,对地方各级人民政府的机构编制工作,实行"中央统一领导、地方分级管理"的体制,由各级政府通过编制管理的方式对各级行政机构的职权进行划分。

《宪法》、《国务院组织法》和《地方各级人民代表大会和地方各级人民政府组织法》对行政机构的事务管辖作出了宏观的划分。例如,《宪法》第八十九条规定了国务院的各项职权,《国务院组织法》第三条规定"国务院行使宪法第八十九条规定的职权",《地方各级人民代表大会和地方各级人民政府组织法》第五十九条规定县级以上的地方各级人民政府行使职权包括"……执行国民经济和社会发展计划、预算,管理本行政区域内的经济、教育、科学、文化、卫生、体育事业、环境和资源保护、城乡建设事业和财政、民政、公安、民族事务、司法行政、监察、计划生育等行政工作。……"专门性立法规定了具体事务的主管部门,例如《水法》第九条规定"国务院水行政主管部门负责全国水资源的统一管理工作",《环境保护法》第七条规定"国务院环境保护行政主管部门,对全国环境保护工作实施统一监督管理。县级以上地方人民政府环境保护行政主管部门,对本辖区的环境保护工作实施统一监督管理"。国务院和各级政府编制管理部门则通过制定"三定"方案,来确定各个行政机构的具体职权。

对于行政机构运行过程中,因为事务管辖可能产生的争议,法律和法规规定了若干解决机制。由国务院编制管理部门所制定的"三定"方案,规定了"方案由中央机构编制委员会办公室负责解释"。① 对于行政机构在行使行政处罚权过程中所产生的管辖争议,《行政处罚法》第二十一条规定:"对管辖发生争议的,报请共同的上一级行政机关指定管辖。"虽然大陆尚未制定统一的"行政程序法",但在一些省、市制定了关于"行政程序"的地方政府规章,这些规章对行政过程中可能会产生的管辖争议进行了规定。②

① 参见《环境保护部"三定"规定》,载中央机构编制委员会办公室网站,网址 http://www.scopsr.gov.cn/old/gwysd/201002/t20100201_12092.htm,访问日期 2012 年 6 月 13 日。

② 例如《湖南省行政程序规定》、《山东省行政程序规定》、《汕头市行政程序规定》,分别设专门条文对"管辖"进行了规定,下文将具体分析,本处暂不展开。

## 二、台湾地区有关行政机构事务管辖划分与争议解决的体制

台湾地区行政法学者认为，行政机关的管辖属于“法律保留事项”，应当遵循“管辖法定原则。”[①] 台湾地区行政机构的管辖权设定是由“行政程序法”和各行政机构的“组织法”共同调整和规范的。“行政程序法”设专门章节规定“管辖”，各行政机构的“组织法”规定了相应机构的任务和管辖。台湾地区“行政程序法”第十一条第一项规定：“行政机关之管辖权，依其组织法规或其他行政法规定之。”行政机构的“组织法”往往在规定机构主管时，明确其管辖权，例如，“卫生署组织法”第一条规定：“行政院卫生署掌理全国卫生行政事务。”“农业委员会组织条例”第一条规定：“行政院为配合国家建设，设农业委员会，主管全国农、林、渔、牧及粮食行政事务。”“金融监督管理委员会组织法”第二条规定：“本会主管金融市场及金融服务业之发展、监督、管理及检查业务。”

台湾地区著名行政法学者吴庚认为，行政权限争议即行政管辖权争议，是指两个或两个以上的行政机关，对于同一事件都认为有管辖权或都认为无管辖权而不行使管辖权时产生的权限争议。[②] 这个观点把行政权限争议分为了积极行政管辖争议和消极行政管辖争议。对于不同的争议类型，“行政程序法”均规定了一定的争议解决机制。在地方层面，也有一些规范来解决行政管辖争议，例如台北市就制定了“台北市政府各机关加强横向联系要点”、“台北市政府所属各机关管辖权归属及争议处理要点”、“台北市政府跨机关人民陈情案件分办及争议处理注意事项”等规范性文件来处理行政管辖争议。

对于一般的行政机关管辖权竞合时的解决方法，“行政程序法”进行了原则性规定。台湾地区“行政程序法”第十三条第一项规定；“同一事件，数行政机关依前二条之规定均有管辖权者，由受理在先之机关管辖。”原则上，行政机关的管辖权应当由法律规定，但社会发展变化万千，如果有新兴事物产生而不能由现有法规所规制的情形，则会造成管辖权的真空。对于这种情况，台湾地区“行政程序法”第十二条规定了若干确定管辖权的原则：“不能依前条第一项定土地管辖权者，依下列各款顺序定之：一、关于不动产之事件，依不动产之所在地。二、关于企业之经营或其他继续性事业之事件，依经营企业或从事事业之处所，或应经营或应从事之处所。三、其他事件，关于自然人者，依其住所地，无住所或住所不明者，依其居所地，无居所或居所不明者，依其最后所在地。关于法人或团体者，依其主事务所或会址所在地。四、不能依前三款之规定定其管辖权或

① 翁岳生编：《行政法》（上册），中国法制出版社2009年版，第359页。

② 参见吴庚：《行政法之理论与实用》（增订八版），中国人民大学出版社2005年版，第51页。

有急迫情形者，依事件发生之原因定之。”

## 三、两岸有关行政机构事务管辖争议的协商性解决机制

治理是现代公共行政的重要特征。而治理的一个重要表现就是协商与合作。当行政机构间发生事务管辖争议时，首先应进行行政机构间的协商，通过协商性的机制来解决争议。

对此，大陆的《地方各级人民政府机构设置和编制管理条例》第十条第二款规定“行政机构之间对职责划分有异议的，应当主动协商解决。协商一致的，报本级人民政府机构编制管理机关备案”。《湖南省行政程序规定》、《山东省行政程序规定》、《汕头市行政程序规定》均主张“行政机关之间发生职权和管辖权争议的，由争议各方协商解决”。由此可见，协商的主体是发生管辖争议的行政机构，协商的结果应报本级人民政府机构编制管理机关备案。对于协商的程序，《湖南省行政程序规定》和《山东省行政程序规定》未进行具体规定，《汕头市行政程序规定》要求“行政管理事务涉及多个行政机关的，可以建立由主要承办的行政机关牵头、其他相关行政机关参加的协调会议制度。协调会议制度应当确定牵头行政机关、参加行政机关、工作职责、工作规则等事项”。

台湾地区有关制度亦规定了协商性的解决机制。台湾地区“行政程序法”第十三条规定：“不能分别受理之先后者，由各该机关协议定之，不能协议或有统一管辖之必要时，由其共同上级机关指定管辖。无共同上级机关时，由各该上级机关协议定之。”协商的主体是发生争议的行政机构或者是各自的上级机关，协商的结论应以协议确定。在协商的程序方面，台湾地区“行政程序法”未作进一步规定，地方层面的规范性文件“台北市政府所属各机关管辖权归属及争议处理要点”对于台北市有关行政机构管辖权归属争议的协商过程进行了规定，其流程参见本文附录一：《权责区分协调作业流程图》。

根据这一规范性文件规定，行政机构管辖权争议的协商程序每一阶段的主管机关、参与人员、协商议题、时效等要素非常明确，协商的效能也得以提升。

## 四、两岸有关行政机构事务管辖争议的裁决性解决机制

效率是行政活动的重要指标。在协商性解决机制不能得到结论，或者事务急迫等情形下，行政机构间的事务管辖争议就需要裁决性的解决机制来给出结论。

| 阶段 | 期间 | 参与人员 |
| --- | --- | --- |
| 第一次府内跨局处协商会议 | 6日 | 各机关主管级以上人员<br>研考会（列管争议案件）<br>法规会（厘清法规适用异议）<br>人事处（厘清权限明细） |
| 第二次府内跨局处协商会议 | 30日 | 各机关主任秘书级以上人员<br>研考会（列管争议案件）<br>法规会（厘清法规适用异议）<br>人事处（厘清权限明细）<br>秘书处（厘清人民陈情案） |

大陆的《地方各级人民政府机构设置和编制管理条例》第十条第二款规定："协商不一致的，应当提请本级人民政府机构编制管理机关提出协调意见，由机构编制管理机关报本级人民政府决定。"《山东省行政程序规定》规定，行政机关之间协商不成的，发生管辖争议的，由共同上一级行政机关指定管辖。情况紧急、不及时采取措施将对公共利益或者公民、法人和其他组织合法权益造成重大损害的，行政管理事项发生地的行政机关应当进行必要处理，并立即通知有管辖权的行政机关。《山东省行政程序规定》、《湖南省行政程序规定》、《汕头市行政程序规定》均规定，在协商不成时，由本级编制管理部门或政府法制部门主导进行协调，然后由本级人民政府决定。如果属于职权划分或者是重大事项，往往由编制管理部门或政府法制部门提出意见，本级人民政府决定。如果是涉及执行法律、法规、规章的问题，由有管辖权的政府法制部门依法协调处理。

台湾地区"行政程序法"第十四条规定："数行政机关于管辖权有争议时，由其共同上级机关决定之。"对于这一裁决程序的启动，行政相对人有启动的权利，台湾地区"行政程序法"第十四条第二项规定："前项情形，人民就其依法规申请之事件，得向共同上级机关申请指定管辖，无共同上级机关者，得向各该上级机关之一为之。"对于裁决程序的时效，"行政程序法"要求受理申请的机关应自请求到达之日起十日内决定。对于紧急情形，"行政程序法"也规定了特别程序："如有导致国家或人民难以回复之重大损害之虞时，该管辖权争议之一方，应依当事人申请或依职权为紧急之临时处置，并应层报共同上级机关及通知他方。"行政机关对管辖所作出的裁决，当事人不得声明不服。

## 五、两岸行政机构事务管辖争议解决机制差异之评析与展望

比较两岸的行政机构事务管辖争议解决机制，可以发现如下差异：大陆的行

政机构事务管辖权划分和争议解决机制是以组织法为主导，辅以若干地方性法规，而台湾地区的行政机构事务管辖权划分和争议解决机制是以统一的“行政程序法”为主导，以地方规范性文件为补充的；大陆的行政机构事务管辖权划分附属于行政机构人员编制管理，而台湾地区的行政机构事务管辖权划分是有关制度的主旨；大陆的有关制度仅对行政机构事务管辖争议解决机制作出了原则规定，缺乏对时效、程序、法律后果等的明确规定，台湾地区的行政机构事务管辖争议解决机制无论是协商流程还是裁决程序都规定得较为细致。尽管有若干差异，两岸的行政机构事务管辖争议解决机制仍然具有很多共性：两岸的行政机构事务管辖争议解决机制均定位为一种行政部门的内部程序；两岸的行政机构事务管辖争议解决机制均包括了协商性程序和裁决性程序，在协商不成的情况下，可以启动终局性的裁决程序。

在未来，两岸的行政机构事务管辖争议解决机制仍然有着较大的改进和完善的空间：

首先，行政机构事务管辖争议虽然是一个行政权运行的内部问题，但其外部性不言而喻。如果仅仅将这一争议解决机制局限为内部程序，作为内部程序，行政相对人则无权参与该程序，因而纯粹将行政争议解决机制视为内部程序，将会影响到行政相对人的权益。因此，应当增加行政机构事务管辖争议解决机制的透明度与参与度。一方面，法律可以就争议解决机制的各步骤的时间要求进一步明确，各流程的参与主体及其职责应当清晰；另一方面，行政相对人应当参与到行政机构事务管辖争议解决机制中，特别是在行政机构消极管辖争议的情形下，行政相对人应当有权启动行政机构事务管辖争议解决机制。

其次，应当保证协商性程序处理程序的合法性。行政管辖争议的协调性机制的最终产物是行政机关的合意。而这种合意的作出程序并无规可循，因而争议机关能否充分参与，最终决定是否符合法律规定或是否具备合理性，这些都难以保证。

最后，在统一的行政程序法典尚不能尽快立法的情况下，大陆的行政机构事务管辖争议解决机制应充分发掘现有的制度资源，统一的编制管理的目标应在防止政府冗员的同时，解决好行政权限争议，使我们的政府真正成为高效的法治政府。

**附录一：**

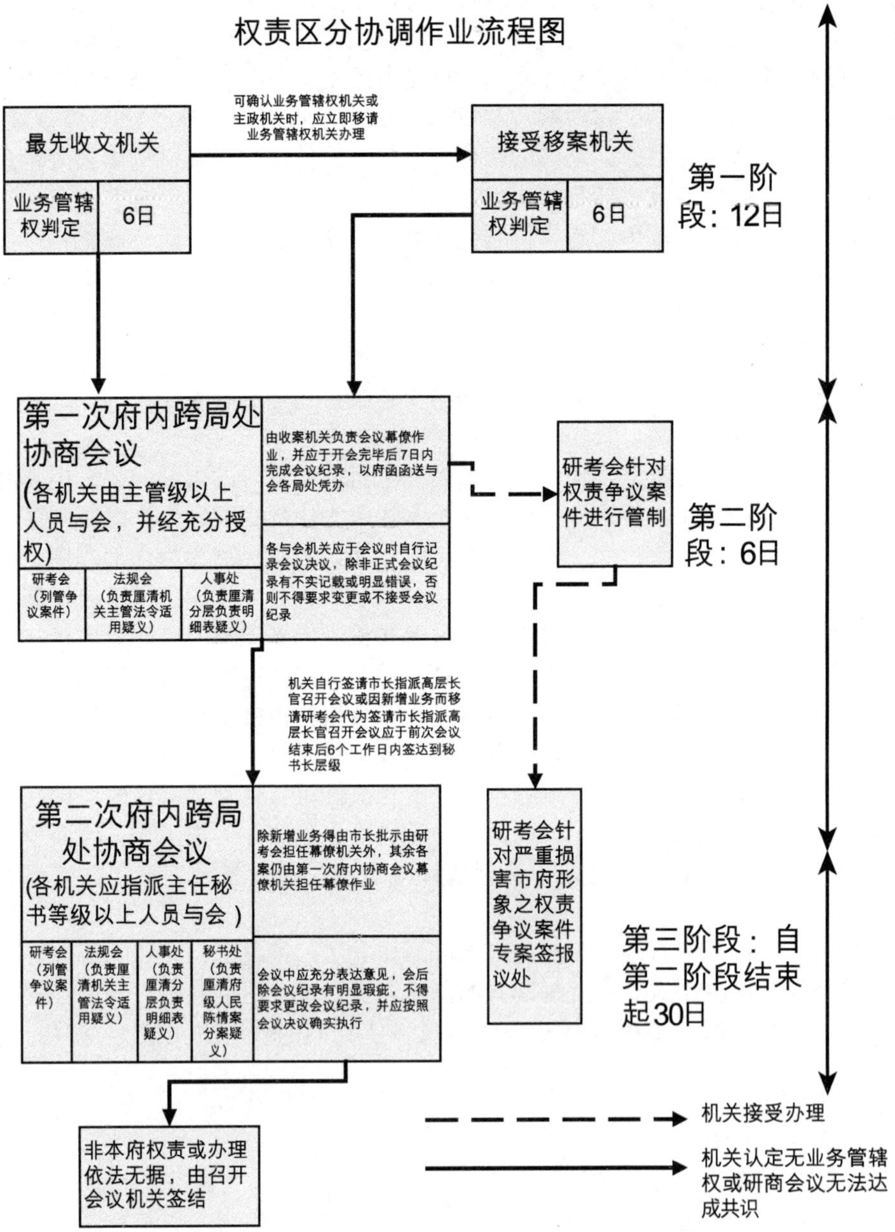


来源：法源法律网，《台北市政府所属各机关管辖权归属及争议处理要点》之附件

# 台湾地区行政调解制度之初探

**周佳宥**
◉ 中国文化大学法学院助理教授

## 一、绪论

有关私权争议问题，目前可以透过诉讼机制或诉讼外的替代性争议解决机制（Alternative Dispute Resolution，简称 ADR），以解决纷争。前者属于传统方法，后者系属近代发展出来的制度。ADR 之进行，在外观上并非以诉讼方式进行，绝大部分是由法院以外机关办理。该项制度设计目的主要系弥补司法救济不足之处，由于此一新制度具有高度弹性，遂发展出众多不同类型，例如：和解、调解、仲裁等。为避免讨论发散，本文将侧重由行政机关所办理之行政调解制度，于此合先叙明。

由行政机关办理之 ADR 类型众多，尤以行政调解制度最为重要，由于历史悠久且具一定效果，可谓诉讼外纠纷处理制度中甚为重要之一环。行政调解因非属诉讼必要程序，其受重视程度未如诉讼制度，故研究成果极为稀少。惟有鉴于调解制度可以发挥定纷止争效果，且其实效性（Effective）应毋庸赘述。是以，本文将以台湾地区行政机关办理之行政调解制度作为研究主轴，首先整理台湾地区行政调解制度之定义与类型（二）、分析行政调解与司法权间之关系及行政调解当事人间之法律关系（三），以厘清行政调解制度之本质。

## 二、行政调解之外在表征

基于一定行政目的，且达成有效疏减讼源目标，行政机关常于机关内设置 ADR 制度，处理行政机关权限内之争议问题。台湾地区行政机关采取之 ADR 方式呈现多元，类型不一而足，且效果上亦有所区别。是以，对行政调解制度之研究，本文将从制度之定义出发，尝试对目前法律允许或实务已运作多时之行政机关 ADR 制度作一梳理，并对此项制度之法律定性问题作出分析，以勾勒行政调解制度之外观。

（一）行政调解之定义与特征

调解，系指基于私法自治原则，经由双方当事人同意，透过第三方居中斡旋，以非诉讼之方式解决当事人间之私权争议。再进一步而论，以非讼方式解决私权争议方式包括“和解”与“调解”二种。本文研究之范围仅限于调解概念，不另比较和解与调解概念，于此合先叙明。

一般而论，调解者，须符合下述要件者：

A. 调解必须以法律为据：调解系属于一种诉讼外解决纠纷之机制，惟其非司法权之作用，故调解制度仅能成为司法裁判制度外，作为解决纷争之配套措施。若欲使调解具有司法裁判之效果，则必须另有法律为依据，始符合依法审判之概念。反之，未有法律为据之私权冲突解决模式，仅属民法概念上之和解。由于行政调解系一种法定制度且具有一定法律效果，故本质上系属公权力行为。职此，透过法律规范规定包括调解人员资格、调解程序之进行、调解内容等，始符合依法行政之本旨。此外，透过法律规范行政调解机制，更可确保调解之品质与效力，以避免制度运行之弊。

B. 协助解决私权纠纷：调解主要系为解决私权争议，其中亦包括行政机关立于私人地位与人民发生之私权纠纷，惟行政机关声请调解，须以个案方式处理，禁止以法令或契约概括规定方式为之。虽然，若干法律允许就告诉乃论之刑事案件进行调解，此类规定系基于特定目的所为之例外性规范，故并非原则性之规定内容。总此，行政调解制度主要系针对私权纠纷，惟在立法者例外允许条件下，方允许针对刑事案件进行行政调解。尚须说明之情况是，某一私权争议案件同时启动民事赔偿与刑事追诉时，当事人可否针对民事赔偿部分声请调解？针对此一问题，实务采取肯定见解，毕竟调解之目的系为达到有效疏减讼源之目标，故理论上只要发生私权纠纷之当事人有意愿从事调解程序，均可依法申请。

C. 具有任意性：调解制度非属公权力之执行，禁止强制实施，故调解制度具有任意性之特征。所谓任意性，系指调解须以当事人意愿作为基础，盖当事人之一方欠缺调解意愿，则调解系属不成立。在尊重当事人意愿此一前提下，参与调解之当事人得于任何时间点终止或退出调解程序。惟因调解具有任意性，导致当事人得任意抵制调解制度，使该制度未能达到有效疏减讼源之目标，故若干法律多朝向将调解制度修正为诉讼前置程序，以扩大调解制度功效。惟此等修正是否改变调解制度具有任意性之特征？本文以为，衡诸修法动机，其目的系为使调解制度能达成疏减讼源之目的，故透过法律规范使制度发挥功能，惟未改变尊重当事人意见之初衷，因为调解是否成立端视调解当事人之意愿，而法律并未强制要求调解成功，实际上仅系一种“调解先行程序”（或称调解先行主义）。为确保调解制度具有任意性，故法律应确立调解程序中当事人之主张不得作为将来司法裁判之判断及裁判基础，否则任意性之特征将丧失殆尽，毕竟调解非属司法权，当事人于调解程序中所为之任何行为或主张，不得产生未来调解不成立进入诉讼程序之不利益。

（二）行政调解之类型

1. 以效力作为区别标准

行政机关基于ADR制度所作成之决定，若以决定之性质作为判断标准，略可分为“具行政处分性质之ADR决定”与“不具行政处分性质之ADR决定”二类。

所谓具有行政处分性质之ADR决定，系指行政机关所作之决定为行政处分，对此决定如有不服，应对此提起行政诉讼。尽管行政调解主要适用于私权纠纷，但主管机关针对此类纠纷进行决定后，须依行政争讼程序提起救济。据此性质之行政机关决定，尚可再依据法律规范性质区分为：

A. 争议审议

争议审议决定之性质为行政处分者，例如劳工保险争议审议与全民健康保险争议审议二种。由于上述二种保险在本质上系属具有强制性的社会保险法制，该法所生之争议由主管机关以单方行为方式进行决定，对外产生直接法律效果，故在要件上已符合行政程序法第92条第1项行政处分之要件。

B. 行政调处

所谓行政调处，系指行政机关协助当事人以协议方式解决私权冲突，惟若调解不成，径由调解机关或交由调解机关之上级机关作成决定。例如：“平均地权条例”第60条之2；“农地重划条例”第26条；“森林法”第20条；“矿业法”第81条；“渔业法”第38条及第50条；“铁路法”第17条第2项；“电信法”第16条第3项及第4项等。由于此类行政机关决定，将来应循行政救济程序进行救济，且此类调处决定符合“行政程序法”之行政处分要件，故属性上归类为具行政处分性质之决定。

不具行政处分效力之调解，系指行政机关所为之决定非具行政处分性质，当事人对行政机关所为之调解若有不服，仅得向司法机关——普通法院——提起诉讼，以资救济。行政机关透过调解制度参与私权争议，当事人若有不服者，应提起民事诉讼程序，故行政机关进行调解时，无适用行政程序法余地。此种行政调解，类型上尚可区分为：

A. 陈情

依据“行政程序法”第168条之规定：“人民对于行政兴革之建议、行政法令之查询、行政违失之举发或行政上权益之维护，得向主管机关陈情。”惟行政程序法有关陈情之规定是否亦适用于私权争议？人民基于私权争议所为之陈情在性质上仅属建议、查询、举发或请求之性质，行政机关处理陈情事件系属单方行为，但欠缺对外直接发生法律效果之要件，故非属行政处分；惟若未能妥善处理，则可能影响人民对行政机关之信赖。

B. 申诉

此处申诉制度，专指消费争议申诉制度。依据消费者保护法第 43 条第 1 项规定，消费者与企业经营者因商品或服务发生争议时，得向地方政府消费者服务中心或其分中心进行申诉，如未获得妥善处理，得向地方政府消费者保护官申诉。究其属性，消费者申诉事件系典型私权争议，行政机关对消费申诉之处理须以双方当事人之意愿与意见作为处理依归，无法单方予以决定，且依法不发生对外、直接法律效果，故非属行政处分。盖申诉处理成立，仅具有“民法”上一般和解契约之法律效果。综上，本文以为，消费争议之处理系属特殊之行政调解行为，如有不服仍应以民事诉讼管道以资解决。

C. 行政调处

行政调处，系指行政机关协助当事人以协议方式处理私权纠纷，调处成立者应制作调处书并送管辖法院审核。其主要适用于公害纠纷。依据公害纠纷处理法第 31 条之规定，法院核定之调处与民事确定判决有同一效力。盖未经法院核定之行政调处，非属最后决定，欠缺对外直接发生法律效果之要件，故非属行政处分。若有争执，则应依循民事诉讼程序以资救济。

2. 以规范密度作为区分标准

A. 一般调解

“乡镇市调解”制度是台湾地区最具代表性之行政调解制度，其运作系依据乡镇市调解条例进行，由于该法仅作最基本之规定，尤其未对声请人之资格、调解范围及程序，作特殊规定，故学理上又称为一般调解。乡镇市调解运作之特色包括：

历史最悠久之行政调解制度

乡镇市所成立调解委员会办理调解业务，系典型透过行政权解决私权冲突之机制。乡镇市调解条例自 1955 年实施以来，至今共 57 年，系台湾地区实施最久之行政调解制度。

最基本之调解机制

由于乡镇市调解条例中并未限制调解类型，申言之，法律仅作最基本规定，对声请人之资格、调解范围①及程序，均未有特殊限制。

具充分完整性

由于运作时间悠久，故乡镇市调解条例之内容多经主管机关订定行政命令以补充法律，俾使乡镇市调解成为台湾地区目前运作较为周延之行政调解制度。

B. 特殊调解

所谓特殊调解，系指针对特别事件所成立之调解，且各该特别行政调解系属特别公权力调解，故须具备特别法之法源。理论上，特别调解事件并不当然排除一般调解之适用，惟若未能针对一般调解与特殊调解进行适度分工，势必造成功能重叠之弊。

台湾地区目前现行之特别行政调解机制，包括有：

| | |
|---|---|
| 劳资争议调解（1930） | 公害纠纷调处（1992） |
| 耕地租佃争议（1951） | 消费争议调解（1994） |
| 建筑争议处理（1971） | 采购履约争议调解（1998） |
| 不动产争议调处（1975） | 积体电路电路布局权争议调解（1999） |
| 著作权争议调解（1985） | 拒绝离机争议调解（2002） |

尽管调解内容繁多，但上述各种调解机制的任意性特征并未被更动，意即法律设置调解制度，并未排除其他纠纷解决制度，故在法条用语均以“得”，而非以“应”表示。就形式上而言，各种行政调解制度如雨后春笋设立，提供当事人除诉讼制度外，其他多元的解决争端机制，但实际效果如何，则尚待深入探讨。

3. 以级制作为区别标准

理论上行政调解不应该有级制之区别，因为级制设计将会破坏行政调解任意性之特征。以级制作为行政调解运作的区别标准，或许是一个不够精确的表达，更清楚的说法应该是，与调解有关之运作设计。

A. 一级制

由于调解具有任意性之特征，故调解之进行原则上对于当事人基于自由意志所为之举措，无法透过强制力介入调解过程。爰此，行政机关本身无法主导调解是否成立或进行，当事人间若无法调解成立，应当依循司法救济程序，以求争议解决，此亦是调解多为采取一级制的主要理由。

台湾地区利用一级制之行政调解项目包括：乡镇市调解、消费争议调解、著作权争议调解与采购履约争议调解等。除著作权争议调解外，其他调解程序一旦成立者，即具有与确定判决同一效力；著作权争议调解争议成立时，则视同争议当事人间之契约。

B. 二级制

调解制度设计为二级制者，多系期待行政机关针对特定争议能够透过公权力协助处理，并发挥迅速解决纷争之目标，以避免冗长的诉讼程序。惟如前述，行政机关一旦以公权力介入行政调解，则行政调解之任意性特征将丧失殆尽。制度上为确保前述特征得以维持，故第一级多以调解或调处之名义为之。第一级调解若未能成立，将进入第二级之争端解决机制。实务上，第二级多以“仲裁”、“调处”或“行政裁决”之名为之。然，本文在此必须特别强调，第二级之行政调解本身因具有高度公权力介入之特性，故应非属本文所称之（狭义）行政调解。台湾地区采取二级制行政调解之事项包括：

（1）耕地租佃争议：法律明文规定调解（第一级）与调处（第二级）二级，并明定非经上述程序者，不得起诉；而调解成立者，得作为强制执行名义。

（2）劳资争议处理：依据劳资争议处理法，劳资争议事件采取调解与仲裁二级制度。调解成立者，视同争议当事人间之契约；调解未成立，双方当事人得共同向主管机关申请交付仲裁程序（§25 I）。另，主管机关认有影响公众生活及利益情节重大，或应目的事业主管机关之请求，得依职权交付仲裁（§25 V）。仲裁结果与法院之确定判决具有同一效力（§37 I），当事人对仲裁结果不得声明不服，并视同当事人间之契约。

（3）公害纠纷处理：针对公害纠纷事件，采取调处、裁决二级。调处或裁决经法院核定后，与民事确定判决具有同一效力（“公害纠纷处理法”第28条）。

C. 多级制

所谓多级制，系指三级以上而言。尽管目前实施之诉讼外纷争调解机制繁多，且名称混乱，但调解制度采多级制者，亦非常态。因为，回到行政调解制度本身具有高度任意性之特征，若法律规定强制调解，无疑将违背制度设计的核心理念且恐有侵犯司法权之虞；若法律规定多层次调解之进行，亦将造成拖延争议之弊。

以“公害纠纷处理法”为例，该法原先采调处、再调处、裁决三级制，后因采取三级制程序过于冗长，故于2000年修法过程中将再调处程序删除，遂成为现今之二级制。

### （三）行政调解之法律定性

1. 行政调解系属行政行为

行政调解系由行政机关办理，且在性质上非属司法权之性质，故其性质上应属行政行为且须适用行政程序，纵使在同一部法律中对于诉讼程序与行政调解程序同时规范，在概念上亦须有所区别。举例而言，依据“消费者保护法”所规定之处理程序，包括行政程序性质之申诉与调解程序，以及属于特别民事诉讼程序性质之消费诉讼程序。是以，法制建构上必须厘清，二种纷争解决方式各自独立，至于行政调解先行是否成为合法起诉之必要要件，则须回到个别法律之规定。

行政调解既然被定位为行政行为，必须进一步厘清之问题是，行政调解是否属于“行政程序法”第3条第3项第5款所定“有关私权争执之行政裁决程序”范围？因为此将涉及行政机关施行调解程序时，是否须遵守行政程序法之疑义。针对上述疑义，学说间有以下不同主张：

A. 肯定说：有论者以为，行政调解具有司法行为性质，应属行政程序法第3条第3项第5款所定“有关私权争执之行政裁决程序”范围，是以，应完全排除行政调解程序适用“行政程序法”，纵使专属法规之程序规范不足，仍应以“民事诉讼法”或“非讼事件法”等法规作为补充。

B. 否定说：该说主张，行政调解为纯粹行政权，既然定性为行政行为且其程序并非行政裁决程序，故非属“行政程序法”第3条第3项第5款规定之有关“私法”争执之行政裁决程序，故仅在专业法律规定中排除行政程序法之适用时，方可排除行政程序法之适用。反之，专业法律未有排除适用规范者，则行政程序法相关规定仍有补充适用余地。最后，由于行政调解为行政行为，故纵使在专业法律或行政程序法规范不足时，民事诉讼法与非讼事件法仍不得补充适用。

C. 折中说：有论者以为，行政调解兼具行政权及司法权性质。行政调解之效力及救济因与司法权息息相关，应视为准司法权之作用，故属“行政程序法”第3条第3项第5款规定之范围，惟在组织及程序进行系与行政权有关，因为与裁决程序无关，故不在“行政程序法”第3条第3项第5款规定范围之内。是以，行政调解程序之进行应遵守专业法规之规定，并以“行政程序法”及“民事诉讼法”等相关程序规定之补充适用。就顺序而论，须将“行政程序法”之适用列为优先。

2. 行政调解系属行政指导行为

所谓行政指导，系指行政机关为达一定行政目的，就其职掌，透过非公权力之任意手段，并基于特定个人或公私法人团体同意或协助，要求其为一定作为或不作为之行政作用。依据前述定义，行政指导要件计有：

A. 须为行政机关之行为

行政调解系由行政机关为行使行政调解权所设置之制度，纵使以任务编组方式为之，亦无不可。

B. 须在该行政机关职权或所掌事务范围

基本上，行政机关必须基于组织或相关法令上须有明文规定行政调解权限，以避免侵害司法权，故依据法律所设置之行政调解机关，并依据法律执行行政调解。

C. 须实现一定行政目的

行政机关设置行政调解机关并办理行政调解业务，系为解决双方当事人私权纠纷，同时亦是行政机关之从事行政行为之目的。

D. 须以不具法律上强制力之方法

行政调解之进行与成立，须以当事人意愿作为基础，除不得强制进行外，更不得作为未来司法裁判之依据，以确保行政调解之任意性。

E. 须对特定人为之

行政调解，系以特定当事人两造为对象，进行行政调解程序。

综合上述，本文以为，行政调解之定性系属行政指导行为。

## 三、行政调解之内在要素

### （一）与司法权之关系

行政调解与司法权二者间存在某种程度的紧张关系，详言之，行政调解是否侵害司法权之问题，将成为行政调解是否能够推动之关键性因素。针对此一复杂问题，本文以为，或许可以将问题简化或理解成行政调解是否侵害宪法保障之诉讼权，应该更能清楚理解问题关键所在。是以，应该进一步深究的问题是诉讼权的内涵与核心，尔后方能确定行政调解制度是否侵害人民诉讼权。

1. 诉讼权之内涵

所谓诉讼权者，系指人民于生命、自由或权利受有不法侵害时，人民得依法定程序，向司法机关提起诉讼，由司法机关代表国家为一定之裁判之权利。就诉讼权之保护范围而论，学界与实务则有所区别。有论者以为，诉讼权之保护包括：1. 受独立审判之权利；2. 接近法院之权利；3. 受公正有效审判之权利；等等。另有论者以为，诉讼权所保障者，包括：1. 无漏洞之权利保护；2. 具有实效性之权利保护；3. 公平审判诉讼程序。本文以为，一个完整的诉讼权保障应该从不同角度出发，以完整权利保护之状态。爰此，诉讼权保障应该包括：1. 权利遭受损害必有救济可能性，意即人民权利遭受损害，且损害无论由谁而生，国家均应提供诉讼救济途径（参阅释字第187、201、242、266、295、298、338、430、462、491号解）；2. 提供人民权利救济管道的同时，应确保从事审判者之资格，亦属诉讼权保障之范围。进一步言，诉讼救济的最后一个审级应由“宪法”意义下之法官组成之法院进行审判，其他机关禁止取代（参阅释字第220、295、436号解释）；3. 正当法律程序之确保是实践诉讼权之客观要件，意即大陆法系国家遵守公、私法二元制，故涉及公法或私法之争议必须依据不同之诉讼程序规范进行，以符合法律保留之要求。且诉讼法之规范内容亦必须符合法治国家之正当法律程序（参阅释字第298、384、393、396、523号解）；4. 审级救济制度之设置必须发挥一定效用，否则亦属侵害诉讼权（参阅释字第256、368号解）。

实务见解则以为，诉讼权保护范围包括：1. 一种制度保障；2. 立法机关对权利之限制禁止违反比例原则；3. 应提供确实之诉讼保障等。梗概而言，实务见解认为，诉讼权是一种人民司法上的受益权，而此项权利的内涵与运作方式由于宪法并未清楚规范，故必须透过立法者透过立法加以形成，此即学理上所称之立法者的立法形成自由（Gestaltungsfreiheit des Gesetzgebers），惟此项自由并非毫无限制，毋宁必须遵守比例原则之界限，且不得侵害诉讼权核心内涵。诉讼权既被定位成受益权，将导出下述结论：非经法定程序，人民权益无法获得保障，且法定程序之进行必须使人民获得公平审判之机会，否则即系对诉讼权最大之侵害。

2. 行政调解未侵害诉讼权

本文以为，行政调解制度并未侵害诉讼权，理由如下：第一，依据“宪法”第16条之规定，“人民有请愿、诉愿及诉讼之权”，此项规定系属典型列举式规范，且诉讼权内涵并未包括调解权，故调解权并非人民“宪法”上所规定之司法受益权范围。惟犹如前述，基于权力分立的“宪政”原则基础下，立法机关在不侵犯司法权前提下，创设行政调解制度及其程序，应不会有“违宪”疑虑。本文于此则必须在此强调，基于诉讼权保护范围的理解，立法机关在规范行政调解制度及其程序时，不得实际造成剥夺人民之起诉可能性或法院审查可能性，或对人民诉讼权之行使造成障碍，否则即系侵害诉讼权保护。第二，调解制度系由立法机关创设出来的一项程序制度，详言之，即使启动（行政）调解制度，并未使法院对案件丧失裁判权，故在结果上行政调解制度并未积极侵害人民之诉讼权。第三，基于尊重私法自治原则与事实上需要，立法者提供一项诉讼外之方法以解决私权纷争，作为补充以弥补诉讼权保障不足，理论上亦未侵害人民诉讼权。第四，行政调解制度从介入法源、介入时机、介入方式与内容、介入效果均与诉讼有别，在制度上系属典型之行政行为，与诉愿制度相仿，故无法导出侵害诉讼权之结论。

（二）行政调解当事人间之法律关系

有关行政调解之法律关系，因系由行政机关依据法令规定所从事之行政指导行为，故似乎可以从行政机关在调解程序中所扮演之角色来理解彼此间法律关系。在逻辑上可能可以区分为：

A. 一面关系说

由于行政调解具有任意性之特质，行政机关在行政调解过程中对当事人二造均无强制力，法律关系仅发生于当事人之间，而行政机关与当事人间并无法律关系存在，此即所谓一面关系说（参阅图一）。

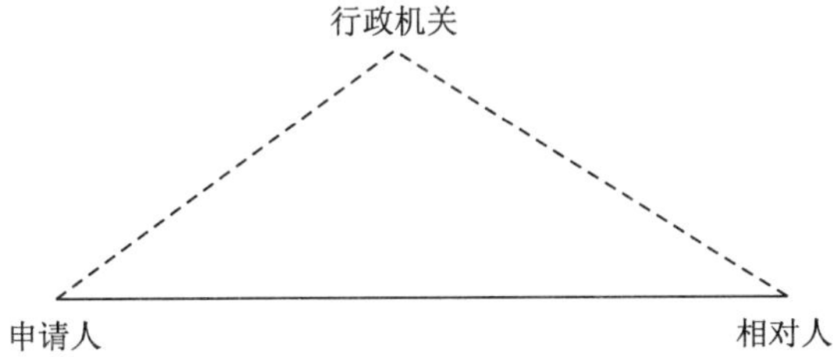


图一

B. 二面关系说

行政调解之申请，因私权纠纷向行政机关请求启动调解程序，则申请人与行政机关之间将会发生一种调解法律关系，意即行政机关对申请人所提出之申请具有一定的作为义务。另一方面，行政机关将调解申请书送达对造后，行政机关亦与调解之相对人发生法律关系，亦即课予相对人到场义务。但申请人与对造之间并无直接法律关系存在。为此一说法，必须以行政调解行为具有一定强制力为前提，因为法律必须课予相对人之到场义务，始有二面关系成立余地（参阅图二）。

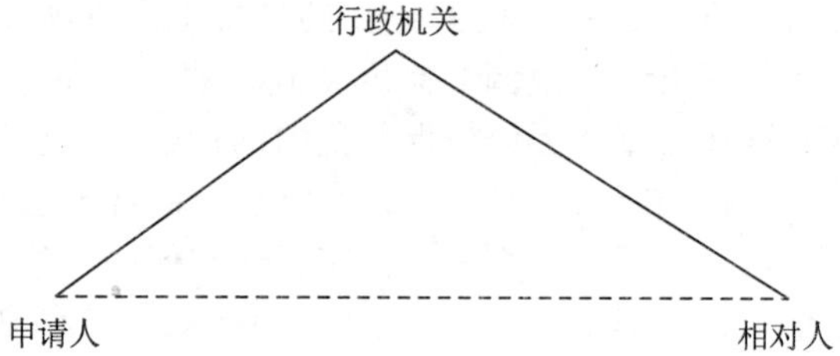


图二

C. 三面关系说

行政调解过程中，行政机关若具有一定强制力时，除可认定申请人、对造当事人及调解机关三者间均发生一定法律关系外，亦可认为调解双方当事人间基于调解法令始发生一定法律关系。此时，行政调解将同具兼具私法行为与诉讼行为性质，三方关系之形成，最主要的原因在于行政调解将依据法律规定发生诉讼法上特别效果之私法行为（参阅图三）。

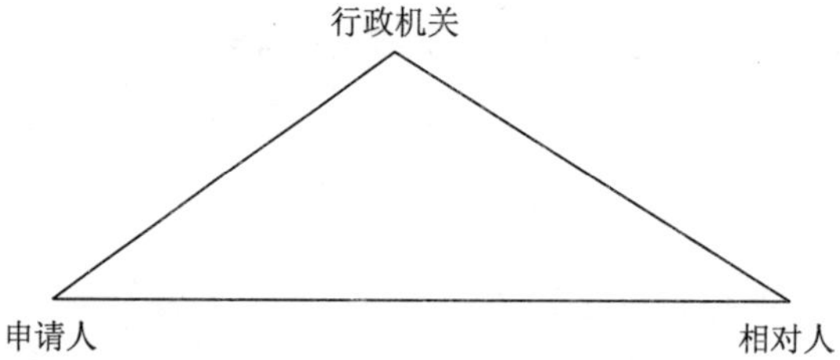


图三

综合以上，本文以为行政调解制度的多元性运作似乎无法透过简单的某一种说法来涵盖所有的行政调解机制，亦即必须基于法律规范之行政调解运作模式来权衡判断。

## 四、结论

有关私权争议处理的问题，以往系以诉讼方式解决纷争，晚近以来 ADR 制度已经普遍落实于台湾各法律领域当中。制度的形成难免在定位上有所争议，究竟诉讼与诉讼外纠纷处理方法二者间之关系为何？本文以为 ADR 制度虽系诉讼外之纠纷处理制度，其与裁判制度应无分主从，二者应相辅相成。

ADR 制度于台湾呈现出多元化发展的现况，无论在类型或运用上均难有一致性标准。以公权力介入程度作为判断，大致可分为以公权力为支撑的 ADR 制度与单纯私人间的 ADR 制度。其中前者因为有公权力的参与，故较容易取得人民对制度的信赖，当然重要性亦与日俱增。又，台湾地区目前有行政机关参与其中的 ADR 制度包括：乡镇市调解、劳资争议调解、耕地租佃争议调解、著作权争议调解、消费争议调解、采购履约争议调解等等。

行政调解系以双方当事人间所发生私法上权益冲突事件为其客体，行政机关在功能上多扮演协调者的角色，调解是否成立须以当事人双方意愿为依归。惟为避免 ADR 制度丧失功能及避免契约自由原则所产生之流弊，故适度引入公权力行政调解制度，应有其必要性。惟本文仍然必须再三强调，公权力介入行政调解程序的程度，必须受到调解制度本质之拘束，毕竟行政机关在程序中并非从事审判工作，否则即有侵害司法权之虞。是以，吾人可以导出以下结论：公权力纵使允许介入调解程序，但公权力机关禁止以直接或间接方式，达到事实上操纵调解结果的程度。简言之，调解仍须以双方当事人之意愿为基础。

# 行政救济视野下的领事服务

**邓晓东**

◉ 福建师范大学法学院讲师

## 引言

近年来，伴随着我国跻身世界第二大经济体，我国公民在海外留学、工作、生活、旅游人数也呈几何级增长态势。仅从留学人数的统计情况看就足够惊人，2011 年我国出国留学人员达 33.97 万人，比 2010 年增长了 38.08%。[①] 对境外中国公民提供人权保护和行政服务已经成为国家和社会关注的热点问题，公众对领事服务的期望值和要求也不断提高。领事机构延伸了许多政府部门的职权，因而与海外中国公民的权益保障息息相关。经济全球化环境所带来的人员跨境流动对领事服务工作形成了前所未有的压力与挑战。领事服务工作所需面对处理的关系错综复杂，既有中国政府和境外中国公民的关系，也有中国政府和接受国政府的关系，此外有时还需顾及境外中国公民和接受国政府、境外中国公民与接受国公民之间的复杂关系。从行政救济的视角审视领事服务制度，更好地保障境外中国公民的合法权益，是一个渐具现实意义的研究课题。

## 一、当代领事服务的发展

### （一）领事及领事服务的由来

“领事”是根据国际条约和领事协定由派遣国派驻往接受国某个城市或某个地区负责领事事务的政府代表，其职级一般分为总领事、领事、副领事、领事代理人，驻外使馆、领事馆是其工作机构。领事的出现不同于作为外交使节的大使，它是伴随商品经济发展而产生的称呼。12 世纪末，意大利威尼斯共和国向耶路撒冷王国派驻了人类历史上第一个官方领事。至 19 世纪，国际间贸易与人

---

① 《2011 年度我国出国留学人员情况统计》，中华人民共和国教育部官网，http：//www. moe. edu. cn/publicfiles/business/htmlfiles/moe/s5987/201202/130328. html，2012 年 5 月 18 日。

员往来日渐繁荣，欧美各国普遍重视领事制度的价值，开始制定有关驻外领事的法律。中国向外国派驻领事肇始于19世纪60年代，1868年7月28日，清政府派蒲安臣赴美国，与美国政府签订了《天津条约续增条款》，清政府可以向美国各通商口岸派驻领事。之后，又陆续与其他一些国家签订了类似条约。[①] 自有领事制度起，保护境外本国公民并为其提供协助与服务就一直是驻外领事的首要职责。

### （二）领事服务的内容

根据《维也纳领事关系公约》第5条之规定，领事职责共有13项，其中与境外本国公民权益保护及服务事宜相关的职责包括：于国际法许可之限度内，在接受国保护派遣国公民（个人与法人）的利益；向派遣国公民颁发护照及旅行证件；为派遣国公民（个人与法人）提供帮助和协助；担任公证人、民事登记员及类似之职司，并办理若干行政性质之事务，但应以接受国法律无禁止之规定为限；依接受国法律在接受国境内之死亡继承事件中，保护派遣国公民（个人与法人）之利益；在接受国法律所规定之限度内，保护为派遣国公民之未成年人及其他无充分行为能力人之利益；以不抵触接受国法律为限，遇派遣国公民不能于适当期间自行辩护其权利时，在接受国法院及其他机关面前担任其代表或为其安排适当之代表，依照接受国法律取得保全此等国民之权利与利益之临时措施；为具有派遣国国籍之船舶、航空机以及其航行人员给予协助。[②]

此外，根据我国外交部2011年11月22日颁布的新版《中国领事保护和协助指南》所确定的领事服务项目，派驻接受国的领事机构为海外中国公民提供的服务包括：中国公民的合法权益在接受国遭到人身财产侵害、发生民事纠纷、涉及刑事案件，可以应请求为其推荐律师、翻译、医生，以帮助其诉讼和医疗救助；在接受国发生重大突发事件时，为中国公民撤离危险地区提供咨询和必要协助；中国公民被拘留、逮捕或服刑时，根据其请求进行探视；中国公民遭遇意外时，协助将事故或损伤情况通知其国内亲属；在中国公民遇到生计困难时，协助其与国内亲属取得联系；在中国公民提出请求并已提供被寻人员的详细信息的前提下，协助中国公民寻找失踪亲友；根据中国有关法律法规为在境外合法居留的中国公民颁发、换发、补发旅行证件及对旅行证件办理加注；为遗失旅行证件或无证件的中国公民签发旅行证或回国证明；根据中国有关法律法规和国际条约为中国公民办理公证、认证；在与所在国的法律不相抵触的情况下办理中国公民间

---

① 朱建庚：《中国领事保护法律制度初探》，载《中国司法》2008年第10期，第102页。

② 《维也纳领事关系公约》，中华人民共和国外交部官网，http://www.fmprc.gov.cn/chn/gxh/wzb/bszn/dafw/t9779.htm，2012年5月10日。

的婚姻登记手续。[①]

综上，领事服务的内容大致可分为两类，即颁发证件（认证、公证）和为在海外遇到困难的公民提供协助式保护。由领事办理颁发的常见证件文书有护照、国际旅行证件、回国证明、婚姻登记、认证文件、公证文书等；公民在海外遭遇的可以向领事求助的困难复杂多样，例如被捕入狱、遭遇犯罪侵害、公共危机、重大灾害以及其他一些涉及人权保护的情形。

### （三）人本主义对领事服务理念的重构性影响

领事服务同境外本国公民的权益保障息息相关，政府的执政理念对其领事制度具有直接影响。新中国建立后，国家最初较为侧重于集体人权和利益，外交和领事官员受行政管理传统理念和作风的影响，存在较浓的“官本位”思想，为民服务的意识不强。[②] 近年来，随着“以人为本，执政为民”理念的提出，尤其是2004年“保障人权”入宪，使我国的领事服务工作朝着“民本位”方向有了明显进步。例如2011年利比亚撤侨事件的妥善处理，就不仅使海外中国人倍感温暖，也彰显了中国在人权保障上的大国风范。

目前中国海外公民和机构不断增多，海外安全风险日渐多元，安全形势更趋严峻。驻外领事应为海外中国公民和机构提供更加及时全面的安全信息和更加切实有效的领事保护措施，有力维护海外中国公民和机构的安全和正当权益。同时，中国公民在境外的工作、贸易、生活、求学等活动所需的国内相关行政服务也必须通过驻外领事得以延伸。

西方发达国家的领事服务立足于人权保障和“福利国”观念，可谓“无孔不入、无微不至”，有力推动了国家荣誉感和爱国情结的形成。例如，2007年英国外交部所作的一项调查就表明，30%的英国国民认为如果在国外被关押，外交部能够帮助他们出狱，理由很简单，因为他们是英国公民。[③] 英国外交部于2006年3月公布的《协助海外英国国民指南》向公众全面介绍了外交部及驻外使领馆能够为公民提供的帮助和不能提供的帮助，勾画出了一个明确的领事协助和保护的框架。其中规定，外交部每年都要在接受过领事协助的公民中进行抽样调查，以了解服务的质量和需要改进之处；如果有公民对服务不满意，可以通过不同的方式进行投诉。英国领事保护机制改革体现出全球化背景下外交发展的一些新特

① 《中国领事保护和协助指南》，中华人民共和国外交部领事司官网，http：//cs. mfa. gov. cn/lsbh/lbsc/t873386. htm，2012年5月10日。

② 黎海波：《中国领事保护理念的人本转向：具体案例的分析与实证》，载《江南社会学院学报》2010年第2期，第72页。

③ Delivering Change Together The Consular Strategy2007 – 2010. p. 7.，转引自夏莉萍：《20世纪90年代以来英国领事保护机制改革：挑战与应对》，载《外交评论》2009年第4期，第116页。

点，表明国际关系中“与个人利益相关”的一面日益成为外交工作的前沿。①

与西方发达国家相较，我国的领事服务还存在比较大的差距。为了切实推动和规范领事服务工作，维护广大境外我国公民的合法权益和人身财产安全，我国健全关于领事服务的立法日趋必要。领事服务立法的渐臻完备必将转变我国驻外领事机构的政治化管理色彩，促进依法行政，注重公民权益保障，切实履行领事职责。值得一提的是，2009 年国务院法制办向社会发布《中华人民共和国领事工作条例（征求意见稿）》，开启了领事服务立法的序幕。该条例（征求意见稿）在领事职责范围中区分了应当采取领事保护和依申请采取领事保护的情形，拟规定在下列情形下驻外领事机构和领事官员依职权应当采取领事保护措施：“驻在国有中国公民被拘留、逮捕或者正在服刑以及其他被限制人身自由情形的，对其进行探访或者与其通讯，但该中国公民明确表示不接受的除外；驻在国有中国公民伤亡的，将知悉的中国公民的伤亡情况通知其亲属、工作单位或者其国内原户籍所在地人民政府，必要时协助处理善后事宜；驻在国发生重大突发事件时，中国公民因生命、财产安全受到严重威胁要求紧急撤离危险地区的，提供必要协助。”② 这不能不说是一个里程碑式的进步，旗帜鲜明地强调了领事服务行为的国家责任属性。但同时，该条例（征求意见稿）也存在着显而易见的问题，全文仅寥寥 19 个条款，且未列入关于“法律责任”的任何内容，这不能不说是一个莫大的遗憾。

## 二、领事服务行为的性质分析

人们长期以来忽视领事服务领域的行政救济，其中一个重要的原因即在于对领事服务行为的性质存在错误认识，认为凡与外事有关的行为均构成外交行为，不受司法审查。

### （一）领事服务行为与外交行为的关系

厘清领事服务行为与外交行为的关系，就必须首先厘清领事机构（领馆）与外交机构（使馆）的关系。一般来说领馆与使馆存在以下差异：其一，领馆一般只在接受国的领区内，执行各种由相关条约和法律所规定或依国际惯例所实行的领事职务；使馆在接受国中“代表派遣国”，处理与接受国间的全部外交事务。其二，领馆一般只能与领区内的地方主管当局联系或办理交涉；使馆有权

① 夏莉萍：《20 世纪 90 年代以来英国领事保护机制改革：挑战与应对》，载《外交评论》2009 年第 4 期，第 126 页。

② 《中华人民共和国领事工作条例（征求意见稿）》公开征求意见的通知》，中国政府法制信息网，http：//www. chinalaw. gov. cn/article/cazjgg/200911/20091100143561. shtml，2012 年 5 月 18 日。

“与接受国政府办理交涉”。其三，领馆一般仅限于保护本馆辖区内的派遣国及其国民的利益；使馆保护接受国全境内的派遣国及其国民的利益。其四，领馆和使馆虽均有促进两国友好关系的职务，但两者在性质和层次上有差别。其五，领事官员只有在一定条件下得准予承办外交事务，而外交代表可同时执行领事职务。①

由此，大致可得出以下结论：领事职务是外交职务的特殊形态；领事服务行为与外交事务有关，但却以派遣国公民的权益保障和具体事务为工作对象；领事服务行为不仅基于派遣国之国内法，还应遵循国际法以及尊重接受国之国内法。

### （二）领事服务行为的行政属性

尽管外交部颁布的《中国领事保护和协助指南》从严格意义上讲尚不是法律规范性文件，但从行政法理的信赖保护原则角度理解，完全有理由将其视为中华人民共和国外交部（行政主体）对中国公民（行政相对人）所作之权威承诺以及对驻外领事机构的工作要求，而不是无法律意义的行政指导。《中国领事保护和协助指南》已构成对驻外领事机构的约束效力，驻外领事负有履行其行政职责的义务。

领事服务行为的行政属性还可从外交部的官方理解中得到佐证。“按照外交部的工作部署，领事司应积极推进依法行政，进一步提升驻外使领馆领事工作水平。下一阶段，领事司将继续完善法制工作，以服务‘走出去’战略、服务中外人员往来作为工作的着眼点，清理现有的不适应形势发展的规章制度，有针对性地制定和完善相关法律法规，重点抓好《领事工作条例》和《出境入境管理法》的制定及修改工作，使领事工作的依法行政水平更上一层楼，更好地维护包括港澳台同胞在内的海外中国公民合法权益，更好地服务新时期外交工作大局。”② 从上述官方文件的内容可鉴，领事服务行为的行政属性应是一个明确的事实。

## 三、领事服务行为的可诉性分析

### （一）行政相对人不服领事服务行为的维权管道及其缺陷

根据外交部领事司现行适用的行政相对人不服领事服务行为的维权救济机

① 《领事常识》，中华人民共和国外交部领事司官网，http：//cs. mfa. gov. cn/zjls/lscs/，2012 年 5 月 10 日。

② 《领事工作依法行政服务中外人员交往——领事司司长黄屏谈外交部领事工作》，中华人民共和国外交部官网 http：//www. fmprc. gov. cn/chn/pds/wjb/yfxzzl/t804519. htm，2012 年 5 月 10 日。

制，公民如对领事工作有意见，可向外交部领事职能部门、纪检委和监察局投诉。外交部将依据《维也纳领事关系公约》、双边领事条约、《中国领事保护和协助指南》以及《涉外人员守则》、《国家公务员暂行条例》、党纪、政纪等法律和规章的规定，对失职人员依法追究责任。① 以上维权及监督机制的运行模式，呈现出显著的跛足形态，侧重于行政系统的内部自我监督和问责，对行政相对人的合法权益保障与救济则未予充分考虑。

### （二）司法审查法定原则对我国行政诉讼受案范围的负面影响

我国行政诉讼的受案范围以概括式条款加肯定及否定列举式条款的方式予以确定。凡《行政诉讼法》与其他法律法规未明示的行政行为均为不可诉行政行为，此即我国行政诉讼中“司法审查法定原则”的鲜明体现。

《行政诉讼法》中所确定的受案范围，决定了行政相对人在权益受到侵犯时能否享有司法救济权。随着我国法治化水平的不断提高和公民权利意识、参与意识的不断增强，反思和扩展行政诉讼的受案范围，对充分保护行政相对人的合法权益，严格控制行政权力的滥用，促进行政关系的和谐都有着重要意义。

司法审查受案范围原则的确定，国外采取的立法原则都是可以审查的假定原则，即行政行为在原则上都属于能够审查的行为，法院审理行政案件是原则，不受理则是必须加以明示的例外。而我国却是采取不予审查的假定原则，人民法院不享有对政府行为进行审查和监督的权力，不得受理任何行政案件，除非有明确的法律规定，也就是所谓“司法审查法定原则”，这就造成了我国司法审查制度的弊端。② 如果既有立法并未对某类行政争议明示规定其可诉性，则法院通常以无法律依据为由不予受理。司法审查法定原则的保守性呈现了一种完全无必要的司法谦抑，导致行政相对人求告无门。

### （三）对领事服务进行司法审查的必要性与现实性

享受领事服务是一项个人权利。基于主权的属人管辖权是领事服务的基础，但其推动力却是人权。一国公民有权要求或放弃领事保护。③ 而法院则应当吸收国际法院的法律解释和法理逻辑，使得违反《维也纳领事关系公约》的行为引

---

① 吴佩霜：《专访中国外交部领事司司长罗田广：中国领事保护正在完善》，载《新闻周刊》2003年第23期，第37页。

② 李丰凯：《行政诉讼法立法目的及其对行政诉讼制度构建之影响》，载《内蒙古农业大学学报》（社会科学版）2010年第6期，第21页。

③ 黎海波：《国外学者的领事保护研究：一种人权视角的审视与批判》，载《法律文献信息与研究》2010年第2期，第36页。

起个人可强行的权利、救济以及实质性的司法审查。[①] 例如在美国，一切行政行为均属于司法审查的范围，只有在法律明确授权排除司法审查事项时，法院才放弃司法审查权力。[②]

我国台湾地区关于行政诉讼受案范围的法定外（无名）诉讼类型之容许性理论，可以为我们提供一种更为现实的借鉴。法定外（无名）诉讼是与法定诉讼相对应的一种对诉讼类型的分类方法。基于权利保护之概括主义，除非依既有法定诉讼类型已能提供人民适当之权利保护，否则即有扩充既有法定诉讼之适用范围或另外承认法定外诉讼类型之余地。[③] 人本主义正在重构着我们的行政法，曾经被我们长期奉为圭臬的司法审查法定主管模式也必将因此而动摇。

诚然，领事服务尤其是领事保护工作所能达到的效果受到诸多因素的限制。奠基于国家与个人关系之上的领事保护，本身就是一个涉及内政与外交、主权与人权等复杂关系的问题。[④] 首先，驻外领事对本国公民的保护，本质上是基于国际条约、双边领事协定等敦促驻在国执法机关依法履职，秉公处理；其次，领事保护所涉及事务最终的处理效果受制于驻在国法治环境，尤其是当我国公民的行为违反驻在国法律并构成犯罪时，驻外领事必须遵循和尊重驻在国法律，不能袒护我国公民的违法犯罪行为；其三，实施领事保护时所进行的外交交涉受制于两国关系、法律差异、意识形态等因素，可能成功也可能得不到驻在国政府的配合。因此，公民不能因为外交交涉无果而起诉驻外领事，这是世界各国通行的法律规则。我国《行政诉讼法》第 12 条第 1 项也规定了“人民法院不受理公民、法人或者其他组织对国防、外交等国家行为提起的诉讼”，《行政复议法》同样也将外交行为排除在受案范围外。

必须指出的是，虽然驻外使领馆在驻在国没有任何行政权力和强制手段，但如果海外中国公民已依据《中国领事保护和协助指南》向领事机关提出请求，领事不予理睬或怠于履行职责为公民提供领事保护，则无关乎外交事务，应属于《行政诉讼法》第 11 条第 5 项所指“行政机关不履行保护公民人身权财产权法定职责”的行政不作为行为。此外，领事认证（公证）行为不得违反接受国法律规章的这一前提，也会构成领事服务的法律风险。例如，驻在国法律不承认领事婚姻的适用，而驻外领事却未考虑此关键因素为海外中国公民办理了无效的领事

① 黎海波：《国外学者的领事保护研究：一种人权视角的审视与批判》，载《法律文献信息与研究》2010 年第 2 期，第 34 页。

② 吴凯：《行政诉讼受案范围制度的比较与建构——基于可以审查的假定原则》，载《岭南学刊》2011 年第 3 期，第 70 页。

③ 黄韶隐：《大陆与台湾地区行政诉讼受案范围的比较研究》，载《企业导报》2009 年第 9 期，第 141 页。

④ 黎海波：《国外学者的领事保护研究：一种人权视角的审视与批判》，载《法律文献信息与研究》2010 年第 2 期，第 35 页。

婚姻登记，那么领事机构就应当为此工作疏忽而承担行政责任。

## 四、远程庭审方式的适用性分析

囿于地理距离的舟车劳顿，传统的庭审方式常常给异地当事人带来讼累负担。如何便利接纳来自于异国他乡的公民救济请求，解决领事服务司法审查的空间阻隔问题，这是开启行政救济之门必须突破的障碍。信息和网络技术的应用让天涯变为咫尺，这完全可以为领事服务领域的公民救济与司法审查开辟一条行之有效的新路径。

远程庭审是指借助网络化信息系统、音频视频传输系统、多媒体展示硬件、远程会议软件等 IT 技术，使诉讼参加人在法院指定场所远程实时参加法院庭审活动的新型审判方式。相较于传统庭审方式，远程庭审的优势一方面体现在有效突破地理障碍，方便远距离当事人参加诉讼；另一方面在于节约司法资源，提高审判活动的公正与效率。目前，在福建省沙县法院、江西省南昌中院、上海市第二中院等地方法院已有远程庭审的尝试，并取得了一些成功经验。①

新科技的适用尤其是在司法领域的适用当慎之又慎，不断完善其正当性，相对应地做足立法修正和补充，使其获得合法性支撑。当前，远程庭审方式能否推而广之，关键在于能否有效克服以下这些质疑和障碍，诸如“远程庭审缺少在场感减损法庭权威，弱化审理的真实感和真实性，妨碍当事人表达效果，妨碍诉讼权利的行使，影响证据的质证，庭审受制于网络传输的稳定与安全”等等问题。② 网络环境下，远程庭审的优点是显而易见的，其对诉讼的影响也将是变革性的。庭审方式的变革，将导致法定证据类型、证人作证方式、庭审记录形式、阅卷方式等一系列突破。因此，在相关配套机制和技术措施方面，网上起诉与远程立案系统平台的建设、电子法律文书的网上送达、电子签名及电子证据的采信认可等等都亟待建立和健全。

对远程庭审方式在领事服务司法审查领域的具体构建，限于本文的篇幅和专业认知程度上的力有不逮，笔者不敢作草率臆断。但从适用性规划的层面，远程庭审方式将来不论是作为在传统庭审方式外的并行选择抑或仅能作为在特殊情境下的便宜补充，笔者都赞同范黎红的观点，认为应当至少理顺以下两方面关系：其一，传统司法仪式的形式威信与现代远程审理的灵活性之关系。司法仪式和程序具有法定性，亦存在灵活的空间。对远程审理中司法威信的理解，应突破传统形式的条条框框束缚，抓住实质性要素，允许传统符号与仪式的现代变迁，在远

---

① 参见刘敏：《电子时代中国民事诉讼的变革》，载《人民司法》2011 年第 5 期，第 70—74 页。

② 参见付雄，叶三方：《论远程审判的适用规则——克服远程审判之不足的制度设计》，载《内蒙古社会科学（汉文版）》2011 年第 4 期，第 43—44 页。

程审理的尝试和推广中，逐步扩大群众对远程审理的接受度，树立远程审理形式下的司法威信。其二，节约诉讼资源、提高诉讼效率与保障当事人诉讼权利的关系。从远程审理来看，随着远程审理的推广，其技术和人力成本将大大降低，与传统审判相比较，将大量节约诉讼成本，优化司法资源配置。然而，这必须建立在保障当事人诉讼权利的基础之上。否则，牺牲当事人诉讼权利的司法效率之提高，将背离人民司法的本质，导致最大的“不效率”，也违背当代科学技术运用的人权和伦理要求。①

## 结语

在全球化的变迁中，个人生存的基础越来越不稳定，如何在这种现代社会中建立人与人之间新的纽带关系，是十分重要而急迫的课题。②“大国崛起”给中国带来的不仅是一份民族荣耀，更是增添了一份责任。“大国责任”不仅体现为在国际社会中对国家形象的维护，更多的是站在国家责任的高度为每一个身处异国的中国人奉献一视同仁的民族大爱。领事服务的广度和深度不仅关系到海外中国公民的生活便利和安全感，更关系到海外中国公民爱国情结之维持。应当逐步推进有关领事服务的立法工作，把“以人为本，外交为民”的理念贯穿于具体的法律制度构建，依法行政，规范领事服务行为，理顺领事服务领域的公民权益救济通道。

---

① 范黎红：《远程审理的适用空间之展望》，载《法学》2010年第2期，第152页。

② ［日］新保敦子：《全球化下日本公民馆的发展及其社会影响》，载《现代远程教育研究》2011年第2期，第57页。

# 两岸行政诉讼若干问题比较研究

王　榕
◉ 福建江夏学院教师

行政诉讼是解决行政争议的方式，在行政诉讼中占有极其重要的地位。当今世界各国，无论是实行资本主义制度，还是实行社会主义制度，都提倡依法行政，建立法治政府。依法行政必须有制度上的保障，行政诉讼是实现依法行政的最有力的保障，当代文明国家都建立行政诉讼制度，但由于历史条件不同，社会发展情况各异，行政诉讼制度亦出现许多差别。由于历史原因，中国大陆和台湾地区的行政诉讼制度也存在很大差异，本文主要从以下几个方面进行比较。

## 一、行政诉讼体制的比较

世界各国在行政诉讼的体制方面，分为法国式的分离制和英美法系的合并制两种。分离制，就是在普通法院之外，另设审理行政诉讼案件的"行政法院"。所谓合并制，是指不在普通法院之外设立独立的"行政法院"，行政诉讼案件由普通法院中的行政审判庭进行审理。中国大陆的行政诉讼制度正式建立于1990年，建立时间不长，行政诉讼案件由普通法院的行政审判庭审理。专门人民法院（如军事法院、铁路运输法院、海事法院）不受理审查和执行行政诉讼案件，人民法庭也不受理审查和执行行政诉讼案件。

现在适用于台湾的"行政诉讼法"颁行于1933年，其后经过六次修订，已日趋完善，修正的"行政诉讼法"于1998年通过，2000年7月1日正式实施。台湾地区行政诉讼体制采用的是德国式的行政法院体制。"行政法院"隶属于司法系统，而不隶属于"行政院"，有利于公正地审理案件，因此，在行政诉讼案件裁判权是司法权的组成部分这一点上，大陆与台湾是一致的。

大陆行政审判机关实行四级二审制，即最高人民法院、高级人民法院、中级人民法院和基层人民法院。基层人民法院管辖第一审行政案件。中级人民法院管辖以下第一审行政案件：1. 确认发明专利权的案件，海关处理的案件。2. 对国务院各部门或者省、自治区、直辖市人民政府所作的具体行政行为提起诉讼的案件。3. 本辖区内重大复杂的案件。高级人民法院管辖本辖区内重大复杂的第一审行政案件。最高人民法院管辖全国范围内重大复杂的第一审行政案件。据相关资料统计，大陆目前有基层人民法院2700多个，中级人民法院300多个，高级人民法院30多个。人民法院的设置是与地方各级行政区划相对应的，方便了“民告官”案件的受理、裁决和执行。

台湾地区“行政法院”隶属于“司法院”，主管行政诉讼审判事务。目前，“行政法院”分“高等行政法院”和“最高行政法院”，①即高雄高等行政法院，台中高等行政法院和台北高等行政法院。高等行政法院是行政案件的初审法院，负责审理两类案件：一是不服诉愿决定或法律规定视同诉愿决定而提起的诉讼；二是其他依法律规定由高等行政法院管辖的案件。台湾地区只有一所“最高行政法院”，设在台北。“最高行政法院”主要有两类职权：一是审判权，“最高行政法院”负责审理不服高等行政法院裁判而上诉或控告的案件，以及其他依据法律规定由其管辖的案件。二是形成判例法的权力。即“最高行政法院”对自己在裁判中所持的法律见解，认为有必要形成判例时，应依法定程序形成判例。在不影响“行政法院”审判权之独立性下，司法机关首长对于所属法院享有司法行政监督权，而“行政法院法官”之遴选与审查，应注意其经验与行政法学的素养，“行政法院”法官任用后，每年应办在职进修，以充实行政法学及相关专业素养，提升裁判品质。②

实行行政审判庭体制，大陆审判体制长期发展的结果，但是目前面临许多困境：行政案件起诉难；审理时法院对于行政机关的不独立，法官的不够独立，或者由于专业知识的缺乏，判决时难以达到公正。面对越来越多的行政干预，笔者认为应建立直属于最高人民法院的行政法院，行使行政案件的审判权，不受最高人民法院以外的任何国家机关、组织和个人的干涉，同时，要借鉴台湾地区有关严格选拔、任用法官，以及对法官进行经常性的在职进修，提高专业素养的做法，建立一支高素质的司法队伍。

## 二、行政审判组织的异同

审判组织是指具体行使国家行政审判职能的组织。当前，世界各国行政审判的运作有两种形式，一为独任制，一为合议制。独任制是由一个审判员代表审判机关行使行政裁判权。合议制则由3人以上的单数组成合议庭审理行政案件。

大陆的行政审判组织包括行政审判庭、合议庭和审判委员会。合议庭是行政审判的基本组织，合议庭的组成人员为3人以上单数，依少数服从多数原则对案件进行审理和裁判。大陆在行政审判中，无论是一审还是二审都采用合议制，不同的是，一审可以由审判员组成合议庭，也可以由审判员和人民陪审员组成合议

---

① 蔡志方：《行政救济法新论》，元照出版公司2001年版，p159。

② 台湾“行政组织法”第2条、第6条、第7条、第12条、第19条、第44条。

庭，但未对审判员和陪审员的比例作规定；二审中必须由审判员组成合议庭，体现了司法权对行政权的尊重。重大疑难案件由各法院的审判委员会讨论决定，审判委员会在目前的行政审判中起着较为重要的作用，但这一制度的弊端也不少，应对之进行改革，防止并力求克服审者不判、判者不审可能带来的问题。

台湾地区“行政法院”的审判组织形式包括独任制和合议制。高等行政法院在简易程序中实行独任制，由一个法官主审，根据台湾地区“行政诉讼法”第229条的规定，简易程序主要适用于小数额的公法上财产关系的诉讼和较轻微的行政处分，即：（1）因税捐课征事件涉讼，而核定征收的税额在新台币3万元以下的案件；（2）因不服行政机关作出的新台币3万元以下的罚款处分而提起诉讼的案件；（3）其他关于公法上财产关系的诉讼，并且标的额在新台币3万元以下；（4）因不服行政机关作出的告诫、警告、记点、记次或其他相似的轻微处分而涉讼的；（5）根据法律的规定应使用简易程序的案件。高等法院除在简易程序中采用独任制外，都采用由3个法官组成的合议制形式。“最高行政法院”一律采用5个法官组成的合议制形式，另外，大陆实行人民法院独立审判制，台湾实行的则是法官依法独立审判制。

笔者认为，对一些简单的行政案件，实行简易程序，由一个审判员独立行使行政审判权，能够避免行政案件久拖不决，久拖不结的弊端，迅速解决纠纷，提高办案效率。大陆应当借鉴台湾行政案件初审中的简易程序中的独任制，进行进一步的探索、创新，完善大陆的行政审判组织。

## 三、行政诉讼受案范围和行政诉讼类型的异同

行政诉讼的受案范围大约有三种基本模式：概括式、列举式、混合式。一般认为大陆现行《行政诉讼法》使用的是概括加列举的混合模式：《行政诉讼法》第2条属于概括式的规定，而第11条和第12条以及《若干解释》则从正反两面作了列举式的规定。

台湾地区采用的是概括式。台湾地区“行政诉讼法”第一篇第一章是“行政诉讼事件”，旨在回答行政诉讼的受案范围，然而，该法并没有对“行政诉讼事件”的含义和范围进行说明，只是在第2条规定“公法上之争议，除法律另有规定外，得依本法提起行政诉讼”。这里的法律是“立法院”通过“总统”公布的规范性文件；目前，“其他法律有特别规定”的公法争议，主要指下面10部法律提到的10类争议：（1）“国家”赔偿争议（“国家赔偿法”第11条和第12条）；（2）冤狱赔偿争议（“冤狱赔偿法”第4条和第5条）；（3）选举罢免争议（“公职任用选举罢免法”第101条、第103条、第106条、第108条）；（4）公务员惩戒争议（“公务员惩戒法”第18条以下）；（5）交通违规争议（“道路交通管理处罚条例”第88条和第89条）；（6）社会秩序维护法中发生的争议

（“社会秩序维护法”第55条以下）；（7）律师惩戒争议（“律师法”第41条和第47条）；（8）“立法院”、“行政院”、“司法院”、“考试院”、“监察院”之间的争执等（“宪法”第44条等）；（9）“司法院”“大法官”有权解释的事项的范围争议（“司法院大法官审理案件法”第4条）；（10）“中央”与地方及地方之间的权限争议（“地方制度法”第77条）。

比较台湾地区和大陆的行政诉讼案件的受案范围，本人认为，台湾地区采用概括式，受案范围极其广泛，不仅可以受理直接利益受到侵害的行政争议案件，而且可以受理间接利益受到侵害的行政争议案件，大陆目前采取的所谓混合模式是存在逻辑上的漏洞的，形成了受案范围的灰色地带，使适法者和执法者在实践中处于两难的境地，对某些行政行为是否能够进行审查无从判断。一方面产生了法律适用的随意性问题；另一方面，如此之大的自由裁量权，使规避法律成为可能，腐败问题由此产生。

在诉讼法学领域，类型化是最基本的研究方法之一，其目的是：“按照一定的标准对社会纠纷进行归类总结，以为相应诉讼救济途径的设计或者诉讼体系漏洞的弥补奠定社会实证基础。”① 行政诉讼的类型又称为行政诉讼的种类，意指“公民、法人或者其他组织可以行政诉讼请求救济且法院仅在法定的裁判方法范围内裁判的诉讼形态”。理想的行政诉讼制度应当区分不同的行政诉讼种类对症下药，才能达到最佳的司法效果，可以说，一个国家或地区行政诉讼类型的多寡及其设置的科学与否直接影响到其公民行政诉权的保护以及法院司法功能的实现。

行政诉讼的类型化已经成为一种世界性的现象，遗憾的是，中国大陆现行《行政诉讼法》及其司法解释并未对行政诉讼的类型作出明确规定，仅涉及行政诉讼的判决形式。根据《行政诉讼法》第54条的规定，中国大陆行政判决的基本类型包括维持判决、撤销判决、履行判决和变更判决等，此外，最高人民法院的司法解释又结合行政诉讼司法实践的发展，增加了确认判决和驳回原告诉讼请求判决的两种判决形式，按照境外有关行政诉讼种类划分的一般标准，中国大陆行政诉讼有被害人之诉和利害关系人之诉，而没有公众之诉和公益之诉，因此只有主观诉讼，没有客观诉讼，维持判决、撤销判决、变更判决可以归类于形成之诉，履行判决可以归于给付之诉，再加上确认之诉。

台湾地区“行政诉讼法”第3—11条是关于撤销之诉、确认之诉、给付之诉、公益诉讼和选举罢免之诉。撤销之诉，指人民认为自己的权利或法律上的利益受到“中央”或“地方”行政机关的违法行政行为的损害，依法定程序诉请行政法院撤销该行政处分，撤销之诉实现诉愿前置主义。给付之诉是命令被告对原告为一定行为的判决形式，包括作为、不作为以及忍受等不同方式。在台湾

① 樊崇义主编：《诉讼原理》法律出版社2003年版，P551。

“行政诉讼法”上，给付判决包括：怠为处分之诉（该法第5条第1项），拒绝申请之诉（该法第5条第2项），以及一般给付之诉（该法第8条第1项），合并请求之给付诉讼（该法第7条及第8条第2项）及撤销诉讼中命令被告恢复原状的位置（该法第196条）等五种形态。确认之诉包括确认行政处分无效之诉，确认公法上法律关系成立或不成立之诉和确认行政处分违法之诉，人民通过确认之诉来达到自己的目标。公益诉讼，指人民为了维护公共利益，对行政机关作出的与自己的权利和法律上利益无关但违法的行为提起的行政诉讼。从范围上来看，公益诉讼仅限于法律有特别规定的情形，主要是有关防治环境公害的法律对行政公益诉讼作了规定。“宪法”第132条规定“选举应严禁威胁利诱，选举诉讼，由法院审判之”。此处的法院包括“行政法院”，这类争议针对的是行政命令，应由行政法院主管。

从此上分析可知，大陆与台湾地区相比，并不具有严格意义的类型化的行政诉讼。退一步讲，即使算有，还存在以下问题：第一，行政诉讼类型数量过少，不利于行政相对人合法权益的全面保护。例如：大陆目前的行政诉讼类型都是针对侵害已经发生的情况而设置的，这种“亡羊补牢”式的权利保障体系对于某些特殊情况下不可恢复的被侵害权益的保护就显得乏力。相反，台湾地区的一般给付之诉中就包括了预防的不作为之诉，允许相对人在可能给其造成不可弥补的权益损害的行政决定付诸实施之前，向法院起诉，请求法院审查该行政决定的合法性，阻止其内容的实现。第二，大陆行政诉讼类型的划分比较粗糙，制约着行政审判功能的正常发挥。大陆行政诉讼中仅注意对相对人主观权益的保护，而缺少以维护客观法律秩序为目的的客观行政诉讼类型，由此导致行政机关的违法行为侵犯国家和公共利益时，因无人具有资格提起行政诉讼而造成国家和公共利益的损失。第三，过分强调法律对行政诉讼类型的硬性规定，不承认行政法官的创造。台湾行政诉讼法源中有“最高行政法院”的判例，而大陆由于不承认行政法官的“造法”功能，行政诉讼类型就始终不敢越雷池半步，行政相对人合法权益的维护在落后的立法与软化的司法之间面临着太多的困惑。

## 四、回避制度的异同

回避制度是近代司法的第一原则，为了确保审判公正，《行政诉讼法》和台湾“行政诉讼法”都明确规定了回避制度，但两者存在差异。1. 回避的原因不同。大陆关于回避的原因较为概括，仅规定为“与本案有利害关系或者有其他关系可能影响公正审判”，使行政相对人不易界定“有利害关系或者有其他关系”的内涵，不利于申请回避权的行使。台湾则将回避原因作了11项具体、明了的列举式规定，回避的范围比中国大陆大且明了，易于把握。2. 回避的种类不同。大陆回避种类包括自行回避和申请回避，台湾地区的回避除了以上两种，还包括职权回避，指的是有权对回避申请作出裁定的行政法院或兼任院长的法官认为法官、书记员、翻译人员有自行回避的情形时，应依职权作出应予回避的裁定。在职权回避中，不以当事人提出回避申请为前提。3. 回避的对象范围不同。大陆规定的回避对象除了法官、书记员、翻译人员，还有鉴定人与勘验人员，台湾规定的回避对象主要指法官、书记官与翻译。4. 回避的期限规定不同。大陆规定当事人的回避申请，应在案件开始审理时提出；回避事由在案件开始审理后知道的，也可以在法庭辩论终结前提出；台湾则将申请回避的期限分为两种：一种是对法官应自行回避而不回避的，当事人可在诉讼终结前，随时申请回避；另一种是当事人怀疑法官在本案中有偏颇的行为的，应在诉讼声明或前述前提出申请回避，除非回避的原因以后才知道的，才不受限制。5. 回避申请的处理方法各异。大陆对回避申请的方法为：院长担任审判长时的回避，由审判委员会决定；审判员的回避，由院长决定；书记员、翻译人员、鉴定人与勘验人员的回避，由审判长决定。台湾对申请回避的处理方法由行政法院以合议形式作出裁定，如果因人数不是法定人数而无法合议裁定的，则由兼任院长的法官来裁定；如果不能由兼任院长的法官作出裁定，则由直接上级法院进行裁定。相比较而言，大陆的处理方法更加简便易行。

## 五、有关诉权的不同规定

无论是大陆，还是台湾地区，行政诉讼都是以不服行政行为的公民、法人或者其他组织为原告，以作出行政行为的行政机关为被告。但在反诉问题上，大陆与台湾地区规定不一致。《行政诉讼法》规定被告对原告不能进行反诉。台湾地区“行政诉讼法”第 120 条规定，被告在言论辩论终结前，可以向管辖本诉的行政法院提起反诉，不过，被告的反诉应受到一定限制，并且需要接受行政法院的审查：第一，如果反诉是撤销之诉，被告不得提起。第二，反诉的请求如果专属于其他行政法院管辖，或者与本诉的请求或其防御方法没有牵连的，不得提起。第三，被告试图通过反诉来拖延本诉的，行政法院应予驳回。此外，当被告提起反诉后，原告不得针对反诉再次提起反诉。笔者比较赞成大陆的规定，理由如下：第一，从行政诉讼的性质看，它具有对行政权力行使的监督性，因而必然要以行政机关的行政活动为审查监督的对象，这决定了行政机关应成为被诉并受到司法审查的一方，如果以公民、法人或者其他组织为被告就不符合行政诉讼的监督性质。第二，从行政机关行政职权的属性讲，它作为一种具有强制执行力的国家权力，当行政机关与公民、法人或者其他组织发生有关争议时，行政机关自己完全可以凭借这种国家行政权力来强制行政相对人服从自己，由此，行政机关无须作为原告向法院对公民、法人或者其他组织提起诉讼；反之，公民、法人或者其他组织一方却缺乏要求行政机关服从自己意愿的能力，他们只能作为原告向法院对行政机关提出行政诉讼，请求司法机关运用司法权来监督行政权的行使，寻求司法的保护。

## 六、举证责任的比较

法院的裁判必须以正确认定事实为基础，而事实认定离不开证据的支撑。证据制度是行政诉讼制度的重要组成部分。在证据制度中，最关键的是举证责任的分配问题。举证责任分配是法律规定应当由哪一方当事人对诉讼中的相关事实提供证据加以证明，否则就应当承担败诉后果的问题。《最高人民法院关于执行〈行政诉讼法〉若干问题的解释》第26条至第31条对《行政诉讼法》第五章有关证据的内容作了符合审判实践要求的解释，举证责任的分配制度更加合理，重申在行政诉讼中，被告对其作出的具体行政行为承担举证责任，原告对某些事实也承担举证责任。《若干问题的解释》第27条规定："原告对下列事实承担举证责任（1）证明起诉符合法定条件，但被告认为原告起诉超过起诉期限的除外；（2）在起诉被告不作为的案件中，证明其提出申请的事实；（3）在一并提起的行政赔偿诉讼中，证明因受被诉行为侵害而造成损失的事实；（4）其他应当由原告承担举证责任的事实。"在大陆法律中，强调被告行政机关的举证责任，是基于以下理由：第一，行政行为的合法要件要求具体行政行为符合法定程序的一个最基本的规则是先取证后裁决。因此，当行政机关作出行政行为后被诉至法院时，应当能够有充分的事实材料证明其行政行为的合法性。第二，在行政法律关系中，行政机关处于主动地位，其实施行为时，无须征得公民、法人或者其他组织的同意，而公民、法人或者其他组织则处于被动地位。因而为了体现在诉讼中双方当事人地位的平等性，就应当要求被告证明其行为的合法性，否则应当承担败诉的后果。事实上，由于行政法律关系中双方当事人的这种不同地位，原告将无法或很难收集到证据，即使收集到也可能难以保全，在这种情况下，当原告不能举证证明自己的主张时，由原告承担败诉后果，是有失公允的。第三，行政机关的举证能力比原告要强，在一些特定情况下，原告几乎没有举证能力，如对环境造成污染，某项独创是否获得发明专利，等等，这些都是原告无法收集、保全的，因而要求原告举证是超出其承受能力的。①

台湾地区"行政诉讼法"第136条规定："除本法有规定者外，《民事诉讼法》第277条之规定于本节（指"证据"一节）准用之。"该法的立法理由书中指出："本法修正后，行政诉讼种类增多，其举证责任应视其诉讼种类是否于公益有关而异，按举证责任，可分主观举证责任与客观举证责任，前者指当事人就自己主张的事实向行政法院提供证据的行为责任，客观举证责任是在行政法院对

① 应松年主编：《行政诉讼学》，中国政法大学出版社2003年版，P127。

某一待证事实无法查证其真实与否时，依法得予一方当事人以证明义务；当事人未能履行该义务时，则判其败诉。”台湾地区“行政诉讼法”的规定确认行政诉讼举证责任的分配时，首先要看“行政诉讼法”有无特别规定，若没有，则适用“民事诉讼法”。依据台湾地区的有关规定，不同行政诉讼类型的举证责任分配规则不同，在撤销之诉中，被告对负担性行政处分的构成要件事实负举证责任；在裁量处分中，被告对裁量决定已经获得合法授权的事实负举证责任，而原告对被告构成逾越裁量权或滥用裁量权负举证责任。在一般给付之诉中，原告对构成自己请求权原因的事实负举证责任。在课予义务之诉中，原告对自己已经依法提出申请的事实负举证责任；请求确认行政处分无效的，原告对行政处分无效的原因事实负举证责任；请求确认公法上法律关系成立的，原告负举证责任；请求确认公法上法律关系不成立的，被告负举证责任；请求确认行政处分违法的，被告承担举证责任。

比较台湾地区和大陆的举证责任的分配，台湾地区除了“行政诉讼法”有特别规定的外，采用“民事诉讼法”的“谁主张，谁举证”，《行政诉讼法》要求被告承担举证责任。本文认为后者具有优越性，充分体现了行政诉讼的目的。首先，有利于促进行政机关依法行政，严格遵守先取证，后裁决的规则，从而防止其实施违法行为和滥用职权；其次，有利于保护原告的合法权益，当被告不能证明其具体行政行为合法，法院又不能放弃审判时，作出有利于原告的判决，防止公民、法人或者其他组织的合法权益遭受不法行政行为的侵害。

## 七、结语

通过上述的对比分析，我们不难看出海峡两岸在行政诉讼制度上各有所长。台湾地区“行政诉讼法”特别值得大陆借鉴的是行政诉讼的类型化。可以预见的是，即将进行的《行政诉讼法》的修订，若能实现行政诉讼类型化，其内容将更加丰富，结构将更加合理，行政相对人合法权益的司法保护也更加有力，从而稳定社会生活，促进社会和谐。

# 论行政纠纷中的替代性纠纷解决机制

**刘永平**

◉ 福建华闽南方律师事务所律师

## 一、行政纠纷中的替代性纠纷解决机制的基本理论

ADR（Alternative Dispute Resolution）是起源于美国的争议解决的新方式，意为“解决争议的替代方式”，它通常被译为“替代性纠纷解决方式”或“选择性纠纷解决方式”，或者翻译为“非诉讼纠纷解决程序”。它并非特指某一程序，而是由调解、仲裁、协商等诸多程序构成。由于它没有复杂的程序，且不伤当事人之间的合作关系，被很多西方国家采用。现在流行的几种主要 ADR 方式有以下几种：谈判、调解、仲裁、微型审判。

谈判是历史最悠久的纠纷解决方式。它并不是一项具体的制度，而是一种手段，其目的在于纠纷当事人和对方进行相互说服和交流，从而达成一种交易。它在形式和程序上都很随意，可以依照当事人约定的方式或者习惯性的方式，甚至请客吃饭时达成解决纠纷的合意，它并不要求第三者的介入。

调解，由中立第三者的身份来介入到双方达成合意的过程中，以促进合意的形成。第三人必须是保证客观公正，并能向分别向当事人双方听取各自的意见和决定，并通过自己的感受、沟通技巧和协调复杂问题的能力来促进双方合意的形成。同时，双方当事人认为自己的地位与对方是一致的，将不会有被剥夺权利的感觉。美国学者 JOAN 这样评述调解的价值：“在于争端双方，将他们自身的标准，惯例，以及极具个人特色的，尚未得到支持的虚构的观点融入到争端中，并基于双方自己的观点对案件中各自认为最主要的部分进行论辩，争议双方当事人可自主决定和控制纠纷的实体结果。在法律或其他领域（方面）调解将他们从依赖或受限于纠纷外‘更高的权威’的观点标准的束缚中解救出来。”

仲裁是指根据当事人的合意，委托给法院以外的第三方对纠纷进行裁决的纠纷解决方式。当事人一旦同意通过仲裁这种方式来解决纠纷，就不得拒绝仲裁裁决的法律效力。仲裁具有终局性，与法院作出的生效判决具有同等效力，但当事人可以自行决定仲裁过程中适用的规范，不受既定的法律的严格限制。当事人双方特别是商事当事人，具有共同的习惯或商业惯例，因而较容易采取仲裁的方式

来解决纠纷。

微型审判并不是一种审判方式，而是一个前置的程序，它是“司法之外的程序，其实质是将法律争议的解决从法院移到当事人自己手中”。其适用的前提是争议双方对于对方的立场、理据以及自己的弱点十分清楚，他们通过自己或者双方共同选择的中立第三人来帮助双方达成合意。它具有高效、低成本的优点，可以节省时间和金钱，主要适用于政府采购合同领域。

## 二、行政纠纷中的替代性纠纷解决机制确立的必要性分析

构建一种新的制度，先要分析该制度的价值所在，在民事纠纷的解决领域中ADR已经充分展示出其优势，被广泛应用，而在行政纠纷领域，对ADR能否被用在行政纠纷的解决中存在着很多的争议，那么在我国现有的行政纠纷解决机制系统的背景下，是否有必要引进一种新的制度？我们认为，作为一种新型的纠纷解决机制，其存在和构建是有其必要性的。

### （一）行政纠纷中的替代性纠纷解决机制的确立是构建和谐社会、促进行政法治的客观需要

当前，我国社会正处在社会转型的关键时期，社会矛盾纠纷日益多样化、复杂化，利益冲突的多元化和纠纷类型的复杂多变，要求建立与之相适应的多元化的有效纠纷解决机制。我们提出的“和谐”社会并不是说没有矛盾、纠纷，而是指在这样的一个社会，拥有健全完善的纠纷解决机制，使各种纠纷及时、妥善地得以解决，矛盾得到化解。而替代性纠纷解决机制以合意为其核心，主张通过各种灵活、非对抗的方式解决纠纷，可以及时化解行政纠纷，缓和政府和群众冲突，有利于和谐社会关系的建构。因此确立ADR这种灵活、适应性强、平和的纠纷解决方式，对于社会的和谐稳定至关重要。充分利用各种诉讼内及诉讼外的纠纷解决机制化解行政纠纷，协调互补，更能促进社会主义行政法治目标的实现，并最终实现社会的和谐。

### （二）行政纠纷中的替代性纠纷解决机制的确立是促进我国政府职能转变的重要途径

政府职能转变，是指国家行政机关在一定时期内对社会公共事务管理的职责、作用、功能的转换与发展变化。包括管理职权、职责的改变（对哪些事务负有行政管理权责，管什么，管多宽，管到什么程度），管理角色（主角、配角等）的转换，管理手段、方法及其模式的转变等。十六大报告指出政府的职能主要是经济调节、市场监管、社会管理和公共服务，政府机构须按这个总要求转变职能，ADR的合理利用也能够促进政府职能的转型。我国由于受到传统“官本

位”思想的巨大影响，政府与公民的关系本末倒置，政府在社会生活中扮演着“管理人”的角色，通过运用ADR解决与公民之间的行政纠纷，政府既能够避免当“被告”而丧失政府的威信力，更为重要的是能够认识到与公民平等对话、真诚沟通对解决行政纠纷的重大意义。进而会督促政府自身转变观念，在以后的行政过程中淡化强势的地位和管理的行政方式，建立起和不断巩固服务行政的理念。

### （三）行政纠纷中的替代性纠纷解决机制的确立符合纠纷解决机制多元化趋势

当今世界各个领域都呈现出多元化的发展态势，多元化的价值理念已成为人们的普遍共识。而社会总是充满着各种利益冲突，因此在政府与民众之间也不可避免会产生矛盾，加上我国目前正处于社会转型期，因而导致激烈的群体性行政纠纷频发。如近几年个别群体聚众闹事事件、因拆迁纠纷而自焚的事件，在一定程度上反映了我国目前的行政纠纷救济机制存在的瓶颈，群众在告状无门、寻求救济无望的情况下，只能被迫采取偏激方式。随着社会的发展与转型，不断出现新的利益冲突及新的纠纷形式，针对日益多样复杂的纠纷类型，人们也期待有多元的纠纷解决方式可供选择，以实现权利、利益最大化。在我国行政救济领域重塑替代性纠纷解决机制，是顺应纠纷解决方式多元化的趋势。

## 三、行政纠纷中的替代性纠纷解决机制确立的可行性分析

### （一）行政纠纷中的替代性纠纷解决机制符合我国群众的传统观念，在我国有强大的文化基础和群众基础

如果一种制度不适合我国的传统文化与现实国情，就不能发挥其独特的优势和作用。因此，ADR能否适应我国的文化土壤也是我们需要考虑的问题之一。从我国传统文化来看，“在儒家思想支配下，贵和持中、贵和尚中，成为几千年来中国传统法律文化的特征”。这一思想提倡人民之间应当仁厚、宽容，尽量避免矛盾或冲突的发生。由于诉讼充满了对抗的气息，因此大家追求无讼，厌讼，耻讼。在纠纷产生之后，老百姓更愿意通过协商、调解等方式解决。特别是调解，在国民传统的纠纷解决中发挥了极大的作用。社会进步到今天，诉讼对于一般国民来说，依然是迫不得已的选择。在行政纠纷解决领域，采用和解、调解等非对抗方式，既能满足双方的利益需求，又不会因此导致“官民关系”的紧张，有利于高效和彻底解决行政纠纷，将法律效果和社会效果有机统一。因此通过ADR方式解决行政纠纷符合我国群众的传统观念，在我国有强大的文化基础和群众基础。

（二）公权力、私权利是可以调和的，不是矛盾冲突的。

反对者认为 ADR 在行政纠纷解决中不适用是因为行政权为公权力，其与私权利是不可调和的，不可能存在两者达成合意的可能。

根据契约论的观点，政府的权力来源于人民，人民为了更好地行使自己的权力，达成特殊的契约，从而形成了政府，并把自身权力的一部分让渡给政府，赋予行政权以存在和行使的正当性，政府的行政权是为了保障人民的私权利得到最佳的实现状态。可见，公权力不应成为私权利的对立面。两者本质上是一致的。

从其发展的角度来看，认为公权力与私权利绝对不可调和的观点已经过时了，单方性的高集权行政，效果并不理想，让行政相对人容易接受才是目前行政行为追求的理想目标。可见，公权力与私权利的对抗性理论已经被淹没，现代社会中“行政即管理，管理即服务”的观念深入人心。

（三）现代行政法治理念的转变

在行政关系中，传统的行政法观念将行政主体置于主导的地位，从而在行政主体与行政相对人之间形成了一种完全不对等的关系。但随着发展，行政法理念也发生了重大改变，服务行政、行政契约思想等观念逐渐渗透到行政法中。契约思想是私法中意思自治原则的体现，也是私法的精髓。但是，“契约理念具有广泛的适用性和强劲的渗透力，它早已跨越私法的界限而延展至所有的法律体系。在公法领域中也处处闪现着契约的身影，只是它作为一种公法现象，在时间上迟于私法而已”。随着商品经济和民主政治的发展，人们逐步意识到，政府所享有的权力来自于人民，是人民将手中的部分权力让渡出来授予政府行使，而政府应当利用这种权力来为公众服务，否则，政府将由于得不到公众的支持而被人民抛弃。这实际上是一种存在于公众与政府之间的无形契约。在行政法领域，一些淡化了管理和强制色彩的行政行为，而契约思想对行政法领域的渗透在政府与公民的关系领域带来了巨大的改变。无论是外国还是我国，在行政管理和执法上都已经受到了契约理念的深厚影响，其所带来的平等、合作、服务以及责任、诚信等理念已被接受和树立。因此，ADR 所要求的平等主体之间进行的协商与对话在行政法领域是完全可以实现的，无论是在行政执法过程中，还是在行政复议、行政诉讼等行政纠纷解决机制的过程中，行政相对人完全有权与行政主体进行协商。

## 四、行政纠纷中的替代性纠纷解决机制确立的几点构想

现代行政纠纷的多样化，决定了只有多元化的行政纠纷解决机制才能满足社会主体对行政纠纷解决方式的多样性需求。我们认为应在完善现有行政纠纷解决

途径的基础上，引入和解与调解等合意型纠纷解决方式，由此构建和健全一个各种纠纷解决方式分工协作、相互配合和缜密衔接的多元化行政纠纷解决机制。

### （一）现有行政纠纷解决途径的完善

我国现行的行政纠纷解决途径有行政诉讼、行政复议、行政申诉、人事仲裁和行政信访等行政内纠纷解决途径，基本形成了多元化的行政纠纷解决机制，但是，他们的整体功能并没有发挥出来，需要进一步完善。首先需要整合和完善现有的行政纠纷解决途径，充分发挥现有制度资源的功能和效益。几点应该注意的：一是加强有关纠纷解决机构的独立性，尽量减少干涉因素。独立性的缺失，会使行政内纠纷解决途径的优势完全抵消，而得不到纠纷当事人的信赖和选择。所以要加强行政复议机构、人事仲裁机构等行政内纠纷解决机构的独立性，赋予其相应的法律地位和职权，并给予相关的制度保障，这样有利于提高这些行政内纠纷解决途径的公正性和权威性。二是完善行政内纠纷解决途径的程序设计。例如是否考虑在行政诉讼中也可以进行调解或和解。三是注重各种纠纷解决途径之间的衔接。加强各种纠纷解决途径之间的整合和协调，既包括行政内纠纷解决途径与行政外纠纷解决途径之间的衔接，例如行政复议与行政诉讼之间，尤其是解决复议前置与行政诉讼之间的关系，也包括各个行政内纠纷解决途径之间的衔接，例如行政信访与行政复议之间。

### （二）合意型纠纷解决方式的引入

合意型纠纷解决方式是指双方当事人就以何种方式和内容来解决纠纷等要点达成合意而使纠纷得以解决的方式，这里主要指和解与调解。从我国现行立法来看，合意型纠纷解决方式并不包含在现有行政纠纷解决机制之中，但是在实践中广泛存在。基于前述理由，为了防止事实存在的合意型纠纷解决方式游离于法律监控之外，充分发挥合意型纠纷解决方式在行政纠纷解决中的功能优势，应当在行政纠纷解决机制中正式引入合意型纠纷解决方式，将其纳入法治的轨道。《行政复议法实施条例》第 50 条即规定“行政复议机关可以按照自愿、合法的原则进行调解”，对行政复议调解制度的构建进行了有益的尝试。现有的行政纠纷解决途径为合意型纠纷解决方式提供了载体和平台，后者又是对前者极好的补充和完善，两者相辅相成，相得益彰。

# 论行政诉讼调解的制度建构

**郑燕婷**

◉ 北京盈科（厦门）律师事务所律师

2010年3月11日，最高人民法院院长王胜俊在工作报告中提到："着眼于促进社会和谐，积极探索行政诉讼案件协调和解等工作机制，促进行政相对人与行政机关互相理解、彼此沟通，妥善化解行政争议。"① "协调和解"，其实质仍是"调解"。之所以会出现"协调和解"的称谓，主要是为了规避《中华人民共和国行政诉讼法》（以下简称《行政诉讼法》）第50条的禁止性规定，即"人民法院审理行政案件，不适用调解"。近年来，行政诉讼中应否建立调解制度引起了学术界和实务界的一些争论。行政审判实践中的困境迫切要求理论上作出回应。

## 一、遭遇困境——立法与司法实践的冲突

1982年颁布实施的《民事诉讼法（试行）》（现已废止）第3条第2款规定："法律规定由人民法院审理的行政案件，适用本法规定。"该法规定人民法院审理案件要着重进行调解。然而，1985年11月6日最高人民法院颁布《关于人民法院审理经济行政案件不应进行调解的通知》，明确规定人民法院审理行政案件不应进行调解。后来颁布的《行政诉讼法》第50条进一步确立了人民法院审理行政案件不适用调解的原则。② 之所以发生这种转变，其理论基础是公权力的不可处分性，具体来说，行政诉讼中的被告是依法行使行政管理职权的行政机关，它所作出的具体行政行为是法律赋予的权力，是代表国家行使职权，因此，作为被告的行政机关应当依法行政，没有随意处分的权力。③

英国法学家惠尔曾说："宪法说什么是一回事，实践中发生什么完全是另一回事。"④ 将这句话中的"宪法"置换为"行政诉讼法"，同样成立。不适用调解的行

① 王胜俊：《最高人民法院工作报告》，人民网 http：//npc. people. com. cn/GB/14840/11174083. html，访问日期：2010年4月17日。

② 作为例外，《行政诉讼法》第67条第3款规定"赔偿诉讼可以适用调解"。

③ 胡康生：《行政诉讼法释义》，北京：北京师范学院出版社，1989年版，第80页。

④ ［英］K. C. 惠尔著，翟小波译：《现代宪法》，北京：法律出版社，2006年版，第4页。

政诉讼法规范在实践中已被现实运作中的变相调解所架空，这早已是公开的秘密。

2007年4月24日，最高人民法院印发《最高人民法院关于加强和改进行政审判工作的意见》的通知（法发〔2007〕19号），所附意见第7条指出："依法保护行政相对人合法权益，是行政审判的首要任务。"第15条指出："人民法院在查清事实，分清是非，不损害国家利益、公共利益和他人合法权益的前提下，可以建议由行政机关完善或改变行政行为，补偿行政相对人的损失，人民法院可以裁定准许行政相对人自愿撤诉。特别是对因农村土地征收、城市房屋拆迁、企业改制、劳动和社会保障、资源环保等社会热点问题引发的群体性行政争议，更要注意最大限度地采取协调方式处理。"在最高人民法院的影响及和谐社会语境的感召下，行政诉讼实践中的调解一直没有停止过，并且成了一种重要的结案方式。这从行政诉讼案件一直居高不下的撤诉率可以看出。据最高人民法院统计，自1989年至2002年的14年间，行政案件的撤诉率一直在30%以上，平均撤诉率为43.20%，其中撤诉率最高的为1997年，达到57.3%，撤诉率最低的为1989年，也达到30.44%。[①] 尽管调解并非导致撤诉的唯一原因，但的确是主要原因之一，这是无法否认的。王胜俊院长在工作报告中也指出，在2009年审结的行政诉讼案件中，"通过加大协调力度，行政相对人与行政机关和解后撤诉的案件4.3万件，占一审行政案件的35.9%"。[②]

在禁止调解的立法面前，司法人员选择了上述通过协调达致撤诉从而结束行政诉讼程序的"变通"方式。与其说法官在规避法律，不如说在不合理的法律面前，法官在能动性地发挥他们的智慧。鉴于司法实践的现状，有学者对行政诉讼不适用调解原则作了限制解释，即"人们法院在审理行政案件时，既不能将调解作为行政诉讼过程中的一个必经阶段，也不能将调解作为结案的一种方式"。[③] 这种观点对于解释司法实践中的变相调解现象也说得通。然而，我国毕竟是一个拥有成文法传统的国家，公权力的性质又要求其运行应有相应的规范依据，因此，立法亟须顺应审判实践的客观要求作出相应修改。

但是，有学者认为，"在我国行政审判的现实环境下，一旦在实定法上规定调解原则，调解本身所具有的弊端极可能彰显无疑。从策略上考虑，在撤诉制度实践事实上已起到调解作用的情况下，不宜再在立法上确立行政诉讼调解原则"。[④] 诚然，这种担心可以理解，任何制度的建构必然伴随着利弊两个方面。

---

① 最高人民法院研究室统计处：《1989—2002年全国各级人民审理一审行政案件情况统计表》，《行政执法与行政审判》，2003年第1辑，北京：法律出版杜，2003年，第153页。

② 王胜俊：《最高人民法院工作报告》，人民网 http：//npc. people. com. cn/GB/14840/11174083. html，访问日期：2010－4－17。

③ 江必新，梁凤云：《行政诉讼法理论与实务》，北京：北京大学出版社，2009年版，第46页。

④ 朱新力等：《行政诉讼应该确立调解原则吗?》，行政法学研究．2004年第4期，第75—81页。

然而，我们应做的是在建构制度的同时尽可能地完善相关程序，而不是因噎废食。况且，现行“协调和解”的结案方式存在诸多危害。

首先，由于没有相应的规范依据，法院行事时“名不正、言不顺”，不符合“法无明文规定即为禁止”的公法原则，同时损害了法律的权威。

其次，可能导致恶意效仿。既然法无明文规定甚至违反法律规定的调解得到了各方默许，那么，在法律规定的其他场合也可能导致法院的“变通行为”，“变相调解”恰恰可能为这些“变通行为”留下了口实。

最后，基于法律规范的缺位，行政机关在“协调和解”的过程中可能利用其强势地位压制行政相对人，最终不能从根本上解决问题。

因此，与其使法院底气不足地变相调解并可能成为规避法律的一个负面典型，不如明确赋予其合法地位，使之成为权利救济的一种重要途径。

## 二、话语祛魅——撩开“行政权不可处分”的面纱

目前，国内赞成行政诉讼中可以适用有限的调解的学者越来越多。诚然，制度的可行性不能简单地以赞成人数的多寡来衡量，实然存在的行政诉讼调解也并非天然具有正当性。欲构筑一种制度，首先要解决的问题是扫清理论上的障碍。行政诉讼调解否定论者一直纠缠于行政权的不可处分性。问题的焦点就在于：如果行政权具有不可处分性（前提），那么行政诉讼中不得进行调解（结论）；如果改变上述命题的结论，那么必须推翻其前提。“行政权不可处分”这个前提似乎颠扑不破，事实上并非如此。下面，笔者对于这一带有浓厚经院主义色彩的前提进行分析和辩驳。

作为行政诉讼不适用调解原则理论基础的“行政权不可处分”，原是指行政机关不可放弃职权。行政机关的职权与职责具有同一性，一项职权同时也是一项职责，放弃职权等于渎职，这显然是不允许的。然而，现代行政法治的两大特征就是行政相对人参与和行政自由裁量。兹分述之。

第一，行政权的行使不再是行政机关单方面的意思表示，而是一个行政机关与行政相对人的互动过程。行政机关在听取行政相对人的意见后，根据具体案情灵活行使行政权，作出相应的行政行为。在未经行政相对人参与或者当事人的意见未被充分听取的情况下，行政机关作出的行政行为可能因违法瑕疵或欠缺合理从而使相对人难以接受。进入诉讼程序后，双方当事人的行为仍可被看做行政行为作出的补充性参与的互动过程。在诉讼的互动过程中，若行政机关认识到自己行为的违法或不当从而改变先前的行政行为，行政相对人也能够接受改变后的行政行为从而自愿撤诉，这应当是顺理成章之事，在理论和法律规定方面都不存在障碍。在这个过程中，法院只不过担当了一个主持人的角色，并且基于其客观中立的立场和守护法律的专业性，防止行政机关和相对人的互相妥协违反法律、侵

犯公共利益和第三人利益等情况的出现。

1985年颁布的《关于人民法院审理经济行政案件不应进行调解的通知》和1989年通过的《行政诉讼法》之所以确立行政诉讼不适用调解的原则，是因为当时我国行政法的发展还处于起步阶段，行政相对人参与意识也没有觉醒。在当时行政权纯属行政机关单方意思表示的情况下，行政权的处分也仅仅意味着行政职权的放弃，因此确立行政诉讼不适用调解的原则无可非议。

第二，行政权包括行政拘束权和行政裁量权。依笔者愚见，公权力不可处分严格适用于行政拘束权的行使，行政自由裁量权的存在打破了“公权力不可处分”的传统教条，为行政主体和相对人提供了协商“合意”的空间。这是因为，在具有自由裁量权的行政行为中，行政主体对行政相对人的处理本身就表现出了一种处分权。行政职权的个案适用离不开行政主体的掂量、比较、评估、权衡和决定，这本身就隐含了对行政职权的处分；在依法行政过程中，行政机关在不损害国家利益、公共利益的前提下，根据实际需要在行政程序阶段和行政诉讼阶段，完全可以自主地处置其行政职权。只是这种处分权的行使受到一定的限制，即必须限定在行政机关依法拥有的法定职权范围内。但行政诉讼中作为公权力持有者的行政主体参与法院的“协调和解”活动是否合法并不必然取决于被告是否享有与被诉行政行为有关的自由裁量权，取决于是否坚持行政合法性原则。行政行为的合法性包括了形式合法性与实质合法性，不存在形式合法性问题时，还有可能存在实质合法性问题，从而应当受到司法控制。从实在法的规定来看，我国《行政诉讼法》有关人民法院有权变更显失公正的行政处罚、撤销行政主体滥用职权的行为等规定也表明了司法机关有权审查行政行为的实质合法性加以立法。也就是说，对于自由裁量权范围内的行政行为合理与否这一实质合法性问题，我国的司法机关并不能置之不理——虽然只能有限地干预。

虽然调解制度是建立在双方当事人可以自由处分权利的基础上，但行政权力并非都是不可处分，且协调和解并不意味着行政机关的让步和对权力的任意处分。因此，“公权力不可处分”的内涵应是“公权力不可任意处分”，行政主体在某些方面对行政行为的有限处分权，可以说是行政诉讼能引入调解制度的一个理论基础。

## 三、意义追问——行政诉讼调解的价值分析

### （一）解决行政行为的合理性问题

根据《行政诉讼法》第5条和第54条的规定，除了行政处罚显失公正的情况之外，法院只能对行政行为的合法性进行审查，无权审查其合理性。随着行政法治的发展，行政机关公然违法的情形可能逐渐减少，而行政行为的合理性问题

将会凸显。对于行政相对人来说，他们所追求的不仅仅是行政行为的合法性，还有合理性问题。在裁量行政行为产生的争议方面，调解有利于解决其合理性问题。在行政机关自由裁量权范围内，双方通过协商、让步，最终达成一致意见。

或许有人认为，行政复议也可以解决行政行为合理性问题。的确，按照现有的制度设计，上级行政机关有权为行政相对人遭受下级行政机关不当行政行为侵害提供救济。然而，提供救济的主体与侵害行为的主体毕竟是一个系统的上下级关系，难免产生"护犊子"情形。而司法机关基于中立立场，其公正性比行政复议更有保证。退一步来说，即使行政复议在解决行政行为合理性问题方面能够做到客观公正，新增一条行政诉讼调解制度对于权利救济来说更加有利，赋予行政相对人更大的选择权。

### （二）降低诉讼成本

在行政诉讼过程中，原、被告和法院三方都耗费一定的成本，包括直接成本和间接成本。对于原告方来说，直接成本包括律师代理费、诉讼费、差旅费和食宿费等等，间接成本包括机会成本、精神压力成本、败诉风险成本、胜诉风险成本等等。[①] 对于被告方来说，直接成本和原告相似，间接成本包括机会成本、行政机关的权威损失成本、行政机关工作人员的名誉成本和影响升迁的成本等等。对于法院来说，主要体现在间接成本上，如错误裁判的权威损失成本、造成与行政机关的对立成本等等。

如果适用调解，原被告双方在法院的主持下，在不违背法律和不侵犯公共利益和第三人利益的前提下，互谅互让，最终达成一致意见，大大减低了各方成本，达致三方共赢的局面。

### （三）减少行政机关和公民的对立

用判决这种"赢者通吃"的方式来解决纠纷，通常是把当事人推向对立而不是互谅互让，当事人也失去了对解决纠纷过程的控制，没有机会继续接触并协商出不同解决方案，只能机械地等待法院的裁判。结果就是，不论是政府还是老百姓赢得诉讼，两者之间的合作关系均被彻底摧毁。[②] 而运用调解方式结案，最终双方当事人均从中受益，不存在败诉方，这减少了行政机关和公民之间的对立。

### （四）符合《行政诉讼法》的目的要求

《行政诉讼法》第 1 条开宗明义："为保证人民法院正确、及时审理行政案

---

① 例如行政机关败诉后的打击报复。

② 赵艳花等：《行政诉讼中的调解：西方的经验与中国的选择》，《行政法学研究》，2009 年第 3 期，第 91—97 页。

件，保护公民、法人和其他组织的合法权益，维护和监督行政机关依法行使行政职权，根据宪法制定本法。”根据该条款规定，《行政诉讼法》具有三重目的：保证法院正确、及时审理行政案件；提供权利救济；监督行政权。调解完全符合这三重目的的要求。

## 四、他山之石——域外行政诉讼和解制度之借鉴

一项全新的制度要想获得适应性和生命力，外在的运作环境尤为重要。行政诉讼中适用和解是一个国际惯例。无论是英美法系的美国、英国，还是大陆法系的德国、日本和我国台湾地区，实际上都有关于行政诉讼调解解决纠纷的规定。

美国法律规定，在法院受理行政诉讼案件后，在一段时间内允许当事人双方的律师在法院外自行协商和解，法官一般不参与和解过程。如果法官主持和解，和解不成，法院另行组织审理，该法官不得参加该案件的审理，以维护法官的中立性。法官对和解书只关心是否出于双方自愿而不关心和解书是否有失公平，这也是尊重当事人意志的表现。因此，不论和解结果如何都不会损害法律的威严和法院的权威，其立法本意是节约诉讼成本和尊重当事人的意志。

瑞士规定了诉讼和解的三种情况：行政机关有自由裁量权且双方达成认可的；纠纷中两个平等主体之间达成协议的；涉及调查事实方面需要请专家进行鉴定的。在和解的范围内行政机关可以作出对原行政行为修改的新的行政行为，双方依法达成和解，原告选择撤诉的途径退出诉讼。

日本的《行政案件诉讼法》中虽然没有关于和解的明文规定，支配性学说对于承认和解也采取非常消极的态度，法院似乎也在极力回避通过和解的方式解决诉讼案件。但是在实际上因进行事实上的和解而撤诉，或者在法院的干预下，以不直接触及行政处分的处理方法进行诉讼和解的情况已有相当数量。

在这些国家中，既有关于行政诉讼和解制度的明确规定，也有法律没有明文禁止的情况，但在审判实践中大量运用了和解制度。这些国家的审判实践事实上已经为我们提供了在行政诉讼设立和解制度的成功典范。他山之石，可以攻玉，这些国家和地区法律中行政诉讼和解制度的存在对我国行政诉讼引入调解制度具有直接的参考和借鉴价值。

## 五、制度建构——行政诉讼调解的具体构想

### （一）概念之确定

在我国，通常把“调解”定义为：在第三方主持下，以国家法律、法规、规章和政策以及社会公德为依据，对纠纷双方进行斡旋、劝说，促使他们互相谅

解、进行协商，自愿达成协议，消除纷争的活动。[①] 由于主持人身份的不同，又分为人民调解、行政调解、法院调解等。诉讼中的“和解”是指在诉讼进行中，双方当事人自行协商，达成协议，解决纠纷，结束诉讼的一种活动。而“协调和解”纯属规避法律禁止性规定的生造之词，实质仍是调解，不予探讨。

诉讼中“调解”与“和解”的区别在于：调解是当事人双方在法院的主持下所达成的自愿协议，是一种三方法律关系；和解是当事人双方私下达成的自愿协议，是一种典型的双方法律关系。然在笔者看来，这种差异不是很大，正如有学者指出的那样：“在一定意义上，甚至可以说它们（和解和调解）实质上是同一事物，这一本质上相同的事物之所以分别被设定为诉讼上的两种不同制度，是由于人们在构建诉讼制度时从不同的侧面来认识它，来为它定位。诉讼上和解是立足于当事人说明以合意解决争讼，而法院调解则是以法院为基点解释以合意解决争讼。”[②] 考虑到毕竟有法院的介入，所以还是“调解”的提法为好。

### （二）原则之确立

笔者认为，行政诉讼调解的原则可以概括为自愿原则、合法原则和不损害公共利益和第三人利益原则。

1. 自愿原则。法院以调解方式解决行政争议时，必须建立在当事人自愿的基础之上。它包括程序自愿和实体自愿两个方面的内容。程序自愿，是指调解程序的启动和进行取决于当事人的自愿，人民法院首先提出调解建议时也须经双方当事人同意方可进行；实体自愿，是指经调解达成的协议是当事人真实的意思表示。

2. 合法原则。调解必须依法进行，程序的进行和达成的协议都不能违背法律的禁止性规定。因此互谅互让不是无原则地妥协，不能违反法律的禁止性规定这个底线。

3. 不损害公共利益和第三人利益原则。行政行为的变更往往涉及公共利益，“牵一发而动全身”，不能不谨慎为之。另外，若调解所需的行政行为的变更对第三人利益有所减损时，还要获得第三人的同意。

### （三）范围之界定

笔者认为，除现行法律已经作出规定的行政赔偿诉讼案件之外，可以适用协调的行政诉讼案件有行政裁决案件、不履行法定职责案件、行政自由裁量权类案件、行政合同案件等四类。另外，不适用协调的主要有两种情形：一是法律或规

---

① 江伟，杨荣新：《人民调解学概论》，北京：法律出版社，1994 年版，第 1 页。

② 李浩：《关于建立诉讼上和解制度的探讨》，《清华法律评论》，第 2 辑，北京：清华大学出版社，1999 年第 211 页。

章明确规定了行政机关作出决定的条件和方式，行政机关没有自由裁量权的案件；二是对法律、法规明确规定为“无效”、“不能成立”等具体行政行为提起诉讼的案件。

1. 行政裁决案件的调解

因行政裁决而形成的法律关系较为复杂，一方面存在民事纠纷双方当事人与作为裁决者的行政机关之间依法产生的权利义务关系，另一方面存在民事纠纷的双方当事人之间依法产生的权利义务关系。在行政诉讼中，当事人要求纠正行政机关的行政裁决，其实质也在于满足其民事主张，人民法院在审查行政裁决行为时，必然会涉及查明、确认民事纠纷的事实。民事纠纷双方当事人在行政诉讼中会始终围绕着自己民事权利的有无及多少来争论行政裁决的合法性，法院判断行政裁决是否正确合法也始终以行政机关对民事纠纷双方当事人之间民事权利义务关系的确定是否正确合法为准。人民法院通过调解，动员行政机关主动变更或撤销显失公平的民事纠纷裁决，让原告撤诉，可以比较圆满地处理办案中的困难和矛盾。当然，行政裁决案件能否调解成功，关键在于民事纠纷当事人的和解，如果民事纠纷当事人双方达成了和解，行政机关的行政裁决就自然丧失价值和作用，这时行政机关变更或撤销行政裁决行为，实际上是民事纠纷当事人对自己权利自由处分的结果，并不涉及公权力的调整减让。

2. 不履行法定职责案件的调解，即行政不作为案件的调解

行政机关依法均享有特定的行政职权，这是行政机关取得国家行政管理活动主体资格的法律依据。同时，行政机关在行使行政职权时必须依法承担相应的义务和责任，即法定职责，对于法定职责，行政机关既不能放弃，也不能违反。行政机关不履行法定职责的案件，通常表现为三种情形，即行政机关拒绝履行、拖延履行或不予答复。人民法院通过审查认为行政机关应当履行法定职责而没有依法履行的，对于拒绝发行的行政行为只能判决撤销，并责令其重作。对拖延履行、不予答复的只能判决其在一定期限履行。一般地，对原告而言，显然效率太低，如果行政机关经调解而主动履行其应当履行的职责，这种积极作为既合乎行政目的，对相对人来说正好达到目的，是一种典型的双赢局面。因此，调解在此类案件中的适用不存在障碍和不当。

3. 涉及行政自由裁量权案件的调解

社会分工的细化，必然要求赋予行政机关广泛的自由裁量权。《行政诉讼法》规定对合法但不合理的行政行为只能判决维持，而人民法院判决一经作出，行政机关必须不折不扣地执行，社会效果必然不好。为了避免这种情形的发生，最高法院通过司法解释规定，对于合法但存在合理性问题的行政行为，人民法院应当判决驳回原告的诉讼请求。该规定实际上为行政机关在判决后行使自由裁量权，变更不合理行政决定创造了条件。事实上，许多法院也更多地对此类案件加大了协调力度（姑且不称“调解”）。通过人民法院调解，行政机关改变不合理

的行政行为，使新的行政行为更加趋于合理，不仅没有滥用法定职权之嫌，相反会使行政行行为更加符合立法旨意。各方抵触情绪较小，甚至可以说是各类行政诉讼案件中最不损害行政机关权威的一种。

4. 行政合同案件的调解

行政合同是行政主体为便于实现行政管理目的而与行政相对人达成的设立、变更或者终止某种权利义务关系的协议。尽管在行政合同预期目标实现的过程中行政机关具有优益权，但该合同的订立和履行毕竟是基于行政机关与行政相对人双方的合意，这种合意性质决定了调解的存在空间。

### （四）程序之构建

行政诉讼调解大致可分为调解的提出、调解的进行、合议庭评议三道程序。调解的意向可以由当事人提出，也可以由法院主动提出。立案前可以进行调解指导，由接待人员解答相关问题，根据当事人的诉讼标的是否可诉，诉讼目的是否能够达到，告知其诉讼风险和成本，让其衡量利益得失，劝导当事人尽量自行协商解决，慎重选择诉讼。立案后开庭之前，根据原被告的诉辩理由及提供的证据，组织证据交换，发现案情简单且能查明的，在确定双方的争议焦点之后，为尽快达到原告的诉讼目的，减轻当事人和法院的诉讼负担，应及时进行调解。在庭审中，法官可以根据庭审查明的情况，审时度势，多做一些法律释明工作，促使被告主动改变或撤销其违法行为，促成缺乏法律依据的原告止诉，抓住机会引导当事人进行调解。如果庭审中出现了调解的机会调解不成或需要时间进一步调解，尽量不当庭宣判，庭后可以多次做工作，做工作时要讲究策略和方法，善于借助“外力”，采取灵活多样的方式进行调解。另外，一审、二审期间均可进行，但着重点不一样。行政诉讼调解案件仍应采用合议制。《行政诉讼法》规定行政案件实行合议制审理，调解时亦应采用合议制，以便对案件的事实和适用法律作出最准确的判断，发挥每个审判人员调解案件的优势，充分利用集体的智慧和力量。另外，合议制也可以发挥监督的作用，防止个别办案人员为私利而违法调解。

# 内地社会治理法律制度探析

**李光宇**

◉ 吉林财经大学马克思主义学院院长，法学院教授

《国民经济和社会发展第十二个五年规划纲要》指出："培育扶持和依法管理社会组织，支持、引导其参与社会管理和服务。"要不断完善社会组织法律制度，为社会组织发展提供法律保障，促进社会组织自身建设、增强社会组织服务意识，只有这样才能充分发挥社会组织作用，提高城乡社区自治和服务功能，形成社会管理和服务合力。

## 一、社会组织治理发展现状及问题

### （一）社会组织职能定位不清

提供和承接政府公共服务，既是创新社会管理的需要，也是社会组织自身发展的必然选择。在美国51%的医院、46%的大学、86%的博物馆、90%的音乐、舞蹈、艺术组织以及58%的各类社会服务由非营利组织提供。然而在我国对社会发展模式的改变，政府、社会组织、公众似乎都未作好准备。从政府角度，北京等少数地市创新公共服务提供模式，建立"社会组织公共服务平台"，以便寻求公共资源与公共服务在社会组织与政府之间的最佳配置。而在国家层面，"中国社会组织网"上公共服务项目信息久未更新，可见仍未受到足够重视。从社会组织自身来看，也并未作好承接公共服务的准备，在信息公开、管理架构、人员素质等方面不能满足政府和公众的需求，因而无法参与公共服务项目竞争。从公众角度，公众对社会组织认识不够。尤其是在二三线城市，市民对公益事业的参与热情不高，对社会组织关注度不够，对本地社会组织没有认同感，对社会组织参与社会公共服务举办社会事业无法起到应有的支持和监督作用。

### （二）社会组织发展不均衡

一是地区发展不均衡，城镇化进程不断推进使二三线城市对社会组织有着巨大需求。二三线城市的城市管理和社会管理功能尚不成熟，依靠社会组织承担一部分社会管理职能是完善城市功能的最佳选择，而多元化的城市精神和文化要求

社会组织在二三线城市发展必须不断创新和调试，产生符合城市特色的社会组织发展模式。由于经济发展程度、地域面积、人口规模、开放度等原因，二三线城市比起一线城市更容易形成市民之间的情感纽带，从而奠定社会自治的基础。但因为同样的原因也更不易促进社会组织发展壮大。以柳州市为例，截至2010年全市登记在册的社会组织只有1511个，会员数50余万。不仅数量少，规模小，发展层次不高，且社会认知度低，完全不能满足转型期加强社会管理的需要。二是社会组织数量结构不均衡。比如在劳资关系中，作为雇主组织的工商联合会、企业家协会、企业联合会、行业协会等发展最为迅速，与之相比劳资关系中的另一方，即普通工人的组织化程度和行动能力则要弱得多。

### （三）社会团体面临生存危机

社会组织生存和发展困难来自于两个方面：一是缺乏资金来源。除了少数有官方背景的社团，以及一些发展壮大的行业性社团，资金困难几乎困扰着每一个社团。柳州市反映全国大部分二三线城市社团发展状况，在柳州市781个社团中，仅有15个社团获得政府部门的少量资助。由于市民对社会组织认识不足，加上柳州至今没有基金会无法向社会募捐，资金问题严重影响社会组织生存和发展，社会组织对社会管理作出的贡献相当有限。二是，社会组织缺乏生命力。柳州市社会组织与全国其他地区一样，在过去，相当一部分社会组织是由各级党政机构直接创办，或者本身就是从党政机构转变过来，或者由政府部门支持，由党政机关退下来的老同志，以及与之关系密切的知名人士所创办。随着政府职能部门与行业协会全面脱钩，这些组织在自身制度、管理体系建设方面跟不上时代要求，面临淘汰的危险。而社会力量新举办的社会团体，普遍存在着规模比较小、社会组织发起人和团队专业化素质不高等问题，严重影响社会团体的发展壮大。

## 二、社会组织治理法律制度存在的问题

### （一）社会组织募捐法律制度缺失

在慈善事业比较发达的国家，法律对于募捐行为都有严格的规范。目前中国的法律中，对于募捐行为的规范基本上属于空白。在募捐主体的问题上，2004年修订的《基金会管理条例》，分别授予公募基金会、非公募基金会以公募和私募的权利。而碍于登记注册的高门槛，中国尚无民办公募基金会，一些有公益之心的人士在做慈善的过程中往往面临诸多政策障碍。目前各个地市都存在志愿者借助网络、广播电台号召有志之士捐款开展公益活动的情况。然而这样的善心却给号召者带来巨大的法律风险，号召者在善款使用方面任何不谨慎的行为都可能使这一善举在法律上质变为“非法集资”行为，从而招致严重法律后果。由于

无法纳入法律监管，费用提取和善款使用方法方面标准的缺失，让自清者缺乏强有力的自辩工具，也方便了自浊者浑水摸鱼。近年大型公益社团遭遇严重诚信危机，立法不仅要以加强社会组织运行过程监管作为回应，更要彻底改变对待小型公益团体的态度。

### （二）现行立法鼓励社会组织业务垄断

依据《社会团体登记管理条例》第13条，“在同一行政区域内已有业务范围相同或者相似的社会团体，没有必要成立的”，登记管理机关不予批准筹备。社会团体设立登记遵循非竞争性原则的限制，我国社会组织管理并未遵循市场化客观规律，在一定程度上减少社会组织的数量，使有幸进入该市场的主体产生怠惰散漫情绪，影响社会组织信息公开和接受社会监督的主动性。红十字会应对诚信危机时对社情舆情的迟钝反应，充分暴露垄断对社会组织运营效率的影响。作为官方慈善机构的代表，红十字会诚信危机直接波及整个官办社会组织。而在我国，《基金会管理条例》第8条规定：“设立基金会，应当具备下列条件：……（二）全国性公募基金会的原始基金不低于800万元人民币，地方性公募基金会的原始基金不低于400万元人民币，非公募基金会的原始基金不低于200万元人民币；原始基金必须为到账货币资金。”较高的原始基金要求对私人设立基金会向社会公开募集善款设置较高准入门槛。以至于目前国内民间力量举办的公募基金会屈指可数，第一家公募基金会“壹基金”于2010年12月3日才于深圳正式登记。社会组织垄断运营之后，官方公募基金会信用危机和私人公募基金会发展滞后双重困境，必将公益事业推入发展的寒冬。

### （三）信息披露制度不完善

为促进社会组织的发展，2004年8月1日，财政部发布了《民间非营利组织会计制度》，要求社会组织及时反映组织控制的资源状况、负债水平、资金使用情况及其效果、现金流量等信息。随后2006年1月12日民政部发布《基金会信息公开办法》，在一定程度上增强了社会组织信息公开的程度。但首先，两部规范性文件在信息公开的主体、内容、形式上过于笼统，不能适应公民、社会和政府对社会组织信息公开的要求；其次，两部规范性文件对社会组织信息公开义务和责任语焉不详，降低其约束力；再次，非营利组织对组织资金的投向及其资金使用效率的披露态度上不够主动，内容也不尽翔实，财务披露的质量难尽如人意。社会组织信息不公开的问题，严重削弱了社会组织的公信力。

### （四）政策导向不明确

社会组织对政府社会管理职能起到替补和承接的作用，因此各国政府均出台相应优惠政策。我国促进社会组织发展的政策环境尚不健全，表现在：一是优惠对象不公平。目前优惠措施主要集中于依据《民办非企业法人登记管理暂行条例》或《社会团体登记管理条例》设立的社会团体。二是重税收优惠，忽略其他政策手段。政策扶持是为了增加社会组织获取社会资源的能力。社会组织生存和发展所需的社会资源非常广泛，比如说宣传渠道资源。社会组织最根本的资金来源是捐赠，因此在电视、广播、门户网站上获得宣传渠道对社会组织发展极为重要。目前支持社会组织发展的政策手段仍然比较单一。三是缺乏对捐赠主体的支持和鼓励。以企业捐赠为例，依据我国《企业所得税法》及《企业所得税法实施条例》相关规定，企业只有通过国务院民政部登记的社会团体、基金会进行捐赠且不超过年度利润总额12%，才能获得税前扣除，而通过其他非营利组织或者直接向受赠者进行捐赠均无法获得税前扣除。不健全的优惠政策使政府对社会组织的发展无法起到应有作用，社会组织发展举步维艰。

## 三、完善社会组织法律制度的对策建议

### （一）完善募捐法律制度

向公众募捐是公益组织运作的最佳模式，募捐制度的缺失严重影响社会组织健康发展。地方政府对募捐法律制度开展积极探索，并取得一定成果。湖南省2010年11月27日颁布《湖南省募捐条例》，规定公募基金会之外的社会组织，符合规定条件，经民政部门许可，可以在许可范围内进行公开募捐。条例对募捐主体申请募捐的条件和程序、财务等信息的公开、募捐财产的使用和管理加以规定，并对擅自面向社会公众开展募捐活动行为，募捐主体以募捐名义进行营利活动等六种行为，募捐主体滞留、私分、挪用、贪污行为，以及管理主体滥用职权、玩忽职守、徇私舞弊等行为，规定了较为明确的法律责任，形成了较为完备的募捐法律制度。2011年7月，《广州市募捐条例（草案）》（以下简称《草案》）提交审议，也规定除公募基金会之外，其他社会组织亦可经许可后获得募捐资格。湖南和广州立法尝试在募捐法律制度建设与完善方面起到先锋作用，应尽快在国家层面上将募捐制度纳入立法规划，以为公益事业获得资金来源创造良好法制环境。

### （二）充分发挥政策引导作用

首先，强化资格监管。社会组织优惠资格的认证和监管，应当成为社会组织监管的重点。具有明显的社会目的性是社会组织与其他组织的重要区别，也是国家给予其政策扶持的法律依据，但借助社会组织优惠措施谋取不法利益在各个国家都普遍存在。为此，优惠资格认证与社会组织登记应当分离，依据设立目的采取较为严格的实质审查，并进行过程监管，依据每年审查情况对优惠资格实行动

态管理。其次，扩大优惠范围。应当依据公益程度和服务社会能力不同设立统一的优惠政策标准，并结合募捐主体资格的扩大不断扩大政策惠及范围，使民间社会组织和官方半官方性质社会组织平等竞争。再次，完善税收优惠政策，在社会组织市场化运作的国家，获取免税资格是社会组织，尤其是公益慈善性质的社会组织生存的基本条件，以至于在美国，《国内税收法典》是社会组织管理制度的主要法律渊源。社会组织税收优惠，只有坚持免税与反避税并重，才能确保税式支出对社会组织承担社会管理职能发挥良好促进作用。复次，扩展扶持模式。从提供社会组织成长所需资源角度，不断创新政策扶持模式，给予社会组织在人才引进、宣传渠道、办公场所等多方面政策优惠，形成有利于社会组织成长的政策环境。最后，完善政策对社会组织数量结构的引导。在给予政策扶持时，应当着重于那些存在大量社会问题、迫切需要公民参与的领域，包括一些重要的公共政策领域，如失业与就业、社会保障、劳工权益保护等领域。而对于那些易于得到社会资源、进入门槛较低、开始出现低水平重复的领域则有意识加以引导。

### （三）完善信息公开制度

针对目前社会组织信息披露存在的不足，为推进社会组织运作市场化，保障群众对社会组织监督权，强化政府过程监督，应当从基本内容、基本途径和基本责任三个方面完善社会组织信息公开制度。首先，逐步建立分类信息公开制度，根据社会组织的不同类型和规模大小设置规定不同的信息公开内容。对大型、公益性社会组织实施较高要求，对小型、互助性社会组织要求相对简化。其次，建立临时信息公开制度，对社会组织举办的重大公益活动以及引起组织资产大幅增减的重大事件予以公开。再次，完善税务信息公开。税收减免是社会组织最重要的特点，是社会组织得以蓬勃发展的重要原因，也是公众监督的焦点，因此完善社会组织信息公开须强化和完善税务部门对社会组织信息公开管理。最后，完善信息公开责任制度。加大社会组织信息公开的造假成本，完善信息公开的民事责任和刑事责任，以打击和遏制恶意发布、传播虚假信息的行为，以保证社会组织信息公开的真实性、完整性、准确性和及时性。

### （四）理顺政府与社会组织的关系

社会组织作为社会自治管理的重要载体，不仅不会动摇基本政治体制、削弱政府管理，而且还将成为政府服务和管理社会的参谋和助手，帮助政府整合社会力量，促进公众共同参与社会建设和管理。现行法律制度，不利于社会组织承接和参与公共事业和公共服务，在社会组织立法中我们有必要进一步理顺政府和社会组织的关系。第一，培育社会组织承接和提供公共服务的能力。加快建立政府部门向社会组织购买公共服务的机制，不断拓宽社会组织参与社会公共管理和民生服务的舞台，将社会组织培育成为公共服务的“候补”提供者。建立社会组织管理网络平台，作为公共服务购买信息发布、社会组织推介、社会组织信息公开、社会组织监督管理平台，加快社会组织对政府公共服务职能的承接。第二，优化宽严相济的管理模式。扭转重准入管理而轻过程管理的监管模式，建立开放市场化的管理模式，增加公共事业和公共服务市场主体数量，鼓励社会组织开展适度竞争，同时对社会组织尤其是对具有公募资格或取得公募许可的社会组织的运作过程由登记机关、业务主管机关、税务、审计等部门等高密度监管。第三，建立协调统一管理模式。我国没有专门的关于社会组织财务监管的法律规范，导致民政部门、财政、税务、审计部门或“九龙治水”，或监管缺位。加上我国政府对社会组织的财务监督主要通过会计师事务所的审计报告，而审计机构在审计过程中的疏漏，也会影响到监管的科学性和有效性。有必要在各个监管机关和部门之间进行协调，建立统一有序监管机制，形成监管合力。第四，转变行政管理定位，改业务主管改为业务指导，推行社会组织的民间化和自治化。

# 两岸行政处罚制度比较研究
## ——以“秩序行政”与“秩序罚”之分野为讨论重心

**王晨桓**
◉ 建业法律事务所律师

## 一、问题意识

设例一：

某甲于台北101大楼旁道路设置简易铁架，摆摊贩卖少淑女流行服饰营生。某日，警察某乙见甲于路旁摆摊，已明显违反“道路交通管理处罚条例”第82条规定，除令某甲拆除该铁架，并停止摆摊行为外，并裁处某甲罚锾新台币1200元。某甲不服，于救济程序中主张某乙的行为已经抵触一行为不二罚原则，该主张是否有理？

参考条文：台湾“道路交通管理处罚条例”第82条规定

有下列情形之一者，除责令行为人即时停止并消除障碍外，处行为人或其雇主新台币一千二百元以上二千四百元以下罚锾：十、未经许可在道路摆设摊位。

设例二：

某丙于台湾阿里山山区拥有祖传之农地一笔，几乎未曾造访。2012年3月10日，主管机关发现该地遭受某丁公司之严重污染，故请某戊公司进行整复。2012年8月10日，某丙接获主管机关来函，要求其负担整复费用共计新台币1200万元。某丙不服，认为其对农地遭受污染一事毫不知情，故拒绝给付该笔费用，试问，某丙之主张有无理由？

参考条文：台湾“土壤及地下水污染整治法”第31条第1项规定

污染土地关系人未尽善良管理人注意义务，应就各级主管机关依第十三条第二项、第十四条第三项、第十五条、第二十二条第二项及第四项、第二十四条第三项规定支出之费用，与污染行为人、潜在污染责任人负连带清偿责任。

按台湾“行政罚法”第2条规定，将限制或禁止行为之处分（如限制或停止营业）、剥夺或消灭资格、权利之处分（如命令歇业）、影响名誉之处分（如公布姓名)、警告性处分（如警告、讲习、辅导教育）等，列为处罚种类；相较而言，《行政处罚法》第8条规定，亦明列警告、责令停产停业、暂扣或者吊销许可证、暂扣或者吊销执照、法律或行政法规规定的其他行政处罚为处罚种类。然而，此类之“行政罚”措施，本质上究竟是否为“处罚”？若为处罚，则应以相对人之故意过失为要件，并有一行为不二罚原则之适用。唯细绎该等规定之目的，似并非以“处罚”为其主要目的，而系着眼于危险状态之排除或行政秩序之回复。若要求其以主观上有故意过失为发动要件，势将造成行政目的无法达成、行政效能无从发挥之窘境。此类规定究应如何加以解释适用，为两岸行政法实务及学理需共同面对之重要议题，爰提出浅见，并就教方家。

## 二、秩序罚与秩序行政之区辨

欲理解上述问题，须回溯至台湾与大陆行政处罚法制之师承对象，即德国行政法之实务及理论中，有关“秩序行政”与“秩序罚”（亦称行政罚）两者之分野，方得明辨。有关秩序行政与秩序罚之概念，约略如下：

### （一）秩序行政

秩序行政之作用，在于行政秩序之回复与维持，矫正被破坏之公益状态，有“向将来”之属性，主观上亦不以行为人之故意过失为成立要件；后者则系对过去违反行政秩序行为之处罚，须以行为人主观上有故意过失为要件。

秩序行政系针对具体而可预先安排之情状所为，是一种课予义务或禁止等规制性手段，因此，行政法上责任之认定，将限制甚至剥夺人民之基本权利。属典型之干预行政，应有法律保留原则之适用。而于秩序行政之脉络下，行政机关发动秩序行政之对象，并非毫无限制。原则上，行政机关为防止危害所采取之干涉措施，应对负有“责任”者为之，[①] 负有秩序行政责任者，称为“责任人”。而措施之对象，大体而言，得由个别授权条文之规定中得知。若规定不明确或于法律概括授权之情形下，始有审查措施之对象是否为“责任人”之问题。“责任人”（Verantwortlicher）一词在德国法之讨论脉络下，常与“警察义务人”（Polizeipflichter）等同而交替使用，由于德文中“警察”一词，学理上因法制度之脉络不同，若采取“警察义务人”一词，恐遭误解为狭义警察法（如警察职权行使法）上之义务人，故本文亦统一以“责任人”称之。

就“责任”一词，德文中有以 Haftung 表示者，但由于秩序行政义务人之“责任”，其实为义务成立之要件，并无损害赔偿之性质，故学者多称之以 Verantwortlichkeit，以免造成语意上之混淆。德国文献中亦常以 Polizeipflichter 指称。

---

① 黄启祯：《干涉行政法上责任人之探讨》，《当代公法新论（中）——翁岳生教授七秩诞辰祝寿论文集》2002年，元照出版有限公司，第289页以下。

过去常用之 Haftung (liability) 亦由涵意较广之 Verantwortlichkeit (responsibility) 取代。又秩序行政之“责任”与刑事或行政罚上之“责任”有所不同。前者之原文为 Verantwortlichkeit，目的在排除危险与回复秩序，原则上以对危害发生应负责任之人为对象。与刑事处罚或行政处罚上之“责任”(Schuld) 不同。前者着重在义务之课予；后者以归责为目的。

各项“责任”概念之辨明：

| 作用比较 / 责任类型 | 目的 | 性质 |
| --- | --- | --- |
| 秩序行政法上“责任” | 回复行政秩序，不以主观上之故意过失为要件 | Verantwortlichkeit，抽象（待行政行为予以具体化） |
| 刑法或行政罚上“责任” | 制裁行为人过去违反义务之行为 | Schuld，具体 |
| 损害赔偿“责任” | 填补损害 | Haftung，具体 |

秩序行政权作为一种干预行政权，系针对侵扰安全及秩序者而为，目的在于排除妨害人 (Störer) 所导致之危险情状。因此，干预行政作用自须针对就危险之产生应负责任之妨害人 (Verantwortlicher Störer) 而为，[①] 引起危害之方式，若为由“人”的行为导致，称为“行为责任”；如因物之性质或状态导致，则为“状态责任”。秩序行政之妨害人，分别称为“行为妨害人”(Verhaltenstörer) 与“状态妨害人”(Zustandstörer)。因此“责任”之要件，实为行政干预手段发动之前提要件。应负责任之滋扰者（亦即秩序行政之义务人）不但必须忍受秩序行政机关之干预，同时往往亦须承担为排除危险所产生之费用，且其无权请求行政秩序机关加以补偿。[②] 秩序行政中责任要件之要求，亦充分表现了法治的基本理念：只有对危险之产生具有“责任”，而须承担责任者，始须服从行政机关用以排除危险之禁止或命为做为之诫命，而无“责任”者，原则上并不受到行政机关行政措施之拘束。[③] 由于责任性要件之要求为认定侵扰者之前提，从而亦方能进而确定行政法上义务人，[④] 而行政法上义务人之权利自然受到干预行政行为

① Volkmar Götz, Allgemeines Polizei - und Ordnungsrecht, 13. Aufl., Göttingen 2001, Rn, 188f.

② Karl Heinlich Friauf, Polizei - und Ordnungsrecht, in: E. Schmidt - Assmann (Hrsg.), Besonderes Verwaltungsrecht, 10. Aufl., Berlin 1995, S. 135.

③ 蔡宗珍：《从宪法财产权保障之观点论建筑法上之状态责任》，“第二届行政法院裁判研究”学术研讨会，国立中兴大学财经法律学系、社会科学暨管理学院、国立高雄大学财经法律学系主办，2008 年 12 月 12 日，台中。

④ 而台湾除社会秩序维护法外，并无如德国各邦般具有概括性之警察法律或秩序法律规定，各秩序行政领域率多皆以个别之行政法律规范，各该法律通常会规定义务人之范围。然而，各行政法律中直接规定行政法上之义务人，但却欠缺该“义务人”责任构成属性之规定，例如建筑法上及直接以所有权人、使用人为义务人，除在个案中易生争议外。进一步而言，各行政法规中有关义务人范围之界定是否妥适，其实牵涉立法者对责任范围之想象，其合宪性亦值得探讨。

之限制，基于依法行政原则，秩序行政机关须具备法律授权依据始得为之。

### （二）秩序行政下之责任类型

秩序行政下之责任类型，主为“行为责任”及“状态责任”两类：

1. 行为责任（Verhaltensverantwortlichkeit）

“行为责任”指因作为或不作为而导致公共秩序或公共安全危害之责任。行为责任之“行为”，并非一定由责任人本身所为，亦可能因他人之行为造成。行为责任之承担者，不须具备主观有责性要件，此构成秩序行政与行政罚之关键不同：秩序行政作用之目的，在于排除违反秩序的危险状态，而危险状态可以由有意或无意之人所引发，亦可能非由人的行为所导致，就秩序行政目的而言，均须加以排除，并不因行为人或应对危险负责之人，是否具有客观可非难性，而有所不同。

因行为责任而成为秩序侵扰者，其关键在于因其行为导致危险，而该危险有排除之必要，此与行为人之能力、条件等无涉。

2. 状态责任（Zustandsverantwortlichkeit）

“状态责任”之基础，在于德国基本法第 14 条，因财产权负有一定之社会义务，享有物之所有权利益者，亦应承担该物之危险，[①] 例如土地所有权人须负其土地上违章建筑之拆除义务，[②] 无论该违建是否为其所搭建。而为达成维护公安之行政目的，不限于以事实上难以查明之物之所有权人，而直接以明显可辨识之事实上管理人为对象。

状态责任人之构成，可分为物之所有权人、对物有事实上管领力之人、其他有权利之人：

（1）物之所有权人

所有人对于物之状态，原则上最能掌握。若因物之状态发生妨害公共秩序或危害公共安全之结果，所有权人将成为责任人。物之所有权人若丧失所有权，并不当然失去责任人之适格，而终结其责任。又如所有权人于事实上及法律上已无法排除干扰时（事实上限制例如所有物遭窃、法律上限制则如所有人因破产或受有强制执行而使其所有权受到一定之限制而无法行使），原则上其责任终结。[③]

---

① Möller/Wilhelm, Allgemeines Polizei - und Ordnungsrecht mit Verwaltungszwang und Bescheidtechnik, 5 Aufl., 2003 Stuttgart, Rn134.

② 违章建筑可分为形式违建及实质违建。形式违建指该违章建筑仅违反许可制之程序规定，但仍得以补正申请程序而合法化；实质违建则无法经由补正而合法化。

③ 于例外情形下，状态责任人不因物之移转而脱免责任。例如土地所有权人于环保法中被课负之责任，将随土地及土壤问题之恶化，而愈显升高。德国之“联邦土壤危害防制与长年污染整治法”（Gesetz zum Schutz vor schadlichen Bodenveränderungen und zur Sanierung von Altlasten）第 4 条中，课予土地之前手即使于处分或抛弃其所有权后，仍须承担该法所定之整治义务。

(2) 对物有事实上管领之人

对物有管领力之人，如承租人、保管人、或使用借贷人，其亦有防止危害之可能。对于行政机关而言，有时查明所有权关系，是相当困难的；并且，对物有实质上管领力者，在某些情形下更适宜作为危害之防免人。

(三) 秩序罚

行政罚是针对行为人过去违法行为（违反行政法上义务）之制裁，以行为人主观上有故意过失为限，以“制裁”为主要目的。例如：罚锾。德国违反秩序罚法（Gesetz über Ordnungswidrigkeiten，OWiG）第10条明定，行为除出于行为人之故意（Vorsatz）或过失（Fahrl？ssigkeit）外，不得课处行政罚。行政罚锾之裁处本身，其本身纵使有惩罚违反行政法上义务者之功能，但实无法有效达成维护安全与秩序之目的，故于德国之行政管制上，系与秩序行政措施相辅相成，以秩序行政管制措施为主，辅以秩序罚之手段，以有效达成管制之目的。就行政执行之手段中，应予辨明者，系台湾行政执行法第30条、或德国行政程序法第11条规定，对于不履行一定之义务者，得课处“怠金”（Zwangsgeld）。怠金之课处，作用在于迫使行为人履行一定之公法上义务，为“秩序行政措施”之一种，与德国违反秩序罚法之“罚锾”（秩序罚）有异。行政罚法为行政处罚之统一性法律，诸多原理原则、裁处程序、救济途径（德国之行政罚系适用刑事救济程序），均自成体系，与行政程序法、行政执行法互不相属。因此德国联邦行政程序法第2条第2项第2款将违反秩序行为之处罚（Verfolgung und Ahndung von Ordnungswidrigkeiten）排除于该法之适用范围。

秩序行政秩序罚主观要件不以主观上故意过失为要件以主观上之故意过失为要件目的督促未来行政法上义务履行制裁过去违反行政法义务之行为适例怠金罚锾。

(四) 行政罚及秩序行政之混淆

承上，秩序罚与秩序行政间，其性质与功能均有所差异，两者间应严予区分。行政罚锾之裁处，其本身纵使有惩罚违反行政法上义务者之功能，但实无法有效达成维护安全与秩序之目的，即不符合“适当性原则”之基本要求。

目前台湾行政实务上之作法，仍留存以行政罚为主，秩序行政手段（如限期拆除回复原状）为辅之做法。实则，若能以秩序行政手段（如命回复原状）排除危险，则科处罚锾所欲达到之行政目的既已达成，则罚锾处分之前提要件消失。而即使违规者仍未依有权机关之要求于期限内回复行政秩序，则亦仅于原干预处分所定之期限届至时，原处分机关进一步以罚锾处分以督促原干预处分所课予义务之履行，方始具备，得依法作出裁罚，但同时仍系以原课以义务之履行为裁罚之目的。故主管机关未于要求回复原状之处分中明定相对人义务履行之期限，则相对人是否违反义务即无法明确具体化，于行政行为应明确之要求下，行政机关理应无权于一定期间经过后，便以相对人违反原处分所课予之义务为由，径行作出行政裁处。就以目前实务上警察取缔摊贩为例，直接就作出罚锾处分，亦不论摊贩是否离开现场，形同使其取得“临时营业证”。且实务上亦有认为只要违规事实得涵摄于行政裁罚之法律规定所要求之构成要件中，则行政机关亦仅得依法为罚锾、命限期改善等，① 导致例如区域计划法之立法目的，变相成为制裁。使秩序行政化约为行政罚作用。②

另外，少数学理上之见解，亦明显混淆秩序行政与秩序罚之分野，例如若行政秩序罚对行为人造成之权利侵害较大（例如勒令停业、歇业等），则该行为之反伦理性大致较高，要求处罚须具备行为人主观上可受非难之责任要件，从保障人权的观点来看，堪称允当。③ 首先“勒令停业”或“歇业”是否为秩序罚之性质，尚容待讨论。若确为秩序罚属性，若不以故意过失之可归责要件作为前提，亦严重背离“责任原则”之基本要求。

附带一提者为，当立法者选择以行政罚方式作为制裁不法行为之手段时，该行政不法行为之伦理非难性自然亦随之降低，立法者不应一方面采用行政罚方式制裁处理不法行为，另一方面却又使该等行政罚之规定实质上具有刑罚制裁性质与程度。行政罚作为由行政机关主导运用之制裁性手段，被裁罚之相对人纵使事后仍得循行政争讼途径寻求救济，但毕竟是在未获司法审判程序即蒙受之不利处分，因此，实不应令此等行政罚手段得具有与刑罚手段相近之制裁程度。但台湾诸多行政罚锾之规定，其数额极高，实已具有“刑罚”之程度，行政罚锾制度原先辅助行政目的之实现与强化行政法上义务受到遵循之功能，亦质变为以制裁为行政之主要手段。

## 三、对于现行两岸行政罚法法制之理解

### （一）两岸行政罚法法制之规范模式：扩张行政罚之种类

在立法例的比较上，德国违反秩序罚法以“罚锾”（BuBgeld）为处罚手段（德国行政罚法第 1 条规定参照）。相较而言，台湾行政罚法第 1 条规定：“违反

① 台湾常见之定型化立法形式“违反第 XX 条者，（有权行政机关）得处新台币……罚锾”并“得命限期改善、回复原状”。

② 学说上亦常见将秩序行政下之状态责任或行为责任，与行政罚混为一谈者，参见洪家殷，《行政罚之状态责任及一行为不二罚原则 - 台北高行政法院九六年诉字第一二八八号判决简评 -》，载《台湾本土法学杂志》2008 年第 104 期，页 328 以下，台北：新学林。

③ 蔡茂寅：《税法与行政秩序罚的关系——是否应以故意过失为要件》，载《月旦法学杂志》1997 年第 23 期，第 40 页。

行政法上义务而受罚锾、没入或其他种类行政罚之处罚时，适用本法。但其他法律有特别规定者，从其规定。”因此，除罚锾外，尚包含“没入”及“其他种类行政罚”。同法第2条进一步就“其他种类行政罚”为规定：“本法所称其他种类行政罚，指下列裁罚性之不利处分：

一、限制或禁止行为之处分：限制或停止营业、吊扣证照、命令停工或停止使用、禁止行驶、禁止出入港口、机场或特定场所、禁止制造、贩卖、输出入、禁止申请或其他限制或禁止为一定行为之处分。

二、剥夺或消灭资格、权利之处分：命令歇业、命令解散、撤销或废止许可或登记、吊销证照、强制拆除或其他剥夺或消灭一定资格或权利之处分。

三、影响名誉之处分：公布姓名或名称、公布照片或其他相类似之处分。

四、警告性处分：警告、告诫、记点、记次、讲习、辅导教育或其他相类似之处分。”另外，于社会秩序维护法上，亦有“拘留”为处罚类型之一。

《行政处罚法》第二章“行政处罚的种类和设定”第8条规定与台湾之立法模式相近：“行政处罚的种类：（一）警告；（二）罚款；（三）没收违法所得、没收非法财物；（四）责令停产停业；（五）暂扣或者吊销许可证、暂扣或者吊销执照；（六）行政拘留；（七）法律、行政法规规定的其他行政处罚。”第7款之情形，例如附加适用限期出境或者驱逐出境。大陆“治安管理处罚法”第10条规定：“治安管理处罚的种类分为：（一）警告；（二）罚款；（三）行政拘留；（四）吊销公安机关发放的许可证。对违反治安管理的外国人，可以附加适用限期出境或者驱逐出境。”处罚之概念元素亦不限于罚锾。

### （二）扩张行政罚种类之妥适性

在立法论上，行政罚法所规范之处罚种类，除罚锾外，尚包含“其他不利处分”（如撤销或废止许可或登记、吊销证照等，又称管制罚）是否妥适，有相当之争议：

1. 肯定说

第一，管制罚具有强烈制裁性质

管制罚系针对特定行政上义务违反之制裁，具有强烈之裁罚性质，与一般之不利处分不同，应严格管制其科处要件。

另外，不利益处分之撤销或废止，均由原处分机关作成，但管制罚性质之撤销或废止，则不当然由原处分机关作成，通常另由专责机关作成（如警察机关、公平会等）。

第二，增加管制罚之警示作用

若行政罚之内涵仅限于罚锾、没入等，将无法有效达成对行为人之警示作用。

第三，有效达成行政目的

不利处分与秩序罚若能搭配运用，较能达成行政监督管制目的。[①] 将管制罚纳为行政处罚之一种，已是“潮流趋势”。[②]

2. 否定说

第一，混淆行政罚与不利益处分之分界

“裁罚性不利处分”之其他种类行政罚，当中有诸多与“处罚”之性质并不相符，例如“禁止出入港口、机场或特定场所，撤销或废止许可登记”等。管制罚所列举之各项措施，性质上其实即为行政法上之不利益处分（如证照之撤销或废止），若将之纳入行政罚之范畴，将模糊行政罚与其他不利益处分之界线。

第二，管制罚措施与行政罚之本质不符

管制罚之各项措施，系对于特定行为之持续性管制，以避免公益受进一步之危害，具有“向将来”之特性，与“制裁过去违法行为”之行政罚，本质即不相容。

实则台湾行政罚法扩张行政罚之范围，实为迁就立法现实之举。因许多个别行政法规早已将许多不利益行政处分列为“罚则”，而台湾地方制度法第26条亦已将许多不利益处分列为“处罚”之范畴。学理上则认为，台湾“大法官”创设“裁罚性不利处分”之概念，旨在将罚锾以外之不利处分，类比为“行政处罚”，希望能透过“处罚法定主义”之桥梁，证立系争规定有法律保留原则之适用。但自释字第443号解释理由书提出干预行政之“层级化法律保留”后，此一概念之重要性已逐渐淡化。换言之，“大法官”创设“裁罚性不利处分”之原因，在于欲建构行政行为应遵循法律保留之基础。但此一概念，却为台湾“行政罚法”第2条所援用[③]。学说上另有认为以台湾之行政法制与作业情形，虽不必然仿效德国法将行政罚极度缩减为罚锾单一种类，但朝向“精简化”之方向修正，应属正途。[④]

而大陆行政处罚之种类，除行政处罚法第8条第7款为概括条款外，前6款均为具体性行政处罚之种类，其立法上之列举，大致系按照大陆现有行政处罚在具体适用上之频率，予以划分及排列。[⑤] 亦为迁就现实之举，可能衍生之适用上疑义，恐将在所难免。

---

① 廖义男：《行政不法行为制裁规定之研究－行政秩序罚法草案》研究报告，第433页。

② 郭吉助：《论多次违反行政罚锾处罚规定之适用——以自立晚报刊登小广告被处罚锾为例》，载《台湾本土法学杂志》2000年第16期，第18页。

③ 李建良：《行政罚法中“裁罚性之不利处分”的概念意涵及法适用上之若干基本问题——“制裁性不利处分”概念之提出》，载《月旦法学杂志》2010年第181期，第138页。

④ 詹镇荣：《“裁罚性”不利处分之概念及其范围界定——兼论烟害防制法第二三条“戒烟教育”之法律性质》，载《台湾本土法学杂志》2007年第93期，第138页。

⑤ 王文杰：《大陆行政处罚法评析》，载《律师杂志》2003年第289期，第43页。

### （三）现行规范中“秩序罚”与“秩序行政”之厘清

前述立法论上之争议，并未因台湾“行政罚法”之立法而息纷止争。前述承袭德国传统见解之否定说，看似在立法上未能取胜，但其已成功地将战场延伸到行政罚法第2条规定之解释与适用上：亦即试图还原第2条“其他种类行政罚”（前述“管制罚”）本应具有之秩序行政面貌，而立主应予限缩适用。①

而在台湾司法实务上，亦有朝向前述“否定说”运作之趋势。例如台湾“司法院大法官”于释字第510号解释中，有关航空人员体检不合格之处分，认为“非涉裁罚性之处分”、另于释字第612号解释中，对于“清除、处理技术员合格证书”之撤销，大法官认为“乃为达成有效管理辅导公、民营废弃物清除、处理机构之授权目的，以改善环境卫生，维护国民健康之有效方法”，对照大法官在理由书中所言“……事后制裁已非达成防制环境污染立法目的之最有效手段”，似已将之与“裁罚性不利处分”相区隔。换言之，于本号解释中，认为“撤照”并非“裁罚性不利处分”，唯该号解释廖义男、王和雄、许玉秀“大法官”等之不同意见，则认为应属之。② 另外，台湾与大陆行政法就处罚种类之规定，颇有其近似性，均造成实务运作上界分之困难，以下先就台湾现行法部分为剖析，或可与大陆相关法制为对照比较。

1. 台湾“行政罚法”第2条第1款：限制或禁止行为之处分

承上所述，秩序行政之基本目的，在于维护客观之行政法秩序，一方面具有干预之性质，于公共秩序及安全受有危险时，亦可能为“防御措施”而排除危险状态，故对于危险之防免（Gefahrenabwehr），实属典型之秩序行政性质。行政罚法第2条第1款所列之“限制或停止营业”、“命令停工”、“命停止使用”、“禁止行驶”、“禁止出入港口、机场或特定场所”、“禁止制造、贩卖、输出入”等限制或禁止为一定行为，其主要目的在于防免危险、回复行政秩序，而非制裁。此目的一旦达成，该类处分即不应存续。

2. 台湾“行政罚法”第2条第2款：剥夺或消灭资格、权利之处分

“行政罚法”第2条第2款规定之“命令歇业”、“命令解散”、“撤销或废止许可登记”、“吊销证照”、“强制拆除”等剥夺或消灭一定资格或权利之处分，其规范之主要目的在于“回复行政秩序”。例如强制拆除某建筑物，系着眼于排除因该建筑物所生危险，并非以制裁为其目的。因此，该受拆除之建物应限于具有相当危险性者，否则该处分即不应存续。学说上认为，建筑物之危险性不存，

---

① 洪家殷：《（台湾）“行政院”版“行政罚法草案”有关处罚种类之探讨》，载《月旦法学杂志》2004年第111期，第24—25页。

② 蔡震荣：《由释字第六一二号解释论不利益处分或裁罚性不利处分》，载《台湾本土法学杂志》2006年第88期，第149页。

为原拆除处分之消灭事由。[①]。

3. 台湾“行政罚法”第2条第3款

“行政罚法”第2条第3款“公布姓名或名称”、“公布照片”，其目的若是对受处分相对人为名誉上之贬抑，以制裁其过去违反行政法上义务之行为，则为“行政罚”之性质。另一方面，若此一作为之目的，在于确认或寻找该违反义务之行为人，则应属秩序行政之措施。惟学说上认为，此一作为次涉及加害人自我羞辱等损及人性尊严之手段，似有违背“宪法”第23条比例原则而抵触“宪法”之疑虑（“司法院大法官”释字第656号解释参照），因此基于“合宪解释原则”，应将此解为“秩序行政”方属合理。[②] 因此，法规中与危险排除无关之公布姓名、名称或公布照片规定，即有“违宪”之可能。

4.“行政罚法”第2条第4款：影响名誉之处分

“警告、告诫、记点、记次”之处分，通常系后续更为严重处分前之前置或先行程序，目的在于期许义务人得因而有所警惕，而于将来自行改正其行为，主管机关有时会并用“限期改善处分”，以确保行政秩序之回复，故应属“秩序行政”之性质。至于“讲习、辅导教育”则系于义务人违反行政法上之义务后，借由讲习、辅导等手段，期待其加以改正，属性上应非“处罚”。以台湾烟害防制法之“戒烟教育”为例，其本身并非行政机关对违反此等行政法上义务之人所科处之警告性处分与非难，目的在于教导儿童、青少年反烟、拒烟之方法。[③]

5. 台湾“政府采购法”第101条

“政府采购法”第101条规定：“机关办理采购，发现厂商有下列情形之一，应将其事实及理由通知厂商，并附记如未提出异议者，将刊登政府采购公报：一、容许他人借用本人名义或证件参加投标者。二、借用或冒用他人名义或证件，或以伪造、变造之文件参加投标、订约或履约者。三、擅自减省工料情节重大者。四、伪造、变造投标、契约或履约相关文件者。五、受停业处分期间仍参加投标者。六、犯第八十七条至第九十二条之罪，经第一审为有罪判决者。七、得标后无正当理由而不订约者。八、查验或验收不合格，情节重大者。九、验收后不履行保固责任者。十、因可归责于厂商之事由，致延误履约期限，情节重大者。十一、违反第六十五条之规定转包者。十二、因可归责于厂商之事由，致解除或终止契约者。十三、破产程序中之厂商。十四、歧视妇女、原住民或弱势团

① 李建良：前揭《行政罚法中“裁罚性之不利处分”的概念意涵及法适用上之若干基本问题——“制裁性不利处分”概念之提出》文，第141页。

② 李建良，前揭《行政罚法中“裁罚性之不利处分”的概念意涵及法适用上之若干基本问题——“制裁性不利处分”概念之提出》文，第141页。

③ 詹镇荣，前揭《“裁罚性”不利处分之概念及其范围界定——兼论烟害防制法第二三条“戒烟教育”之法律性质》文，第138页。

体人士，情节重大者。厂商之履约连带保证厂商经机关通知履行连带保证责任者，适用前项之规定。”于实务上衍生之疑义为：机关依政府采购法办理采购，发现厂商有该法第 101 条第 1 项各款情形之一，依该条规定通知厂商将刊登政府采购公报之行为，是否有时效规定之适用？

台湾“最高行政法院”101 年度 6 月份第 1 次庭长法官联席会议决议，以“机关因厂商有政府采购法第 101 条第 1 项各款情形，依同法第 102 条第 3 项规定刊登政府采购公报，即生同法第 103 条第 1 项所示于一定期间内不得参加投标或作为决标对象或分包厂商之停权效果，为不利之处分。其中第 3 款、第 7 款至第 12 款事由，纵属违反契约义务之行为，既与公法上不利处分相连结，即被赋予公法上之意涵，如同其中第 1 款、第 2 款、第 4 款至第 6 款为参与政府采购程序施用不正当手段，及其中第 14 款为违反禁止歧视之原则一般，均系违反行政法上义务之行为，予以不利处分，具有裁罚性，自属行政罚，应适用行政罚法第 27 条第 1 项所定 3 年裁处权时效。其余第 13 款事由，乃因特定事实予以管制之考量，无违反义务之行为，其不利处分并无裁罚性，应类推适用行政罚裁处之 3 年时效期间。”故原则上，除破产之事由（不可归责）外，其余皆为行政罚之性质。

6. 台湾“证券交易法”第 66 条第 2 款

台湾“证券交易法”第 66 条第 2 款规定，证券商违反本法或依本法所发布之命令者，除依本法处罚外，主管机关并得视情节之轻重，命令该证券商解除其董事、监察人或经理人职务。而命券商解除其董事、监察人或经理人职务，是否为行政罚？

台湾“最高行政法院”认为，该条之立法目的系为增强对证券商之管理，防止违规与不法情事之发生，而赋予主管机关于证券商违反法令时，除依该法处罚外，并得视其情节之轻重，采取适当之措施或处分（“证券交易法”第 66 条第 2 款立法理由参照）。核其性质，乃为实现健全证券交易秩序，并保障投资之行政目的所为之行政管制措施，属于“管制性之不利处分”，此与行政罚法第 2 条所称之“裁罚性不利处分”，系以违反行政法上义务而对于过去不法行为所为之行政制裁不同，即非属行政罚法所指之行政罚，自无行政罚法第 27 条第 1 项裁处时效 3 年规定之适用（台湾“最高行政法院”2012 年判字第 165 号参照）。

### （五）秩序行政与秩序罚界限之重新建构

秩序行政与秩序罚之界限，经“行政罚法”第 2 条规定之混淆后，由前述台湾法院实务见解可知，系于行政罚、制裁性不利处分外，另行创设“管制性之不利处分”，试图于秩序行政与秩序罚的混沌中，杀出一条血路。学说上则主张，[1]

① 李建良，前揭《行政罚法中“裁罚性之不利处分”的概念意涵及法适用上之若干基本问题——“制裁性不利处分”概念之提出》文，第 142 页。

立法者误将“裁罚性不利处分”写入法典成为法律用语，若要免造成混淆，允有必要另创“制裁性不利处分”一词及概念，以资区隔，并筛选稀释出属于处罚性质之不利处分，作为启动行政罚之枢纽，“行政处罚”之内涵，包括社会秩序维护法上之“拘留”、罚锾、滞报金、怠报金、一定期间之停业或停止特定行为（不以改善或排除特定危险为必要条件）、[①] 剥夺资格或权利（不以改善或排除特定危险为必要条件或无回复之可能者）。[②] 例如医师法第28条之4：“医师有下列情事之一者，处新台币十万元以上五十万元以下罚锾，得并处限制执业范围、停业处分一个月以上一年以下……”，其中“停业处分”不以该违法之医师是否改善为前提，而是其曾有为法行为之“代价”，故作为一种处罚手段（一定期间之停业或停止特定行为）。医师法第28条之4之“废止医师证书”，为“剥夺资格或权利”之处分。反之，如“证券交易法”第59条第1项规定：“证券商自受领证券业务特许证照，或其分支机构经许可并登记后，于三个月内未开始营业，或虽已开业而自行停止营业连续三个月以上时，主管机关得撤销其特许或许可。”其中之“撤销”虽具有剥夺权利之法律效果，但该证券商仍得再次申请，即不属之。

台湾“行政法院”之见解，系试图重新界定秩序行政之范畴，透过“制裁性不利处分”，将过去属于秩序行政，却因“行政罚法”第2条而划归为行政罚之领域，逐步予以收复。而学理上则从另一个方向，亦即以“制裁性不利处分”概念，限缩“秩序罚”之范畴，而阻其借由台湾“行政罚法”第2条规定而任意扩张。虽然方向不同，但却目的同一：旨在确保行政机关之秩序行政手段，不因“行政罚化”质变，进而影响行政目的之达成。

## 四、结论

“行政罚法”第2条的立法，犹如深入清澈河流的渔夫之手，混淆了一池清水：井然分明的秩序行政与秩序罚。若任令其混浊，将使行政机关之秩序行政手段平白添加本不应有的主观要件，而难以达成行政目的。试想，若连行政机关主动撤销一违法之行政处分（如台湾行政程序法第117条规定），皆须证明当事人主观上的故意过失，行政权将如何运作？长此以往，行政目的如何达成？人民权利又如何确保？面对这一潭浑水，又有谁能从中得利？因此，本文对于台湾“行

---

①

② 例如“医师法”第28条之4之“废止医师证书”。反之，如“证券交易法”第59条第1项规定：“证券商自受领证券业务特许证照，或其分支机构经许可并登记后，于三个月内未开始营业，或虽已开业而自行停止营业连续三个月以上时，主管机关得撤销其特许或许可。”，其中之“撤销”虽具有剥夺权利之法律效果，但该证券商仍得再次申请。

政法院”及学理，就回复“行政罚”、“秩序行政”概念应有面貌之努力，深表赞同。相关见解，或可作为《行政处罚法》第8条解释与适用上之参考。

就文首设例一部分，某甲之主张并无理由，因“令某甲拆除该铁架”之行政作为属秩序行政之性质，与罚锾处分并不构成一行为二罚。设例二中某丙之主张亦无理由，其理在于土地所有权人对于土地环境之保持及清除义务，为“状态责任”，主管机关对之课付之清除义务（包括代履行后代履行费用之收取），为秩序行政，不以其具有主观上故意过失违反行政法上义务为要件。

# 大陆行政即时强制立法之拙见
## ——以《中华人民共和国行政强制法》与台湾地区“行政执行法”为视角

**陈业业**
◉ 福建社会科学院法学研究所副研究员

《行政强制法》是规范行政行为的一部重要法律，与《行政处罚法》、《行政许可法》并称为行政程序立法的重要“三部曲”。《行政强制法》从1999年开始酝酿，于2005年、2007年、2009年，2011年4月，2011年6月先后五次提请全国人大常委会审议修改，历经12年的艰辛立法之路，终于在2011年6月30日下午闭幕的十一届全国人大常委会第二十一次会议上得以表决通过，于2012年1月1日起施行。但遗憾的是，《行政强制法》并未如一般大陆法系国家对行政即时强制作出规定，反而在原则上将行政即时强制排除在《行政强制法》适用范围之外，实为行政立法之缺失。本文拟以《中华人民共和国行政强制法》与台湾“行政执行法”的初步比较为视角，提出些微拙见，就教于方家。

## 一、行政即时强制之概念

在行政法制史上，首次使用“即时强制”（Sofortiger Vollzug）的是德国学者托玛（Richard Thoma），他建议以“即时强制”一词取代“无须行政处分并践行法定告诫之直接强制”。[①] 此后，德国学者F. 佛兰尼（Fritz Fleiner）在其名著《德国行政法之制度》一书中率先使用“即时强制”，至此该词汇始具学术地位，并被沿用至今。联邦德国于1953年4月27日制定的《行政强制执行法》第6条第2项第2款规定：“为防止该当刑罚或刑罚构成要件违法行为之发生，或为防止急迫之危险，而有即时执行之必要，且在行政机关法定职权范围内，得不先为行政处分而实施行政强制。”至此，行政即时强制才告单独法制化。

关于即时强制的概念，日本学者的通说认为，“即时强制，是指为排除目前

---

① Richard Thoma，Der Polizeibefehl im Badischen Recht，1906，S95，转引自李建良：《行政上即时强制之研究》，《1998年海峡两岸行政法学术研讨会实录》，1998年版，第239页。

紧迫障碍的需要，而不是为了强制履行义务，在没有命令义务的余暇时，或者其性质上通过命令义务难以实现其目的的情况下，直接对人民的身体或财产施加实际力量，以实现行政上必要状态的作用”。① 台湾学者对行政即时强制是一种无须作成行政处分之行政措施并无异议，但在具体内涵上，少数学者认为行政即时强制以“非以义务存在为必要，事前无义务存在等为前提”。后者如李震山所言：行政上之行政即时强制，乃系为排除目前急迫之危害，时间上来不及课以义务或性质上虽课以义务亦难以达其目的者，才无须经过预先告诫或其他程序，得径以实力直接加于人民之身体或财产，以实现行政上必要状态之作用。即时强制是行为时尚无履行义务之行政处分存在，系以一行为，涵盖下令、强制方法之选择与确定，以及强制方法之使用诸过程，属于处分与强制合一，实系行政强制应有行政处分为前提（行政强制执行）的一项例外产物。李建良却认为，即时强制与一般行政强制是一种原则与例外的关系。两者的主要区别是，即使强制无须以行政处分为强制权发动之前提，且无须践行告诫之程序。所以，即时强制的重点在于“执行程序的简化”。

关于行政即时强制的内涵与性质，我国大陆学者朱新力在《论行政上的即时强制》一文中指出，有基础决定才有行政强制。而行政强制又可分为一般强制与即时强制。一般强制由决定、催告程序、强制执行三个阶段连锁而成。而即时强制是行政主体在遇有阻止犯罪、防止危险、避免危害等紧急情况下为实现行政目的而直接作出基础决定并立即强制执行的活动。作为一项整体制度，即时强制既包含基础决定的作出（即对相对人权利义务的规定），也包括直接以强力实现基础决定内容的事实行为。杨临宏的《即时强制论略》一文认为，即时强制，是一种自由裁量的具体行政行为，具有紧急性和程序的简易性。阎尔宝不赞成行政即时强制是具体行政行为的观点，而认为法律行为的意义在于对行政管理事项只作观念上的处置，形成的只是一种观念上的法律状态而非实际的客观事实状态。据此，即时强制是行政机关借助物理上的力量直接作用于相对人的人身或财产，不含有设定义务的过程。因此，行政即时强制是一种事实行为。②

各国各地区学界的各种观点表述行政即时强制的内涵、外延的方式、方法、角度与立法不同，但均可体现出行政即时强制概念中的三点共性：其一是行政即时强制的目的主要在于维护社会公共利益与公共秩序；其二是行政即时强制的实施前提是紧急事件或紧急事态，不紧急即无需即时强制，一般行政强制即可；其三是实施程序高度简洁，行政机关无须告诫即可直接强制执行。因此，本人对行政即时强制的概念理解如下：有权行政主体，在遇紧急事件或紧急事态时，为维

① ［日］盐野宏：《行政法》，杨建顺译，法律出版社 1999 年版，第 180 页。

② 朱新力，项新：《中国法学会行政法研究会 2000 年年会行政强制部分综述》，《行政法学研究》，2001 年第 2 期，第 100 页。

护社会公益，依法定职责与程序，对行政相对人的人身、财产等权利直接作出基础决定并立即强制执行的行政行为。

## 二、行政即时强制之特点

### （一）紧急性

紧急性应该说是行政即时强制最为显著的特点，也是区别于一般行政强制行为的标准。紧急性或紧急事件的存在，是行政即时强制的适用前提。因为这种紧急事件严重影响着国家、社会的安全与公民的合法权益，如果不予即时制止，则将严重破坏与侵犯社会公共秩序与社会公益。这种紧急性，决定了行政即时强制的根本目的在于及时、果断地制止或预防这种社会危险或灾害事故的存在与发生。“如果在事实上并不存在某些重大的紧急情况，则不能采取行政法上的即时强制行为，因为即时强制制度的一系列规定都是建立在紧急性的基础之上的，丧失了紧急性基础的即时强制不仅不能维护合法的权益，反而会构成对行政相对方合法权益的非法侵害。”①

### （二）公益性

即时强制活动存在的事实前提便是发生了重大灾害事故，以及其他严重影响国家、社会、集体乃至公民个人利益的紧急情况，这些灾害、事故和紧急情况的存在直接威胁和严重影响了公共利益和公民个人利益的安全，而往往是以公共利益所受威胁最受关注，即时强制行为也正是主要以挽救社会公共利益为自己的出发点和归宿点。② 公益性特点成为行政即时强制的实施标准，只有为了公共利益，才能实施行政即时强制，实现最大多数人的利益要求。在公共利益与个人利益之间，行政即时强制选择了前者，这也是行政即时强制之补偿制度存在的事实基础，也是行政即时强制制度公益性的体现。

### （三）直接强制性（基础决定与执行措施密切结合性）

直接强制性，又称基础决定与执行措施密切结合性，也是行政即时强制区别于一般行政强制行为的重要特征。一般行政强制行为，由基础决定与执行措施两个阶段组成，分成决定（基础决定）、告诫（催告程序）和执行（强制执行）三个程序。在这一系列程序中，行政机关作出决定后，可告诫行政相对人主动履行，告诫未果的方可强制执行，但对于行政即时强制而言，因其面对紧急事件，

① 城仲谋：《行政法之基础理论》，三民书局 1993 年修订新版，第 190 页。

② 叶必丰，何琳：《行政即时强制界说》，《求是学刊》，2000 年第 1 期。

须维护社会公益，故其将决定、告诫与执行三个程序合一，一经作出基础决定，则即时强制执行。

## 三、台湾行政即时强制之立法

关于行政即时强制的立法体例模式，有集中模式与分散模式两种，前者是指制定行政即时强制的基本法和一定数量的单行法来共同构筑成行政即时强制法律体系（这种集中不是绝对的、全面的集中，而是将行政即时强制的原则、程序、一般制度等规定在行政强制基本法中，将具体的各类型即时强制行为规定在各方面、各部门的单行法中），后者是指无关于行政即时强制的基本规定或统一规定，而是在诸多各类型的单行法律文件散见关于行政即时强制的法律规定。德国、日本等传统大陆法系国家均采用集中模式。在德国，1953 年的《行政强制执行法》、1957 年的《莱因邦柏尔兹行政强制执行法》，体现了德国行政即时强制的基本规定，而 1972 年的《联邦边防警察法》等部门法体现了部门法关于德国即时强制的规定。在日本，1948 年《行政代执行法》体现了日本行政即时强制的基本规定，而 1948 年《消防法》、1951 年《出入国管理令》等部门法体现了日本即时强制的规定。

我国台湾采取的也是集中模式立法体系，而且其法典化特征更为明显，因为台湾地区 1998 年“行政执行法”用了整个章节（第四章《即时强制》）共 6 个条文来全面、系统地规定了台湾行政即时强制制度，内容涵盖了行政即时强制的实施前提、方法、对人身的即时强制、对物品的即时强制、对住宅等的即时强制以及即时强制的救济与补偿等内容。

（一）台湾地区“行政执行法”第 36 条规定：行政机关为阻止犯罪、危害之发生或避免急迫危险，而有即时处置之必要时，得为即时强制。可见，在台湾行政法上，即时强制既是行政机关的权力，也是行政机关的义务，其适用条件是“为阻止犯罪、危害之发生或避免急迫危险，而有即时处置之必要”。同时根据该条规定，即时强制方法有四种：（1）对于人之管束；（2）对于物之扣留、使用、处置或限制其使用；（3）对于住宅、建筑物或其他处所之进入；（4）其他依法定职权的为之必要处置。

但是，这些方法的使用不是无条件的。相反，它有严格的限制。台湾“行政执行法”第 37 条至第 40 条对上述方法的适用规定了特别的条件。

（二）第 37 条规定：“对于人之管束，是直接影响被执行人的人身自由权的即时强制措施，故限于有下列情形之一者方可使用：（1）疯狂或酗酒泥醉，非管束不能救护其生命、身体之危险，及预防他人生命、身体之危险者；（2）意图自杀，非管束不能救护其生命者；（3）暴行或斗殴，非管束不能预防其伤害者；（4）其他认为必须救护或有害公共安全之虞，非管束不能救护或不能预防危害者。其中，对人的管束不得逾24小时。”该条详细规定了对人身采取行政即时强制的条件、前提与期限。

（二）第38条规定：“军器、凶器及其他危险物，为预防危害之必要，得扣留之。扣留之物，除依法应没收、没入、毁弃或应变价发还者外，其扣留期间不得逾30日。但扣留之原因未消失时，得延长之，延长期间不得逾两个月。扣留之物无继续扣留必要者，应即发还；于一年内无人领取或无法发还者，其所有权归属国库；其应变价发还者，亦同。”该条规定了对于军器、凶器及其他危险物等物品采取行政即时强制的前提、程序与期限。

（三）第39条规定：“对遇有大灾、事变或交通上、卫生上或公共安全上有危害情形，非使用或处置其土地、住宅、建筑物、物品或限制其使用，不能达防护之目的，得使用、处置或将限制其使用。”该条规定了对于土地、住宅、建筑物、物品采取行政即时强制之前提。

（四）第40条规定：“对于住宅、建筑物或其他处所之进入，以人民之生命、身体、财产有迫切之危害，非进入不能救护者为限。”该条规定了进入住宅、建筑物或其他处所采取行政即时强制之前提。

（五）第41条规定：“人民因执行依法实施即时强制，致其生命、身体或财产遭受特别损失时，得请求补偿。但因归责于人民之事由者，不在此限。前项损失补偿，应以金钱为之，并以补偿实际所受之特别损失为限。对于执行机关所为损失之决定不服者，得依法提起诉愿及行政诉讼。损失补偿，应于知有损失后，二年内向执行机关请求之。但自损失发生后，经过五年者，不得为之。”该条规定了行政即时强制的救济途径、方式、程序、赔偿标准与期限。

## 四、大陆行政即时强制之立法

尽管我国大陆立法没有明确行政即时强制规定的概念，但在庞杂的行政法律法规中却能时时看到行政即时强制的身影，如《中华人民共和国人民警察法》第8条、第9条，《中华人民共和国集会游行示威法》第27条，《中华人民共和国传染病防治法》第39条，《中华人民共和国国境卫生检疫法》第12条，《中华人民共和国海关法》第6条，《中华人民共和国消防法》第33条，《中华人民共和国防洪法》第45条，《中华人民共和国治安管理处罚法》第87条等。除了上述法律规定外，尚有诸多部门规章规定了行政即时强制。这样的立法状况，导致我国关于行政即时强制的法律规范存在重叠或冲突，造成行政即时强制权滥用、乱用与越权现象严重。但《行政强制法》并没有解决这个问题，相反，《行政强制法》在行政即时强制立法方面存在矛盾。

（一）《行政强制法》第2条规定：行政强制分为行政强制措施与行政强制执行。行政强制措施，是指行政机关在行政管理过程中，为制止违法行为、防止证据损毁、避免危害发生、控制危险扩大等情形，依法对公民的人身自由实施暂时性限制，或者对公民、法人或者其他组织的财物实施暂时性控制的行为。行政强制执行，是指行政机关或者行政机关申请人民法院，对不履行行政决定的公民、法人或者其他组织，依法强制履行义务的行为。

《行政强制法》第 3 条规定：行政强制的设定和实施，适用本法。发生或者即将发生自然灾害、事故灾难、公共卫生事件或者社会安全事件等突发事件，行政机关采取应急措施或者临时措施，依照有关法律、行政法规的规定执行。行政机关采取金融业审慎监管措施、进出境货物强制性技术监控措施，依照有关法律、行政法规的规定执行。

由此可见，我国大陆的行政即时强制，不但未如台湾地区“行政执行法”那样在行政强制立法体例中享有独立的法律地位，相反已经被《行政强制法》排除在外，因为“发生或者即将发生自然灾害、事故灾难、公共卫生事件或者社会安全事件等突发事件，行政机关采取应急措施或者临时措施，依照有关法律、行政法规的规定执行。行政机关采取金融业审慎监管措施、进出境货物强制性技术监控措施，依照有关法律、行政法规的规定执行”。笔者以为，其一，行政即时强制，是一种特殊的行政强制行为，与一般行政强制行为一起共同构成行政强制，《行政强制法》不但不赋予行政即时强制以独立的法律地位，反而将行政即时强制排除在《行政强制法》的适用范围之外，不但不利于系统建立、完善我国行政即时强制制度，也不利于清理、规范目前我国繁杂的行政即时立法，实可斟酌。其二，《行政强制法》是关于行政强制的特别立法，其规定的一般原则与程序，应当被所有的行政强制的法律法规所尊重与遵循。针对发生或者即将发生自然灾害、事故灾难、公共卫生事件或者社会安全事件等突发事件所采取的行政即时强制，应当首先遵守《行政强制法》的规定，在其他相关部门法有特别规定的情况下，方可适用该特别规定。

（二）《行政强制法》虽然将行政即时强制排除在外，但其第 19 条与第 20 条又规定了行政即时强制的一般程序与对人身采取行政即时强制的一般程序。第 19 条规定：“情况紧急，需要当场实施行政强制措施的，行政执法人员应当在二十四小时内向行政机关负责人报告，并补办批准手续。行政机关负责人认为不应当采取行政强制措施的，应当立即解除。”第 20 条规定：“依照法律规定实施限制公民人身自由的行政强制措施，除应当履行本法第十八条规定的程序外，还应当遵守下列规定：（一）当场告知或者实施行政强制措施后立即通知当事人家属实施行政强制措施的行政机关、地点和期限；（二）在紧急情况下当场实施行政强制措施的，在返回行政机关后，立即向行政机关负责人报告并补办批准手续；（三）法律规定的其他程序。实施限制人身自由的行政强制措施不得超过法定期限。实施行政强制措施的目的已经达到或者条件已经消失，应当立即解除。”这种立法不是与《行政强制法》第 3 条的规定有所矛盾吗？

鉴于此，笔者建议对《行政强制法》第 3 条作如下修改：

“行政强制的设定和实施，适用本法。

发生或者即将发生自然灾害、事故灾难、公共卫生事件或者社会安全事件等突发事件，行政机关采取应急措施或者临时措施，依照本法实施，有关法律、行政法规另有规定的，依照其规定执行。

行政机关采取金融业审慎监管措施、进出境货物强制性技术监控措施，依照本法实施，有关法律、行政法规另有规定的，依照其规定执行。”

# 对加强住房公积金行政执法力度的反思

詹云燕

◉ 福建社会科学院法学研究所副研究员

## 一、引言

长期以来，住房公积金执法难是困扰各地住房公积金管理机构的一大难题。所谓“执法难”主要表现在：除了国家机关、事业单位与经营效益较好的国有企业以外，其他非公企业的缴存情况都不尽如人意。从全国各地的住房公积金统计数据来看，多数地方的住房公积金覆盖率在50%至70%之间。因此，如何让住房公积金扩大覆盖面成了各地住房公积金管理中心（以下简称“管理中心”）的一项长期任务。为了“扩面”，各地的管理中心可谓是煞费苦心，但是除了加大宣传力度获得企业支持以外，似乎没有强有力的更有效的办法。虽然国务院颁布《住房公积金管理条例》第37、38条赋予了管理中心一定的执法权，但实践当中各地方大多没有动真格去贯彻落实。因为如果严格执行的话，那么面对如此之众的违法者，又该如何下手？但如果没有行政执法权的保障的话，住房公积金的“强制性”就得不到落实。最近几年，各地的管理中心明显加大了行政执法的力度，主要表现在两个方面：一是各地纷纷出台了地方的住房公积金行政执法细则，另一个是住房公积金的行政处罚案件与申请法院强制执行案件开始增多，相关案例屡见报端。住房公积金行政执法开始发力，这对各地的管理中心而言无疑很令人振奋，但对非自愿参加该制度的企业与职工来说，未必是福音。

## 二、住房公积金制度对非公企业和职工的利益分析

一项法律制度如果长期受到适用主体的抵制，包括积极与消极的抵制，那么该制度的合理性与正当性是值得怀疑的。如果这种抵制在某个特定群体中表现得特别突出，可以想见该制度于该特定群体而言是不受欢迎的，有可能损害了他们的利益，至少参加该制度对他们来说是不利的。为什么大部分非公企业都不愿意参加住房公积金制度？笔者认为，正是因为现行的住房公积金制度无论对于企业还是职工来说，很难说是一项“利多”的事业，甚至有损于他们的利益。

## （一）对非公企业的利益分析

1991年首创于上海的住房公积金制度是应中国城镇住房改革发展的要求而建立起来的。新中国成立以来，我国一直实行福利分房制度，住房完全由政府和国有企业投资建造，并实行无偿分配，住房建设无法形成资金良性循环，住房建造与供应跟不上不断增长的城镇人口和住房需求，城市居民的住房短缺日益严重。[①] 新中国成立30年，我国城市的人均居住面积反而从1949年的4.5平方米下降到1979年的4.4平方米。[②] 福利分房制度已经严重不能适应社会经济发展的需要与人民最基本的住房需求。因此，从20世纪80年代开始全国各个城市陆续展开住房制度改革，总的思路是从福利分房制过渡到住房市场化，主要由市场承担建设与分配住房的功能，从而使政府摆脱沉重的住房建设与维护的负担。改革的路径之一，就是职工原先享有的实物分房福利转变为货币工资分配，具体的实现方式为发放住房补贴与缴存住房公积金。住房公积金作为实物分房转化为货币分房的改革产物，90年代迅速在全国推广开来。值得注意的是，在改革前只有政府机关、事业单位与国有企业才是福利分房制度的主要受益者，也正是这些单位在住房公积金制度建立之后构成了缴存者的主体，因为这是对员工取消实物分房之后的补偿。而对于非公企业来说，本来就没有实物分房之福利，也就不存在住房制度改革之后对员工的补偿，要求非公企业缴纳住房公积金构成了企业一项额外的负担。特别是随着市场经济的发展、民营企业与三资企业的壮大，非公企业逐步取代国有企业占据了市场的主流，这些企业都不是旧制度的受益者，现在却要求他们分担旧制度改革的成本，消极抵制住房公积金当然成为这些企业的选择。

90年代末到21世纪初，中国住房制度的市场化改革基本完成，住房公积金作为房改的制度设计之一对促进住房市场化起到了积极作用，因此被延续并推广开来。1999年国务院颁布了《住房公积金管理条例》，以行政法规的形式强制各类型企业为其职工缴存住房公积金。即使有了法律的强制力，但多年以来住房公积金的缴存主体仍局限在政府机关、事业单位与效益较好的国有企业，非公企业参与的热情依然不高。这里固然有历史的因素，也有现实的利益考量。对于政府机关与事业单位来讲，其缴存的住房公积金归根结底是财政拨款，于这些单位而言是一项福利而不会增加负担；对于效益好的国有企业来讲，其盈利很大程度上得益于国家赋予的垄断优势，依靠垄断利益给职工多发福利并不会对企业的经营构成负担；而非公企业多半身处市场竞争非常充分的行业，其劳动力成本的高低对企业的竞争力有非常直接的影响。随着劳动与社会保险制度的完善、《劳动合

① 丛诚：《中国住房和公积金制度发展大纲》，上海辞书出版社2008年版，第4页。

② 朱剑红，王国诤：《住房住房》，辽宁人民出版社1998年版，第2页。

同法》与《社会保险法》的实施，企业必须为职工缴纳“五险一金”。“五险”包括养老、医疗、工伤、生育和失业这五项社会保险，“一金”就是指住房公积金。光是“五险”的缴纳比例大概就占到职工工资总额的40%，超出了大多数国家的社保缴费水平，[①] 而各地住房公积金比例多是单位与个人各缴12%。也就是说，如果要缴纳住房公积金的话，企业必须在40%的社会保险支出的基础上再增加24%的工资支出，这无疑是一项高额的成本负担，对于劳动密集型企业的影响尤为显著。如果企业的竞争市场仅限于国内，并且全国各地的缴费水平是一致的，那么大家都缴纳住房公积金的结果是提高了所有企业的平均劳动力成本，对每家企业都是公平的，但在全球化的今天，企业的竞争对手遍布世界，提高平均劳动力成本无疑降低了中国企业的全球市场竞争力。这也是为什么虽然《住房公积金管理条例》早在1999年就确立了强制性缴纳原则，但各地方政府在执法方面实际上是睁一只眼闭一只眼，袒护企业不交或少交住房公积金，以免削弱本地企业的市场竞争能力。

（二）对企业职工的利益分析

住房公积金是一种长期性住房储金，由职工个人和其所在单位按职工本人上一年度月平均工资的一定比例逐月缴纳，作为职工个人的住房基金专户储存、专项使用，其所有权归属于职工个人。因此，本质上而言，住房公积金是职工工资的一部分，是职工劳动收入的一种表现形式。住房公积金制度的作用只是将劳动者应得的一部分劳动收入转化成住房公积金而已。在供求关系不发生变化的情况下，取消住房公积金制度虽然可能在一定时期内会影响劳动者的名义劳动收入，但从长远看劳动力的劳动收入曲线是不会发生变化的。[②] 通俗地讲，对于职工个人而言，住房公积金并非是一项额外的福利，只是将自己左边口袋的钱放进右边口袋而已。同理，加入住房公积金体系在短期内会增加企业的劳动力成本支出，但长期来看，住房公积金对企业劳动力成本支出的影响甚微。因此，非公企业不愿加入住房公积金体系并不是为了逃避对职工的责任，而是在对这一部分工资的发放方式上选择了直接支付给职工而不是缴存住房公积金。既然住房公积金不影响企业的长期劳动支出，只是影响到职工劳动收入的表现形式，因此真正作出倾向性选择的决定因素在于职工本身，非公企业不愿加入住房公积金体系的表象背后，是企业职工不愿加入该体系。

一旦职工的劳动收入转化成住房公积金，虽然名义上仍然属于职工个人，但职工对这部分收入的支配权却受到极大的限制，必须专项用于住房消费。根据《住房公积金管理条例》第5条的规定，住房公积金只能用于职工购买、建造、

① 《筹划“十二五”》，载《新世纪》周刊2010年第10期。

② 周威，叶剑平：《住房公积金制度的法律与经济分析》，载《经济体制改革》2009年第1期。

翻建、大修自住住房，甚至连用来支付房租都受到严格限制。[①] 在目前城镇住房的供应模式下，职工几乎只有通过购房的方式才能动用自己名下的住房公积金。而住房公积金制度对缴存者最大的优惠就是提供低于商业银行利息的贷款，职工也只有通过购房才能享受这一优惠。但如今的房价已远远超出普通职工家庭的购买能力，只有中上收入家庭才有能力购买商品房。对于无力购房的低收入职工而言，缴纳住房公积金不但自己用不上，还要“逆向补贴”给中高收入家庭享受低息贷款的福利。此外，并不是所有的人都有购买住房的意愿，即使有能力购房的职工也可能因为各种原因而不买房，或许是已经拥有住房且无计划再购房，或许是因为工作流动的关系更倾向于租房。总而言之，住房公积金只对有购房意愿且有能力购房的职工才具有实际的效用；对于无意购房或无力购房的职工而言，缴存住房公积金不但无用武之地，而且因为工资总额的24%被限制使用，势必影响职工在住房之外的其他消费水平，一定程度上降低了其生活水准。

职工缴存的住房公积金如果不能用于住房消费，长期来看，这部分住房储金必然会贬值。住房公积金储蓄存在三种贬值风险：政策性低利率贬值、普遍的通胀性贬值和快速上涨的房价带来的公积金购房支付能力急剧贬值。后两种贬值，对于一般的银行储蓄也存在，但第一种政策性低利率贬值却是住房公积金制度人为设计的结果。[②] 一般的银行储蓄遵循自愿的原则，老百姓将钱存在银行表明他愿意接受存款可能贬值的风险；住房公积金则不然，因为是一种强制性的长期储蓄，并且实行低存低贷，相当于强迫职工将工资的一部分以低于市场的利率长期存在公积金账户，存款贬值的风险是制度强加给职工的。根据1996年国务院房改领导小组发布的《关于加强住房公积金管理的意见》，“当年归集的职工个人住房公积金按照活期存款利率，上年结转的职工个人住房公积金本息暂按3个月整存整取利率计息”。以2012年6月8日公布的最新利率水平来看，当年归集的住房公积金存款利率仅为0.4%，上年结转的住房公积金存款利率为2.85%，远低于同期银行的五年期存款利率5.1%。如此低水平的利率显然不能保证住房公积金的保值增值，在漫长的岁月中只能被通货膨胀啃噬掉原先的价值。

综上，相较于政府、事业单位与垄断型国企，非公企业消极抵制住房公积金是出于“理性人”的必然选择；对企业职工而言，则因职工自身住房消费意愿与家庭经济能力的差异而产生不同的效用，对实际购房并获得公积金贷款的职工有一定的正面效益，对无意或无力购房的职工则是负效益。一项法律制度如果明显损害一部分参加者利益，为另一部分参加者图利，且这一损一益之间存在明显“劫贫济富”的倾向时，强制所有用人单位及其职工参加的合理性与公平性令人

① 根据《住房公积金管理条例》第24条的规定，房租超过家庭工资收入的规定比例的方可提取公积金。

② 丛诚：《中国住房和公积金制度发展大纲》，上海辞书出版社2008年版，第168页。

质疑，以强制性为基础的住房公积金行政执法权也因此失去正当性。

## 三、住房公积金行政执法的合法性不足

住房公积金的行政执法权不仅因为制度设计不公平不合理使其正当性受质疑，而且其执法的依据也存在合法性不足的问题。《住房公积金管理条例》是整个住房公积金制度的法律基础，如果这部条例本身就存在合法性的疑问，那么以该条例第37、38条为依据的行政执法权的合法性也要画上一个大大的问号了。

### （一）国务院无权对住房公积金制度立法

根据宪法学国家机关的分工理论，国务院行使的应当是行政权而不是立法权，立法权只能由民意机关行使。但在我国的立法实践中，又确实存在大量的行政立法，行政立法权的膨胀事实上已成为近20余年来中国立法体制的基本特点。① 行政立法包括授权立法与职权立法。行政授权立法的出现是因为现代社会的发展使得立法事务日益繁杂，立法机关没有足够的精力与能力应对社会对法律规范的需要，故而将一部分本应当由自己行使的立法权转授给行政机关行使。行政机关本来只是执行法律的机关，并没有立法权，它之所以能够制定行政法规和规章，就是因为立法机关的委托或授权，授权应当是行政机关立法权力的唯一权力来源。由于行政授权立法有其合理性与合法性的基础，所以被学界通说所接受。行政职权立法是指行政机关依照宪法和组织法所赋予的行政管理权限，在其职权范围内自主地制定和发布文件的活动。对于行政职权立法，学者多有批评。因为未经立法机关的授权，直接通过宪法与法律将立法权限赋予行政机关，等于让行政机关集行政权与立法权于一身，既是规则的制定者又是规则的执行者，极易导致行政机关滥用权力，肆意侵害公民的自由与权利。

《住房公积金管理条例》作为一项全国性的经济制度安排，这部行政法规的制定并没有获得全国人大的授权，不属于行政授权立法，只能属于行政职权立法。根据我国《宪法》第89条以及《立法法》第56条的规定，国务院不但有权为执行法律的需要而制定行政法规，还有权就其行政管理职权范围内的事务制定行政法规，《立法法》第8条所列的必须制定法律的事项除外。因此，从实在法层面判断，国务院确实有权就住房公积金制度进行立法。但就应然法的层面而言，制度设计是立法机关的专属权责，国务院作为行政机关，除非获得立法机关授权，否则无权对住房公积金制度立法。

---

① 袁明圣：《行政立法权扩张的现实之批判》，载《法商研究》2006年第2期。

### （二）行政法规无权限制公民私有财产权

住房公积金制度是对公民私有财产权的一种限制，公民的一部分财产收入被强制储存专项用于住房消费，其所有权名义上虽未转移，但实质上的占有、使用、收益与处分权却受到种种限制。不仅如此，根据《住房公积金管理条例》第29条的规定，住房公积金的增值收益除了用于公积金贷款风险准备金和管理中心的管理费用，还要用作城市廉租房的补充资金。建设城市廉租房是政府的责任，建设经费理当由政府财政承担，而住房公积金的增值收益作为法定孳息属于缴存职工所有，将公积金的增值收益用作廉租房建设无疑是侵占了缴存职工的私有财产权。根据各国的宪政实践，只有国家立法机关制定的法律才能对公民的私有财产权进行限制和剥夺。我国的《宪法》第13条规定："公民的合法的私有财产不受侵犯。国家依照法律规定保护公民的私有财产权和继承权。国家为了公共利益的需要，可以依照法律规定对公民的私有财产实行征收或者征用并给予补偿。"《宪法》明确了对私有财产权的保护和限制应当依照"法律"这个效力等级的渊源。而根据《立法法》的规定，只有全国人大和其常委会才有权制定法律。住房公积金的立法主体是国务院，《住房公积金管理条例》只是一部行政法规，而非法律，以一部行政法规来限制公民的私有财产权本身就"不合法"。

## 四、结语

其实自20世纪90年代住房公积金制度实行以来，住房公积金的缴存主体几乎没有太大变化，一直局限于政府机关、事业单位与国有企业，非公企业则是能躲就躲，想方设法避免加入该制度。但在之前，各地的管理中心并不热衷于行政执法，强制非公企业为其职工缴纳住房公积金。一方面政府也考虑到非公企业的经营环境与利害得失，且违法企业众多，执法难度大；另一方面大多数地方的住房公积金使用效率不高，大量资金沉淀，沉淀资金占缴存余额的比例多在20%以上，因为资金不紧张，现有的公积金用不完，所以管理中心也没有催缴的必要。但在2008年金融海啸以后，国家大力推进保障性住房建设，由于建设资金的巨大缺口，2008年底国务院明确提出要将住房公积金的闲置资金用于经济适用房等住房建设。正是这一轮保障性住房建设热潮对资金的巨大需求，才使得各地方加大了住房公积金的执法力度，纷纷出台执法细则，狠抓资金的落实。这样突然被强化的行政执法，实际上违背了依法行政的本义，是政策的指挥棒在利用法律，利用《住房公积金管理条例》第37与38条为政府筹措保障房建设资金。这样的行政执法不是为了公积金的真正主人谋福利，而是为政府的施政求方便。在住房公积金制度本身的合理性与公平性存疑、合法性与正当性不足的条件下，带有强制性的住房公积金行政执法权本就应当自我克制、谨慎行使，更不应该为政府一时的施政利益而借机膨胀。与其加大执法力度，强行实施一部并不受欢迎的法规，不如反思制度本身的合理性与合法性，改进制度设计，提高效力层级。如果住房公积金立法本身能够获得多数用人单位与职工的支持，那么行政执法的难度就会大大降低，不但降低行政机关的执法成本，更能通过执法收获良好的社会效益。

# 完善行政监督体系建设　构建和谐社会

宦本仁
◉ 福建社会科学院法学研究所副研究员

早在2004年胡锦涛总书记在党的十六届四中全会上第一次提出“构建社会主义和谐社会”的科学论断，并在其后的多个场合和2005年的省部级领导干部《提高构建社会主义和谐社会能力专题研讨班》上再次全面论述了和谐社会的内涵，指出和谐社会是一个“民主法治、公平正义、诚信友爱、充满活力、安定有序、人与自然和谐相处的社会”。但是，和谐是对立事物之间在一定的条件下、具体、动态、相对、辩证的统一，是不同事物之间相同相成、相辅相成、相反相成、互助合作、互利互惠、互促互补、共同发展的关系。在共同发展的前提下，在有序的基础上，促进社会的进步与繁荣，在公平、公正的社会环境中为社会的每一个成员创造富裕的生活，这种公正、公平需要法律来维护，在公平、公正的法律环境中实现社会每一个成员的利益诉求。所以，民主法治是构建和谐社会的基础，而完善健全的法律制度是构建和谐社会的前提和保障，在法律共同的准则下管理社会，才能实现和谐社会的局面，只有按照制定的法制规则才能保证社会的有序运行，社会成员乃至行政机构在一个准则之中行使权利或者权力，履行义务，行使行政职权才能实现社会的和谐。因此，构建社会主义和谐社会，必须具备健全的法律制度，在健全的法律制度下开展社会各项事务活动，包括政治、经济、文化、教育、科技以及行政等的各种社会活动，在公平公正的法律制度下保障公民的合法权益，在公平公正的法律制度下开展各种经济活动，保障参与者的合法权益，维持社会秩序和公平，从而推动和谐社会的构建。但是，公民的社会活动和经济活动，乃至日常生活中的活动都与行政法律法规和行政机关，以及行政人员执法的行为息息相关，不管是在经济领域的活动，还是公民的个人行为，几乎公民从出生到死亡都和行政机关有着密切的关系，行政机关通过行政执法管理社会，约束社会成员的行为，维护社会秩序。所以行政机关或者行政人员的执法行为直接关系到公民的权益，如果没有公正、公平地行使行政权力，甚至滥用行政权力损害公民权益，或者缺乏依法行政，执法不严，甚至违法行使行政权力，对公民、社会构成危害，公民也会对行政机关乃至对政府产生不信任，对社会产生不满情绪，构建和谐社会就无从谈起。因此，构建法治政府，要求行政机关依法行政，依法行使行政权力，是构建和谐社会的首要任务。

1. 完善行政法规

现行行政相关的法律法规在许多方面对行政机关行使行政权力或行政人员在行使行政权力上缺少责任条款，或者只有原则性的规定，尚无明确规定在行使行政权力损害公民权益时应该承担什么程度的责任，或者说什么样的情况是属于损害公民权益的行为，缺乏详细明确的责任和义务的规定，这必然导致执法者渎职行为或者玩忽职守对待行政相对人，损害行政相对人的权益。这种行政法制环境，很容易让行政机构或者行政执法人员在行使行政权力时，对自身行使的行政权力缺乏承担责任的认识。这种无责任意识的行政机关、行政执法人员在履行职责时缺乏行使职权的责任感，同时也会产生一种错觉，认为公民在请求行政机关履行行政职责的时候，为公民办理行政手续时，是公民在向行政机构请求帮助，而不是行政机关应尽的职责，所以缺乏服务意识，错误地把公民赋予他们的权力占为己有，随意对行政相对人行使行政权力。而这种缺失责任感的行政行为必然会让执行者产生渎职行为，对行政相对人也会因为责任感缺失而缺乏服务意识，甚至发展成为权力寻租行为，进行权钱交易，从而损害行政相对人的权益，引发行政相对人——公民或者法人的不满情绪，给和谐社会的建设带来不利影响。因此，构建和谐社会首先应该在法治的前提下构建负责任的行政行为，明确行政执法人员的执法责任，严肃行政人员在执法、履行行政职责中的权力和义务，严肃对待行政人员行使行政权力的行为，促进构建服务型政府以及服务型的行政机关。从具体上说，应该完善为公民办理行政手续的程序，公开透明向公众展示行政程序和申请行政所要提交的材料等，同时公示举报电话和上级监督机关的举报电话，促进行政机关更好地为行政相对人服务。比如，公民办理一项行政手续，往往不能一次性地办妥，少则来往行政机关两三次，多则四五次，才能获得行政机关的盖章，这种时间成本和经济成本都由行政相对人自己承担，难道与行政机构或者行政人员在履行行政职责时的服务水平毫无关系吗？显然，都由行政相对人承担也不尽合理，往往是服务不够到位所致，很大程度上是由于行政手续中所需要的相关文件不够齐全，而没有细心说明指导所致。但是，由于行政执行人员无责任感，以应付了事的态度应对行政相对人的行政请求，往往缺乏耐心的解释，没有向行政相对人传递完整的信息，导致行政相对人无谓地在来回的路上浪费时间和金钱。而行政相对人的这种损失正是由于行政人员没有充分地履行职责所致，他们也应该承担部分的责任。所以，在现阶段应该规定行政机构在执行行政权力或者在办理行政手续等的程序，明确各程序的责任和义务，同时予以公布，接受监督。

2. 完善行政执法的监督机制

构建和谐社会，虽然内容十分丰富，但是法治和公平是构建和谐社会的基础。特别是以行政执法行为的公平公正，是建立行政机关的公信力为基础的，而行政公信力是由秉公执法、公平公正行使行政权力为先导，由此构建可信赖的政府，从而推动和谐社会的构建。但是，公平公正执法既要求行政机构依法行政，也要求政府和行政机关承担相应的责任，并由完善的监督体系监督政府和行政机关依法行政，承担责任。所以，法治政府应当是一个负责任的政府。但是，在现行法制环境和社会制度的现实环境中，实现政府部门公平公正执法，一个重要的环节就是建立行政执法的监督机制，如果缺少有效的监督机制，行政执法人员就会胆大妄为，蓄意侵害行政相对人的权益而得不到处置和纠正。所以行政执法要建立在健全的行政法的基础上，建立公开、透明的行政制度，接受社会公众或行政相对人的监督，督促行政机关、行政执法人员更好地服务于社会。一切腐朽的东西一旦暴露在阳光之中，将会得到有效的遏制。一个和谐社会是一个有责任的社会，不但要求公民为自身的行为负责，也要求政府在行政执法中承担责任。但是，要行政机构承担执法责任，在现行制度还不够完善的环境中，培育行政相对人的法制意识就显得至关重要。行政相对人在自身的权益受到侵害时，应该是最积极地为自身争取权利的当事人，除了通过司法途径，还可以通过媒体监督。在当前网络时代，可以通过相关的网站反映行政机构不正当的执法行为，来维护行政相对人的权益。这是一种最自由最有效的表达个人意见的形式，又可以有效地引起社会公众共同关注，从而形成社会力量，共同监督行政机关的行政行为。除此之外，政府应该建立自身的监督体系，自上而下实现自身的监督，完善行政行为，对自身存在的问题及时作出修正，更好地为社会和行政相对人服务，构建负责任的服务型政府。但是，行政机关往往会因为这种监督形式影响自身政绩而采取不恰当的方式对自身存在执法不当行为进行包庇，甚至打击报复举报的行政相对人，或其他举报人员。所以，建立行政机关负责人的问责制度，在行政机构系统内的监督体系中就显得尤其重要，足以对行政机关负责人产生威慑作用，从而加强对行政执法人员的监督。

我国现行行政监督体制大致包括政府内部监督、国家权力机关监督、司法机关监督、社会团体监督、公民监督和舆论监督六种形式。以下我们从三个方面分析在现行监督体系下行政监督存在的问题。

（1）政府内部监督。政府内部监督通常是一种上下级的隶属关系，由上级机关或者行政部门负责人对自身存在的问题进行监督，这种内部监督行使虽然对自身内部存在的问题比较容易发现，如果能够秉公执法，公平、公正、公开地对待，应该是最有效的一种监督方式。但是，政府内部是一个利益共同体，政府自身存在的问题，除了内部能够解决的，会责成相关部门进行整改，与外部发生矛盾时，政府部门或者部门负责人首先考虑的是要保护自身部门利益，或者负责人的政绩。所以，政府内部监督往往不够彻底，需要外部对政府行政执法行为的监督。

（2）媒体监督。外部监督最有力的手段是媒体监督，媒体在监督行政机关行政行为时，应该发挥积极的作用。但是，因为新闻媒体都由政府所控制，有的影响到政府形象的报道或多或少地会受到压制，或者不痛不痒轻描淡写地作些报道，不容易构成对政府机关的监督作用，甚至触及政府部门利益的时候，还要经过政府相关部门的批准，新闻报道缺乏其独立性，对行政执法行为监督弱化。我们所看到的新闻报道多是一些已经受到纪检机关调查的官员违法的事件报道，未能发挥其检举、揭发的监督作用，缺乏动员社会舆论督促行政机关改善行政行为的作用。新闻媒体这种强大的监督工具丧失了应有的监督功能，使政府相关部门减轻了不少的压力，同时也会造成行政机关和行政人员缺乏责任感缺失，而责任感缺失的行政机关和行政人员只会给社会制造矛盾。在这种监督不力的社会环境中，社会也不会得到长期的繁荣和可持续发展，构建和谐社会也就难以成就。

（3）人大监督。我国宪法规定人民代表大会是我国的最高国家权力机关，各级人民代表大会所作的决定由各级行政机关执行。所以，行政机关必须对人大负责，并接受人大及其常委会的监督。人大的监督是代表广大人民行使监督权，具有最高权威性。我国人大对行政机关及其执法人员实施的监督方式，主要有：1）政府行政机关对宪法和法律实施情况的监督。从以下三个方面具体体现人大行使监督权：一是通过制定法律、决议，规定政府机构设置、职能、权力责任和活动原则与程序等，以文件的形式规定政府管理社会活动的范围；二是对行政机关执行法律的情况进行监督；三是对本机构和下级政府制定的与宪法和法律抵触的法规、规章、决定、命令等依法进行修改或撤销；2）定期听取和审议政府、法院、检察院的工作报告；3）审查和批准国民经济与社会发展计划、预算以及执行情况的报告。各级人大常委会在人大闭会期间，检查国民经济与社会发展计划执行情况和预算使用情况，并审查批准其调整方案；4）向国家行政机关提出质询和询问。通过质询和询问，人大代表可以了解、检查政府的工作情况，对出现的问题提出质疑，并追究责任；5）对政府工作进行视察和检查，并向政府机关提出意见、批评或建议。从以上几项监督内容上看，人大的监督范围多数属于宏观范畴，对于微观层面的监督涉及得比较少，对百姓关心的行政执法问题可能就难以顾及。况且，我国在选举人大代表制度上有所欠缺，人大代表的权力来自人民的意识比较淡薄，为人民负责也只是一种宏观的概念，对个体人民群众反映的行政执法问题，因为不存在任何来自选民的约束而怠慢对行政机构的监督。所以，人大对政府行政执法的监督也是很有限的。

由于以上几种监督体制对行政执法部门监督的局限性，而导致行政机关行政执法为民服务的意识迟迟得不到改善，所以我们建议在完善行政执法立法的同时，加强对行政执法人员的法制教育，增强公务员的法律意识和责任意识。

3. 加强法制教育，建立问责制度，加强监督

行政执法人员在执法中，缺乏法律意识，个人意志比较盛行，情绪化比较严重，对行政相对人的态度缺乏友善，甚至态度比较恶劣情况也时有发生，由此给民众留下了不良的印象，使之对政府行政机关产生不满的情绪，长此以往必然激

化社会矛盾，构成社会不安定因素，在这种行政环境中，显然是难以构建和谐社会的。因此，为了构建和谐社会，应该是在完善法律制度的基础上，加强执法人员的法律意识，使之充分认识到在执法的过程中，要有法可依，违法必究。“有法可依”是要求执法人员以及行政机关负责人懂法，明白执法的范围，而“违法必究”是要求执法人员严格按照法律行政，违反法律规定，触犯行政相对人的权益要受到法律的制裁，承担相应的责任。所以，要让行政执法人员学习法律知识，熟悉行使权力范围，违法所要承担的责任，以发挥法律的威慑作用。同时，在现行法律环境中，加强对行政执法的监督，以有效的形式监督执行者就显得非常重要。

（1）建立学法制度

学法制度的建设对于行政执法人员尤其重要，如果执法人员在执法中对自己执行的法律内容缺乏了解，对自身的权力范围不明确，对自身在执法中所要履行的义务和责任缺乏认识，必然会出现盲目执法、损害执法相对人权益的现象，社会民众也对行政机构，乃至政府产生不满情绪，构建和谐社会就难以实现。

行政执法人员在上岗之前应该接受相关的培训学习，经过考试合格者才能上岗行政，并在工作期间对行政人员定期安排学习相关法律法规，不断提高行政人员的法律素质和执法的责任意识。在录用行政人员、公务员，以及在公务员晋级前举行的录入、晋升的考试中引入法律内容，对于在执法中出现违规执法的人员，或者对于群众举报的在执行行政公务中不符合行政程序的执法人员，进行再学习，经考试合格者才能重新上岗，对于严重违反执法程序，经教育、考试没有达标的人员应该予以调离执法岗位。

（2）建立部门领导问责制度

行政部门会出现问题，或者是群众满意度较低，往往是该部门的领导班子不够得力，机构缺乏管理制度，主要负责人对管辖的部门管理不力，甚至包庇、纵容、袒护部分行政人员，导致行政人员胆大妄为、渎职，造成具体行政执行人员对手中的权力缺少足够的认识，进而利用手中的权力实现自我价值，滋生权力寻租行为，败坏了政府在群众中的威信，对政府产生不满情绪。因此，应该建立行政机关主要领导问责制度，对群众反映的情况，上级部门可以根据群众举报的情况进行监督检查，追究相关人员的责任，并对社会公开；对于群众反映强烈的行政执法行为，严重违法违纪的部门领导应当予以撤换。严肃部门领导问责制度，并切实贯彻执行，足以威慑行政机构的部门负责人，使其重视本部门的行政服务水平，重视行政相对人对行政执法行为的反馈意见，推动服务型政府的构建。

（3）建立群众举报网络

从以上对监督体系的分析中我们可以看到其中的不足，在现行的监督体系下依然存在着监督不够彻底的情况，“漏监”、“虚监”、“难监”现象依然比较严重，而监督不到位的权力必然产生权力滥用，损害行政相对人的权益。所以，在现行法律环境中，建立群众举报和群众对行政机关的评价体系，发挥群众的监督作用，通过各级政府建立的网站，在网页中设立举报或者评价窗口，举报人可以在行政机关的上级部门举报或评价各行政部门的服务质量，对群众举报比较强烈的行政机关，或者评价比较差的行政机构，上级政府部门应该对相关负责人或人员，要求限期改善，提高群众的满意度，如果在限定的期限内没有明显的改善，应该认定为部门领导管理不善而通报批评，或者撤换负责人，以强化行政部门的服务意识，改善行政服务态度，实现行政为民的和谐局面。

# 两岸“共同管理”体制机制研究
## ——海西区与平潭实验区

**郑振清**
◉ 清华大学公共管理学院、清华大学台湾研究所副教授，博士

## 一、“共同管理”在“五个共同”中的定位

1. 核心地位

“共同管理”是“五个共同”的核心制度。这种核心地位体现在如下两个层面。一方面，两岸共同管理的原则应该体现在共同规划、共同开发、共同经营以及共同受益之中。这就是说平潭综合实验区的发展模式应该超越以大陆人力资源和制度规定为唯一基础、以大陆特定区域经济发展为单一目标的区域发展模式，迈向两岸人力资源聚集平潭并且共管共建平潭，以平潭为纽带牵动两岸经济共同发展的模式。另一方面，两岸共同管理本身应该是一种创新的、综合的管理制度安排，使两岸优良的管理制度资源可以在平潭融汇创新。按照“先行先试”和“综合实验”的定位，我们希望创新性的“共同管理”将使平潭不仅仅是对台的地理前沿，而且也是对台的经济社会交流前沿乃至制度前沿，这样才能把平潭真正建设成为两岸同胞的共同家园。

定位1：在平潭探索和推动“共同管理”，要体现“建设两岸共同家园”战略思路。这个战略思路体现在“共同管理”上，就是要以两岸同胞平等和共同管理的体制机制创新，吸引台湾各行业精英和民众到平潭来就业和生活，发展事业，把平潭建成两岸同胞的共同家园，增强台湾民众对两岸同属一个国家的认同。

定位2：在平潭探索和推动“共同管理”，要体现“综合实验”的综合范围和“先行先试”的胆识。转变单纯政策优惠的经济开发区做法，在经济管理、社会管理、行政管理和文教管理体制和运行机制上进行创新试验。

定位3：“共同管理”要善于避开两岸官方互不承认的政治僵局，探索大陆地方政府与台湾社会力量的协作和共同治理。这种共同治理的重点在于推进经济事务管理和社会事务管理体制创新，建立具有两岸特色的区域经济社会发展与管

理模式。

通过吸引台湾同胞共同管理平潭综合实验区范围内的经济事务、社会管理事务和文教管理事务，共同建设和管理两岸共同家园，一为两岸关系和平发展树立新标杆，二为海峡西岸经济发展建立新高地。

2. 范围和阶段

平潭综合实验区管辖的全部范围，包括全区整体范围（原平潭县域和周边协作区域）和下辖四大功能区域范围。全区范围的管理，又包括全区管委会（平潭综合实验区管委会）和平潭综合开发公司两个主体，前者现在虽属福建省政府派出机构，但应逐步转向地级市政府定位，享有相应地厅级权限与职能，后者是具有招商引资与综合开发任务的地方国有企业。此外，还需做好未来发展空间规划，把福清和长乐市划为平潭综合实验区的两翼，最终形成“一岛两区”的空间格局。

“共同管理”应该在全实验区范围内实施，包括在全实验区管委会及综合开发公司，全区管委会下属各部门、各事业单位、各功能区管委会、各社区、各科技文教机构等。当然，可以根据不同层级和不同部门的具体情况，设计各具特点的共同管理体制机制。

“共同管理”的启动，应该与“五个共同”的整体推进步骤相协调，分阶段、有步骤地推进。所谓协调，一方面要在共同规划、共同开发之时就通过具体的形式安排切实做到两岸民众共同、平等的管理。另一方面，要使专门设计的共同管理制度安排按照初级阶段、中级阶段和高级阶段三大步骤来推进。初级阶段，共同管理可以先在经济管理、文教管理领域推行。中级阶段，即等到平潭开发建设进入快轨，行政管理机构转型到位时，在社会管理和行政管理领域推行共同管理。高级阶段，亦即台湾人口在平潭达到一定比例（20%—30%），平潭经济发展实现规划的高级阶段时，推行直接民主和协商民主相结合、台湾行政管理体制与大陆行政管理体制相融合的共同管理体制机制。

值得指出的是，“共同管理”不局限于经济管理，而应该扩展到社会管理、文教管理、综合行政管理等方面；同时，台湾人力资源的作用不应局限于顾问咨询或辅助行政角色。平潭现行和将要试行的管理制度，应该吸收台湾优良的管理制度和经验，建立让台湾人才与大陆人才进行平等共同管理的平台，建立让两岸民众平等就业发展的平台。这是因为，平潭要做到对台“先行先试”，要能够吸引台湾人力和资金等各项优良资源，光靠经济优惠措施和通关特殊政策是不够的，还应该寻求综合行政管理上的体制机制创新，给予台湾民众前来营建新家园、发展新事业的强烈吸引力。近年来，台商在大陆的投资布局基本成型，很难轻易调动转赴平潭投资。珠三角地区和长三角地区的基础设施、投资环境、区位优势、产业链基础都超过海西地区，平潭产业经济发展短期内先天不利，缺乏竞争力。因此要推动平潭综合实验区建设，应该拓宽视野，从经济管理、社会管理、文教管理、行政管理等方面全方位推进两岸优秀人才和制度资源的共管共治，才能形成对台湾同胞具有较强吸引力的发展新平台。

## 二、“共同管理”的路径与参考模式

1. “跨域治理”路径

在海峡两岸特殊政治关系的背景下，要在平潭综合实验区推行两岸共同管理，应该引进“治理”和“跨域治理”的理念与做法。治理（governance）的概念，源自现代治理理论，是指超越传统的政府由上而下单方面决策的管理方式，建立政府、社会组织/社区与企业之间密切互动框架，形成多方主体参与的公共决策，有效解决公共事务问题的新管理方式。“跨域治理”，包括跨越不同行政区域的合作治理以及跨越地方政府、企业、社会组织/社区等不同部门的合作治理，是全球化背景下应对复杂公共事务问题的共同管理模式。

为什么在平潭探索“共同管理”应该走“跨域治理”路径呢？原因有二：第一，平潭综合实验区的发展定位，要求吸引台湾方面参与管理，但是按照两岸互不承认法律地位的现状，台湾当局有关部门无法直接参与合作管理，可行之计只有寻求与台湾社会团体和企业组织的跨部门合作管理。第二，平潭的发展，要保持对台湾企业和民众的吸引力，必须拓宽视野，对台湾开放经济、社会、文教、行政等跨领域的管理岗位，保障台湾民众参与在平潭“当家做主”的权利和权力。

因此，在平潭推行跨域治理，是指在台湾当局不参与、甚至限制台湾政务官和公务员参与大陆地区政府管理的情况下，实行大陆地方政府与台湾社会团体和企业团体联合管理平潭区域事务的管理方式。而且，这样的管理方式存在任务和领域多元、管理层次和形式多元的特点，跨两岸、跨部门、跨领域以及跨行业，协调政府、市场与社会力量，建立两岸同胞共同家园。

推行跨域治理，要探索解决两岸共同管理中管理“主体为何”以及“如何共同”的问题。从治理本身的要求来看，平潭发展的主体不应再完全“以我为主”，发展的途径不应再沿袭大陆地方政府由上而下的管制方式，而应该积极照顾台湾民众和台资企业的发展利益和权利。只有从体制设计上保障台湾民众和企业的权利和利益，落实两岸人民享有平等的管理权利和公开的管理路径，才有可能建立新激励机制吸引台湾人才、资金、技术和管理资源聚集平潭。否则，平潭不用说相对于珠三角、长三角的台商聚集区来说没有竞争力，就是相对于闽南三角地区和天津、重庆等新开放高地来说也处于弱势。

2010年诺贝尔经济学奖获得者、美国公共管理学家埃莉诺·奥斯特罗姆建立的制度分析与发展的“多中心治理”，可以成为这种跨域多元治理的理论依据。多中心治理是当代国际公共管理的前沿理论，是相对于传统的政府单一中心管理而言的一种新社会管理秩序，包容了政府力量、市场力量和社会力量的协作，特别是引入社会力量的有效参与治理，以克服单靠政府或单靠市场来管理公共资源的弊端。这种理论运用在公共经济管理、公共社会事务管理、社区自主治理等方面，具有动员多方面力量和资源及时有效提供问题解决方案的效果。由于两岸政治关系的特殊性，在平潭试行两岸共同管理，其实在某种程度上恰好可以体现多中心治理模式。

2. 参考模式

（1）横琴模式。2009 年 6 月 24 日，国务院常务会议通过《横琴总体发展规划》，将横琴岛纳入珠海经济特区范围，成立珠海横琴新区，任何适用于珠海经济特区的法律法规及产业政策、重大项目等都将适用于横琴岛，并实行比经济特区更加优惠的特殊政策，将横琴定位为：“逐步建成探索粤港澳合作新模式的示范区、深化改革开放和科技创新的先行区、促进珠江口西岸地区产业升级的新平台。”根据国务院批复，珠海市横琴新区将创新通关制度，主要措施是将横琴与澳门之间的口岸设定为“一线”管理，横琴与内地之间设定为“二线”管理，按照“一线”放宽、“二线”管住、人货分离、分类管理的原则实施分线管理；在横琴与澳门之间人员通关按现有模式管理的同时，研究对澳门居民进出横琴实行更加便利通关措施。规划至 2020 年横琴岛上人口规模 28 万，达到发达国家以服务业为主导的中心城市水平，并成为新兴的连接粤港澳三地的交通枢纽。

《横琴总体发展规划》通过后，全国人大常委会决定，同意澳门特别行政区政府以租赁方式，取得横琴岛澳门大学新校区的土地使用权。这就是将横琴岛 1% 的土地以“租赁”方式租赁给澳门，由澳门主导开发，所有适用于横琴校区土地以外的横琴岛土地上的珠海经济特区的法律，都将不适用于澳大横琴校区。横琴澳门大学新校区与横琴岛的其他区域隔开管理，横琴澳门大学新校区依照澳门特别行政区法律实施管辖，但期限内不得变更该校区土地的用途。租赁期限届满后，经全国人大常委会决定，可以续期。我们建议平潭综合实验区的规划开发可以比照横琴的“特中有特”理念，在通关管理、经济管理、社会管理、文教管理乃至行政管理等方面享有比一般经济特区和经济开发区更加特殊的政策，发挥特殊政策对台湾人才和各种资源的特殊吸引力。

（2）苏州工业园区模式。苏州工业园区的共同管理模式，第一个层次是由中新两国政府专门成立联合协调理事会，由双方各派一位副总理任理事会联合主席，及时协调解决园区发展中的重大问题。第二个层次是中新双边工作委员会，由苏州市市长和新加坡裕廊镇管理局主席共同主持，苏州市政府、园区管委会及新加坡有关部门和机构负责人组成该委员会，定期召开会议研究协商园区发展的问题，向理事会双方主席报告工作。第三个层次是联络机构，由新加坡贸工部软件项目办公室和苏州工业园区借鉴新加坡经验办公室负责日常联络工作。在这三个层次的管理框架下，苏州工业园区设立园区管委会，作为苏州市政府的派出管理机构，在辖区内行使经济事务和社会事务综合管理权限。另外，中新双方共同投资，成立中新苏州工业园区开发有限公司，作为园区开发建设的主体，负责园区的基础设施建设、招商引资、物业管理等事项。其中，中方财团由中粮、中远、中化、华能等14家大型企业集团组成，新方财团由新加坡政府控股公司、有实力私人企业和著名跨国公司联合组成。苏州工业园区的多层次共管共建模式，启发我们可以参照在平潭构建多层次和多元的共同管理方案。虽然无法由两岸官方高层共建类似中新联合协调理事会之类的高位协调机制，也无法与台湾地方政府共建工作委员会和管委会，但是同样可以设计多层次的管理体制，在不同层级按照不同的管理方案让台湾人才参与管理、共同管理甚至完全自主管理。另外，苏州工业园区开发有限公司的体制也可以借鉴，可由平潭管委会和两岸企业共同组建平潭综合开发公司。

（3）东盟成长三角模式。20世纪90年代，新加坡、印尼和马来西亚合作建设"南东盟成长三角"，这是迄今为止发展得最为成功的次区域成长三角之一。南东盟成长三角发起之始，其合作主要集中于新加坡和印尼廖内群岛中的巴淡岛以及马来西亚的柔佛州，因而被称为"新柔廖成长三角"。随着合作的不断推进，1996年扩大到包括马来西亚南部4个州，1997年又加入了印尼6个省，又称为"新马印尼成长三角"。该成长三角的巴淡工业园为新加坡科技工业集团（30%股份）、裕廊环境工程公司（10%股份）与印尼三林集团（60%股份）三家公司注资的巴印投资公司所有，由巴印经济管理局进行管理。此外，印尼政府还推出了一系列的优惠条件：税金方面，推行保税区政策，进出口关税全部豁免，免征奢侈品税等多种赋税；持股比例方面进一步放宽；土地方面，外商对其投资的基础设施拥有50年建筑权，期满后可继续申请，一旦获得土地使用权，即可开发或以此申请贷款；等等。东盟成长三角的参股式共同管理经验，可以引进和复制到平潭下属多个功能园区的共同管理上，亦即由台湾企业、社团组织参股管理。甚至独资管理。

## 三、共同管理的体制创新及实施步骤

根据理论基础和参考模式的分析，我们可以根据平潭开放开发、先行先试的情况和要求，提出并论证共同管理的一些基本形式和组织框架，以及分步骤实施这些形式的政策方案。

1. 横向分析：共同管理的结构形式

（1）管理形式。两岸共同管理可以表现为多种具体的形式。表1列出四种基本形式，包括参与式管理、授权式管理、竞选/竞聘式管理和契约式管理，以及每种管理形式的内容和适用范围。需要说明的是，这四种管理形式都在不同程度上体现两岸同胞公平、公开、公正进行共同管理的特点。我们可以根据不同管理事务、不同范围、不同阶段、不同层级采取相应的管理形式，这正好体现了“多中心治理”的原则与方法。

**表1：两岸共同管理的四种形式**

| 类型 | 1. 参与/参股式管理 | 2. 授权式管理 | 3. 竞选/竞聘式管理 | 4. 契约式管理 |
|---|---|---|---|---|
| 内容 | 招收台籍居民加入管委会，或吸引台企机构参股功能园区管理 | 划出特定功能区域，交由台胞领导的两岸管理团队，负责园区发展管理 | 设立基本条件，鼓励符合条件的两岸人士或团队公开、公平、公正竞选或竞聘领导岗位 | 比照中外合资企业法人，由大陆企业和台湾企业出资组建，联合组建公司治理结构 |
| 适用范围 | 适用于政府机构和专业服务机构（医疗、环境保护、文化教育等）、经济性功能园区 | 适用于科技产业园区、高教园区（含大学）、旅游园区等 | 适用于政府、企业、事业单位的领导岗位 | 适用于招商引资、开发经营管理领导岗位 |

（2）组织形式。推动两岸在平潭共同管理，应该认识到其中包括从地方到地方基层的多个层级，并不是每个层级都要采取相同的管理形式和组织机构形式，而要根据大陆行政管理体制的特点，引进特定的两岸联合管理与共同管理的组织机构，在不同层级建立不同的组织机构，采取不同的管理形式。表2说明了适合于平潭综合实验区先行先试共同管理的机构、任务、形式及其范围。

**表2：两岸共同管理的不同层级、不同组织和不同形式**

| 层级 | 机构 | 任务 | 形式 | 范围 |
|---|---|---|---|---|
| 中央—省级 | 国台办—福建省平潭综合实验区建设领导小组 | 协调海西区和福建省区域发展事务，协调平潭、长乐、福清的跨区域发展事务 | | 跨行政区域协调 |
| 地市级 | 平潭综合实验区管委会 | 负责原平潭县域范围内的社会管理、经济管理和治安事务 | 竞选/竞聘式管理 | 平潭全境 |
| | 平潭综合开发公司 | 负责实验区基础设施投资开发、招商引资与重要企业运营管理 | 契约式管理 | 平潭全境 |
| 县处级 | 各功能区管委会 | 负责平潭实验区内部四大功能区各自的经济管理事务 | 授权式管理/参股式管理 | 各功能区/组团 |
| | 各居委会 | 居委会自治 | 竞争式管理 | 各街道/村 |

基本上，平潭与周边行政区跨区域行政协调管理，由国务院台办—福建省平潭综合实验区建设领导小组及办公室负责。平潭实验区的整体经济事务管理和整体社会事务管理，都应由平潭综合实验区管委会负责。平潭实验区下辖各功能区

的经济管理，包括中心商务区、港口经贸区、科技文教区和旅游休闲区，由各功能区管委会负责。平潭实验区管委会，领导班子成员应该包括一定比例的台湾同胞（30%—50%），管委会主任由国台办—福建省平潭综合实验区建设领导小组任命；管委会下属各职能部门由两岸人才公开竞选上岗。在这个过程中探索两岸人才多组搭配竞选（“平潭模式”）。至于各功能区管委会成员，由两岸人才公开竞聘上岗，或探索两岸人才多组搭配竞选。

（3）管理框架。平潭在经济管理、社会管理、文教管理以及整个行政管理体制上的先行先试，不能建立在推翻大陆现有人民代表大会制度和行政层级制度的基础上，而要做好对现有政治制度和行政管理层级的衔接。图1说明如何做好这种衔接，建立可行的宏观管理框架。

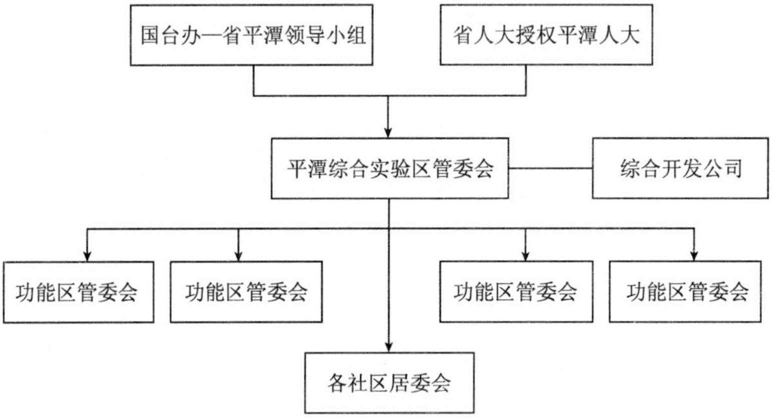


图1 平潭综合实验区管理框架

在这个框架中，平潭综合实验区管委会（简称“全区管委会”）行使地方政府职能，要对平潭人民代表大会负责，同时接受国台办—福建省平潭综合实验区建设领导小组的业务指导。全区管委会负责平潭的经济管理、社会管理、文教管理和整体行政管理，下辖四大功能区管委会和各居民委员会。这就是说，全区管委会的经济和专业管理职能和各功能区管委会的管理职能直接对口指导，同时全区管委会负责一般的社会事务管理，直接对口指导各居委会。居委会自选自治本地方一般事务。另外，由福建省投资集团公司和台湾企业出资联合设置平潭综合开发公司，建立公司治理结构，作为基础设施开发建设、招商引资、融资投资的主体。这样，全区管委会作为政府负责一般经济社会管理和行政事务，平潭投资公司作为企业主体负责投融资和开发建设，两者相辅相成。

2. 纵向分析：共同管理的实施步骤

两岸共同管理虽然可以通过多种形式，参与不同层级的组织机构，但是并非要一蹴而就，全部推行的，而是应该根据“五个共同”的整体发展阶段的情况，在初级阶段、中级阶段和高级阶段启动体现本阶段任务和特点的管理形式。

（1）初级阶段

初级阶段，即开发起步阶段（2009 年至 2012 年）。这一阶段的主要任务是搞好规划和基础设施建设，探索和落实共同规划、共同开发。根据这一阶段的任务特点，共同管理应体现在共同规划和共同开发之中，还不具备以独立的共同管理体制运行的条件。

具体而言，这一阶段共同管理的形式包括契约式管理、参与/参股式管理，参与主体主要是台资的企业、建筑公司、咨询机构和规划设计单位，以及部分台湾规划、设计、施工、监理人才。参与领域主要是经济开发及规划，以及部分文教管理，要让台湾规划设计资源与企业投资在平潭落地，开辟合法盈利的途径，进而让台湾同胞认识到平潭的活力和前景，产生到平潭发展的动力。这可以算是比较低程度的共同管理，也是共同管理各种具体形式的基础。

（2）中级阶段

中级阶段，即全面开发阶段（2013 年至 2020 年）。这一阶段的主要任务是建立共同管理的基本框架和体制机制，全面推进平潭的经济与社会发展。这一阶段要求把台湾的企业、社团、学校以及达到相当规模的台湾民众吸引到平潭来，充分发挥契约式管理、参与参股式管理、竞选竞聘式管理、授权式管理的功能，根据不同组织层级和不同管理领域的实际需求，落实共同管理。

这一阶段的共同管理延伸到社会管理和部分行政管理领域，包括社区管理、功能区管理、经济管理、教育管理，以及平潭综合实验区管委会的部分行政管理。这一阶段长达 7—8 年，要做到大量吸引台湾精英人才和普通民众前来平潭就业发展，并且吸引福建省及周边省市的人力资源聚集平潭，使平潭的总人口达到 70—80 万，形成台湾之外的“小台湾”。在这一阶段，把平潭的经济总量和人口规模都提上去，使社会需求多样化，社区管理和服务机构大量发展。这样才能使共同的社会管理有必要和需求，从而快速吸收两岸优秀的社会管理经验，推进社会管理创新和部分行政管理机制创新。这是属于较高程度的共同管理。

（3）高级阶段

高级阶段，即发展完善阶段（2021 年至 2030 年）。这一阶段的主要任务是根据两岸关系和平潭发展的现实需求，推动共同管理体制机制不断完善，让两岸同胞共同受益，形成共同家园。这一阶段除了要扩大吸引台湾企业和各界人力资源之外，还要吸引台湾当局到平潭参与发展获益，吸引台湾普通民众把平潭当做职业发展的新舞台。因此这一阶段的共同管理方式可以更加灵活，吸收台湾现行选举制度和民意监督问政制度的优良方面，同时继承大陆优质高效的行政管理体制，让两种行政体制甚至政治体制互相取长补短，共同融合发展，使平潭发展成为令人瞩目的经济发展新高地、社会管理新平台、行政管理新体制。这是深度融合的全面的共同管理。

以上三个阶段的初步划分和管理形式探索，旨在说明共同管理的内涵是随着时间的推进不断扩大的，范围和领域也是不断扩大的，参与主体和参与民众数量也是不断增加的。

## 四、实施“共同管理”的困难与出路

在中国大陆的行政管辖区域内推行境内外人士共同管理，这是史无前例的思路。有关共同管理的体制机制设计与论证因此也是史无前例，很难找到直接参照系。主要困难体现在如下几个方面，相应的出路也参见如下。

（1）转变管理观念上的困难。过去很多地方政府建设开发区，普遍存在“以我为主”的思路，都视台湾资源为可利用的经济发展工具而已，但是这套思路在平潭很难走得通，应该转变观念。一来平潭缺乏区域经济竞争力优势，二来平潭的定位是对台“先行先试”、建设“共同家园”，因此务实之计是大陆政府要真正开放胸怀吸收台湾人才与大陆人才在平等基础上共同管理，吸引台湾人力资源赴平潭就业发展，把平潭建成“两岸的平潭”，而不仅仅是“福建的平潭”。

（2）管理主体由大陆人士变为海峡两岸人士或社团共同管理，面临一系列前所未有的两岸行政管辖冲突难题，包括户籍、身份、权利、义务等，需要综合配套的管理体制改革。我们要克服台湾当局和法规对台湾居民赴大陆设籍、就业等方面的限制，应该尽力做好可操之在我的部分，力行创新，让台湾民众对到平潭视之如归。随着两岸关系和平发展的推进，我们还要努力促使台湾当局逐步修订“两岸人民关系条例”及有关实施细则、当局公告中限制台湾居民赴大陆行政管理部门就业发展的限制（参见本文附录）。

（3）管理制度由大陆地方政府管理制度变为特殊管理制度，而且光复制经济特区的特殊优惠政策和制度也还不够有吸引力，还必须扩展到社会、文教、行政管理等方面实行特殊管理制度，为此，制度创新需要高难度的顶层设计和综合配套。

（4）管理法规必须适应两岸在人力上和制度上共同管理的要求，这就直接触及60多年来两岸法政系统的差异和冲突之处。因此，就要通过全国人大常委会授权福建省人大，赋予平潭综合实验区人大特别立法权，制定共同管理条例和相关条例规定。平潭综合实验区应撤销或修订既有的与两岸共同管理相抵触的法律法规，出台平潭综合实验区公务人员管理条例，放宽公务人员招考条件，实行两岸同胞同等录取，允许台湾不同政党背景的人士报考。

## 五、“共同管理”的实施条件及分领域政策建议

两岸共同管理要真正成为一种创新的、有效的管理制度安排，要使平潭对台具有独特的吸引力，首先必须体现在两岸共同合作的经济和社会管理创新上。因

此，两岸共同管理的实施是有条件的：

第一，平潭的经济规模必须发展上去。目前，平潭处于开发建设初期，各方面优惠政策初步形成，资金和资源正在投入，基础设施建设正在紧锣密鼓地推进，整体来看给人民一定的信心。但是厦门经济特区是经过几十年才发展到今天的成就的，平潭也无法违背经济发展的基本规律一蹴而就。可以说，目前平潭在经济上的快速启动为两岸共同规划、共同管理提供了初步的基础，但还需要进一步的经济积累才能使共同管理发挥出影响力。

第二，平潭的人口规模，特别是台湾籍人口规模必须达到一定的程度。以厦门市为参照系，目前在厦门常住的台湾籍人口大约8万人，加上非常住但经常往来的台籍人口大约3万人，一共不到12万人，只占厦门市区人口的10%。这是在厦门特区经过30多年发展以后才拥有的台籍人口规模。对平潭来说，希望在几年之内就能吸引10万以上的较高素质的台籍人口并不现实。只有从共同规划的初级阶段起，不断创造并提供新的就业岗位给台籍居民，不断释放出优惠的措施吸引台籍居民来平潭就业、投资、求学等，才有可能在10年内（“五个共同”的中级阶段）达到10万人以上台籍人口规模（预计可占届时平潭总人口的15%左右）。在此过程中，共同管理中的两岸共同社会管理才有其必要性。如果在2020年以后平潭的台籍人口达到总人口的20%，这样实施的共同管理，特别是社会管理将会有重要的影响力。

下面是分领域共同管理政策建议。

1. 行政管理

（1）政府管理。平潭综合实验区管委会由省政府派出机构转变为地方政府，各功能区管委会作为其派出机构，逐步吸收原平潭县及各乡镇的行政职能（需特别立法规定）。全区管委会和功能区管委会作为政务系统，其管理层可以通过公推直选、个人竞选、两岸联合团队竞选等形式引进台湾优秀人才。一般岗位可以直接对台招聘，或者以企业合同招聘后再借调事业单位或公务员编制的形式对台招聘，吸引台湾民众就业，提供两岸同等待遇和平等权利。遇到涉台敏感问题时实行两岸成员联系协商制度。公共政策决策要公开、透明，必要时进行民意调研，注意进行公共政策反馈调查与调整。推行政务公开，做到预算公开可查询。

（2）府际协调。与海西区、福州市及周边市县的府际行政协调。成立国台办—福建省平潭综合实验区建设领导小组及办公室，由国台办主任和福建省长担任组长，主管对台经贸、项目投资、城市规划、工业发展、经贸合作的副省长和福州、厦门两市领导担任副组长，省直机关负责人担任小组成员，领导小组办公室设在省政府办公厅，实行机构单列。办公室的职责是协助领导小组协调平潭综合实验区的规划、项目报批以及细化国家各部委支持平潭综合实验区建设的指导意见，出台具有可操作性的政策措施，并帮助平潭管委会解决跨区域、跨行政部门的重要事务。

（3）中共（党）组织。党组织不变，在平潭人大和全区管委会可成立党组和纪检机构，根据党政分际原则，不直接参与管委会业务管理。削减党的经济管理职责，调整党务重点与范围。党务系统负责发展党员、组织优秀人才参与竞聘或竞选，通过从政党员对政务系统和公共政策有监督权、建议权等。

（4）人大。人大代表制度不变，增加赋予特别立法权，落实民意代表的职、权、责，探索设立专职给薪人大代表，为其配备固定办公室，完善人大代表的调查、质询等民意代表职能。

（5）政协。由省政协指导，转为政策咨询和民意调研机构。

2. 经济管理

推行管委会政务系统授权平潭综合开发公司招商引资、投资融资、开发建设的模式。两岸企业可组成财团，联合投资组建平潭综合开发公司。

推行管委会和台资企业之间的契约式管理，具体形式包括 BOT 模式、各种服务外包形式等，合作领域包括重大项目建设、物业管理、企业生产运营管理服务等。

3. 社会管理和社区管理

平潭综合实验区采取功能区和行政区叠加的模式，功能区管委会逐步吸收乡镇行政机构的经济管理职能，但社会管理职能统一由平潭全区管委会统一行使。

撤销街道办，成立社区居委会，推行社区服务和社区自治。平潭全区管委会成立社区服务中心对接各社区居委会。全区管委会一方面提供社会服务资源，开展治安、婚姻、人口登记、基础设施等方面的服务；另一方面直辖各社区居委会，指导居委会实行本社区的社会管理，包括行业管理、社团管理、网络管理、舆论管理等。各居委会负责人由两岸同胞竞选、竞聘。

目前，平潭的社区建设还处在初级阶段，社会组织和公共舆论都不发达，因此短期内平潭的社区公共服务、社区民主建设以及公众参与都需要全区管委会推动。中期和长期而言，推行社团、媒体在平潭区域自由设立和备案制度，鼓励社会组织发展和舆论监督。

4. 文教管理

推行管委会和台湾私立大学以及台湾社团之间的授权管理和契约管理。设立院校董事会，制定大学章程，按美国大学管理模式，由董事会聘任大陆和台湾高级人才建设和管理平潭大学、海峡学院等文教机构，引进台湾职业技术院校的师资和课程，培养实用型技术人才。

5. 政治体制的衔接

平潭综合实验区管委会目前作为省政府派出机构，应该逐步转向地级市政府，享有相应权限和职能，并向重新选出的平潭综合实验区人大（而非原来的平潭县人大）负责，同时接受国台办—福建省平潭建设领导小组的领导。政治协商会议制度保留，但扮演民意咨询、政策调研与问政监督的角色。中国共产党的领导体现在人民代表大会制度之中，在平潭人大和管委会成立党组和纪检机构，通过对从政党员干部的动员和监督体现现代政党的合法参政功能，但不直接参与管委会业务工作。允许其他民主党派在人大成立党组，扮演参政和监督的角色。

**附录1：“台湾地区与大陆地区人民关系条例”（节录）**

（2003年10月29日修正公布全文96条；2006年7月19日修正公布第9条）

第五条之一：台湾地区各级地方政府机关（构），非经“行政院大陆委员会”授权，不得与大陆地区人民、法人、团体或其他机关（构），以任何形式协商签署协议。台湾地区之公务人员、各级公职人员或各级地方民意代表机关，亦同。

台湾地区人民、法人、团体或其他机构，除依本条例规定，经“行政院大陆委员会”或各该主管机构授权，不得与大陆地区人民、法人、团体或其他机关（构）签署涉及台湾地区公权力或政治议题之协议。

第九条之一：台湾地区人民不得在大陆地区设有户籍或领用大陆地区“护照”。（违者丧失台湾地区人民之身份、权利并注销户籍）

第三十三条之一：台湾地区人民、法人、团体或其他机构，非经各该主管机关许可，不得为下列行为：

与大陆地区党务、军事、行政、具政治性机关（构）、团体或涉及对台政治工作、影响国家安全或利益之机关（构）、团体为任何形式之合作行为。

与大陆地区人民、法人、团体或其他机构，为涉及政治性内容之合作行为。

与大陆地区人民、法人、团体或其他机构联合设立政治性法人、团体或其他机构。

台湾地区非营利法人、团体或其他机构，与大陆地区人民、法人、团体或其他机构之合作行为，不得违反法令规定或涉有政治性内容；如依其他法令规定，应将预算、决算报告报主管机关者，并应同时将其合作行为向主管机关申报。

第三十三条之二：台湾地区各级地方政府机关（构）或各级地方立法机关，非经“内政部”会商“行政院陆委会”报请“行政院”同意，不得与大陆地区地方机关缔结联盟。

第三十三条之三：台湾地区各级学校与大陆地区学校缔结联盟或为书面约定之合作行为，应先向“教育部”申报，“教育部”未于三十日内决定者，视为同意。

**附录2：2004年3月1日“行政院陆委会”公告（陆法字0930003531-1号）**

依据“两岸人民关系条例”第三十三条第二项规定，台湾地区人民、法人、团体或其他机构，不得担任大陆地区党务、军事、行政或具政治性机关（构）、团体之职务。

台湾地区人民、法人、团体或其他机构，不得为大陆地区党务、军事、行政或具政治性机关（构）、团体之成员。

有关“大陆地区党务、军事、行政或具政治性机关（构）、团体”说明：

1. 党务系统（含直属机构、派出机构、事业机构、办事机构、工作部门或议事领导机构及所属团体）；

2. 军事系统（含直属机构、事业单位、团体）；

3. 政务系统：国务院及其所属各部委（含直属特设机构、直属机构、直属事业单位、直属办事机构、部委管理国家局等）；各级人民政府（省、直辖市、自治区、县区市旗、乡镇行政组织）、各级人民法院、各级人民检察院及该等行政机关所属机构、事业单位、团体。

4. 其他具政治性之机关（构）、团体：各级人民代表大会制度组织、各级政治协商会议制度组织、村级行政组织、党派群众组织团体、大众传播体系组织、具有准官方性质之社会团体；大陆地区法人、团体或其他机构之性质涉及对台工作、对台研究，有妨害“国家”安全或利益之虞。

# 平潭综合实验区之社会治理模式
## ——法制建构层面之重要课题

**王志诚**[1] **方斯远**[2]
◉[1] 中正大学法学院教授、法学博士
◉[2] 中山大学法学博士

## 一、楔子

自1979年中国大陆与台湾恢复经贸关系以来，两岸的经济合作可谓在曲折中前进，不仅在规模上日益增大，在合作层次上亦不断提升。可以想见，两岸未来在经贸方面的联系会更加紧密与高端。

在这一背景之下，中国大陆提出建立平潭综合实验区，探索两岸共管的治理模式，具有重要的时代意义。纵观两岸经贸合作的历史，从20世纪80年代的“台湾接单、大陆生产、香港转口、海外销售”这种小规模来料加工模式，到本世纪以来设立与投资高新技术企业为主的合作模式，尽管整体发展趋势蒸蒸日上，但是其中仍出现了不少问题，尤其是在法律规范层面的缺失所引致的纠纷，相当程度上影响了两岸经贸的合作。因此，本文拟从法制建构层面切入，通过检讨两岸经贸合作史上的典型问题，探讨如何为平潭实验区的发展构建合适的法制环境，推动两岸经贸合作之长期发展。

本文拟先从社会治理模式的内涵界定入手，探讨平潭实验区在模式上的应然选择；进而分析在这一模式之下平潭实验区法制建构层面的问题，对此，应当先将实验区在法制上先行先试的“创新空间”作为先决问题予以讨论，本文的侧重点在于经贸环境的制度建设，因此将会借鉴世界银行（World Bank）从2004

年逐年提出“营商环境报告（Doing business）”的若干分析框架,[①] 分析制度建构层面的具体问题，提出相关的制度建议；最后分析台湾的应对策略。

## 二、社会治理之内涵及模式选择

### （一）“治理”与“社会治理”的内涵界定

基本上，英美社会科学文献赋予治理（governance）一词的内涵较丰富，在新制度经济学的视野中，治理可以被理解为为追求特定经济目标而形成的各种社会组织方式。依科斯（Ronald Coase），最早提出市场与企业是两种可以相互替代的治理模式,[②] 而后续的研究者将这一洞见发扬光大。依据诺贝尔经济学奖委员会的报告，2009 年诺贝尔经济学奖的获得者艾利诺·奥斯特姆（Elinor Ostrom）及奥利弗·E. 威廉姆森（Oliver E. Williamson），即因其对经济治理的卓越研究而获此殊荣。其中，奥利弗·E. 威廉姆森的研究侧重于合同关系的治理，其核心观点为，为节省缔约成本，市场、科层、官僚体制及其混合形式均为可相互替代的治理模式（models of governance）,[③] 艾利诺·奥斯特姆则侧重于研究公共资源的利用，在公共选择方面尤有建树，其认为避免公共资源“公地悲剧”的方式并不限于国有化或私有化，集体行动可以作为第三条道路供选择。[④] 简言之，制度经济学对治理研究共同的研究主线是制度的多样性，包括正式制度与非正式制度，均可当纳入研究范围。

一般来说，“治理”与“管制”（regulation）是相对概念，主要强调主体之间的互动。[⑤] 因此，社会治理是一种以协商、参与机制为基础的互动过程，它是政府、市场和社会共同作用的结果，这一范畴兴起于 20 世纪 80 年代末期的西方国家及一些国际性组织，例如世界银行、国际货币基金会（IMF）及经济合作发

---

① 世界银行的《营商环境报告》包含两类数据和指标。一类指标集专注于产权和投资者保护的力度，这类指标集以如何根据书本上的法律和规定处理案例情景来衡量。《营商环境报告》对更有力的产权和投资者保护（例如：关联方交易中更严格的披露要求）会给予更高的分数。第二类指标集侧重于监管程序的成本和效率，例如：开办企业、登记财产和办理施工许可证。关于《营商环境报告》中涉及到的方法及研究文章，主要参阅世界银行网站的专栏，例如 http://www.doingbusiness.org/Methodology（last visited on August 1, 2012）及 http://www.doingbusiness.org/research（last visited on August 1, 2012）。

② See Ronald Coase, The Nature of the Firm, 4（16）ECONOMICA 386, 386－405（1937）.

③ See OLIVER E. WILLIAMSON, THE MECHANISM OF GOVERNACE 7（Oxford University Press, 1996）.

④ ［美］埃莉诺·奥斯特罗姆：《公共事务的治理之道——集体行动制度的演进》，余逊达等译，上海三联书店 2000 年 6 月第 1 版，第 31 页。

⑤ 宋丽敏：《住房租赁合同的社会控制研究——兼与许德风博士商榷》，载《东方法学》2011 年第 4 期，2011 年 8 月，第 33—43 页。

展组织（OECD）等，[①] 主要用以描述公共权力与社会的关系，乃至于政府部门与民间团体及个人之间互动过程和网路。[②] 相对地，英文文献中对社会治理（social governance）这个概念的运用，突出了现代社会在管理和控制上的多元性、互动性和动态性的特点，并强调现代社会治理不同于传统的政府统治，亦即其不仅依靠自上而下的政府行政权力，还要更多地容纳和依靠非政府组织或主体的自治行动。[③]

社会治理这一范畴引入中国大陆之后，若干研究者多将“社会治理”理解为一个社会对其不同组成部分的协调和整合，而社会治理结构则是指实现这类社会整合的各种制度方式。其基本体现是各种政治、行政和法律体制，但又不局限于这类正式制度，尚应涵盖着社会的道德规范和价值体系。从这样的角度来看，社会治理问题的核心涉及两个方面：其一，恰当处理政府与各类非政府组织或主体（企业、机构、群体、个人）的关系；其二，恰当处理各类社会主体之间的利益关系。所谓“社会治理模式转型”，主要是指使一个国家的社会治理向适应经济市场化要求的方向转变，以形成能协调多元社会利益、实现社会有效整合的制度体系。

### （二）社会治理模式演进的一般规律

人类社会不同阶段的社会经济发展水准决定了主导社会治理模式的不同。大体而言，在前工业化时代，社会治理主要依靠建立在身份区别基础上、以权力为主导的治理模式；在进入工业化时代之后，“经济发展”成为政权合法性基础的重要组成部分，“从身份到契约”的变革在很大程度上消解了旧有的等级制，[④] 而代之以地方自治与分权化的治理模式。此一时期采用自由放任的经济政策，人格平等、私权神圣、契约自由及过失责任（过错责任）等法制理念，[⑤] 都属于这一模式的组成部分。最为明显的例证是19世纪的美国，美国法官通过案例法（case law），而非借由国会立法，作为引导社会变革的工具，并不仅是在个案中

---

① 北京大学软实力课题组：《软实力与社会治理有什么关系?》，资料来源：http：//theory. people. com. cn/GB/166866/166886/10134917. html（last visited on August 1，2012）。

② 王亚新：《程式·制度·组织——基层法院日常的程式运作与治理结构转型》，载《中国社会科学》2004年第3期，2004年7月，第84—96页。

③ 韩朝华：《利益多元化与社会治理结构转型》，载《中国特色社会主义研究》2007年第1期，2007年1月，第49—53页。

④ “所有进步社会的运动在有一点上是一致的，在运动发展的过程中，其特点是家族依附的逐步消灭以及代之而起的个人义务的增长。……用以逐步代替源自家族各种权利义务上那种相互关系形式的……关系就是契约。……可以说，所有进步社会的运动，到此处为止，是一个从身份到契约的运动”。参阅［美］梅因（Henry Summer Maine）：《古代法》，沈景一译，商务印书馆1996年7月第1版，第96—97页。

⑤ 刘凯湘：《民法总论》，北京大学出版社2008年3月第2版，第11页。

实现公平正义的规范体系，由此形塑了财产法、合同法与竞争法等多项制度，在相当程度上扶持了工业化时代的经济发展。[①] 然而，随着经济活动复杂性的增加，自由放任经济带来的各种社会问题的加剧，各国均加大了管制的力度，例如美国自20世纪以来，制定法的数量大幅度增长（statutorification），甚至被形容为过量（orgy of statute making），即为典型例证。[②]

矫枉过正在历史上屡见不鲜，制度的变革往往也如钟摆一般在两极间徘徊，尽管政府的管制在很大程度上纠正了市场失灵的问题，降低了经济活动的负面外部性，但亦带来了新的问题，其造成的后果就是政府规模过大，机构臃肿，人浮于事的局面，更为严重的是官员的寻租问题。[③] 因此，去行政化，加强社会力量的多元社会治理模式逐渐兴起，这种模式强调治理主体的多元化，并不限于传统的市场与政府两级，而是扩展到包括个人、企业、社区等在内的各种社会主体，在治理方式上，更为接近艾利诺·奥斯特姆（Elinor Ostrom）所言的“中间道路”，亦即主要依赖社会主体自发的各种集体行动，强调其民主参与，共同合作。[④] 本文以为，各种社会治理模式本身均有其正当性边界，[⑤] 多元治理模式则

---

① “明显区分19世纪与18世纪法律的标准是，普通法法官在引导社会变革进程中发挥其基础性作用的程度。……在认同和引导经济发展方面，普通法至少发挥了和立法同样重要的作用。……到1820年，普通法的裁判过程承担了许多立法性质的职责。法官……基于对社会和经济政策的自觉的衡量，开始制定普遍性的法律”。参阅［美］霍维茨（Morton J. Horwitz）：《美国法的变迁（1780－1860）》，谢鸿飞译，中国政法大学出版社2005年4月第1版，第1—2页。

② “最近的50到80年间，美国法发生了一个根本性的变化。这段时间内，我们已经从一个由法院所宣誓的普通法主导的法律制度，进入到一个由立法者所制定的制定法成为首要法律渊源的法律制度中”。参阅［美］卡拉布雷西：《制定法时代的普通法》，周林刚、翟志勇、张世泰译，北京大学出版社2006年11月第1版，第1页。“自从国会于1887年设立第一个现代规制机构——州际贸易委员会来规制铁路以来，美国对经济的规制已大幅扩张”。参阅［美］布雷耶：《规制及其改革》，李洪雷、宋华琳、苏苗罕、钟瑞华译，宋华琳统校，北京大学出版社2008年5月第1版，第1页。

③ （过度）规制的危害得到了广泛的批评，批评者认为其无效、无能与不民主使之陷入了四面楚歌的境地，具体来说，规制的缺陷体现在成本远远超过收益、程式不公平且可操作性不强、过程不民主且缺乏正当性、效果不可预见甚至随意等。参阅［美］裘蒂·弗里曼：《合作治理与新行政法》，毕洪海、陈标冲译，商务印书馆2010年12月第1版，第9—29页；［美］布雷耶：《规制及其改革》，李洪雷、宋华琳、苏苗罕、钟瑞华译，宋华琳统校，北京大学出版社2008年5月第1版，第2—6页。

④ 唐秋伟：《探寻合作的社会治理模式——基于民主治理现实困境的思考》，载《社会科学家》2011年第7期，2011年7月，第120—123页。实际上，亦有学者提出在社会治理模式模式的演进中要强调伦理精神的回归，其实质也不失为一种对多元化治理模式的支援，因为合作基础上的集体行动离不开社会成员在思想模型上的统一认知，在制度经济学看来，道德亦为这种思想模型的一种。参阅谢治菊：《社会治理模式演进中伦理精神的迷失与回归——基于张康之教授〈论伦理精神〉的社会治理历史反思》，《学习论坛》2012年第4期，2012年4月，第55—60页。

⑤ 施莱弗即准确地指出，“我并不认为，监管是普遍需要的；与法院相比，监管者有更多的问题。关键在于两者之间的权衡取舍”。参阅［美］安德列·施莱弗：《有效监管》，载吴敬琏主编：《比较》第47辑，中信出版社2010年4月第1版，第47页。

更为适合当前社会环境高度复杂、充满不确定性的整体状况。

### （三）中国大陆社会治理模式的演进路径

中国大陆传统社会的治理模式存在二元性的特征，在正式制度的层面，是以官僚体制基础上的管制为主。相对地，中国大陆更是一个非常强调地方自治的国家，中央政府的规模始终很小，家庭、宗族、士绅等组成了复杂的、多元的地方权威，大多数的纠纷都在这个层面上解决，即“private ordering”和“independent judges”。[①] 应注意者，由于中国地大物博，加强管制，维护中央集权已成为制度演进的基因，嵌入了中国的制度改革中。尤其是在1950年之后，中国大陆形成了执政党主导一切、国家（包括党、政府、军队及其他公共组织）急剧膨胀进而支配社会的“总体性”结构。改革开放以来的社会变迁虽然在相当程度上消解了此种总体性，但有关“国家与社会”的这一结构仍在一定范围内存在并得到更新乃至强化，从而在正和负的两个方面构成了“中国模式”或“中国道路”的一种因素或含义。[②] 这一时期几乎所有的社会组织，均依照行政机关的组织模式建立，在资源配置的方式上市场几乎完全让位于官僚体制。

此种“总体性”结构对社会资源配置造成了极大的负担，在这一背景下，中国大陆启动了改革开放的进程。然而，制度资源的有限性决定了改革必然是路径依赖（path dependence）与路径独立并存，[③] 而形成了大陆经济转轨的“域外经验”与“本土资源”并存的二元局面。一方面，尽管改革者认识到现有制度的缺陷及放松监管（解除管制）的必要性，但由于没有可以直接借鉴的制度改革经验，而且中国大陆各地区之间由于先天禀赋上的区别，经济发展方式各不相同，中央立法难以顾及各地方不同的发展状况，以致中央无法通过统一适用各地方的计划来具体指挥改革，[④] 而只能通过起草宽泛而模糊的条款进行授权（包括

---

① 参阅邓峰：《清末变法的法律经济学解释——为什么中国学习了大陆法》，载《中外法学》2009年第2期，2009年3月，第183页。

② 参阅陈杭平：《论中国法院的“合一制”——历史、实践和理论》，载《法制与社会发展》2011年第6期，2011年11月，第57页。

③ ［美］卞历南（Morris L. Bian）：《制度变迁的逻辑：中国现代国营企业制度之形成》，卞历南译，浙江大学出版社2011年5月第1版，第18—20页。

④ 这一现象的另一种较为重要的原因在于立法技术的落后，从1980年代起，中国的立法系统不再是一个统一的自上而下的政策制定系统，而是一个“多步骤，多领域”（multi-stage，multi-arena）的过程，法案要成为立法必须经过五个步骤：日程设定；代理人相互审查；最高层许可；人大论证与通过；阐明、实施与裁判，这种变迁，摆脱了过去仅依靠中央推进立法的僵化局面，使得更多的利益诉求能够在立法过程得到考虑，这种新形势也为立法机关的工作增加了沉重的负担，最终促成了我国法制自下而上而非自上而下的一种建构特色。See Murray Scot Tanner，How a Bill Becomes a Law in China：Stages and Processes in Lawmaking. The China Quarterly，141 SPECIAL ISSUE：CHINA'S LEGAL REFORMS，39，39 - 64（Mar. 1995）。

《中华人民共和国宪法》在内的各级立法均带有不同程度的不完备[①]），赋予各地方先行先试的自由裁量权，推动了地区（政府）间的竞争，由此激发地方经济的活力，以恢复私有产权和市场制度；[②] 但另一方面，“总体性”的格局仍未被消解，大政府的格局依旧存在，行政垄断、市场分割等现象依旧严重。[③]

概言之，在“万能政府”、“大有为政府”的大前提下，中国大陆的社会治理主要存在着两大问题：其一是政府对其他领域过度干预，其二是社会力量相对薄弱。近年来各界大多提倡减弱政府干涉，培育社会力量，主要的政策建议集中在下列两方面：首先是转变政府职能，确立服务型政府的新定位。目前政府职能转变应在塑造国家与社会的高度来认识，增强服务性职能，加强透明度和公众参与度，规范政府决策。其次是发展民间组织的力量。政府职能在不断转变的同时，原来由政府包办的各种社会服务，需要有崭新、更为有效率的组织来承担。[④] 本文认为，多元化的治理模式是中国大陆未来经济社会改革的首选模式，而平潭综合实验区正是制度改革的重要试点。

## 三、建立平潭综合实验区之相关法制问题

鉴于多元社会治理模式的运行必须以法治为基础，强调运用法律调整的手段，将政府行政机关的行政权限、行使权限的方式及应有的行政程序，设定或

---

① 根据合约理论“契约理论”，所有下位法均可视为宪法的次级合约，其必须在宪法所确立的制度框架之内进行机制设计，但是，我国的宪法条文更多侧重于宣言式的表述，对制度框架的实质规定不多。如张五常在考察中国经济转型的时候，就论述到“一九七九年，中国修订的宪法，比起美国的宪法，内容更远为含混不清……它是否认同私有产权制度，不是问题所在；重要的是必须替整个社会的产权结构，作出明确的界定。中国的宪法，不仅没有替社会和经济活动设立一套明确的产权制度，反而更使权利混淆不清”。由于宪法在这个问题上含糊不清，我国经济发展主要依靠次级立法，然而用次一级的立法界定和保障权利，总会受到上一级的含糊不清的宪法的影响。参阅张五常：《中国会走向资本主义吗?》，available at http：//blog. sina. com. cn/u/1199839991（last visited on August 1，2012）。

② 其代表性观点，参阅钱颖一、B · Weingast：《中国特色的维护市场的经济联邦制》，载于张军、周黎安编：《为增长而竞争：中国增长的政治经济学》，格致出版社、上海人民出版社 2008 年 1 月第 1 版，第 35—48 页；张五常：《中国的经济制度》，中信出版社 2009 年 10 月第 1 版，第 141—146，158—166 页。

③ 对此有学者指出，如何在制度层面厘清“官商关系”，才是中国商事立法进程最重要的问题。“官商关系这个幽灵，虽不受重视，却始终惦记着人间……中国商业法制进程的第一步，不是争论立法形式的取舍，也不是探究商法与相关部门法的边界划分，而是必须首先缚住这个幽灵”。参阅姜鹏：《官商关系——中国商业法制的前置问题》，法律出版社 2008 年 5 月第 1 版，第 215 页。

④ 近年来论者均从不同社会主体的特性出发，对其在社会治理中的定位进行了研讨，其代表性研究成果，参阅吴巧瑜：《粤港民间商会社会治理功能比较研究》，《中国行政管理》2011 年第 12 期，2011 年 12 月，第 111—114 页；江国华：《通过审判的社会治理——法院性质再审视》，《中州学刊》2012 年第 1 期，2012 年 1 月，第 64—70 页。

固定其框架，且将政府与企业、政府与公民之间的权力及义务加以明确化，[①]不仅有利于遏止政府对市场的不当干预，且能降低官员寻租的空间。唯有避免政府的过度干预，才有利于企业、个人等社会主体自发探索合适的治理模式。

又基于法律是现代社会善治的基本依据和保障，故在法制建构层面上，本文侧重于营商环境的法制建设。首先，应当考察的是平潭综合实验区在制度创新上的空间。其次，参考世界银行营商环境分析报告的体例，以商业筹建、公司融资、投资者保护等几个重要角度，探索相关法制建设的问题。

### （一）前置问题：先行先试的制度空间

在《平潭综合实验区总体发展规划》中，国家发展和改革委员会多次提及要推动平潭在对台交流合作中先行先试。因此，可供检讨的经验主要有下列二者：一方面是改革开放的早期阶段，广东省的先行先试现象；另一方面是深圳特区的特别立法。[②]

1. 广东省的经验

广东省在改革开放的早期，通过制度上的先行先试，取得了巨大的成果。不仅促进了广东省的经济发展，更加推动了中国立法、司法进程，为国家级的立法、行政法规及相关司法解释的出台，提供宝贵经验。学者通过“法律与经济增长”的理论框架分析，将相关经验归纳为以下几点：

首先，所谓政策先行，即政府政策档先行于相关法律出台，在法律缺失或滞后的制度背景下，通过政策“发现”新规则，指导相关法律法规的制定，甚至直接上升到法律法规层次，或发挥法律的替代作用，提高了制度弹性。

其次，涉外立法先行，是指在涉外经济领域，在中央未出台相应中央立法的情形下，广东省为引进外资，通过制定地方法规的形式率先进行立法，加大对国外投资者的保护。

再次，司法先行，是指在中国法制建设刚刚起步，国家成文法的制定依旧处于探索阶段，立法数量较少，条文过于原则抽象难以具体适用的情况下，法院通过个案的裁判，以及根据裁判经验形成的指导性司法政策，在一定程度上替代了

---

① 孙晓莉：《多元社会治理模式探析》，《理论导刊》2005 年第 5 期，2005 年 5 月，第 5—8 页。

② 实际上，这种发展模式贯穿了中国大陆改革开放的始终，可谓中国大陆经济发展的成功因素——地方竞争——的动力所在，例如浙江省也有类似的经验。事实上，各地方所采用先行先试的原理类似，所不同的是各地方基于自身条件不同所采取的发展方式、产业模式及经济政策。因此，本文仅以广东省作为参照范例。关于先行先试模式的法理探讨。参阅王诚：《改革中的先行先试权研究》，法律出版社 2009 年 9 月第 1 版，第 1—138 页。至于浙江省的例证，参阅孙笑侠：《先行法治化：“法治浙江”三十年回顾与未来展望》，浙江大学出版社 2009 年 1 月第 1 版；卢群星：《立法先行的理想图景与现实困境——关于浙江立法的一种解释》，载《浙江学刊》2010 年第 3 期，2010 年 6 月，第 150—155 页。

立法，发挥着规则形成作用。

最后，适度容忍法律规避，[①] 中央对广东的改革开放给予了强大的政策支持，在一些敏感问题上，以宽容、“不争论”的态度看待广东“绕着红灯走”的做法，给予了宽松的制度创新环境。[②]

不可否认在特殊的历史背景下，广东省在改革开放期间的各种先行先试现象均有其制度诱因，亦具有一定的合理性。在一定意义上，甚至可以认为，这是一种特殊的多元治理模式，因为这一发展过程离不开地方政府、法院、企业乃至于个人的共同参与，其规则的形塑在相当大的程度上，是这些主体集体行动的结果。然而，这种模式是否能适用于平潭综合实验区，仍须深入检讨。

事实上，广东省的先行先试模式本身亦存在着不少问题。首先，这种做法严重损害了市场环境的确定性，以致商人或企业无法形成理性预期。实际上，商人或企业是自己利益的最佳判断者，因此商事制度的确定性甚至比效率与公平更重要。[③] 由立法者、政策制定者乃至法官的判断来替代商业判断的做法并不可取。其次，制度环境的高度不确定性遏止了专用性投资的动机，在缺乏政府信用的情况下，商事交易规模受到若干限制。最后，此种做法亦给予了行政官员较大的寻租空间，损害了市场公平交易的环境。

对比之下，大陆现在的市场环境及法制环境显然与改革开放初期不可同日而语。首先，随着经济的发展转型，建立统一市场的呼声日趋高涨，内资、外资企业区分立法的双轨制模式已逐渐不适应新的发展形势。[④] 其次，随着《立法法》的出台，大陆立法权限分配的制度框架已经确立，地方制度创新亦因而受到明确约束。此外，具有中国特色的社会主义法律体系已经基本形成，包括《物权法》、《合同法》与《公司法》在内的重要立法，基本上已经齐备，统一法律适

---

① 法律规避即脱法行为，意指以迂回手段的行为规避法律的强制性规定，王泽鉴：《民法总则》，中国政法大学出版社 2001 年 7 月第 1 版，第 284 页。

② 周林彬主编：《法律与中国经济发展的广东经验》，中国民主法制出版社 2011 年 12 月第 1 版，第 20—35 页、第 76—82 页、第 119—136 页，第 175—187 页。

③ 蒋大兴：《商法：如何面对实践？——走向/改造“商法教义学”的立场》，载《法学家》2010 年第 4 期，2010 年 8 月，第 155—165 页。

④ 改革之初，低价的土地和廉价的劳动力对外资无疑具有重要的吸引力，但时至今日，资本进入更为看重的是一个地区或区域是否具有保障资本运营安全与效率的稳定和公平的法治环境。参阅黄洪旺：《平潭开放开发与法同行——平潭大开发呼唤法律跟进》，载《人民政坛》2011 年第 11 期，2011 年 11 月，第 6—9 页；徐崇利：《市场经济与我国涉外经济立法导向》，载《法学研究》1994 年第 6 期，1994 年 11 月，第 36—43 页。

用已经成为当前司法工作的重点。[①] 由此观之，目前大陆营商制度环境的建构，更为追求公平透明。因此，平潭综合实验区在先行先试的制度创新中，实应特别注意营商制度之透明化，始符合现阶段大陆的市场环境及法制环境。

2. 深圳特区的经验

鉴于多元社会治理模式的运行必须以法治为基础，故在符合现代法治要求的前提下，平潭综合实验区的开放开发中，立法空间势必决定改革空间，立法权的实质内容将影响改革权的创新空间。问题在于，如何平衡推动制度创新与维护法制统一的对立、矛盾，这是所有“先行先试”发展模式首须应对的难题。目前平潭综合实验区争取全国人民代表大会或全国人大常委会授予福建省人民代表大会及其常委会特别立法权，期能因地制宜制定地方性法规，并对法律、行政法规的有关规定进行调整的整体思路已经确立。[②] 因此，关于平潭综合实验区的特别立法权，似可以与包括深圳特区在内的经济特区立法经验，进行对比借鉴。

尽管深圳特区在20世纪80年代末期，就已经制定了大量的地方法规，但是迟至1992年始取得特别立法权，且这一进展过程并非一帆风顺，例如1989年深圳地方政府向全国人民代表大会递交了《在原国务院授权广东、福建两省有立法权的基础上，授权深圳立法权的议案》，当时即因与会代表激烈的反对而作罢。从发展情况来看，深圳其后有效地运用了特别立法权，不仅使1992年之前制定的经济法规摆脱了“违宪”之嫌，更推动了之后中央多部经济法的出台。

相较于深圳特区，平潭综合实验区如果取得了特别立法权，仍应特别注意下列三点问题及实践状况：

（1）深圳特区取得特别立法权之际，《立法法》尚未颁布施行，因此平潭综合实验区在行使特别立法权的时候，应当注意《立法法》确立的立法权限分配，尤其是《立法法》第8条及第9条中“法律保留”和“授权立法”的范围。

---

① 长期以来，大陆的司法带有很强的地方性特征，表现在各地法院均以《办法》、《指导意见》的名义作成带有司法解释性质的文件，在本地区推行适用。对此，最高人民法院、最高人民检察院在今年联合发布了《关于地方人民法院、人民检察院不得制定司法解释性质文件的通知》，明确规定“为了维护国家法制统一，正确实施法律，促进公正司法……地方人民法院、人民检察院一律不得制定在本辖区普遍适用的、涉及具体应用法律问题的“指导意见”、“规定”等司法解释性质文件，制定的其他规范性文件不得在法律文书中援引”，在最近启动的《民事诉讼法》修改工作中，也有意见认为应当对我国法院系统的职能进行优化调适，最高法院和各省高级法院应当着重于统一法律适用。参阅方斯远：《司法资源稀缺，尤需职能优化》，《法制日报》2012年7月3日第3版。

② 王晓杰：《建设先行先试的共同家园——“平潭综合实验区立法问题研究”研讨会综述》，载《福建法学》2012年第1期，2012年7月，available at http：//www. fjfxh. com. cn/xuehuiqikan/zongshu/20120705/369. html (last visited on August 1，2012)。

(2) 深圳特区在若干方面并未能完全充分发挥特别立法权的优势。例如委托学者起草，由深圳市人大常委会通过的《深圳经济特区商事条例》，虽然在相当多的方面体现了较为先进的商法理念，引入了商人概念、营业转让、代理商等国内商事立法欠缺的规定，但由于商人、法官与律师普遍对《深圳经济特区商事条例》的效力抱持怀疑态度，以致在实践中相关规定基本上并无用武之地。

(3) 深圳特区在某些立法上又"走过了头"，发生过犹不及的负面作用。例如近期向社会征求意见的《深圳经济特区商事登记若干规定》中,[①] 在公司资本制度上实行有限责任公司注册资本认缴登记制度，无须登记实收资本、无须提交验资证明档（《深圳经济特区商事登记若干规定》第 16 条）及有限责任公司股东约定出资缴足期限最长不得超过十年（第 17 条）等规定，即与现行《公司法》相互抵触。尽管推动商事登记制度的改革理念在于"活跃市场，促进经济繁荣"，无可厚非，但却忽视债权人的保护，且破坏《公司法》适用的统一性，难谓合理。事实上，出现此种情形并非深圳特区所独有，在此之前亦发生在《中关村科技园区条例》的制定。在当时中国大陆尚未立法通过《有限合伙法》的立法情况下，直接引入了"有限合伙"制度，中国第一家有限合伙企业"北京天绿企业投资中心"即是据此设立。然而，中国证券监督管理委员会认为此举违规，责令作为有限合伙人的上市公司限时收回资金，中关村管理委员会为此援引《中关村科技园区条例》中对有限合伙的规定与中国证券监督管理委员会进行协商。固然，中关村管理委员会认为《中关村科技园区条例》中对于有限合伙的规定，是作为中关村科技园区率先实施的一项特别法律规定，只适用于中关村科技园区内的风险投资机构，但这一论点似忽略根据《中关村科技园区条例》所设立企业的交易对象或举债对象，并不以中关村科技园区内的企业为限。此外，该项做法实际上对债权人利益造成了重大威胁，亦存在相当大的风险，最终该上市公司迫于监理机关的压力，退出其在中关村科技园区的投资，事实上亦宣告这类制度创新模式的效力，并不稳定[②]。

综上所述，本文认为，平潭综合实验区先行先试的制度空间，仍应当坚持尊重立法权限的分配，不得与现行法规相互抵触的原则。因此，似可以考虑设立法

---

① 深圳市人民政府法制办公室于 2012 年 56 月 19 日提出《深圳经济特区商事登记若干规定（草稿）》，公开征求意见，available at http：//fzj. sz. gov. cn：8080/zonghe/getDraftItems. action？ draftId = 98&currentPage = 1 （last visited on August 1，2012）。

② 应注意者，任何一项制度的成本与收益，均需要在实践中，通过参与者的重复博弈逐步呈现，但是，如学者所指出，国家科层结构决定了启动继受程序的迟缓性，新的制度或规则退出后，其作用范围将相当广泛，即使采取先试点后推广的模式，风险的放大效应仍不可小视，而且一旦实践中暴露出未曾意料的问题，国家往往会本能地采取收缩措施，停止试验，从而剥夺了商人再次尝试的机会。参阅姜鹏：《官商关系——中国商业法制的前置问题》，法律出版社 2008 年 5 月第 1 版，第 207 页。

制专门委员会，对各类创新立法事先进行合理性及合法性的审查，以避免出现深圳特区与中关村立法失误的局面。创新立法应当侧重于对现行法律、行政法规及部门规章的细致化完善，① 如果某些制度改革确有必要，且与现行法律、行政法规及部门规章相互抵触，则应当报请立法机关取得特别立法授权，乃至于积极与国务院及各部会相互协商，以修正各种窒碍难行的行政法规及部门规章。

### （二）营商环境的宏观制度建构

在平潭综合实验区的营商环境的制度建构上，关键在于如何平衡“管制”与“自治”的对立关系。关于解决管制与自治的紧张关系，《公司法》的发展历程，似可作为重要参考。

在实践当中，公司及其投资者通过法律规避私下建立新交易模式的现象具有一定普遍性，但这一类“失范的公司自治行为”亦可能转变为公司法强制性规范及相关管制措施改革的内生动力，进而“由下至上”的推动公司法制的诱致性变迁。② 实际上，这一问题的根源在于，大陆的公司立法在很大程度上并非“市场回应型”，而是在国内特定政策目标之下对域外法改造而来，③ 相当多的规定欠缺效率。尽管2005年修正《公司法》在很大程度上放松了管制力度，但路径依赖的因素依旧在很大程度上制约了法律实施的效果，④ 而让《公司法》修法的初衷大打折扣。在这种情况下，商人自发的“法律规避行为”反而发挥了“效率检验、资讯回馈甚至创新示范的功能”。⑤ 然而，过多的“失范行为”则会破坏法制的统一，影响营商环境的确定性。因此，本文认为，不仅要鼓励商人自治，顶层设计亦不能缺位。

所谓顶层设计，应当兼顾公私法两方面。在公法层面，宜通过《平潭综合实验区条例》的制定，对平潭综合实验区的发展定位、管理体制、产业发展、法制

---

① 对此，笔者较为赞同有论者提出的“创新的空间应由单项法规的创制转向主要对国家法的拾遗补缺和适度变通”这一主张。参阅王方玉：《论平潭综合实验区地方立法中的几个特殊问题》，载《福建省社会主义学院学报》2011年第5期，2011年9月，第85—88页。

② 董淳锷：《公司法改革的路径检讨和展望：制度变迁的视角》，《中外法学》2011年第4期，2011年8月，第821页。

③ 早期股份制的引入主要是为了解决知青回城就业压力过大的工作问题，而1993年的公司法主要是为了解决国企改制的问题。参阅厉以宁，马国川：《股份制是过去三十年中最成功的改革之一（上）、（下）》，载《读书》2008第5期、第6期，2008年5月、6月，第3—15页、第11—19页；刘俊海：《改革开放30年来公司立法的回顾与前瞻》，载《法学论坛》2008年第3期，2008年5月，第5—12页。

④ 周林彬，方斯远：《忠实义务：存续抑或路径依赖》，载《中山大学学报（哲学社科版）》2012年第4期，2012年4月，第157—168页。

⑤ 董淳锷：《公司法改革的路径检讨和展望：制度变迁的视角》，《中外法学》2011年第4期，2011年8月，第820—836页。

保障等予以全面规定。[①] 尤其值得一提者，即为市场准入制度。[②] 在《海峡两岸经济合作架构协议》（ECFA）签订之后，放宽的非金融机构服务行业有：会计、审计及簿记服务类、电脑软件服务类、自然科学、工程学研究、实验开发服务、会议服务、专业设计服务、医院服务及飞机维修类服务等。在金融服务方面，允许台湾保险公司以集团名义准入大陆保险市场，允许台湾银行在大陆设立独资银行、分行及经营人民币业务，[③] 台商在大陆投资的领域已经大大增加。在此背景下，近年来中国大陆若干地区都制定了具体的条例规章放宽市场准入。[④] 纵观这些规章，其主要精神可概括为"非禁即入"，即允许除法律法规禁止之外、不涉及国家产业安全的各类台商投资项目进入市场，平潭综合实验区理应承继此等自由开放的精神，并且可考虑由有关部门结合平潭本地实际情况与国家宏观政策，制定投资指引。

本文以为，放宽市场准入应当以符合法律及行政法规为限。例如福建漳州出台的《鼓励台商创业和支援台资企业发展措施》中，以商标权、专利权、科技成果等智慧财产权出资设立台商投资企业，智慧财产权出资额最高可占注册资本的70%，尽管放宽台商投资企业出资方式，但符合《公司法》第27条的规定，[⑤] 应值赞同。

在私法层面，则可考虑借鉴深圳特区的做法，制定一部规范商业组织及商业交易的《商事通则》作为商事一般法。近年来，大陆学界普遍达成共识，认为

---

① 徐华：《打造两岸融合的法律支持体系》，载《人民政坛》2011年第11期，2011年11月，第10—11页；王晓杰：《建设先行先试的共同家园——"平潭综合实验区立法问题研究"研讨会综述》，载《福建法学》2012年第1期，2012年7月，available at http://www.fjfxh.com.cn/xuehuiqikan/zongshu/20120705/369.html (last visited on August 1, 2012)。

② 市场准入的问题，可以说是台商投资大陆最为关心的问题之一，近年来大陆逐渐取消立法的双轨制模式，台资企业在税收等方面享受的优惠待遇逐步消失，因此寻找新的投资领域自然成为了台商的关注焦点。参阅台海网11月20日讯：《挑商选资台商盼市场准入》，转载于凤凰网新闻频道，available at http://news.ifeng.com/gundong/detail_2010_11/20/3174886_0.shtml (last visited on August 1, 2012)。

③ 福建厦门兰花香律师事务所：《投资立项中的法律服务及合作——以台商服务企业准入大陆市场为视角》，available at http://www.bio-tianqing.com/other/1010.htm (last visited on August 1, 2012)。

④ 例如天津市2011年出台的《关于进一步支援台商投资企业加快发展的意见》规定，实施"非禁即入"准入政策。对台商投资适应经济发展和公众需求而出现的新兴行业，凡法律、行政法规未明确禁止的，予以办理审批登记注册。又例如湖北省2012年《关于进一步支援台资企业加快发展的若干意见》规定，除法律、法规或国家明令禁止的行业外，向台商投资企业全面开放，同时提出鼓励台商投资高新技术、先进制造业、现代服务业、生物科技等重点产业，加强鄂台金融合作，鼓励台湾中小企业投资，支援台资大项目建设等。

⑤ 《公司法》第27条规定："股东可以用货币出资，也可以用实物、知识产权、土地使用权等可以用货币估价并可以依法转让的非货币财产作价出资；但是，法律、行政法规规定不得作为出资的财产除外。对作为出资的非货币财产应当评估作价，核实财产，不得高估或者低估作价。法律、行政法规对评估作价有规定的，从其规定。全体股东的货币出资金额不得低于有限责任公司注册资本的百分之三十。"

目前的商事单行法立法模式难以达到完善商法的目的，由于“政出多门、多头立法”的情形在相当程度上影响了商法的统一与法律适用的效果，有必要制定一部商事基本法。① 因此，似可以借鉴《深圳经济特区商事条例》② 及中国商法学会主持草拟的《中华人民共和国商事通则》建议稿③。

应注意者，《深圳经济特区商事条例》制定以来运行效果不佳的一个重要因素是商人、法官等对其的效力感到不确定性，而导致《深圳经济特区商事条例》在实践中被架空。④ 有鉴于此，可以考虑的有效做法，应在平潭综合实验区的《商事通则》中，对其效力作出明确说明，给予市场主体遵循及适用法律的信心。

### （三）商业筹建的相关法律问题

#### 1. 台商投资利益的保护

目前大陆在法律规定上对台商投资保护的问题，规定了一般性的原则及具体的投资形式，兹整理如表 1 所示。

首先，在台商投资实践中所出现的问题主要是，《台湾同胞投资保护法》界定的投资形式是直接投资，但相当多的台商采取了间接投资的形式，以至于其在大陆投资注册时，无法按照《台湾同胞投资保护法》获得“台商投资企业”的资格。最高人民法院在 1996 年向全国人大常委会《关于检查〈中华人民共和国台湾同胞投资保护法〉执行情况的报告》中称“不少台商到祖国大陆往往不用自己的名义而以代理人的名义进行投资活动。例如台商先在香港注册一个公司，其后再以香港公司的名义在大陆投资。亦有台商采用隐名合伙的方式进行投资。依据深圳中级人民法院调查反映，在工商登记中直接以台商名义投资的企业到现在为止大约 600 余家左右，而在当地台湾办公室的统计，具体有涉台因素的合资企业则有 2000 多家。台商的上述复杂而曲折的投资方式，导致在实践中出现种种权属不清的纠纷”，⑤ 对此《台湾同胞投资保护法实施细则》试图通过“类推”

---

① 其代表性观点，参阅江平：《中国民法典制定的宏观思考》，载《法学》2002 年第 2 期，2002 年 5 月，第 3—7 页；王保树：《商事通则：超越民商合一与民商分立》，载《法学研究》2005 年第 1 期，2005 年 1 月，第 32—41 页。

② 关于广东省深圳市人大常委会于 2004 年 4 月 16 日颁布的《深圳经济特区商事条例》，available at http://www.law-lib.com/law/law_view.asp? id = 84055 (last visited on August 1, 2012)。

③ 关于《中华人民共和国商事通则》建议稿，载于王保树主编：《商事法论集》第 20 卷，法律出版社 2012 年 4 月第 1 版。

④ 笔者之一方斯远曾参与《商事通则》立法调研，在深圳访谈的时候，就有实务界人士表达过这一忧虑，尽管其承认，《商事条例》有很多规定，尤其是营业转让制度具有重要的现实意义，但是实务界普遍不确定按照条例去操作的商行为效力如何，在这种情形下，宁可选择较为稳妥的做法，不选择条例的适用。

⑤ 最高人民法院关于落实《全国人大常委会执法检查组关于检查〈中华人民共和国台湾同胞投资保护法〉执行情况的报告》的报告，available at http://law.people.com.cn/showdetail.action? id = 2683713 (last visited on August 1, 2012)。

**表 1：中国大陆对台商投资保护的主要法规**

| | 国家法律法规 | 具体条款 |
|---|---|---|
| 一般规定 | | |
| 1 | 中华人民共和国台湾同胞投资保护法（1994 年） | 第 3 条：国家依法保护台湾同胞投资者的投资、投资收益和其他合法权益 |
| 2 | 中华人民共和国台湾同胞投资保护法实施细则(1999 年) | 第 3 条：台湾同胞投资者的投资、投资收益和其他合法权益受国家法律保护，任何机关、单位或者个人不得侵占、损害。<br>第 18 条：台湾同胞投资企业依照国家有关法律、行政法规和经审批机关批准的合同、章程，享有经营管理的自主权。台湾同胞投资企业经营管理的自主权受国家法律保护，不受任何机关、单位或者个人的非法干预和侵犯。 |
| 台商投资形式 | | |
| 1 | 国务院关于鼓励台湾同胞投资的规定（1988） | 第 3 条：台湾投资者在大陆可以下列形式进行投资：<br>（一）举办台湾投资者拥有全部资本的企业；<br>（二）举办合资经营企业、合作经营企业；<br>（三）开展补偿贸易、来料加工装配、合作生产；<br>（四）购买企业的股票和债券；<br>（五）购置房产；<br>（六）依法取得土地使用权，开发经营；<br>（七）法律、法规允许的其他投资形式。 |
| 2 | 中华人民共和国台湾同胞投资保护法（1994 年） | 第 2 条：本法所称台湾同胞投资是台湾地区的公司、企业、其他经济组织或者个人作为投资者在其他省、自治区和直辖市投资。<br>第 7 条：台湾同胞投资，可以举办合资经营企业、合作经营企业和全部资本由台湾同胞投资者投资的企业（以下统称台湾同胞投资企业），也可以采用法律、行政法规规定的其他投资形式。 |
| 3 | 中华人民共和国台湾同胞投资保护法实施细则(1999 年) | 第 8 条：台湾同胞投资，可以依法采用下列投资形式：<br>（一）举办合资经营企业、合作经营企业或者全部资本由台湾同胞投资者投资的企业（以下统称台湾同胞投资企业）；<br>（二）合作勘探开发自然资源；<br>（三）开展补偿贸易、加工装配、合作生产；<br>（四）购买企业的股票、债券；<br>（五）购置房产；<br>（六）取得土地使用权，开发经营；<br>（七）购买国有小型企业或者集体企业、私营企业；<br>（八）法律、行政法规允许的其他投资形式。 |

的方式解决此等问题。依《台湾同胞投资保护法实施细则》第30条规定："台湾同胞以其设在其他国家或者地区的公司、企业或者其他经济组织作为投资者在大陆投资的，可以比照适用本实施细则。"但是此等规定仍未能彻底解决问题。首先，并没有规定类推适用的具体标准，以致具体实践中产生争议，例如"深圳市大工业区的台资企业华稷园农业综合开发（深圳）有限公司的土地征用投诉"中，因涉案公司的台商投资是通过香港公司签订的合同，国土管理部门与台商就是否能够认定台商的投资者身份而适用《台湾同胞投资保护法实施细则》发生争议。[①] 尽管该案件并没有走入司法程序，但从大陆司法实践的形式主义倾向来看，法官并不愿意通过类推适用的方式来解决问题，可以想见类似案件如果进入司法程序，亦会引起较大争议。由此观之，未来可以透过明确类推适用的标准，以弥补法律规范的不足。

其次，在台商投资实践中更为重要的一个问题，则是台商采取隐名投资形式时如何进行身份认定。[②] 由于立法与司法解释的缺乏，此一问题多年来对实务界造成很大困扰。最高人民法院于2010年出台的《关于审理外商投资企业纠纷案件若干问题的规定》与2011年出台的《关于适用〈中华人民共和国公司法〉若干问题的规定（三）》中，即进行较为细致化的规定。上开二项解释确认实际投资者与名义投资者之间是合同关系，因此合同在因未违反或规避大陆法律、法规的强制性规定而有效的情形下，成为隐名投资的台商主张权利的主要依据。至于隐名投资的台商则需要面对双重风险。其一，其要确认股东身份非常困难，在法律适用上，《关于适用〈中华人民共和国公司法〉若干问题的规定（三）》与《关于审理外商投资企业纠纷案件若干问题的规定》之间是一般法与特别法的关系，后者优先于前者适用。因此，作为实际投资者的台商确认股东身份的依据，即是《关于审理外商投资企业纠纷案件若干问题的规定》第14条，而必须同时满足实际投资者已经实际投资、名义股东以外的其他股东认可实际投资者的股东身份、人民法院或当事人在诉讼期间就将实际投资者变更为股东征得外商投资企业审批机关的同意等三个条件，其难度极大。其二，在委托协议无效的情形下，《关于审理外商投资企业纠纷案件若干问题的规定》按照股权价值与实际投资额的比较，以决定股权收益的分配，尽管平衡了双方利

---

① 案例来源：深圳市台湾事务办公室，available at http：//ylnjz.cn/TaiShangTouZi/tatzfx/tatzfx4.htm (last visited on August 1，2012)。

② 根据国务院商务部的统计，截至2006年底，中国大陆共有7.18万多个台资项目，协投资为1016.35多亿美元。可是，根据台湾地区"投审会"的统计，截至2006年，投资祖国大陆的台资却只有3.44万个项目，投资额仅为548.98亿美元，两者统计资料差异的根源，应在于一些台商选择隐名投资方式，其差距之大，可见这一问题的普遍性与严重性。参阅林银木：《台商在祖国大陆公司中隐名投资纠纷的司法救济》，载林贻华主编：《涉台民商事调解案例选——暨涉台审判实务论文集》，厦门大学出版社2009年9月第1版，第194页。

益，但是在企业采取有限责任公司形式的时候，如何认定股权价值，亦是司法实践中的难题。

应注意者，台商采取隐名投资的动机，主要有规避大陆投资准入法规、规避台湾当局的限制及避免双重课税、规避审批注册程式规定以便利办理公司设立手续、法律理解差异、规避监管、利用优惠政策、规避债务及个人资讯保密等方面。① 由于大陆目前在市场准入方面已经大幅度放开，可以想见通过隐名投资来规避市场准入管制的情形，将会大幅度减少。因此，未来可以考虑的改革方向，即是利用《信托法》的正式制度，以降低隐名投资的需求。② 大陆的《信托法》虽然发布多年，但是在实践中因为各种限制，并没有完全发挥效力，相比之下，台湾的《信托法》在适用上则普具成效，其先进经验可为平潭综合实验区的重要参考。另外，亦可考虑探索股权定价的方式，以便在委托协定无效的情形下，正确分配合同双方的利益。③

2. 商事登记

商事登记是目前大陆地区商事立法改革的重点，平潭综合实验区应可在这一方面先行先试，通过登记制度的改革给国家未来的立法改革提供经验。就大陆目前商事登记制度存在的问题而言，主要是缘于计划经济时代，商事登记制度的制度设计偏向便于行政机关进行管理，以致在诸多方面较为僵化。另外，各种商业登记的立法分散，层次较多，非常混乱，不仅影响市场运作，还形成较大的寻租空间，给商人造成诸多障碍。④

平潭综合实验区在商事登记的改革上，宜强调商事登记的私法价值，即以鼓励创业为主，减少前置无谓之程式要求。例如可以借鉴珠海特区的改革经验。

---

① 林振通：《台商隐名投资的法律风险及防范》，载《人民司法·应用》2010 年第 13 期，2010 年 7 月，第 70—76 页。

② 实务界也有法官提出这一思路，林振通：《台商隐名投资的法律风险及防范》，载《人民司法·应用》2010 年第 13 期，2010 年 7 月，第 70—76 页。应注意者，相对于隐名投资，信托制度更为稳定，相关的法律规定也更为完善。事实上，即便是通过司法解释对隐名投资问题进行了规定，实务界整体还是对之较为排斥，参与制定司法解释的刘贵祥法官即无奈地指出："特别需要说明的是，《规定》第十四条至二十条针对隐名投资作出的相关规定的意图并非是鼓励隐名投资，而是针对现实中客观存在的隐名投资现象在现有法律框架内竭力寻求对当事人民事权益予以救济的途径，但隐名投资存在较大的法律风险，较之于居民投资，司法保护显然有失周全。"参阅刘贵祥，高晓力：《解读〈关于审理外商投资企业纠纷案件若干问题的规定〉》，载于奚晓明主编：《商事法律档解读》2010 年第 10 辑，人民法院出版社 2010 年 10 月第 1 版，第 15 页。

③ 目前在大陆，包括股权在内的财产定价问题是个困扰司法界的难题，因此在这方面的探索性改革具有一般性的意义。参阅许德风：《论私法上财产的定价——以交易中的估值机制为中心》，载《中国法学》2009 年第 6 期，2009 年 11 月，第 65—75 页。

④ 在实践中，一些工商局的工作人员就利用这一制度缺陷，通过拒绝为异地企业办理登记的方式进行索贿，而商人鉴于多方考虑（尤其是畏惧工作人员日后制造更多障碍），往往选择忍气吞声的方式。

2012年5月甫生效的《珠海经济特区横琴新区商事登记管理办法》,[①] 即对商事登记进行较为科学的设计。其中一大亮点，即为正式区分开市场主体资格与经营资格，企业法人资格的取得与经营资格的审批许可相脱钩。详言之，经营资格审批许可不再作为商事主体登记的前置条件，商事主体登记只进行形式要件审查，材料齐全，符合法定形式，可及时办理。[②] 此等做法，实纠正了大陆法律在登记程式上并没有区分法人主体登记和营业登记，采用统一登记模式的做法。[③] 从现实的制度运行而言，这一改革可谓取得较好的效益，从事一般经营项目的企业甚至可以一天落户，无疑对鼓励创业发挥积极作用。[④]

另应注意者，即为关于公司资本制度的改革。《国家工商总局关于支持平潭综合实验区开放开发，促进两岸交流合作的意见》中提出支持按照公司注册资本的功能和法律原则，开展注册资本登记改革探索，而《福建省工商行政管理局关于认真贯彻落实支持平潭综合实验区开放开发促进两岸交流合作意见的通知》则进行了细致化规定，提出："要积极开展注册资本登记改革探索，按照注册资本功能和法律原则，进一步拓宽注册资本制度改革试点的空间。一是贯彻落实省政府办公厅转发的提高工商服务水准七条措施中赋予平潭综合实验区'注册资本零首付'的先行先试政策，即设立注册资本100万元以下内资有限公司允许注册资本实行'零首付'。支持以智慧财产权等法律法规和行政规章允许的非货币财产出资设立企业，积极运用股权出质、股权出资、债权转股权等登记行政职能，做好企业股权出资、债权转股权登记工作。二是在实验区党工委、管委会的支援下，开展台资企业以新台币直接投资，并作为其注册资本币种的登记试点工作；从方便企业资金周转、服务企业发展入手，开展重大台商投资专案企业根据专案建设进度确定出资时间等注册资本制度改革探索。"

实际上，类似的改革在珠海特区亦业已开始。例如《珠海经济特区横琴新区

---

① 关于《珠海经济特区横琴新区商事登记管理办法》之内容，available at http://www.hengqin.gov.cn/show.aspx?id=5034&cid=64 (last visited on August 1, 2012)。

② 财新网报导:《珠海横琴试行商事登记注册公司不需验资证明》, available at http://china.caixin.com/2012-05-29/100394814.html (last visited on August 1, 2012)。

③ 这一模式在实践中造成了较大的问题，举一典型案例说明，1998年9月10日，光华信用社与恒达水泥厂（以下简称恒达厂）、宏达建材厂（以下简称宏达厂）签订了一份由恒达厂借款75万元并由宏达厂提供抵押担保的最高额抵押担保借款合同。信用社依约履行借款义务后，恒达厂却未能按约归还借款本息，宏达厂也未履行担保义务。信用社经催要未果，遂于2002年6月25日以恒达厂为第一被告、以宏达厂为第二被告向法院提起诉讼。法院经审理查明，恒达厂为股份合作制企业，因未按规定参加1999年度企业年检，其已于2000年9月25日被吊销了企业法人营业执照，之后既没有成立清算组，也无人应诉。参阅王留洪、姜旭阳:《企业法人被吊销营业执照后的诉讼主体资格》, available at http://www.51zy.cn/164204643.htm (last visited on August 1, 2012)。

④ 蓝之馨:《珠海横琴首推商事登记：企业最快一天落户》, available at http://finance.southcn.com/f/2012-05/25/content_46322207_2.htm (last visited on August 1, 2012)。

商事登记管理办法》即实行有限责任公司注册资本认缴制度，实收资本不作为登记事项，无需提交验资证明。《公司法》确立的资本制度过于强调“资本信用”，在实践中的弊端日益显现，因此这些改革可谓进步，但亦有一定风险。按照《公司法》第27条第3款与《公司登记管理条例》的规定，全体股东首次出资不得低于注册资本的30%与法定注册资本的最低限额，注册资本与实收资本是公司登记的必备事项，因此前引包括“零首付”在内的改革措施直接与此抵触，是否符合国家工商总局所提出“按照公司注册资本的功能和法律原则”的改革原则，亦颇令人存疑。本文以为，若未取得立法机关的特别立法授权，资本制度的改革宜在现行法律法规的框架下进行，不应超越《公司法》第27条第3款与《公司登记管理条例》的相关规定。

此外，在商事登记方面，尚应关注者，应属个体工商户的登记制度，《国家工商总局关于支持平潭综合实验区开放开发，促进两岸交流合作的意见》与《福建省工商行政管理局关于认真贯彻落实支持平潭综合实验区开放开发促进两岸交流合作意见的通知》对于具体的改革方式，均言之不详。

相对地，《珠海经济特区横琴新区商事登记管理办法》实行个体工商户豁免登记制度，自然人从事经营活动的，无须办理个体工商户登记，直接办理税务登记。问题在于，这一制度却抵触2011年国务院颁布的《个体工商户条例》第2条规定：“有经营能力的公民，依照本条例规定经工商行政管理部门登记，从事工商业经营的，为个体工商户。”另外，以税务登记取代工商户登记的做法，似乎难谓合理。本文认为，改革方向应当是简化审批程式，而非完全废除工商户登记。

3. 企业融资

融资困难的问题一直制约着大陆的经济发展，且在2008年金融危机之后，显得愈加严重。[①] 目前各金融机构对平潭的开发多持支持态度，都单列了信贷额度，增加了信贷规模，15家商业银行给予平潭670亿元的总承贷资金，推动设立平潭银行和产业基金，加快海峡股权交易所的组建运行，吸引台湾金融机构进入平潭。[②] 本文以为，有两个方面可以通过先行先试探索新的改革措施。

首先，即是股权转让的问题，由于法律及司法解释的不明确，股权转让在大陆的司法实践中引起相当多争议，各地出台的裁判规则及相关判决可谓相当混

---

① 张世军，廖融：《构建我国中小企业政策性信用担保机构的若干思考——中小企业融资的难点及其对策》，载于王保树主编：《商事法论集》第18、19合卷，法律出版社2011年1月第1版，第38—44页；钟凯：《中小企业融资问题的法经济学分析——兼论金融危机背景下的中国金融改革》，清华法学2010年第1期，2010年1月，第57—72页。

② 温婷：《多部委力推平潭开发建设驶入“快车道”》，available at http：//stock. jrj. com. cn/2012/02/15021912245732. shtml（last visited on August 1，2012）。

乱，在涉及台资企业的情况下，由于法律规定在股权转让合同生效的条件上附加报批义务，因而增加合同效力的不确定性，在实践中引起较多的纠纷。《关于审理外商投资企业纠纷案件若干问题的规定》，即对实践中的一些问题作出了原则性规定，主要包括如未经审批、未保护其他股东优先购买权对股权转让合同的效力影响。平潭实验区可考虑对此再作细化规定，也为相关司法解释的出台进行试验。

其次，则为融资方式的改革问题。目前有学者提出应构建多层次融资体系，建设大陆台资企业融资的集中市场。① 另外，亦有学者建议加强产业投资基金的作用，而认为与其他融资方式比较，产业投资基金融资规模大，能在短期内筹集到大量的长期建设资金，具有较强的资金聚合功能及优化企业财务结构等优点，应当使之成为平潭岛开发建设的主导力量。② 本文以为，上开建议均具有一定程度的可操作性，颇值采纳。唯应注意者，《证券投资基金法》正在酝酿修改，本次修改的一个动向是将私募入法，加以成文化，平潭综合实验区即有先行先试的空间，为《证券投资基金法》提供改革经验。

### （四）公司治理模式的问题

目前大陆一个较为严重的问题是公司治理的危机。评论者即指出，中国面临着一个漏洞百出的公司治理，如果放任其发展下去，势必会在不久的将来给中国带来重大的经济危机。③ 大陆公司治理问题的根源在于路径依赖的影响，诚如邓峰教授指出，自 1908 年清末变法之后，中国法律体系的进化由于政治上、经济上与世界的隔离，更多地吸收了苏联模式，进而通过政治—经济的官僚体系，将这一模式的内核延伸到了公司治理之中，而是一种进化不足的表现。这就意味着，尽管存在着大股东和小股东之间的利益冲突和矛盾，存在着股东利益保护和管理层谎报和偷懒之间的对立，存在着国有股和非国有股之间的市场分割而带来的对立，但是在公司法和公司治理上的核心问题，仍然是过度规制和市场自由之间的矛盾，也表现为事前的行政规制和事后的司法裁判之间的权衡问题。要跳出这一恶回圈模式，最好的办法是通过产品市场、资本市场的竞争，造成公共权威机关的压力，而迫使规则发生趋向于市场的优化。④

首先，平潭综合实验区可以发挥其优势，引入台湾公司治理的先进制度，探

① 高建平：《平潭综合实验区发展定位与发展模式研究》，载《发展研究》2010 年第 8 期，2010 年 8 月，第 4—6 页。

② 李鸿阶，单玉丽：《关于加快推进平潭综合实验区建设的若干建议》，载《亚太经济》2010 年第 3 期，2010 年 5 月，第 144—148 页。

③ ［美］埃里克·杰克森：《中国必须正视公司治理危机》，available at http：//cn. wsj. com/gb/20110526/ERIC124446. asp.（last visited on August 1，2012）。

④ 参阅邓峰：《中国公司治理的路径依赖》，《中外法学》2008 年第 1 期 2008 年 1 月，第 62—63 页。

索进化的模式。目前已有在平潭的局部区域和范围进行“共同管理”试点，如经营管理方面，在冠捷、协力科技产业园区和海峡如意城引进台湾先进的企业管理、社区管理模式，进一步的改革可以考虑的方向是对在试验区的台商投资企业，适当放宽台资投资的股比构成。①

其次，理论上亦可能存在一种更为大胆的改革方式。亦即允许平潭综合实验区的公司自由选择依照大陆《公司法》或台湾“公司法”确立的治理模式，应当有助于透过更强有力的进化竞争，推动公司法规则的优化。② 考虑到中国现在本身具有的多元法律体系（香港，澳门，台湾等）的优点，这种改革方式并非空中楼阁，且更有利于实现两岸法律融合、鼓励投资的政策目标。这种规则选择模式必然会为法律适用带来新的问题，可以在未来的发展中总结经验，促成共同进步，也可以为大陆《公司法》的第三次修订提供具体的参考经验。

### （五）其他得先行先试的若干制度

目前还存在一些领域，由各种原因导致立法缺位，亦可以在平潭综合实验区进行探索。

首先，即为外资并购。目前在实践中外资并购纠纷越来越多，但是司法解释迄今未能出台。最高人民法院的法官指出，其主要原因在于此类纠纷非常复杂，不仅涉及私法领域，还涉及反垄断法等公法领域，而且理论争议较大，审判经验不足，法律依据欠缺。③ 基于平潭综合实验区特殊的营商环境，可以预见外资并购可能会大量发生，因此应有较好的条件进行规则的探索。

其次，则为商事审判的法律适用。法律为实践科学，法律制度的优劣只有在法律适用中才能体现出来。因此，如何在审判中援引台湾的民商法律，即为一项亟待解决的问题。目前大陆对此问题的直接规定，应属 2011 年 1 月 1 日起施行的最高人民法院《关于审理涉台民商事案件法律适用问题的规定》第 1 条第 2 款规定：“根据法律和司法解释中选择适用法律的规则，确定适用台湾地区民事法

---

① 大陆在法律法规中限制外资的股比，主要是出于国家经济安全，“把握住”企业控制权的考虑，然而随着经济的发展，市场开放程度越来越高，这种限制仅在少数领域才有意义，可预见这些限制会越来越少，实际上，相关改革近年来已经在大陆不同地区逐步开始，如发改委新的《外商投资产业指导目录》进一步扩大对外开放，取消了部分领域对外资的股比限制，鼓励类和限制类中有股比要求的条目比原来减少 11 条，《财经》综合报导：《发改委：取消部分领域对外资股比限制》，available at http：//economy. caijing. com. cn/2012 - 02 - 17/111688227. html（last visited on August 1，2012）。

② “尤其是中国现在本身具有的多元法律体系的优点，大陆的大陆法系，香港的英美法系，以及澳门的法国法系，允许公司在这些法域的规则中进行选择，比如将香港变成中国的“特拉华”，用更强有力的进化竞争，推动公司法规则的优化，才能真正解决公司法进化的路径依赖，早日向现代公司法转轨。”参阅邓峰：《中国公司治理的路径依赖》，载《中外法学》2008 年第 1 期，2008 年 1 月，第 65 页。

③ 刘贵祥，高晓力：《解读〈关于审理外商投资企业纠纷案件若干问题的规定〉》，载于奚晓明主编：《商事法律档解读》2010 年第 10 辑，人民法院出版社 2010 年 10 月第 1 版，第 8 页。

律的，人民法院予以适用。”惟若能在平潭综合实验区对此进行更为细致化的规定，应有助于促进两岸民商法律的融合。

最后，应为纠纷解决机制。在审判及仲裁中引入台湾人士作为陪审员或仲裁员，或成立专门的涉台仲裁机构，亦是需要在未来深入探索的重要问题。①

## 四、台湾对平潭综合实验区发展之观察及因应

### （一）平潭综合实验区对台湾的主要影响

国家发展和改革委员会于2011年3月提出《海峡西岸经济区发展规划》。其后福建省委复提出关于进一步贯彻实施《海峡西岸经济区发展规划》的决定，于2011年7月18日经中国共产党福建省第八届委员会第十一次全体会议通过，强调积极探索两岸“共同规划、共同开发、共同经营、共同管理、共同受益”的合作新模式。

国家发展和改革委员会于2011年11月所提出的《平潭综合实验区总体发展规划》，即明示：“抓住海峡两岸经济合作框架协议签署的有利时机，发挥平潭在两岸交流合作中的‘综合实验’作用，以两岸全面对接为突破口，加快创新体制机制，推动全方位开放，推进平潭开发建设，在两岸交流合作和对外开放中发挥示范作用。”显示“平潭综合实验区开放开发”在构建两岸交流合作前沿平台，以“加大招商引资力度，加快引进一批大项目、好专案”的经济策略思维。因此，大陆显然计划将平潭综合实验区将建设成为“探索两岸合作新模式的新示范区”，是为了发展“海峡西岸经济区发展的先行区”，也是十二五规划对台政策重点之一。全国人民代表大会通过的《十二五规划》，明定“加快平潭综合实验区开放开发”，推行“先行先试”政策，以“探索两岸合作新模式”，使成为支持海西区与台湾间的产业、金融与经济等“区域试点合作”新模式的重要平台。②

整体而言，平潭综合实验区对台湾采行的“先行先试”政策，在本质上与大陆其他地方采用的“招商引资”政策，其目的大致相同，但平潭综合实验区则具有全面性、深度性、综合性、灵活性、实验性的特质。《平潭综合实验区总体发展规划》，同意海潭岛及屿头岛、大（小）练岛、东（小）庠岛、塘屿岛、草屿岛等附属岛屿作为平潭综合实验区的核心区域及重要组成部分，并在通关模式、财税支援、投资准入、金融保险、对台合作、土地配套等方面赋予平潭综合

① 黄志兴：《浅议平潭综合实验区开放开发“五共同”司法保障》，available at http：//www.fj.xinhuanet.com/news/2011－07/29/content_23350214.htm（last visited on August 1，2012）。

② 蔡宏明：《面对平潭开发应有规划策略》，国家政策研究基金会科经（析）101－015号，available at http：//www.npf.org.tw/post/3/10671（last visited on August 1，2012）。

实验区更加特殊、更加优惠的政策。申言之，在创新通关制度和措施方面，实施“一线”放宽、“二线”管住、人货分离、分类管理的管理模式；在税收政策方面，对从境外进入平潭与生产有关的货物给予免税或保税；在财政和投资政策方面，放宽台资市场准入条件和股比限制等政策；在金融政策方面，支持台湾金融机构在平潭设立经营机构，支持银行业金融机构在平潭设立分支机构；在方便两岸直接往来政策方面，支持设立平潭水运口岸，设立两岸快捷客货滚装码头；在方便台胞就业生活政策方面，允许台湾地区的建设、医疗等服务机构及执业人员，持台湾地区有权机构颁发的证书，在平潭综合实验区开展相应业务；在土地配套政策方面，支持平潭综合实验区开展土地管理改革综合试点，积极探索土地管理改革新举措、新政策。

国家发展和改革委员会及福建省委所提出的规划内容，无异对平潭开发提出新的经济策略思维，而对台湾造成诸多重大影响：

1. 台湾金融业的机会

（1）开放金融机构的设立

《平潭综合实验区总体发展规划》不仅支持台湾金融机构在平潭设立经营机构，支持银行业金融机构在平潭设立分支机构，且支持符合条件的台资金融机构根据相关规定在平潭设立合资证券公司、合资基金管理公司，支持平潭综合实验区在大陆证券业逐步扩大对台资开放的过程中先行先试。因此，不仅银行业有机会在平潭地区设立子行或分行，且证券业亦可在平潭地区设立合资证券公司、合资基金管理公司。

（2）双币制

《平潭综合实验区总体发展规划》不仅允许福建省内符合条件的银行机构、外币代兑机构、外汇特许经营机构在平潭综合实验区办理新台币现钞兑换业务，且允许在平潭综合实验区的银行机构与台湾地区银行之间开立人民币同业往来账户和新台币同业往来账户，允许平潭综合实验区符合条件的银行机构为境内外企业、个人开立人民币账户和新台币账户，并积极研究具体操作办法。换言之，未来将在平潭地区实行“双币制”，放宽人民币与新台币的兑换业务及账户开立。

2. 专业人才证照的承认及保障

《平潭综合实验区总体发展规划》不仅允许台湾地区的建设、医疗等服务机构及执业人员，持台湾地区有权机构颁发的证书，在其证书许可范围内在平潭综合实验区开展相应业务，且在平潭综合实验区内就业、居住的台湾同胞可按国家有关政策规定参加当地养老、医疗等社会保险。因此，平潭地区将承认台湾证照，允许台湾相关的服务机构以及执业人员持台湾地区有权机构颁发的证书开展业务，实施“四个一千”的人才工程，[①] 吸引台湾地区的优秀人才。问题在于，虽然计划向台湾招聘1名平潭综合实验区管委会副主任、4名管委会部门副局长，但依《台湾地区与大陆地区人民关系条例》第33条第2项规定：“台湾地区人民、法人、团体或其他机构，不得担任经行政院大陆委员会会商各该主管机关公告禁止之大陆地区党务、军事、行政或具政治性机关（构）、团体之职务或为其成员。”台湾地区人民如违反者，依《台湾地区与大陆地区人民关系条例》第90条第3项规定，将处以10万至50万元新台币罚款。

3. 租税减免及补贴的诱因

依据《平潭综合实验区总体发展规划》，不仅在制定产业准入及优惠目录的基础上，对平潭符合条件的企业减按15%的税率征收企业所得税；且在平潭工作的台湾居民涉及的个人所得税问题，暂由福建省人民政府按内地与台湾个人所得税负差额对台湾居民给予补贴，纳税人取得的上述补贴免征个人所得税。上开特殊的租税政策，的确已成为台商投资所关注的焦点。因此，若《平潭综合实验区总体发展规划》能够逐一落实及实现，对于台商将具有高度的吸引力，是否造成台湾第二波的产业外移，值得密切关注。

### （二）台湾的因应策略

鉴于平潭综合实验区的开发内容及配套措施尚未完全具体，其产业支援系统亦不完整，各种配套机制虽不断陆续出台，但尚未完全透明，其可预测性仍有待观察，而呈现一定程度的不稳定性，台商的投资仍存在一定风险。

特别是大陆积极推动平潭开发采用先行先试的政策，台湾方面仍应根据台湾在产业发展愿景和分工布局的需求，确立双方可以合作之项目、主轴及策略。[②] 亦即，台湾与大陆应依据《海峡两岸经济合作架构协议》（ECFA）第6条规定，

---

① 所谓“四个一千”人才工程，主要是面向台湾引进1000名专才、面向海内外招聘1000名高层次人才、从省内选派1000名年轻干部到平潭工作、培养1000名实验区人才。“四个一千”人才工程主要配套政策的总体原则是“引进台湾专才待遇适当高于台湾水准，引进国外人才待遇大体与国外标准持平，引进国内高层次人才待遇适当高于厦门水准”。对全职引进的省“百人计划”专家、学科带头人、教授（高管）、副教授（中层管理人员）、博士等分别给予20万—200万元人民币生活工作津贴，并提供50—120平方米的3年免租金住房；对项目引进的团队，按国际水准、国内水准分别给予300万—1000万元人民币的专项经费补助；对到平潭创业的台湾高校毕业生，给予创业资金资助、小额贷款等方面的支援。今年（2012年）将根据平潭建设需要，面向海内外引进400多名高端人才，其中包括面向台湾招聘1名平潭综合实验区管委会副主任、4名管委会部门副局长等，面向海外引进电子资讯、新能源等6个领域创新创业团队，面向台湾引进城市规划等4个方面项目团队，并着力吸引一批台湾高校毕业生来平潭创业。资料来源：中共中央台湾办公室、国务院台湾事务办公室网站，available at http://big5.gwytb.gov.cn/local/201202/t20120216_2297839.htm (last visited on August 1, 2012)。

② 蔡宏明：《面对平潭开发应有规划策略》，国家政策研究基金会科经（析）101－015号，available at http://www.npf.org.tw/post/3/10671 (last visited on August 1, 2012)。

持续进行协商，以建立有效的推动机制，降低未来台商在平潭综合实验区进行投资的风险。

## 五、结论

中国大陆传统社会的治理模式存在二元性的特征，一则以官僚体制基础上的中央管制为主，二则地方自治亦扮演重要角色。过去在“大政府”的大前提下，中国的社会治理主要存在着两大问题：其一，是政府对其他领域过度干预；其二，是社会力量相对薄弱。然而，多元化的治理模式是中国大陆未来经济社会改革的首选模式，而平潭综合实验区正是制度改革的重要试点。

在《平潭综合实验区总体发展规划》中，国家发展和改革委员会多次提及要推动平潭在对台交流合作中先行先试。所谓先行先试，重在“先”，勇于“试”，始能促使两岸交流合作不断迈出新步伐。本文认为，基于法律是现代社会善治的基本依据和保障，故平潭综合实验区的发展，应侧重于营商环境的法制建设，不仅应考察平潭综合实验区在制度创新上的空间，且应参考世界银行营商环境分析报告的体例，以商业筹建、公司融资、投资者保护等几个重要角度，探索相关法制建设的问题。至于在经验传承上，可以广东省在改革开放的早期阶段所采行的先行先试现象及深圳特区的特别立法，作为试点标杆。

在平潭综合实验区的营商环境的制度建构上，其关键问题在于如何平衡“管制”与“自治”的对立关系。本文认为可参考大陆《公司法》的发展历程，以解决管制与自治的紧张关系。以市场准入制度为例，固然应承袭“非禁即入”的原则，允许除法律法规禁止之外、不涉及国家产业安全的各类台商投资项目进入市场，但放宽市场准入应当以符合法律及行政法规为限。因此，建议可考虑由有关部门结合平潭本地实际情况与国家宏观政策，制定投资指引。

另就商业筹建的相关法律问题而言，应重视台商投资利益的保护、商事登记及企业融资等问题，注意最高人民法院所出台司法解释的适用问题，简化商事登记程式，降低登记成本，构建多层次融资体系及加强产业投资基金的作用。

再者，平潭综合实验区可以发挥其优势，引入台湾公司治理的先进制度，探索进化的模式。除可在平潭的局部区域和范围进行“共同管理”试点外，亦可尝试其他大胆的改革方式，以促进两岸的商事法律融合，达成鼓励投资的政策目标。

最后，鉴于平潭综合实验区的开发内容及配套措施尚未完全具体，其产业支援系统亦不完整，为保障台商的投资，两岸应依据《海峡两岸经济合作架构协议》，继续进行协商，以建立有效的推动机制。

# 试论平潭综合实验区的性质、法律地位及若干立法问题

熊文钊[1] 郑 毅[2]

◉[1] 中央民族大学法学院教授、博士生导师、法学博士

◉[2] 中央民族大学法学院教师、法学博士

2009年5月，国务院正式下发《关于支持福建省加快建设海峡西岸经济区的若干意见》（下称《意见》），其中明确提出："在现有海关特殊监管区域政策的基础上，进一步探索在福建沿海有条件的岛屿设立两岸合作的海关特殊监管区域，实行更加优惠的政策。"作为贯彻落实《意见》的重大举措，福建省委省政府在深入调研的基础上，于2009年7月作出了设立福州（平潭）综合实验区的决定。2010年8月，福州（平潭）综合实验区升格为正厅级单位——"福建省平潭综合实验区"，并由福州市常务副市长兼任管委会主任。① 2011年3月，国家发改委发布《海峡西岸经济区发展规划》（下称《海西规划》），对平潭综合实验区开发建设进行了专节的指引，强调了平潭综合实验区的先行先试权。② 由此，平潭综合改革实验区正式驶入了建设发展快车道。2011年11月15日，福建省委书记孙春兰在《坚持科学发展跨越发展为建设更加优美更加和谐更加幸福的福建而奋斗——在中国共产党福建省第九次代表大会上的报告》中对平潭的开放开发工作给予了"成效显著"的评价。2011年12月国家发改委发布《平潭综合实验区总体规划》（下称《平潭规划》），再次为作为海西经济区前沿的平潭的跨越式发展注入了一针强心剂。

综合实验区的建立对平潭、福州、福建乃至整个台湾海峡地区而言都无疑是一个利好消息。然而对于这个虽属初生、却志在"比厦门更厦门，比大连更大连"的"试验田"来说，③ 却尚有许多制度（尤其是法律制度）问题需要理顺。如，平潭综合实验区的性质为何？法律地位怎样？它同近年来如雨后春笋般涌现的其他试验区、示范区、先导区等试点有何不同？它在建设过程中已经面临或将

---

① 张亚中：《台湾是如何看待海西的》，载《中国报道》2009年第10期，第94页。

② 潘书宏，王书娟：《关于平潭综合实验区的授权立法问题探析》，载《福建江夏学院学报》2012年第1期，第71页。

③ 钟岷源：《台湾专家反观福建"平潭开发"》，载《南风窗》2009年第25期，第23页。

会面临的法制问题有哪些？应当如何应对？等等。囿于篇幅，本文谨对其中部分重要问题作一管窥。

## 一、实验与试验内涵之析：平潭综合改革实验区的性质管窥

近年来，国内各类试验区、先导区、示范区如雨后春笋般涌现，而法学界对于地方改革、地方试点等相关问题的研究也正如火如荼地开展。在这一大背景下，平潭综合实验区在诞生伊始就不缺乏来自法学研究领域的观照。然而，一个鲜有人注意到的问题是，国家之前设立的创新试点改革区域的名称大多为“试验区”，而唯独福建平潭名为“实验区”。① 实验和试验，这两个在汉语表述上如此相近的词语，在命名过程中是否映射着国家某种差异化的政策意图呢？

从现代语言学的一般视角来说，“实验”和“试验”几无区别。《辞海》对“实验”一词的解释为：“又称‘试验’，根据一定目的，运用必要的手段，在人为控制的条件下，观察事物本质和规律的一种实践活动。”② 在当前的媒体新闻和研究成果的表述中，基本持将两者加以混用的态度。③ 那么，它们是不是真的别无二致？笔者以为未必。在平潭综合实验区建立和运行的基本依据——《平潭规划》中，对两者实际上是区别适用的。其中，“试验”共出现2次，除了“潮汐能发电试验基地”的专业称谓之外，“试验”唯一一次作为纯表述性用语出现是在对建设平潭综合实验区基本原则之二“先行先试，大胆创新”的解释中，即：“围绕深化两岸交流合作，在开发规划、经营管理、利益共享等方面先行试验。”除此外，其他应当使用“实验”或“试验”的位置全部以“实验”的表述出现，共52次之多。如果忽略《平潭规划》本身出现笔误的可能性，那么上述现象至少反映了三个问题。第一，“实验”和“试验”在《平潭规划》的特殊语境下是存在区别的。第二，“实验”在《平潭规划》语境中的重要性和适用性要高于“试验”。④ 第三，“试验”的出现本身与“先行先试”具有紧密的内在关联性。由此可见，即使平潭综合改革“实验区”同国家之前批准设立的一系列

① 典型的“试验区”如：作为国家综合配套改革试验区的上海浦东新区（2005年6月）和天津滨海新区（2006年5月），作为全国资源节约型和环境友好型社会建设综合配套改革试验区的武汉城市圈（2007年12月）和长株潭城市群（2007年12月），作为国家资源型和经济转型综合配套改革试验区的山西省（2010年12月），作为国家金融综合配套改革试验区的温州市（2012年3月）等。

② 《辞海》，上海辞书出版社1989年版，第2657页。

③ 当然，目前尚未见在探讨平潭综合改革实验区时对“实验”和“试验”的内涵加以专门对比分析的文献，而是体现为在行文过程中下意识地直接相互替代使用。

④ 虽然两者的出现频次（26：1）无法直接作为两者之于规划的重要性的对比关系，但在某种程度上可以之管窥。

"试验区" 相近似，但亦应存在某些差异。

在探讨"实验"和"试验"的区别之前，先来看一个同两者的区别具有莫大关联、且"出镜率"较高的词（《平潭规划》中共出现14次）——"先行先试"。福建省发改委负责人在作相关解读时曾言："先行先试是平潭未来继续发展的方向和灵魂所在。所谓'先行'，就是在没有可借鉴的模式和经验中闯出一条新路；所谓'先试'，就是要把平潭作为开放开发的试验田，在相关法律与政策框架内，大胆探索，创造性突破。"① 有学者亦指出："'先行先试'是《海西规划》最核心价值之所在，是中央给予福建新一轮改革发展含金量最高的政策支持。"② 可见，只要明确了"行"与"试"的内容，就应当能够在一定程度上反推出"实验"和"试验"的区别。而《平潭规划》对于"先行先试"的解释无疑最能体现原旨，也最为权威："围绕深化两岸交流合作，在开发规划、经营管理、利益共享等方面先行试验，创新经济、社会、行政等管理制度，探索两岸合作新模式。"可见，"先行先试"的适用其实被限定在具有特定的语境——"两岸关系"中。基于此，对《平潭规划》中"实验"和"试验"的界分中所隐含的政策意图或可从如下四个方面解读。

首先，从宏观目标上来说，与其他试点地区以"促进本地发展"为主要目标的浓重的地方功利性色彩不同，平潭综合实验区的目标在于为在全国范围中探讨两岸关系的全面发展提供实践经验，定位更为宏观，意义更为深远。试点的建立，一般体现为地方政府从加速当地建设和经济发展的考量出发，向中央索取更为优惠、更为灵活的政策支持，并最终获得中央批准的过程。因此，以获得政策试点的成效为核心目标，以特定政策的创新与尝试为成效实现途径，主要体现为"自下而上"的进路。虽然很多人（包括相当数量的台商）对平潭实验区设立的理解亦存在"将其视为纯粹是解决中国大陆的内部平衡发展问题，认为海西经济区可以为两岸关系产生作用的观点，只是福建省向中央要资源的一项说法而已"的误区，③ 然而事实却并非如此——虽然也有地方政府追求发展绩效的诉求在内，但实际上平潭综合实验区更为重要的身份却是国家为海西经济区的发展乃至整个对台政策的落地而设立的"桥头堡"，而最终地点确定在平潭只是福建省自主选择的结果而已。因此，平潭实验区的设立除了能够促进地方经济发展以外，其更重要的意图则在于国家实践相关政策以及创新和修正实践方式的需要，即主要体现为一种"自上而下"、以国家对台政策的实践和创新为主、地方经济发展

---

① 参见李珂：《先行先试 加快体制机制改革创新——省发展改革委有关负责人解读平潭〈规划〉》，载《福建日报》2012年1月5日，第02版。

② 林建伟，王书娟：《论平潭综合实验区的立法创新及其制度空间》，载《海峡法学》2011年第4期，第4页。

③ 张亚中：《台湾是如何看待海西的》，载《中国报道》2009年第10期，第94页。

为辅的独特进路。

其次，从实施范围上而言，与其他试点地区以某项特定制度或理念创新进行尝试和经验总结的任务不同，平潭综合实验区的主要任务在于将国家的宏观对台战略进行全面的实践。对于一般实验区而言，追求更好的发展绩效的新途径，就是对特定制度和政策进行创新与试验，并总结其经验，以期在国内其他地方进行推广与应用。上海浦东新区和天津滨海新区试验的是综合配套改革，武汉和长株潭试验的是资源节约型和环境友好型社会建设综合配套改革，山西省试验的是资源型和经济转型综合配套改革，温州市试验的则是金融综合配套改革。而平潭所关注的则是国家对台政策的整体，是兼具政治、法制、经济、文化、社会、管理等诸多方面的一揽子实践。一方面，《平潭规划》中“先行先试”、“试点”、“探索”等词语的运用几乎均以“两岸”为前提限定，因此，即使是具有创新尝试的意蕴，其仍以“五个共同”为核心，[①] 即本质上乃国家对台政策的实践；另一方面，从国家策略的角度来说，许多宏观设想和顶层设计亦亟须找到一个适合的试点来具体实施，而在对台领域兼具地缘、文化、历史等天然优势的平潭也就顺理成章地成为了福建省政府的不二之选。[②]

再次，从创新层面上来讲，与其他试点地区对制度发展策略的尝试与创新的功用不同，平潭综合实验区的主要功用在于国家对台政策具体实施模式的尝试与创新。也就是说，在其他试验区中，国家侧重于划定试验的领域和范畴，而具体的策略和制度则由试点区域在不断的“试验”中摸索获得。而作为海西经济区建设大业中重要一环的平潭综合实验区则不同。宏观来说，国家已经确定了对台战略和两岸发展的方针；中观来说，ECFA 及一系列重要协议的签订已经初步提供了实施的策略与原则，所欠缺的，只是微观层面的具体实践——方针、战略、原则最终必须落实到现实操作的层面，而这些现实操作当然也需要突破原来形成的一些经验性认知，以结合客观实践的创新求实践。因此，虽然平潭和其他试点都具有“创新”的成分，但实施创新的领域和层面的侧重显然是不同的。

最后，从问题指向的敏感性上来说，平潭综合实验区的“先行先试”亦应被限定在政策实践方式的领域之中，其在政策制定层面的创新则空间有限。对台

---

① 即“共同规划、共同开发、共同经营、共同管理、共同受益”。

② 平潭对台交往历史久远，具有对台交往的“桥头堡”重要地位。平潭历史上就是东南沿海对台贸易和海上通商的中转站，清咸丰年间被辟为福建省五个对台贸易的港口之一。是全国最早被批准设立的台轮停泊点、台胞接待站和对台小额贸易县之一。30 年多来，平潭接待的台轮和台胞总数居全国各台轮停泊点的前列。平潭县在台湾的乡亲有数万人，两岸既有同名的“苏澳镇”，又有同名的“北厝村（街）”，民间交流交往十分密切。张梦：《平潭：海西战略“对台特区”》，载《中国外资》2010 年第 6 期，第 27 页；王方玉：《论平潭综合实验区地方立法中的几个特殊问题》，载《福建省社会主义学院学报》2011 年第 5 期，第 86 页。

政策一向是我国决策层面极为重要而又具有一定敏感性的问题，这在本质上就决定了对台政策的形成过程本身必须具有浓厚的“中央决策”色彩，而留给地方能够介入的空间则十分有限。但在实施的层面中情况则与之相反——中央所制定的对台政策亟须在特定地方进行全面实验，在实现从宏观到微观、从理论到实践转型的同时，达到进一步的深化、发展与完善。也就是说，在对台政策实现领域中，中央与地方不同的角色安排就已经决定了平潭综合实验区的“实验”只能在政策实施模式的方面寻求更多的创新和突破。这也就从反面凸显了为何其他试点均名为“试验”而唯独平潭试点以“实验”谓之的深层原因。

可见，虽然“实验”和“试验”都具有“验”（prove）的内涵，但平潭的“实验”应当以实践和具体操作（practice）为主，在此基础上进行实践模式的尝试与创新（try），而一般试点地区的“试验”则恰恰与之相反。这无疑与一般语言学语境下所呈现的两词的内涵关系颇为不同。综上，平潭综合实验区的性质应当是在福建省设立的，对既定两岸战略、方针和政策进行综合性实践并在此基础上总结实施经验，创新实施模式，以实现构建科学的实施制度目标的国家级试点。正如中国城市规划协会会长、原建设部副部长赵宝江所指出的：“平潭综合实验区不是一般的开发区、特区，也不是城市新区，而是要通过探索两岸‘共同规划、共同开发、共同经营、共同管理、共同受益’的合作新模式，努力建设两岸同胞的共同家园。”①

## 二、立法与行政地位之困：平潭综合实验区的法律地位初探

性质决定地位。平潭综合实验区既然兼具级别较高和侧重点明显的性质特征，则其地位（主要是法律地位）也应当与之相适应。然而遗憾的是，作为“指导平潭综合实验区开发建设和编制相关专项规划的重要依据”的《平潭规划》，仅是将其称为“两岸交流合作的先行区、体制机制改革创新的示范区、两岸同胞共同生活的宜居区和海峡西岸科学发展的先导区”，而并未对实验区的法律地位给予实质明确。这就导致平潭综合实验区在自身法律地位的明确过程中亦不得不同样采用“先行先试”乃至于“自行自试”的思路。而事实证明，这种“试点”实际上并不成功。

一方面，从立法主体地位上来说，平潭综合实验区的主体地位缺乏宪法和立法法基础。《宪法》第30条对我国行政区域进行了明确的划分，而《立法法》则是在此基础上对各类地方立法权进行层层划分的。虽然这类所谓的“试验区”均不属于其中任何一类正式的地方行政区域，但从之前建立的国家级试点来看，却无不以既有的地方政府组织为基础，即不仅具有宪法依据，而且具有明确的立

① 陈帅：《平潭综合实验区规划研讨会专家发言摘录》，载《平潭时报》2012年3月2日。

法主体资格。如浦东和滨海试验区的立法主体基础在上海和天津两个直辖市，山西试验区的立法主体基础则在于山西省，即使是武汉城市圈、长株潭等城市群式的试验区，也上有省级立法加以统一协调，下有各市立法（主要是武汉、长沙等“较大的市”）具体承载。反观平潭综合实验区，虽然在县域建制基础上发展而来，但其行政级别被人为拔高后却已远非传统的县级地方所能承受，从而形成“空中楼阁”似的主体样态——枉具“正厅级”身份，却在当前的立法体系中并无任何自主立法之可能。制度创新的核心在于法制的创新，而法制创新的基础则在于能够依据客观实践适时地、自主地制定相应的法律规范。而由于缺乏必要的宪法和法律基础，平潭综合实验区自主性内生立法的制度空间被极大窒息，而只能仰仗外部立法资源的转移性供给。从目前来看，这种外部供给主要有两个来源，一是作为省会所在地的市的福州市制定的地方性法规和规章，二是福建省制定的地方性法规和规章。而一个现实的突出矛盾却是：当前常规的地方性立法根本无法为平潭综合实验区作为国家级试点的制度创新和法制需求提供有效的立法资源供给。虽然目前许多学者注意到这一问题，并积极主张全国人大常委会对于福建省人大的授权立法，即“提请全国人大及其常委会在平潭实验区的建设方面予以特别授权立法，授权福建省人大及其常委会和福建省人民政府就两岸合作模式创新和‘共同管理’平潭实验区的有关事项制定地方性法规和地方政府规章，在平潭实验区范围内组织实施”,[①] 但这一看似最为常规也最为可行的解决进路却并未就“对福建省的授权始终不能解决平潭综合实验区对外部立法资源转移的依赖性”这一核心问题作出回应。相关地方政府对于立法权的垄断，使得平潭在法制需求上无法“造血”而只能寄望于自上而下的“输血”，而这种外部供给的“法制之血”在立法级别、立法效率、与实践需求的契合度乃至上级地方的利益保留方面，都将会从根本上对平潭先行先试构想的全面展开形成消极的制度性掣肘。

另一方面，从行政主体地位上来说，平潭综合实验区的管委会亦非我国法定行政机关的任何一种，即不具备法定的行政主体资格。这一缺陷对于这个平潭综合实验区的核心组织机构而言无疑是致命的。有学者即作了如下归纳：第一，增加了管委会的违法风险。欠缺行政主体资格就意味着平潭综合实验区管委会并不能以自己的名义从事行政行为，而只能以接受委托的方式、以委托机关的名义行使行政职权。但实践中出于行政效率的考虑，管委会又不得不对所辖行政事项作出决策迅速、程序简化的反应。这二者之间的矛盾常常会催生管委会超越委托权限或不以委托机关名义行使行政职权事件的出现。第二，降低管委会执法权威，从而影响其所实施的行政行为效力。第三，不利于管委会责任的承担。理论上，

---

① 参见杜力夫，许川：《两岸“区域合作”实验区立法问题初探——以福建平潭综合实验区为例》，载《福建论坛·人文社会科学版》2011 年第 9 期，第 134 页。

欠缺行政主体资格的平潭管委会也并不能为其行政行为承担责任，这极有可能会导致实践中责任模糊、相互推诿情况的发生。[①] 显然，单纯的行政级别高配是一种行政主导性思维的典型体现，主要是在形式上解决平潭扩权之后其行政级别同所承担的实际职能不对等的困境，但却并不能从根本上解决平潭实验区行政主体地位模糊的问题，更不能使平潭获得与其地位相适应的行政资源。因此，当前对于平潭实验区行政主体地位的构建所采取的一系列努力实际上只可“锦上添花”，而难以“雪中送炭”。

那么，上述困境应如何解决呢？笔者认为，根本的进路在于如何令地位悬空的平潭综合实验区既能在国家政策的支持下“仰望星空”，又能在既有的法制框架中“脚踏实地”——目前看来，依据其既有的法定层级适当给予立法权高配似乎最为可行。即参照深圳、厦门未将经济特区范围扩展至全市时的模式，将平潭作为福州市下辖的“类经济特区”概念，[②] 或直接理解为基于平潭综合实验区而将福州市辟为新的、近似于“经济特区”的特殊地方。[③] 这样做的优势至少有三。第一，能够维持现行的宪法和法律规定，在不对平潭综合实验区试点权予以限缩的前提下，明确其行政地位和立法地位，令其真正“坐实”。第二，不仅不会对福州市自身的行政级别以及福州和平潭之间的行政隶属关系造成冲击或影响，也能使平潭能够获得属于自己的、具有一定位阶的特区立法资源。[④] 第三，福建省亦可依据之前基于厦门特区而已获得的特殊的地方立法权对平潭的法制建设给予辅助性的外部供给。[⑤] 在此基础上，平潭本身的行政级别为何，已经不重要了。需要强调的是，作为国家综合实验区的平潭同深圳、厦门等一般意义上的经济特区在目标、定位、功能等方面都是具有本质区别的。

---

① 邢亮，于静涛：《平潭综合实验区管委会的建构模式探析》，载《海峡法学》2011 年第 4 期，第 10 页。

② 即将福州辟为类经济特区，但是特区政策仅在平潭综合实验区内实施，福州市其他区域依然作为一般省会所在地的城市进行定位和管理。当然，“准经济特区”的称谓在表述上更顺，但“准”却似乎隐含“不及”之意，这与平潭综合实验区在诸多制度突破上要超越经济特区的现实不符，因此暂用“类经济特区”的提法，且供商榷。

③ 有学者曾提出类似的观点，即“以某种形式将厦门特区的相关待遇延伸至平潭实验区，使平潭实验区的立法享受经济特区的立法权限。”杜力夫、许川：《两岸“区域合作”实验区立法问题初探——以福建平潭综合实验区为例》，载《福建论坛·人文社会科学版》2011 年第 9 期，第 134—135 页。但这种思路的实现是必要以平潭行政隶属关系由福州转移至厦门为前提，制度振动过大。

④ 《立法法》第 81 条第二款规定：“经济特区法规根据授权对法律、行政法规、地方性法规作变通规定的，在本经济特区适用经济特区法规的规定。”

⑤ 《立法法》第 65 条规定：“经济特区所在地的省、市的人民代表大会及其常务委员会根据全国人民代表大会的授权决定，制定法规，在经济特区范围内实施。”

## 三、困境与回应路径之选：平潭综合实验区立法面临的若干问题及其应对策略

平潭综合实验区始于政策，却注定成于法制。而目前平潭综合实验区的建设却颇有些“剃头挑子一头热”的意味，[①] 对台湾的吸引力有限，原因比较复杂。除了政策过于原则性之外，[②] 其中的关键，正如台湾综合研究院研三所所长戴肇洋指出的：“若要发展好，除非平潭能像香港一样……有很健全的法制。”[③] 那么，平潭综合实验区面临的主要法制问题为何？又应当如何回应呢？

### （一）平潭立法的定位问题

综合实验区的各方面制度需要以立法的方式加以确定，则相关的立法应当如何定位？大致可从如下四个方面予以解析。

第一，对台方针的实践法。如前文所述，平潭综合实验区是在福建省设立的，对既定两岸战略、方针和政策进行综合性实践并在此基础上总结实施经验，创新实施模式，以实现构建科学的实施制度目标的国家级试点。因此，平潭综合实验区的立法首要目标是对国家对台政策进行具体实施并加以检验。国家对于台湾问题的处理和应对目前已经初步形成了由宪法、法律和政策所构成的较为完整的体系框架，但大多原则性有余而可实施性不强。这些方针和原则虽符合历史发展规律，并在特定领域得到了一定程度的实施，总体说来实现程度依然不高，亟须积累具体的实践基础和经验。因此，作为对台前沿的平潭综合实验区相关立法就应当充分考量这部分制度需求，争取通过这些对台方针、原则的全面落实而进行综合性实践，探索实施路径，提纯实施规律，创新实施模式，总结实施经验，为这些宏观方针在全国范围内的法制化、体系化和规范化提供先在基础。正如厦门大学台研院李非教授指出的：“台湾与大陆签 ECFA、MOU，目标太过宏大了，最好这些都在福建‘先行先试’，发展好了，再向别的地方推广。”[④] 这也是平潭“试点”所蕴含的核心要义。

第二，两岸关系的促进法。在落实对台方针的基础上，平潭综合实验区的相关立法还应当在力所能及的范围内促进两岸关系的深化与发展。就这方面而言，其立法所依据的主要蓝本除了我国的相关立法之外，还应当充分考虑以 ECFA 为代表的一系列两岸协议的面向和内容。易言之，以 ECFA 为代表的两岸协议虽然

---

① 钟岷源：《台湾专家反观福建“平潭开发”》，载《南风窗》2009 年第 25 期，第 23 页。

② 张亚中：《台湾是如何看待海西的》，载《中国报道》2009 年第 10 期，第 94 页。

③ 钟岷源：《台湾专家反观福建“平潭开发”》，载《南风窗》2009 年第 25 期，第 24 页。

④ 钟岷源：《台湾专家反观福建“平潭开发”》，载《南风窗》2009 年第 25 期，第 23 页。

在近年来两岸关系的发展中发挥了极为重要的作用，但是其毕竟不是两岸官方所签署的正式法律文件，尤其在大陆领域内尚无严格的法律执行效力。① 因此，虽然在两岸关系的蜜月期能够发挥较大的积极作用，但是两岸关系一旦发生动荡，其效力就无法得到法律的全面保障。在当前两岸关系政治化色彩浓重、敏感领域较多的情况下，倘若暂时不适宜由官方对这些协议的效力给予全面承认，那么大可以先在特定的区域内赋予其法律效力，提供法制保障，促使其应然效用的最大化发挥。平潭综合实验区立法就提供了这样一个难得的制度可能性和实施样本。

第三，具体制度的构建法。如前所述，平潭综合实验区立法的最大特征就在于试点具体制度的构建，亦即以具体制度的法制化为宗旨。因此，同国家政策规划相比，实验区立法宜实不宜虚；从各领域的综合性规范来看，实验区立法宜聚不宜散。目前，《平潭规划》已经针对综合交通、市政工程、综合防灾减灾体系、高新技术产业、服务业、海洋产业、旅游业、社会事业、生态建设和环境保护等方面进行了专题设计；而福建省的交通、海关、税务等部门也纷纷出台了针对平潭综合实验区的优惠举措；国家质检总局甚至在今年3月专门出台了《关于支持平潭综合实验区开放开发的意见》。目前最重要的，就是如何将这些政策和举措以明确的法律规范的方式确定下来，变松散的政策为集中的法律，为平潭综合实验区具体制度的建立和试点的探索提供坚实的法制支撑。从立法形式上来说，可以考虑构建“一核多极”的格局，即制定一部《平潭综合实验区条例》对宏观性、原则性问题进行统一的规定，成为实验区的“小宪法”，再在不同领域制定相应的法律规范，其法律效力由《平潭综合实验区条例》统一承认。这一格局形成的关键，在于中央对于《平潭综合实验区条例》的概括性立法授权。

第四，台商权益的保障法。平潭综合实验区的重要功能之一是“形成台湾高端产业转移的重要基地”，因此除了在立法中考虑如何通过硬环境和软环境（尤其是软环境）吸引台商投资之外，最重要的莫过于如何切实保障来此投资的台商的切实利益。有学者在解读台商为何不看好平潭综合实验区乃至整个海西经济区时指出：“还有人用怀疑的态度来看海西，认为以福建现有的建设，如果台商在优惠政策不明的情形下率然投入，可能会掉进陷阱，因而也是保持观望，谨慎面

① 2010年8月17日晚间台湾立法机构二读表决通过《海峡两岸经济合作框架协议》，ECFA由此在台湾地区正式形成法律效力。然而大陆方面，ECFA的法律地位却一直未得到全国人大的正式确认。因此严格说来，ECFA目前在大陆尚不具备法律效力。有学者甚至认为，倘若不尽早实现ECFA的内法化，会从公法法理方面为“台独”寻找突破口。尤乐：《论ECFA的法律性质》，载《岭南学刊》2011年第2期，第86页。

对。"[①] 因此，倘若不以法律的形式将基于台商的种种优惠政策正式确定下来，就难以实现建立平潭综合实验区的基本目标，更遑论以之作为两岸关系发展与深化的先行先试"特区"了。根据前文所设计的立法格局，台商权益保障由《平潭综合实验区条例》规定方针和原则，由不同领域的具体规范给予分别确认，其核心在于法定救济途径的建设。

（二）平潭地方立法的制定依据问题

在平潭综合实验区获得了"类经济特区"的地位后，其立法主体问题已经基本得到了解决。而从中央与地方关系的角度来说，作为地方立法的平潭综合实验区立法势必要秉持"先行先试"的宗旨对中央立法形成一定的突破，那么，这种突破是否具有坚实的法律基础呢？当前，对于各种地方改革试点立法的合法性甚至合宪性问题的探讨如火如荼，而以"良性违宪"为代表的一系列法学理论亦在这类问题的分析过程中扮演了重要的注释角色。从分类学的意义上而言，一般试验区以区域经济发展为目标的立法的合法性困境在平潭问题上表现得并不明显——类经济特区的地位本身就解决了当地经济领域立法突破上位法的合法性问题。而对于平潭综合实验区，除了促进本地经济发展的立法之外，更重要的是实践两岸政策方针这一极具政治性色彩领域的立法问题，这也是类经济特区地位所无法回应的。那么，平潭综合实验区立法中的政治性条款如何获得其合法性乃至于合宪性？

首先，关于改革路径的选择问题，我国和西方国家实际上采取了不同的策略。在以美国为代表的西方国家，对于特定中央意志的实现，往往遵循着通过先行立法确立意志的国家性、权威性和司法保障性，而后才通过各项跟进政策进行细化和完善的思路；[②] 而我国却恰恰相反，即一般是先由中央出台某项具有宣示性、抽象性的政策，而后在各级地方贯彻落实的过程中最大限度地发掘既有法律规范资源作为辅助性的依据或支撑，最后才就实施过程中体现出的类型化或典型化问题进行法律化。[③] 简言之，前者侧重于形式合法性，而后者则侧重于实质合法性。亦即，虽然形式上对上位法有所突破，但是并未明显违背宪法和法律相关条文中明显的、可明确推导得出的意旨和取向，即可以契合实质合法性而对形式合法性之一进行抗辩。因此，平潭综合实验区立法中的政治性条款只要在本质上

---

① 张亚中：《台湾是如何看待海西的》，载《中国报道》2009年第10期，第94页。

② 以这一思路大而化之，实际上欧盟的产生过程就是一个典型的立法"先行先试"的过程。详见吴汉东、汪峰、张忠民：《"先行先试"立法模式及其实践——以"武汉城市圈""两型"社会建设立法为中心》，载《法商研究》2009年第1期。

③ 从另一个角度来说，由于政策监督与控制在实施过程中可能遭遇各种立法者难以预判的情形，因此在政策实施之后再谋求法律化的进路实际上是一种借由确保法律同客观实践的高度契合性而向实质法治化"致敬"的方式。

符合宪法与法律的原则与精神，即应可获得相应的上位法基础。

其次，前文提到的“原则与精神”应当如何判断？这涉及广义上的法律解释（包括宪法解释）的具体适用问题。从理论上来说，法律解释的结果不仅会由于采用不同的解释方法而产生不同，而且也会由于解释者的立场、当时所处的社会历史现实等因素的干扰而产生不确定性。更何况，在解释的过程中是否应当尊重立法者（制宪者）的原旨本身就存在争论。[①] 因此实际操作起来非常棘手。为了提高对法律原则与精神把握的准确性，结合平潭综合实验区先行先试本身急需要一定让渡空间的实践要求，可选取一种较为宽松的解释标准。蔡定剑教授曾指出：“地方立法‘不抵触原则’中的‘不抵触’是指不能违反禁止性规定，不能行使法定的中央专属立法权，而并不是说上面没有规定，下面就不能规定。”[②] 笔者亦认为，只要不违反宪法和法律的禁止性规定，就可以视作上位法为平潭综合实验区立法提供了充分的规范空间，否则就有违“先行先试”的本意。

最后，对中央政策的契合性会在一定程度上对平潭综合实验区立法补充合宪性和合法性。既然我国体制改革中颇具特色的“政策先行”模式并未对法治原则构成实质的挑战，那么中央政策作为平潭综合实验区立法的渊源之一、并为其补充合宪性和合法性就在理论和实践中具有巨大可能。从理论上说，作为中央政策的《平潭规划》的出台，其本身就应当已经通过了合宪性与合法性的双重检查；从实践中来说，平潭综合实验区立法所涉及的领域和范围亦是以《平潭规划》为基础确定的。因此，在以《平潭规划》为代表的中央政策的基础上进行平潭综合实验区立法，自然也就具备了一定程度的合宪性与合法性基础。

综上，不论在经济领域还是政治领域，平潭综合实验区的相关立法都具有较为坚实的上位法依据。

### （三）平潭地方立法的内容与特色

关于平潭地方立法内容的确定，有学者曾描述了一整套精细的思路：“以《平潭规划》为蓝本，从中提取、分析平潭实验区的立法资源和立法事项，接着结合自身的立法职权进行甄别，并将它们与现行法律法规进行对比，明确哪些方面的改革和创新是存在法律空白和法律盲点的；哪些方面的改革和创新存在相关法律规定，但立法滞后，需要改进的；哪些方面的改革和创新有相关法律法规规定，而立法不完善，存在模糊带的；哪些方面的改革和创新有相关规定，却与国

---

① ［美］戴维·斯特劳斯：《活的宪法》，毕洪海译，中国政法大学出版社2012年版，第10—11页。

② 转引自林建伟，王书娟：《论平潭综合实验区的立法创新及其制度空间》，载《海峡法学》2011年第4期，第8页。

际惯例不协调、不适应的。在此基础上列出详细清单，作为向中央申请授权文件的附件的组成部分。”① 在此，笔者不欲讨论具体事项如何确定的问题，因为除了规划中确定的事项之外，许多范围问题还需要在具体实践中划定。这里仅对“五个共同”的问题作一探讨。“五个共同”在很大程度上是平潭综合实验区的核心，因此平潭地方立法必须要对其作出明确的制度化回应。但问题在于，“五个共同”在法制化过程中面临的境况却是不同的。如果说“共同规划”、“共同开发”、“共同受益”易于实现的话，那么“共同经营”和“共同管理”在目前看来则面临着制度化乃至法制化的困境。台湾方面有观点认为，对于“共同经营”而言，其主要问题在于两岸根本经济制度的差异上。如果在平潭适用大陆的主体经济制度，那么台商的许多诉求就无法完全体现；如果直接移植台湾的经济制度，那么无疑会形成更大的制度突破，这种事实上的“一国两制”能否实现亦存疑。② 如果说“共同经营”面临的只是一个经济上的二选一问题的话，那么“共同管理”所面临的问题无疑更麻烦。正如台湾综合研究院研三所所长戴肇洋所指出的：“说平潭与台湾‘共建共管’我看是不可能的事，请一个台湾人过来管理可能吗？毕竟，政治因素很复杂。”③ 而历任台湾“总统府国统会”研究委员、“国安会”副秘书长、现为中华经济研究院副院长的张荣丰教授也认为“共同管理”的创意不错，但是实施起来困难重重。④ 可见，如何在立法过程中巧妙地贯彻相关政策确立的原则和内容，是重要且复杂的，尤其对于“共同经营”和“共同管理”的法制化难题，尚需要深入的调研以及制度革新的创意和勇气。笔者认为，作为一种初步的设想，可将“共同经营”和“共同管理”的实行暂时置于公司合营的层面，即在不过多介入实验区行政管理领域的前提下，通过两岸共同设立的开发公司来负责绝大多数的实验区建设事务，而在这类公司的日常管理中即深入贯彻“共同经营”和“共同管理”的理念，实现两岸的共同规划、共同开发和共同受益。待到适宜的制度环境具备之后，再将“共同经营”和“共同管理”的领域延伸至整个实验区的行政管理领域。

关于平潭地方立法的特色。虽然平潭综合实验区被寄予厚望，每天投入的建设资金超过一个亿，但成效却没有预期或官方宣称的那般辉煌——台湾地区对平潭的回应实可用“冷淡”来形容。从台湾当局来说，不管大陆公布任何关于平潭建设的消息，台湾当局的态度大多是“三不一没有”，即“不赞成、不反对、

① 潘书宏，王书娟：《关于平潭综合实验区的授权立法问题探析》，载《福建江夏学院学报》2012年第1期，第75页。

② 戴肇洋就曾指出，平潭若要成功，“除非能像香港一样，完全搞另外一套制度”。钟岷源：《台湾专家反观福建“平潭开发”》，载《南风窗》2009年第25期，第24页。

③ 钟岷源：《台湾专家反观福建“平潭开发”》，载《南风窗》2009年第25期，第24页。

④ 钟岷源：《台湾专家反观福建“平潭开发”》，载《南风窗》2009年第25期，第24页。

不说明、没有回应”;[①] 而从台湾民间而言，大多台商亦持观望态度——要么大陆投资的布局已形成（如东南汽车），要么同平潭主打的转口贸易不契合（如旺旺集团），要么对大陆迟迟不出台细化政策即相关法律的行为犹疑不决，要么在ECFA的大背景下干脆不愿将投资限制在平潭乃至海西，而是把眼光投向了更为广阔的大陆腹地。[②] 因此，平潭综合实验区成败关键，其实不在于历史、文化甚至地缘等既有因素，[③] 而恰恰在于足够宽松的政策环境和足够坚实的法律保障。因此，如何体现特色就成为平潭地方立法所需解决的重要问题之一。对此，笔者谨提出三点建议。第一，平潭地方立法应当全面、集中地体现大陆的宏观对台格局，成为集中反映大陆惠台政策的缩影。当前全国各地区虽然都对中央对台政策予以不同程度的贯彻落实，但无不局限在“促进本地经济发展”的狭隘支点之上，因此无法避免对相关对台政策的选择性实施。而平潭综合实验区的设立，很大程度上就是为了对大陆对台政策进行全方位、一揽子的实践，从而摆脱了地方功利主义和地方保护主义的束缚。因此只要在其立法上全面、集中地体现大陆的宏观对台格局，自然就会形成其他任何地方都无法赶超的对台制度的规模效应。第二，在前一点的基础上，平潭地方立法应当在规范化、具体化、法制化、重视具体实施的方面做足功夫。纵观诸多地方试验区的制度实践，不仅一纸规划大同小异，而且在政策的法制化、法律规范的具体化、实现程度等方面的缺陷同样大同小异。这种局面导致了许多政策优势无法真正转化为实践优势。而在台商已经对此有所顾虑的情况下，平潭地方立法更应当吸取这一教训，不仅关注法律规范的制定，更要关注法律的实施，以促进制度优势的真正形成。第三，平潭地方立法应当将大陆和台湾各自法制体系的优势进行重组与融合。一方面，台商已经适应了台湾的法制环境，如果在平潭实验区的立法中能够对台湾的法制特色加以兼顾，势必会降低台商适应当地法律制度的难度；另一方面，从更为长远的角度来说，在未来海峡两岸推行一国两制之后，势必也会面临不同法制传统之间关系协调与融合的问题，而平潭的地方立法恰恰可以实现这方面经验的初步积累，这也是其作为综合实验区“先行先试”特征的新体现。

---

① 谢明辉：《台湾应如何看待平潭综合实验区》，http：//www. chinareviewnews. com，2012 年 7 月 10 日访问。

② 钟岷源：《台湾专家反观福建“平潭开发”》，载《南风窗》2009 年第 25 期，第 24 页；张亚中：《台湾是如何看待海西的》，载《中国报道》2009 年第 10 期，第 94 页。

③ 如戴肇洋就曾尖锐地指出：“我看平潭的位置也不是核心的位置啊，就在两岸间，离台湾近些，就靠这点来吸引吗？会不会太牵强了？”钟岷源：《台湾专家反观福建“平潭开发”》，载《南风窗》2009 年第 25 期，第 24 页。

## 四、结语

虽然平潭综合实验区已经取得了巨大的发展，但相对于硬件建设而言，法制软环境的建设才是关乎实验区成败的核心之战和攻坚之战。本文的浅见尚无法对诸多法制建设的实际问题提供有力的回应，这些问题的解决仰仗于在实验区建设过程中不断的经验积累与总结。我们有理由相信，有了平潭的先行先试，海西经济区乃至整个两岸关系都一定会从中大受裨益，这也是平潭综合实验区所肩负的重要历史使命。

# 保障与促进平潭综合实验区“先行先试”法律机制的初步思考

彭 莉
◉ 厦门大学台湾研究院教授

## 引言：“一国两法域”及其冲突效应的调节

中国的法制经过了1997年香港回归和1999年澳门回归后，发生了历史性的重大变化。在新中国成立后的近半个世纪里，中国的法律制度一直处于单一性状态，这种状态首先被香港回归所打破，其后的澳门回归更加凸显了中国法制多元化的趋势，如果把台湾问题考虑进来，中国将出现“一个中国两种制度三法系四法域”并存的局面，而仅就台湾问题而言，则将形成“一国两法域”共同发展的格局。

海峡两岸“一国两法域”条件下的法律的冲突，同任何法律冲突一样，其结果必然存在着两个走向相反的效应，其一是正面效应，即两法域因冲突而相互借鉴；其二是负面效应，即两法域因冲突而相互抗拒。这两种可能效应不论从“两法域”间的冲突、“两法系归属”间的冲突还是从“两种法律制度”间的冲突中都可能产生，因此，如何使两法域冲突的借鉴效应最大化是两岸关系发展中值得探讨的重要问题。具体而言，既然在两法域冲突的条件下，两法域间的冲突效应必然存在着正向与负向两种效应，这是不论主体如何进行调节都会必然产生的现象，即使人们理性地选择了一种堪称最优秀的调节两法域冲突效应的方法，但要完全排除其间的负向效应，亦几乎是不可能的，因此，人们理性所能够做到的，只是使两法域冲突的正向效应最大化，负向效应最小化。①

## 一、平潭综合实验区：两法域冲突正向效应最大化的试验基地

如上所述，在两法域冲突的条件下，人们所能够做到的只能是理性地进行调

① 谢晖：《价值重构与规范选择》，山东大学出版社，2002年版，第111页。

节，使两法域冲突的正向效应最大化，那么，如何进行调节呢？建设两岸共同家园是可行途径之一，而具有独特地理与政策优势的平潭综合实验区显然是打造两岸共同家园的首选区域。平潭两岸共同家园作为两法域冲突效应最大化的调节试验基地，其核心价值主要通过建构保障与促进地方先行先试法律机制表现出来，这种先行先试不论从中国法制现代化的发展进程还是从涉台法制的发展进程来看，都具有特别重要的意义。

（一）地方“先行先试”是中国法制现代化的经验之一

众所周知，20世纪的中国走上了一条政府推进型的法律演进道路，这种政府推进型的法制现代化道路属于强制性制度变迁的一种。由国家进行强制性制度变迁所面临的一个深层次的困境就是如何才能使国家的强制性制度变迁提供的制度成为有效的制度，从20余年来中国法制现代化演进道路来看，地方“先行先试”是解决这一困境的成功经验之一。地方“先行先试”即各地结合本地区的实际情况和利益进行制度创新尤其是诱致性制度创新，然后由中央比较各地的经验，从中总结出可以在全国范围内推行的做法并加以实施。多年来，在中央没有出台某项全国性法律、法规之前，经常是由各省市地区通过地方性立法活动探索先行，为中央的全国性立法提供试验和基础，在时机和经验成熟之后，再出台中央的立法。

（二）地方“先行先试”在涉台法制建设中具有特殊意义

1. 在涉台法制建设上地方“先行先试”符合两岸关系循序渐进发展的需要

两岸的开放是循序渐进，由点到面的，从最初的探亲访友到投资经商再到今天的就业就学定居，从部分省市逐渐扩展到全国各地。因此，涉台法律事务往往最早出现在福建等与台湾人文、经济关系密切的部分省市，呈现较明显的地方先行探索、部门推动全局的演进路径。在涉台法制建设中地方立法“先行先试”不但有助于该地区涉台关系的发展，同时也在相当程度上推动了涉台法制建设全局的发展，为日后中央立法和对台工作起到“试验田”的作用。例如，1996年福建省出台的《福建省闽台近洋渔工劳务合作办法》，为其后中央调整和规范对台渔工劳务合作业务创造了条件，随后对台渔工劳务合作业务逐步由沿海推进到了内地。

2. 在涉台法制建设上地方“先行先试”有利于求同存异、纠正偏差

基于两岸互涉性法律规范所反映的社会经济关系的特殊性，加之这种规范的制定长期以来难以摆脱政治的介入，因此，它的产生与发展并非常规性的“废、改、立”，更多的是一种法制变革。这种变革由于影响面大，政治敏感性强，往往使得某些议题不宜由中央出台具体的方针政策和法律，在这种的情况下，地方的先行先试，能够搁置一时难以解决的基本矛盾，面对实务，求同存异。此外，

地方先行先试也有利于了解台湾人民的意愿，试探台湾当局的态度，纠正实践中的偏差。

（三）近20年涉台法制建设的实践表明，地方涉台法制先行先试是行之有效的重要举措之一

近10年来，大陆大多数省、直辖市和有立法权的市通过人大出台了大量的地方性涉台法规，如《福建省实施〈台湾同胞投资保护法〉办法》、《厦门市台湾同胞投资保障条例》等等。据不完全统计，目前大陆涉台立法共有近150项，其中地方立法约占一半的比例，这些法规是对国家涉台法律、行政法规的一种补充和完善，不但有效维护了两岸同胞尤其是台湾同胞的合法权益，而且推动了两岸人员、经贸、文化、教育的交流，增进了双方的共识。

## 二、平潭综合实验区“先行先试”法律机制的功能和内涵

将平潭综合实验区打造为两岸共同家园不仅仅是两个区域的经济、政治的密切联动，还是两法域内两种制度某种程度的对接，是一个有利于两岸在政治、经济、社会、文化、教育等诸领域进行有效对话与合作的平台，因而是一个系统工程，“先行先试”法律机制在这一系统工程中有着重要作用。

（一）平潭综合实验区先行先试法律机制的功能

“先行先试”法律机制的功能主要包括以下三层次的内容：第一，规制的功能。将纷繁复杂的涉台社会关系转化为法律特有的权利义务机制加以调整，进而通过调整权利义务关系来实现对社会的调控，以期达到共建两岸共同家园的目的；第二，对接的功能。大陆和台湾两法域间的法律冲突在相当长一段时间内还将存在，但这并不妨碍在两法域的部分领域（如经贸、公共事务管理等领域）法律制度的尝试性相互对接；第三，示范的功能。“先行先试”法律机制的建立不仅限于促进岚台民间往来互利互补活动的长足发展，更主要的还在于成为日后海峡两岸的全面融合的试点和示范。

（二）平潭综合实验区先行先试法律机制的内涵

台湾问题具有高度复杂性，涉及经济、政治、文化、社会、外交等各个领域，牵涉到公权力与公权力之间、公权力与私权利之间以及私权利与私权利之间错综复杂的法律关系。[①] 因此，两法域间的冲突效应的调节也具有复杂多样性，不仅包括调整公权力与公权力之间、公权力与私权利之间的公法规范，也包括调

---

① 周叶中：《论构建两岸关系和平发展框架的法律机制》，载《法学评论》2008年第3期。

整私权利与私权利之间的私法规范。但是，两岸共同家园先行先试法律机制作为具有地方性质的“一国两法域”冲突正向效应最大化的试验基地，现阶段其所涉及的领域应有所偏重，具体而言，其重点应放在公权力机关对涉台事务如何处理，主要通过行政法规范表现出来。

台湾地区现行“法律制度”是平潭综合实验区先行先试法制建设中应理性面对的问题。对此，首先必须积极吸收、借鉴台湾“法律制度”中的合理元素，关于这一问题学术界已多有探讨，不多赘述。其次，必须充分利用台湾“法律制度”中的有利元素。例如，马英九曾表示，因应两岸形势变化，“陆委会”应全面检讨现有大陆事务相关法规。① 可以预见，台湾当局的大陆事务法规将面临进一步松绑。对于这一有利因素，平潭在对台法制建设中应即时反映，充分利用。再次，必须技巧规避台湾“法律制度”中的不利元素。例如，根据现行的“台湾地区与大陆地区人民关系条例”，台湾民众不能到大陆各级政府的相关机关、机构、团体、附属单位任职。台“陆委会主委”赖幸媛并且表示，由于两岸法律无法相容，目前不会修法允许民众出任大陆公职。② “共同管理”是平潭“五共同”的核心与难点，这一限制如不解除，将导致“共同管理”难以实现，对此，江丙坤提出的“台商出任大陆政协委员的聘书只要改为‘特邀’或‘特聘’，就可以解决问题”，或许可为我们提供一些解决的思路。

## 三、平潭综合实验区先行先试法律机制的几点思考

### （一）关于《平潭综合实验区条例》：“法规—规章”的立法模式

目前，立法先行已成为平潭开发开放中的共识。例如，中国社科院发行所所长李林建议应由“全国人大常委会作出《关于平潭综合实验区开放开发的决定》，使之具有更高的权威性和法律效力。此外，授予福建人大及其常委会对于平潭综合实验区特别立法权”。“这就像一部实验区的‘基本法’一样，指引着发展方向，不至于因领导人的改变而改变。”③

对于平潭综合实验区的“基本法”——《平潭综合实验区条例》的立法模式，个人赞同福建省人大法制委员会《关于平潭综合实验区建设及其法制保障有关问题的研究》报告中提出的1加X模式。该报告认为，平潭开放开发是涵盖政

---

① 《马英九：将检讨现有两岸事务法规》，中评网，http：//www. zhgpl. com/doc/1021/1/2/7/102112731. html? coluid = 46&kindid = 0&docid = 102112731&mdate = 0518124608。

② 《修改两岸法规 赖幸媛：禁台民任陆公职不变》，中评网，http：//www. zhgpl. com/doc/1021/1/2/9/102112964. html? coluid = 46&kindid = 0&docid = 102112964&mdate = 0518155307。

③ 《专家建议授予福建省对平潭立法权》，http：//www. fjsen. com/wap/2012 - 03/30/content _ 8106819. htm。

治、经济、社会、文化等各个领域的综合实验，其丰富的内涵、复杂内容、特殊定位决定了其所需要立法不是单项的，而是一个近期与远期相结合、综合与专项相配套的法规团组。这里所谓的“一”即“一个龙头”——《平潭综合实验区条例》，而“X”即X个“配套法规”，包括《平潭综合实验区招商引资若干规定》、《平潭综合实验区对台快捷通道建设若干规定》、《平潭综合实验区两岸教育合作若干规定》等。① 有所不同的是，个人更倾向于建构一个“法规—规章”的团组。具体而言，福建省人大根据全国人大的授权，制定《平潭综合实验区条例》，《平潭综合实验区条例》作为平潭综合实验区的“基本法”，仅就平潭综合实验区的管理机构、管理体制以及经贸、旅游、教育、文化的交流与合作作出原则性的规定，同时授权行政部门颁布行政规章，就相关事项制定具体的实施办法。首先，这一立法模式更能适应平潭对台关系复杂多变的需要。众所周知，两岸关系发展有其阶段性特征，岚台关系亦是如此，平潭地方涉台立法因而有其阶段性任务，必须因应对台形势的变化而快速调整。其次，这一立法模式也是借鉴台湾“法律元素”的集中反映之一。目前，台湾立法体系最为值得平潭直接借鉴者当属“台湾地区与大陆地区人民关系条例”，及“离岛建设条例”等区域性立法，而上述立法的特色之一即“高度”或“较高度”的将具体办法的制定权交予行政机关。多年来的实践证明，台湾的这种立法模式是成功与科学的。

### （二）关于平潭综合实验区的涉台司法：以设置台胞法庭（院）为起点

平潭“五共同”中的“共同管理”引申到司法领域就是两岸司法合作问题。有文章指出，两岸共同司法面临的首要问题是共同司法机构组成问题，共同司法机构的组成，可供的选择有：第一，紧密型。由两岸共同组织平潭综合实验区司法机构管辖；第二，松散型。由两岸各自在平潭综合实验区设置司法机构管辖；第三，分离型。由两岸司法机构对原本区籍的平潭综合实验区居民管辖。其中两岸共同组成司法机构是理想选择。② 上述设想颇为大胆，但短期内要实现两岸共组司法机构显然存在较大困难。

近年来，平潭县法院坚持能动司法，充分发挥审判职能，率先成立了独立建制的涉台案件审判庭，集中统一审理民商事、刑事和行政等各类涉台案件，实行专业化审判，聘请台商协会以及台胞代表等担任法院特邀调解员，取得了一定成效，但其创新的力度与实现两岸共同家园的目标间显然还存在一定的距离。在两岸共组司法机构条件尚不成熟的现阶段，参照厦门海沧模式，设置台胞法庭

---

① 福建省人大法制委：《关于平潭综合实验区建设及其法制保障有关问题的研究》，载《平潭综合实验区立法问题研讨会论文汇编》，2011 年 12 月。

② 邱瑞麟：《论海峡两岸事务法院——平潭综合实验区两岸共同司法的困惑罗列及思索》，载《海峡两岸司法事务研讨会论文汇编（下）》（2011. 1 厦门）。

(院) 容或为现实可行的起点。2011 年 12 月，最高人民法院批复海沧法院集中管辖涉台案件的司法改革项目，福建省高院于 2012 年 1 月中旬批复海沧法院集中管辖厦门全市案件标的达 3000 万的一审民商事纠纷案件。有关专家学者并建议海沧法院涉台法庭应在厦门全市范围内选拔任用法官；审判案件可以借鉴台湾模式，实现阳光审判；涉台法庭建设可以参照台湾法院建筑风格，让台湾建筑设计院参与设计。① 平潭综合实验区的涉台司法制度先行先试可以设置台胞法庭(院) 为起点，并在此基础上更加创新，吸纳台湾法官加盟、借鉴台湾合理的制度等，待条件成熟再向更高层级的合作模式迈进。

此外，平潭综合实验区还应密切关注两岸形势的最新变化，争取在探讨中的建构“两岸商务仲裁联合调解机制”等问题中有所作为。②

### (三) 平潭综合实验区的涉台法律服务：以成为大陆涉台法律服务中心为目标

随着海峡两岸交往的不断增加，涉台法律案件大量涌现。两岸各领域的交流合作需要法律上的保障，台湾同胞更是需要法律上的帮助。为因应现实的发展，近 20 年来，福建的涉台法律服务以律师、公证业务为窗口，基本形成全方位、多层次的涉台法律服务网。平潭作为建设中的两岸共同家园，应积极引进知名的律师事务所、公证机构等涉台法律服务机构，逐步形成有一定影响力的“涉台法律服务中心”。除一般性的涉台业务外，该区域内的涉台法律服务机构应利用其独特优势，将业务范围拓展至以向政府推举台湾工商界高层人士、为引进优质的投资项目穿针引线、协助大陆企业赴台投资等为主。

而现阶段可以立即作为的即争取平潭成为台湾律师事务所驻大陆代表处或律师事务所的所在地，并扩大其业务范围。2010 年 12 月台湾叶大慧律师事务所驻厦门代表处等 7 家代表处获准设立，上述 7 家律师事务所驻大陆代表处的设立只是海西法律服务市场对台率先开放的第一步，平潭应在这项特殊政策未来的持续开放过程中发挥其应有的作用。具体而言，平潭应力争成为大陆第八家台湾律师事务所代表处乃至第一家律师事务所的设置地。平潭不仅应引进台湾最具规模和影响力的律师事务所，使其在实力上居于领先地位，而且应在业务上有所扩展。按照司法部 2009 年发布的《取得国家法律职业资格的台湾居民在大陆从事律师职业管理办法》以及福建省司法厅 2010 年 9 月公布的《台湾律师事务所在福州厦门设立代表机构试点工作实施办法》，台湾律师事务所大陆代表处及其代表的

---

① 杨伏山，曹法贵：《厦门海沧法院获准设立涉台法庭，加快筹建》，厦门法院网 http：//www. xmcourt. gov. cn/pages/ContentView. aspx？CmsList = 76&CmsID = 813。

② 2010 年 2 月，国民党“立委”丁守中在台湾“立法院”召开了“建立两岸商务仲裁联合调解机制”公听会。会上，台湾知名律师李念祖提出：随着两岸交流愈来愈密切，应该建立一个可以解决彼此纠纷的机制。台湾“陆委会”副主委高长则表示，对于两岸成立商务仲裁联合调解机制乐观其成。

业务范围均受到一定的限制，具体而言，在诉讼法律事务方面，台籍律师在非诉讼法律事务领域虽然不受限制，但在诉讼法律事务领域则只能从事涉台婚姻、继承案件。这一限制将造成台籍律师大陆执业的尴尬。平潭综合实验区应争取获得司法部及福建司法厅的支持，允许台湾律师事务所或代表处的业务范围在现有规定上有所突破，进而将平潭建设成两岸律师事务交流与合作的重镇，真正成为两岸律师界更紧密合作的先行先试区域。

此外，基于近几年随着海峡两岸经贸、人员等方面交流与往来日趋频繁和深化，两岸对于法律服务方面的需求均日益迫切的现实考量，把平潭建设为两岸律师和涉台公证人员的培训基地既具有可能性，也具有必要性。

# 警政视角下的社会治理
## ——以推动平潭共同家园为例

郑阳锡[1] 孙杨杰[2]
◉[1] 台湾金门县警察局督察员、博士
◉[2] 厦门大学公共事务学院博士研究生

### 前言

2011 年 11 月，国务院发布《平潭综合实验区总体发展规划》，作为推动平潭在对台交流合作，先行先试，开发建设和编制相关规划的重要依据。平潭开发特点“五个共同”——共同规划、共同开发、共同经营、共同管理、共同受益，目的在建设平潭宜居、宜业的环境。其中宜居以积极借鉴台湾地区在社区管理、社区服务、民间社会服务组织发展等方面的经验，鼓励台胞参与所在生活社區与经济组织之管理与服务，作为台胞参与管理的试点，以实现建设两岸共同家园的目的。

社会管理，是大陆管理社会秩序与维护社会稳定的特有机制。社会治理，是指运用公、私领域以管理公共事务诸多方法的总和。不论是创新社会管理或是社会治理改革，都是对政府与市场、政府与社会、政府与公民这三对基本关系的反思与互动，是政府公共事务的重要价值理念和实践追求。作为两岸共同家园试点的平潭综合实验区，极需从社会管理与社会治理的观点，来处理因两岸政治、经济、文化差异与两岸行政管理部门职能转变所产生的两岸事务的管理问题。至于其创新和改革，吾人以为，两岸事务必须先除去政治立场，从社会治理与警政角色的视角出发。2009 年两岸签订的《海峡两岸共同打击犯罪及司法互助协议》所建构的司法互助对口机制，是从警政视角推动社会管理的法治基础，而共同家园的开发与建立，则必须从更深层的警政管理来思考，以达到建设平潭宜居、宜业环境的目的。因此，本文试从台湾警政参与社区安全维护政策的经验基础上，提出社会管理创新的积极做法，为两岸和平共治提出合理可行的社会治理改革模式。

## 一、社会管理创新与社会治理改革

社会管理，是大陆管理社会秩序与维护社会稳定的特有机制，被纳入政府的职能体系。作为一项重要的政府重要职能，相对于政治与经济上的管理，社会管理是政府对社会生活、社会结构、社会制度、社会事业和社会观念等各环节进行组织、协调、服务、监督和控制的活动过程。

社会治理，是指运用公、私领域以管理公共事务诸多方法的总和。传统政府行政，政府是维系社会生活公共领域唯一的承担者。面对信息化、全球化以及社会对公共服务的需求，治理（governance）模式成为政府确保和传送政府政策的重要模式。治理与统治不同，是指政府统合各相关行政机关、单位的力量，并连结非政府组织（包括非营利组织及企业组织），建构一个资源整合的行政网络，有效解决公共问题的一种政府运作模式（Mark Bevir，2007）。

随着社会环境的变迁，传统的社会管理已无力应对改革开放后社会结构的复杂化与公民意识的抬头。① 为确保社会活力与和谐稳定，减少不和谐因素，解决影响社会和谐稳定问题，大陆的社会管理政策，由过去传统的严打转型为创新社会管理。此一转变，符合现阶段，和谐发展路线与健全法治建设的需要，也是维护“十二五”（中共中央关于制定国民经济和社会发展第十二个五年规划的建议）经济社会发展安全稳定的积极做法。② 其方式在以创新社会管理和社会治理改革的手段，来化解非传统安全领域的社会矛盾，并以全面法政建设发展，作为推动经济社会发展的维稳主流。

维稳是可说大陆社会治理的重点，也是其社会管理的最主要目的。社会管理的基本任务，包括协调社会关系、规范社会行为、解决社会问题、化解社会矛盾、促进社会公正、应对社会风险、保持社会稳定等问题。③ 以上七项基本任务，明确指出的创新社会管理，是以维系社会秩序为核心，通过政府主导，增强

---

① 改革开放后，中国社会结构因市场经济体制的改变，新社会阶层的产生，与工人、农民与知识等传统阶层，产生包含劳资纠纷、拆迁争议以及集会活动等新的社会冲突与矛盾。此外，随着社会环境的市场化、城市化与信息（讯息）化，民众开始意识到与自身利益有关的社会议题，开始重视有关社会保障、社会安全、环境卫生等社会治理问题，并积极参与政治与政府监督等活动。

② 北京全国政法会议周永康讲话：“要全面贯彻党的十七届五中全会精神，深入贯彻落实科学发展观，深化社会矛盾化解、社会管理创新、公正廉明执法三项重点工作，进一步加强政法部队建设，推动政法事业全面发展进步，更好服务《十二五》经济社会发展。”（2010 年 12 月 20 日），《中央政府门户网站》，http：///big5. gov. cn/gate/big5/www. gov. cn/ldhd/2010 - 12/20/content 1769943. htm。下载日期：2012 年 6 月 1 日。

③ 同上，国家主席胡锦涛在省部级主要领导干部社会管理及其创新专题研讨班开班式上发表重要讲话。

官民互信共治，形塑公民意识，具体实践公民社会，以提升社会治理政策之整体效能①。因此，创新社会管理，是大陆公共事务朝开放的、包容的、透明的、公平的、柔性的新的社会治理模式（包括中共执政方式）转变，打破过去社会一元治理模式，朝着多元化发展，广泛吸收社会群体参与社会建设，而使社会治理更具公共性。2012 年 6 月 29 日由中央编译局于清华大学所发表的《中国社会治理评价指标体系》，即在评估社会管理创新和社会治理改革的成就，发现社会管理和社会治理中存在的问题，② 是迈向社会主义创新民主社会，以符合人民对政府基本要求的积极举措。

社会管理创新和社会治理改革的重心在基层，强调自下而上的新公共服务精神（Denhardt，2003），彻底解决社会矛盾与社会秩序问题。就“安全”（security）的意涵而言，安全是指对各种潜在风险的评估与成功管理后所获得的一种期欲的状态。德国学者 Ulrich Beck 提出风险社会（Risikogeselleschaft）的概念，强调工业（现代）社会所发展的工业化、现代化所产生的自相冲突和矛盾，使人民对后现代产生不安全感因而形成许多的风险与灾难，似可印证两岸的发展，在政治、经济、文化以及人口流动中产生的不确定因素与不安全感，这绝对不是政治可以解决的问题。稳定社会秩序与治安，必须借由社会管理与社会的共同治理来共同解决，同时必须借由落实的警察活动来维持。因此，作为推动对台交流合作的平潭综合实验区，要完成维护实验区内的社会秩序与安全，则需作好完善的社会管理规划。就此观点，警政模式的选择以及警察权运用的安全治理概念，应可作为当前社会管理创新的重要内容。因为透过警政的风险管理或安全管理，可以有效地化解社会冲突，帮助预防危机的发生。即使冲突发生，其损失的幅度也会降到最低的程度，甚至转而回到安全的境界，常言“危机即转机”就是这个道理。特别是实验区的开发与发展，“公共财私有化”现象将会普遍，私人厂区、医疗院所、学校与社区等与国民生计有密切关系之基础设施日益增设，亟须投入大量人力以进行安全维护。有限政府管理及警力，将无法因应。故须广纳企业组织（如保全公司）及非营利组织（如志工团体）之力量，结合公私资源协力共同营造安全的生活环境，建立社会安全管理网络与安全社区。

## 二、警察职权与治安管理

警察职权为警察任务的下位概念及警察业务的上位概念。警察职权概念的最

① 俞可平：《营造官民共治的社会治理格局》，中国新闻网，hppt：///www. chinanews. com/2011/6 - 13/3105980. shtm. 。下载日期：2012 年 6 月 30 日。

② 凤凰网：《中国社会治理评价指标体系在京发布》，http：//news. ifeng. com/mainland/detail _2012 _ 06/29/15669229 _0. shtml。下载日期：2010 年 6 月 30 日。

大功能，在于缩小警察任务的范围，并将警察的对外业务，适度抽象化，以便警察机关能据以行事，俾区分警察机关与各行政机关间的工作范围。

公安的职权，则包括治安行政管理权与刑事侦查权。其中治安管理部分，属国家行政权范围。就法律的实践上，公安机关于组织上实行“双重领导”体制，同时受制于上级公安机关，以及同级人民政府的管辖。在刑事侦查权部分，公安机关的警察权，与检察权与审判权共同置于司法权下，由公、检、法等三刑事司法机关，分工配合，相互制约，共同完成惩治犯罪与维护治安的任务，兼具行政权与司法权（准司法权）之双重属性。其功能在于保护广大人民群众的根本利益，其政策目的，则以保卫共产党领导的人民政权、保障人民的民主权利，以及保障中国共产党和国家在各时期中心工作的顺利进行、各项法规政策的圆满落实为依归，充分表现出“以党领政”的制度下，阶级性与群众性的特质①。

台湾警察职权与德日英美各国相同，限缩于“个人生命身体财产之保护、犯罪预防、犯罪侦查、交通管理、公共安全秩序之维护”等职权，并受公共行政理论发展影响，重视为民服务等工作，以及因应刑事司法制度对“犯罪被害人”服务（保护）等措施。受传统公私二分法的影响，台湾警察执法依据——警察法规，普遍认为是具有浓厚公法属性的领域，但仍包涵部分私法或私权争议之处理。如：私权保护与警察公共原则的折冲、警察的私法行为（行政辅助行为、行政营利行为、私法性质的给付行政等）、私人参与警察工作之行政委托私人及由私权提供完成公益等行为。此与大陆警察职权范围，并无太大差异。于此，我们可以大胆地说，警察职权的行使于两岸社会治理的功能与任务上，是最没有争议与政治色彩的，但却是社会安全与秩序管理上最重要的部分。

维护治安之任务，是政府维持人民共同生活秩序的基本任务。另受现代国民主权理念支配的影响，保障人权（大陆称维权），亦为政府责无旁贷之事。以此，警察主要任务可归纳为人权保障与治安维护两大部分。

人权保障与治安维护，受社会环境、时代背景，乃至思潮主流之影响，调和并不容易，因其二者并非“零和”关系。维护治安是政府常用以限制人权最常见理由。但若过度以治安为目的而限制人权，其实是忽略民主法治国家之治安任务系以保障人权为目的，以及缺乏手段应受目的制约的合比例性考虑，所产生的目的与手段错置之现象。盖民主法治之国家，绝不会轻易以安全为由，限制自由，而生行政效率与人权保障之冲突。况且，政府基于治安理由，以法律赋予警察任务，并借以限制人民基本权利。仍应体认“主权在民”之信念，并依宪法保障人民权利之概念，审酌不确定法律概念，遵守比例原则及法律保留原则。借

① 群众路线是毛泽东信奉的理论观点，其理论基础是假设政府的官府决策角色，应该明显降低，并且偶尔被直接参与的人民取代，有关公安的任务，理所当然地置入“群众路线”的思想。

以调和保障人权及治安维护之任务，化解治安与人权之间隐存的紧张关系（李震山，2002）。

警察任务的扩张或缩减，民意、学术理论及实务经验影响警察职权的决策与立法。现代警察任务与其职能发展，在全球化、在地化，以及“新公共管理”理论发展趋势的影响下，从传统“由上而下”的政府控制机制，转向承受“自下而上”的公民意识与权力分散的政策网络概念。参与“治安维护”性质的警察任务者，并非全属警察机关与人员，尚包括其他政府机关人员以及其他私人介入。因此，本于社会公益、懔于社会责任，为维护秩序与安全，警察部门开始广邀政府以外的部门，如企业、协会、非营利组织及广大市民等平行地参与政策过程，即所谓“安全治理”的概念①。

20世纪70年代起全球警政兴起以社区为基础的治安治理策略，如社区警政、社区处遇、社区治安等治理策略，关键词包括伙伴关系、公私协力、跨域治理等概念。治理是全球政府管理的趋势，是中国创新社会管理的基础，也是当前以社区为中心警察政策的核心概念。治理所倡导的公民社会、社区意识与信任关系等理念，更是警察借以接触民众、连结社区网络、发展治安治理的重要条件。

而治安管理上的治理是整体政府的概念，强调制度化、经常化和有效的跨界合作，以增加公共价值，来达成政府人权保障与治安维护的任务。其核心特征是合作的跨域性，而表现于同级政府部门之间、上下级政府之间、不同政策领域之间、公私部门之间等。两岸之间的合作发展，借由民间的交流到互设海协与海基两会的非官方接触，到陈江会的定期会谈等，无处不见两岸为台海安定建立互信制度与跨区合作的踪影。

## 三、警政策略与社会治理

如果说社会管理创新是社会治理改革的重心。那我们可以说，警政策略，不只是政策科学研究社会管理的实质领域，也是解决社会问题的重要工具。从警察政策的分析与解决的角度来看，社会管理除需理性地规划警察活动外，还需要在政策推动过程中，能说服普通民众、政党、利益团体、媒体、民意代表、学者专家、政府系统的其他部门、甚至是执行警察政策的警察机关与警察人员，通过警察勤务与业务的不断创新与执行，才能解决或调整因社会结构变迁所产生的矛盾、冲突、犯罪与社会安全等问题。

面对社会管理，警政所关注的问题，在于社会发展过程中有关社会环境安全

---

① 治理，是社会中权力运用的制度或程序。治理程序，涉及社会中做成决定的方式，也涉及市民与各种团体在政策形成与执行过程中的互动，也就是说，治理程序强调各种不同组织与团体的参与。

社会控制等领域的问题。警政策略，重在探讨有关后现代社会对社会安全的需求、社会控制的途径以及安全空间的领域变化等问题。而创新警政管理的目的，在使社会控制的手段能满足社会的安全需求途径与适应社会的发展与变化。这也是当代警政社区化、民间化、问题导向、质量警政、情报导向等警政管理的理念所追求的目的，目的在提升警政治安效率与服务质量。①

警察政策的形成，乃透过警察政策的分析，警政分析者可从警政统计资料中分析与界定问题，并借由情报与问题导向，选择管理工具或订定法令规则，再由警察的管理层明白实施他们所要的警务概念模型。警察政策之于社会治理，其实就是社区警政的根念。在社区警政工作的格局下，警政分析员通过社区统计和犯罪地图（Rachel Boba，2009）支持社区警政。民意调查、电话的投诉，以及警察参与社区活动了解其他社团的诉求等，是警政问责与策略调整的信息来源，进而发现问题并对问题进行评估，最后提出对策。因此无论是计算机信息统计警政（compstat）、社区警政、问题导向警政，以及当前最新的情报导向警政，都已趋向于整合型社区警政（integration community policing）发展。

社区警政强调犯罪预防与社会资源的整合，其解决社会问题的方法，在于“整合”各种社会层次、团体与资源，共同以“治理”的模式来解决治安问题。此种为建立“公民社会”而努力的“社区治安共同圈”的自主力量，正于全球蓬勃发展。警察维持社会秩序的功能，与社会管理的目的一致。而治安治理策略与新的社会治理模式，打破过去社会一元治理模式，朝着多元化发展，广泛吸收社会群体参与社会建设的参与方式相同。因此，作为两岸共同合作开发宜居、宜业平潭实验区创新的社会管理模式，也应有从“两区”分治到共同“治理”（from district to governance）的新观念。② 因共同家园的开发与建立，不只是需要两岸共同打击犯罪及司法互助，③ 更需要深层的创新警政思维。因为代表警政治理模式的整合型社区警政，是最不具政治立场的社会管理创新的实践，透过两岸警政之合作、协商、伙伴的关系，共同治理认同与确立的和平的共同目标，是建立安全社区与共同家园的重要基石。

---

① 全球警政策略模式，主要有警政社区化（Community Oriented Policing）、警政民间化（Privatization of Policing）与公民社会之公私协力（Public - Private Partnership）共同治理、问题导向警政（Problem - Oriented Policing，SARA 模式：Scanning，Analysis，Response，Assessment）、质量警政（Quality Policing）、计算机信息统计之警政策理（COMPSTAT & CITISTAT）及知识经济之管理、整合型警政（Integrating Policing）及情报导向之警政（Intelligence - led Policing）等七种策略。参照梅可望等合著（2008），警察学，桃园龟山：中央警察大学，2008：399 - 427。

② 自 1980 年代中叶“治理”逐渐成为欧、美政治人物及社会科学研究者常用的概念，更成为后现代社会的精神。

③ 2009 年两岸签订的《海峡两岸共同打击犯罪及司法互助协议》，以签订书面协议之方式，强化司法合作之互惠意愿，同时律定合作之程序及相关细节，提升合作之效率及质量。

## 四、台湾经验与两岸社会治理

平潭综合实验区的概念推动后，两岸反应冷热不一，[①] 衍生出许多如“统战”、“共同”的解读、在大陆任公职以及招商安全等相关问题。抹杀了原本共同合作、先行先试以及和平共荣的美意。其最主要的问题，在于两岸政治的本位主义，以及法律制度的不同，造成在实验区的业务推动上，受限于意识形态的割裂，未能以区域或都会发展为基础，造成诸般龃龉及对立的现象。加上两岸不同的行政体制，在政治议题上时有矛盾冲突，造成许多“跨两岸”的棘手事务，协调起来困难重重，甚至彼此对立严重。特别是台湾当局与地方在历经多次选举后，形成不同政党执政之分治政府（divided government）现象，各政党间之互动，处于紧张的磨合时期，造成凡与两岸事务有关的敏感议题，分属不同政党的中央，地方政府或地方政府间，基于政党属性或意识形态的不同，常以政治为名，无法有效合作，甚至迭生龃龉，错失共同协力解决区域性问题的机会。加上两岸现行的法律并无跨区域的合作机制的详细规范，对造成“五个共同”，徒具宣示形式，使得两岸共同家园的营造，仍无法跳脱政治的逻辑思考。但如排除政治的意识形态，两岸于经济以及其他社会议题的依存上，却又是如此密切和不可分，甚至可谓是一体的。这也是为何本文主张，以警政的视角，寻求共建社会安全管理机制的契始。

关于社区治安的治理工作，台湾自1996年起即由“行政院”召开“治安会议”决议，将“社区守望相助”列为犯罪预防对策，作出“积极推行社区守望相助”与“普遍推动家户联防警联机系统”的结论；1998年颁布“建立治安维护体系——守望相助再出发推行方案”，大力鼓励推动社区守望相助巡守队的成立。2005年基于推动“全民拼治安”的思维，感于健全社区对于治安安定的力量，将“社区治安”纳入社区总体营造面向，推动“台湾健康社区六星计划推动方案”。[②] 其中“社区治安”为其重点计划，同时启动警政、社政、民政、消防、家暴防治等单位，结合社区民众，妥善运用社区人力资源，共同推动社区治安工作，强化社区自我防卫能力，以建构优质的安全社区。

台湾“治安社区”的理念，以强调新公共服务“由下而上”公民参与的服

---

① 针对平潭综合实验区公布“五个共同”，台湾社会普遍认为有统战的意味，官方对于五个共同的说法，让外界以为是两岸“共同”推动平潭实验区，而认为平潭不同于一般单纯招商引资的经济开发区，具有强烈政治意涵，因而仅承认该实验区是一个经济投资的商业行为。但台湾也有“立法委员”表示，当局不要抹杀“共同”的经济合作的美意。http：//www. ettoday. net/news/20120328/34967. htm#ixzz1vl7ZLQLC. 参照。

② 2005年有鉴于健全之社区为台湾社会安定的力量，台湾提出“台湾健康社区六星计划”，以产业发展、社福医疗、社区治安、人文教育、环境景观、环保生态等六大面向作为社区发展的目标，称之为“六星”。http：//www. safemyhome. tw/star _ a. html. 参照。下载日期：2010年6月1日。

务理念，借由“中央”辅导地方及社区组织，推动社区治安工作。其政策的操作上，采多元与跨域整合的“网络治理”协力模式，由社区组织召集辖内机关、团体、学校、公司行号、金融机构、意见领袖、妇女组织及居民等，举行治安会议，参与治安营造，实施治安诊断与分析。目的在找出治安死角，以建立社区安全维护体系、[①] 落实社区防灾系统，及建立家暴防范系统，建构整体社区安全营造的管理体系，[②] 由政府与民众共同参与，发现及解决社区治安的问题。

两岸于治安工作上，共同合作机制的平台的建立虽已有数年，但大抵为非正式的协议、区域的对话与所谓的共识与默契。这类平台也倾向联谊会议的性质为主，缺乏明确的定位，组织也未能法制化，较难发挥两岸人民实质生活区域内，安全社区建构与决策执行的合作功能。

此外，过去两岸于治安合作的内容，大部分止于共同打击犯罪的案例。鲜少以两岸生活圈区域安全的管理为议题。但是，因全球化之发展，签 ECFA、开放观光、自由行等政策实施后，已使两岸区域之间，各地方县市政府面临更多跨两岸区域的社会问题。这些亟待解决处理的跨区域问题包括：犯罪问题、新移民管理、就业服务、社会冲突、户籍管理，以及社会秩序与社会安全等问题。

因此，借鉴台湾地区于社区管理、社区服务、民间社会服务组织发展等方面的经验，以强调“公民参与”及“社区化”的警政合作，似可为解决以上问题之钥，有关社会管理的警政作为，较不涉及实体法律制度的约束，可完全抛开政治立场，[③] 于“在地安全服务”的营造理念下，朝“五个共同”的目标努力。建设共同家园，必须在和平共荣与搁置争议的基础下，借由两岸人民对区域合作与共同开发的认同，克服政治因素与法律制度的障碍，以及政府机关主导的形势。自发性的邀集实验区内的机关、团体、学校、公司行号、妇女组织等，从社会安全的角度，建立互信，务实建构两岸社会管理合作平台，并以此创新思维，集结共识，进行不同程度的跨域合作，让警政与社区之间的关系更为紧密，协助建立“安全、稳定”的共同家园。

---

① 其中社区安全维护体系，以成立守望相助队、设置录像监视系统、划设校园安心走廊、认养社区治安区块、发行社区治安报导、提供防窃咨询服务、以及提升社区自我防卫能力为主轴。内政部推动社区治安工作实施计划。http：//sixstar. moc. gov. tw/frontsite/contentadmin/projectStarAction. do？ method = doDetail&pid = MzU4&menuId = MjAx. 下载日期：2010 年 6 月 1 日。

② 包含建立社区安全维护体系、落实社区防灾系统及建立家暴防范系统等三部分，台湾内政部推动社区治安工作实施计划，陆、执行要领。

③ 两岸过去警政的合作在“海峡两岸共同打击犯罪及司法互助协议”的基础上上，于情报交流、联合办案、逃犯缉捕、赃物追缴及人犯移交等工作，展现亮丽的成绩，原因在于治安是两岸事务中，最不受政治及法律因素的影响的部分。

## 五、两岸治安共同治理模式：需求与建议

“建立互信、搁置争议、求同存异、共创双赢”是两岸和平发展，共同合作的基本原则。[①] 从警政的视角，推动两岸和平共处的“社区安全”与建立“在地服务”的观念，则是建立共同家园的具体做法。

鉴于两岸社会制度、经济模式以及文化生活的不同，面对两岸差异所引发的社会问题，有关两岸警政的合作应不止于共同打击犯罪及司法互助，建立常态化、制度化、规范化、讯息化与行动化的高效能的合作关系，有其必要。因此，关于平潭共同家园社会管理的模式，必须对综合实验区的区域发展，以及两岸关系未来发展的趋势作出预测与总结性的归纳。进而关注如何对实验区内社区及场所进行管理和控制，提出对实验区内空间领域的分类方式、控制方法（警政策略）等，作两岸社会管理与法律制度的比较研究，最后再就因社会管理所生法律规范的形成，在政治环境与法律制度许可的范围内，就犯罪预防与警政服务的角色，展开研究和探讨。相关建议如下：

一、透过建立常态化合作机制，增速各执法部门、学术机构的合作，强化司法互助和惩治两岸跨域犯罪问题之研究，借以调整彼此交流管道与模式。

二、创建具司法及警政权责的组织，以整合海峡两岸的法律、警政策略、交流模式以及教育训练等，并探讨警政合作的范畴与未来发展。

三、以更务实的态度解决共同监管社会秩序、预防犯罪以及犯罪问题，于社会管理合作的过程中，解决共同难题。

四、推动警政改革，不管是外部环境或内部管理，从资源、制度与文化等三个层面上，寻求包含文化、人（警）力、技术、预算等资源整合，建立包括法规、政策、流程等良好的制度，发挥社会管理高效功能。

五、加强两岸的警政合作，透过修正政策和法律规范，就执法依据、执法环境、执法理念、执法方式、执法技巧等要求，改善警政服务提供的结构。稳定社会秩序，创建双赢的社会管理制度。

六、建构社区安全管理体系，如警卫安全、照应顾客、预防犯罪、预防反社会行为、执法和使用制裁手段、对紧急事件和正在实施的犯罪作出反应、收集和处理有关讯息等机制。

综上，警政各项策略发展的目的在建构一个使人民能安居乐业的社会，而警政管理既需随时代变迁与时俱进，更需结合相关理论的思潮，型塑新的警政治理

---

① 2008年4月29日，总书记胡锦涛于北京钓鱼台国宾馆会见国民党荣誉主席连战，提出改善两岸关系的十六字箴言。http：//www.libertytimes.com.tw/2008/new/apr/30/today－fo3.htm. 下载日期：2010年6月1日。

模式。两岸刑事司法互助与共同打击犯罪，是解决跨域的犯罪问题。研究两岸警政合作，则是寻求两岸社会管理更为广泛的合作与实践，从警政的视角，探讨平潭社会管理的创新与社会治理的改革，不只是地方层面的合作与工作关系，更是解决政治、法律制度及对犯罪、社会秩序、人民权力（利）的概念、定义等差异，推动两岸警政与社会维稳的伙伴关系。因此，两岸警政与社会管理的共同合作，亟待通过建立制定合作策略、交流和搜集信息，以及促进区域合作与推动革新方案等方式迈进。

# 公法人路径下平潭实验区管委会组织架构的思考

于静涛[1] 陈明添[2]

[1] 福建江夏学院法学系副教授

[2] 福建江夏学院法学系教授

2011年11月，国务院正式批准《平潭综合实验区总体发展规划》（以下简称《总体规划》）以来，平潭综合实验区各项事业的发展已逐步走入了快车道。而《总体规划》中提出的“将平潭建设成为两岸同胞合作建设、先行先试、科学发展的共同家园”的构想也随之迎来更加审慎的路径选择。平潭综合实验区应如何构建？如何发展？“五个共同”理论应如何实现？实验区治理机构——管委会应采何种模式建立等，都成为亟待解决的问题。本文拟就平潭综合实验区管委会构建进行探究与思考。

## 一、“共同管理”背景下的平潭综合实验区及其管委会角色诉求

平潭综合实验区管委会构建的特殊意义在于管委会是实现两岸“共同管理”、深度合作的重要载体，故而，我们的研究也必须围绕着两岸“共同管理”这一背景展开。以平潭综合实验区为试点实现两岸共同管理的交流合作新模式之构想初见端倪于2009年5月国务院下发的《关于支持福建省加快建设海峡西岸经济区的若干意见》。在《意见》首次提出，“在现有海关特殊监管区域政策的基础上，进一步探索在福建沿海有条件的岛屿设立两岸合作的海关特殊监管区域，实行更加优惠的政策”。其后不久的2010年4月，国家发改委发布了《海峡西岸经济区发展规划》。《规划》中设“建设两岸合作的平潭综合实验区”专节，从“探索两岸合作新模式”、“构建两岸经贸合作特殊区域”、“建设两岸同胞的共同家园”三方面，定位了平潭综合实验区于两岸深度合作方面承载的特殊功能（该《规划》已于2011年3月由国务院正式批准）。在2011年11月由国务院正式批准的《平潭综合实验区总体发展规划》中，更是将两岸共同家园构想具体化为两岸“共同规划、共同开发、共同经营、共同管理、共同受益”的“五个共同”理论。沿着以上政策线索，可以逐渐清晰地作出界定——基于其特殊的发

展定位和功能预期，“共同管理”背景下的平潭综合实验区本身就将成为区别于“经济特区”、“开发区”、“国家综合配套改革试验区”等以往中国任何特殊区域的“实验区”。平潭综合实验区这个特殊区域所应承担的历史使命应具体体现为以下三方面：1. 微观层面——促进两岸经贸交流，提升两岸经济发展潜力。通过对平潭岛的开放开发加强两岸经贸往来，既促进台湾经济向外向型发展、实现与大陆经济的产业对接，亦带动平潭、福建、海西乃至全国各涉台地区经济的发展。2. 中观层面——逐步探索两岸先经后政、先易后难的区域合作新模式。能够以区域合作为路径，适度回避政治敏感问题，全方位、多形式地实现两岸经贸、文化乃至某些政治层面的合作。3. 宏观层面——成为和平解决台湾问题，早日实现祖国统一的实验平台。借助平潭综合实验区这块试验田去创造一国两制下两岸对话、合作、融合的一系列新模式，逐步实现双方意愿的对接；通过创新政策、创新制度来进一步展示中央政府解决台湾问题的善意、勇气和智慧，从而对促进祖国和平统一大业的早日实现作出贡献。① 对实验区如此之高的功能诉求，决定了作为实验区常规管理机构的平潭管委会之性质定位与组织结构必将不能与其他特殊区域管委会相提并论。在笔者看来，除了应具备其他特殊区域管委会已有的、日常经济、社会事务管理职能外，平潭管委会还应当承担以下三个特殊角色：1. 两岸平潭合作事项对话的组织者。按照已获国务院正式批准的《平潭综合实验区总体发展规划》的设想，在平潭实验区要实现两岸产业的深度对接，要推动两岸投资自由贸易化，推进两岸多种形式的民间交流合作，要积极承接台湾产业转移，努力建设依托台湾、面向大陆的两岸合作低碳经济示范区。以上这些设想只有在两岸相关实体充分协商对话的基础之上才有可能完成。而对两岸相关具体合作事项的对话主体、对话层次、对话方式、可协商范围的确定等都离不开平潭管委会的组织、扶植。2. 两岸合作资源的整合者。2008 年以来，随着台湾岛内政治环境的变化，两岸关系进入了前所未有的和平稳步发展时期。两岸直接、全面三通的实现，以“扩大民间交流、加强两岸合作、促进共同发展”为主题的海峡论坛的举办，两岸 ECFA 协议的签署等都是在这一时期形成的两岸合作交流的宝贵成果。如何将这些来自经济、文化、政治、社会等各个方面的成果有机整合起来，并在此基础上形成合力，以平潭为实验区建设两岸“共同家园”，亦是平潭管委会所应承担的主要职能。3. 平潭综合实验区“共同”决策平台的提供者。《平潭综合实验区总体发展规划》提出积极探索两岸同胞“共同规划、共同开发、共同经营、共同管理、共同受益”的合作新模式的构想，实现这“五个共同”的基础即是要提供两岸对平潭综合实验区开发事项的共同决策平台。这一平台的提供和运作者，应主要由平潭综合实验区管委会来

① 于静涛：《平潭综合实验区“共同管理”主体架构的形成性思考》，《海峡法学》2011 年 2 月，第 22 页。

担任。

面对平潭综合实验区的特殊定位和由此产生的对平潭管委会的特殊角色诉求，似乎无法在我国现有制度范畴内完成平潭管委会的组织架构。我国行政组织法当中没有关于“综合实验区管委会”的相关规定，也不适宜将平潭管委会当做一级人民政府或一级人民政府的派出机关、派出机构来处理。历史使命诉求下的平潭管委会必须是一个具有强大管理职能但政府色彩大大削弱的组织。因此，笔者建议借鉴域外的公法人制度架构平潭管委会。

## 二、典型性国家的公法人制度略述

大陆法系国家习惯于将法人区分为公法人与私法人。其中公法人一般是指为满足公众需要、增进公共福利而设立的法人。以这种区分为基础，法国、德国甚至于作为英美法系国家的英国都逐渐形成了相应的公法人制度。

### （一）法国

在法国，行政主体概念基本等同于公法人概念。其公法人分为三类：其一是国家，其二是对地方性行政事务具有决定权力，并承担相应义务和责任的地方团体，其三是以实施公务为目的而成立的公共设施或公共机构，我国一般将之译称为公务法人。法国本来并没有独立的公务法人（公共机构）概念，公务法人常常同公法人概念混淆使用。1856 年法国民事最高法院的一个著名判例后，公务法人就用以特指国家及地方自治团体之外的其他公法人。法国的公务法人分为国属、省属和市镇属的三个级别：国属公务法人包括国家医疗单位、公立教育机构、农业及商业机构、与公共工程相关的机构、与银行和经营业务相关的机构、荣誉勋位团和国家铁路的行政管理机构，省属公务法人如公立疯人院、乞丐收容所，市镇属公务法人包括医院和收容所、济贫所、初等教育基金会、市镇分区、市镇联合会、各劳工联合会、市镇博物馆、温泉或气候疗养企业。①

二战以后，随着行政社会化程度的不断提高，法国的公法人制度也逐步健全和完善起来。其中以公务法人的发展最为显著，国家大量采用由公务法人来实施行政分权后的部分职权的方式来完成公务。这种背景下的公务法人具有以下几个特点：第一，公务法人属于公法人的一种。法国在理论上将公法人分为一般公法人和特别公法人。其中一般公法人指的是国家和地方团体，而特别公法人则指公务法人。因此，公务法人是公法人的一个特殊的类别。第二，公务法人具有独立的法律人格，享有自己的财产，能以自己的名义行使公共权力，参加诉讼。第三，公务法人基于行政事务分权而产生，因而承担的公共事务大都以非地域性的

① 王名扬：《法国行政法》，中国政法大学出版社 1988 年版，第 128—131 页。

行业或领域为基础，但有时也可以地域为基础。如法国早期的大区以及市镇联合体组织等就是以地域为基础的公务法人。

（二）德国

在德国，公法人概念项下又包括了公法社团、公法财团和公营造物三个子类。公法社团是指由一定成员依据公共目的而组成的不因成员更替变化而变化的团体。如联邦、州、乡镇、乡镇联合体、律师公会、医疗保险组织协会、教会等都属于公法社团。公法社团具有如下特点：第一，依公共目的而设立，以执行公务为基本任务。第二，由一定成员组成，但团体本身不受成员更替变化的影响。第三，具有自治行政权。能够制定自治规章并享有自由度很大的执行权。第四，接受国家法律监督。

公法财团是指依据公法、通过捐助等行为而设立的，利用一定的资金或物质来实施公务、追求公益的财团。德国目前财团法人已经相对较少，主要为一些基金会和其他公益财团，如普鲁士文化资产财团法人、协助残障儿童财团法人、联邦总理威尔布朗特财团法人等。财团法人的特征有：第一，必须有设立人的捐助行为才能得以成立，是以金钱而非人员为支撑。第二，公法财团是因其财产捐助行为而被国家赋予公法人的地位的。公营造物是指为了达到一定的行政公务目的，以人和物有机结合所组成的公法人。联邦银行、德意志图书馆、联邦铁路局、联邦邮局、地方自治团体所属的学校等都属于公营造物。与公法社团及公法财团不同，公营造物具有以下特征：第一，公营造物是人（行政人员）与物（公共设施）在法律意义上的虚拟结合。第二，依据行政主体专为公营造物制定的法规而设立。第三，公营造物与其利用者之间形成任意或强制利用关系，利用者有权据以请求公营造物提供一定的给付。

（三）英国

英国的公法人概念范畴较为狭小，实际只相当于法国的公务法人或德国的公营造物。英国的公法人机构也是在二次世界大战后才迅猛发展的。因为“这时出现的大量新型公共事物事务已不适宜由传统的行政部门去处理，如国有化企业的经营、社会福利政策的推行，不得不设立一些新型机构，于是公法人的组织便广泛流行”。① 英国的公法人分为工商企业公法人、行政执行公法人、独立监管公法人、咨询性公法人四类。

工商企业公法人是政府为了加强对工商业的干涉而设立或对原有企业实行国有化而形成的公法人。二战以后，英国对一些涉及国家重大利益或风险性大、私人不愿投资的企业实施国有化，同时为经营某些特殊的行业也设立了一

① 董晚宇著：《别具特色的英国公法人》，《中国行政管理》2006 年第 6 期，第 41 页。

些公法人。像全国煤炭委员会、原子能机构、英格兰银行、中央电业局等都在此列。

行政执行公法人是享有较大公务权力，能够以自己的名义执行某方面的公共政策和职务，地位类似于政府执行机关的公法人。例如全国海港委员会，其主要负责管理全国海港的发展计划的制订，再如各区域内的卫生机构，主要职责是执行卫生政策，行使卫生行政管理权。

独立监管公法人是负责制定并监管实施某些行为标准的公法人。其负责监督法律的实施情况，同时制定一些涉及质量、物价、计量、检测、食品安全等方面的具体条例。英国的公共机构地理位置分布局就是这样的公法人，其主要负责鼓励政府机构从伦敦迁往外地。除此之外，像全国放射性射线保护局、自然环境保护委员会都属于该类公法人。

咨询性公法人是负责提供咨询和解服务的公法人组织。英国的许多咨询委员会、顾问委员会、行政裁判所委员会、就业机会平等委员会等都是属于咨询性公法人。

#### （四）小结

从前述简略研究可得出以下几个初步结论：第一，在英、法、德等主要西方国家中都有较为成熟健全的公法人制度。以上各国的公法人尽管在名称、体系、职能上各有不同，但却能找到一个显著的共同点——即都是因公务目的、依公法而设立，且都是行政社会化的产物。第二，在公法人中，都有独立于国家和地方政府之外的行政主体体系，如法国的公务法人、德国的公营造物、英国的公法人等。第三，各国的公法人制度都旨在解决行政权力过于集中与社会公共事务范畴不断扩大之间的矛盾，增加非国家机关组织在提供公共产品时的独立性和自由度，弥补行政科层制体系下的官僚主义、内耗僵化的弊端。

### 三、“共同管理”背景下引入公法人制度的特殊意义

#### （一）行政多元化的内在要求

20世纪七八十年代，在西方各国兴起了新公共管理运动及治理理论，理论界普遍认为，面对日渐增多的行政事务，政府应当适度分权或还权于社会，公共行政事务不应当再由国家行政所垄断，而应由多元化的公共行政予以分担。在此基础上，各国都开展了以政府重构、委托行政、行政公私合作等为内容的大刀阔斧的行政多元化改革。当前，行政多元化已成为现代行政的最显著特征。在这一背景下，我国也并无例外地发生了由行政一元化到行政多元化的深刻变革。“全能国家的逐步解体，以及社会、市场要素的重新整合与分化，并促使传统政府垄

断‘公共职能’的行政模式得以瓦解，新的适应市场需求的行政体制正逐渐建立与完善起来。”① 这种背景下，以行政分权、适度自治为基础的行政法人制度已呼之欲出，缺少的，似乎正是一次个案事件的推动。

虽则作为一个前身为经济欠发达的地区的实验区，平潭的公共行政基础（行政分权意识、社会行政组织发育等）并不甚理想，但在我国公共行政改革呼声日益高涨的大背景下，行政多元化已是不可逆转的大势所趋。平潭综合实验区承载着两岸人民合作建设先行先试、科学发展的共同家园的历史使命，其在行政模式上必须具备现代行政的基本元素。而且，客观上“小政府、大社会”的类经济开发区式运作模式也决定了未来平潭综合实验区将必须面对较一般政府治理模式更为丰富繁赘的行政事务。这就要求作为行政管理职能主要实施者的平潭管委会选取比单一的政府组成模式更为多元化的组织方式。

### （二）为两岸合作减少政治阻力内在要求

政治因素一直是决定两岸合作深度与广度的重要因素。质言之，两岸间实际缺乏的并非是合作模式的创新而是在一个中国原则下有效解决政治分歧的合理途径。就平潭综合实验区的实际而言，政治因素的高度敏感性，往往会制约其践行“五个共同”构想的创新能力。这种情况下，纯政府模式的合作运行方式会变得阻力重重。因此，在“一个中国”的前提下，采用公法人模式将合作对象构建为包括政府和非政府的公务法人在内的多元化主体模式，来实现广泛、深入的合作，不失为一种能够搁置争议、解决问题的方法。

### （三）为两岸寻找契合点，拓展合作深度和广度的内在要求

值得注意的是，平潭综合实验区的战略构想，似乎并没有引起台湾地区各界的广泛共鸣。有台湾人士就曾尖锐指出，在平潭建立两岸区域合作共同家园的设想是沿用大陆计划经济时代的思维解决问题，缺乏站在台湾角度的换位思考，有福建省一厢情愿之嫌。② 这反映出两岸双方在合作意愿上还是存在一定偏差的。因此，要避免“五个共同”流于“一头热”，就必须找到双方合作的契合点。台湾地区由于受大陆法系影响，公法人制度已发展得较为成熟。以公法人模式下两岸双方认同的各种形式来合作，既避免了一些政治尴尬，又能够使得合作规模不仅仅停留在引进台商、台资的初级层面，而向文化、社会、政治等各个方面过渡，真正最大限度地有效践行“五个共同”构想。

---

① 李昕：《论公法人制度建构的意义和治理功能》，《甘肃行政学院学报》2009 年第 4 期，第 12 页。

② 钟岷源：《台湾专家反观福建“平潭发展”》，《南风窗》2009 年第 25 期，第 23—24 页。

## 四、公法人模式下平潭管委会组织架构的相关设想

笔者关于以公法人模式来架构平潭管委会的设想主要是引入公法人理论体系，并参照该理论体系对平潭管委会予以法律性质定位，再根据其法律性质，依其在公法人体系中所处的位置予以具体架构。

### （一）公法人模式下平潭管委会的法律性质定位

从平潭管委会成立、运行的现实情况不难看出，其应当而且必须是独立享有行政职权的行政组织。依我国行政主体理论，在我国，能独立享有行政职权、承担行政责任的组织是行政主体，具体包括行政机关和法律法规授权的组织两大类。但很显然，平潭管委会既不能被划入行政机关，也不属于法律、法规授权的组织。① 在我国现有行政主体制度框架下无法完成对平潭管委会的法律性质定位。此时如果仍将目光停留于现有制度规范，在此基础上去构建平潭管委会，不但会造成削足适履的牵强结果，而且也无法满足对平潭综合实验区的特殊的功能期许与角色诉求。应该看到，行政主体理论并非我国独创，它是我国对大陆法系行政法理论“舶来”的结果。但是在这个“舶来”的过程中我们却选择性地将行政主体理论从其赖以存在的大陆法系公法人制度中剥离出来，形成了我们特有的行政主体形式。因此在对平潭管委会的法律性质定位时应适度地跳出我国现有行政主体制度，将其还原至作为基础的公法人制度环境下去考察。

在公法人模式下，平潭管委会应当被划入独立于行政机关之外的公共管理组织范畴，这里笔者参照法国公法人定义方式将其称为公务法人。平潭管委会符合公务法人的相关特征，其法律性质可以界定为政府之外行使行政权力的公务法人：首先，平潭管委会是依公法而设立的组织，其设立目的是因公共目的，其宗旨就是进行公共管理、服务活动。其次，平潭管委会一经成立就享有行政规划、行政决策、行政处罚等公共权力，其权力来源类似于职权性行政主体。第三，平潭管委会具有独立的法律人格，它并不依附于省、市、县的任何一级政府而存在。第四，平潭不能被划定为我国行政主体理论体系下的政府、政府工作部门、派出机关中任何一种，是独立于行政机关之外的公共管理组织。

### （二）公法人模式下平潭管委会的权力来源

笔者认为，作为公务法人的平潭管委会的行政权力应当来源于两个方面：1. 基于法律、法规的规定而获得的权力。这里的法律、法规的规定区别于授权——

① 以上观点的具体论述参见：于静涛：《困局、归因及抉择：平潭实验区管委会法律性质分析》，《福建江夏学院学报》，2011 年第 2 期。

并不局限在某一个单一的领域，而是通过法律、法规来全面设定平潭管委会的权力范围。具体又可以通过三个层次来完成：（1）宏观法律层面，我国应当考虑制定《行政法人法》，通过《行政法人法》对我国各类行政主体的公法人身份予以肯定，对我国现有的行政主体类型进行重新梳理，将包括平潭管委会在内的众多类型的实际享有行政职权、进行行政管理活动的组织纳入到公法人范畴之内，最终确立我国公法人制度。（2）地方性法规层面，通过制定《平潭综合实验区条例》，对平潭管委会的公务法人地位予以确认，同时对其职权职责予以概括性的规定。（3）通过制定《平潭综合实验区管理委员会组织章程》对平潭管委会的具体职权范围、机构设置予以规定。2. 基于行政机关委托获得的行政权力。出于行政管理的需要，国务院各部门、福建省政府各职能部门可以将部分未经法律、法规规定的职权通过委托的方式交由平潭管委会行使。

（三）公法人模式下平潭管委会的组织机构设置

“管委会模式”本是我国经济开发区发展过程中形成的一种管理模式。其采取“小政府、大社会”的精简运作模式，目的就是使经济开发区甩掉社会管理包袱，轻装上阵，集中力量搞经济建设。但如前所述，平潭综合实验区的功能定位并不应仅仅局限于经济层面，这就要求实验区的管理主体既要满足精简、高效的需要，又不得不插手部分社会事务，这显然给平潭管委会的组织建构提出了巨大的难题。一方面如果出于突出实验区创新性考虑，完全划清其与所在地人民政府的职能界限，势必会造成管委会内设机构“大而全”的结果，而且由于平潭综合实验区和平潭县在区域范围上的趋同性，这样的设计很有可能造成许多行政管理职能的交叉、重叠、冲突；另一方面如果出于突出精简功能的考虑，将大部分社会职能仍交由所在地人民政府职能部门管理，则又会造成管委会“有名无权”，无力撬动行政管理杠杆的现象。笔者认为，要想解决这一矛盾，应从以下环节入手：一是分清管委会与平潭县政府的职能界限，在管委会设置时不应面面俱到，不属于管委会必须插手的社会事务，则交由原政府机关来管理；而对于那些与经济开发、合作交流直接相关的事务，则设立管委会与之相对接的组织机构进行管理。二是以先行先试理念审慎设置各内设机构，并在此基础上根据实践情况进行适当调整，以适应实际管理的需要。在具体机构设置中甚至可以考虑跳出以往经济区管委会的行政机关式的设置模式，尝试采取委员会制的架构方式——由大陆和台湾地区驻平潭代表人员共同组成“管理委员会”来实施日常管理。三是在管委会组建过程中，可以充分依托海协会和海基会这两个准官方的民间组织来加强两岸的协商与合作，以期在探索两岸共同管理模式方面取得更为有利的突破性进展。

# 平潭综合实验区社会治理模式初探

**陈辉庭**

◉ 福建省委党校副教授、法学博士

## 一、探索平潭综合实验区社会治理模式的背景和意义

平潭综合实验区建设是在两岸制度性合作逐步深入的背景下展开的。

以2008年以来两岸签署一系列协议为标志，两岸交往与合作关系取得了重大的突破，两岸关系的和平发展阶段得以确立。两岸关系的和平发展阶段是一个长期的历史时期。对于两岸关系的本质，“胡六点”深刻地指出：“1949年以来，大陆和台湾尽管尚未统一，但不是中国领土和主权的分裂，而是上个世纪40年代中后期中国内战遗留并延续的政治对立”，“两岸复归统一，不是主权和领土的再造，而是结束政治对立”。① 因此，两岸分歧的关键并不是主权和领土之争，而是由国共内战遗留下来的政治对立。这种对立的本质是对不同社会制度和发展道路的选择。当年双方曾试图用战争方式加以解决，但并没有完全解决。此后，两岸各自走上不同的现代化发展道路，而政治对立则延续至今。显然，在时空转换的历史背景下，用战争方式来解决两岸政治对立已不合时宜。以和平谈判方式解决祖国的统一问题，最为符合当今世界历史的背景和发展潮流，最为符合两岸广大人民的根本利益，也最为有利于中华民族走向现代化的长远目标和利益。② 鉴于两岸60多年来发展道路和社会制度的巨大差别，两岸政治谈判绝不可能一蹴而就，这就明确了国家统一前两岸关系将长期处于和平发展的历史阶段。

两岸关系的和平发展，将为两岸政治谈判创造有利的社会基础和历史条件。“必须把两岸的和平统一融入到两岸和平发展的大战略中，不是先统一再发展，而是应在两岸关系的前进和发展中求统一。”③ 以和平发展求统一，就是要首先搁置高阶的政治争议，聚合两岸政治认同与政治共识，逐步巩固和深化两岸的政

---

① 2008年12月31日，胡锦涛《携手推动两岸关系和平发展 同心实现中华民族伟大复兴——在纪念〈告台湾同胞书〉30周年会上讲话》。

② 参见拙文《两岸关系法治化的必然性和可行性探讨》，载《闽台关系研究》2012年第1期。

③ 李家泉：《改革开放三十年与台海形势》，载《百年潮》2008年第10期。

治互信基础。与此同时，要优先发展两岸之间的经济、社会和文化交流与合作，不断推进两岸经济与社会的渐进性融合。①

目前，两岸已签署的以 ECFA 为核心的大部分协议及其内容都是围绕经济合作展开，并以经济合作带动相关社会和文化领域的合作。由于两岸之间的政治和社会制度差异明显，两岸之间的政治和社会合作仍面临着较大的障碍。在此背景下，平潭综合实验区建设为推进两岸制度性合作提供了一个新的重要平台。平潭综合实验区的发展目标是通过“五个共同”方式，建设“两岸人民的共同家园”。经过平潭综合实验区先行先试过程中的制度创新和实践检验，可以探索两岸同胞能够共同接受的制度模式和生活方式。这就为两岸在社会乃至政治领域的合作提供了一个试验平台。

对平潭综合实验区社会治理模式的探索，是落实先行先试政策的核心内容。社会治理模式既涉及社会管理方面，也与政府行政管理密切相关。平潭综合实验区所要确立的“小政府、大社会”的社会治理目标模式，既涉及社会自治功能的培育，又涉及对政府行政管理权力的规范和约束。以探索和完善平潭综合实验区的社会治理模式为立足点，来落实两岸同胞以“五个共同”方式建设“共同家园”，可以部分淡化两岸在政治分歧方面的敏感性，避免不必要的政治障碍；同时又能够进一步深化两岸之间的制度性合作，成为两岸关系和平发展的重要增长点。

## 二、平潭建设“小政府、大社会”目标模式的法理探讨

平潭综合实验区作为两岸制度性合作的试点，在社会治理模式上既要考虑到两岸的制度差异，又要顺应大陆地区社会发展的形势需要，探索一种既符合大陆地区的社会发展规律，又能为两岸同胞所共同接受的社会治理模式。

近年来，大陆地区随着经济社会的持续快速发展，累积的社会问题日益增多，社会矛盾也呈现不断激化的态势。社会问题多发有诸多因素的影响，其中一个重要因素就是现有的社会管理体制难以适应经济社会快速而深刻的变化，这就迫切要求改革和创新社会管理体制。加强和创新大陆地区的社会管理，已经成为中共执政党在新时期面临的一项重要任务。② 当前，大陆地区正经历从“人治”走向“法治”的社会治理模式的重大变革。原有的社会管理模式以高度行政化的控制为主，社会自治力量薄弱。为适应市场经济条件下民众日益多元化的社会

① 刘国深：《两岸政治互动的象限管理刍议》，载《台湾研究集刊》2011 年第 5 期。

② 2011 年 7 月 1 日，胡锦涛总书记在庆祝中国共产党成立 90 周年大会上的重要讲话中，强调要加强和创新社会管理，完善党委领导、政府负责、社会协同、公众参与的社会管理格局，建设中国特色社会主义社会管理体系，全面提高社会管理科学化水平，确保人民安居乐业、社会和谐稳定。

需要，就应当改变计划经济条件下政府包揽社会治理的传统模式，创造各种有效方式，由人民群众依法进行自我管理，逐步形成“小政府、大社会”治理模式。

平潭综合实验区建设“两岸人民的共同家园”，应当确立“小政府、大社会”的社会治理目标模式。这一模式主要包含以下几个方面的思路：

第一，合理设置政府行政权力，并充分利用社会力量对其进行严格的监督和约束，防范政府公权力的滥用。社会治理模式的变革与行政管理体制改革息息相关。社会治理模式的变革即是将原有过于集中的政府行政管理权力归还给社会，改变政府包揽一切的做法，加强社会的自治和民众的自我管理。从社会契约的角度，民众建立政府的目的是为了更好地使之提供公共服务，维护公平合理的社会秩序。因此，一方面政府公权力的设置和运转应当处于社会民众的掌控之下；另一方面，政府的公权力只在必要情形下才能得以设置和行使，不得任意干涉社会民众既有的自治权。因此，政府行政机构所承担的职能是必要的引导、规范和服务。正确处理政府与社会的关系，是确立“小政府、大社会”社会治理模式的基础。

第二，重新分配与使用原有的社会资源，大力培育社会力量，加强社会自治能力。人民群众是历史的创造者，是市场经济和社会管理的主要参与者，是社会资源的真正拥有者。因此，民众的社会自治应该构成社会管理的基础。以往，政府尤其行政管理机构掌握了大量的社会资源。但由于过度集中，这些社会资源无法得到合理的配置，利用效率较为低下。与此同时，由于政府承担了过多的社会责任，许多社会工作无法得到有效开展，导致社会矛盾日趋尖锐，政府承担的社会压力日益加大，成为民众发泄不满的焦点和对象。社会管理创新，就是将本该由社会承担的事务交给还给社会，将政府所掌握的大量社会资源交还给民众，由民众通过各种方式进行自我管理，并通过市场机制提高社会资源的使用效率。这样既减轻政府承担的社会压力，又培育了社会力量，加强民众的政治和社会参与。民众通过政治和社会参与，剥离政府过于臃肿的机构和职能，减轻公共开支负担，同时也能对政府权力运行进行更为有效的监督，增加政府运转的合法性。

第三，要充分发挥政府、社会和公众在社会治理中的合力，使几方面的力量协调运转。社会力量在社会治理中承担最为基础的作用，是配置和运用社会资源的基本力量；政府行政机构专注于提供公平规范的竞争和合作环境，并提供必要社会公共服务。公众则通过社会参与成为社会组织和社会力量的主要承载者，并通过政治参与促进、监督和约束政府的运转，增强政府权力运行的透明度和合法性。

## 三、平潭综合实验区社会治理模式的具体构建

从长远目标看，平潭综合实验区要建设成为“两岸人民的共同家园”。它首

先要求对在平潭定居或工作的两岸同胞一视同仁，无论其是大陆籍或是台湾籍，均享受同等的居民待遇。同时，充分保障两岸同胞以“五个共同”方式参与平潭综合实验区的建设，畅通社会参与和政治参与的渠道，充分发挥社会自治在公共事务管理中的作用。然而，平潭综合实验区的建设是一个相对长期的过程，不可能一蹴而就。因此，在平潭综合实验区建设的初期阶段，需要充分发挥政府的主导作用，逐步地培育社会力量。

第一，促进政府行政管理体制的规范化，是构建平潭“小政府、大社会”社会治理模式的重要组成部分。

从机构设置来看，平潭综合实验区管理框架由政府、政府下属职能部门、功能区办公室和乡镇派出机构组成。政府下属机构包括公安、发改、工信、商务、工商、财政、税务等职能部门，在原有行政职能基础上进行适当归并。原先下辖的部分乡镇政府撤销，部分改为平潭综合实验区管委会的派出机构，并在四大功能区的基础上成立功能区办公室。各派出机构属垂直管理，代表综合实验区负责办理户口、工商、税务、土地管理、农林水利设施等事务，对辖区居委会具体指导。各功能区办公室负责实施本区发展规划、项目招商、基础设施建设等。通过一段时间的发展，逐步实现乡镇派出机构和功能区管理机构彻底合并。[①] 到“十三五”期间，平潭综合实验区将出现以功能区为核心的行政架构。各功能区办公室职责除了原有的工作任务之外，还要为区内的居民和企业提供基本的公共服务。

第二，合理配置社会资源，培育社会力量，促进民众的社会自治是构建平潭“小政府、大社会”社会治理模式的关键部分。

社会力量主要是指企业、非政府组织和个人。社会力量的参与范围广泛涉及规划、环保、教育、卫生等社会公共事务。促进社会组织积极参与社会治理，可以更为有效地配置社会资源，更好地满足民众日益增长的多元化需要；同时也能减轻和缓解政府在行政管理方面的压力，增进其合法性基础。

社区是平潭综合实验区提供公共服务最基本的载体，社区自治是民众社会自治最基本的表现形式之一。社区自治模式的形成，在构建“小政府、大社会”社会治理模式中发挥着重要的作用。目前，大陆地区的社区管理机构主要包括居委会和物业管理部门，前者属于基层政府派出的办事机构，后者则是营利性企业单位。在以往政府包揽一切的管理模式，社区自治功能受到严重抑制，社区组织所提供服务往往难以满足民众日益增长的多元化需求。从平潭综合实验区的实践发展需要看，社区管理机构应当赋予更高的自治权利，充分发挥社区成员的自治功能，由以往单纯的“自上而下”管理模式，逐步发展为“自上而下”和“自

① 参见黄速建、李鸿阶主编《平潭综合实验区开放开发研究》，经济管理出版社会 2011 年版，第 149 页。

下而上”相互结合模式，并最终发展为以社会自治为主的社区治理模式。在此过程中，社区居委会应当逐步实现从传统的管理型机构向服务型机构转变。以往，社区居委会的社区管理主要体现地方政府的意志并统揽各项社会事务，而在社区自治模式下，社区管理工作应当更加体现社区居民的意志，并满足其日益增长的多元化需求。传统社区管理机构的部分职能如社会治安、环境整治等也可以逐步分离出来，由民间社团和个人志愿者承担。通过更多的社区参与，有利于培养居民的社区归属感。在社区自治模式下，还应充分重视社区民主化建设，通过民主选举来组成和变更社区的自治机构，如社区居委会和社区监事会等。

此外，应当充分注重发挥非政府组织在社会治理中的重要作用。民间组织是政府与公众沟通的有效平台，民间组织能够提供社会服务，通过社会互济互助活动，实现社会资源的有效整合和利用。例如在香港，政府完全依靠民间服务机构，开办各类社会福利和社会服务事业，如老人院、幼稚园、心理辅导、家庭治疗等等。这些机构不仅可以收取较低的服务费用，而且还有机会得到政府的资助金。在平潭综合实验区建设过程中，应当重视以立法方式扶持、培育和规范非政府组织的发展，使之成为两岸民众进行社会参与的重要组织形式。对于目前平潭已经存在的各类行业协会和农民专业合作社等社会中介组织，应当进行重点培育和扶持。

第三，平潭综合实验区社会治理的人员参与方面，应坚持两岸同胞平等参与和平等待遇原则，积极鼓励台湾同胞参与平潭的发展和治理。

从平潭现有的行政管理架构上看，在综合实验区管委会层面上，通过公开招聘和委托推荐等方式，台湾同胞可担任平潭综合实验区管委会的任何职务，以体现两岸同胞的平等性。在基层公共管理层级中，一方面，在现有基层公共管理机构中大量引进台湾人员参与各类园区、社区管理；另一方面，在以台胞为主的园区或社区实行台湾同胞自我管理。形成以大陆管理人员为主体、台湾管理人员为主体和两岸人员共同管理的多种形式的基层公共管理体系。①

在平潭合作建设模式中，要明确规定和充分保证参与平潭合作建设的两岸人员、组织和机构享受完全一样的待遇，必须服从完全一样的责权利安排，能够拥有完全一样的发展机会和发挥才干的空间。为鼓励和保障台湾同胞参与平潭建设的平等权利，应积极推进平潭综合实验区内两岸人员流动的自由化，建立便捷两岸人员往来的政策和管理机制。进一步放开两岸人员往来交流的政策，进一步放宽台湾民众进入大陆的入境管理办法，对台湾非官方人员凭台湾地区签证落地免签，承认台湾相应权威机构与组织授予的技术职称的有效性；同时放宽大陆民众赴台的规制，下放审批权以缩短审批时间、简化审批手续，进而促进两岸各界交

---

① 参见台盟福建省委员会：《创新合作建设模式，将平潭建设成两岸同胞的共同家园》，载宋炎、王秉安等主编《平潭综合实验区两岸合作共建模式研究》，社会科学文献出版社，2011 年版本，第 18 页。

流与往来的开展。要确立居民待遇原则，台籍居民到平潭经商、就业、旅游和上学，都能享受与本地居民同等的待遇，并享有相应的政治权利。允许台湾居民与企业设立自我管理组织。

吸收台湾公务人员参与平潭综合实验区的共同管理，需要两岸在人员流动方面制定更为宽松的政策。最适宜的方式是通过两岸协议加以解决。然而，由于两岸之间的政治互信仍有待进一步深化，目前平潭建设只能由大陆地区单方主导进行。在平潭任职的台湾人员，可以在台湾委托单位，招募符合公务人员条件的人员，经录取后，大陆认可其资格，并视同具备大陆公务人员条件。两岸人员同职同薪，且不低于双方任何一方的标准。如果将来选择在大陆定居，享有应有的医疗、社会保险与退休金。① 这种做法需要台湾方面的配合。随着两岸和平发展关系的进一步深化，这一问题有望取得进展。

第四，积累探索适合平潭综合实验区发展的民主参与制度。

由于两岸分隔了60多年后，政治和社会制度差异明显。如何弥合两岸政治分歧，目前尚不具备全面的条件。正因为如此，划出平潭这一特殊的地区，专为两岸社会制度性的衔接与弥合提供社会试验，具有重大的意义。它有助于促进两岸同胞的互信与融合，探索两岸同胞能够共同接受的社会制度和生活方式。

目前，在机构设置上，可以考虑先在平潭综合实验区管委会之外创设平潭综合实验区咨政会，作为平潭综合实验区两岸合作建设初级阶段的协调委员会。咨政会在现有“促进平潭开放开发顾问团”基础上设立，主要由关心平潭综合实验区两岸合作共建的政界、学界、实业界等人士组成。它的职能主要是对平潭两岸合作共建具体实践过程中的具体事务发挥参政议政作用。待到两岸同胞共同参与平潭建设达到一定的水平和规模之后，可尝试建立平潭立法院，行使地方立法权。立法院委员采取全民推选形式，从包括台湾同胞在内的所有平潭居民中产生。② 依照张亚中先生的建议，立法院民意代表初期可由两岸人民自行分别选聘，即所谓“协和式”（consociational）民主，待条件成熟后再由选区或依政党比例代表选出。③

在平潭综合实验区行政管理机构组成人员方面，也将逐步由上级政府任命逐步过渡到公开选拔和全民选举的阶段。积累探索民主化进程，实行党政分开，政府主要负责人可由不同党派和无党派人士通过竞选产生，最后由上级政府通过任

① 参见张亚中《对于将平潭定位为“两岸共同体实验特区”的意见》，选自宋炎、王秉安等主编《平潭综合实验区两岸合作共建模式研究》，社会科学文献出版社，2011年版，第217页。

② 参见“关于拓展闽台交流合作前沿平台的研究”综合报告课题组：《平潭综合实验区“五个共同”两岸合作新模式的研究》，载中共福建省委政研室《调研文稿》第29期（2011年12月12日），第13—16页。

③ 参见张亚中《对于将平潭定位为“两岸共同体实验特区”的意见》，选自宋炎、王秉安等主编《平潭综合实验区两岸合作共建模式研究》，社会科学文献出版社，2011年版，第217页。

命形式对外公布，每届政府任期五年，最多可连任两届。民意是政府官员执政的基础，立法机构可根据民意解散现任政府管理团队。按照聘用制办法进行人事管理体制改革，行政管理机构取消公务人员和事业单位人员用人体制，改为管理队伍的全员聘用。平潭综合实验区党委除负责本区党务工作之外，不再直接干涉政府事务，但可享有监督政府运用的权力。①

## 四、探索平潭社会治理模式应注意的几个问题

从两岸关系的实践来看，要推进两岸在社会领域、政治领域的合作交流，显然要比经济领域中的合作交流发展复杂得多。平潭综合实验区在两岸社会和政治领域的合作方面发挥着重要的先行先试作用，这也决定了平潭合作共建问题的复杂性。在探索平潭"小政府、大社会"社会治理模式过程中，应重点关注以下几个方面问题：

第一，要高度重视对平潭合作共建的法制保障。

平潭社会治理模式的设定和有效运转，取决于相关法律的充分保障。政策手段的最大不足在于其相对不稳定性，容易出现"政策随人，人亡政息"的弊端。大陆和台湾都是如此。目前，台湾地区已经实施了政党轮替的定期选举制度，这决定了台湾当局所执行的两岸关系政策将不可避免地随着政局的变动而变动。在这种背景下，过度依赖于政策手段必然会使两岸和平发展关系陷入反复起伏的不稳定状态。因此，政策手段在平潭建设初期具有重要的主导作用，但随着两岸同胞合作共建的深入，它难以满足平潭综合实验区长期发展的需要。法律手段所具有的长期稳定性、可靠性和可预期性等特征，决定了它在平潭发展建设过程中具有不可替代的地位和作用。

从台湾同胞的角度来说，由于两岸关系的不确定性，及两岸法律与政策的互斥状态，台湾同胞进入平潭定居，可能损失在台湾当地原有的既得权益。如果缺乏法律的可靠保障，台湾同胞参与平潭合作建设将面临巨大的法律和政策风险。因此，如何为平潭两岸合作制度建设提供可靠、全面的法律保障，关系平潭发展建设的全局，意义重大。

第二，要正确处理中共作为大陆地区执政党在平潭建设中所发挥的地位和作用。

平潭是两岸制度性合作的试验区，其合作的领域既涉及经济领域，又涉及社会领域和政治领域。这就需要综合考量两岸同胞所能共同接受的社会制度和生活方式。在平潭建设的初期，仍然要发挥中共作为执政党的主导作用；但随着平潭

① 参见黄速建、李鸿阶主编《平潭综合实验区开放开发研究》，经济管理出版社，2011 年版，第150 页。

综合实验区合作共建的深入，应当逐步实行党政分开，党委不再直接干涉平潭综合实验区的政府事务。中共作为大陆地区执政党，其作用应当集中在控制两岸关系发展的全局，通过全国人大立法方式确立平潭在两岸制度性合作中的地位，从宏观角度正确处理平潭与中央的关系。平潭事务的具体管理，主要通过平潭高度自治的方式加以解决。

第三，充分重视发挥政府在平潭综合实验区建设初期的主导作用。

平潭综合实验区的开发建设是一个逐步深入的过程。平潭现在发展最大的瓶颈是基础建设不足，支撑未来发展所需的产业尚未形成。同时，城市发展所需要的各方面人才急需引进，人口结构和人口素质均需要全方位调整和提升。在这一过程中，应当充分发挥政府的主导作用，以加快平潭的资金投入和开发建设。待到平潭综合实验区建设初具规模，台湾同胞的参与逐步深入时，政府应当及时将公共资源向社会倾斜，以培育社会力量，并不断强化社会自治功能，以推动“小政府、大社会”社会治理模式的形成。

以上观点属个人见解，不代表本人所在的单位。其中不足之处，尚请批评指正。

# 试验性立法的宪法界限

**陈静慧**
◉ 中国文化大学法学院专任助理教授，法学博士

## 一、前言

平潭综合实验区的开发，被赋予探索两岸合作交流模式先行先试的功能。而此等先行先试的政策，必须透过体制创新来加以实现，而制度的重要载体是法制。平潭开放开发在法制层面的建构，除了必须有中央政府视平潭开发开放的实际需要授权地方有制定地方性法规之权限为前提外，还有必要制定一部《平潭综合实验区条例》，作为平潭开发开放的基础性立法，并且制定相关配套法规，作为涵盖政治、经济、社会、文化等各个领域综合实验的法制基础。《平潭综合实验区条例》与相关配套法规的目的在于挖掘可能之立法空间，以探索两岸合作立法以及法制接轨的空间和方式，故性质上属于试验性立法（experimentelle Gesetzgebung）。无独有偶，台湾近年对于某些新制度的建构，也采取了试验性立法的方式作为决定是否建构全面、一体适用法规范的前行阶段。① 本文的目的即在探讨试验性立法的宪法界限，包括试验性立法在宪法上的容许性，以及试验性立法必须受哪些宪法原则的拘束，论述依据之理论则以适用于台湾之“宪法”理论与规范为基础，兹先叙明。惟《中华人民共和国宪法》与台湾地区“宪法”均未明文提及试验性立法的概念，故本文拟探讨之议题必须回到宪法的一般原理原则来作探讨，因此本文以下的内容原则上应兼能提供两岸在思考试验性立法合宪性与制定界限问题时若干参酌。

① 目前许多试验性立法被运用在司法事务改革的范畴内，例如：“民事诉讼合意选定法官审判暂行条例”（2008.9.5 废止）、地方法院实施家事事件调解试行要点（2008.3.31 期满失效后，“司法院”另定“地方法院办理家事调解事件实施要点”，作为现行办理准则）、“最高法院”、高等法院或其分院法官候选人推荐试行要点（1990.12.29 发布、自 1991.1.1 施行）以及目前仍在草案阶段的“人民观审试行条例”草案。

## 二、试验性立法之体系定位

### (一) 试验性立法之概念

广义地来看，每个法规范都蕴含了试验的性质，盖法规范是为规范不能确切预知的未来人事物而制定，因此“预测”是制定法规范时不可避免地会存在的一个要素。亦即立法者要先对于待规范事务之未来发展先为预测，再以此为基础制定出相应的规则，法规范公布施行后，若有必要时依据施行的经验与发掘到的错误来修正法规范，确保法规范能适切地规范待规范的法律事实。从这个角度来观察，任何法规范的制定与后续修正都展现了一种试错（trial and error）的过程,[①] 因此可以理解为一种“试验”，但是这种“试验”，并非立法者在制定法规范时即被有意当做主要的立法目的。本文欲探讨的“试验性立法”，不是广泛地以一般法规范为标的，而是以最初立法者在制定法律时，即明确展现欲以制定的法规范作为搜集如何规范待规范法律事实的经验，借由法规范施行的效果有计划地、理性地评估是否将来要制定一般性、长久适用的法规范。[②] “试验性立法”在内容上展现与一般法规范之不同点，例如立法者会设定试验性法规范仅于一定期间内有效与施行（Befristung），也有可能仅在特定区域施行，但施行地域之局限性并非试验性立法概念的必要要素。[③] 此外，设置特定评估与改进施行效果的措施（Evaluationsvorkehrungen）也是试验性立法特征之一，举凡在法规范中明定改进诫命、设置改进委员会、报告义务等属之。[④] 试验性立法与一般法规范相较之另一不同点是，后者的内容至少在制定当时是立法者有共识地认为系正确或者适当的解决问题方式，并预设短时间内不需要再持续探索进一步的解决办法，即便不排除未来随时有修正的可能，但这种修正不似试验性法规范的修正是一开始就有意设定的目的，而且试验性立法可能会因为新观点的发掘而被改变或者舍弃，亦即对于试验性法规范最后是否付诸一般性、长久适用的法规范这点是完全开放的[⑤]。

### (二) 试验性立法之类型

在试验性立法的概念下又可细分为两种子型态的立法模式：“试验法”（Ex-

① Vgl. Stettner, Verfassungsbindungen des experimentierenden Gesetzgebers, NVwZ 1989, 806.

② MaaB, Experimentierklauseln für die Verwaltung und ihre verfassungsrechtlichen Grenzen, 2001, S. 30.

③ MaaB, a. a. O. (Fn. 3), S. 34.

④ Hoffmann – Riem, Experimentelle Gesetzgebung, in: Bull (Hrsg.), Festschrift für Werner Thieme zum 70. Geburtstag, 1993, S. 55 (56).

⑤ Kloepfer, Gesetzgebung im Rechtsstaat, in: VVDStRL 40, 1982, S. 63 (92).

perimentiergesetze）及“试验条款”（Experimentierklausel）[①]。两者同具有为将来可能制定施行的法规范，系统性地搜集经验，以克服无法评估与预测若径行全面适用新的制度其效果与影响困难的功能。两者的差异则在于，“试验法”是直接以制定“法律”的方式形塑试验及搜集经验的条件，“试验法”也可以归类为限时法（Zeitgesetz）下的一种子类型，因为其仅在所设定的期间内有效，有别于其他限时法之处则在于其系基于“试验”之目的而制定。[②] 而“试验条款”则用以授权（地方）立法者或行政机关，允许其制定不同于现行法律状态之法规范，使得原来一体适用之法律部分地受到限缩。亦即“试验条款”乃授权可以制定与试验目的相符之法规范的基础，其只作为容许偏离或排除现行一般适用法律规范之依据，本身并未蕴含拟进行试验的实质内容，而是交由被授权得为偏离现行法律规定者依其裁量制定符合试验目的的规范内容。[③] 此外，前开两类型的试验性立法在实务上被运用的时机亦有区隔。[④] “试验法”通常用在欲进行一项改革时，各方对于是否改革尚未达成共识，为了消除反对进行改革者的疑虑，以具体拟定展现改革理性、但仅暂时施行的法律，作为将来达成政治决定共识的手段，在此意义下，试验法具有增加政策透明度的功能（Hilfe zur Transparenzsteigerung）。[⑤] 而“试验条款”则用在各方对于进行改革之必要性已有共识，但因可能采用的手段皆不可避免地会带来若干负面效果，故授权有权实行试验的机关，开放其自行试验甚至发展更多可能采用之改革方案与模式，以多方地搜集及评估不同改革手段所造成的施行效果与经验，故有称“试验条款”为“新操控模式的试验”（Erprobung neuer Steuerungsmodelle）者。[⑥] 当“试验法”是选定某一特定模式加以试验及评估效果——此时系所谓的“模式试验法律”（Modellversuchsgesetz），在这种情况下“试验法”与“试验条款”的功能近似。[⑦]

目前为止大陆地区主要将试验性立法运用于推进区域发展规划的改革试验进程，此间虽然也牵涉中央或省人大常委会授权地方就实施改革发展规划得起草制定地方性法规，容许立法创造与尝试新的体制机制，但由于实务上均是个别地就特定区域开发计划作出支持及允许实验区建设的决定，并非一般性地授权各地方

① 又有称为“开放条款”（Öffnungsklausel）或“尝试条款”（Versuchsklausel）者。参照 Grzeszick, Öffnungsklauseln für die Kommunalverwaltung, Die Verwaltung 1997, 545 ff; Horn, Experimentelle Gesetzgebung unter dem Grundgesetz, 1989, S. 28.

② MaaB, a. a. O.（Fn. 3），S. 34.

③ Beck, Die kommunalrechtliche Experimentierklausel als Reforminstrument, LKV 2004, 488 f.

④ Hoffmann – Riem, a. a. O.（Fn. 5），S. 55（58）.

⑤ Hoffmann – Riem, a. a. O.（Fn. 5），S. 55（68）.

⑥ Seidentopf, Experimentierklausel-eine “Freisetzungsrichtline” für die öffentliche Verwaltung, DÖV 1995, 193.

⑦ Kloepfer, a. a. O.（Fn. 6），S. 63（92）.

政府有偏离中央或省法规的规范制定权限，故相关授权非属“试验条款”的类型，而曾经为了推进区域发展规划及综合配套改革试验而出台的法律，性质则近似于“试验法”；① 而台湾地区立法实务上运用试验性立法的实例，也主要为“试验法”的类型。因此下文在讨论试验性立法的合宪界限时，将以“试验法”此一类型为主进行论述，并不再赘述试验性立法指涉的是试验法；试验法宪法界限之讨论，某种程度也适用于试验条款，但本文限于篇幅，不另深入讨论专适用于试验条款的宪法界限。

## 三、试验性立法之宪法界限

### （一）容许试验性立法之基础：立法者就未来不确定待规范事实之预测权限

在制定任何法规范时，都会面临如何让该法规范目的得以实现、如何让该规范发生实效、如何提升该规范被接受的程度，以及如何降低执行该规范需费之成本等问题。从功能最适的观点来看，立法者无疑是最适合就上开问题享有先行裁量判断的权限。特定法规范于未来施行的效果不能确知这点，并不构成限制立法者制定新法的原因，而是会产生要求立法者在制定法律时有就重要的立法事实为调查之义务，以确保所制定之法规范的合理性及可信赖性。试验性立法之实际实施经验，能提供立法者对未来发展为较准确预测的基础，进而能符合宪法对于立法活动必须符合“理性”（Rationalität）的要求。② 试验性立法既为法律之一环，其在宪法上的容许性，可以从立法者对立法事实的调查、评估与对未来发展预测的权限导出，在特定情况下——例如贸然立法可能造成严重侵害人民重要基本权利的结果 - 甚至可能导出立法者有必须采取试验性立法的义务。③

试验性立法的问题，不在于试验性立法不符合一般法规范所具之一般与抽象性之特征，而是在于其效力的局限性，以及试验性法律对于其尝试之内容，不排除最后不付诸常态性法规范的可能，这使得试验性立法较一般法规范展现较低的权威性与公信力，也削弱了法规范应具有之法确定性（Rechtssicherheit）。有鉴于此，若立法者欲采行试验性立法，即负有必须特别明示该法律之性质为尚未终局决定是否施行、仅为测试之义务，辅以“试行”或“暂行”命名一方面揭示该法施行效力有限制，另一方面也指出该法内容并非必然为合乎事理或难以指摘

---

① 例如中关村科技园区条例、天津滨海新区条例、武汉城市圈资源节约型和环境友好型社会建设综合配套改革试验促进条例、深圳经济特区前海深港现代服务业合作区条例，但制定之目的显然是要在选定之区域内试行创新之制度与机制，并订有视试行情况与需要为法律修改与续造之条款，虽然上开条例皆未设定施行期限，性质近似于“试验法”。

② Vgl. Stettner, a. a. O. (Fn. 2), S. 806 (807).

③ Kloepfer, a. a. O. (Fn. 6), S. 63 (93).

者，以排除人民对该法律的内容与存续主张信赖保障的可能。[①] 试验性立法既然会造成前述疑虑，采用试验性立法的手段无疑应属例外情况而不能滥用。宪法原则上不禁止立法者采取试验性立法作为评估日后是否制定公布一般性法律的可能手段之一，并不表示立法者在制定任何一项法律时都可以或适宜采用试验性立法，这牵涉立法者在符合何种要件得采取试验性立法的问题，以下将就采行试验性立法必须遵守之若干宪法要求为探讨。

### （二）于个案采取试验性立法之合法要件

首先，试验目的必须有其正当性。当涉及事实相当复杂的事务领域，致待规范事实之发展趋势相当不确定时，尤有采取试验性立法的正当性，试验性立法基此理由常被运用在社会保险、税法与经济政策领域。[②] 其次，试验性立法所涉及之实体事项必须是可以试验的标的（Testbarkeit des Testziels），且不能逾越宪法所赋予立法者之权限；若不能作为一般法规范的内容，也不容许成为试验性立法的试验题材，否则违宪。[③] 此外，必须有试验的需要（Testbedürfnis）。若欲藉由试验性立法获取的经验在国内其他地区或者其他国家已有可资援引作为风险与实施效果评估的基础——前提是该地区或国家的状况与条件具可比较性——那么就没有采取试验性立法的必要。[④] 试验性立法还必须遵守比例原则的要求：获取所需经验的目的必须能借由采行试验性立法的方式达到；（Testgeeignetheit）[⑤] 如果能以试验性立法以外之较简易方法，例如单纯以模型建构、电脑演算模拟即足以获得同等价值讯息者，就无采取试验性立法作为效果预测手段的必要性（Testerforderlichkeit）[⑥]；最后，以试验性立法取得的利益与因此所带来的风险与可能的损害必须合比例（Testangemessenheit）。在此检视的不仅是试验所获得的资讯与因此对社会各层面造成的副作用不能不合比例，同时也应考量若直接施行一项立法者就其要件制定与效果仍无法掌握的法律与采取试验性立法可能造成之效应两者间的关系，以判断是否有采行试验性立法的必要。若采取试行性法律带来的损害低于径行施行效力未设限之一般法律，则无违反比例原则的疑虑，例如以试验性立法试行收取费用乃典型之例。[⑦] 在肯定有采行试验性立法的必要性之后，尚

---

① Stettner, a. a. O. (Fn. 2), S. 806 (810).

② Stettner, a. a. O. (Fn. 2), S. 806 (811).

③ Pirson, Vorläufige und experimentelle Rechtssetzung im Schulrecht und Hochschulrecht, in: Seidl - Hohenveldern (Hrsg.), Festschrift für Hermann JahrreiB zum 80. Geburtstag, 1974, S. 181 (188).

④ Hoffmann - Riem, Modellversuch als Scheintest - zur geplanten Einführung der Kabelkommunikation in Ludwigshafen, ZRP 1980, S. 31 (32); Pestalozza, Gesetzgebung im Rechtsstaat, NJW 1981, 2081 (2084).

⑤ Hoffmann - Riem, a. a. O. (Fn. 20), S. 31 (32).

⑥ Kloepfer, a. a. O. (Fn. 6), S. 63 (94).

⑦ Pirson, a. a. O. (Fn. 19), S. 181 (191).

应进一步检视其所设计之试验机制。试验性立法之目的既在搜集所需经验，设置依据试验过程状况弹性调整测试条件的机制（例如设置定期评估试验效果之委员会）因此为试验性立法的典型表征之一，有关此机制是否能确保试验能搜集到有助于最后尽可能作成最理性决定的资讯，[①] 亦是以比例原则来审查试验设计（Experimentaldesign）的合宪性。

既然基于比例原则之要求，于个案判断是否有采取试验性立法之必要乃是利益衡量的结果，因此可以想见有某些事务领域本质上比较不适合采用试验性立法，尤其是直接涉及人民基本权利保障的事项。观察德国实务经验，就不讶异于试验性立法于该国主要应用于经济、媒体、交通、建筑与能源政策领域的事实。[②] 在德国另一个广为运用试验性立法的事务领域是教育改革，由于对若干新的学程（例如硕士学程）、学校类型（例如综合中学）在德国实施的可行性无从确知，因此先以试验性立法的方式在特定区域、一定时期内实施，以作为逐步改革与建构新的教育体制的基础。于教育领域运用试验性立法尚须考量在此中人民基本权受到冲击的程度，来判断采行试验性立法在法律评价上是否没有疑义。倘若参与实验性学程的学生毕业之后的工作机会明显地受限，或者被迫只能继续选择另一无实益的学程，那么这种试验已影响了参与试验者的社会生活权利。从人民基本权保障必要的角度来看，有认为试验性立法不该采取强制人民参与教育改革的试验方案，只能从自愿参与改革方案试验者的经验去获取所需观点与资讯。毕竟要人民担任国家机关试验新政策小白鼠的角色并不合理，且极端的情况下人民甚至会变成仅是国家行为的客体而有违反人性尊严之虞。[③] 此外，德国联邦宪法法院曾在判决中指出，若会对人民受高度保障的法益（例如生命、身体、人性尊严）造成影响，在没有足够的资讯证明可以排除对个体受高度保障的法益造成侵害之可能，即便整体利益衡量的结果显示采取试验性立法对于公益之增进有助益，仍禁止采用试验性立法。[④] 这些会涉及人民须受高度保障法益的事务范围，被称为“不利于试验的事务领域”（Experimentierfeindlichkeit von Sachbereichen）[⑤]，在此范围内基于所涉法益特殊，是否可以量化的方式来衡量试验性立法对于整体公益的促进程度是值得被再三思考的。[⑥]

一个只用于审查试验性立法合宪性的要求，是试验性立法之采行必须是在政治部门对于特定立法的态度仍处于开放未决（Noch - Nicht - Abgeschlossenheit）

---

① Hoffmann - Riem, a. a. O. （Fn. 5）, S. 55 （67）.

② Stettner, a. a. O. （Fn. 2）, S. 806 （811）; Hoffmann - Riem, a. a. O. （Fn. 5）, S. 55 （57）.

③ Pirson, a. a. O. （Fn. 19）, S. 181 （192）.

④ Vgl. BVerfGE 39, 1 （60）（第一次堕胎案判决）.

⑤ Stettner, a. a. O. （Fn. 2）, S. 806 （811）; 相同见解 Hoffmann - Riem, a. a. O. （Fn. 5）, S. 55 （68）; Kloepfer, a. a. O. （Fn. 6）, S. 63 （93）.

⑥ Pirson, a. a. O. （Fn. 19）, S. 181 （191）.

的状态，以避免试验性立法被当成一种政治运作的手段而有被滥用之虞。而结果开放性的要求系透过试验性立法的合法前提要件确保：试验必须是有期限（Befristung）且必须保有事实与法律状态的可回复性（Notwendige Reversibilität）。试验性立法必须设定效力期间，但关于期间的长短仅须合理而无一绝对标准，至于所设之期间是否合理，应视具体个案所牵涉之事务领域而定。[①] 此外，试验不能导致永久不可回复的改变，因为只有这样才能确保未来立法者有依据试验的结果自主决定是否将试验法规范内容常态化的可能。而所谓可回复性，要求的并不是嗣后要将实行试验所留下的轨迹、造成的结果全部回复到如同没有进行试验前的状态，而是指不能造成阻断立法者回到试验的出发点、采取另一种方式解决问题的可能[②]。有关是否具可回复性的评断，蕴含的仍是一种必须符合比例的要求：在试验结束后，尤其在试验失败的情况下，从经济、社会与政治各个层面综合来评估，都还能以付出合理、可接受的成本除去因试验所造成的负面影响。[③] 若干试验性法律仅择定特定区域施行（Räumliche oder örtliche Begrenzung），即含有确保回复可能性的意义。[④]

### （三）试验性立法与平等原则

由于试验性立法有可能只以特定群体为适用对象，甚至只选择特定区域施行，导致仅对于可得特定之人民发生效力而产生差别待遇，因此平等原则也是讨论试验性立法合宪性不可回避的一环。平等原则对于立法者在采用试验性立法时产生的拘束力，可以依据试验性立法内容是否涉及人民基本权利加以区分。若试验性立法对于人民的法律地位没有直接影响，例如只发生拘束行政机关的效力——通常是发生在“试验条款”的类型——这时平等原则之意义在于拘束行政机关试验之行政行为必须标准一致，亦即平等原则实际上发生效力的层面会从法规范的制定移转到法规范的适用。[⑤] 若试验性立法造成两个或两个以上群体应分别适用不同法规范，其法律效果又对于人民权利义务有影响者，此时要问的问题是，是否此不平等待遇系合乎事理而可被正当化：必须被选择出来适用试验性法规范者从所涉规范事务领域来看，相较于其他未纳入试验性法规范适用范围者所处法律地位不同，而此不同点之“重要程度”足以正当化不平等待遇。换言之，试验性立法是否抵触平等原则时，应视人民基本权利受影响的程

---

① Stettner, a. a. O. (Fn. 2), S. 806 (810).

② 德国联邦宪法法院曾在判决中就试验性立法必须保留之可回复性作详细阐述，参见 BVerfGE 74, 297 (339) (5. Rundfunkentscheidung).

③ Stettner, a. a. O. (Fn. 2), S. 806 (810).

④ Hoffmann - Riem, a. a. O. (Fn. 5), S. 55 (65).

⑤ MaaB, a. a. O. (Fn. 3), S. 150.

度与所涉事务领域来考量是否该差别待遇合比例[①]，例如究竟适用试验性法规范者相较其他不在规范范围者系受较优惠抑或较不利待遇、所涉及之法益重要程度，都会影响判断结果。以平潭综合实验区条例与其配套法规为例，其目的除在引进优惠与促进经济发展措施的法律，更在试行建立一个两岸一致或至少是能相互确认之便捷程序法规体系、富有台湾特点的社会组织培育发展制度、社区自治制度等，相关法规范主要涉及的是组织与制度的创新，即便不排除该条例与其配套法规有影响人民之权利与法律地位之可能，但原则上应非直接且明显之不利影响，因此违宪的疑虑较低。相反地，若试验性法律会对人民之基本权利造成限制或侵害，除非受该法规范拘束的基本权主体是自愿参与该试验，否则难以免除违宪的疑虑，[②] 必须依个案情况进一步细就系争差别待遇是否合理、合比例为审视。

## 四、试验性立法适用之审查标准与密度与一般法规范之异同

宪法具有拘束所有国家机关行为之效力，试验性立法既为立法者本于职权所制定，即便其试验性效力在时间或地点上有局限性，仍非免于宪法拘束之自由立法空间。例如立法者行试验性立法时不能逾越其宪法上权限、必须遵守立法程序要件及其他宪法原则（例如法律保留原则）乃属当然。有疑义的是，于审查试验性立法合宪性时，是否适用相较一般法规范不同之审查标准与相对宽松的审查标准。当待规范事务的未来不确定性在立法当时愈高，会相对地扩大立法者的立法自由形塑空间。然而不得不辨的是，前开所谓立法者享有较大的立法形塑空间，指的是当立法者面临规范事务之高度不确定性时，本于其对事务未来发展的预测权能，容许其于“手段选择”——决定要直接制定一般效力之法规范，或者采取试验性立法先搜集经验时——有高度自主决定权：只要不是明显地可预见试验性立法会导致不可接受的高度风险或者必然违宪的结果，即便不能排除有这样的可能性，立法者仍有采取试验性立法作为履行其规范不确定事务时应负之风险调查与预测义务方式的正当性。[③] 又因系争法律本来就是为了要测试不能确知其未来的事务而制定，因此不排除视测试状况修正试验性立法的内容，这同时也意味着对试验性立法内容的明确性、法安定性及立法者所应尽的调查与预测义务的要求降低。[④] 除此之外，就审查试验性立法其余内容之合宪性为审查时，并无理由一般性地降低所适用之审查标准的密度，尤其当试验性立法有侵害基本人权

---

① Pirson, a. a. O. (Fn. 19), S. 181 (193).

② MaaB, a. a. O. (Fn. 3), S. 150.

③ Stettner, a. a. O. (Fn. 2), S. 806 (812).

④ Kloepfer, a. a. O. (Fn. 6), S. 63 (96).

或逾越宪法上权限划分的情况，不能以其具搜集经验与创新制度的功能为由而降低对其合宪性要求。①

## 五、结论

试验性立法除了其所具两个特征——在一定期间有效（Befristung）、设有“改进措施”（Evaluationsvorkehrungen）——外，本质上与一般法规范无异。其相较于一般法规范独特之处，毋宁是试验性立法所能发挥的功能：试验性立法是立法者在立法过程中面临无法预测是否能承受改革所致风险、无法确定何为适当落实政策的方法、可能采取之措施的效果不明等问题，可能可以采取的一种技术。尤其若相较于贸然地公布施行普遍适用的一般法律，运用试验性立法显然是立法者面临上开不确定状态时较适当、合比例的手段，例如前者会造成事实或法律面无可回复的结果或对人民造成不必要的侵害，基于过度禁止原则的要求，在特定情况甚至可以导出立法者有采取试验性立法先行测试的义务。在政治层面，因试验性立法有视试验状况调整试验要件的弹性、对于测试内容最后是否付诸决定持开放态度的特性，可以系统性地搜集及评估可能付诸实行之改革方案的实务效果，发挥消除疑虑、增加政策透明度、促进共识形成的功能。试验性立法所具前开功能，可以作为立法者因应目前多变繁杂社会事实致法规范效果难以预测难题的手段，提高尝试新的改革方案的意愿与可能性，同时兼顾民主社会中尊重多元意见的价值。但试验性立法毕竟有影响法安定性的疑虑，因此立法者在运用此手段时，除了不能逾越一般法规范也须遵守的宪法框架外，试验性立法的目的是否正当、必要，以及因试验性立法特性所衍生之必要特有措施（例如试行期限、地点与改进措施）也须符合前文所述宪法要求。观察大陆地区改革开放的轨迹：从早期“先闯先干”、“先干再批”的试错先行模式，到近年来要求必须有法律作为试行改革模式之基础，以达引导改革，确保开放开发有系统、有秩序，可见试验性立法就发展因应经济、社会所需之改革模式有助益，也可以预见试验性立法在未来仍将持续甚至更广泛地被运用。惟试验性立法只有在前开宪法要求形成之界限内被运用，才能既发挥促进改革、使法制状态随社会需要与时俱进的正面功能，又能确保既有宪政秩序不被破坏。

① Hoffmann－Riem, a. a. O.（Fn. 5）, S. 55（63）.

# 创设平潭综合实验区社会治理新型模式问题研究

**翁齐斌**
◉ 福建君立律师事务所律师

## 前言

2011年11月，中国国家发展和改革委员会批准的《平潭综合实验区总规划》指出，平潭综合实验区的发展定位之一是建成“体制机制改革创新的示范区”、“加快平潭在经济、社会、行政管理等方面的体制机制改革创新”；同时指出：“按照精简、统一、效能的原则，健全平潭综合实验区管理机构，建立起机构精简、职能综合、结构扁平、运作高效的管理体制和运作机制”，“创新政府管理和服务方式。深化行政管理体制改革，加快政府职能转变，进一步强化经济调节、市场监管、社会管理和公共服务职能，构建服务型政府。开展社会管理综合改革试点，推进社会管理改革创新，完善社会管理和服务体系，提高社会管理的科学化水平”。福建省党政领导人苏树林等人在关于建设平潭综合实验区的规划方面也强调，平潭将采取海峡两岸“共同规划、共同经营、共同开发、共同管理、共同受益”的“五共同”合作模式，实行“放地、放权、放利”的措施，在平潭划定一些区域，由台湾市县或机构按照总体规划来进行开发或共同开发，在放地的区域内由台湾同胞进行管理，让到平潭来的台湾同胞、台企及与平潭合作的台湾的市县、机构获得实实在在的利益。

笔者认为，“经济建设，制度先行”，因此，平潭综合实验区建设成败的关键应当是如何创设新型的社会治理模式。但是，应当如何创设创新的社会治理模式和制度？笔者认为，首先应当在《平潭综合实验区总规划》基本蓝图内，在吸收借鉴各地区和国家先进经验基础上，结合本地区地理、环境、人文、政策各方面具体情况，切实做到“先行先试”，创立新型社会治理模式的原则性导向制度，以让平潭综合实验区能在一张白纸上做好文章、设计好家园，以让投资者放心，让广大民众宽心。具体来说，笔者认为应当将以下各方面作为平潭综合实验区社会治理模式建设的原则性举措进行规划建设。

## 一、简化政府设置，建立一级政府机制

根据《平潭综合实验区总规划》，平潭综合实验区将依据海坛岛及其附属岛屿的自然地理特点，在主岛海坛岛内采取组团推进的方式，构建“六区、十一组团”：

1. 中心商务区。位于海坛岛东中部，包括（1）潭城组团（现有城区）、（2）岚城组团、（3）竹屿组团等，布局发展两岸合作的高端商务、金融保险、行政办公、高尚居住及旅游服务设施，打造中部核心区。

2. 港口经贸区。位于海坛岛西南部和东部，包括（5）金井湾组团、（6）吉钓港组团、（7）澳前组团等，发展保税加工、保税物流、货运代理、转口贸易及港口物流业，建设商贸、海产品加工及台湾农产品交易中心。

3. 高新技术产业区。位于海坛岛北部的（8）中原组团，布局发展电子信息、新材料、新能源等战略性新兴产业，建设两岸高新技术产业基地和低碳科技应用示范基地。

4. 科技研发区。位于海坛岛西北部的（9）幸福洋组团，主要发展研发设计，建设两岸合作的产业技术研发及应用基地；探索建立两岸合作的集智能交通、智能生活、智能建筑等为一体的智能化示范新城区。

5. 文化教育区。位于海坛岛中北部的（10）平洋组团及周边地区，规划建设两岸教育合作园区；建设文化创意产业园、动漫游戏城，建成两岸高等教育、职业技术教育和文化创意产业合作示范基地。

6. 旅游休闲区。位于海坛岛东南部的（11）坛南湾组团及邻近岛礁，发展海上运动、养生保健等旅游休闲产业，建成国际知名的观光旅游休闲度假区。

另外，在附属岛屿的屿头岛发展高端居住区、休闲度假区及海洋文物区，建设沉船博物馆和海底文物研究中心、沉船打捞技术研究中心；在大练岛发展特色船舶（含游艇）修造产业；在东庠岛发展海洋观光渔业；在草屿岛建设台湾海峡海上补给基地；在塘屿岛规划发展高端度假区。

根据上述区功能分区情况，平潭综合实验区实际上打破原来的县、乡镇、村等三级行政区划格局，完全从经济功能上定位平潭综合实验区的规划和发展格局。因此，笔者认为，从平潭综合实验区政府管理角度，应当简化政府级别和机构设置，完全取消原来的县、乡（镇）、村三级政府的多级政府建制，建立平潭综合实验区管委会、区人民政府一级党政机构。在实验区党政机关以下单位不设行政机构，由实验区党委、区政府统一处理全区各项行政事务。在实验区党委、区政府以下建立地方社区自治团体，具体的行政管理事项（包括乡公职人员的选举及罢免等）、财政管理、社会服务、教育文化环境卫生、交通观光、公共安全、公营事业的经营与管理等事项均由地方社区组织自己处理。通过这样“一级政

府”的党政机构精简设置，可以避免多重行政、重复管理的情况，以起到加强效率、行政透明的作用。

## 二、建立重点引导经济的“小政府、大社会”行政管理模式

对于处于起步阶段的平潭综合实验区，在规划和研究社会治理模式时，首先应当做到切实转变政府观念，把政府权力逐渐从公共服务的一些领域撤出，建立“小政府、大社会”的政府管理模式，由“全能政府”向“好政府”、“强政府”方向转变。也就是说，政府及其部门要把适宜于社会组织行使的职能，委托或转移给社会组织，使社会组织处理部分管理社会公共服务的职能工作。因为，对于先行先试的平潭综合实验区，如果继续采用政府包管一切的行政管理模式，那完全难以适应实验建设和发展的需要，实验区政府应当从过多的社会服务管理工作中脱身出来，加强引导经济发展的作用，以促进经济有序和有特点发展。在日常工作中，实验区政府不应当进行直接或过度的干预经济工作，工作的重点主要应当在于引导经济秩序，对经济发展起一个带头和促进的作用。

所以，实验区政府应当“简政放权”，大力培养发展和规范管理社会民间组织，加大政府职能转移力度，向社会组织放权，让民间社会组织参与社会治理。当然，政府也应当在道德操守、遵纪守法、关心社会群体和企业发展等方面建立起政府权威，避免因政府权威的丧失而引起社会管理混乱。

## 三、建立民营化非营利性组织和法定机构参与社会治理的制度

在政府设置简化、政府职能转变的同时，原来由政府包办的社会服务，需要有新的、更有效率的社会组织来承担，这必然产生对社会服务需求的巨大空间。因此，必须将原来由政府社会公共管理部门承担的工作，比如妇女、慈善工作等，转由社会民间组织来承担，必须建立民营化的非营利性组织来参与社会管理工作。多年来，香港、新加坡均通过由民间化的非营利组织参与社会管理的方式形成了一套成熟的社会治理机制，通过有效的社会服务，实现了有序的社会管理，政府完全依靠民间服务机构开办各类社会福利和社会服务事业，如老人院、幼稚园、心理辅导、家庭治疗等等，这些机构不仅可以收取较低的服务费用，而且还有机会得到政府的补助资金。这样，通过社会民间组织直接而有效的服务，既帮助了有需求的人，起到稳定社会的作用，同时又能够在申请政府购买服务的过程中，提升服务水平和组织能力。

因此，为了在社会治理方面有所创新，必须将传统的收容、救济、医疗、办学、文化和社会服务功能的单位改造成民间非营利性组织，加强对非营利性社会组织的培育、扶持和管理，建立政府与民间非营利性社会组织的有效沟通渠道，

促进民间非营利组织的发展。通过这些民间非营利性组织的公益活动，使社会各阶层需要关爱的人接受社会关爱，解决政府无法解决的实际困难，缓解社会矛盾。这样，既有利于对社会的良好治理，也有利于促进政府管理方式的转变，以建立积极有效的社会治理机制。当然，社会公共服务非营利性组织特性之一是志愿性，它以服务和帮助有需要的人为根本目的，并以项目结果和资金效益为评估标准，因此，对社会公共服务非营利性组织进行民营化并不是由民间非营利性组织通过提供公共服务而赢利；非营利性组织如果通过民营化运作能够产生盈利时，也不能将盈余用于分红或者搞内部福利等，应当将盈余用来作为科研或增加设施、改善被服务人员待遇之用。

另外，为了政府部门适当地调控市场、促进经济发展的需要，平潭综合实验区在创设社会治理模式时，应当在必要的时候，按照《平潭综合实验区总体规划》和国家法律、行政法规、地方法规、地方政府规章的规定，设立一些职能隶属政府但运行独立的社会机构来参与社会管理，并承担管理社会事务的责任。

## 四、建立布局科学的自治社区组织，强化多位社会服务系统

上述简化政府设置、建立一级党政机构设置制度后，势必产生综合实验区党政机关处理行政事务的强大压力，为了化解这种压力，应当重新布局设立各区的社区组织。这些社区组织属于非营利性的公益组织建制，区别于事业单位或企业、公司。社区组织的具体组成人员必须打破政府公务员或所谓事业单位格局，通过社会招考合同制人员或由自愿者参与管理，但是，在政府机构简化设置的过渡期内，可由原来的县、乡镇、村级干部职工通过选拔、考核、转任取得上岗资格。通过在平潭综合实验区各个功能区内建立布局科学合理的社区组织的方式，可以建立起多位能动的社会服务体系，以方便政府和居民之间的沟通和协调，协助处理好各个社区的日常管理事务。

同时，应当培育社区自治的力量，推进社区自治，建立自治性社区。随着改革开放的深入，我国大量的社会管理和服务职能由政府部门转移到社区，基层社区的工作范围进一步拓宽，服务功能也不断多元化和社会化。但是，在我国现有的社区中，居民自治功能难以发挥，社区的一些决策、监督机制流于形式，社区居民委员会仍然属于政府职能部门的延伸，社区组织的基层性、群众性和自治性无法充分体现。随着平潭综合实验区各功能区的划分和定位，不但必须打破原来设定的社会组织格局，建立符合功能区定位的社区组织，而且，必须建立起社区组织的自治性制度，赋予社区组织高度的自治性。通过直接选举和竞选的方式组织社区组织的管理机构，拓宽社区成员参与社区管理、表达意愿、反映问题的渠道和平台，建立社区组织直接选举制度、社区代表会制度，建立不同社会群体可以在社区代表会中拥有自己的代表、协调各自利益、审议社区预算和决算、监督

社区管理服务人员施政的制度，以确立社区组织的“平权式”治理结构。同时，应当进一步扩大社区组织与政府机构的联系，使社区组织在与政府相互交往和学习中，共享信息，减少分歧，增进合作，共同治理好社会。

## 五、建立政府管理服务工作合同化制度

在目前的世界性政府改革过程中，政府管理服务的合同化是公共服务市场化供应的一种基本工具和基本方向。政府管理服务合同化是指由政府确定某种公共服务项目的数理和质量标准，采用契约外包或招标的方式，发包给非营利性公共管理社会组织或发包给企业，承包方按照合同的要求提供服务，政府部门负责检查工作绩效和服务质量。政府管理服务合同化有多种方式，包括将政府管理服务通过招投标的方式外包给企业，或由承担政府公共管理的组织以合同的方式来承包提供服务等。当然，政府管理工作合同化方面主要涉及市场化水平较高的法定机构，如质量检验、法律援助、涉诉信访、民生服务、证照管理等。通过政府管理工作合同化，可以改进公共服务部门的原来人浮于事、不尽责服务的工作体制，提高公共管理工作的服务质量，同时，也可以克服因政府设置简化后所产生的政府工作人员不足的问题。

## 六、建立完善的民众利益表达机制和善治、监督机制

社会治理不是某一政府的单一行为，而是以协商、参与为机制和基础的互动过程。平潭综合实验区在规划社会治理模式时，必须充分考虑到在未来的试验区管理和建设过程中，社会群体和群体文化的多元性，各个社会群体、经济实体、基层组织和民众参与意识逐渐增强，民主化的吁求也将日益显现。因此，必须考虑到民众政治参与和利益表达的需求，建立完善和制度化的民众利益表达机制，否则，就可能容易引发各种各样的社会危机。笔者认为，除了加强对党政机关的监督管理机制外，应当通过以下方式建立完善的民众利益表达和善治、监督机制：

1. 强化社区组织和公益非营利组织的管理。建立社区组织的民主管理、直接选举、社区事务公开、民主监督、管理人员引退机制和问责制度等。

2. 建立和强化执政党直接联系群众机制。为了切实做到联系群众，化解群众难题，倾听群众声音，应当设立共产党管理领导在固定时间接见片区民众的制度，设定党员领导干部每月定期安排会见社区内民众，为民众解决各种实际困难。对于未能履行职责和未能切实反映、反馈群众诉求情况的党员干部，必须建立严格的惩处机制。

3. 在各个行政机构、社区管理单位、非营利性组织切实建立首问责任制。

首问责任制在有些单位建设得比较规范，并取得很好的成效，比如在福建省的地税系统。但是，这个首问责任制应当推行并切实落实到各个公共管理、公益性机构。小到社区物业服务部门、大到综合实验区管理委员会都必须推行并切实落实首问责任制，遇有群众投诉事项，一经查实，必须给予相应的处理，做到真正从严管理公益、公共管理组织和党政机构，以切实化解社会矛盾。

4. 创建公开透明的权力运行机制。平潭综合实验区属于多种文化、多种社会制度背景的投资者或管理人员参与的多功能性改革开放区，涉及的人员可能来源世界各地。在这种情况和背景下，平潭综合实验区建设的成败，与当地党政机关的自身管理和权力运行机制的建设分不开，平潭综合实验区作为先行先试的地区，应当创建公开和透明的权力运行机制。对此，笔者认为应当建立以下机制：政府官员每年财产申报机制、政府官员不得利用职权从事商业和投资活动的机制、政府官员不得收受礼品和接受请吃的机制、下属收受礼品必须上报机制、政府信息完全公开机制（除了涉及国家安全的信息外）等等，以让权力真正在阳光下运行，真正做到权力的公开、透明。

## 结语

《平潭综合实验区总规划》赋予平潭综合实验区可以“先行先试，大胆创新”的权力，其目标是使之成为“体制机制改革创新的示范区”，因此，对于平潭综合实验区社会治理创新性的建设只要不违反《宪法》应当都是可行的。无“先例”可循谓之“创新”，但是，创设社会治理“新的模式”首先必须以改变主政者的思维定向为基础，必须让主政者抛弃旧有观念，抛弃自身利益杂念束缚，才能真正而“为之”。笔者在本文中的想法或建议一些是“读来已久”，一些是“常有所思”，现加以整理，权当对平潭综合实验区建设的挂念之想。但，对错自有公论，敬请批评和指正。

# 后　记

2012年金秋八月，第十届“海峡法学论坛”在历史文化名城、美丽的滨海城市福州成功举办。本届论坛以“依法行政与社会治理”为研讨主题，首次突破民商法领域，开始涉及行政法学领域，探讨社会管理法律问题，并专题讨论了平潭综合实验区的社会治理模式。200多位来自台湾地区、香港特别行政区、澳门特别行政区以及祖国大陆从事行政法学理论研究和实务界的菁英，汇聚论坛，共商依法行政与社会治理问题，成果丰硕，为繁荣法学研究、促进两岸及港澳的法学交流作出了积极贡献。

十年开拓，十年坚守，海峡法学论坛已经从一个默默无闻的地方性学术交流平台，发展成一个在两岸及港澳具有一定知名度和影响力的高品位的全国性学术论坛。这都离不开各级领导的关怀帮助、两岸及港澳法学专家学者的倾心参与、各主办单位的通力合作，以及长期以来关心和支持海峡法学论坛的有关单位和朋友们的热情襄助。作为论坛的组织者，我们对为论坛辛苦工作和给予大力支持的所有人士表示深深的敬意和衷心的感谢！中共福建省委常委、副省长陈桦，福建省人大常委会副主任袁锦贵，福建省第九届人大常委会副主任、福建省国际文化经济交流中心理事长王建双，福建省第八届、第九届人大常委会副主任、福建省国际文化经济交流中心副理事长宋峻等诸位领导对于论坛的组织、策划和举办，都莅临指导，给予了我们鼓励和帮助。

在本书付梓出版之际，特别要感谢来自两岸及港澳的专家学者及实务界的人士为平潭综合实验区的开放开发建言献策，使论坛的意义更加重大，影响更加深远。最后，还要特别感谢九州出版社的编辑同志的辛勤工作，使本书得以及时出版。

限于资料和作者的水平，本书难免有疏漏之处，敬请读者批评指正。

编者

2013年3月

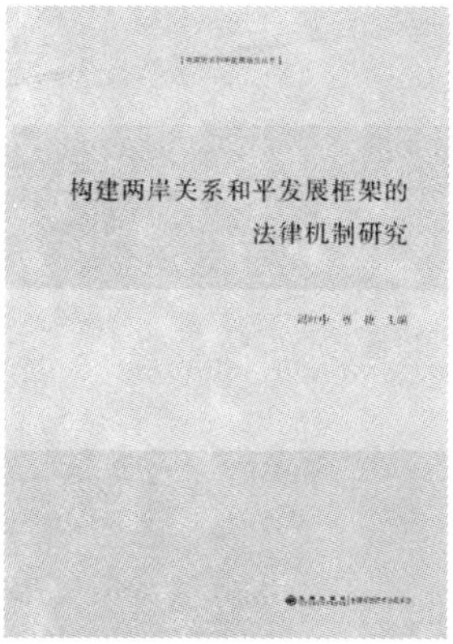


**构建两岸关系和平发展框架的法律机制研究**

本书以构建两岸和平发展框架的法律机制为研究对象，先从宏观方面论述宪法机制对于构建两岸和平发展框架的意义以及构建该框架的法律障碍和解决机制；进而从微观入手，论述构建行政合作机制及司法协调机制面临的困境。

周叶中　祝　捷　主编

定价：48.00元

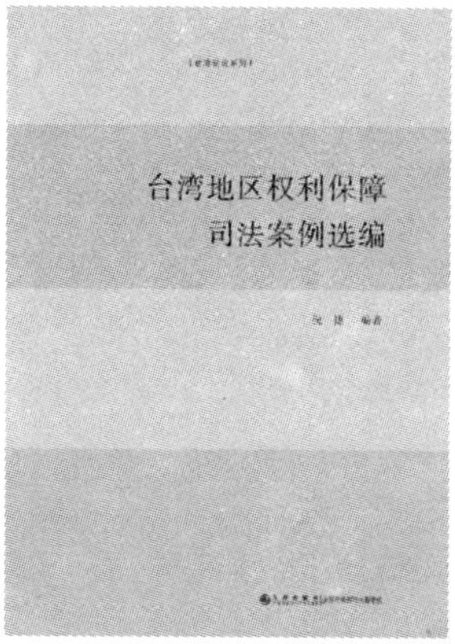


**台湾地区权利保障司法案例汇编**

本书以台湾地区“宪政改革”后“大法官解释”为研究对象，分基本权利保障的总论和基本权利保障的分论两部分，对台湾地区法律制度进行介绍和分析，案例均与台湾地区人民的基本权利息息相关。

祝　捷　编著

定价：60.00元

**“九二共识”文集**

本书汇集1992至2012年11月底两岸有关“九二共识”的存证资料，包括亲历香港会谈前后两会磋商和达成“九二共识”过程的权威人士的回忆；重要文件和新闻报道；两岸的权威宣示和阐述；海内外专家学者的研究成果和评论等。

许世铨　杨开煌　主编

定价：49.90元

**潮起潮落**

本书以纪实性的手法，全面展示了海协会、海基会机制的产生背景和两会成立以来的折冲与共处历史，深入挖掘了台湾各界对两岸关系的复杂反思与抉择过程，揭示了两岸筋骨相连的血脉联系和命运共同体关系。

郑　剑　著

定价：98.00元

**新闻发布会集**

本书为国务院台湾事务办公室2012年度17次新闻发布会的完整记录，是新闻发言人针对对台政策法规、两岸关系最新发展动态、热点事件等两岸人民关心的问题，通过两岸媒体记者做出的权威宣示和评议。

国务院台湾事务办公室　编

定价：38.00元

**台湾2012**

本书是对2012年台湾的全面论述和介绍，包括综述、台湾大事记、祖国大陆对台重要文献和统计资料。深入介绍2012年的两岸关系以及台湾社会经济、文学艺术、教育、军事等各方面的情况，并为研究者提供详尽准确的参考资料。

全国台湾研究会　编　周志怀　主编

定价：68.00元

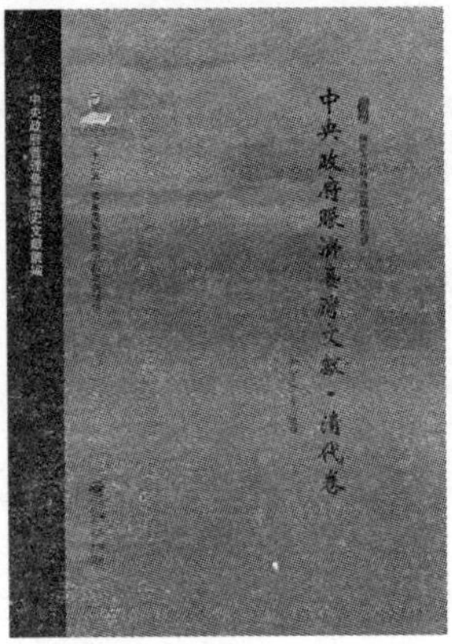


**中央政府赈济台湾文献·清代卷**

本书为清政府赈济台湾相关原始文献的史料选编，包含起居注档案、兵部档案、户部档案、奏折等各种文献形式，说明了当时中央政府对台湾的有效管辖和治理，说明了当时台湾与大陆统一于一个中央政府的历史事实。

尹全海等　整理

定价：290.00元

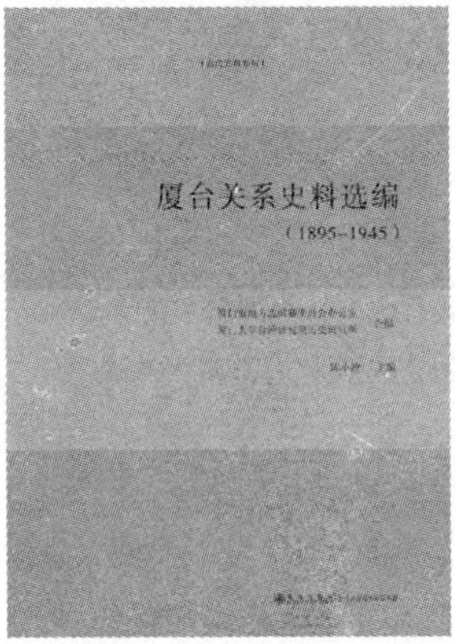


**厦台关系史料**

厦门与台湾一衣带水，在日本殖民统治台湾期间（1895年台湾被强占直至1945年台湾光复），两者关系尤为曲折复杂。该书汇集了这期间的历史档案和国内及厦门本地主要媒体的相关报道，全方位地展现了厦台关系的方方面面。

陈小冲　主编

定价：82.00元

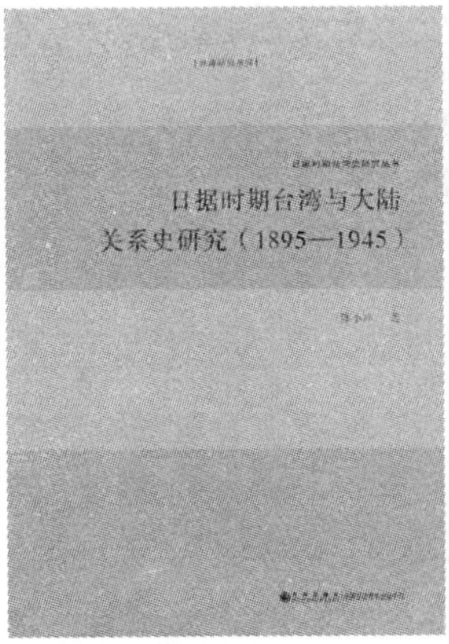


**日据时期台湾与大陆关系史研究（1895-1945）**

本书针对前期研究偏向于台湾义勇队、台湾籍民的状况，增加日据时期两岸人员往来、经贸联系、文化交流等的探讨；还搜集原始档案、报章杂志等罕见史料，展现了台湾与大陆关系在殖民当局隔离政策夹缝中的生存和发展。

陈小冲　著

定价：42.00元

**根在中原：闽台大姓氏探源**

本书以台湾陈、黄、林、郑、杨、王、蔡、张、刘、李十大姓为研究对象，利用正史、族谱及个人回忆录等史料，梳理了中原移民入闽迁台的史实，探寻前人辗转迁移的社会、历史原因，以追根寻源，了解祖先的生活历史。

尹全海　孙　炜　主编

定价：298.00元

**两岸关系和平发展的巩固与深化**

本书选编全国台湾研究会2012年学术研讨会精品论文，收入了台湾问题专家李逸舟、刘国深、杨立宪等的论文50余篇，是有关两岸关系、台湾问题最新、最权威的研究成果。

周志怀　主编

定价：88.00元

**认知大陆**

本书分为概况、社会主义道路和政治体制、国计民生、两岸关系四部分，系统而简明地介绍了大陆政治制度的基本结构、中国共产党及其机构、国民经济、科技文卫等，便于台胞对祖国大陆的情况有一个全方位的整体认知。

项　东　编

定价：36.00元